张溥评传

丁国祥 著

凤凰出版社

图书在版编目（CIP）数据

张溥评传 / 丁国祥著. -- 南京 : 凤凰出版社,
2019.12
ISBN 978-7-5506-3068-0

Ⅰ. ①张… Ⅱ. ①丁… Ⅲ. ①张溥（1602-1641）—
评传 Ⅳ. ①K825.6

中国版本图书馆CIP数据核字(2019)第277593号

书　　名	张溥评传
著　　者	丁国祥
责任编辑	常宁文
装帧设计	陈贵子
出版发行	凤凰出版社(原江苏古籍出版社) 发行部电话025-83223462
出版社地址	南京市中央路165号,邮编:210009
出版社网址	http://www.fhcbs.com
照　　排	南京凯建文化发展有限公司
印　　刷	江苏凤凰扬州鑫华印刷有限公司 扬州市江阳工业园蜀岗西路9号,邮编:225008
开　　本	718×1005毫米　1/16
印　　张	27.5
字　　数	451千字
版　　次	2019年12月第1版　2019年12月第1次印刷
标准书号	ISBN 978-7-5506-3068-0
定　　价	78.00元

(本书凡印装错误可向承印厂调换,电话:0514-85868858)

太仓张氏祖宅内的张溥铜塑像

张溥画像

张溥手迹

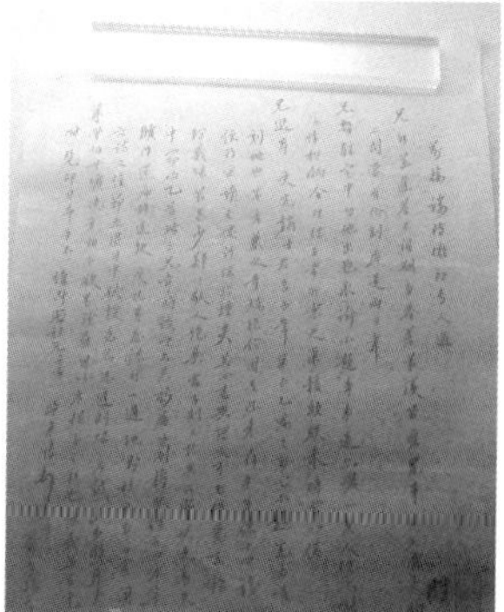

张溥手迹

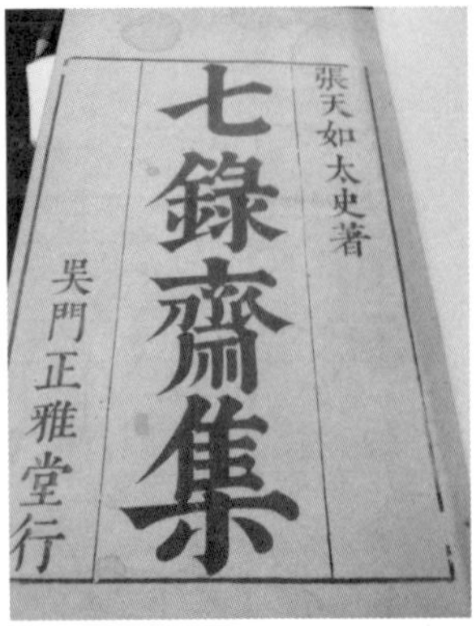

张溥《七录斋集》(近集)书影

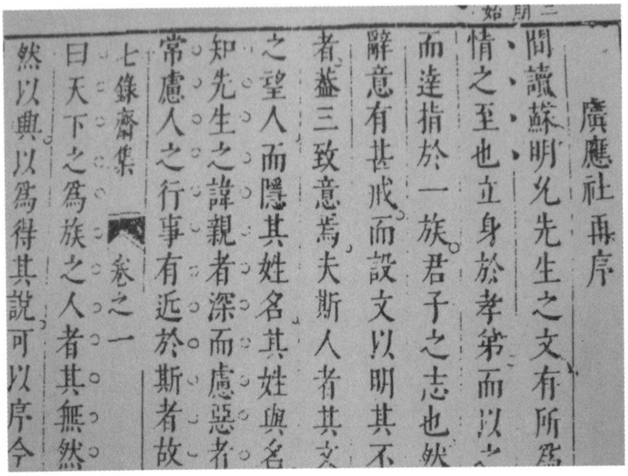

廣應社再序

問識蘇明允先生之文有所爲
情之至也立身於孝弟而以之
而達指於一族君子之志也然
辭意有甚戒而設文以明其不
者蓋三致意焉夫斯人者其文
之望人而隱其姓名其姓與名
知先生之諱親者深而慮惡者
常慮人之行事有近於斯者故

七錄齋集　卷之一

曰天下之爲族之人者其無然
然以典以爲得其說可以序今

张溥《七录斋集》(初集)书影

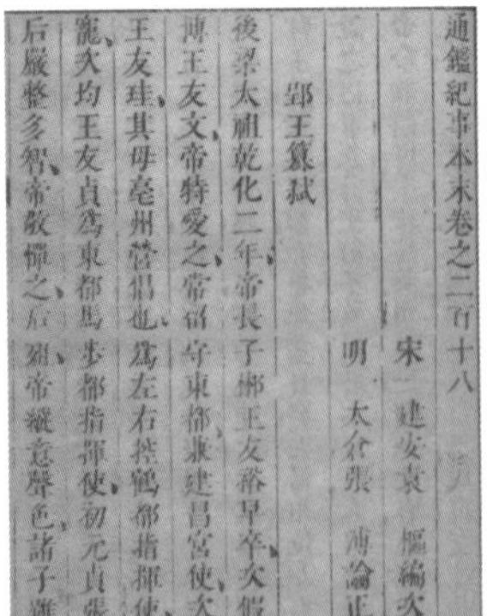

通鑑紀事本末卷之二百十八
宋　建安袁　樞編次
明　太倉張　溥論正

郢王篡弒

後梁太祖乾化二年帝長子郴王友裕早卒次假子
博王友文帝特愛之常留守東都兼建昌宮使次郢
王友珪其母亳州營倡也爲左右控鶴都指揮使
寵次均王友貞爲東都馬步都指揮使初元貞張皇
后嚴整多智帝敬憚之后殂帝縱意聲色諸子雖

张溥论正《通鉴纪事本末》书影

《历代史论》书影

序言:张溥——明季杰出的社会活动家

太仓,因春秋时期吴王在此设立粮仓而得名,素有“锦绣江南金太仓”之美誉。元明时期,繁华的海上贸易与漕运,使太仓成为商贾云集的“六国码头”。明代航海家郑和,由此扬帆七下西洋。

太仓,通达江海,东濒长江,南邻上海,是距离上海最近的沿江沿海城市。太仓港为长江外贸第一大港,名列全球百强集装箱港口第三十一位。300 多家德企选择在此落户,太仓成为全国唯一一个中德企业合作基地。

生活在这里是幸福的。你可漫步沙溪古镇欣赏小桥流水,领略长江入海的大气磅礴,品尝江海河三鲜的绝佳美味。2018 年太仓位列全国综合实力百强县市第七位,第四次荣登中国最具幸福感城市县级市榜首。围绕建设“现代田园城　幸福金太仓”的总目标,太仓正在高质量建设临沪科创产业高地、临江现代物贸基地、现代田园城市样板、中德合作城市典范。而在晚明,太仓出现了文人集团的杰出领袖张溥。

大多数人知道张溥,是因为《五人墓碑记》。吴楚材、吴调侯的《古文观止》选录本篇,不仅是张溥的荣光,更是士林清流的期待。而将本篇选入中学语文课本,不惟使中学生了解到明末惊心动魄的政治斗争,也让学子们了解了张溥,知道了太仓。

然而,仅仅知道有一篇文章的作者叫张溥,远远不够。张溥是明末士林的精神坐标,是官场与缙绅、东林前辈与在野诸生联系的纽带,是朝野文人徜徉大江南北交往的枢纽,是明季杰出的文学家、学者、社会活动家。

张溥推动了应社的建立,创建了复社,为复社付出了极大的努力。他与张采共读七录斋,常熟结交杨彝、顾梦麟,金坛访问周镳,苏州结识杨廷枢、朱隗,嘉兴与孙淳促膝而谈,形成了牢不可破的同盟关系,建立了日后文人集团的领导核心。随后江西接洽了陈际泰、艾南英,安徽联络了刘城、沈寿民、吴应箕、万道隆,山东交往了宋继澄、左懋第,发展了文社的领导力量,并将复社的影响推向了全国。张溥为复社建组织、定章程,安排日常活动,既有声势浩大的金陵大会、虎丘大会，又有定期的国门雅集，还有特别安排的小范围磋商。在张溥的领导下，复社既与朝中要员保持密切的联系，又与在野诸生情意相通，实现了不同层级文人的大联合。为了复社的运作与发展，协调方方面面的关系，张溥倾注了大量的心力，直到生命的最后一刻。遗憾的是，随着张溥的去世，社丧大会及稍后的虎丘大会之后，复社再也没有了大规模的社集活动，复社也逐渐走向分化。

张溥的一生是短暂的，却是辉煌的，没有老于户牖之下，社会活动、文学创作、学术研究上取得了骄人的成就。

张溥的散文，从寿序到题词，从馆课到论略，文笔潇洒，议论纵横。驱使故实，随心所欲。交代缘由，表明态度，脉络清晰，直抒胸臆，学富五车与平易近人完美融合。所以，社内兄弟、社外朋友敢于麻烦张溥，请其为文集作序，为长辈祝寿。张溥无意于吟叹，然而诗歌中既有美轮美奂的自然剪影，亦有情深意切的朋友之道，还有游赏江浙的潇洒记忆，更有呼应今古的深沉叹息。

张溥生活在晚明，看到的不仅是社会的紊乱失序，更看到了知识分子的精神颓废。儒家经典不求甚解，只为博取功名。其结果是“登明堂不能致君，长郡邑不知泽民”。所以张溥致力于经史学研究，试图将儒家经典的真实蕴含、既往教训经验与当今社会的实际问题结合起来，并引导更多的有用之才为社会服务。然对于张溥的经史学研究，关注的学者不多，甚至评价不高，这可以理解。因为张溥有庞大的研究计划，但没有足够的时间完成。若天假其年，当不可估量。这是张溥的悲剧，也是学界的损失。

张溥的《汉魏六朝百三家集》的整理刊刻，即便是苛求的四库馆臣，也认为是“元元本本”。其总序及对各家文集的题词，合起来看，是对汉魏六朝文学发展的整体勾勒，开创了文学史编撰的先河。

近年来，研究复社和张溥的学者也时有佳作问世，张溥诗文的搜集整理成就喜人，是张溥之幸、复社之幸，亦是太仓之幸。今翻阅丁国祥教授之《张溥评传》稿，仿佛可见三百七十八年前的张溥，是古道热肠的杰出的社会活动家，是伏案读书著书立说的谦谦君子，是调和鼎鼐的行家里手。掩卷遐思先哲风采，敬仰之情油然而生。欣喜之余，走笔数语。是为序。

韦国岭

己亥正月·娄东

目录

第一章　艰辛成材

逆境中成长并取得巨大成就的伟人不胜枚举，在困厄中奋起创造奇迹的巨匠也如群星灿烂。而由于多重复杂原因竭尽全力却未能实现理想的壮士，在历史的长河中留下悲壮的浪花，更加令后人为之扼腕叹息。晚明复社领袖张溥，生长在鱼米之乡、礼仪之邦，也是封建传统遵守极为坚固的太仓。江南水乡太仓，曾经创造了辉煌的航海文化，有太多的名宦、乡绅、巨贾、富商。张溥的家境也是上乘，富有而好文。张溥的成长道路上衣食无忧，却又是充满压抑与痛苦，这不仅决定了张溥的性格，甚至决定了张溥的寿命。张溥出生在明神宗万历三十年三月二十三日丑时(公元1602年5月14日1:00—3:00)，卒于崇祯十四年五月初八丑时(公元1641年6月15日1:00—3:00)，“享年四十”①。

张溥的一生，简单地说，大致有个时序，可以分为四个时期：童年与读书应举时期、创建文社与社会活动时期、短暂仕宦时期、家居著述讲学时期。但是，张溥的人生轨迹与社会活动并不能严格区分几个时期，因为多数情况下，张溥的人生是综合的复杂的，沉浮激荡与忧郁哀伤相重叠，需要综合了解张溥的人生经历。然而，对张溥的人生轨迹作简要的描绘不难，进行详细的展示则极难。因为张溥的生平资料保存殊少而凌乱，最直接的证据相当薄弱。特别是张溥的文集中，几乎找不到文章写作的明确时间记录，少量篇章只能通过具体的内容和有关的信息，进行推断。

第一节　张溥生活的时代

张溥一生经历了万历、泰昌、天启、崇祯四个时期。到天启年间，张溥方能了解一些天下大事。张溥生活的时代，正是明王朝日趋没落的时代。内部，门

---

① 张采《知畏堂文存》卷8《庶常天如张公行状》。按：江浙一带多计虚岁。

户之争，消耗统治基础；宦官干政，导致群贤凋零；肆意盘剥，百姓水深火热。承平日久，文恬武嬉。奢靡成性，积聚风行。泰昌短暂的调整，似乎可为明王朝带来一丝生机。但这位泰昌皇帝，在位仅仅一个多月，不仅未能纠正万历晚期造成的诸种弊端，更因为没有良好的岗前培训，失去万历的制约之后不知如何行事，终于发生了“红丸案”，早早撒手人寰。万历的孙子、泰昌的儿子朱由校仓促继位，事出非常，也是没有任何准备就灵前即位。天启初杨涟、左光斗等人努力下短暂好转的局面，很快被阉党断送。天启年间的恐怖政治，断送了大明的最后希望。崇祯励精图治，只是末世的回光返照。外部，建州日益强大，导致大明的北边不得安宁，而明王朝却没有使用到真正的边将，为日后清朝的统一准备了条件。而这一切，生活在富庶江南水乡的张溥，是难以理解的。

一、富足的江南水乡

江南之富，见诸史载，也有现实的证明。当代三吴经济之发达，从苏州所辖六县、市均为中国经济百强县之前列可以想见。太仓是富足的，不是一般的物质富足，是经济、文化的整体富足。太仓地处江尾海角，原为割常熟、昆山、嘉定三县边角地带组成，东接上海嘉定，南邻江苏昆山，北与崇明岛隔江相望，西与江苏常熟接壤，陆地由几个边缘地带结合而成，向北下瞰长江，东北可望东海。一度落后而贫瘠，靠天吃饭，时常承受台风、海潮、旱涝、蝗虫等太多的灾难袭击。然而，聪敏的太仓人不仅巧妙利用地理地貌条件创造了农业的辉煌，更利用丰富的地产原材料掀起了手工业和商业的高潮。并且，在物质文明高度繁荣的基础上，又留下了灿烂的精神文明，从文学、经学、科举、武学到水利、农田、天文、历法诸多方面，均取得骄人的成绩。

就科举而言，在宋、元、明、清四代，出状元三人（毛澄，明弘治六年，1493；毕沅，清乾隆二十五年，1760；陆增祥，清道光三十年，1850），榜眼四人（陆釴、王锡爵、王衡、吴伟业），探花二人（汪廷玙、汪学金），会元二人（邵嗣宗、陆增炜），解元四人（赵汴、陆大成、王士骐、王衡），进士三百二十五人，举人八百六十多人。就仕途而言，有王锡爵于万历间官至内阁首辅（少傅兼太子太保吏部尚书建极殿大学士）。就艺术而言，太仓“四王”开创娄东画派，是吴门画派的重要画家；太仓丝竹，是改良昆腔的必要条件。就文学而言，吴伟业及“娄东十子”在文学史上不可忽略。而更突出的是，中国历史上人数最多、组织最完备、影响最大、成就最高、活动时间最长、最为接近近代政党的文人集团复社，起源于“娄东二张”的订交，其最主要的领袖是太仓的张溥。

太仓水网交错，四通八达。一叶小舟，向内可以到达苏州、昆山、常熟、江阴、无锡、常州、镇江、南京、扬州、吴江、湖州、嘉兴、杭州，长江下游、太湖周边，运河两岸，无处不达。向外有巨舰楼船，则可出海跨洋，走向世界，也可以接纳世界。历史上的郑和下西洋，出发地主要在太仓的刘家港。今天的太仓港规模宏大，气势非凡。既无淤塞之害，也无崩塌之祸，水深潮平，靠泊方便，是天赐的良港，年吞吐量仅次于上海港，成为通江达海的内河第一港口。

历史上的太仓农业，由于自然条件的限制，粮食作物与经济作物几乎对半，粮食不能满足自身的需要，更难以完成朝廷的征缴任务。于是，需要大量购买粮食。而以棉花为主的经济作物，不仅可以取得现金的收入，可以基本满足购买粮食的需要，重要的是为手工业提供了丰富的原料。所以，太仓的纺织业很早就名扬天下。相伴而生的制袜业、制衣业、制线业兴盛，市场经济也就繁荣起来。

所以，尽管太仓原是三县的“边角料”，但依赖太仓百姓的勤劳聪颖，发展成经济繁荣的太仓州，远远超出原先分属三县时的水平。而恰恰因为地处“边缘”，也相对较少受到兵燹之灾、匪寇之乱。只要没有严重的自然灾害，百姓的生活比较安定富庶。丰衣足食之后，则读书的风气逐渐形成，养成了太仓文气，以至于文豪代代相传，达官显贵辈出，艺术名家涌现。文有文坛领袖王世贞、政有内阁首辅王锡爵、社会活动有复社祭酒张溥、书画有娄门画派等等，成就了辉煌的太仓文化。然而，太仓的经济文化繁荣，与其他地方一样，离不开朝政的清明与社会的安宁。明代后期的社会，特别是万历末年，已是风雨如晦。

二、门派倾轧的万历后期

万历皇帝曾经是一个有所作为的皇帝，并且也取得了一定的成果。即位之初，年幼无知，基本上是李太后与张居正说了算。于是，明王朝出现了中兴的希望。但张居正的强势为明王朝创造兴盛局面的同时，也为自己家庭的悲剧埋下了祸根。张居正去世之后，朱翊钧就展开了疯狂的报复，不仅将权力完全集中在自己的手中，对生母李太后也毫不客气。从《明史・冯保传》中的一段记载，我们可以窥见朱翊钧这位少年皇帝当时的处境，也可以理解他日后的反弹。“慈圣太后遇帝严，（冯）保倚太后势，数挟持帝，帝甚畏之。时与小内竖戏，见保入，辄正襟危坐曰：‘大伴来矣。’所昵孙海、客用为乾清宫管事牌子，屡诱帝夜游别宫，小衣窄袖，走马持刀，又数进奇巧之物，帝甚宠幸。保白太后，召帝切责。帝长跪受教，惶惧甚。保属居正草帝罪己手诏，令颁示阁臣。词过挹损，帝年已十八，览之内惭。然迫于太后，不得不下”①。在太后、张居正、冯保三个人的钳制之下当皇帝，实在是不爽。说实在的，这三个人都是为了皇上好，为了大明的江山，但方法就未必最佳。关于张居正，历史已有评价，基本上是肯定的。而对于太监冯保，由于历来对太监的评价不高，史传亦有微词。历史上作恶的太监确实不少，如唐代李辅国、俱文珍、鱼朝恩等，但不排除一心为了主子的宦官，如高力士等。由于地位特殊、岗位关键，而多数宦官行事乖张甚至变态，很难作出正面评价，甚至包括史书的记载，未必没有失真的地方。就冯保而言，一事足以说明他对明王朝的忠心：冯保与张居正，在政治上有联合、有默契，但也有不同意见。当时内阁办公的地方长出白莲，翰林院有双白燕，作为内阁首辅的张居正，突然产生了父亲般的心绪，进献给皇帝赏玩。冯保派人对张居正说，“主上冲年，不可以异物启玩好”，冯保“又能约束其子弟，不敢肆恶，都人亦以是称之”②。就是说，冯保在宫中，众人的评价还是不错的。但总体而言，李太后、张居正、冯保三人，对朱翊钧的约束很严。随着时间推移，皇帝渐渐长大，张居正死去，太后归政，冯保失势，朱翊钧大权独揽，难免张狂。

然而，张狂之后的朱翊钧发现，自己做的事情实在不怎么样。至少，皇长子的出生，就是一个男人的错误。明神宗朱翊钧的长子朱常洛意外出生，是因为朱翊钧看望母亲临幸李姓宫女所得。尽管朝廷内外欢欣忭舞，皇太后更是喜在心头③。可是，朱翊钧的内心，实在是不喜欢这个皇长子，更喜欢的是受宠的郑贵妃生下的朱常洵。由于祖宗留下来的规矩，有嫡立嫡，无嫡立长，朱翊钧特别希望有大臣能够为他的变通寻找根据，至少能够顺从他的意思。然而，虽然朱常洵大有取代朱常洛被立为太子的可能，大臣们却是坚守祖宗法度，不肯便宜行事，由此引发了决定明王朝命运走向的“国本之争”。

东宫之争，历十数年方有结果，终于在群臣的坚持下，将皇帝并不喜欢的长子扶上了太子的宝座。随之而来的是皇帝怠政，国事日非。当然，万历怠政，除了不能完全按照自己的意志行事而产生厌烦心理和敌视心态之外，还有一个重要的原因就是福王“之国”——到自己的封地去，这令生母郑贵妃很是心疼，也

---

① 《明史》卷305《冯保传》。

② 同上。

③ 《明史》卷114《后妃传》。

就让皇帝很是不爽了。从福王朱常洵的婚礼和藩邸建设中可见一斑。太子朱常洛二十一岁成婚，花费是十多万两，尚不如两位公主。而福王婚礼的费用是三十万两，超过了皇太子的两倍。“福王将婚，进部帑二十七万，帝犹以为少，数遣中使趣之”①。再有，福王的府邸建设，花费超过一般王府的十倍，四十万两②，可见朱翊钧的倾向。还有一个重要原因，就是朱翊钧的健康状况的恶化。当年冯保的担忧变成了现实，朱翊钧的玩好太多，尤其是内宫之中，酒色伤人，以至于不能按时上朝。有时直接免了，根本原因在于朱翊钧的身体垮了，不能视事。

明神宗后期，偏爱、聚敛、固执与怠政，最终造成了明王朝的内乱和覆灭：国本迟迟未定，启党争之端，从此内竖与外厅争权，言官与阁臣水火，酿成天启惨祸；妄启边衅未能妥善处理，“三大征”挣了面子却消耗了明王朝的元气；建州逐渐强大威胁边关，直至入主中原华夏；因战争加重了百姓赋税负担，为民变埋下祸根，最终导致了明王朝的灭亡。就朝廷内部而言，所有的争端，均与明神宗的偏爱具有渊源关系。即位之初的朱翊钧，虽年幼而聪颖，善于充分发挥内阁的核心作用。故明王朝在张居正当政下得到了快速的恢复发展。但张居正死后的悲惨遭遇，令所有正直的士大夫寒心。朱翊钧也曾在手握乾纲独断天下之时有过积极的进取和努力，尽管未必完全正确。但自国本之争起，他就将定时的学习（日讲、月讲）逐渐取消，惯例的朝议、祭祀等大事，改成内批和遣臣下代理了。于是，内竖干预外厅，言官攻击内阁，阁臣相互争权倾轧，造成朝廷内部一片混乱，直接诱发了晚明三大案的发生。而这一切，最根本的问题还是国本之争，也就是皇位和权力之争。“予尝叹国家养士数百年，未尝不收其用。然有二尽：嘉靖时尽于议礼，万历时尽于国本；非议礼、国本尽之，而为留中、禁锢尽之也”③。吴应箕、蒋平阶等人对东林的描述，将京察、计吏中的门户关系、利益争端详细记录，说明晚明的党争，仍然是传统的朋党之争。但卷入朋党之争的文人集团，已经发生了性质上的渐变，从同人堂讲学以教育子弟，到东林书院的学术活动受到朝廷君子的钦佩、小人侧目，到首善书院有意培养治国的有用人才，权力中心的文人集团无意间实现了政治性升华。而万历朝党争的重要源头在于国本，即立太子的事项。

---

① 《明史》卷220《赵世卿传》。

② 谈迁《国榷》卷81。

③ 吴应箕《东林本末》下《三王并封》。

朱翊钧大婚后，长期未有子嗣。在慈宁宫的偶然冲动导致长子朱常洛的出生[①]。皇上有子，本是喜事，不仅太后有弄孙之乐，更是大明的皇位有了接班人。但是，朱翊钧却无意将其立为太子，他说期待着皇后的生育。当然，明王朝有着“有嫡立嫡，无嫡立长”的规矩。在等待的过程中，皇后没有生子，特别受宠的郑贵妃为他生下了朱常洵。子以母贵，朱常洵大有取代朱常洛被立为太子的可能。因为朱常洛是太后宫中普通宫女(宫中时称“都人”)被朱翊钧偶然一幸就生下的，身份地位尴尬。太后关注立太子之事，希望朱翊钧立长子为太子，他说了句“都道他是都人子”。太后不客气地说“你也是都人子”[②]，使朱翊钧无话可回。但是，这并没有促成他立长子的决心，因为内心深处欲立朱常洵。正因为此事，朱翊钧心中常常不快。立朱常洵为太子，得不到阁臣的支持，舆论的态度更是坚决。长期未能确定朱常洛的太子地位，言路又不断进谏。于是，他制造了多个事端，让大臣去疲于奔命，故意将建储搁置。不论谁在内阁首辅位子上，都成了言官督促的对象。而首辅及其内阁成员，实在是无力说服皇上，何况内阁的意见，也经常不一。加之京察考选、门户之争，朝堂争吵和派系斗争空前激烈，皇帝多年不出理政，延误了国家多少大事，难以统计。而国本之争暂息之后，门户之争在延续，皇帝已经没有心思管理国家大事，任由大臣争论。于是，皇帝自己可以随心所欲做自己的事情。但是，没有想到的是，文人官员就是一根筋，坚持有嫡立嫡、无嫡立长的祖宗家法，一定要立皇长子朱常洛为太子。这就如同嘉靖时的争大礼，被请来当皇帝的朱厚熜要为他的生父兴献王朱佑杬封个“皇”字，遭到了群臣的坚决反对。结果是皇帝和群臣共同意气用事，一场大规模的廷杖上演在太和殿上，一百三十四人遭到了从肉体触及灵魂的处罚，十六人为此送了性命。“‘大礼’之议，杨廷和为之倡，举朝翕然同声，大抵本宋朝司马光、程颐《濮园议》。然英宗长育宫中，名称素定。而世宗奉诏嗣位，承武宗后，事势各殊。诸臣徒见先贤大儒成说可据，求无得罪天下后世，而未暇为世宗熟计审处，准酌情理，以求至当。争之愈力，失之愈深，惜夫”[③]。

用吴应箕的话，就是真正能够担负国家重任的“士”，在嘉靖的争大礼中消耗了。经过几十年养育起来的士，又在万历时期的争国本中消耗殆尽。即便尚有余存，也在皇帝的怠政过程中消耗完毕。因此，真正需要人才的时候，大明王

① 《明史》卷114《后妃传》。
② 同上。
③ 《明史》卷191。

朝已经没有人才可用。东林书院、首善书院、应社、复社等等，均是在为国家朝廷培育、招揽人才，以备将来有用。可惜的是，东林的遭遇、复社的处境，令人寒心。

客观讲，皇帝和大臣均没有对错的区别，错在朱元璋定下的规范。争国本所造成的严重后果，不仅是万历的怠政，而且是皇帝与大臣们争执的过程中耽误了皇子的培养。争来的国本没有得到良好的教育训练，就不能成为胜任国事的皇帝。后面的历史故事，正是按照这样的轨迹发展的。

三、迷惘中梳理的短暂泰昌

万历四十八年(1620)七月，朱翊钧病情危急，而大臣却难以见到皇上一面。左光斗、杨涟催促唯一的内阁大臣方从哲率领百官问安，这位内阁首辅居然不敢。十九日，朱翊钧召见了阁部大臣，时间不长，阁部大臣很快就出来了。于是，皇帝病危的消息在宫中传开。此时，皇太子朱常洛踟蹰宫门外，没有得到他父亲的召见。杨涟、左光斗对太子的伴读王安说："上病亟，不召太子，非上意。今日已暮，明晨当力请入侍，尝药视膳，而夜毋轻出。"①明日，二十，皇上实际上已经昏聩弥留，皇太子问安与否并不重要，重要的是皇帝驾崩的时候皇太子在身边，能够顺理成章地及时接过权力，可见杨涟、左光斗对朱姓天下是多么忠诚而殚精竭虑。果然，次日，即万历四十八年七月二十一，朱翊钧病逝，享年五十八岁。于是，皇权实现了平稳的过渡，朱常洛当天成为实际上的皇上。"丙申神皇崩，次日丁酉以大行宾天告于奉仙殿，颁遗诏"②。

从神宗驾崩时朱常洛行使皇帝权力，到八月初一正式即位当上皇帝，再到他九月初一去世，前后不过四十天。这四十天里发生的事情，直接关乎明朝历史的走向。

朱翊钧对皇太子并没有进行严格的教育，更没有培养他当皇帝的能力。迫于舆论的压力，不得已立朱常洛为太子，却没有注意栽培，朱翊钧似乎并没有为朱明王朝的明天考虑什么。但是，在感情上，朱翊钧实在不愿意将朱常洛扶上皇帝的宝座，所以平常并没有将朱常洛当皇太子看待，倒是严厉与愤恨同时表现，以至于朱常洛对朱翊钧除了害怕，几乎没有任何感觉。从神宗临终前的状态看到，皇太子居然不敢进宫探视已经属纩之际的老皇帝，惊恐之态可以想见。

---

① 李逊之《三朝野记》卷1《泰昌朝纪事》。

② 同上。

其实，在皇长子的人生安排上，朱翊钧也是很冷漠的。不仅没有及时安排教育培养，甚至延迟了皇长子的婚姻。“直迟至二十二年，始以皇长子出阁讲学，二十九年册立，次年成婚……时光庙已二十一矣”[①]。根据记载，朱常洛到十三岁才接受教育，已经很迟，且“一切典礼俱从减杀”[②]。二十岁时立为太子，次年成婚，朱常洛已经经历了很多的惊恐。

正是惊恐中成长，压抑中生存，一旦巨大的压力解除，便容易滑向另一个极端。当然，这其中还有郑贵妃的特别用心。因为福王已经在洛阳，不可能成为帝位的威胁。而郑贵妃由于没有“母以子贵”的资格，就设法结交内宫帮手，以便保护自己并进一步攫取权力。在内宫，郑贵妃结交最深的是李选侍，即在朱由校生母去世后抚育朱由校的“西李”(抚育朱由检的称为“东李”)，而“西李”正是朱常洛所专宠的女人。此时她最害怕的就是朱常洛报复，所以赶紧利用住在乾清宫接触到朱常洛的机会，为“西李”请封后。而“西李”亦投桃报李，为郑贵妃请封太后。且朱翊钧的遗旨就有封郑贵妃为皇后的话：“尔母皇贵妃郑氏，待朕有年，勤劳茂著，晋封皇后。”[③]这对于朱常洛来说，等于找了一个人来管住自己，不会甘心。朱常洛陷于被动，不知如何是好。因为在朱常洛生活的三十多年间，基本上在神宗和郑贵妃的阴影之下。如今自己名正言顺继位(实际上还没有正式即位，只是行使皇帝的权力而已)，一时还不能随心所欲，不得不借助于先帝遗诏的名义，实施自己的主张。朱常洛要试探一下臣下的态度或倾向，以了解郑贵妃在朝堂到底有多大的影响力。于是，他将这事吩咐阁臣，要礼部查例来行。例子当然是没有的，群臣的态度，是朱常洛想知道的。礼部尚书孙如游上书表示反对：“本朝并无此例。其以配而后者，乃敌体之尊；其以妃而后者，则从子之义。”首辅方从哲自己没有什么主张，却能够赞成孙如游的观点。所以，朱常洛心终于放下，“移宫案”也就顺理成章地发生了。

不得志的朱常洛二十一岁以后，基本上沉湎于酒色之中，“西李”最为清楚。

---

① 李逊之《三朝野记》卷1《泰昌朝纪事》。

② 同上。

③ 李逊之《三朝野记》《光宗实录》等均记载朱翊钧临终前有话，要朱常洛晋封郑贵妃为皇后，似乎真的有遗言在先，各史家亦深信不疑。然稍稍分析可知，此事不通。如果朱翊钧自己想封，则没有问题。因为“国本”已定，对于那些喜欢争谏的大臣来说，主要问题已经得到满意的解决，不至于再起波澜。而原配王皇后，已经在万历四十八年四月去世，将郑贵妃晋封为皇后，也不是问题，何至于给儿子出难题！更可能的是朱常洛设计出来的事情，以试探解除后患的可能性。

于是，为了讨好朱常洛，在万历去世之后，郑贵妃与“西李”选了八名美女进献给朱常洛。没有了朱翊钧约束的朱常洛，就更不能自控了。“光宗嗣位，郑贵妃以前福王故，惧帝衔之，进珠玉及侍姬八人啖帝”①。一个想有作为的新君，就这样成了先帝。纵欲过度是主要原因，心力交瘁，治疗不当，也是重要原因。而朱常洛在掌权的四十天时间里，还是做了些有积极意义的事。首先是补充了官僚队伍，将一些原来名声不错的官员调到京师，进入内阁，为天启初年的众正盈朝奠定了基础。其次是补偿了辽东军士的粮饷，暂时稳定了东北的局面。其三是停止矿税，撤回税监，祛除了明政权肌体上最大的毒瘤。其四是为蒙冤或建言遭贬的大臣平反、恢复官职。史继偕、沈漼、孟养浩、朱国祚、刘一燝、韩爌等名臣，正是在这四十多天的时间里崭露头角，登上政治舞台的中心。可惜的是，本来可以大有作为的新任皇帝，与他的父亲晚年风格完全不同，能够为明王朝的维持发挥一定作用的朱常洛，在自己的不慎和他人的谋划中很快成了先帝。年已十六尚未成熟的朱由校，没有任何岗前训练，被推上了皇帝的宝座。众正盈朝之际不至于出现乱政，一旦小人厕其间，祸事接踵也就不难想象了。天启朝的政局走向，正是如此。

四、阴森恐怖的天启后期朝政

天启朝的悲剧，不仅是东南君子的悲剧，也是君王朱由校的悲剧，更是整个王朝甚至国家的悲剧。固然，东南十三君子的惨死以及大量正人君子的离开，是巨大的损失，也是极大的悲剧。但朝廷发展到这样的地步，对于国家民族，又何尝不是巨大的悲剧！就朱由校本人来说，也是一个悲剧，只不过他无知而已。

朱常洛当皇帝，前后不过个把月的事，本身没有得到良好的教育，不具备担当天下重任的素质。而他的儿子朱由校，更没有任何当皇帝的准备，是仓促中从内宫被抢出来，不知所措地当上了皇帝。当朱常洛病危之时，朱由校仍然住在慈宁宫，接受着客氏的哺育和郑贵妃与李选侍的“呵护”。而朱常洛的突然病故，阁部群臣、郑贵妃与李选侍、太监以及皇长子，均没有充分的准备。于是，一场混乱的权力交接在无序中展开。

得知朱常洛病故的消息，郑贵妃与李选侍（西李，受朱常洛宠幸）首先考虑的是即将开始的权力斗争。而她们的手中，有最好的武器：皇长子。所以，她们

---

① 《明史》卷218《方从哲传》。

密谋将皇长子留在慈宁宫，试图逼迫皇长子先答应封这两个女人：郑贵妃和李选侍，一个想当太皇太后，一个想当皇太后，就是想在朱由校少年登基时控制朝政。“及光庙崩，（郑）贵妃与康妃（即李选侍、西李，后封为康妃）密谋拥留皇子于慈宁宫，欲邀封太后及太皇太后，同处分政事”①。这个阴谋被太监王安知道了，大不以为然，具揭遍投外廷。这个王安，在中国宦官历史上也值得书写一章，与他的师傅冯保一样，是明朝为数不多的有政治头脑的宦官之一（崇祯年间的曹化淳、王承恩也是）。冯保可以让朱翊钧惧怕，王安也能让朱常洛忌惮。朝臣知道了这个阴谋，但首辅方从哲并没有好办法将皇长子接出来，甚至不知道皇长子在何处。于是，在朱常洛去世的第二天，方从哲率领百官哭临乾清宫，却不能进入。杨涟挺身而进，守门的太监居然敢于棍棒齐下，击打杨涟。杨涟厉声呵斥：“皇帝召我等，今晏驾，嗣皇幼，汝等阻门不放入临，意欲何为？”②声音响彻大殿，守门太监被他的正气镇住了，一时不知所措。文武百官蜂拥而入，为死去的朱常洛大哭一场。随后，问皇长子的下落，只有王安知道，郑贵妃与李选侍已经把皇长子软禁在乾清宫的暖阁，等候诸臣到来，以争取太皇太后和皇太后的封号，然后再安排皇长子即位的事。没想到，杨涟等人直截了当，根本没有留给她们商量的余地，逼迫皇长子立即出来即位。刘一燝大声询问皇长子安在，王安及时通报情况，是被李选侍匿禁暖阁中，要讨封皇贵妃。刘一燝问谁敢匿新天子，诸大臣需见。而乾清宫中，群臣纷扰，议论之声一片。王安进入暖阁，传达了群臣的意思，并上前抱住朱由校往外走。刚出门，杨涟、张维贤、周嘉谟、刘一燝等人拥上，将朱由校扶进轿子，抬起轿子就走，不等轿夫到来。走了一段路，轿夫方才赶上。就这样，将十六岁的朱由校接到朱常洛灵前即位，并采取了一系列措施，稳定了政权。“明日庚辰，熹宗即位。自光庙崩，至是凡六日。涟与一燝、嘉谟定宫府危疑，言官惟光斗助之，余悉听涟指，涟须发尽白”③。为了大明的江山稳固，为了朱常洛的儿子顺利即位，四十九岁的杨涟，六天时间须发尽白。而日后的天启惨案，杨涟之死，奇惨无比，以致尸体腐烂，遗骨散乱。收敛之时，仅得血衣数片，断骨几根。忠臣杨涟这样的下场，与商之比干何异！明朝不亡才怪。读杨涟狱中血书，人人扼腕。书曰：“涟今死杖下矣！痴心报主，愚直仇人；久拼七尺，不复挂念。不为张俭逃亡，亦不为杨震仰药，欲以性命归

---

① 文秉《先拨志始》卷上。

② 李逊之《三朝野记》卷2《天启朝纪事》。

③ 《明史》卷244《杨涟传》。

之朝廷，不图妻子一环泣耳。打问之时，枉处赃私，杀人献媚，五日一比，限限严旨。家倾路远，交绝途穷，身非铁石，有命而已。雷霆雨露，莫非天恩，仁义一生，死于诏狱，难言不得死所。何憾于天？何怨于人？惟我身副宪臣，曾受顾命。孔子云：'托孤寄命，临大节而不可夺！'持此一念，终可以见先帝于在天，对二祖十宗与皇天后土、天下万世矣。大笑，大笑，还大笑！刀砍东风，于我何有哉？"①

对于朱由校来说，生母早卒，父亲盛年去世，童年没有欢乐，更没有良好的素养和精心的培育，突然之间当上皇帝，也够难为这个少年了。而他个人的不幸，在三年之后转化为东南君子的悲剧，甚至是国家民族的悲剧，对明史略有了解，就不难知道这段故事。

东南君子的悲剧，历史上称为"东林党祸"。

东林党实际上并不存在，只是一个学派，或者说只是"东林"这个名字，因书院被认定为朋党。从实际存在二十一年的东林书院来看，它甚至说不上是一个文人集团，严格说，是儒学的教学和学术研究团体，不具备政治性质，更不是政党。这一点，樊树志先生已有详细论证②。它最初是顾宪成、顾允成、高攀龙等由于在"争国本"及朝廷政治斗争中处于不利地位的君子们回到无锡举办的小学堂，为子弟们讲授"四书""五经"，培养他们博取功名的基本技能，同时也有以自己的学识纠正经学走向的动机。于是，将他们讲学的地方命名为"同人堂"，寓意"同人"卦的期待。尔后，由于慕名而来的后学太多，同人堂难以满足教学的需要，方在宋代杨时讲学的旧址建造起东林书院，开始了影响巨大的儒家经典讲授和学术研究活动。东林书院的建立和讲学的历史，前人的记录中只是承认其书院的性质，今人的详细论述也没有发现其朋党甚至政党的特性。为了叙述方便而习惯上称呼的"东林党"，依然只是一个学术团体。而作为政治斗争遭受打击的"东林党"，实际上不存在实体，只是阉党分子给东南正人君子贴上的标签。至于当时人的一些记载，如吴应箕说"东林者，门户之别名也。门户者，又朋党之别号。夫小人欲空人国，必加之去朋党。于是东林最著，而受祸为独深"③，将东林作为一个政治派别对待，还是受到了明末党争观念的影响，未能真正认知东林书院的本质。

① 黄煜《碧血录》。

② 樊树志《晚明史》第六章"东林书院与'东林党'"。

③ 吴应箕《东林本末》序。

明神宗晚年的政治，在为明王朝灭亡埋下祸根的同时，也激励了以天下为己任的读书人。他们在饱读圣贤书之后，既要依照圣贤的指示办事，还要到处宣传圣贤精神。于是，在朝廷及地方政府办的许多正规学校之外，又兴起了办私学的高潮。私学，从孔子授徒到明代书院，历史悠久，情况复杂。明神宗即位之初，因为书院的传统和学生的力量影响不利于中央集权的加强和恢复社会经济的发展，有必要对其加以规范和禁止。张居正为首辅，就禁止书院活动，成规模的书院教学形式暂时偃旗息鼓，但私学并没有就此终结。万历二十二年(1594)，顾宪成因反对王锡爵首倡的"三王并封"而被革职为民，回到家乡无锡。不久，其弟顾允成和好友高攀龙也离开官场回无锡。三年后他们建同人堂，与士子讲习学问。"同人"之名，本有蕴意，《周易·正义》卷二曰："同人，柔得位，得中而应乎乾，曰'同人'。'同人'曰'同人于野，亨，利涉大川，乾行也。文明以健，中正而应，君子正也。'唯君子为能通天下之志。"①创立同人堂讲学的一个动机，是将刚气消磨，耐下性子，修君子之志，而为天下谋福。说明顾宪成、高攀龙等身在无锡，心怀天下，没有介意于个人的进退，而关注的是天下清明。

万历三十年前后，各地的书院纷纷恢复了活动，影响也逐渐扩大。江南地区以常州府为先，将龙城书院以先贤祠的名目开展活动，顾宪成、顾允成、高攀龙等从无锡赶往常州参与讲学②。嗣后，门生学子追随到无锡听讲，同人堂的规模，不足以满足研习的需要。在常州府、无锡县两级地方政府的资助下，加之地方缙绅慷慨解囊，学子献金，顾、高等人在宋代大儒杨时讲学的故址建造了东林书院。据《东林书院志》卷十四记载，书院建造履行了合法的手续，既有正式的建造申请和政府官员的批复，也有政府的拨款支持。当然，主要是个人出资：顾宪成一百二十两，高攀龙一百两，顾允成一百两，安希范、张大受、叶茂材、刘元珍等各五十两，以及学子也捐出一些银两。经过半年的建设，东林书院的规模诚为可观。白昼书声琅琅，夜晚灯火相映。按照东林书院的几个主要发起人定下的院规，他们讲学读书，弘扬圣贤精神，但不能涉及时政和当今官场人物。表面看来，这些饱学之士有意就此潜心学问，教授生徒了。然而，东林书院的贤达们，没有一个与政治完全摆脱关系，甚至是从此成为政治上的核心人物。东林君子们的办学，是一种政治理想的体现：在官是整顿乾坤，在野是整顿学问，而整顿乾坤和学问的根本手段是修道。所以，他们选择杨时讲道的地方修建书

---

① 《周易正义》卷2。

② 当时称为无锡县，隶属于常州府。

院，是对前贤的景仰；讲的是"四书"及孔孟之道，是对乾纲的张扬。故而，不论朝野，东林书院均有广泛的影响，也成为日后魏党迫害的口实。

对朝廷重大的政治事件，东林人士实际上只有一些有限的影响。东林书院前后只有二十一年，但卷入党争却相当深，不仅涉及三年一次的大计吏，更涉及内阁人选的竞争。万历后期官僚队伍中不多见的能人李三才，有望进入内阁。此时的内阁由于朱赓去世，李廷机闭门不出，仅有叶向高一人，补充阁员成了当务之急。李三才漕运总督兼凤阳巡抚考满，加户部尚书。但这样杰出能干的人物不受阁部大老的欢迎，李廷机的亲信工部郎中邵辅忠首先挑起事端，攻击李三才。危急关头，"宪成贻书叶向高、孙丕扬为延誉"①。由此，成为东林干预朝政的把柄，直到顾宪成去世，攻讦不止。以至于"凡救三才者，争辛亥京察者，卫国本者，发韩敬科场弊者，请行勘熊廷弼者，抗论张差梃击者，最后争移宫、红丸者，忤魏忠贤者，率指目为东林，抨击无虚日"②。虽然顾、高等人并没有将东林书院办成政治学院的想法，但形势造就了东林书院的政治性质，朝廷中一群小人衣钵承传，将东林书院贴上政治标签，使同情东林的人士不得不被打上君子集团的标签。所以，东林书院的学术意义，远不及其政治意义。

东林书院虽在江南无锡，当时只是县城，但对京城具有巨大的精神影响。"朝士慕其风者，多遥相应和"③，这不是一般的书院能够产生的向心力所能及。书院兴于唐而盛于宋元，讲学交流和研究儒家经典是最主要的任务，但议论朝政、品评人物也是书院的日常功课。所以，书院成为精神策源地，已经具有悠久的历史。诚其如此，书院历来对政治有着重要的影响。明神宗初年，张居正禁止书院活动，正是出于这个原因。可是，从同人堂到东林书院，都有不干预政治的明确表白，难道书院就是世外桃源？当然不是，恰恰因为东林书院的建立者是一群正直的离开政治中心的学者，方具有了政治的和学问的号召力。并由于在政治斗争中的角色，还具备了人格上的号召力。所以，东林书院实际上是万历后期文人的精神依归。

东林书院成为朝廷党争的话柄、论辩的焦点。东林书院与朝廷官员本无直接关系，由于李三才事件牵连，东林书院被抹上政治色彩，成为朝廷党争的靶

---

① 《明史》卷231《顾宪成传》。
② 同上。
③ 同上。

子。“先是南北言官群击李三才、王元翰，连及里居顾宪成，谓之东林党”①，说明东林党是不存在的，只是一个政治斗争的符号。而运用这个符号，作为打击正人君子有力手段，在中国有着从汉代以来的“光荣”历史。东林党只是明代政治斗争中的一个标签、符号。在晚明近五十年的党争中，任何时候都没有忘记用“东林”这个符号，直到明王朝彻底不见踪影。

东林是正气的化身，忠义的代名词，在万历向天启的政权过渡中发挥了关键的作用。历经万难方被立为太子的朱常洛，于明神宗万历四十八年七月二十二日接手其父留下的烂摊子，八月初一登基，履行皇帝的职责。虽然他也想有一番作为，无奈神宗留下的麻烦太多，辽东之事、后宫之事、朝堂之事、国计民生之事，哪一件也不容易办妥。而最直接的麻烦就是神宗遗言要将郑贵妃立为皇太后，让朱常洛左右为难。于是，他命礼部查例来行，将矛盾巧妙转移。首辅方从哲、尚书孙如游表示反对：“本朝并无此例”②，算是为朱常洛解围。但郑贵妃惟恐朱常洛报复她及福王朱常洵，急忙设法讨好朱常洛，结交朱常洛宠幸的李选侍，并进献八位美女。“光庙御体羸弱，虽正位东宫，未尝得志。登极后，日亲万机，精神劳瘁。郑贵妃欲邀欢心，复饰美女以进”③。朱常洛当了一个月的皇帝就成了先帝，使郑贵妃的野心没能实现，李选侍的美梦也随之破灭。同时，最紧张、危险的斗争也激烈展开，即皇长子朱由校登基事。当初，郑贵妃借口侍奉神宗，住进了乾清宫。朱常洛即位后，她赖着不肯搬走，直到八月二十一，在杨涟、左光斗等人的逼迫之下，才搬往慈宁宫居住。朱常洛去世后，郑贵妃欲与李选侍联手控制皇长子朱由校，“欲邀封太后及太皇太后，同处分政事”④。是杨涟、左光斗、刘一燝及太监王安等人，及时地抢出朱由校并加以保护，将李选侍从乾清宫赶出，完成了从朱常洛到朱由校的政权过渡。根据李逊之及文秉的记载，整个过程，充满惊险和豪壮。《明史》卷 244 杨涟、左光斗传记中均详细记录了这个危难的过程。杨涟、左光斗的凛然正气与无畏精神，是真儒道义在历史转折关头的完美体现。可是，由于明神宗种下祸根远不止此，从张居正死后乾纲独操开始，他就为明王朝此后半个世纪的党争开启衅端。他的两个孙子熹宗和思宗，或无力驾驭党争，或充分利用党争。没有任何灾祸的情况下尚可勉强

---

① 《明史》卷 224《孙丕扬传》。

② 文秉《先拨志始》卷上。

③ 同上。

④ 同上。

支撑，而在内忧外患的交攻之下，只有灭亡。所以，天启年间的政治斗争，东林人士也就悲惨至极。不仅东林书院的创建者、参加者遭到严酷的打击，支持者、同情者也在劫难逃，说明魏党不是把东林书院作为文人社团来对待，而是作为政治实体来消灭的。

天启朝的斗争中，东林已不仅是一个符号，而是一个以正直士流为核心、以忠义为纽带的文人集团。虽然实体的东林党并没有宣布成立，但在朱由校登基的过程中，东林人士的言行完全具有组织核心的号召力，成为天下正人君子的榜样。正因为如此，在天启朝前三年，形成了“东林势盛，众正盈朝”的局面。可残酷的政治斗争也悄然展开，“中外欣欣望治，而小人侧目”①，魏忠贤为首的阉党迫害东林君子的罪恶大网已经张开。

关于东林的研究，近年来成果累累，不必多说。但这么多正人君子被一网打尽，朱由校的态度值得讨论。朱由校十六岁登基，虽然历史上都说朱常洛未受到良好的教育，而朱由校受到的正规教育远在其下，但说他是个白痴则不太符合史实。因为木工、雕工、油漆、机械装置样样精通，说朱由校是个好玩的大孩子倒是比较妥当。但作为君王，也有他的弄权之术：数十位良吏能臣为他中兴天下，能耐再大，一切都在皇上的掌握之中；魏忠贤功夫再深，可以反复云雨，可以将移宫、封疆铸成大案，将杨涟等十三君子害死，把朝堂变得阴森恐怖，但仍处于朱由校的有效控制之下，并非无所忌惮。“上一日幸后宫，见几上书一卷，问：‘何书？’后曰：‘《赵高传》。’上默然。忠贤闻之益怒。次日伏武十数人于便殿。上御殿，搜得之，身怀利刃，上大惊，送厂卫。逆阉欲诬后父国纪谋立信王为不轨，以兴大狱。谋之王体乾，体乾曰：‘主上凡事愦愦，独于夫妇兄弟间不薄。脱有变，吾辈无噍类矣！’忠贤惧，乃亟杀之以灭口”②。李逊之有这段记载，计六奇所记略有差异③。这里至少说明两点：一是朱由校对魏忠贤所作所为完全了解，对左光斗等人遇害的事情完全清楚，就是默许了冤案的发生。二是魏忠贤的势力再大，朱由校剪除他们并不困难。所以，只能说他的做法，类似于神宗权柄独操时的高妙。但朱由校在当皇帝的七年中表现，说明他没有受到良好的教育，没有做好当丈夫、当父亲、当皇帝的准备。于是，他把大权交给了魏忠贤，加速了明朝的灭亡。

---

① 《明史》卷243《赵南星传》。

② 李逊之《三朝野记》。

③ 计六奇《明季北略》则明确说“杀甲士以灭口”。

东林书院是讲习儒家经典的地方，但在晚明的政治斗争中，阉党是将它作为政治集团对待，东林人士在万历到天启四年的政权建设中，发挥了重要的精神领袖作用和实际的组织指挥作用，代表了正气、忠义和天下人望，政党的特征相当明显。

朱常洛掌权不过四十天，虽没有实际的政绩，但为朱由校登基后的朝政走向打下了一些基础。所以，天启初，大量能人君子升迁或召回朝廷，气象大新。于是在东林书院的讲学进行的同时，一些学富五车的官员在京城创立了首善书院，为天下大治准备理论，培养人才。“左都邹元标与副都冯从吾建书院于长安西街，与同志立舍，日讲学”[①]。殊不知，这正是皇权所忌讳的。刚开始，只是邹元标、冯从吾在城隍庙百子堂讲学，听众越来越多，需要寻找较大的场所。巡城御史周宗建等人帮助，购买一处民房，稍加修葺，便算是创建了首善书院。讲学于首善书院的名流，除了邹元标、冯从吾，还有曹于汴、杨东明、高攀龙、余懋衡等。由于之前他们参加了仁文书院、东林书院、紫阳书院等讲习，故首善书院带有书院联合体的特色。而他们讲习的内容，固然有儒家经典，但还有兵马、钱粮、赋税、边防、水利等知识，显然是以实用技术培养可用之人。首善书院的主要成员，来自四方，不仅学术上取长补短，也是信息交流中心，所以刚建立书院，就遭到弹劾：“既而御史倪文焕等诋为伪学。”[②]短短二十个月，首善书院就在政敌的攻击下被消灭了。政治化倾向更加明显，是首善书院不能长久的重要原因，但更重要的是专制思想的根深蒂固。

从同人堂、东林书院到首善书院，文人集结影响政治的痕迹逐渐显露。不仅有反对派强贴的政治标签，也有参与者从志在经学到志在天下的变化过程，具有明显的学术政治化的痕迹。而正人君子的致君泽民，个人的力量当然有限，需要形成志同道合的群体，书院正是形成这种群体的有效平台。在集权势力极为强大的封建社会，明确建立政党的时机尚未成熟。但在酝酿和探索的过程中出现书院学术政治化，无疑有利于社会政治的进步。所以，东林书院远在无锡，首善书院就在京城，是从偏远向政治中心发展的一种趋向，从同人堂到首善书院，既是文人集结形态的政治色彩彰显，也是学术政治化的转变，继续存在和发展，必然发生意识形态的改变。朱童蒙、郭与治、倪文焕等的攻讦，不能不说是封建集权制度下统一思想的必然手段。而魏忠贤、客氏及其“儿孙”的做

---

① 李逊之《三朝野记》。

② 朱彝尊《静志居诗话》卷 19。

法，就是政治斗争中最残酷的手法：从肉体到精神的消灭。

从天启皇帝大婚开始，乳母客氏就大为不满。客氏与朱由校的关系，历史上有既明白又比较委婉的记载："乳母客氏，侯巴儿之妻，年三十，妖艳，熹宗惑之，封为奉圣夫人，出入与俱。"[①]客氏偶尔出宫，用八人大轿，行人回避，如同天子出行，威势喧阗里巷。朱钦相、倪思辉、王心一三人奏论此事，遭到熹宗的严厉处罚。于是，魏忠贤看到了客氏的影响力，特地准备了丰盛的宴席，六十道菜，费五百金，相当于中等人家三年的收入。从此两人狼狈为奸，"熹宗言动，客氏密报于忠贤。忠贤告假，则客氏居内；客氏告假，则忠贤留中……于是群小归附，阁臣魏广微认侄，顾秉谦、傅櫆、阮大铖、倪文焕、杨维垣、梁梦环俱拜忠贤为父，客氏为母"[②]。这些"不通经术，但剽耳绘目，几幸弋获于有司"[③]的士流，官至内阁辅臣或要职，甘于在太监、乳娘面前称侄称子，完全忘记了圣人的教诲，是晚明文人精神家园崩溃的标志。从天启四年（1624）年底开始，各种黑名单出炉，共载君子姓名四百，准备一网打尽。而魏忠贤的势力已经足以为所欲为。先是投靠魏忠贤的魏广微编写了《缙绅便览》，"手写所欲起用之人：黄克缵、王绍徽、王永光、徐大化、霍维华等五六十人，目为正人，各加两圈或三圈。又将《缙绅便览》中如韩爌、缪昌期、曹于汴、李邦华、郑三俊等约百余人，目为邪党，重者三点，次者二点，托内阉王朝用转送逆贤处，以行黜陟"[④]。接着，阮大铖、韩敬、王绍徽、崔呈秀、卢承钦等人名下的《东林同志录》《东林点将录》《天鉴录》《东林籍贯录》《东林党人榜》《东林朋党录》《盗柄东林夥》等纷纷出笼[⑤]，将正人君子尽行列入其中，朝廷的忠奸斗争与正邪较量混合起来，奸邪合流，君王昏聩，正人君子的毁灭性灾难于是发生。从天启五年三月起，朝廷上气氛恐怖，杨涟、左光斗、袁化中、魏大中、周朝瑞、顾大章、周起元、周宗建、缪昌期、高攀龙、李应升、黄尊素、周顺昌等相继毙命。还有大量的正直官员被阉党以审查、流放、罢黜、降级等手段赶出朝廷或拘押。这十三君子中，除了高攀龙死在自己家里最为从容，其他均是惨死。

---

① 计六奇《明季北略》卷 2。

② 同上。

③ 陆世仪《复社纪略》卷 1。

④ 文秉《先拨志始》卷上。

⑤ 以上诸种"东林"名录，孰前孰后，如何辗转编写，记载颇为混乱，《四库全书总目》提要有相关记录和考证。具体人员也出入甚大，并没有什么标准，简言之，凡是奸邪小人不喜欢的君子，基本上囊括在内。

当逮捕周顺昌的消息传到无锡，并知道自己即将被捕时，六十五岁的高攀龙从容地在家里与家人聊天、饮茶。“攀龙晨谒宋儒杨龟山祠，以文告之。归，与二门生一弟饮后园池上，闻周顺昌已就逮，笑曰：‘吾视死如归，今果然矣。’入与夫人语，如平时。出，书二纸告二孙曰：‘明日以付官校。’因遣之出，扃户。移时诸子排户入，一灯荧然，则已衣冠自沉于池矣。发所封纸，乃遗表也，云：‘臣虽削夺，旧为大臣，大臣受辱则辱国。谨北向叩头，从屈平之遗则。’复别门人华允诚书云：‘一生学问，至此亦少得力’”①。高攀龙很清醒，知道这场灾祸发生的必然性，与其瘐死狱中，不如留尸家中。在天启五年的“六君子之狱”，杨涟、左光斗、袁化中、魏大中、周朝瑞、顾大章没有一个不是被打得全身溃烂，筋骨俱断。最惨的当然是杨涟，因为他弹劾了魏忠贤的二十四大罪状，于是受刑最重。从左光斗惨遭酷刑后的伤势，不难想象杨涟经历了怎样的人间地狱。方苞《左忠毅公逸事》记载：

> 及左公下厂狱，史朝夕狱门外。逆阉防伺甚严，虽家仆不得近。久之，闻左公被炮烙，旦夕且死，持五十金，涕泣谋于禁卒，卒感焉。一日，使史更敝衣，草屦背筐，手长镵，为除不洁者。引入，微指左公处，则席地倚墙而坐，面额焦烂不可辨，左膝以下筋骨尽脱矣。史前跪抱公膝而呜咽。公辨其声，而目不可开，乃奋臂以指拨眦，目光如炬，怒曰：“庸奴！此何地也？而汝来前。国家之事，糜烂至此。老夫已矣！汝复轻身而昧大义，天下事谁可支拄者？不速去，无俟奸人构陷，吾今即扑杀汝！”因摸地上刑械，作投击势。史噤不敢发声，趋而出。后常流涕述其事以语人曰：“吾师肺肝，皆铁石所铸造也。”②

方苞没有着意描绘，而魏忠贤、许显纯等宦官的惨无人道，可见一斑，正人君子的厄难可以想见。后果当然是朝堂之上，善类一空。所幸朱由校二十三岁就死了，朱由检即位，清除了魏忠贤势力。

---

① 《明史》卷243《高攀龙传》。按：此处并未引全，《遗表》上文后尚有“君恩未报，愿结来生。乞使者执此报皇上”。《别友柬》为：“仆得从李元礼、范孟博游矣，一生学问，至此亦少得力。心如太虚，本无生死。何幻质之足恋乎？诸相知统知此意，不一一也。三月十六夜，高攀龙顿首。”（黄煜《碧血录》）

② 刘季高校点本《方苞集》卷9。

五、励精图治的崇祯时代

朱由检也是在惊恐中登上皇位，在复杂危险的较量中稳住了大明的江山。这主要的事件，当然清除魏忠贤势力，以稳住自己的帝位。朱由检虽然年轻，但比朱由校精明能干。因兄长的死，不得不怀疑魏忠贤所作所为。朱由检入宫即位，格外谨慎，自己带着食物进宫，不敢吃宫中的食物。半夜也不敢睡觉。“上危甚，袖食物以进，不敢食宫中物也。是时群臣无得见上者，上秉烛独坐。久之，见一阉携剑过，取视之，留置几上，许给以赏”[①]。然后先将巡逻的士兵收买，亲自慰问，赏以酒食，得到士兵们的“欢声如雷”。关于崇祯一朝的历史，近年来由于各种历史读本和艺术作品的问世，已经为人们所熟知，不必详说。但与张溥的人生及复社的兴衰直接相关的事件，需要简单了解。

第一件事是崇祯即位后的定逆案，为东林平反昭雪。

据《先拨志始》等书记载，逆案中有：1. 首逆，即魏忠贤、客氏。2. 有首逆同谋，即崔呈秀、李永贞、李朝钦、魏良卿、侯国兴、刘若愚。3. 交结近侍，有刘志选、梁梦环、倪文焕等。4. 交结近侍次等，有魏广微、徐大化、霍维华、张讷、阎鸣泰、周应秋、李鲁生、杨维垣等。5. 逆孽军犯，有魏志德、魏良栋、客光先、涂文辅等。6. 交结近侍又次等，有冯铨、顾秉谦、张瑞图、来宗道、朱童蒙、阮大铖等。7. 谗附拥戴，有李实、李希哲、胡良辅、李明道、刘敬等。不同等级，有不同的处分，从凌迟到削籍为民，处分了三百十五人。虽然没有除恶务尽，实权岗位上的阉党分子基本清除了。这其中，相当一部分人是科举出身，经营多年，为了升官发财而不惜出卖自己的灵魂，突破了读书人的道德底线，为后世所不齿。于是，明王朝又呈现出朗朗乾坤。

第二件事就是为东林平反昭雪，告慰冤死的东林君子，恩恤其后人，并将受到迫害依然健在的人士召还，或官复原职，或重新任用。崇祯元年(1628)二月宣布免去杨涟、左光斗等人被诬陷的赃银，为他们恢复名誉，赠官荫子，体现出君王的恩德。

第三件值得注意的事是，随着东林的再度得势，崇祯的态度发生了变化。崇祯铲除阉党，目的在于强化皇权、乾纲独断。及时抵消阉党势力，维系朝廷正常运转的则是东林君子。一旦东林完全得势，书生意气，同样对皇帝的独断会

---

① 李逊之《三朝野记》卷6。

有所不便。但不用东林，又不足以显示崇祯的求治心迹，故而东林和攻东林者同朝共事。正是这个态度，导致部分忠臣能吏的离去。诚如黄宗羲所言："庄烈帝亦非不知东林之为君子，而以其倚附者之不纯为君子也，故疑之。亦非不知攻东林者之为小人也，而以其可以制乎东林，故参用之。卒之君子尽去，而小人独存。"①这本质上，是君王立威的需要。

从张溥读书七录斋到应社成立，再到复社达到鼎盛，正是在这样一个风云变幻的时代。张溥以及成立于崇祯二年复社，自觉不自觉受到时局的影响。正是由于崇祯的心绪变化，决定了朝政的走向，也决定了复社的兴衰。对此，拙文《崇祯朝局与复社社局消长关系考论》有基本的阐述。② 而张溥的人生，在崇祯朝亦由意气风发到惊恐不安，经历了跌宕起伏，在忧虑中逐渐消耗了自己的生命。

第二节　张溥的复杂家世

张溥出生在一个让人难以说道的家庭，既不是书香门第，也不是官宦世家，也不是大地主富豪，但似乎又均有点关系。因为张溥的家族是富有的，拥有千亩土地、诸多房产。张家又是读书的，并且读书颇有成效，是太仓读书风气影响下成功的一个家族。同时张家也是官宦人家，张溥的伯父张辅之官至南京工部尚书，地位不低。可对张溥的父亲张翼之，这位兄长不是呵护，而是侵凌，这是来自家族内部的伤害。张溥的生母原是张翼之家的婢女，因为生育了张溥而成为侧室，难以改变卑微的处境而受到欺凌，这是来自家庭内部的伤害。邻居与家奴看到张家的现状而加以欺负，这是来自社会的伤害。而张溥尚未成年，父亲已经过世，失去了唯一的庇护，搬到城西居住，张溥母子实际被逐出张家，这是人生的伤害。因此，张溥的生活是艰辛困顿的。张溥是在逆境中成长、成材、成为社会活动家、文学家、学问家，成为中国古代最大文人集团的领袖。

宣统《太仓州志·人物志》三：

> 张溥，字天如。父翼之，性长厚，喜施与，尝脱富人许某于死，赎邻人朱某于奴，溥幼嗜学，所读书必手钞。钞已，朗诵一过即焚之。又钞，如是者

① 黄宗羲《黄宗羲全集》第一册《汰存录》。

② 拙作《崇祯朝局与复社社局消长关系考论》，载《西北师范大学学报》2011 年 4 期。

六七，始已。后名读书之斋曰：七录，以此与同里张采共学，号"娄东二张"。崇祯元年，以选贡入都。采方成进士，两人名彻都下。已，采官临川，溥归，集郡中名士，相与复古学，号复社，以继东林。四年，成进士。改庶吉士，以葬亲乞假归，读书若经生。日有常程，每侍史，缮录、口占、手注，六七辈不给。四方人士翕然归之，以不及其门为耻。所品题甲乙，颇能为荣辱。温体仁恶之，里人陆文声者输资为监生，求入社，不许。因诣阙，言风俗之弊，皆原于士子。溥、采为主盟，倡复社乱天下。下所司问状，提学倪元珙、兵备冯元飏，力言诸生诵服圣贤，引徒讲学，实非党。有旨，降谪。继任者山东亓玮、张凤翮，迁延久之。闽人周之夔尝为苏州推官，坐事罢，疑溥为之。闻文声讦溥，遂言溥等把持计典，已罢职。实其所为，因及复社恣横状。章下巡抚张国维等。国维言之夔去官，无预溥事。（王祖）畲按：倪疏在陆讦告后，张疏在之夔赴阙讦溥后，倪后学臣为亓玮、张凤翮二人均不覆，故有之夔讦告之事。旧志叙次失先后，今移改。十四年，溥已卒，事犹未竟。刑部侍郎蔡奕琛坐党薛国观系狱，未知溥卒也。讦溥遥握朝柄，己罪由溥，因言采结党乱政。诏责回，采上奏："言复社非臣事，然臣与溥生相淬厉，死避网罗，负义图全，谊不出此。念溥日夜解经论文，矢心报称，曾未一日服官，怀忠入地。即今严旨之下，并不得泣血自明，良足哀悼。"时体仁已罢，而周延儒当国，溥座主也。故采疏上，事即解。明年，御史刘熙祚、给事中姜埰交章言溥砥行博闻，所纂述经史，有功圣学，宜取备乙夜观，因荐采学行。帝御讲筵，问及二人。延儒曰："读书好秀才。"帝曰："溥已卒，采小臣，言官何为荐之？"延儒对曰："二人好读书，能文章。言官为举子时，读其文，又以其用未竟，故惜之耳。"帝颔之，遂有诏，征溥遗书。有司先后录上三千余卷，帝悉留览。溥性忠孝，事母极婉顺。谈朝廷事，辄欲有所澄清。与朋友周笃，闻正人患难，如身受。卒年止四十，门人私谥曰仁学先生。

方志的记载，只是张溥人生的一个大概。《明史》卷288《张溥传》更为简单，记述了他读书、应举、创建复社及居家交游，一大半篇幅记录的是朝廷对复社的打压控制和朝廷政治斗争。张溥的生平事略则简略至极，只有读书、科举、为官和个性介绍。

张溥，字天如，太仓人。伯父辅之，南京工部尚书。溥幼嗜学。所读书必手钞，钞已朗诵一过，即焚之，又钞，如是者六七始已。右手握管处，指掌成茧。冬日手皲，日沃汤数次。后名读书之斋曰“七录”，以此也。与同里张采共学齐名，号“娄东二张”。

崇祯元年以选贡生入都，采方成进士，两人名彻都下。已而采官临川。溥归，集郡中名士相与复古学，名其文社日复社。四年成进士，改庶吉士。以葬亲乞假归，读者若经生，无间寒暑。四方啖名者争走其门，尽名为复社。溥亦倾身结纳，交游日广，声气通朝右。所品题甲乙，颇能为荣辱。诸奔走附丽者，辄自矜曰：“吾以嗣东林也。”执政大僚由此恶之。里人陆文声者，输赀为监生，求入社不许，采又尝以事抶之。文声诣阙言：“风俗之弊，皆原于士子。溥、采为主盟，倡复社，乱天下。”温体仁方柄国事，下所司。迁延久之，提学御史倪元珙、兵备参议冯元飏、太仓知州周仲连言复社无可罪。三人皆贬斥，严旨穷究不已。闽人周之夔者，尝为苏州推官，坐事罢去，疑溥为之，恨甚。闻文声讦溥，遂伏阙言溥等把持计典，己罢职实其所为，因及复社恣横状。章下，巡抚张国维等言之夔去官，无预溥事，亦被旨谯让。

至十四年，溥已卒，而事犹未竟。刑部侍郎蔡奕琛坐党薛国观系狱，未知溥卒也，讦溥遥握朝柄，己罪由溥，因言采结党乱政。诏责溥、采回奏，采上言：“复社非臣事，然臣与溥生平相淬砺，死避网罗，负义图全，谊不出此。念溥日夜解经论文，矢心报称，曾未一日服官，怀忠入地。即今严纶之下，并不得泣血自明，良足哀悼。”当是时，体仁已前罢，继者张至发、薛国观皆不喜东林，故所司不敢复奏。及是，至发、国观亦相继罢，而周延儒当国，溥座主也，其获再相，溥有力焉，故采疏上，事即得解。

明年，御史刘熙祚、给事中姜埰交章言溥砥行博闻，所纂述经史，有功圣学，宜取备乙夜观。帝御经筵，问及二人，延儒对曰：“读书好秀才。”帝曰：“溥已卒，采小臣，言官何为荐之？”延儒曰：“二人好读书，能文章，言官为举子时读其文，又以其用未竟，故惜之耳。”帝曰：“亦未免偏。”延儒言：“诚如圣谕，溥与黄道周皆偏，因善读书，以故惜之者众。”帝颔之，遂有诏征溥遗书，而道周亦复官。有司先后录上三千余卷，帝悉留览。

溥诗文敏捷。四方征索者，不起草，对客挥毫，俄顷立就，以故名高一时。卒时，年止四十。[1]

---

① 《明史》卷288。

张溥的人生极为短暂，仅有四十年。而家居读书、著述、文社活动，占其人生的主要时段。基本经历，编成简谱，附录于后。

一、父辈的芥蒂

了解张溥思想性格的形成，需要对他的家世略加梳理。“兄弟阋于墙，外御其侮”[①]，对于张溥的父亲和伯父来说，没有做到。俗话说，家和万事兴，而家不和被邻欺。张溥不仅因家不和而被邻欺，还有来自家族内部的欺凌、家庭内部的复杂关系所带来的凌辱。由于张辅之和张翼之的兄弟失和，不仅导致了张溥父亲张翼之的早逝，更直接影响了张溥的人生，童年时光，尤为明显。

太仓张氏一门，门第不算显赫，绝对不是寒酸。张溥的父亲张翼之（1556—1617），字尔谟，号虚宇，没有功名，但在当地是个善人，有着良好的口碑。在张溥作的《行状》里，已经有所记载。伯父张辅之（1547—1629），字尔赞，号容宇，万历七年（1579）举人，十四年成进士，官行人。十九年，授工科给事中，历礼科、兵科，晋升兵科都给事中，转太仆寺、太常寺卿，工部右侍郎。天启三年（1623），升南京工部尚书。从张彦常、张能、张尤立、张鲸到张仲，均能在太仓耕读传家。试想，没有一定的经济条件，焉能培养出科举成功的子孙？但是，张仲以长子成为南京工部尚书而获得赠官，说明在张仲之前，张家尚未出现显赫的人物。张仲生有三子：张辅之、张相之、张翼之，取名蕴涵了深情的期待。但次子早殁，三子科举无成，其中原由可能与当地的传统习惯有关。一般讲，一个家庭，如果经济状况只是一般，很难供养多位子嗣读书，长辈会在经过一段时间学习之后选择有希望的一位重点培养，倾其财力物力而不放弃。但张家似乎并不完全如此，经济上培养多个子嗣读书应举不是问题。一般说，家长更重视长子的教育，以便光宗耀祖，辉煌家世。同时也需要有文化有头脑的儿子坚守祖业，以保留根基。张仲的长子张辅之，可能读书应举的能力较强，也就成为重点培养的一位。于是，他在万历十四年考中进士，登上仕途，年龄已近不惑。官兵科给事中期间，由于明神宗深居禁宫，多次上书，希望皇帝视事、讲学。前后上四十余疏，论及征倭、镇压播州杨应龙叛乱等，皆当时大事。天启间，官至南京工部尚书，“以魏忠贤擅权，乞归”[②]。卒，赠司空，故张溥每以司空称之，而不称伯父，情感远矣。可见，在政治上，张辅之是君子，具有相当的政治、经济和军事才能，可以

① 《左传》僖公二十四年。

② 康熙《江南通志》卷145。

为帝王谋划献策。张辅之归老林下的时候，年龄应该在七十七岁上下，可说是推迟很久退休了。然作为长子，并没有做到“友弟”，反而对弟弟有所陵夺。甚至纵容豪奴门客与张翼之争讼，直接导致了弟弟的郁郁而终。这里面有一个难以说明的问题：“本姓尤，为张振之所知，改今姓。”[①]这是一个严肃的问题，是什么原因造成，难以明了。张仲是张鲸的次子，依据吴地的民俗，可能有三种情况：一是张仲过继给尤姓；二是张仲入赘尤姓，长子张辅之成名后恢复本姓；三是张辅之本姓尤，随母亲进入张家，与张翼之是同母异父的兄弟，张辅之知道这样的关系，而张翼之并不清楚。所以，对张辅之，张翼之能够兄事之。而张辅之未必能对张翼之弟视之。但客观讲，张辅之长年在外，家里的事情未必事事清晰，难免有误，容易受到别人的挑拨，导致兄弟失和。而根据张溥的描述，兄弟二人早就分门立户，各自生活。再受到他人的离间，应该另有隐情。对此，张溥自己有部分记录：“先君尝择地为首丘计，已墨食矣，形家言其善。司空闻之，欲而不言。先君知之，即推予，曰：‘兄胡不言？子孙一也，何彼此为？’同里张某，敖宕坏产，售地于先君。先予二百金。司空美其上腴，先君即裂契归之，亦不征所予。”[②]这段家事记载说明了两点，一是张溥的父亲非常的宽宏大量，对自己珍贵的首丘之地，让给了兄长。要知道，古人对于自己死后的葬地十分重视，往往生前就精心挑选了。张翼之居然将自己选中的风水宝地转让给兄长，而且找到自己安慰的理由是兄弟不分彼此，视对方的子孙如同自己的子孙。迷信的说法，葬地的风水好坏预示着子孙的兴衰。虽然没有任何科学道理，但在古人那里，还是笃信不疑的。二是对金钱、利益不是十分在意，张姓某人出售的田地，张翼之已经付了定金二百两，又是兄长看上了，于是将契约连同定金一起给了兄长。对自己付出的银两，也没有讨回。不仅如此，张翼之对于张辅之的儿子极为喜欢，与他们在一起玩乐，自己也如儿童般开心。“先君得子晚，司空举二子，皆先予兄弟生，先君子视之。及长，任衣冠，胜拜见，先君嬉戏犹婴儿。是故一邑皆称先君孝友，惟司空亦谓‘吾两人白头兄弟，终身无间言也’”[③]。常理说，有这样的弟弟，兄长应该呵护有加。可是，兄弟之间，却是成了路人。就在兄弟二人情谊甚笃的生活中，小人出现了。

这是一位精通星象之学的司空门客，张溥没有书写其尊号，只是说得到司

---

① 康熙《江南通志》卷145。

② 张溥《七录斋合集·近稿》卷六《先考虚宇府君行状》。

③ 同上。

空的极度信赖倚重，在张辅之家也发挥了重要的作用，是其鱼肉乡里的爪牙。这里，需要对晚明特别是娄东豢奴风气，做简单的梳理。

晚明蓄奴风气极盛，也带来了严重的社会问题。从朱姓的各路王爷、富商大户到缙绅，家中奴仆少则数十，多则数千，严重破坏了明代的社会政治经济秩序。太仓的刁民与黑恶势力的形成，具有特殊的时代和地域环境因素。其中最重要的一个因素就是奴婢势力形成。用阶级分析法可以认为，这些人都是社会的最底层，是受压迫剥削的阶层。但他们的形成原因是多样的：或经营不善，导致破产；或豪强兼并，使他们失去生存依赖的田地；或主动投献，加入大户的家庭以逃避赋税；或天灾人祸，造成无法生存的局面而卖身为奴。其中，部分奴仆不是简单的劳动者，而是有文化或有计谋的主子的帮手，成为主子与地方政府的中介，与官府中的贪官污吏过从密切，为祸不浅。谢国桢《明季奴变考》中，专门论述了奴这一阶层的形成。而奴变，则是奴仆对不良主子的反抗。这里，有真正的恶主，如嘉靖皇帝险些被宫婢所杀。“嘉靖壬寅年，宫婢相结行弑，用绳系上喉，翻布塞上口，以数人踞上腹绞之，已垂绝矣。幸诸婢不谙绾结之法，绳股缓不收。户外闻咯咯声，孝烈皇后率众入解之”[①]。对奴婢比较严酷的主子不少，不仁不义者间或有之，但罪该万死者实在难见。然蓄奴之风盛行，主子良莠不齐，奴才也未必尽是善良之辈。悍奴为祸，亦常见于记录。著名地理学家徐霞客的长子徐屺遇害，就是恶奴的蓄意作乱。福建闽县令王仰，就因为骂了身边的奴仆，就被奴仆王守真毒死[②]。而贪污贿赂，欺行霸市，转移主家财物的记录也有很多。“雅园顾某，通籍数十年，归田。家有掌事黠奴，侵亏万金，将绳之以法。奴知之，倩善书者数十人，捏造数十年日用帐簿，混写买卖若干，共有两担。顾踞案上坐，奴跪堂下，细剖侵亏之由，俱有凭据，可以查核。顾本书生，不善会计。倩人握算，一日只有一二本，乃掷簿而笑曰：‘大丈夫岂屑屑于此哉？’遂不问”[③]。所幸不问，再问下去，祸且不测。太仓的土地，适合种粮食特别是水稻的不多，而旱作的棉花比较普遍。由此，与松江等地一样，交易和手工业相对发达，需要捆在土地上的劳动力不多。而土地兼并严重，造成大量失地流民。为奴虽不失为生存的选择，多数命运凄惨。而一些既无土地耕作，也没有成为奴仆的社会闲杂人员，形成一定的势力，往往能够得到更多的收获。“顾慎卿

---

① 沈德符《万历野获编》卷 18。

② 同上。

③ 顾公燮《丹午笔记》。

者，乌龙会剧者也，为徐官家奴。老而黠，素为衙蠹，贩私盐，行不法。乌龙会起，遂奉为谋主”[①]。可见，豪奴、地痞、流氓、社会闲杂人员平时有一定的联系，危害地方治安，成为平民百姓生活中的威胁。一旦天下有事，他们会很快成为一支不可小觑的力量。但太仓的这个地下组织，基本上是鱼肉乡民，聚众生事，甚至打家劫舍，杀人越货。张采身为地方乡绅，极力为地方的稳定献策。对于这类具有黑社会性质的聚集，张采当然深恶痛绝。早年在临川的摧强扶弱，颇有侠义的印记，用合法的手段，行侠仗义。而回到太仓，他没有权力可用，便利用自己的身份和关系。“吾娄受先张公，素以搏击豪强为名。于衙蠹门役虎而翼者，尤绳束不稍贷，断断不肯相宽。而党中有陶千金数人，尤桀黠多犯科，张公屡以法中之”[②]。用法律的手段，惩治社会黑恶势力，为地方安宁，贡献自己的一份力量，难能可贵。

张溥的伯父张辅之家，也有两个地位特殊而精干的奴仆：陈鹏、过昆。这两人不仅挑拨张辅之与张翼之的兄弟关系，甚至欺凌张溥全家。张辅之固然负有不可推卸的责任，但这两个豪奴也确实有些本领。陈鹏长于笔札，主人的许多章奏书牍出于其手。过昆善于聚敛，为主子搜刮了不少财富。“因此内外家政，事无大小，必由两人”。张采与张溥先后中进士，进入仕途，与同年相约不接受投靠的家人，“作书约同年缙绅，毋收投靠家人”。于是，“吴下薄俗，为之一变”[③]。多年之后，巡安路振飞到达娄东，张采、张溥向四府理刑谈及两恶奴在娄东的诸多不法事，以及对家庭的欺凌。于是，“黄瑞旃、徐日义、雷起剑、徐世荫达之两道，檄拘陈、过二奴，下之崇明县狱，知县颜魁登授意狱吏暗毙之”。后来祁彪佳巡安苏松，巡视太仓，“适两张治衙蠹，有奸胥董寅卿者，任南赣抚军陆文献之仆也。为库吏时，侵盗钱粮，加派病民。两张致意祁公，立毙寅卿于杖下，江南之害顿除”[④]。豪奴、衙蠹、地痞、流氓等社会黑恶势力，没有人认为对社会有利。但是，治理却是相当的困难。两张在力所能及的范围内，为民除害，不仅有利于地方的安宁，也有利于社会的稳定。之所以张溥对于恶奴如此痛恨，不仅在于这些豪奴罪有应得，还在于恶奴的拨弄造成了张翼之一生的不愉快和张溥痛苦的童年。

---

① 王家祯《研堂见闻杂录》。

② 同上。

③ 陆世仪《复社纪略》卷 2。

④ 同上。

最早在张溥父辈制造芥蒂的这位门客，张溥虽未记录他的真正姓名，实际上也是奴的身份。他“能星家言，晓笙歌”①，颇得主子欢心。是张溥的父亲同情他，给他住房，供他衣食，并引进家门，与张辅之认识、交往。在这个过程中，这位门客表示要从事生产经营活动，苦于没有本钱。于是，张辅之兄弟各贷五百金给他。有千两银子做本钱，完全可以发家致富。在当时，中人之产不过百金。可是，门客没有得到丰厚的利润，反而赔本了。于是，张辅之讨回了他的五百金。而张翼之的五百金，门客却无法归还。张翼之并没有追究这银子的下落，更没有强行讨要，等于不了了之了。门客心中不安，就怕张翼之哪天要钱而自己拿不出。于是，在张辅之面前不断讲张翼之的坏话，加上曹姓、韩姓和陆家兄弟俩帮腔，致使张辅之认为弟弟有意与自己疏远，遂兄弟如路人。这里需要注意的是，这位门客已经在张家建立了自己的人际网络，拥有一定的影响力，所以能够左右张辅之的情感走向。正是张辅之的态度，决定了奴婢的放肆。张辅之的家奴，居然敢于陷害、欺凌到张翼之的头上，正是看到了兄弟之间的嫌隙。于是，在这位门客的策划下，一场针对张溥父亲的风暴发生了，直接导致了张翼之健康状况恶化，早于长兄去世。

事情可以追溯到张溥为父亲写行状的三十年前，当时张溥年仅三岁，当然不可能知道当时具体的情况。但张溥的父亲、嫡母、生母等都是事情的亲历者，郁闷的往事在这些长辈心中肯定是解不开的结。张溥及其弟兄成年之后，回想起父亲遭遇地痞流氓的欺凌而得不到有权有势的伯父关照，也是内心永远的痛。“曹，固旧家，又饶于贸聚，三十年前，曾鬻水田百余亩于先君。田故苐，弗治。先君伐材缮屋，募农市牛种，更十余年始易，计耕植之费，视田值三倍，难于设词。韩，为先君故人子，韩父殁而不殓。先君多予之金，仅偿地一亩，欲言不得其端。陆，游公卿门，父子皆州诸生，有瘠下田五十亩，无所售。陆强先君之友劝售，得高值，券书粲新，不可以讼。某与二奴啖之，曰‘若第言，当为内助，即不可胜，可获大利’。诐人摇于利，即登先君门，攘袂求斗。先君敛容下之。诐人计穷，即诬讼于州大夫。时州大夫顺山王公，鲁人，刚明，著治行，召讼者庭辩之，语塞。王公作色曰‘若各有心，奈何罔罔求利？独不畏夜半雷声乎？’笞使去。诐人益惭，争来致咎”②。如果事情到此结束，影响也不是太大。问题是，在那位门客的嗾使下，曹家、韩家、陆家连续发起诉讼，前后将近十年。虽然张翼

① 张溥《七录斋合集·近稿》卷六《先考虚宇府君行状》。

② 同上。

之没有败诉，但耗去大量钱财精神，终于心力交瘁，郁郁而终。家里这样的灾难，长兄居然若不闻，亦寡薄之至。

明代后期，地方缙绅与豪强势力往往沆瀣一气，通过聚讼而掠取财物，报复仇家。陈子龙任职绍兴推官期间，曾代理诸暨县事。诸暨民风中有一种报复仇家的手段就是诬告，等到事情查核清楚，已经生产荒废，家产用尽，对社会稳定具有极大的伤害。“暨俗，睚眦动以杀人诬讼，比为白之，家已破矣”①。陈子龙就遇到这么一件事。有人告状说自己的儿子被人杀死了。经过认真查勘，真相大白。原来他的儿子生病而死，欲借此聚讼，祸害仇人。所告，就是他的仇家。但在当时的交通条件下，往往官府不去认真查验，先施淫威，而使刁民的奸计得逞。“盖奸民本知杀人事不可竟，而有司又无从数十里外立往验死人者，冀得迁延，以肆其愤，或取赂而解”②。张翼之并没有得罪何人，不仅是白送了五百两银子，更因此遭遇了十年的灾难。地方豪奴昌炽，与朝廷奸人当道，何其合拍！

二、卑微的出身

出生在父辈不和的家族，成长在同父异母兄弟众多的家庭，又是婢女所生，张溥在家庭的处境可以想见，他的童年是艰辛而苦涩的。正因为这样的艰辛与苦涩，引导了张溥的早熟，成为张氏家族中最勤奋的子孙。

身为官宦的兄长，权势熏天的乡绅，居然为这点小事置人伦于不顾，反而横加掠夺。除了土地、家产方面的欺占，甚至听信豪奴无赖的挑唆，兄不能庇护弟，难免外人有可乘之机。明代中后期，居乡缙绅欺占豪夺之事时有发生，成为地方一害，也是地方官最头疼的事。而居官者的亲属奴仆，也往往仗势欺人，祸乱地方，郡县父母官难以招架。于是，出现张辅之这样的缙绅，并不希奇。但欺负家人弟兄的情况，倒是不多。所以，张翼之这一门，在太仓地位颇受影响。张溥正是在这诉讼不断的十年，由童年走向青年。从张溥记事起，几乎没有安宁的日子，在少年心中，留下了太多的阴影与伤痛。这是张溥苦涩童年中，受到的第一重伤害。

父亲的不断遭受欺凌，家境难以平静，只是张溥童年生活阴影的第一层。婢出的身份，使张溥遭受了双重的欺凌。张翼之娶陆氏、续潘氏，侧室叶氏、汪

---

① 陈子龙《陈子龙诗集》附录自撰年谱“崇祯十三年”。

② 同上。

氏、金氏，组建了一个关系相当复杂的大家庭。而张溥则是侧室金氏所生，在家庭中身份地位可想而知。“翼之子十人，溥以婢出，不为宗党所重，辅之家人遇之尤无礼。尝造事倾陷于翼之，溥洒血书壁曰：‘不报仇奴，非人子也！’奴闻而笑曰：‘塌蒲屦儿何能为？’溥饮泣，乃刻苦读书，无分昼夜”[①]。“辅之家人”本意是归附张辅之家的民户，实际就是举家为奴，被称为“家人”。这个“家人”也就是奴仆制造的麻烦，一直延续到张溥去世之后二十年，方得终结。吴伟业《清河家法述》详载过程[②]。“塌蒲屦”是太仓方言，指从事纺织等针线活的婢女。尽管陆世仪后来不参加复社的活动，但对张家的情况还是相当熟悉，记载清晰。由此可见，张翼之、张溥父子不仅受到张辅之的欺凌，还受到张辅之家奴的欺负。张溥的庶出身份，也成为自己家人嘲弄的题材。这样的环境，玉成了张溥坚韧的性格和出头的愿望。表面上记载的是张溥受到张辅之家奴才的欺负，实际上张溥也受到家里上面几位兄长的冷落甚至欺凌。在张溥的文集中，只有一个弟弟经常出现，就是张王治，其他则无多提及。说明张溥与其他弟兄关系一般，从一个侧面证明复社声气遍天下之后，好事者所捏造的“十常侍”为想当然[③]。在张溥的其他兄弟，难以全部考证各为何人诞育，但张溥为张翼之婢女后来的侧室金氏所生，准确无误。

三、苦涩的童年

影视剧中经常会听到一句台词“童子何知”，童子所知，切不可小觑。许多名人的回忆录中，都有大段的篇幅回忆自己的童年。童年的经历，对于一个人成长的道路和成人之后的心理，具有重要的影响。张溥正是庶出（婢出）的身份，在兄弟中便难以得到平等的对待，张溥的励志与对友情的珍重，均与童年的苦涩经历有关。尽管张采写的行状中，对张溥的童年生活不无溢美，无意间还是透露了真实的信息。“公六七岁，奇慧，不逐童戏。兄弟中间有童戏，独正目视，亡预。晨佩管遰，从师受读，日可受数千言。暮反，谒虚宇公所。或呼问今日何书，琅琅不休，虚宇公绝怜爱。数岁，见兄行习举子业，即私习举子业，甚欲通古今文，苦不得买书钱。盖虚宇公虽素封，子多弗及周，则金孺人纰麻绩衽

① 陆世仪《复社纪略》卷1。
② 吴伟业《吴梅村全集》卷24。
③ 陆世仪《复社纪略》卷2。

佐"[1]。虽然含蓄,还是点出了重要的实情:张溥幼年似乎得到了良好的教育,这是这个中产家庭所能够承受的,不论张溥及其生母在家庭中的地位如何。但在诸位兄弟中,他是孤立的。在父亲眼里,不仅不是重点培养的孩子,连与其他弟兄同等地位也没有,不能得到买书的钱。不是因为经济条件的不能周及,是张翼之的心中,张溥还不能与陆氏、潘氏所生子女相等同,那是正妻生的。甚至也不能与叶氏、汪氏所生子女平等,那是正式纳为侧室者所生。而张溥的生母是婢女,是通房丫头。所以张溥没有得到父亲的足够关爱,只是幼年没有意识到。而诸弟兄在童戏,实际也将张溥排除在外。有过类似被排挤经历的人都知道,虽然当时只有一时的不快,实际已经埋下了仇恨的种子,除了理智上和礼节上必须完成的环节,至少感情上是不会再接纳。而对于张溥的生母金氏就不一样了,因为张溥是她唯一的儿子,是养老送终的依靠,更是唯一值得她倾注全部爱的孩子。所以,金氏勤俭辛劳,用手工赚来的辛苦钱,供张溥买书。由此可见,张溥的童年实际是苦涩的。

旧社会的大家庭,在正常情况下,母亲的地位决定的儿子的地位。上自君王,下到平民,均是如此。姬昌死后,太子姬发继位,论水平、能力、德行,不及其弟姬旦。但姬旦安于本位,在姬发死后殚精竭虑,辅助成王姬诵,制定了嫡长子继承制、宗庙祭祀制、封邦建国制,稳定了周王朝的天下。从此,这样的规范得到了历代君王的遵从,被沿袭下来,并影响到民间的风尚。嫡长子继承家业,继承权力,同时也继承了责任和义务。明王朝也不例外,从朱元璋开始,就有立嫡、立长的规矩。可是,朱棣就率先破坏了这个规矩,愣是带兵南下,从侄子朱允炆手里将政权夺了过来,还把都城从南京迁到了北京。客观讲,如果明王朝的都城长期放在南京,也未必就是好事,因为早就"金陵王气黯然收"了。

张溥的家庭地位,在诸弟兄中是最低的,就因为他的生母地位最低。"塌蒲屦"的称呼,不仅透露了张溥生母是从事纺织针线等劳动的婢女身份,也透露了她在张翼之家庭生活中的位置。虽然因为生子而被立为侧室,不能消除婢女的印记。也正是这样的手艺,可以在张翼之去世之后各弟兄分门立户之际,能够保障张溥的生计与读书。

张溥父辈的芥蒂,婢出的身份,不仅决定了他童年的苦涩,也导致了张溥的

---

[1] 张采《知畏堂文存》卷8《庶常天如张公行状》。

早熟。从幼年的不参与嬉戏，可以看出，张溥的个性形成，与他的家庭地位相关，而不是天性。幼儿的本性，应该是乐于游戏事。但没有伙伴的接纳，张溥只能正目视，而实际是没有参与的资格。“翼之子十人，溥以婢出，不为宗党所重”[①]。张翼之正室陆氏、继室潘氏，侧室叶氏、汪氏、金氏，惟有金氏，明确记载是由婢女而升为侧室。所以张溥在诸兄弟中，地位也相应较低。不为兄弟尊重，也就很自然。熟悉儿童心理学者皆知道，多数儿童是喜欢与大自己二三岁的伙伴玩耍。一般的人都可以从自己的成长经历和现实中看到。但是，在“不带我玩”的环境中。“我”自然也没法参与进去，成为孤立的个体。被孤立的处境，容易使男童产生争强好胜的心态，有一种“现在你们看不起我，将来我一定要胜过你们，也鄙视你们”的性格基础。于是，张溥在成人之后，与其他兄长并没有亲密的关系，甚至葬父这样的大事，也是我行我素，自己决定并实施完成。所以，幼年的张溥，在艰难的环境中成长，玉成了早熟的个性。就张溥而言，其早熟主要表现在立志超越同龄儿童的心智；交游弥补兄弟情谊的不足；注重情谊，善待门生友朋，是“己所不欲，勿施于人”[②]的君子修为。

张溥的立志，见诸文字记载甚少，多与家族矛盾和家庭关系相联。由于为婢女所生，在同父兄弟中没有地位；父辈芥蒂，在家族中更没有地位，甚至连奴仆婢女都瞧不起，张溥内心的愤懑难以言表。一旦受到刺激，必然反弹，具有强大内心的张溥也必然暗自立志，其志向远远超越了同龄的儿童。“翼之子十人，溥以婢出，不为宗党所重”，已经是很大的不幸。更糟糕的是，家不和，被邻欺，张辅之家的奴仆肆无忌惮地欺负张溥，在父子之间制造矛盾，更增加了张溥童年的苦涩，也刺激了张溥的个性。“辅之家人遇之尤无礼，尝造事倾陷于翼之”。事情的经过没有详细的记载，但儿子“犯事”了，父亲的教诲肯定随之而来，或呵斥，或打骂，惩罚是必须的，正确与否不是很关注。只有受到严厉惩处之后，张溥才会愤激之至，洒血书壁：“不报仇奴，非人子也。”[③]因责罚而出血，可见责罚之重；因愤怒而洒血书壁，可见愤怒至极。而那些家奴知道后，居然嘲笑张溥：“塌蒲屦儿，何能为?”[④]吴地手工制鞋，鞋底中间用一层蒲草编成的蒲席，以增加厚度和弹性，纳鞋底也比较容易，有省工省料又实用的功效。以塌蒲屦代指张

---

① 陆世仪《复社纪略》卷1。
② 《论语·卫灵公》。
③ 陆世仪《复社纪略》卷1。
④ 同上。

溥的母亲，不仅是蔑视，更有任人踩踏的作践，意思是这样的婢女生出的儿子，可以任意欺负，他又能怎么样？张溥年幼，确实不能怎么样。于是，“溥饮泣，乃刻苦读书，无分昼夜”①。因为惟有读书，方能出人头地。勤奋读书，抄录记诵，因此，“右手握管处，大指及掌心咸成茧，五六日须割去。冬月且皲，日数沃盥，其勤学殆天性。方私习举子业，且一年，已成章。当年师犹未知，用废读，授夏楚”②。儿童的天性应该是喜好玩耍，不是读书。张溥的天性，在家族环境的扭曲下演变为立志读书，不仅是读书，且是有目的的读书，并已经取得初步的成效。可惜，他的老师并没有明白，还以为张溥的废读而教训了他。这位老师是谁？根据张采《庶常天如张公行状》所记蒙师，是刘振溪。张溥六岁启蒙，十一岁受业于张露生，期间五年，当是跟随刘振溪读书，虽然受到夏楚，但知道老师的用心，并无怨恨。直到刘振溪去世，张溥操文祭哭，办理后事，抚恤师门，可谓大孝。

张溥立志出人头地，选择的是科举道路，与封建时代一般士子并无二致。但从年龄上讲，远远早于同龄的幼童，并具有正确的实施途径，难能可贵。选择私习举子业，正是张溥在特殊环境中早熟的表现。为了实现通过举业提升自己在家庭和家族中地位的目标，张溥将所能利用的时间都用于读书，不仅牺牲了童年的快乐，甚至牺牲了自己的健康，为他的英年早逝埋下了祸端。

第三节　发奋读书

自幼年立志读书，到临终犹在著述、讲授，张溥一生读书勤奋，是今人难以达到的境界。为了科举读书，固然有明确的步骤程序，也需要过人的意志。张溥读书之勤奋用功，从手抄七遍终身不忘（七录）可知。在众多励志读书的故事中，张溥也是人们关注的一位。但成就功名之后的读书，就成为自然习惯了。

一、良好的启蒙教育

张溥的童蒙时期，从五六岁开始，就接受了良好的教育，启蒙老师，根据张采的《庶常天如张公行状》描述，就是刘振溪。张溥在跟随刘振溪读书的五年

① 陆世仪《复社纪略》卷1。

② 张采《知畏堂文存》卷8《庶常天如张公行状》。

中，不仅打下了良好的文字语言基础，更私修举子业，提前具备了进入社会竞争的素质。一般情况下，儿童六岁启蒙，与今天的教育并没有太大的差异。但那时的教育，主要是认字写字，从《三字经》《百家姓》、“四书五经”等常用教科书的字词句音形义入手，相当于今天的小学语文而略深。未必每个老师都称职，能够连续多年有计划将蒙童培养成童生。于是，就会出现“都都平丈我”式的先生也不足为怪①。但刘振溪显然不是这样的老师，对张溥的管教相当严格，因为张溥私下学习科举道路上必需的知识，老师并不知道，以为张溥读书不用功，疏忽了老师教授的书本知识，正是认真负责，才惩处了张溥，“当年师犹未知，用废读，授夏楚”②。因此，刘振溪是一个认真负责的老师。

而张溥的发愤读书，不仅在童蒙时期就超越了同龄的孩童。读书目的性之明确，已经达到了成人的水平。清晰的人生规划，成为张溥读书的最重要动力。张溥的另一位老师，也在张溥的成长道路上发挥了重要作用，这就是张家私塾的老师张露生。从张溥的《张露生师稿》中回忆可知，张先生坐馆张家，而名不传，郡城人，露生当为其字。因为张溥为他人文集作序，习惯上称字，于晚辈尚且如此，何况师尊。“予年十一，从先生受文字。时初解把笔，先生谓可教，时称述于先子。先子时当忧患，内郁郁不自聊，时向先生索观予文，听先生赞言，辄内喜”③。可见，张溥的勤学与聪颖，不仅得到老师的赞扬，也是对父亲的宽慰。

二、卓绝的自学能力

古来勤奋读书的例子不胜枚举，有凿壁偷光者，有抓萤火虫照明者，有头悬梁锥刺股者。励志的故事不少，但细细考究起来，靠谱的不多。复社领袖人物杨彝读书终身，不废寒暑：“杨先生（彝）为诸生，每暑夜苦蚊，辄纳足巨瓮中以读，晚而目盲矣，犹请友人读书其侧。”④明代开国文臣之首宋濂，自称家贫无钱买书，只好向藏书之家借书，亲手抄录，计日以还，“天大寒，砚冰坚，手指不可屈伸，弗之怠”⑤。从上面的介绍可以看出，张溥的情况也不是太好。小时候并没有享受到正常的读书待遇，稍长大后也只有自己想办法读书。于是，抄书就成

① 蒲松龄《聊斋志异》卷9《张贡士》。
② 张采《知畏堂文存》卷8《庶常天如张公行状》。
③ 张溥《七录斋诗文合集·近稿》卷3。
④ 汪琬《尧峰文钞》卷34《杨顾两先生传》。
⑤ 宋濂《宋文宪公全集》卷32《送东阳马生序》。

为读书最直接的方法。

方志上对张溥的好学有简要的介绍:"溥幼嗜学,所读书必手钞,钞已。朗诵一过即焚之,又钞,如是者六七,始已。后名读书之斋曰'七录',以此。与同里张采共学,号'娄东二张'。"[①]张采说张溥的嗜学出于天性,未必如此,但读书勤奋是事实。读书七录斋,"无分昼夜,尝雪夜已就寝,复兴,露顶坐而晓,因病衄"[②]。七录斋命名的原由,是张溥读书每抄录一遍,高声吟诵,然后烧掉,如此七遍,则不忘记了。由于太过辛苦,以至右手上握笔之处长出老茧,过几天必须削去。冬天手上皲裂,用热水浸泡养护,决不影响读书。抄书读书,本来是文人成材的必经之路,明确抄录七遍,读后焚毁,从此终身不忘,并将书斋取名为"七录斋",惟张溥一人。实际上,七录斋是一座破房子,并非今天太仓的张氏故居。保留下来的张家明代建筑,原先是张辅之的故居,或许就是祖上传下来房产的一部分,属于张辅之一房。而张翼之的家产,已经踪迹全无,或许就是家道中落,子多析产,最后分崩离析,不知其源流。而张溥的七录斋,只是在其父亲去世后移居城西的陋室,是自建、购买、租住或原先属于张翼之家的一处小屋,具体情况已经难以考证。

张溥在少年时代读过哪些书,难以稽考。根据明代科举制度的规范,张溥童年的学习应该是根据当时学校教育的内容安排。而学校的教育,也是根据国家科举考试科目决定,如同今天的教学大纲和考试大纲。史载的考试科目和复习资料,十分明确。"初设科举时,初场试经义二道,'四书'义一道;二场,论一道;三场,策一道。……后颁科举定式,初场试'四书'义三道,经义四道。'四书'主朱子《集注》,《易》主程《传》、朱子《本义》,《书》主蔡氏《传》及古注疏,《诗》主朱子《集传》,《春秋》主左氏、公羊、穀梁三传及胡安国、张洽传,《礼记》主古注疏。永乐间,颁《四书五经大全》,废注疏不用。其后,《春秋》亦不用张洽传,《礼记》止用陈澔《集说》。二场试论一道,判五道,诏、诰、表、内科一道。三场试经史时务策五道"[③]。学校的教育,严格按照科举制度的设置,以《四书五经大全》为依归,是入仕的重要通道:"学校不仅教育人才,且是入仕的一途。"[④]私塾教学的基本内容,当然也是"四书""五经",与官办学校一致,方能在将来参与竞争。

---

① 宣统《太仓州志》卷19《人物》三。

② 陆世仪《复社纪略》卷1。

③ 《明史》卷70《选举》二。

④ 陶希圣、沈任远《明清政治制度》第157页。

在家庭内部，父在张溥的读书得到基本的保障。但随着父亲的去世，家庭发生了分化，张溥与生母由于在家庭的地位低下，离开了家庭独立生活。张溥自记事起，就牢牢铭记父亲的教诲，倍加努力，以副张翼之望子有成的心迹。父亲遭受摧辱之时，张溥兄弟大的二十出头，小的才八九岁，没有社会关系；而父亲的过世，对张家的更是悲伤而无助，以至于张翼之久久不能入土为安。“十五岁丧父，同金母出居西郭，颜一陋室，曰：‘七录斋’，益读经史诸书，亡厌”[①]。七录斋不是一座别墅，只是张溥简陋的书斋。从此，张溥更加勤奋读书，直到取得功名，直到去世。

三、从塌蒲屦儿到秀才

母亲的身份，决定了儿子的地位。张溥在张家的处境，决定了张溥的个性，也影响了张溥的人生志向。

城西的陋室里，张溥不知度过多少个不眠之夜，抄过多少遍“四书”“五经”，削过多少次手上的老茧，终于学业有成。根据明代的科举制度，像张溥这样的读书人，只有进入学校才有资格参加考试。而进入学校成为州(县)学生，也不容易。因为太仓虽名为州，实际是县，从官员到学生有名额限制。“明初规定为，府学四十人，州学三十人，县学二十人”[②]，后来略有增加。待遇上是每月领取食米六斗，并可得到学习用具和灯火费。有了这些待遇，张溥与生母金氏的基本生活可以得到保障。前提是张溥参加岁考和科考不能在三等以下。在张溥的成长道路上，至少有两次重要的转折点：一是进入县学，成为诸生，也就是通常所称的秀才，是进入正规科举的必由之路。二是贡入太学，是全国性的优秀人才，才会得到这样的举荐，成为国学生。张溥是这次恩举的太仓最优秀的人才，才有这样的机会。

张溥十九岁成为太仓州学的学生，也就是成为生员，即秀才。“十九，补博士弟子，声闻籍甚，交一时名贤，志为大儒”[③]。成为秀才，已经为仕途打下了良好的基础，搭建了晋身之阶。所以，声名鹊起，名贤注目，在社会上产生了广泛的影响，在家族中也有了崇高的地位。因为在太仓，学校的学生人数只有三十余人。得到这个指标，就可以争取参加乡试资格的选拔考试。由于名额的限

---

① 张采《知畏堂文存》卷 8《庶常天如张公行状》。
② 王道成《科举史话》第 24 页。
③ 张采《知畏堂文存》卷 8《庶常天如张公行状》。

制,往往三年才有一两个名额,竞争之激烈,可以想见;身份之贵重,也可见一斑。

塌蒲屦儿的身份,不影响张溥的读书成材,但在家里基本的温饱还难以保障。成为秀才就不一样了,不仅可以得到政府的经济帮助,购买书籍和学习生活用品,就是口粮也能够得到。更重要的是,名声在外,得到地方乡绅和官员的关注,也得到同时读书人的尊重,是成为人师和结交朋友的重要条件。由此,才导致了张溥确立"为大儒"的志向。而获得门人的孝敬和正当的束脩,更保障了张溥的日常开销,也保证了张溥赡养生母的物质条件。

收徒,也是张溥获取生活资料的重要途径。张溥的入室弟子众多,直到张溥去世二十年后,仍然与张家保持密切联系的尚有不少。参加顺治十七年十二月五日行家法的就有吴伟业、胡周鼐、孙以敬、穆云桂、王挺、王撰、金达盛等[①]。前人记述的有门人三千之类,不够确切,但门徒众多是事实。而入门的第一位弟子就是吴伟业。天启二年(1622),张溥实际才二十周岁。"先生(吴伟业)有异质,少多病,辄废读,而才学辄自进。迨为文,下笔顷刻数千言。时经生家崇尚俗学,先生独好三史,西铭张公见而叹曰:'文章正印,其在子矣!'因留受业,相率为通今博古之学"[②]。众多的弟子,其中不乏家境上好的,对张溥的经济上有不小的帮助,甚至后来的编书刻书,也有了基础。

至于张溥的婚姻,没有具体的记录。根据有关记载或回忆推断,张溥应该是二十三岁成家,妻王氏,贤惠能持家。张溥二十二岁时请张采到七录斋读书,两人共学,不事嬉戏,不知疲倦。张溥的生母从窗户窥听,称赞"二子不但勤学,乃从未见惰容嬉色"[③]。随后有金沙访周(锺)、唐市创社诸事,似无暇婚姻。张溥抚育故人沈承遗孤一事,发生在天启五年十月,张溥二十四岁。如果未婚而成为养父,则不可想象。所以,张溥的结婚成家应该是二十三岁或刚到二十四岁,即1624—1625年间。沈承夫妇相继去世,子幼,张溥带回抚育,当是张溥已婚之时。"吾娄有沈君烈者,名承,才士也。试辄高等,三居第一,声价蔚起,四方高才皆与结社,竟于甲子下第死,年四十余。未几,妻薄氏(少君)死,一子襁褓,天如张公时为诸生,怜而育之"[④]。据张溥为沈承的《即山集》所作序言可知,

---

① 吴伟业《吴梅村全集》卷24《清河家法述》。

② 顾湄《吴梅村先生行状》,吴伟业《吴梅村全集》附录一。

③ 张采《知畏堂文存》卷8《庶常天如张公行状》。

④ 王家祯《研堂见闻杂录》。

薄氏死于沈承周年忌日的次日，时在天启五年，亦可见张溥已经成家。

四、秀才的地位

明代的秀才具有怎样的社会与家庭地位，可以从史传上找到记载，小说中更有详细的描绘。

秀才有一定的待遇，也有严格的考核标准和严厉的处罚措施。明代的秀才，也称诸生、生员，是府、州、县学学生的统称。读书人没有入学，只能称为“童生”，没有特殊的社会地位。但通过考核入学的秀才就不一样了。尽管明代在学校制度上屡有修改，生员的待遇也分出了等级，总体说，生员具有一定的待遇，明初规定月给食米6斗（90市斤），另有膏火费少许。前文已经提及，州县之学，每三年仅有一两个名额，从童生晋升生员，难度之大，可想而知。而一旦犯错或考核不理想，惩罚也是相当严格的。三年之中，有岁考，即每年一次大考或岁试；有大比，即三年一次的晋升考核；张溥的朋友沈承，岁试高等，三次大比取得第一，意味着已经入学十年，如果不能取得功名，可能受到严厉的处罚。“生员入学十年，学无所成者，及有大过者俱送部充吏，追夺廪粮。……受赃、奸盗、冒籍、宿娼、居丧娶妻妾所犯事理重者，直隶发充国子监膳夫，各省发充附近儒学膳夫、斋夫，满日为民，俱追廪米。犯轻充吏者，不追廪米”[①]。可见，读书如果没有成功，领到的廪米也得退出，对于并不富裕的家庭来说，十年需要清退的廪米1080斗，即约16200斤。按照现在的市场价格，将近5万元，还是吃不消的。正是在这样的压力下，沈承甲子年（1624）乡试没有考上举人，就郁郁而终。

秀才是家庭、家族的希望，是进入仕途的必经之路。张溥成为生员之后，声名鹊起，生活压力有所缓解。毕竟可以领到廪米和膏火费，完全可以满足母子的基本生活需要。从生员的正规学习中，张溥对科考的套路有更多的熟悉，掌握更多的科举考试技巧，尽快成为举人、进士。但压力也大了，严厉的惩处在等待着。虽然没有明确的记载，根据有关情况推断，张采也应该在州学读书，是个生员，与沈承、张溥成了同学。“二张”相约力学，与严格的惩罚制度也不无关系。而张溥与张采对娄东的文风有所不满，却又取法失误，在科举的道路上似乎有很大的危险。“时娄文卑靡，两人有志振起之。溥矫枉过正，取法樊宗师、

---

① 《明史》卷69《选举》一。

刘知几，岁试乃踬”[①]。如此看，张溥入学之后的两年时间里，经历的考试成绩并不理想。尽管距离十年大限还有很长的时间，但对于重视名声和出路的张溥来说，已经是非常严重的问题了。

秀才得到社会的普遍尊重，特别是年轻的秀才。我们都读过鲁迅的小说《孔乙己》，可怜的孔乙己读书不会很少，就是没有进学，即没有秀才的名号，只能用一件又脏又破的长衫表明他的读书人身份，于是成为取笑的对象。但年轻的秀才就不一样了，或许几年之后，就是举人、进士，成为天子门生了。所以，十九岁成为秀才的张溥，不仅在家庭、家族中扬眉吐气，在社会上也得到了相当的敬重。一时名贤与之交往，就足以说明问题。

第四节　张溥的家族与家庭

张溥这个家族，何时移居娄东，难以稽查。据蒋逸雪《张溥年谱》描述，张溥的列祖是张彦常、天祖张能、高祖张尤立、曾祖张鲸、祖父张仲。张仲生三子：长张辅之、次张相之、三张翼之，相之早卒。所以张溥的家族其实并不是名门望族。而张辅之与张翼之兄弟关系，还因为奴仆的挑唆而如同仇人。虽然前人为贤者讳，说他们和好如初了："府君之兄司空公夙友爱，而为左右所碁间"，经过张翼之续弦潘氏与嫂子沟通之后，"司空闻之泣，复欢好如初"[②]。除了张辅之这位兄长欺凌张翼之，使张溥感到童年生活的辛酸之外，张翼之的家庭内部，也没有给张溥以应有的成长环境，这源于张翼之的复杂的婚姻生活，以及众多的子女。张翼之娶陆、续潘，侧室有三：叶氏、汪氏、金氏，不同身份的母亲，也决定了子女在家庭中的地位。

一、兄弟有亲疏

张翼之生有十子，张溥排行第八。兄弟依次是：张质先、张泳、张淮、张京应、张涟、张源、张浚、张溥、张樽、张王治。在诸兄弟中，与张溥情谊最深的是张王治。而从取名来看，从水的应该是张翼之原配陆氏、继配潘氏所生，具有嫡出的身份。张溥初名乾度，与张质先、张京应、张樽、张王治五人当为庶出。而文

---

① 陆世仪《复社纪略》卷 1。

② 吴伟业《吴梅村全集》卷 48《张母潘孺人暨金孺人墓志铭》。

献的记载，惟有张溥可以明确是金氏所生。

在张溥的笔下，出现最多的是张王治，往往是带有感情地称“无近弟”。张王治（1608—1673），字无近，号敉庵，七岁丧母，潘氏抚育。可见，张王治既非陆出，也非潘出，也与张溥非同胞，则可能是叶或汪出。稍长，从兄学，名声渐起，协助张溥经营社事，在复社中有很大的影响，“好事者指社长赵自新、王家颖、张谊、蔡伸为四配，门人吕云孚、周肇、吴伟业、孙以敬、金达盛、许焕、周群、许国杰、穆云桂、胡周群为十哲，溥之昆弟十人张浚、张源、张王治、张樽、张涟、张泳、张质先、张濉、张涛、张京应为十常侍”[①]。其中张涛或为张氏同族中人，编故事者不知何故羼入。好事者的点评，也说明了张王治在复社中的地位，是坐镇太仓的复社秘书长。更说明了张溥与张王治之间情感，显然密于其他弟兄。然在崇祯朝，张王治屡上公车不遂。入清，顺治三年（1646）中举，次年成进士，授桐庐知县，擢工科给事中，疏论十事，皆切时要。卒以峭直为众所忌讳，落职后居家十八年卒，著有《敉庵奏草》。

其他弟兄，在张溥笔下几乎没有出现，说明关系不是很亲近。诗集中有《为家大兄赋送王衷和学博秋试》《寄八兄九兄》，似往来未断，但关系不是很近。

二、婚姻与后裔

张溥的婚配，只有一次，即王氏。另有一妾，董氏，张溥去世时正有身孕，后生一女，夭折。在张溥去世之后，王氏与嗣子依然受到家奴的侵凌，直到张溥嗣子壮年、女儿女婿成人方一舒气。“娄东庶常张西铭先生既殁之二十载，为顺治纪元之十有七年庚子十二月五日，先生夫人王氏命其嗣子永锡式似、婿吴孙祥绵祖以仆陈三之罪来告”[②]。依据吴伟业的表述，张溥去世二十年后，王氏健在，与嗣子永锡共同生活。但由于张溥去世，张永锡比较软弱，而其他兄弟健在的对张溥一家不是很关心，所以，张辅之的家奴之子居然还敢欺负到张溥家，直到张溥的兄弟、门人共同出面，方惩治了黠奴。

张溥无子，所抚养沈承之子又早卒，生前似乎并未因子嗣乏绝而忧虑。但有一件事值得注意，在张溥的门人中，湖州董说是奇特的一位。两人于崇祯十三年（1640）在昆山第一次见面，时间是九月，当时张溥唯一的儿子不幸夭折，肝肠寸断，而复社当时的处境，也糟糕到了极点。上有崇祯的“关切”，下有托名徐

① 陆世仪《复社纪略》卷2。

② 吴伟业《吴梅村全集》卷24《清河家法述》。

怀丹的诬告。于是，张溥离开太仓，与朋友商量对策，先到吴江，再到昆山。在昆山与董说见面，留下了极好的印象。所以，次年正月，董说到太仓侍奉张溥，情同父子。二月，张溥与董说同到苏州，"与钱蒙叟（钱谦益）、项水心（项煜）、徐勿斋（徐汧）、马素修（马世奇）诸先生谋于虎丘之石佛寺"。并作出决定，派精明能干的王成带上七封重要的书信进京见吴昌时，以便送达要员，"王成以七札熟读，一字一割，杂败絮中，至吴帐，为蓑裱法，得达群要"[①]。这次的秘密活动，就是策划周延儒的复出。惟有周延儒复出，复社的危局才能解除。而董说不一定直接参与，至少知情。"从'夫子身系朝廷之安危，人心世道之邪正，而不幸有意外之殁'之言看，董说当是知情者"。"能代偌大复社作祭祀、祈嗣之文，也足可见出董说在复社中的地位非同一般"[②]。董说成为张溥的门人，并不见得就在复社中有很高的地位或很大的影响力，更重要的是他与张溥的感情，得到了复社领导层的关注，才会让董说代表复社撰写《祭西铭先生文》。

钱谦益是张溥葬礼的主要组织指挥者，也是为张溥立嗣的主持人。张溥无子，以张樽少子为嗣子，钱谦益为取名张永锡，字式似，有《题张天如立嗣议》记之[③]。

天如馆丈之殁也，诸挚友议立后焉。论宗法，以次及次房之应立者，又于应立之中，推择其稚齿便于抚育者。天如之母夫人暨其夫人，咸以为允。诸昆弟皆曰诺。呜呼！天如之殁，而耿耿视不受含者，独念母夫人耳。自今以往，庭户依然，田庐如故，夫人甘衣美食，僮奴指使，久而忘天如之亡也。天如之魂魄，晨夕于母夫人之侧，久而自忘其亡也。季札有言：苟先君无废祀，民人无废主，吾谁敢怨？吾辈庶可以慰天如于地下乎？嗣子生十龄，未有名字，诸公以狗马之齿属余，余为命其名曰"永锡"，而字之曰"式似"。诗有之："孝子不匮，永锡尔类。"又有之："教诲尔子，式谷似之。"是子也，推"孝子不匮"之思，应"蜾蠃类我"之祝，善事其大母及母，天如犹不死也，岂必属毛离里，而后使人曰幸哉有子也哉？

崇祯十五年壬午月朔日己巳，虞山通家钱谦益再拜书于娄江舟中。

---

① 杜登春《社事始末》。

② 赵红娟《明遗民董说研究》第 90 页。

③ 钱谦益《牧斋初学集》卷 84。按：文中最后一句，转录自蒋逸雪《张溥年谱》。

长女张在贞，字蕙琬，长大成人，“好学知诗，适诸生吴孙祥。时王氏静纨，字文琳，适溥嗣子，在上为在贞之嫂，闺中唱和，人艳传之，著《月窗合稿》”①。吴孙祥，字绵祖，吴继善子。吴继善(1606—1644)，字志衍，张溥朋友，复社成员。与张溥同年举人，崇祯十年成进士，授慈溪知县，任满调成都。张献忠攻成都，谒藩王请求发弓弩、出银两、募勇士、招流亡以守城，不听，城破被杀。

孙张管，字紫维，能诗文，有孝行。有《紫维诗》。

孙张玉瑞，字汝执，有《竹庄诗草》。

外孙吴翊(1657—1716)，字振西，张在贞与吴孙祥子，勤学知诗，曾参与《大清一统志》的校勘整理。年近五旬应试，成举人，六年后的康熙五十一年(1712)成进士，官内阁中书，不久病卒。有《砥亭诗集》《乐园诗集》。

① 宣统《太仓州志》卷20《人物》八。

第二章 应社中坚

关于“社”及“社”之性质演变，文人结社的起源，何宗美进行了详尽的考证①。在张溥的一生中，最为突出的社会活动就是文社活动，在明季文人结社盛极一时的背景下，张溥以高超的组织技巧、惊人的毅力、宽广的胸怀、非凡的人格魅力，组织了全国性的文人社团联合体复社，并举行了多次全国性的大会，惊动朝野，成为中国古代社会文人集团中最为接近近代政党的文人组织。可以说，张溥倾注了极大的心血创建复社，也因为复社的发展与时局的变迁，促成了张溥的早逝。而创立复社，是应社及广应社，从人员组成到领导架构，为复社的开展准备了条件。应社从开始联络筹建到波及大江南北，最活跃最主动积极开展工作的，是张溥。因此，张溥是应社领导层的中坚。

第一节 晚明的文人结社与吴中文社

文人结社或组成特殊的团体，论争、唱和、编书，早在先秦时期已经盛行，或君王召集，或师徒成群，或权贵有意识组织。然而，其共同的特点，是没有相对独立的经济基础，需要依赖上层人士的资助方能存在。从稷下学宫的论战到“战国四公子”的养士，再到梁孝王文人群、邺下文人集团、昭明太子文人群等，皆如此。但这种依附关系，随着文人经济能力的增强而逐渐疏远，进而形成独立性很强的文人集团。在漫长的历史进程中，这实质上是新型政治力量产生的节点，进而为社会的文治与文明传承发挥辅助作用。三吴地区，历来人才荟萃，思想活跃，地理、气候、民俗的优势结合，促成了这一带从耕作技术到植物品系、生产理念到商品经济、市镇发展到物流运输，魏晋以后均远远超越了全国的平均水平。经济基础引导下的意识形态领域，也没有落后于其他地区。文人结社

---

① 参见何宗美《明末清初文人结社研究》“绪论”之“释‘社’”，第1—7页。

并展开相应的社会活动，吴中地区当然也是走在全国的前列。这前提就是，文人的生存之途径，不止国家供养一条。

一、游离的士群

历史上的文人雅集，具有一定的组织形态是事实。一般目的明确，规模有限，既有依附于权贵的文人群体，也有独立运作的雅集。前者在唐以前是主要形式，后者在宋以后逐渐出现。这种多得难以统计的诗社、文社、吟社、某某会之类，多是寄情林下，啸咏自适，与风流密切，与政治无关，没有形成组织目标，更谈不上组织结构。即便有些政治的因素而集合，多半也是"离开"后的一种精神寄托，形成了一个或多个游离的士群。实际上，是中国文人从依附到独立的一个阶段性形态特征，也是封建时代文人群体的一种选择。

而形成游离的士群，首先需要的是士林在生存上的保障。唐宋以前的文人团体，即便存在一段时间，也是有着固定的供养而存在。即便是宋初的"西昆体"诗人群，也是文人在朝廷从事大型类书编纂工作之余分题吟咏，形成了一个短暂的文人群体。而元代，实在是文人成长史上的重要时段，在失去晋身阶梯和生存保障的前提下，文人的自我存在能力得到锻炼加强，为以后的文人群体游离社会主流开创了先例。特别是元代末年，不论是吴中的"北郭十子"或是"吴中四杰"，共同的特征是完全不同于"金莲川集团"。后者完全是依赖权贵的供养，或直接任职、或间接出谋划策，均得到丰厚的生存资料。而元末吴中的文人形成群体并创作了大量的诗歌散文，聚会雅集成为重要的人生课题，并未得到官府的经济支撑或物质援助，是文人自己的经济状况允许他们成为独立人格的"士"，因而具备了游离于主流社会的物质条件。这种状态，到了明中叶更加明显。继承祖产、自己创业、儒商兼修、朋友馈赠等，使得明中叶以后，文人更加具有独立的经济条件。明初对吴中文人集团的打压甚至杀戮，反而激发了这种游离心态的传染和盛行，从依然有不少文人没有参加科考这一事实就看出。而随着吴中经济文化的逐渐恢复，江南商贾云集的局面再次出现，儒商合流更成为一种可以尊重的现象，文人的功名观发生了变化，更为士流游离于社会主流创造了社会氛围。形成了游离的士群之后，他们的集结分散、品茗书画、演戏诗赋、校雠训诂，更多是受个人志趣驱使。而这，也正是吴中文人结社风气盛行的一个重要原因。

二、结社的风气

明代文人的雅集，相当数量的形态是风流骚雅，主要也是由文士加官僚（或在位或退休）组合。但到了明代中叶的文人集团，一般是地位低下的和未入仕途的文人结集，已经产生了对腐朽官僚政体和落后政治形态的不满情绪，是一种游离于主流以外的新思想、新情绪。这种思想情绪，有利于社会的反思，更有利于历史的进步，也容易招致打击。追本溯源，在于元代，是统治者主动将文人排斥在体制外，导致了文人产生了游离心绪，并感染了一代又一代。到明代中叶，已经在文学创作上形成了朝野离立的态势，相当一部分作家、学者、思想家是“草民”，或者地位低下，却是文学创作的主力军，脱离了朝廷的“文治”约束。以至于有人为此惊叹：“文柄旁落，词臣日偃高卧。”[①]而晚明文人的结社，却逐渐形成了具有时代特征的政治色彩，为政党的形成打下基础。

明代的文人结社活动相当广泛，数量至多，难以完全统计。郭绍虞先生考论的有一百七十六家[②]。据何宗美考证，远在三百家以上[③]。这些文人的结社，多数是读书、作文、赋诗的短暂结合，或者有定期的集会并延续数年或十数年，人数不多，几人到几十人不等。主题明确，是读书交换心得或诗文交友，主题比较单纯。有很多的文社，实际上不能称为文人结社，是一种交游活动而已，如“九老会”“耆老会”“碧山吟社”之名，就有多家。

但是，晚明的文人结社，政治性质逐渐浓厚，并于张居正去世之后走向高潮。很重要的原因，在于雅聚之外，更有一些情绪的发泄；豪情之中，尚有一些放浪的因素。东林书院、首善书院等学术活动，是文人结社的一种特殊形态，几乎是乡校的延续，学问之外，有着更多而又不能明示的内容。但也有纯粹的文人临时性豪举，如“午日秦淮大社”，就是典型的文人浪漫心绪的一次宣泄。事情的主人翁是茅元仪（1594—1640），字止生，号石民，湖州府归安人，明代唐宋派古文大家茅坤的孙子。“止生好谈兵，通知古今用兵方略，及九边扼塞要害。口陈手画，历历如指掌。东事急，慕古人毁家纾难，慨然欲以有为。高阳公督师，以书生辟幕僚，与策兵事，皆得要领”[④]。从钱谦益记载的生平来看，茅元仪

---

① 沈德符《万历野获编》卷10。

② 郭绍虞《古典文学论集》第610页。

③ 何宗美《明末清初文人结社研究》第一章。

④ 钱谦益《列朝诗集小传》丁集下。

才华卓著而无用武之地,惟有孙承宗与钱谦益对他的才能有所了解。所以,当孙承宗督师蓟辽之时,可以用一下茅元仪。知音下岗了,茅元仪也就没有施展的机会。尽管有过人的才能、精准的方略、满腔的忠心,能够调和鼎鼐,能够安邦定国,为奸臣所阻,没有为国效力的机会。茅元仪的豪气,从年轻时的午日秦淮大社事上可见一斑:

> 初入金陵,作午日秦淮大社,赋得《午日题诗吊汨罗》。尽两岸之楼台亭榭,及河中之巨舰扁舟,无不借也。尽四方词人墨客及曲中之歌妓舞女,无不集也。分朋结队,递相招邀。倾国出游,无非赴止生之社者。止生之名大噪。①

这实际上是临时的文人豪举,除了风雅,还有招摇的意思。但这样的豪举,官府不会制止,朝廷不会留意。一旦与政治有关,不管是否主动关心时务,管理时务的别有用心的人总会对此特别关心,最典型的例子就是东林书院的活动。近年来,关于东林书院与"东林党"的研究,已经成果累累,无需赘言。

三、吴门文社

吴门文人的结社活动,也有着悠久的历史。在明代,由于经历了朱元璋时期的严酷打击,以苏州为中心的东南地区从经济到人文精神遭受了重大创伤。所以,明代苏州为中心的三吴地区,文人的潜意识中对朱明王朝有着情感上的难言之痛。

有明一代,江南赋税之重,前人多有记载。"顾以东南区区一隅,赋税居天下之半"②。于是,"吴民数百万户,大抵皆破矣"③。制定对吴地严酷法令加以盘剥,并不是因为这里富庶,是因为这里曾经与朱元璋为敌。但是,这里的人们勤劳智慧,在半个多世纪之后,又成为全国最为富庶的地区。经济发展,城市繁荣,生活优雅,书声也就琅琅起来。读书的人多了,取得功名的人数自然也就多了起来,成为天下文章渊薮也是自然之事,社事也随之发生。而聪敏的读书人相对集中的地方,也是思想活跃的地方,文人之间的关系,也是最为微妙。文人

---

① 周亮工《书影》。

② 吴伟业《吴梅村全集》卷33《江南巡抚韩公奏议序》。

③ 同上书卷47《太学张君季繁墓志铭》。

之间的结集，也是知识、学问、气味加财富的结合。少一样，很难入圈子。看不上，也不会进圈子。张溥属于后者，“时三吴文社，人人自炫，溥一不之省，独与张采订交”①，正是这样一种场面。原因很简单，有经济实力和文化传统的世家大族各自形成文化中心，相互未必敬重。但共同的特点是经济实力雄厚，思想比较活跃，与朱明王朝在情感上有一种无形的距离。

元末动乱始起于至正八年(1348)，方国珍在台州(浙江)首先发难，十一年刘福通在颍州(安徽阜阳)，徐寿辉在蕲州(湖北)，十二年郭子兴在濠州(安徽凤阳)，相继起兵反元，朱元璋二十五岁上投靠郭子兴。至正十三年，比朱元璋大七岁的张士诚在泰州(江苏)起兵，元末大动乱全面形成。在纷起的群雄之中，朱元璋和张士诚对聘用文士最为积极。至正十五年和十六年，张士诚与朱元璋先后渡过长江，朱元璋盘踞集庆(今南京)，张士诚割据平江(苏州)，他们东西接境后，开始互相攻伐，双方相持达十年之久。他们在相互争占土地的同时，也相互争夺人才。其中，浙东文人集团主要在朱元璋的控制范围内，而吴中文人集团在张士诚的势力范围中。

当时的吴中地区，是全国经济的重心，兼有渔盐之利，交通便利。盐贩出身的张士诚起兵于高邮，破平江(今苏州)之后，于元至正十三年九月自立为吴王，在战乱期间与元朝保持着时叛时乱、若即若离的关系，无远大志向，只图保境自守。故在张士诚入吴那段时间，吴中还是保持着安定的社会环境。加上张士诚为人轻财好施，起事不久，即筑景贤楼，开弘文馆，礼招儒士，信用文吏。其弟张士德官平章，总揽军政，尤能礼贤下士。而文人最为看中的，正是这样的被尊重，有知遇之感。如此，张氏周围也就集中了大批文人。文徵明跋张羽《七姬权厝志》云：“伪周据吴日，开宾贤馆，以致天下豪杰，故海内文章技能之士，悉萃于吴。其陪臣潘元绍，以国戚元勋，位重宰相，虽酗酒嗜杀，而特能礼下文士。”②在张士诚及其陪臣招揽下，如杨基曾任记室，陈基任学士院学士，张宪任枢密院都事，陈汝言任参谋，张经任松江府判官，钱用壬任参政，苏大年任参谋等。高启、余尧臣、宋克等可能也曾受职。杨维桢、王逢等虽未受职，但都是张氏集团的座上客，曾为其出谋划策。总之，当时居留在吴中的著名文人，几乎被张氏集团囊括无遗。

当时吴中地区经济的繁荣和社会的相对安定，为文学活动的开展提供了条

---

① 陆世仪《复社纪略》卷1。

② 文徵明《文徵明集》卷19，周道振辑校本。

件，而张士诚集团及当地大地主、大盐商们的扶助，又对之起了促进作用，于是吴中文学创作趋于繁荣。当元代末年遍地战火满目狼烟之时，吴中俨然成为新的“稷下”“邺下”，成为全国文学活动的中心。虽然同时浙东和江西文人的数量也相当可观，但由于不具备吴中那样优越的经济和政治条件，这些文人基本上都分散野处于穷乡僻壤之间，缺乏必要的联系和创作氛围，其声势不能与吴中派相比。

吴中文人拥戴张士诚集团，朱元璋集团则得到浙东文人的支持。元至正十八年，朱元璋军队攻下婺州（金华），次年设立郡学，聘金华人叶仪、宋濂为五经师，范祖幹为谘议。李文忠守浙东，又荐许元、王天锡、王伟、胡翰等至南京，同处礼贤馆。朱元璋初置中书省，召许元、胡翰等十余人会食省中，日令二人进讲经史，敷陈治道。继克处州等地，丽水叶深、龙泉章溢、青田刘基先后来见。此后，由于他们的辗转推荐，更多的浙东文士投入了朱明阵营，其中著名者尚有吴沉（兰溪人）、朱右（临海人）、苏伯衡（金华人）、陶凯（乐清人）、张孟兼（浦江人）、桂彦良（慈溪人）、方孝孺（台州人）等。这些人为朱元璋集团削平群雄驱除蒙古出谋划策，为明朝政治、经济、军事等一系列制度的制定，特别是为明王朝的思想文化建设作出了重要贡献。他们用一整套儒家思想改造、引导朱元璋集团，使之由起义的农民转变为新王朝的统治者。明王朝的建立，在一定程度上可以说就是淮西武力集团与浙东文人集团相结合的产物。没有后者的参与，朱元璋集团的成功和明朝的建立几乎是难以想象的。

正是元末吴中士大夫多追随张氏，朱元璋拿下苏州也付出了不小的代价，掌权之后展开对苏州的压制也可以想见。明王朝对士大夫特别是吴中士大夫的种种打击，更使他们产生对立情绪，不愿与新朝合作。如苏州人姚润、王漠拒绝任职，被处死刑，全家籍没。寄寓苏州的戴良辞官忤旨，自裁于馆舍。王逢、丁鹤年、杨维祯等累受征辟，皆坚辞不就。高启被征修《元史》，最初曾兴奋过一阵子。后来亲眼目睹朝廷中种种景象，热情骤减。旋亦与谢徽一起借故辞官归里。朱元璋是个胸襟有限的皇帝，鉴于对吴中士大夫有所反感，加上他们的不合作态度，越发大肆迫害这些曾经鄙视过自己的文人。而苏州为中心的文人，对明王朝多少存在一些情感上的距离，也在情理之中。直到晚明，文人的结社活动，也颇有点清高意趣和不合作的潜意识，在富贵之间，并不是所有的文人都想兼得。这既有历史情感的延续，也有因为经济上的独立与发达引导思想上独立的原因。当时三吴的主要文社有邑社、南社、知社、匡社、求社、风景社、昭能社、东华社等。但是，有些社事活动在后人的记载中无意间得到了政治上的拔高，如几社，杜麟征、夏允彝、陈子龙、李雯、周立勋、宋存楠等结社，是上代松江文人小集团的延续，并没有远大的政治理想。所以，“先君中副车，与诸下第南还，相订分任社事，昌明泾阳之学，振起东林之绪，以仰副去邪崇正之新主”[①]的记录，有些不符事实。比较而言，松江文人结社是传统的也是富家子弟之间的雅趣结合。吴中的文人结社，大致也是这样的情况。如徐鸣时、姚宗昌等人的结社。于是，三吴文社，各自有一定的经济实力为依托。甚至有临时性的大规模主题活动，如魏学礼等人的结社。而张溥与张采，是既不是文化世家，更没有经济实力，惟有真正的朋友，才能成为事业上的同调。于是，同窗读书，是“二张”组织文社的先声。同样的生存环境和经济条件，共同的读书目标，促成了两人的心灵相通。对制艺时文的不满，对明季经学甚至整个明代学术风气的忧虑，启迪了“二张”对真儒学的思虑。于是，需要寻找学问上的同调，制艺文章取向上的知音。所以，“二张”展开了一系列的活动，发现并结交常熟唐市杨彝、太仓双凤顾梦麟与金坛金沙周锺，是这系列活动中最重要的环节，成为以张溥为中心的文人结社前奏。

第二节　唐市应社的成立

唐市位于今天江苏常熟，地处阳澄湖北太仓与常熟连接的中心点上，水陆交通极为发达，是明清时期江南富庶的大镇之一，有“金唐市”之美誉。行政区划调整以后，唐市镇被撤销，划入沙家浜镇。明清易代之后，顾炎武曾在这里授徒，也从这里走向外埠访学联络。当时居住在唐市的文化名流二十余人，为顾炎武饯行。常熟名士杨彝就居住在唐市，其凤基园读书处位于镇东南，占地五亩。镇北就是柏起宗的柏园（原占地四十亩，今残存约三亩，称飘香园）两处遗迹犹存，西北距离毛晋汲古阁仅二公里左右。汲古阁旧址在今沙家浜风景区内，旧时的地名横泾镇。三面环水，运河连接着苏杭等大郡。现在只剩下一些遗迹和仿古建筑，然材料多是历史遗留，修旧如旧颇有风范，常有影视剧组来此取景。常熟最大的湖泊昆承湖（又称隐湖），距离此地一公里左右，汲古阁门口

---

① 杜登春《社事始末》。

有河通达。张溥社会活动最重要的开端就是筹建应社，应社的筹建就在唐市凤基园，是“娄东二张”与杨彝、顾梦麟频繁聚集之地。在社事活动的过程中逐渐培养了张溥社会活动家的胸襟气度，锻炼了处理社会事务的能力，具备了士林领袖的素质。

一、张溥与应社酝酿

应社是一个复杂的文人社团，它的筹建也有一个曲折的酝酿过程。对于应社的筹建、发展演变，前人的记载也颇为凌乱。有的说应社是拂水山房社的延续：“拂水山房社为应社之前驱。陆树楠《三百年来苏省结社运动史考》、朱倓《明季南应社考》，均以影射受拂水社影响。”[①]应社成立之前，诗社、文社已经遍及全国。比较有规模影响和存在时间较长的有万历后期建立的拂水山房社、匡社，在江浙皖一带声名极大。而在吴地，大小文社不下十数家，“多者数十人，少者数人，谓之文社”[②]，研习时艺，互为师友。拂水山房社只是其中之一，影响最大，规模可观，但并非应社的前驱或先声。张溥在他的七录斋中潜心研读，并没有关注外面的这些文社，“时三吴文社，人人自炫。溥一不之省，独与张采订交”[③]，也没有创建文社的想法。只有与张采共同读书一段时间之后，才有了走出去的考虑。与张采的订交，是张溥走出书斋的开始，也是组织文社的第一步。与张采一起展开对外联络，是应社组建的初步启动。而选择交往的对象，将直接关系到文社活动的成功与否。因此，张溥、张采开展的联络活动，成为应社筹建的关键。在应社成立之前，张溥有四个重要活动，对日后组织应社和扩大复社影响至关重要。

其一就是与顾梦麟的交往，成为应社成立的前奏，也是“二张”打开交往窗口的重要环节。因为，顾梦麟长于张溥十七岁，与杨彝一起，在学界已经具有广泛的影响。虽然没有明确的记载郡城杨廷枢、金沙周锺等人的学术活动，但杨彝、顾梦麟可能知道。而局限于太仓一角的“二张”，未必知晓。顾梦麟（1585—1653），字麟士，人称织帘居士，太仓双凤人。家境清寒而治学谨严，是典型的乡间贤士，后应常熟唐市的杨彝之邀，到杨彝庄园凤基园共同探讨学问。由于长期居住在凤基园，顾梦麟与杨彝著书立说倾向一致，几乎不分彼此。清初汪琬

---

① 郭绍虞《照隅室古典文学论集》上编《明代的文人集团》第589页。

② 陆世仪《复社纪略》卷1。

③ 同上。

为两人作传，写成了合传，亦可见关系亲密。张溥对贫而好学之士极为尊重，与顾梦麟交往后便经常造访顾家。“麟士结茅凤里，室仅盈丈，题曰织帘，粪除清洁，花木四植。余每登临其堂，旬日忘返”[①]。需要说明的是，“织帘”与“织帘居”不是一回事。顾梦麟在太仓双凤里的住所才是他的家庭所在地，里面有个斗室，顾梦麟题为“织帘”，原因是在常熟唐市的杨彝凤基园内，有专门供顾梦麟读书生活的建筑，为“织帘居”。张溥虽然比顾梦麟小十七岁，其学问为人已经受到顾梦麟的敬重。

其二是通过顾梦麟结交杨彝，为文社的组建和影响的扩大准备了重要条件。杨彝比顾梦麟又长二岁，生于明神宗万历十一年(1583)，以学问人品在常熟具有相当的影响，于张溥来说，长十九岁，堪称长辈。在钱谦益遭受多方打击后名声受到严重影响，杨彝和顾梦麟几乎成为常熟学界的代表人物，汪琬在《杨顾两先生传》中有公正的评价，并详细记载了明亡后顾炎武出游时杨彝、顾梦麟、万寿祺等二十一位士子饯行和为文送别的情状。可见，杨彝、顾梦麟实际成为当地的学界领袖，以至于“凡四方贤公卿大夫有事于吴者，必请两先生相见”[②]。顾梦麟的养子顾湄为杨彝作《杨子常先生行状》说：“幼奇颖，从博士学，奋励刻苦。暑夕，尝以两足纳巨瓮中，诵读不稍懈。”[③]顾湄虽记载杨彝与三吴名士为文社，就所居之园有亭名应亭，因曰应社。其实这表述不甚确切。杨彝的庄园为凤基园，在常熟唐市镇的东南角，占地面积不超过五亩，今天在唐市的繁荣街尽头、尤泾河与语濂溪交叉口，当地人犹能指示。应亭只是凤基园中的一个建筑，与其中的“织帘居”“凤基楼”一样。其中的凤基楼为杨彝的藏书楼，与钱谦益绛云楼、毛晋汲古阁同意但规模不能比拟。杨、顾的影响地位，当然大于初出道的娄东“二张”，这为应社的迅速扩大影响并吸引重量级人物参与，起到了示范作用。于此足以说明，与顾梦麟交游，是认识杨彝的关键。结交杨、顾，不仅是结交了学术研究上的同调、文社活动上的同志，还获得了活动的物质保障和交通便利。因为常熟的唐市，水陆交通方便，经济发达，商贾云集，是重要的商品集散中心，也是文人学士经常光顾的地方。因为商人财主具有经济实力之后，考虑的是风雅，是结交文人学士。唐市柏起宗(号小坡)的柏园，占地四十余亩，亭台楼阁、花卉草木冠绝一时，所创造的幽雅环境和配备的歌舞男女，对

---

① 张溥《七录斋近集》卷 4。

② 汪琬《尧峰文钞》卷 34。

③ 归庄《归庄集》附录《年谱》引。

以风骚自命的文人具有很强的吸引力。“凡吴中骚人墨士，琴师棋客，咸集于中。园之主人每夜张灯开燕。家有男女梨园，按次演剧。……虽王侯亦不过此”①。今到唐市，已经不能看到柏园的旧貌，但从遗址遗迹和现存“飘香园”规模②，依稀可以想见当年的盛况。在复社成员中，柏起宗似乎并不活跃，生平事迹亦难以稽考，但与杨、顾均有交往，且与东林人士过从：“柏起宗，字是观，以高才生循例入太学。家世素封，能折节读书，与顾尘客、杨子常、顾麟士游，善吟咏。”③说明，富家子弟，读书风气是有意识培养起来，并着意与文士名流交游，以证明自己的风雅。不仅风雅，也且能干，可以托付君国大事，是实用的人才。从柏起宗与顾大章、杨彝、顾梦麟等人交往来看，年资应大致相当。再看柏起宗的《东江始末》中述论毛文龙被杀事件，可以明确看到柏起宗具有的军事谋略和全局眼光，极有可能柏起宗到过东北，参与过袁崇焕的经略辽东。由此也可见，柏起宗在辽事过程中，是个重要的幕僚，熟知整个战局和变化过程。同时，也为文士的交际、吟咏提供了一定的物质条件和创作环境，值得欣赏。

其三，吴伟业成为入室弟子，是后来复社向心力爆发的先兆。因为吴伟业是张溥门人，复社成员，崇祯四年(1631)的榜眼，得到皇帝的关注，既扩大了张溥的影响，也提高了复社的吸引力，对日后复社的发展极为有利。“伟业以张溥门人，联捷会元鼎甲，钦赐归娶，天下荣之”④。吴伟业，才华能力佼佼者，少年为文，得到张溥的高度评价。顾湄在《吴梅村先生行状》中说：“先生有异质，少多病，辄废读，而才学辄自进。迨为文，下笔顷刻数千言。时经生家崇尚俗学，先生独好三史，西铭张公溥见而叹曰：‘文章正印，其在子矣！’因留受业，相率为通经博古之学。”⑤由此开始了师徒同学的经历，并以儒家推许的经史为正宗而钻研。同时，吟咏之事，在张溥的指导下，也由此进入佳境。吴伟业一生以诗著称，以此为发端。而吴伟业于崇祯四年榜眼及第，不仅为师门增光，更是将张溥、复社与科举成功联系起来，对于正在苦苦攻读追求功名的诸生来说，其吸引力可想而知。

其四是与周镳订盟，是应社走向实质性团体的开端。周镳，江南金沙(今江

---

① 道光《唐市志》。

② 由于行政区划的变革，唐市并入沙家浜镇，但唐市镇的街巷与风貌基本保留。新编《沙家浜镇志》第604—605页对柏园到飘香园的因革有较为详细的记载。

③ 光绪《唐市志》卷上“处士”。

④ 陆世仪《复社纪略》卷2。

⑤ 吴伟业《吴梅村全集》附录。

苏金坛）人，家族中名人辈出，而自己也聪颖好学，致力于经史研究和文章作法探讨，对晚明“时文”颇为不满，取向与娄东相似。得到周锺这样的朋友，不仅使张溥的学术思想更加成熟，更使张溥得到了一位强有力的帮手。如果说与张采同郡同城，交往比较便利的话，吴伟业也是太仓人，居里与张溥相去无几。而金沙则与太仓相去五百里，在当时的交通条件下，往返一趟，殊非易事。正是周锺的组织作用，将应社的骨干与上下江的文坛领袖相联系，准备了广应社乃至复社的基本力量。天启三年（1623）的“二张”访周，与当时的治学及科举导向有关。与周锺交往并得到相助，奠定了张溥在诸生中的领袖地位，也是张溥成为应社、广应社、复社领袖的前奏。更重要的是，“二张”与周锺结盟，是复社学术乃至政治思想统一的重要一步，“三人小组”也是日后文社的组织基础。只是后来由于张采任职临川，一些工作未能参与。然而，吴昌时及时填补了张采在应社中的位置，并且抱有更大的志向，穿梭于公卿之间，将社事的职责推给了张溥。“时娄文卑靡，两人有志振起之。溥矫枉过正，取法刘知几、樊宗师，岁试乃蹶。闻周介生倡教金沙，负笈造谒。三人一见，相得甚欢，若故旧。辩难五昼夜，订盟乃别”[①]。这次见面的结果是，张溥改变了原来的治学途径，更尚经史，试乃冠军。在科举考试的事实面前，张溥意识到金沙周锺通时变尚经史治学方法的正确性，也使张溥学术和政治思想逐渐形成。就科举层面而言，张溥与周锺的这次探讨，实际是对晚明科举考试导向的预测，而预测的结果居然和明思宗即位后的取士标准变化一致起来，以至于在崇祯朝大量复社成员中举、中进士，甚至名列三甲，均与这次学术思想的转变有关。

崇祯即位于明王朝风雨飘摇之际，从其兄熹宗朱由校手里接过来的是一个烂摊子，是宫廷、吏治、民生、夷情、边备事事堪忧的局面。尤其是天启朝阉党专政的大规模杀戮正人君子，朝廷几乎到了无人可用的境地，真正的人才，或老去，或被杀，或远戍，几近灭绝。仅存于世的几位也年事已高，急需大量人才充实官僚队伍。如此，决定了崇祯朝的科举，具有选拔经世致用人才的特色。而应社初期的核心人物，以儒为宗，经世致用，正好与崇祯的求治需要相一致。当然，这里有一个关键的人物，看透了皇上的心理，对科举导向起到了最重要的作用，他就是周延儒，崇祯朝首辅中唯一具有政治家头脑的人物。

虽然吴伟业在张溥、周锺等人身边是晚辈，但年龄仅小张溥七岁。他没有

---

① 陆世仪《复社纪略》卷 1。

直接参与应社的早期活动，但才干能力使他后来成为复社的中坚。而"二张"、周锺、顾梦麟四人，已经奠定了应社的基本，为中国第一文社的出现，准备了核心力量。

造访唐市，结交杨彝与顾梦麟，为创建诸生尊经复古的协作组织应社预备了学术人脉。定盟周锺，为日后的文社活动准备了组织基础。

二、张溥与应社成立

天启四年冬，在江苏常熟东南、太仓正西的唐市，周锺、杨彝、张溥、张采等聚集在杨彝的庄园——凤基园，成立了研修经典的机构——应社，一个研究经学的学术沙龙，这是应社同仁相标榜并努力这样做的。但是，实际上的应社活动，更具有广泛的社会文化蕴意，成为日后复社政党化的肇始。应社之初，只是个学术团体，人数不多，"合吴郡、金沙、槜里（今嘉善）仅十有一人，张溥天如、张采来章、杨廷枢维斗、杨彝子常、顾梦麟麟士、朱隗云子、王启荣惠常、周铨简臣、周锺介生、吴昌时来之、钱旃彦林，分主五经文字之选，而效奔走以襄厥事者，嘉兴府学生孙淳孟朴也，是曰应社"[①]。这些人是应社的核心，最积极活动的是金沙周锺。"共推金沙主盟，介生乃益扩而广之……于是应社之名，闻于天下"[②]。其命名本意，实源于《周易》之"同人"卦。"同人，柔得位，得中而应乎乾，曰同人。同人曰：同人于野，亨，利涉大川，乾行也。文明以健，中正而应，君子正也。唯君子为能通天下之志"[③]。同人卦位于否卦之后，具有否极泰来的期待。张溥在应社中的分工是主《易》，可见对《易》的研究，已经在诸君子中称首。应社取名，是张溥对《易》研究的成果。否卦的意思是阻塞，阴阳不交，万物不生，小人据内，君臣阻隔，不能意志相通，不能行君子之道。而否卦的前面是泰卦，天下苍生平安无事。联系明王朝的变迁，恰是轨迹如卦序。万历后期，即进入灾难时期。那位神宗后期虽难得上朝处理政务，但一切动静全在掌控之中，内阁六部并没有什么权力。所以，国本之争、梃击案相继发生。朱翊钧迟迟不立皇长子为太子的理由就是等待皇后生子，可他常年与皇后不见一面，子从何来？这是典型的否。而万历四十八年七月二十一，神宗去世，朱常洛即位，也是在郑贵妃的阴谋中，仅四十天就撇下他的臣民，可以说是否到极点了。天启初年的政

---

① 朱彝尊《静志居诗话》卷21。

② 陆世仪《复社纪略》卷1。

③ 《周易正义》卷2。

局，堪称众正盈朝，天下望治。应社之取名，与这一时代背景正好一致。表面看，是志同道合的书生无权无职，只是在野闲人的雅聚。而“文明以健，中正而应，君子正也”一句，说明了不是一般的朋友雅集，而是文明有修养的中正君子的雅集。而且，是具有对社会和个人命运某种期待的集合，是在野君子与在朝君子的遥相呼应。不幸的是，朱由校这位被急忙推上皇帝宝座的少年，根本不具备当皇帝的素质，只是一个玩童而已。“上性好走马，又好小戏，好盖房屋，自操斧锯凿削，巧匠不能及，又好油漆匠”①。这位朱由校当皇帝，是严重的专业不对口，行事乖张也就难免。在位七年，荒唐愚昧的程度，历史上除了唐僖宗就很难找到可望其项背的君王。

需要说明的是，前人记载文人社团活动的资料，往往是事后补记，存在时间上的紊乱或事实的不清。如同吴江和贵池均有复社人“名录”一样，各家的记载有很大的出入。不仅因为记忆的问题，还有资料运用的原始程度问题，个人的情感倾向问题。如陆世仪的《复社纪略》中不乏微词，且将自己的姓名故意删除，以证明自己摆脱了与复社的关系。有学者认为，是因为复社染上了“党附相援”、燥名科举的习气，“故此陆世仪拒绝与复社来往”②。复社未必要求成员从头到尾一直参加活动，更不是坚持参加全国性的活动。凡署名复社，参加过复社的活动，自然就是复社成员，不论陆世仪承认与否。客观讲，孙淳并没有参加应社的早期活动，朱彝尊《静志居诗话》说他为应社奔走，是指后来孙淳在复社创建活动中担当了如同秘书长的工作。从张溥的叙述中可以推定，孙淳为之奔走的应社，已经发展为广应社③。

应社的宗旨是尊经复古，矫治文风，故唐市立社，分工究经，各有专攻，合作交流。早在“二张”订交之时，基本方略已经确立。现在虽不能看到唐市活动的准确记载，但从后来的南应社讲经交流的情形可以推知，唐市的应社活动，或有时在张溥的七录斋，社人相会，交流心得，互相诘难，是应社同仁溯宗求源的治学方法。

从“二张”订交到应社开展治经活动，前后跨五年，主要人物是杨彝、顾梦麟、张溥、张采、周锺。主盟为周锺，杨彝年为最长，“而独以凡例为天如手定，盖

① 李逊之《三朝野记》卷 3。

② 葛荣晋、王俊才《陆世仪评传》第 24 页。

③ 张溥《七录斋诗文合集・存稿》卷 3。

两人相信，在语言文字之外，别有契合也”[①]。而在周锺的联络结交活动中，杨廷枢、吴昌时、钱旃、朱隗、王启荣、周铨也在应社早期活动中成为核心人员。整个组织过程，张溥是结交各方人士的核心，周锺起到了组织发动作用，而成立应社时十一人同时在杨彝的凤基园应亭之上，抑或后六人在应社成立之后的活动中加入，目前没有明确的史料。就张溥《五经征文序》所言，当是十一人同时在场而分工协作。“应社之始也，所以志于尊经复古者，盖其志也。是以五经之选，义各有所托。子常、麟士主《诗》；维斗、来之、彦林主《书》；简臣、介生主《春秋》；受先、惠常主《礼》；溥与云子则主《易》”[②]。应社的基本组织形态和治学活动，从此正常展开，则应视为十一人组成了应社的最初机构。组织发展工作，也渐次分头进行。

通过以上的梳理，可知应社成立的基本过程。尽管诸人中只有朱隗、王启荣、吴昌时、钱旃与张溥年龄相当，余六人均长于张溥。长于张溥者心在学问，无意于更多的社会活动，如杨彝、顾梦麟；同龄人与张溥相比，少了些社会活动的灵活性。还有很重要的一点，即张溥得到了金坛周锺的竭力支持。张溥治学勤奋为众人推许；广为结交显示了较强组织协调能力；跨年龄超地域联络表现出社会活动家的胸襟，成为应社的实际领导者。其社会活动家政治家的气度，奠定了日后成为复社领袖的基础。

第三节 张溥对应社壮大的贡献

应社只是研究经史的学术组织，分工治经，合作交流，根本的目标还只确定为博取功名，尚未采取走向全国的步骤。但有一点很清楚，就是对当前的学风不满，需要转换态度对待经学，将治经的方法调整一下。然当下经学出现的问题、根本的原因，杨彝与顾梦麟明白一些，没有点明，只是付诸行动，成了“杨顾学”。而其他成员，包括“二张”和周锺，只是对文风不满，尚未追究其根源。随着探讨的深入与经学知识的积累，对外了解的扩大，逐渐发现了问题的实质，在于“大全”引导的科考走向，诱使各层级的学人对经术不求甚解，士风于是浮躁。为此，“二张”、周锺等人，一方面提高“杨顾学”的影响力，努力展示学术正宗；另

① 陆世仪《复社纪略》卷1。

② 张溥《七录斋诗文合集》《存稿》卷3。

一方面广交朋友，从太仓、常熟、苏州到无锡、金沙、常州。应社核心人物的广泛社会活动，奠定了这个文人组织的发展基础，也确立了建立文社联合体的发展方向。

一、联合南北应社

应社成立后的社事活动，既有集体讨论的形式，也有三两结合的研讨。而社务活动的情形，则与个人的活动能力和社会影响力有关。在天启年间的血腥杀戮中，不仅十三君子先后遇难，更是对明王朝政坛正气的毁灭性打击。没有特殊的社会环境和朝廷上下的共同努力，很难树立正气以延缓明王朝的灭亡。还好，朱由校的最后一丝清醒使朱由检即位成功，不唯延长了明朝的历史，也为保善类之种子、续正气之命脉留下了些许余地。在不能直接关注朝廷大事，功名未就的情况下，娄东“二张”将主要精力用在研习经典和揣摩制艺之上，同时也注意着世风变化。

从张溥的一些叙记中可以发现，张溥虽然研究《易》，实更关心风俗时运和社会现状：“风俗之不古也，士子为甚。逆珰之乱，献谄造祠者，倡于松江；奴酋之横，开城乞降者，见于永平。于是天下争言士子之变，沦胥已极，几甚于尧时洪水，周初之猛兽。要之，此其人不足以谓之士子也。其人虽含气之属，久绝于生民之理。名之以人，而人不与；归之于地，而地不受；苟欲列而谓之士子，则天下之为士者惧矣。”①就是说，社会风气主要是由士子引导的，而当今的士子实不足以担当引导世风的责任，原因在于士子本身的风气就不正。更重要的是，张溥看到的士子风气问题，并非看到了一般读书人，而是关注了读书而成为有权有势并利用权势做坏事的人，从魏忠贤生祠之遍及全国要郡，可见一斑。当时对魏忠贤的阿谀奉承，到了疯狂的地步。天启四年方中进士的潘汝祯，首先向皇帝提出要为魏忠贤建生祠倡议，天启皇帝居然说了句“普德”，就是到处可以修建的意思。皇帝没什么文化，潘汝祯可是饱读诗书接受儒家正统教育出来的人才。为魏忠贤建生祠的事办成了，潘汝祯升任南京刑部尚书。从中进士到当上尚书，仅仅二年多。开了这个先例，大大小小的官员趋之若鹜，纷纷效仿。应天巡抚毛一鹭建生祠于苏州虎丘山塘，蓟辽总督阎鸣泰建生祠于蓟州等等。一时间，魏忠贤的生祠在全国各地像雨后春笋般冒了出来，甚至黄宪卿建魏忠贤生祠于宣武

---

① 张溥《七录斋诗文合集·论略》《正风俗议》。

门外，李春茂建生祠于宣武门。皇帝祖坟边甚至建了魏忠贤的生祠。而这，都是所谓风雅之士读书科举出身的官员们的杰作，士林精神，毁坏殆尽。

正风俗须先正士风，正士风须先正学风、正文章。而代表当时文章正印的是豫章、莱阳与吴中。张溥所关注的文章正统，实际也就在这些地方。吴伟业说"余幼执经张西铭先生门，即知莱阳之文章，与东吴、豫章埙篪应和"[①]。即张溥二十余岁，赞许的天下文章，仅有豫章、东吴、莱阳而已。而张溥努力结交的，也正是这些地方的文士，成为应社组织以及应社学术主张走向全国的重要环节。

与此同时，应社在苏州的核心人物杨廷枢、朱隗等人，不仅在诸生中享有较高的威望，在市民阶层中也有很强的号召力，直接发动群众、组织市民抗议逮捕周顺昌。"诸生杨廷枢、王节等前述士民意，抚按战栗不语。一尉厉声曰：'今日事与秀才何预！'诸尉各举械将击诸生，忽一人从人肩上跃出，拽拳奔堂上，急持尉之挺械者。复有四人继出，一跃登堂，遂与诸尉殴，士民喧从之"。这就是明代历史上著名的苏州"开读之变"，是书生与市民联合反抗阉党暴政的壮举，数十万苏州士民参与这场运动，以至在京城的魏忠贤大为震惊曰："财赋尽在江南，奈何？"[②]这件事，是应社乃至复社走向政治斗争的开端，奠定了复社政党化的基础。从应社发展到广应社，及广应社在全国影响的扩大，苏州的"开读之变"对全国富有正义感的文人具有精神上的凝聚作用，是将文人精神和文社活动中心引向苏州的悲壮之举。

杨廷枢不仅是这次民众运动的领袖，也是苏州诸生的领袖，在苏州扩展了应社的实力。杨廷枢（1595—1647），字维斗，崇祯庚午（1630）乡试第一。"领解之后，声誉日重，门下著录者二千人"[③]。根据这一记载，则杨廷枢中举之后的一段时间内，门下有二千人，而在中举之前，杨廷枢已经具备相当的影响力。应社成立后，杨廷枢实际是苏州的社目，按照张溥的说法："溥自丙寅（1626）以迄庚午（1630），出入必与维斗俱，明经、贤书二录，亦幸同列名，驰驱江浒，徘徊京国，风雨鸡鸣，议论不倦。"[④]此丙寅指天启六年，则杨廷枢在应社成立后，一年有余在苏州联络文士，探讨制艺，由此形成了郡城的"应社十三子"，即杨廷枢为首，

---

① 吴伟业《吴梅村全集》卷59《宋玉叔诗文集序》。

② 李逊之《三朝野记》卷4。

③ 朱彝尊《静志居诗话》卷21。

④ 张溥《七录斋近集·杨年伯母侯太孺人六十序》。

别有姓氏未见记载的十二人。

因为张溥与计东均记载到江北应社的活动，但从主要人物名单看又不是一回事，这里有必要对南应社与江北应社的有关叙述做简要的梳理。到复社成立之际，应社的活动形态主要有：(一) 杨彝、顾梦麟、张溥、张采、钱旃、吴昌时、杨廷枢、朱隗、王启荣、周铨、周锺的应社，这是早期的应社，也是应社的本体，经常活动于张溥的七录斋和杨彝的凤基园，以及柏起宗的柏园，是应社的核心。(二) 以杨廷枢、徐汧为首的郡城应社。即前文写到的，应社成立之后，各自开展活动时发展的成员或举行的活动，均称应社。据张溥《应社十三子序》可知，郡城应社有十三人，以杨廷枢为核心。从发展的角度看，郡城应社是应社的分支机构。(三) 娄东十子。一般研究者没有注意到这样的描述，而应社的娄东十子(此"娄东十子"是明代天启间文社，并非清初诗坛的"太仓十子"。吴伟业所序诗集的"太仓十子"是清康熙初年的临时文学团体)，是客观存在的应社分支机构，核心是张溥和张采，期间当有吴伟业和陆世仪等。(四) 匡社。匡社早于应社而独立活动于长江下游的南岸地区，是苏州的徐鸣时与贵池的吴应箕为首，"先是贵池吴次尾应箕与吴门徐君和鸣时，合七郡十三子之文为匡社，行世已久"①。而这个匡社容易引起误会，以至于陆世仪将它区分为江北匡社和吴门匡社，今学者也有承认其为二匡社者，如郭绍虞《明代的文人集团》。实际上匡社只有一个，主要的活动区域在吴门，就是陆世仪所说的"时三吴文社，人人自炫"中的一个。由于周锺的活动，匡社逐渐演变为应社的分支机构，但其独立性远在郡城应社和"娄东十子"之上。以上的分散活动情况，就被学者描述为南应社，因为他们的活动相对集中于长江以南地区，核心是吴中地区。以上诸个应社(或不称应社)，即是笼统的南应社。

与南应社相对应的有一个江北应社，实际上是临时性的集合。这话似乎有些不通，但为了方便叙述，且如此说。江北应社是活动于河南以商丘为中心的文社，主要人员有刘伯愚、吴伯裔、吴伯允等，也是以江南应社人员为核心，是在张溥影响下定名的活动形式，主要组织指挥者就是张溥。江北应社定名和选文活动，张溥在《江北应社序》中有描述。以选文为依据，江北应社的人物也成为应社成员。虽然选文是商丘的刘伯愚、吴伯裔、吴伯允所完成，实际操控者是张溥。不过，计东《上太仓吴祭酒》明确说："大江以南主应社者，张受先、西铭、介

---

① 陆世仪《复社纪略》卷 1。

生、维斗。大江以北主应社者，万道吉、刘伯宗、沈眉生”[①]，似乎很清楚地划清界限了，但并没有说明白应社扩大的过程以及广应社与各地应社活动的关系。简单说，南应社各分支的活动，精神上的依归是张溥，包括上江地区的活动。而江北的应社活动，既有万应隆、刘城、沈寿民在安徽地区的活动，也有刘伯愚、吴伯裔、吴伯允等人在河南地区的活动，张溥成为实际的组织者。不过，前者是应社在安徽的发展活动，后文将简单梳理。而后者是独立的江北应社，其选文结集，均由张溥为序评点。上江文社本身就有错综复杂的关系，与应社的关系又处于变化之中，梳理殊为困难。简单说，江北应社与南社有重叠，南社与匡社有重叠，匡社与江南应社有重叠，江北应社是一个有时段性的组织，复社成立后，基本不再活动。

可见，张溥不仅是太仓应社成员的核心，也是郡城苏州应社、上江文社、江北应社的中心。于是，应社活动已经从唐市延伸到苏州、安徽、河南等地，成为一个松散的联合体，组织者、核心人物是张溥，这为日后张溥成为广应社领袖奠定了基础，也初步确立了张溥未来复社领袖的地位。

张溥《应社十三子序》："予读郡城十三子之文，而有感于应社之道不可以忽也。志成于昔年，而事大于今日，维斗始之，十二人广之"[②]，说明应社早期的十一子，各自有发展的行动。杨廷枢在苏州，即当时的郡城，"二张"主要在娄东，并向东南联络，直到松江、青浦、嘉兴。孙淳此际加入应社活动，并在后来的复社发展中联络江北地区。"二张"与孙淳结交，在应社时期。张溥代张采作《国表序》有言："予与天如之识孟朴，在七年以前。"[③]该文至迟作于崇祯四年，说明"二张"与孙淳交往有年，当在天启四五年间相识订交。周锺则主要发展江右地带，将吴应箕、徐鸣时等人的交际圈联络到应社之中。到天启末，应社在大江南北的分支机构纷纷建立起来，或者是应社初期骨干组织，或原有结社并入应社，或举社加入而保持独立性，已经并具备了联合的条件。

稍后吴昌时、钱旃、周锺等积极活动，接纳了匡社、则社等形成影响全国的广应社，"当其始取友尚隘，而来之（吴昌时）、彦林（钱旃）谋扩大之，迄于四海"[④]，于是有了广应社，成为后来复社的主要力量。前人所述，应社的人数、存

---

① 计东《改亭集》卷10。

② 张溥《七录斋诗文合集·存稿》卷1《应社十三子序》。

③ 张溥《七录斋初集》卷3《国表序》。

④ 朱彝尊《静志居诗话》卷21。

在形式等颇有出入，有必要作“别传”。

以凤基园、七录斋为中心的应社，有共同的专业：治经，有固定的场所：杨彝庄园、柏小坡之柏园和张溥书斋，有主要目标：功名，有明确的针对性：矫治文风。事实是，应社的主要人物均编纂或撰写了关于儒家经典的注说，如张溥《周易注疏大全合纂》、张采《周礼合解》、杨彝《四书大全节要》、杨廷枢《易论》、顾梦麟《诗经说约》等，可见，经学研究成果颇丰。正因为他们的读书研究深入而扎实，受到远近同调的重视，学术中心的辐射作用逐渐显现。

二、沟通上、下江

应社成立于常熟的唐市，发展扩大于吴门，并影响出一个江北应社。但要成为波及全国的文社，需要更多地域的文人和文社加入。其中，江北应社成立并成为应社的分支，如前所述。而关于应社的上江分支匡社和重要活动家万应隆、刘城、沈寿民和沈士柱等人的结社活动，叙述殊为困难，因为他们均是文社眉目，各自有自己的活动范围和基本力量。

如果说成立于唐市的应社是知己之间的组织，而河南的江北应社则是一个偶尔集会的文会。平时他们各自研究经书，撰写体会，合乎八股取士的样板，偶尔将个人的学习论述结合评选，相互辩驳，以求提升。河南刘伯愚、吴伯裔、吴伯允等人组织的应社已经纳入张溥的影响之下，张溥在《江北应社序》中回忆崇祯五年(1632)与杨伯祥在京师的交游：“千子、让伯、延仲选江北文成，贻书言指，不出余臆论。兼以应社为名，取余始事数子之约，期于白首兄弟无间言也”[①]。说明江北的河南商丘一带早有文社活动，而此江北应社成立的时间晚于江南应社，成为应社在江北的一个分支机构，在广应社、复社存在的过程中以小团体的形态活动。但上江的应社活动，北邻中原，南接豫章，名流众多，将之纳入应社，并非易事。

如杨廷枢在郡城的召集活动，具体有那些人已经很难考证，但可以肯定多是苏州人。“予读郡城十三子之文，而有感于应社之道不可已忽也。志成于昔年，而事大于今日。维斗始之而十二人广之”[②]。

以贵池吴应箕和苏州徐鸣时为核心的匡社究竟有多少人，也没有明确的文献记载。从这一事件可以看出，在凤基园成立的应社，并没有约束每个人的研

① 张溥《七录斋诗文合集·近稿》卷1。

② 同上。

究交流活动，除杨廷枢外，周锺在上江也有广泛的活动。杨廷枢为首的“应社十三子”，与凤基园（有时也在七录斋或柏园）活动的应社十一子往往是“兼职”的，此时的核心人物是周锺，凤基园或七录斋应社与郡城应社，加上各自交往的同仁参加活动，就被后世文献描述为南应社。而南应社结构松散，人员也有变化，尚不是影响全国的文社。于是，东西横向联系的匡社，受到了应社核心人物的关注。其中，需要过渡，需要有人联络组合。扮演这一角色的正是金坛的周锺。在周锺的活动力和张溥的影响力共同作用下，匡社最终成为应社的分支，即前辈学者所称的“南应社”的一部分。

匡社的主要人物是贵池吴应箕和吴县徐鸣时，活动时间甚早并有较大的影响。这两个主要人物跨上江和下江，成为长江中下游文坛的领袖人物。尤其是吴应箕，不仅联系上、下江的广泛区域，与江西文社陈际泰、艾南英等也有交往，是后来复社的重要组织者之一。将匡社纳入广应社旗下的是周锺，而匡社主要人物所尊重的人物，依然是张溥。

作为匡社核心的吴应箕，同时也是南社的核心。南社也是独立性较强的早期文社，成立于万历四十八年（1620），是上江地区的文会形式，其组织形态比较松散，重要人物是刘城、万应隆、沈寿民、沈士柱、吴应箕、蒋臣。参加南社活动的主要是贵池、宣城、芜湖诸生，除上述诸人外，尚有沈寿国、邵璜、赵初浣等二十余人。与匡社不同的是，南社的活动不是有组织经常性的，主要是组织者万应隆、沈寿民和沈士柱临时约会衡文而已。正是在匡社和南社兼职的吴应箕与周锺、钱旃、徐鸣时等人的联系，影响了南社成员，使南社实际成为应社的组成部分。这一点，从张溥《刘伯宗房稿论文序》《程楚石程墨选序》《吴于民稿序》《沈眉生稿引》等文中可以看到，虽然上江文人的年龄多长于张溥，但张溥受到了他们的普遍尊敬，实际已经成为上下江文社的共同领袖。由于周锺的联络交往，本来与江西艾南英议论不协的吴应箕、徐鸣时很快接受了应社的主张，并在组织形态上认可了应社的方略。据计东记载，天启末年的文社组织，“大江以南，应社主要的是张受先（张采）、西铭（张溥）、介生（周锺）、维斗（杨廷枢）。大江以北，应社主要是万道吉（万应隆）、刘伯宗（刘城）、沈眉生（沈寿民）。娄东有应社十子，吴郡有应社十三子。还有五经应社”①。但计东并没有表述清楚，或者为了强调其妇翁吴翩的作用而将应社说得凌乱。简言之，天启末的应社，存

① 计东《改亭集》卷10《上吴祭酒书》。

在着核心组织，即天启四年成立时的十一人，各地建立的是应社的分支机构。或应社社目组织发展起来，如杨廷枢和他的郡城应社。或原有文社而至此改称应社，如江北应社。或沿用原名而加入应社，如吴应箕和徐鸣时为主的匡社。于是，应社已经成为一个松散的联合体——广应社。

在这个联合体中，"组织部长"是周锺。在周锺、杨廷枢、钱旃、吴昌时等人的共同努力下，已经从娄东常熟向长江中下游两岸扩展，形成了广应社。这个松散的社团联合体，没有建立明确的专门组织机构，而是由应社初期的核心成员组织领导，展开联络。陆世仪记载："始周介生（周锺）之应社，社目若茂苑杨维斗廷枢、徐九一汧，常郡荆石兄艮，虞山杨子常彝、顾麟士梦麟，吴江吴茂申有涯、吴来之昌时，松郡夏彝仲允彝、陈卧子子龙及闽中陈道掌元纶、蒋八公德璟咸在列。"[①]在应社活动过程中逐渐形成了以周锺、张溥、张采为核心的领导集体，以上诸人则成为各地的负责人。杨彝、顾梦麟在广应社活动中组织召集作用逐渐淡化，张溥的作用和影响随着广应社活动的展开而提升，最终成为广应社的精神领袖。所以说，应社在建立之初是有组织性的，在发展的过程中渐趋壮大，但结构也相对松散，期待着再次的组织化。

虽然"娄东二张"的社事活动，已经扩展到大江南北，具有一定的区位优势。但它既不是东林书院所在的无锡，也不是文化古都南京，更不是政治中心京师，还是有着较大的疆域局限性。且自古以来，江左一隅，几乎成为前景渺茫气象狭小的代词。唯有走出娄东，跨出江左，联合上下江，北上政治中心，才有可能号召士林，影响天下。这样的契机，出现在崇祯元年（1628）的春闱。

与应社逐渐发展为广应社同步的，是张溥在应社的地位和影响。张溥的才气学识，得到普遍的认可自不必说。不仅在凤基园十一人组成的应社中是实际的领袖，在郡城十三子的应社活动中，也充分尊重张溥。郡城应社十三子文结集，张溥作《应社十三子序》，洋溢着赞美之情。至于上江应社诸子、江北应社诸子甚至闽粤两浙，多位文人的诗集文集，由张溥为序。我们知道，能为他人文集作序，一般是达官显贵、名人学者，这在中国具有悠久的历史。西晋左思《三都赋》成，虽文采飞扬却未得到时人看重，因皇甫谧序而致洛阳纸贵："谧见之嗟叹，遂为作叙。于是先相非贰者，莫不敛衽赞述焉。"[②]张溥对任何好学士子，倾

① 陆世仪《复社纪略》卷1。
② 刘义庆《世说新语·文学》。

心接纳。凡有一善，热情揄扬，“溥奖进门弟子，亦不遗余力”[1]，是说张溥的待人接物，为同人所推重。更重要的是张溥超常的交际能力，从张溥现存二百余篇序文看，不论为他人的文集、诗集、选集、研究著作或生辰作序，均充满赞美、鼓励、颂扬的词汇，容易得到感情上的沟通与接受，这是张溥作为社会活动家的重要修养，也是张溥在“叙年子常居长”[2]“共推金沙主盟”的应社中成为实际领袖的关键[3]。正是在广泛的交际中，张溥树立了自己的形象，不仅才华能力，更是人格魅力，得到了普遍的敬重。同时，张溥的组织协调能力也得到加强，为以后成为影响全国的文人精神领袖准备了条件。

三、北上京都　扩大文社影响

依照今天的行政区划，广应社的影响已经达到江苏、安徽、河南、江西等地，这里是经济文化相对发达的地区，但不是政治中心，没有政治人物的直接或间接参与。于是，崇祯元年的京师活动，直接将文人的结社活动与朝廷政治联系起来，更扩大了广应社的影响，也直接影响到日后复社的发展演变。更重要的是，张溥进京，不仅与同龄文人进行了广泛的接触，与前辈官员，特别是受到天启惨祸影响的前辈官员发生交往，对朝廷政治有了基本的认识，直接影响了张溥社会活动的范围和人格思想发展，对于日后文社组织的规划无疑具有积极的意义。

万历后期的朝政，不仅首辅不得其人，皇帝也消极怠工，不负责任。“神宗冲龄践祚，江陵秉政，综合名实，国势几于富强。继乃因循牵制，晏处深宫，纲纪废弛，君臣否隔。于是小人好权利者驰骛追逐，与名节之士相仇雠，门户纷然角立，驯至悊、愍，邪党滋蔓”[4]。不仅没有培养出合格的皇位继承人，还留下一个祸乱不断的局面让无能的儿子去收拾。朱常洛即位不到一月，撒手人寰。于是，神宗的长孙朱由校被太监从内宫暖阁抢出来扶上了皇帝的宝座。基本人格也未健全的朱由校，能干些什么，可以想见。但在他的统治下能出一个九千九百岁，能够肆无忌惮杀戮那么多正人君子，倒是令人不敢想象。天启七年，朱由校走了，政局发生了变化，呼唤君子人才向政治中心靠拢。经历了天启间的毁

---

① 陆世仪《复社纪略》卷 2。
② 朱彝尊《静志居诗话》卷 21。
③ 陆世仪《复社纪略》卷 1。
④ 《明史》卷 21《神宗本纪》。

灭性打击，朝廷正人君子和人才，可谓凋零殆尽，也使这位天才的工匠皇帝成为中国历史上最难以评价的皇帝之一。明熹宗好玩是出名的，糊涂也堪称天下前几名，还有许多不能说的缘由，他大概不得不糊涂，任由魏忠贤、客氏为非作歹。但选拔人才的科举考试，在天启年间并没有停止，且两届“第一”文震孟和余煌的人品能耐俱有可标举称誉者。更重要的是，快要玩掉小命的朱由校还很清醒的将政权交给自己的弟弟：信王朱由检。说明荒唐糊涂的明熹宗，实际上牢牢控制着政局权柄，于愦愦中保守着朱明王朝的根基。李逊之《三朝野记》载魏忠贤谋危中宫、信王事，心腹王体乾说：“主上凡事愦愦，独于夫妇兄弟间不薄。脱有变，吾辈无噍类矣！”[①]魏忠贤害怕了，打消了念头。可是，权柄把握了，自己的儿子甚至自己的性命没能把握住，将一个无法收拾的烂摊子交给了朱由检。万事待理，百废待兴，纷繁复杂的政局中，朱由检很快梳理出最紧要的大事，有计划有技巧地悄悄展开。尽管魏党也有所察觉，但邪不压正，崇祯终于清除了魏党势力，明王朝的政局出现可喜的变化。先天下之忧而忧的文人具有敏锐的嗅觉，很快闻出了朝堂的新气息。于是，崇祯元年的科考，成为天下英才的大聚会。

天启七年的乡试，文社中的骨干力量多取得好成绩，张采、徐汧、周镳、蒋德璟、罗万藻等均举于乡，张溥等也在乡试中名列高等，被推荐入太学。次年为崇祯元年，春闱中张采、徐汧、蒋德璟、黎元宽等成进士，“皆社中才杰也”[②]。因为这次礼部试广应社的成员取得如此惊人的成绩，引起了时人的关注。入太学、登贤书的张溥、周锺、杜麟征、夏允彝等，在京师形成了声势。尤其张溥的表现，不仅在贡士中具有核心的影响力，也得到了耆旧名宿的尊重。“溥廷对高等，诸贡士入太学者俱愿交欢溥，争识颜面。溥因集多士，为成均大会。是时宇内名卿硕儒前为崔（呈秀）魏（忠贤）摧折投荒削逐者，崇祯新政，后先起废任用，闻知溥名，皆原折节交欢。骚坛文酒、笈筐车骑日不暇给，溥由是名满京都”[③]。陆世仪的这段记载，有三点值得注意：一是张溥的思想和言谈符合皇帝的意思，二是张溥是知识分子新生代的核心，三是张溥在名卿宿儒中具有很高的威望。

能够得到年资相当的文人敬重，张溥的魅力在于品德修养、学识才华和活动能力。而得到名卿宿儒这些长者甚至长辈的青睐尊重，知道张溥之后皆欲折

---

① 李逊之《三朝野记》卷5《天启朝纪事》。

② 陆世仪《复社纪略》卷1。

③ 同上。

节交欢，颇为值得深思。天启四年到六年，大量的正人君子惨死，而存活的也成惊弓之鸟，需要密林的掩护与栖止。广应社已经成为全国性的文社，是耆宿们希望的寄托，精神的依归。正是在这样的氛围中，张溥及时出现在最合适的地方，引起了在野诸生和朝廷权贵的精神向往，已然成为明季朝野的精神坐标和联络枢纽。

张溥在京师的活动，首先是参与朝廷的有关活动。张溥廷对时说什么，怎样说，我们无法知道，因为《崇祯实录》里没有涉及。只知道他的廷对言论得到崇祯的好感，得到高等。甚至三年之后张溥中进士的燕集座次，皇帝亲自决定张溥坐在吴伟业之上。而周之夔、陆文声的公开发难加上温体仁的谋害未能对复社形成灾祸，与此有关。从张溥的成长、学识、言行，俱可看出，他的思想与东林接近，对阉党深恶痛绝。此时恰是崇祯清除阉党势力取得决定性胜利的时刻，张溥的廷对内容符合皇上的心迹，故受到赏识褒奖。这是张溥的一贯立场，在天启十三君子遇害过程中已经明确表达。天启灾祸方兴之时，张溥等诸生们尚在一隅，未必能知天下大事。但是，君子之气能通天下士人之心。应社以尊经复古相号召，以正气和友情为纽带，以君子雅集为平台。而对时事极为关注，也逐渐使得张溥等人对社会政治有了进一步的认识。阉党残害江南君子，周顺昌被逮，苏州民变的组织指挥者，就是应社核心人物杨廷枢、朱隗、徐汧等。"周顺昌被逮，缇骑横索钱，汧与庭枢敛财经理之。当是时，汧、廷枢名闻天下"①。"开读之日，郡中士民送者数万，……日午，至西察院，诸生五百余人，公服立门外"②。在对阉党斗争中，苏州市民颜佩韦、杨念如、马杰、沈扬、周文元遇害，士民为之葬于虎丘之东三里，一年多以前苏州巡抚毛一鹭为魏忠贤建生祠的原址。张溥为写《五人墓碑记》，赞叹五人高义。在行为和思想上，应社同仁与东林君子一致，也就与崇祯当时的倾向相同，故言谈举止必然受到君王的赞同，这就影响了日后崇祯对张溥、对复社的态度。

其次是与各方文士的广泛接触，将广应社的影响扩大到京城、上层，为将来复社的活动建立了人际网络。一方面是与东林系官员的接触，扩大了应社在耆宿中的影响；另一方面，是北直、山左文人的联络，奠定了复社成为全国文社联合体的基础。

崇祯元年四五月份，江南学子在天坛举行了一个盛大的酒会。具体时间难

---

① 《明史》卷 267《徐汧传》。

② 计六奇《明季北略》卷 2。

以稽考确定，万寿祺记为初夏，召集酒会的主人是徐九一（汧）和张受先（采），只有他们两人中了进士。参加人员有杨维斗（廷枢），沈伯叙（明伦），袁公白（征），李存我（待问），秦宏甫（镛），张天如（溥），万年少（寿祺），阎古古（尔梅）。阎尔梅有《天坛集饮偕杨维斗（廷枢），沈伯叙（明伦），袁公白（征），李存我（待问），秦宏甫（镛），张天如（溥），万年少（寿祺），酒主人则徐九一（汧），张受先（采）戊辰夏初事》二首诗记之。诗曰：

江南名下士，选胜集郊坛。苑肃春云静，林深暑月寒。罘罳笼玉峙，星斗绘珠栏。道藏歌新制，仙童对谱弹。

京市交游倦，樽移道院间。花茵秾似綵，香雾袅如鬟。弱柳垂清沚。疏松露远山，欣闻明诏下，党锢起田间。

时高阳李国槽主政，以同乡枢辅孙公言，特举姚文毅公、文文肃公，得谕旨，戊辰三月事①。

根据注文可知，文震孟等受到重用，江南士子十分激动。徐汧、张采中进士，又是对江南诸生的鼓舞，所以有了这场酒会，进一步扩大了应社在京师的影响。

张溥在京师，既然入太学，当然少不了与太学的“同学”交际，“诸贡士入太学者，俱愿交欢溥，争识颜面”②。具体有哪些贡士，很难说明白。至少，杜登春《社事始末》记录的有松江、闽中、都下、江右等地的文人集团。“是时娄东张天如先生溥、金沙周介生先生锺，并以明经贡入国学，而先君子（杜麟征）登辛酉贤书，夏彝仲先生允彝亦以戊午（当为丁卯）乡荐偕游燕市，获缔兰交，目击丑类猖狂，正绪衰息，慨然结纳，计立坛坫。于是先君子与都门王敬哉先生崇简倡燕台十子之盟，稍稍至二十余人。宛平米吉士先生寿都、闽中陈昌箕先生肇曾、吴门杨维斗先生廷枢、徐勿斋先生汧、江右罗文止先生万藻、艾千子先生南英、章大力先生世纯、朱子逊先生健、朱子美先生霉、娄东张受先先生采、吾松宋尚木先生存楠后改名征璧者皆与焉”③。杜登春的这段记载，不免有为其父亲杜麟征张扬的嫌疑，似乎“燕台十子”社是他的父亲杜麟征和王崇简倡导建立的，而没有

---

① 阎尔梅、万寿祺《徐州二遗民集》卷5。

② 陆世仪《复社纪略》卷1。

③ 杜登春《社事始末》。

张溥的影响。甚至年月记载也不确切，更没有将江右文人集团的复杂关系梳理明白。陆世仪的记载比较客观："明年戊辰（崇祯元年 1628），溥以覃恩选贡入京，受先（张采）第三，九一（徐汧）、八公（蒋德璟）皆告捷。江西黎左严元宽已冠礼闱，为主试所抑，置之第二，皆社中才杰也。溥廷对高等，诸贡生入太学者俱愿交欢溥，争识颜面，因集诸多士为成均大会。"[①]可见，杜麟征在燕台社事活动中主要集中了云间力量，为张溥在京师的活动发挥了联络的作用。而真正将太学诸生联合起来的，是张溥："予与杨子伯祥在京师时，从游者数十辈，皆北方豪杰之士。"[②]成均大会的影响，不仅在于生员中间，文坛耆旧、官场要员也纷纷结交张溥。在这样的声势之下，缔结燕台社，就具有更广的政治影响。于是，在京师形成了一个具有鲜明进步性的生员政治派别，是一个对时局朝政有利的派别。"燕台社组织之动机，已是对污浊政治的反抗。此后牵涉政治问题，无宁谓之当然"[③]。有意无意间，形成了一个联合南北沟通东西的在野政治组织，并在以后的发展和实际斗争中逐渐强化了政治观念和政党意识。用这个眼光来看，方之以世界政治和社会发展的进程，中国并没有落后。虽然不能说张溥等人已经认识到应该如何改变世道，明显的是对世道的不满。并非成均大会、燕台结社具有政治动机，无意间预示了将来的文人集团联合体的复社必将对晚明的社会产生广泛的影响。

其三是确立了通过正学风而正官风的社会理想。进入京师以及结交面的扩大，使张溥对大明王朝从官场到人文精神有了更多的了解，也产生了更大的责任心，文人骨子里的使命意识焕发出来。吴伟业说："先生以贡入京师，纵观郊庙辟雍之盛，喟然太息曰：'我国家以经义取天下士垂三百载，学者宜思有表章微言、润色鸿业。今公卿不通六艺，后进小生剽耳佣目，幸弋获于有司。无怪乎椓人持柄而折枝舐痔，半出于诵法孔子之徒。无他，诗书之道亏，而廉耻之途塞也。新天子即位，临雍讲学，丕变斯民。生当其时者，图仰赞万一，庶几尊遗经、砭俗学，俾盛明著作比隆三代，其在吾党乎！'乃与燕、赵、卫之贤者为文言志，申要约而后去。"[④]官风不正，不以君国之事为重；椓人持柄，折枝舐痔，朝政乖张，选拔到各级岗位的人才最后演变为没有品质道德的无耻之徒，根本原因

---

① 陆世仪《复社纪略》卷 1。

② 张溥《七录斋诗文合集·近稿》卷 1《江北应社序》。

③ 郭绍虞《照隅室古典文学论集·明代的文人集团》。

④ 吴伟业《吴梅村全集》卷 24《复社纪事》。

在于诵法孔子之徒的蜕化变质。而他们发生恶变的原由，是因为没有真正理解儒家经典的思想精髓，既不能表章微言，以认识孔孟的用世精神，也没有通六艺，具备治理天下的能力。

所以，张溥以为，要从儒家经典的微言大义出发，真正掌握孔孟思想的精髓，养成用世的思想和实用的技能，并培育出文人真正的精神品德。其途径在于诗书之道的重新疏通，以强化廉耻之心。用今天的话说，就是德才兼备，以德为先，这就是正学风。形成了良好的学风，然后才能正官风。而官风正，方符合当今皇上临雍讲学、丕变斯民的愿望。可见，张溥具有敏感的政治嗅觉和准确的判断能力，看到了明王朝存在的根本问题，也提出了具体的措施。但时代环境并没有为张溥提供施展的机会。作为社会活动家，张溥年仅二十六岁，已经具备了士林领袖的老辣姿态。

张溥联络生员，结交前辈，名满京都，在京师的活动，是广应社层面文社活动的最高潮。不仅在政治上显示了广应社的社会属性，更在影响和组织上形成了向全国扩展的趋势。其中张溥的个人魅力，得到了广泛的认同。“子绝口不言文，乃四方选托子以行者，其名且十数”①，张溥的名声，已经足以为各种版本的选文提升声价。

关于江右文人集团加入广应社，本来并不复杂。“抚州章大力士纯以善曾南丰、汤若士之学显，其时月旦谓之陈、艾、章、罗”，“迨甲子，艾得隽，而以策论讥讪时政，与主司同受罚，天下不惟重其文，兼重其人。于是，司清议者易其称，又谓之艾、罗、陈、章云”②。江右文人集团主要是艾南英、罗万藻、陈际泰、章世纯、朱健、朱霉等人，根据杜登春的描述，此间在京师活动，也参与了燕台结社的活动。于是，广应社就成为以张溥为核心，包括吴中、松江、江右、上江、京师文人集团在内的文社联合体。实际上，还有一个重要的文人群体，也在此间被张溥吸引到自己旗下，就是山左的文人群体。

张溥入京在崇祯元年(1628)春，而张采在上年底赴京参加会试。“腊月，北上，兄送浒墅，弟泣托老母，兄泣应”③，是张溥将张采送到苏州以西的浒墅关而别。年后不久，张采中进士，张溥贡入太学，也动身前往京城，张溥住在张采寓居之所。期间，张采候选，即等待朝廷的委任，而张溥则广为交际。张采得到官

---

① 张溥《七录斋诗文合集·古文近稿》卷1《房书艺志序》。

② 陆世仪《复社纪略》卷1。

③ 张采《知畏堂文存》卷8《庶常天如张公行状》。

职为江西临川县令，随后返乡，准备赴任。而张溥返乡途中，则在山东停留，与宋氏为中心的山左文人群体结交，“上下齐鲁，伏谒阙里”[①]，与宋继澄、宋琮、宋玫、宋瑚、宋琏、左懋第、姜埰等人缔交：“予往在都下，征中州名士于莱阳二宋，二宋首疏刘千子。”这说明，张溥早就结交了莱阳宋氏父子，并欲通过他们了解中州名士。考张溥与刘伯愚、吴伯裔、吴伯允等中州名士交往，在崇祯元年的夏天。则张溥与莱阳二宋交往，当在同年略早些时候。就是说，在张溥活动于京城的短短几个月的时间里，有京师、闽中、中州、江右、松江、山左等地的文人组织，逐渐被张溥吸引，成为广应社的分支，继续活跃于当地。但是，无形中已经有一个力量在引导着各地的文社活动，这就是张溥。因为文社活动很重要的一项活动就是选文编辑刊行，而其中的文章序次就是个人文章的优劣以及在文社中的地位标志。不少文社的选文就请张溥月旦，可见张溥在整个文社活动中的声望。同时，从张溥的《七录斋诗文合集·古文近稿》卷一《房书艺志序》的记载中可以看到，由于张溥的名声，不少文社的选文经过张溥作序，得以流行。甚至根本没有得到张溥的序文，直接假托。凡此种种，说明张溥已经成为广应社和当时文坛的实际领袖。

第四节　应社的社会属性

晚明的社会，各种矛盾相交织，对建州则昏招迭出，对义军剿抚不定，朝堂上是纷乱的党争，原野上是流亡的饥民，末世征兆随处可见。万历后期的政务，是各种矛盾斗争的摇篮。泰昌朝的昙花一现，不仅没有为医治神宗晚年的败政创造条件，反而导致更加难以收拾的天启政局。从大批正直的文士罢官，到他们形成以无锡东林书院为核心的学术派别，最后成为天启初年的政坛主力，似乎不应该发生后来的惨案。但是，这位朱由校并不是一个可以担当君王的人选，而是光宗六子中仅存的二子之长，也是太监王安从客氏、李选侍身边抢出来交到杨涟、左光斗手里被扶上君王宝座的。故而，朱由校“正直盈朝”的局面并没有维持多久，就被魏忠贤彻底毁灭了。天启三年的京察，成为阉党攻讦东林人士的焦点；辽东战事的失利，又成为正邪较量的口实。比较于昏暗得难以言

---

① 张采《知畏堂文存》卷8《庶常天如张公行状》。

表的朝政，各地书院、学术社团倒是兴旺发达，尤其是正人君子集中的东林书院诸贤的讲学与政治活动，直接影响了周边地区的文士风气和价值取向。随着魏忠贤专权局面的形成，社会贤达饱学之士，颇有担当重整乾纲的使命意识。应社的成立，正是这一社会背景下的产物。而应社发展过程、活动内容和学术思想倾向，比东林书院更为政治化，呈现出近代政党发展演变的特性。

一、应社定名　隐含期待

明季社会，已经出现了诸多难以解决的问题。从经济上说，张居正担任首辅之初，每年的缺口一百多万两白银。虽然进行税法改革和整顿赋税秩序，得到了一定的改善。但是，随着朱翊钧亲政后的大肆挥霍、战争开销等，张居正的努力付诸东流。更巨大的开销是，大明王朝多得难以统计的朱姓王爷，需要无尽的赏赐，朝廷经济根本承受不起。而与经济窘境相关联的是大小贪官，也积极参与其间，将朝廷资产转化为私有。皇亲国戚甚至君王本人，根本不顾国家安危，只顾自己钱财。举一事可知，明季君臣何其颠倒本末。崇祯十七年正月初十，崇祯皇帝派太监徐高到嘉定伯周奎家宣诏，升其为侯爵，明确要求他率先垂范，捐银助饷，帮助女婿保住江山。“休戚相关，无如戚臣，务宜首倡，自五万至十万，协力设处，以备缓急”①。身为皇上的岳父，在崇祯皇帝向勋戚权贵倡导捐款的时候，就是不肯出钱出力，还说“老臣安得多金”？连太监都明白其中厉害，哭着跟他讲道理，就是讲不通。最后徐高也发怒了：“老皇亲如此鄙吝，大事去矣，广蓄多产何益？”迫不得已，周奎答应捐银一万两。皇上说太少了，要他捐银二万，他居然向皇后告穷，要女儿帮忙。皇后无奈，勉强凑了五千两交给他，周奎居然还藏起二千两。后来李自成进京，查抄贵臣勋戚财产，从周奎家搜出现银五十二万两，黄金及各种货币合计数十万两。皇帝自己，没钱了向别人摊派，自己的“内帑”舍不得用，就没弄明白留了干什么用。以至于李自成兵败撤离之时搜刮内宫，从地库中运走金银三千七百万两。“呜呼！三千七百万，捐其畸零即可代二年加派。乃今日考成，明日搜掠，使海内骚然，而扃钥如故，策安在也？先帝圣明，岂真见不及此，徒以年来之征解艰难，将留为罗雀掘鼠之备，而孰知其事势不相及也。吁，其也可悲也矣”②。而这些钱，藏了四十余窖，居然是崇祯皇帝所不知道的，所以也就不会是留着备灾备荒的。因为内监惧怕皇

① 计六奇《明季北略》卷20。
② 谈迁《国榷》卷101“崇祯十七年四月癸酉”。

帝，就不告诉他有这些钱。而崇祯不知道有这么多的银两，才会发生“今日考成，明日搜掠”之事，加速了农民起义的发生发展。实际搜刮钱财手段最多而成效显著的其实不是崇祯，落到了募捐的地步，他是实在没有办法了。万历皇帝才是高手，矿税监到底弄回了多少金银，未见统计。估计这三千七百万，是他的功劳。可见，从君王、勋戚到大臣、宦官，少有为皇帝为朝廷考虑的。明朝灭亡，崇祯殉国，一场悲剧，是上下一心编演的。只有少数清醒的臣僚焦急万分，还有在野书生胸怀天下。应社，就是这样一个书生群体。

应社是个从简单到复杂的文人社团，前人的记载也颇为零乱，前已作简要的梳理。应社成立之前，各地文社已经广泛建立。比较有规模影响和存在时间较长的有万历后期建立的拂水山房社、匡社，在江浙皖一带声名极大。而在吴地，大小文社不下十数家，“多者数十人，少者数人”①，研习时艺，互为师友。张溥在他的七录斋中潜心研读，并没有关注外面的这些文社，“时三吴文社，人人自炫。溥一不之省，独与张采订交”②，并与金沙（今江苏金坛）周镰定盟。天启四年冬在江苏常熟东南、太仓正西的唐市，周镰、杨彝、张溥、张采聚集在杨彝的庄园，成立了研修经典的机构——应社，这是应社同仁相标榜并努力这样做的。但是，实际上的应社活动，更具有广泛的社会文化蕴意，成为日后复社政党化的肇始。应社之初，只是个学术团体，“合吴郡、金沙、檇里仅十有一人，张溥天如、张采来章、杨廷枢维斗、杨彝子常、顾梦麟麟士、朱隗云子、王启荣惠常、周铨简臣、周镰介生、吴昌时来之、钱旃彦林，分主五经文字之选，而效奔走以襄厥事者，嘉兴府学生孙淳孟朴也，是曰应社”③。这个应社，主盟的实际是金沙周镰。“共推金沙主盟，介生乃益拓而广之……于是应社之名，闻于天下”④。稍后吴昌时、钱旃等积极活动，接纳了匡社、则社等形成影响全国的广应社，成为后来复社的主要力量。因此，应社的发展，是明末文社政党化的肇始。而在应社活动过程中的社会属性变化，正是前人记述混乱的原因，又印证了应社定名的蕴意。

应社本是文人的学术结合，并有着明确的主题。据张采所说：“甲子冬，与天如同过唐市问子常庐，麟士馆焉。遂定应社约。叙年子常居长。”⑤即成立应

---

① 陆世仪《复社纪略》卷 1。
② 同上。
③ 朱彝尊《静志居诗话》卷 21。
④ 陆世仪《复社纪略》卷 1。
⑤ 朱彝尊《静志居诗话》卷 21。

社的地点，在常熟县生员杨彝的别墅凤基园。然而，从应社成立的过程看，这个八股制艺和儒家经典的研讨机构并不是简单的评选练习八股文，意在探究儒宗本源，服务当今社会。而个人融入社会并发挥作用，必须取得一定的社会地位。科举功名，在当时仍然是最普遍的选择。

张溥十九岁补博士弟子，名播邑里。同年，与同邑张采结交。虽然二人有志于科举，但对时下的八股取士颇感厌倦，追求经世致用的真正儒学。所以，当他们知道金坛周锺也有类似主张时，便主动造访。“闻周介生（周锺字）倡教金沙（金坛别称），负笈造谒之，三人一见，相得甚欢，辩难亘昼夜，定盟乃别”①。此事在天启三年，早于“二张”造访唐市一年。时张溥二十二岁，与三吴名士没有太多交往的时候，也是周锺后来成为应社、复社重要成员的开端。说明在广大士子致力于功名富贵之时，“娄东二张”的内心有重振儒学、探究本源、经世致用、扭转文风的愿望。周锺在金沙的影响甚至在江南的影响，远在“二张”之上。更重要的是，周锺之厌倦当今试子的功利之学，目标比“娄东二张”更为明确，从周锺与艾南英的龃龉中可探知一二。同样提倡复兴古学，遵从六经，但周锺的选取标准不同于艾南英，受到责难。周锺的态度是“鄙儒不知时变”②，意味着周锺主张的复兴古学，是为今天的应用，并非以传圣人之道为最终目的。用在何处，需要从应社的活动演化过程中寻找答案。

杨彝于凤基园中，与顾梦麟所研讨和教习的经典之学，当时有唐市派之称。但作为富有好文的秀才，杨彝无意功名，甚重性情闲适，凤基园成为好友同人欢聚雅集的场所。而张溥来访之后，四人决定成立应社。其命名蕴意，与《易》之“同人”卦有关。应社的取名，似乎有些迷信。其实，那个时代，又有几人不迷信？从皇上到百姓，都是一样。崇祯十七年正月初一，元旦上朝，正好发生了沙尘暴。“正月初一庚寅，大风霾，震屋扬沙，咫尺不见”。神灵的指示是“风从干起，主暴兵至，城破”，用迷信的话，就是凶险至极了。那时没有遥感，没有航拍，只能认为这是神灵的警示。于是，皇上也要祈求神灵眷顾，沐浴焚香，祷告上天“方今天下大乱，欲求真仙下降，直言朕之江山得失，不必隐秘”。可是，得到的旨意是“帝问天下事，官贪吏要钱。八方七处乱，十爨九无烟。黎民苦中苦，乾坤颠倒颠。干戈从此起，休想太平年”③。一群在野书生，依据《周易》为文社定

① 陆世仪《复社纪略》卷1。
② 同上。
③ 计六奇《明季北略》卷20。

名，也就不难理解了。表面看，是志同道合的书生无权无职，只是在野闲人的雅聚。而“文明以健，中正而应，君子正也”一句，说明了不是一般的朋友雅集，而是有文明有修养的中正君子的雅集，具备了在明代后期发展为在野政治集团的社会环境。应社的结合，是具有对国家社会和个人命运某种期待的集合，是在野君子与在朝君子的遥相呼应。

张溥等人虽有良好的愿望，但政局的发展不以他们的意志为转移。应社成立后的二年，反而进入了魏忠贤倒行逆施的恐怖时期，这是杨彝、周锺和“娄东二张”不可预料的。张溥在《同言序》里所说的“推其同而及人，四海之大无不届也”的愿望[①]，只好期待着时局的变化。

二、应社治学　趋向事功

孔子授徒，其实不仅是经典教义，还有实用学科的内容，这才是孔子对先哲礼仪的真正继承发扬。“养国子以道，乃教之六艺：一曰五礼，二曰六乐，三曰五射，四曰五驭，五曰六书，六曰九数”[②]。“五礼”指的是吉、凶、宾、军、嘉五礼。“六乐”指的是古代名曲云门、大成、大韶、大夏、大濩、大武六种音乐。“五射”指的是白矢、参连、剡注、襄尺、井仪。白矢，箭射中靶子而靶子发白。参连，前放一箭，后面三箭连续发射，箭箭接续，则敌方防不胜防。剡注，指射箭时箭镞低而羽头高，速度快而有力。襄尺，是臣与君一起射箭射，要让君，后退一尺。所以襄读如“让”。井仪，指四矢箭连贯射出，皆射中箭靶而成“井”字形。“五驭”指的是鸣和鸾，逐水曲，过君表，舞交衢，逐禽左。是说驾车行车时声音和谐如鸾鸣之声相应，沿河岸行车而车随之曲折疾驰而不坠水，经过天子的车马要有礼仪，过街道市井而驱驰自如，行猎时追逐禽兽从左面射获。“六书”，东汉许慎定义为指事、象形、形声、会意、转注、假借。“九数”是指方田、粟米、差分、少广、商功、均输、方程、赢不足、旁要，大概就是今天农业工商业等行当涉及的工程计算和会计等技艺。也就说，六种才能且各有节目，孔子简括为“艺”。只是到了汉代的董仲舒，将“六艺”变成“六经”，孔子的教学内容演化为仁学伦理学课程。其实，朱熹序《大学章句》时说：“三代之隆，其法寖备，然后王宫、国都以及闾巷，莫不有学。人生八岁，则自王公以下，至于庶人之子弟，皆入小学，而教之以洒扫、应对、进退之节，礼乐、射御、书数之文。及其十有五年，则自天子之元子、众

① 张溥《七录斋诗文合集·近稿》卷3。

② 《周礼·保氏》。

子，以至公、卿、大夫、元士之适子，与凡民之俊秀，皆入大学，而教之以穷理、正心、修己、治人之道。此又学校之教、大小之节所以分也。夫以学校之设，其广如此，教之之术，其次第节目之详又如此，而其所以为教，则又皆本之人君躬行心得之余，不待求之民生日用彝伦之外，是以当世之人无不学。其学焉者，无不有以知其性分之所固有，职分之所当为，而各俛焉以尽其力。此古昔盛时所以治隆于上，俗美于下，而非后世之所能及也！”[①]孔子的教育理念，是培养复合型应用的人才，而不只是书生。也就是说，儒学一开始就是理论与实践相结合的事功型学术，不只是规范人们道德修养。

少年张溥与年轻的张采，寻访周锺和杨彝，并没有明确的政治目的，而是以文会友，以友辅仁，切磋时艺，探究古学，等待有朝一日为君王膏泽万民，为百姓辅佐尧舜。做学问，也没有达到孔子所要求的修心结合修能成为有用的人才。但无意间，已经与圣人契合。所以，应社成立，意在追寻儒家经典的真谛。而在研习的过程中，致君泽民的基本途径则是探讨经世致用的学术并运用到社会活动中。所以，应社治学，重在探究本源，经世致用。

杨彝与顾梦麟的交往，为时颇早。顾梦麟是太仓双凤人，馆于常熟唐市的杨彝家，两人交好，至顾几乎忘其为太仓人。而所研习的学问，也完全同调，时人称“杨顾”，“万历之季，士子喜倡新说，畔传注。彝与太仓顾梦麟力明先儒之说，天下翕然从风，称杨顾学”[②]。杨顾门下远近弟子数百人，经营文社甚早，影响巨大。汪琬说：“凡四方贤公卿大夫有事于吴者，必请两先生相见。”[③]说明他们的声望远不止于吴地。而也正是吴地的文化、经济和政治思潮，在全国具有领袖德望，故而只要有真正的学问大家或真儒出现，其影响的扩大，比起偏远落后地区则更快。在明代中后期崛起的江南市镇影响力，表现不仅在经济层面，更表现在社会政治层面。诚然，在唐市的历史上，嘉靖时期已经成为江南经济文化的一个中心市镇，资产二十万两以上的富商有数十家，首富柏小坡的园亭占地就有四十亩，文人雅士常宴饮于此，成为明代中后期商儒结合的典型。但这些富商巨贾，为了保护自己的家产，获取更多的财富，需要寻找背景。于是，与官场关系密切的文士，便成了商人的首选。基本途径就是以金钱创造典雅景观，以典雅环境和聚会吸引文人，参与其间，提供物质条件。其状态，与十七世

① 朱熹《四书章句集注·大学章句序》。

② 孙静庵《明遗民录》卷2。

③ 汪琬《尧峰文钞·杨顾两先生传》。

纪西方的文艺沙龙颇为相似。杨、顾、“二张”等雅集于这样的闹市，致力于五经研讨不能超越当时的社会现实。况且，在天启四年六月首善书院罢讲，东林书院活动明显减少的背景下，应社活动更加值得注意，它不是书斋的聚会，也不是诗文创作的沙龙，而是关乎天下的文人社集，并逐渐加强它的政治色彩。文人的治学与社会活动的关系趋于密切，很大程度上，受到政治气候的影响，即受到文人生存环境的影响。杨彝与顾梦麟生活在明代商品经济的前沿，治学思想受到一定影响在情理之中。周锺虽然生活在金坛，也是江南经济文化的发达地区，其思想学问也相对灵活。冯梦龙“三言”塑造了诸多成功的商人形象，就不乏弃儒经商和由商而儒的现象。说明士流与商品经济和市民社会正在融合，对于儒者治学具有引向现实的积极意义。

就其治学而言，应社同人虽致力于儒家经典，有具体的分工和研讨安排，但研究的内容已经向首善书院接近，是自然而然地将儒家实用主义思想继承过来。首善书院的培养目标，已经涉及水利、兵刑、赋税等方面造就人才，在京师的要员认识到专业人才的作用，在常熟唐市社集的张溥等人也认识到了。当然，这需要有个过程。张溥初读书时，致力于经学，这在应社的学问分工中可知。结社的最初目的，大多是为功名寻找方略。但在宗经制艺的过程中，杨彝、顾梦麟生活在商品经济高度繁荣的“金唐市”，本身就是商业文化的一员，虽不是志在功名，也在治学中得到了很多实在的回报。“二张”读书至勤，尤其张溥读书读出病来，“尝雪夜已就寝复兴，露顶坐而晓，因病衄”[①]。在“岁试乃踬”之后，张溥必须走出书斋寻找成功之路。天启三年之访金沙周锺，四年冬访杨、顾于唐市，正是失败后的自我否定。而应社的成立，正是以科举为目标，以学问相联络，以改变娄东靡弱文风为动机的。所以应社虽治学于经史，目光并没有离开现实。杨彝、顾梦麟的蹉跎场屋最后淡于功名，是因为过于执着于经史。吴伟业、张溥等应社才杰几二十人同年及第，正是在制艺上的这种改变，取得了成功。这也就是张溥、陈子龙、周锺等与江西艾南英学术冲突的根源，是周锺说艾南英“鄙儒不知时变”[②]的原因。周锺所言时变，意在学问制艺，均应关涉经邦济国的技能知识，求取功名，仅局限于儒家经典或韩柳欧苏是不够的，须适应帘内诸官的要求并与时代的脚步一致起来。此后的应社领袖及后来复社的重要成员，均特别关注事功之学。张溥曾师事徐光启，这位将西方科学与东方文明结

① 陆世仪《复社纪略》卷1。
② 同上。

合的学者给张溥的是思想学术上的开拓。从今天看到的张溥《七录斋诗文合集》、吴应箕《楼山堂全集》、吴伟业《吴梅村全集》等别集中，从陈子龙编撰《皇明经世文编 》的选文倾向，从陆世仪《复社纪略》涉及的相关政事等方面来看，应社诸人既关注到经邦济国的大业，也具体到解决一地民生的举措。因此，应社的经学研究，不是停留在经卷书本上，而是对社会讲究事功，注重实效的。吴伟业对浏河治理的建议，不仅从理论上论证治理的必要，更在民力、时机、经费、水文、气象、土方量诸方面预算计划，就是一份严格科学的工程规划书，足见治学的事功主义倾向。

三、应社发展　政党雏形

从应社成立的初期活动来看，杨、顾、"二张"的言行符合成立应社的宗旨，但随着学术活动与社会活动交杂纠葛，应社向广应社方向发展，则应社的社会属性发生了微妙的变化。这一方面，表现为应社的快速发展，并能够接受不同的文人社团和他们的活动方式；而另一方面，则是应社的包容性，尽管最初的创立者出于为学的考虑，思想并没有完全统一，但还是以博大的胸襟得到了大江南北绝大多数文社的拥戴，形成了全国文社的大联盟，也成为晚明政治舞台上不可小觑的一股力量，影响了晚明的政治乃至社会的发展走向。

应社建立的时代环境相当微妙，在无锡东林书院讲学盛况空前之时，也是朝堂酝酿取缔书院活动的关键时刻。受东林书院影响而在京城展开活动的首善书院，主讲是冯从吾、邹元标、曹于汴、杨东明、余懋衡，均是当时的饱学之士，东林的高攀龙也时时到场讲学。所讲学问，固然以儒家经典为主，但广泛涉及兵马、钱粮、边防、赋税、水利等知识，是符合社会发展需要的实学。而关乎现实的学问，则需要与现实比堪，有所月旦，在所难免，已经引起朝廷言官的议论："御史倪文焕等诋为伪学，疏略云'聚不三不四之人，说不痛不痒之话，作不深不浅之揖，啖不冷不热之饼'。是年(天启四年)碎其碑，暴之门外，毁先圣栗主，焚红籍于堂中。"①其实，倪文焕所讲的情况，与他自己十分契合，而晚明培养实用人才的探路之举，也就此寿终，首善书院停止了活动。但是，地方上的书院，却将实学的功课发扬光大了，文人结社中，也将之作为课题以勉励社众。正是各地公学私学兴盛之际，中下层士流认为忠正盈朝之下巴望天下大治王朝复兴之

① 朱彝尊《静志居诗话》卷18。

际，生员阶层的积极入世精神也达到了空前的高涨。正学风，溯源流，讲实用的风气已然形成，召唤着各地的文人社团形成。应社成立，尽管不合时宜，但符合了历史的潮流。根据前人记载梳理一下应社的形成发展，到了天启末年崇祯初年，可以看到新型社会运动组织的雏形。

一是逐渐形成社团的核心和组织结构。从天启四年创建应社之后，基本上形成了以周锺、张溥、张采为核心的应社组织领导层。因此，应社的活动，经常在唐市和太仓举行。向苏州扩展的过程中，杨廷枢逐渐成为应社的重要人物。杨廷枢与周锺、张溥一起，将应社从局促的唐市、太仓扩大到苏州，并将上江的匡社、则社和松江的几社联合起来，向北扩展到江北地区，与河南侯恂、山东宋玫所领导的文社比肩。由此，应社的重要人物就是各社的领导者，即杨彝、顾梦麟、张溥、杨廷枢、徐汧、蒋鸣玉、吴有涯、吴昌时、陈元纶、蒋德璟、夏允彝、陈子龙等，是周锺确定的社目。而与各社均有广泛联系的周锺，得到了应社成员的普遍尊重，自然地成为应社的盟主，“至是共推金沙主盟”[①]。上述人员，固然是应社的主要力量，而杨、顾更潜心于学问：“（杨彝、顾梦麟）两先生终身力学。杨先生为诸生，每暑夜苦蚊，辄纳足巨瓮中以读，晚而目盲矣，犹请友人读书其侧。为诸生讲说，必连日夜。”[②]可见，杨顾两先生的主要精力用于学问和教学，并没有以经营社事为重。而发挥组织作用的，实际是“娄东二张”。于是，从应社到广应社，以及日后的复社，张溥方成为文社盟主，成为晚明杰出的社会活动家。应社及广应社的组织结构，也就是以“二张”、周锺为核心，各邑的社长为地方领导，负责往来邮置和社众管理。

二是具有紧密的联络。应社在发展扩大的过程中，人员间的联络交际相当频繁。应社的主要人物，杨彝与顾梦麟在常熟唐市，张溥、张采与吴伟业在太仓，杨廷枢与徐鸣时在苏州，吴应箕在贵池，周锺在金沙，就这个小范围来说，在交通不太发达的晚明，交往不可能很方便。于是，他们在文章学问上的切磋，主要依靠邮路。但是，人员聚合，也是常有的事。小范围的有杨顾讲学于唐市、“二张”共读七录斋。较大范围的交流，则不仅包括应社人士，还有北方豪杰，于张溥“骚坛文酒，箧筐车骑，日不暇接，由此名满京都”[③]中可见。崇祯元年的燕台结盟，主要有都门、闽中、娄东、吴门、江右、金沙、松江。而回到太仓之后，密

① 陆世仪《复社纪略》卷1。
② 汪琬《尧峰文钞·杨顾两先生传》。
③ 陆世仪《复社纪略》卷1。

切联系交往的主要还是三吴文士。最为契合的，是金沙周锺，两人不仅在经营社事上有分工，更经常聚合探讨社务，保持了思想的高度统一，也将友情发展成楷模。“世称友道，以周张为难”[①]。吴昌时、周锺、钱旃、杨廷枢等人不仅有相互的密切联系，还在自己的交际圈中，进一步扩大了应社的势力，将贵池吴应箕和苏州徐鸣时为首的匡社整体接纳进入应社，使广应社名响势大，为新型党社运动准备了强大的实力。

三是具有鲜明的社会主张和明晰的政治斗争目标。应社的社会主张从一开始就非常明确，继承东林精神，反对阉党的倒行逆施。这样明确的政治倾向，有一个从应社到广应社的发展过程。应社以尊经复古相号召，以正气和友情为纽带，以君子雅集为平台，而对时事极为关注。阉党残害江南君子，周顺昌被逮之际，苏州民变的组织指挥者，就是应社核心人物杨廷枢、朱隗、徐汧等。此事肇始了一个重要的社会潮流走向，即读圣贤书的知识分子与做生意打工的市民走向了联合。“周顺昌被逮，缇骑横索钱，汧与庭枢敛财经理之。当是时，汧、庭枢名闻天下”[②]。“开读之日，郡中士民送者数万，……日午，至西察院，诸生五百余人，公服立门外”[③]。在对阉党斗争中，苏州市民颜佩韦、杨念如、马杰、沈扬、周文元遇害，士民为之葬于虎丘之东三里魏忠贤生祠原址，张溥为写《五人墓碑记》，赞叹五人高义。修建五人墓的经费，则来源于社会贤达的捐银，有钱谦益、文震孟、姚希孟、杨廷枢等二十余人。后杨念如的侄子杨世英刻石纪事，立于墓园之中。此石碑现存，但隐于门后，嵌于墙中，较难发现。崇祯元年张溥与张采回乡，得知阉党余孽顾秉谦在太仓招摇过市，撰檄文驱逐之，“时魏珰败，鹿城顾秉谦为邑人所逐，避处娄中。溥、采鼓诸士驱之，檄文脍炙人口”[④]。这一系列的事件，足以说明应社的政治倾向，因而他们的斗争目标也很明确。笼统地讲，是奸佞小人，具体说就是打击东林人士和朝廷君子的阉党势力。

四是设定了吸收接纳新成员的基本标准，并有一定的组织原则加以约束。应社发展到广应社，实际已经成为全国性的党社运动，参加的人员越来越多，越会成为时人关注和指责的目标。所以，在应社的活动需要真正的意气相投。在《诗经应社序》里，张溥强调度德考行：“无意于名，而有其实，不婴念于富贵贫

① 吴伟业《吴梅村全集》卷24。
② 《明史》卷267《徐汧传》。
③ 计六奇《明季北略》卷2。
④ 陆世仪《复社纪略》卷1。

贱，而当其既至，皆有以不乱。是故先与乎其人，后与乎其文，为人之道，有一不及于正者，则辞之而不敢就。既与其人，而文或有未至者，则必申之以正，因其材之所命而乐其有成。是以邪辟之意无所形之于文，而四方欲交此数人者，尝观其文而即知其人之无伪，则定社之大指也。”[①]同样的要求在《广应社再序》中又有表述：“天之所与，德者上也，才者次也。再况其下则无之矣。是以社名之立，义本《周官》，而今之文士，取以为号，择而后交。”[②]这就明确了发展标准和培养教育的方法途径，将人格志气放在最重要的地位，解经制艺、以文会友尚在其次。“社固以文会友，然张氏所重，则在彼而不在此”[③]之论，诚为中的。严格考察，然后吸收，正是政治组织吸纳成员的基本途径。参加了应社的活动以后，还需要遵守应社的基本规范，以读书应举务为目标，以文章气节为重，探究儒学疏传说辨源流得失，为文章力矫世俗诡谲之习。如果不能做到，社中名流将会予以纠正引导，甚至严厉批评，直到除名。复社成立时张溥公布的“盟词”，已在酝酿之中，应社时期已付诸实际。

应社从读书制艺始，继而演变为当时全国最大的文人组织广应社，已经不再是禁锢于封闭书斋的读书会，而是展开了广泛的社会交际，积极地参与社会重大事件，甚至成为社会运动的组织者领导者。所以，在复社树名之前，广应社已经具备了领导新型社会运动的能力，在多个方面表现出近代政党的特性，是近代政党的雏形，在晚明具有思想意识的领先地位，也是对复社宗旨的先导。

但是，在筹建复社的过程中，这样的社会倾向，与组织发展趋势，不利于筹建活动的开展，需要更为宽和雅致的口号以求得最大公约数，方能尽可能地将分散的文社接纳到复社的旗下。所以，应社发展到崇祯初，社会属性越来越明显的时候，重新退回到读书雅集兴复古学的层面上，为的是更好地更广泛地吸收各地文社和社会贤达，扩大文社的组织力量和影响范围，将新组建的复社，推向更为广阔的空间。从广应社的适度调整到复社筹建中疏通各方、协调人事、整合力量、加强联系、建立机制等等方面，张溥足智多谋而心胸宽广，展示出文人集团的领袖气质。

---

① 张溥《七录斋诗文合集·存稿》卷5。

② 同上，卷3。

③ 蒋逸雪《张溥年谱》第11页。

第三章　复社领袖

张溥在全国性文社联合体中的领袖地位，是在文社发展和张溥积极的社会活动中逐步确立的。从“二张”订交、“二张”访周和唐市结社等活动中，已经显现出张溥非凡的组织协调能力和文人中的江湖精神。燕台结盟，更显示了张溥宽广的胸襟和巨大的人格魅力。而张溥在复社的领袖地位，则是在复社筹备成立的过程中就已经确定。他为复社的发展、大会等，贡献了毕生的精力。因此，张溥实际成为明季沟通朝野、联络各地、连接老中青的精神枢纽。从文社事宜到社会活动，张溥是活跃于前台的明季士林精神领袖，为复社的建立、发展、运行，奉献到生命的最后一刻。

第一节　朝野士流的精神依归

张溥的人格魅力，在应社发展到广应社和复社筹建过程中，得到了高度的彰显，不仅为生员阶层共同接受，也得到了士林中同辈先进甚至前辈耆宿的敬重。特别是在复社的发展过程中，张溥活跃于朝野。与诸生比较，张溥取得了功名，是希望之所在，具有特殊的号召力；与在朝官员相比，张溥多了些江湖义气，并很快离开了政治漩涡，已经没有前程的诱惑，少了些羁绊。于是张溥实质上成为朝野士林精神寄托，从学术到社会活动，张溥是明季的士林坐标。

一、在野诸生的核心

应社本是读书或加上研究的小团体，虽然有纠正经学偏向的宏伟目标，但成立的一个重要目的是获取功名。尽管当时的文人小团体不少，也有联系上下江的徐鸣时与吴应箕，匡社、则社、读书社的影响也不小，聚合的原因多种多样，且主题或宗旨时有变化。以杭州读书社为例，闻子将、张天生、冯延年、严调御、严武顺、严敕，强调定读书之志，严读书之功，征读书之言，治读书之心，似乎是一个学术团体并有一定的政治观念。但于诗文有主张汉魏六朝和唐代，是前、后“七子”主张在杭州的扩张。而之前的小筑社，人数更少，既研究经史，更流连诗酒，需要一定的经济实力和浪漫情怀，与应社宗旨有所区别。崇祯元年(1628)的科考，应社中不少名流成为进士，扩大了应社的影响力，使应社成为诸生向往的文人社团。应社中坚张溥的首席弟子吴伟业，于崇祯四年榜眼及第，更是将老师张溥的名声播扬宇内。于是，很自然地，张溥成为诸生阶层的核心，是广应社内外诸生阶层的精神领袖。

更重要的是，张溥在诸生中声望的确立，是多年文社活动的必然结果。从应社到广应社的活动历史，长达六年之久，张溥的身影，一直活跃其间。从复社的角度看，应社只能看作是复社的酝酿阶段，是复社的前身。而从张溥的角度看，就是一个从年轻学子到社会活动家成长过程。必须清楚，广应社是复社的基础，是复社的基本力量。但复社不是广应社的发展，而是张溥举广应社加入复社。张溥从应社到广应社的发展过程中，逐渐成长为这个全国性文社的领袖，得到了应社耆宿和后期骨干的共同认可，这样，张溥才能将整个广应社成建制地并入复社，形成反客为主的局面，张溥也顺理成章地成为复社的领袖。

复社的创建及其最初的组织者，是吴江的知县熊开元和书生吴翻、孙淳等。前人对于复社的成立过程，记述颇为零乱，梳理也极为困难。但对“二张”文集、吴伟业《复社纪事》、陆世仪《复社纪略》、杜登春《社事始末》、朱彝尊《静志居诗话》等文献进行比勘，还是可以梳理出基本的情节顺序。惟有广应社的核心领袖张溥，才能将整个广应社纳入复社。而积极筹备成立复社的吴江学子，反而没有领导全国性文社的资历和能力，只能将复社成立大会的主导权和实际领导权交给社会活动家、文社杰出的领导人张溥。可以说，张溥在复社中的领导地位，是在应社活动的实践过程中得到确立，在复社成立大会上得到共同的拥戴，在复社发展运作过程中得到共同的景仰。

因此，在应社发展的过程中，张溥不仅逐渐成为应社、广应社出色的领导人，更成为诸生阶层的精神领袖，在广应社内外具有极大的影响力和号召力，奠定了他在复社筹建中的核心地位，决定了他的复社领袖声望。而在诸生阶层之外，还有一个庞大的官僚、缙绅阶层，也是支持张溥的重要力量。对天启到崇祯的文化生态略微了解一下，就可以知道，为什么张溥能够得到众多同辈先进或前辈的敬重与拥戴。

二、士林前辈的期待

从万历朝"国本之争"开始，君王的喜怒无常与复杂的朝臣党争交织在一起，正人君子遭受到前所未有的灾难，晚明文化生态灾难持续发展。魏忠贤集团能够形成，不惟是魏忠贤一人之力，更有魏广微、崔呈秀之流的倡导，是士林精神世界的细胞恶变。而对正人君子的祸害，"六君子""七君子"惨案和东林党祸的发生，是对士林从肉体到精神家园的暴力摧毁。文化生态灾难下朝野的士林心灵迷失，精神迷惘，渴望着一种精神的寄托，形成新的精神依归。但东林元老、正直官吏在恐怖政治之后如惊弓之鸟。崇祯即位，求治颇切，而圣主实际不知道如何收拾这严酷的局面，指望臣下的智慧，而臣下"终日处于畏怵之中，而畏首畏尾"[①]。因此，巨大的精神压力需要寻求缓释的渠道。张溥在京师的人际交往、结盟活动、郊庙辟雍诸地的言谈，引起了他们的兴趣。"是时宇内名卿硕儒前为崔(呈秀)魏(忠贤)摧折投荒削逐者，崇祯新政，后先起废任用，闻知溥名，皆愿折节交欢"[②]。可以说，虽然复社尚未成立，复社领袖已经储备了，不仅得到生员阶层的共同推戴，也得到文坛耆宿甚至轩冕前辈的期待与支持。张溥已经成为东林遗老、东林门生后裔、在野诸生共同的情感寄托与精神依归。东林遗老、东林门生后裔缘何服膺张溥而不是东林的钱谦益，是一个值得探讨的问题。张溥北上燕都就受到前辈遗老的敬重，除了张溥个人的声望能力和社会影响之外，很重要的原因是，经过天启魏忠贤的残酷镇压，东林文人集团的势力严重衰弱，而阉党的影响并没有彻底清除，东林士人杯弓蛇影，迫切需要新生代力量补充并担当旗帜的作用。特别是钱谦益，作为东林残存的元老和领袖级的人物，主动与张溥结交，起到了示范的作用，等于有意识将张溥推到前台，成为士林的实际领袖。

当然，张溥之成为复社领袖，与熊开元的推举不无关系。熊开元是吴江的父母官，自己出面当然不妥，需要真正的在野干才领导复社。尽管吴江的吴、沈两大姓均有俊才，但学识人望没有一个能与张溥比拟，况张溥是现成的广应社领袖，自然地成为首选。而张溥的个人素质，才是担任复社领袖最重要的条件。

---

① 樊树志《晚明史》第829页。

② 陆世仪《复社纪略》卷1。

三、明季士林的精神依归

张溥的社会活动能力，从结交张采、主动将吴伟业接到家中受业、与顾梦麟及杨彝交游、访问周锺等一系列事情中，已经显现。张溥一生，仅活了四十岁，却展开了大量的社会活动，过人的精力与能力，为士林所公认。所以，张溥在创建复社之前，已经具备了社会活动家的能力气度，是典型的早成。张溥出生在一个富有的缙绅家族，但也是不幸的家庭。大户人家的公子，或成为纨绔子弟，或受到良好的教育取得功名，或锦衣玉食优游逍遥。张溥没有这些，原因在于他的家庭关系复杂。张溥自记事起，就深深体会父亲的艰难，牢牢铭记父亲的教诲，倍加努力，以副张翼之望子有成的心迹。父亲遭受摧辱之时，张溥兄弟大的二十出头，小的才八九岁，没有社会关系；而父亲的过世，对张溥更是悲伤而无助，以至于张翼之久久不能入土为安。直到张溥金榜题身列翰苑方才舒展眉头，于崇祯五年冬请假回来为父营葬。这种家族孤独感，激励了张溥广泛参与社会活动，在实践中培养自己的能力。于是，在"十九，补博士弟子，声闻籍甚，交一时名贤"[①]。一时名贤与交往，张翼之门户生光辉，也让张溥看到了社会活动的价值。于是，他先后结识了张采、顾梦麟、周锺，收吴伟业为弟子，从市镇到乡村广泛活动。经常到双凤的顾梦麟家，就为结识杨彝等人准备了基础。而金沙访周，更为此后成为文社领袖创造了条件。

对外，张溥虽然只到了常熟、金沙以及同邑的双凤，但二十出头的他已经崭露了一个社会活动家的头角。天启四年(1624)与杨彝、顾梦麟、杨廷枢、周锺、孙淳、钱旃、朱隗等十一人创应社，从影响到年龄，张溥都是居中的人物，但张溥得到张采与周锺的坚定支持，而杨彝与顾梦麟又无意于抛头露面，他很快成为诸人的核心。而从天启七年到崇祯二年复社建立，张溥一上京城，游齐鲁；二游杭州；三到吴江。期间为成均大会、创燕台社，联络上江人士和北方豪杰之士，成为生员阶层中最活跃的人物。我们现在无法理解一个贡入太学的人有多大价值或地位，凭实际本领考上去并通过竞争进入太学，有学问文章上的魅力和辉煌前途的昭示，同龄人同代人都极为钦佩。因此，张溥在京师以及南下的过程中，已经名扬四海了。

张溥不仅是在野诸生的领袖，也是耆宿名儒在经历了天启浩劫之后的精神

---

① 张采《知畏堂文存》卷 8《庶常天如张公行状》。

依归。尽管崇祯为东林平反昭雪了，存世的东林系官员也纷纷回到朝廷或地方官场，但是阉党残余势力依然强大，受到阉党冲击的心弦还没有停止震荡。而崇祯在清除阉党势力的同时，又留下了一些情感上倾向阉党或隐藏极深的阉党分子。崇祯初年的薛国观、蔡弈琛集团，实际上是阉党残余的结集，说明皇上在利用阉党残余进行一种权力平衡，并非真正依赖东林系官员整肃朝纲，更不是需要东林系和同情东林系的言官来监督皇上的作为。因此，这就给两方面的官员一个信号：只有皇上是权威，其他人不管什么派系，也不论多么正直清廉，依然随时可以清除甚至消灭。于是，东林系或同情东林系的官场人物，或多或少感觉到一丝寒意，尚未从天启的惊恐中缓过神来，又受到另一种难以言表的震慑，不敢轻举妄动。他们需要借助一种新的力量推动，来寄托更化大明政权朝堂风气的愿望。张溥活跃于京师，恰好成为最佳的人选。

借助于杨廷枢、周锺、吴昌时等人的协助，张溥成功地将江北、上江、松江、莱阳、山左、芜湖、池州、豫章等地的文社吸引到吴门，使应社成为全国性的生员组织。在京城、杭州、齐鲁、吴江的联络游说，显示了张溥超强的社会活动能力和非凡的组织协调能力，为全国性文社联合体复社的建立和自己成为真正的复社领袖奠定了基础。当然，也由于名声太响，引起了某些人的侧目，不免编造一些流言，说明张溥崭露头角的同时，也引起了另外一种势力的特殊关注。清人王士禛曾记录耳食一事，关于嘉兴才女黄媛介与张溥："少时，太仓张西铭溥闻其名，往求之。皆令（黄媛介字）时已许字杨氏，久客不归。父兄屡劝之改字，不可。闻张言，即约某日会某所，设屏障观之。既罢，语父兄曰：'吾以张公名士，欲一见之。今观其人，有才无命，可惜也。'时张方入翰林，有重名，不逾年竟卒。皆令卒归杨氏。"[①]或许张溥有浪漫的追求，或在南京活动期间与秦淮脂粉有交往的可能，这是晚明的整体风气。但张溥家有妻妾，又勤奋读书；外有社事，结交朋友，没有时间精力去追求一个已经订婚的才女。何况张溥娶妻纳妾，并没有将才气作为标准。从时间上讲，不仅张溥妻妾俱在，且从崇祯七年到十三年，正是复社极为艰难的时期，"方子丑间，两人如几上肉，弋人眈视，外传缇骑且至，一日数惊"[②]，哪有心情关注才女！所以，陈寅恪先生说"渔洋（王士禛号）之说颇多疏误"[③]。王士禛的许多记录不可靠，在当时已经有人指出："《池北偶谈》

---

① 王士禛《池北偶谈》卷 12"黄媛介诗"。

② 张采《祭张天如文》，《知畏堂文存》卷 9。

③ 陈寅恪《柳如是别传》第 19 页。

云‘常熟顾充仲达，著《字义总略》’。今吾邑不特无其书，亦并不知其人。”[①]可见，王士禛道听而记载不止一二。问题是，王士禛从何处听来这样的故事？说明当时传说张溥的人甚多，崇拜与敬佩之外，也有用心不良者。

张溥读书的勤奋，一般人难以想象。常熟杨彝读书，已经足以感人。相传杨彝夏天闷热而有蚊虫时读书，以一瓮置水其中，双脚伸入瓮中，借以纳凉避蚊。张溥幼年就表现出好读书的天性，“公六七岁，奇慧，不逐童子戏。兄弟中间童戏，独正目视，亡预。晨配管遰，从师受读，日可受数千言。暮反，揖虚宇公所。或呼问今日何书，琅琅诵不休”[②]。读书七录斋，“无分昼夜，尝雪夜已就寝，复兴，露顶坐而晓，因病衄”[③]。七录斋命名的原由，是张溥读书每抄录一遍，高声吟诵，然后烧掉，如此七遍，则不忘记了。由于太过辛苦，以至右手上握笔之处长出老茧，过几天必须削去。冬天手上皲裂，用热水泡泡，决不影响读书。

张溥一生极为忙碌，却没有因为忙碌而荒废读书做学问。仅仅从编辑《汉魏六朝百三家集》可以看出，张溥读书之多之勤。不仅将汉魏六朝主要作家作品加以搜集整理，且仔细品评，为各家题辞，梳理时风，交代流变，精辟阐述了作家的人品、成就与风格，并表明了张溥自己的观点。

不惟读书勤奋，学识才华也非常人可比。张溥早年在经学、史学、文学方面，均有深厚的造诣。明季科考，诸生八股文多有借鉴，而蓝本就是各家的房选。在张溥之前，比较有影响的是豫章艾南英，一直卖到河南、山西，取得不错的经济效益。并且在中州还有代销人员，“房选拙评蒙先生拂拭，逢人说项，使中州纸贵，铭刻宏深”[④]。而张溥戊辰房选出，受到艾南英的批评。虽说见解各有差异，但至少说明张溥的见识广泛，短期内的阅读量惊人。而对文章经学的认识，有自己的评判标准。据陈廷敬《吴梅村先生墓表》记载：“年十四，能属文，里中张西铭先生以文章提倡后学，四方走其门，必投文为贽，不当意，即谢弗内。有嘉定富人子，窃先生塾中稿数十篇投西铭，西铭读之大惊，后知为先生作，因延至家，同社数百人皆出先生下。”[⑤]而吴伟业的诗学音韵，则来自张溥的教学。吴伟业在诗歌史上的地位，早有定论。由此一例，可窥张溥的知人识文能力。

---

① 王应奎《柳南随笔》卷5。
② 张采《知畏堂文存》卷8《庶常天如张公行状》。
③ 陆世仪《复社纪略》卷1。
④ 艾南英《天佣子集》卷5。
⑤ 吴伟业《吴梅村全集》“附录一”。

就张溥自身说，经、史、子涉猎之广，数年间效率之高，难以想象。“拥卷丹黄，呼侍史缮录，口占手注，旁侍史六七辈不暇接”①。张溥所为寿序、文集序、社事序之类，精警数语，文辞典雅，思路清晰，要义详尽，有着高超的文辞驾驭能力和表达技巧。应社以及张溥等人以气节相尚，并没有将诗文创作当作主业，然吟诵不减汉魏风骨。张溥游历吴江、杭州，与孙淳、王志庆、许元溥等人唱和，骚人情怀，时有流露。

作为社会活动家，广泛的社会结交面是必不可少的条件。张溥在成为复社领袖之前，交游之广，远非一般二十多岁的人所能达到的规模。人数层次之多、地域之广，难以准确统计。从张溥的文章中可以发现有近二百篇序文，除了寿序之外，大量的就是文集序，所涉文主籍贯有三十余处，几乎遍及复社成员所能活动到的重要州郡。这些，当然均是与张溥交游较多的人士。不仅有三吴的张采、杨彝、顾梦麟、徐汧、朱隗等，还有莱阳宋琮、宋玫，豫章陈际泰，上江沈寿民、沈寿国、刘城等多处人士的文稿也是张溥作序，非知其人知其文，作序极难。由此可以想见，张溥的交际面有多宽。而在官场，张溥的交际面不仅有大量的复社人士，如刘士斗、钱肃乐、吴昌时、蒋德璟、黎元宽、徐汧、吴伟业、夏允彝、陈子龙、徐孚远、夏曰瑚、左懋第、刘同升等，更有未与复社的许多官场重量级人物和学术文章名流，位高望重的主要有熊开元、徐光启、黄道周、侯峒曾（其弟侯岐曾入复社）、文震孟、姚希孟、钱谦益、周延儒等。陆世仪《复社纪略》卷二记录复社声气之广有一段文字：

> 社事以文章气谊为重，尤以奖进后学为务。其于先达所崇为宗主者，皆宇内名宿：南直则文震孟、姚希孟、顾锡畴、钱谦益、郑三俊、瞿式耜、侯峒曾、金声、陈仁锡、吴甡等；两浙则刘宗周、钱士升、徐石麒、倪元璐、祁彪佳等；河南则侯恂、侯恪、乔永升、吕维骐等；江西则姜曰广、李邦华、熊明遇、李日宣等；湖广则梅之焕、刘弘化、沈维炳、李应魁等；山东则范景文、张凤翔、高弘图、宋玫等；陕西则李遇知、惠士扬等；福建则黄道周、黄景昉、蒋德璟、刘长等；广东则陈子壮、黄公辅。诸公职任在外，则代之谋方面；在内，则为之谋爰立，皆阴为之地而不使之知，事后彼人自悟，乃心感之，不假结纳而四海盟心。门墙之所以日广，呼应之所以日灵，皆由乎此。

---

① 张采《知畏堂文存》卷8《庶常天如张公行状》。

这其中，多数要员与张溥有交往，成为复社影响明代末年政治生活的途径。在我们今天信息化时代，尚难以想象。不知张溥等人当时是怎样联络沟通，张溥又怎样抽出时间精力结交这么多朋友。只能说，他的精力、能力超乎常人。可以说，为成均大会与燕台结盟，已经奠定了张溥作为文社联合体领袖的基础，吴江、杭州的活动，确立了张溥的领袖地位。而熊开元的推许，使张溥的领导身份得到官方的认可。于是，组建复社领导集体的时机终于成熟。

复社被称为绍绪东林的文社，尚实学、持清议、重气节、行正义等，与东林并无二致。但在社会组织的性质、形态等方面，复社远远超越了东林。东林被称"党"，实际只是讲学的流派；复社称"社"，实际是一个初具近代政党特性的文人组织。只是复社尚气谊，就是讲究共同的兴趣爱好、类似的主张与政治倾向、彼此的宽容与接纳、相互的友情与神通。所以，复社尽管具备了很多近代政党的特征，但仍然是一个文人集团的松散联合体，而不是政党。

张溥尚气节，可以从少年谈起。家庭中的隐痛，既是张溥励志的缘起，也是张溥养气的发端，是非好坏，幼年即有成见。稍长，更加注重名节，"溥矜重名，采尚节概，言论风采，目光射人，相砥濯自励"①，与张采为莫逆交，正是气节上的融通。而张溥个人的品行修为，得到了长幼贵贱的尊重。简单归纳，主要有以下几点：第一，虚己推人。计东称张溥大公无我，能够将广应社并入复社，这是就社会活动而言。在与同志的交往中，张溥最为人称道的，就是谦虚稳重，推许他人。从现存的张溥序言中可以看出，他总是将别人的优点最大化。尤其与周锺的关系，被吴伟业称为楷模。"先生初以稍长，兄事介生。既显贵，倾介生客，顾修旧节惟谨，于事必首介生，而已为之下。介生也不为贫贱故少有抑损。世称友道，以周张为难"②。张溥对他人的著述，总是推崇备至，《杨又如稿序》有言："余读未半，惟有惊叹。既愧门无诗书可当贡公，綦履自顾曩作，犹然今人。益信杨子过人远矣。又如语言妙天下，向所著文稿，奇荡深博，题曰《砚咛》。"③难怪陆世仪称张溥对别人的长处优点总是极力揄扬。第二，心胸宽广。张溥的雅量，为同人称道。评文章，"丹铅上下，人人各尽其意"④，对艾南英的过激言行，张溥还是以酒筵相待，好言相劝。艾南英的失礼与过激以至于陈子龙、周镕

---

① 陆世仪《复社纪略》卷1。
② 吴伟业《吴梅村全集》卷24《复社纪事》。
③ 张溥《七录斋诗文合集·近稿》卷1。
④ 同上。

难以忍受，出现不文的故事。陆世仪记载是“共挟之”，吴伟业说“直前殴之”，杜登春说陈子龙“手批千子颊”，成了文人打群架。估计年近半百的艾南英经不住两个二十出头的小伙子揍，真动了手，艾南英此后无法活跃于三吴大地和杭嘉湖平原，更不用说为明王朝效死而名垂千古了。打架的可能性不大，争吵相当激烈是事实。而张溥一次次宽容了艾南英的固执，正是看出了他饱读诗书而气节自华的品质特征。即便对复社带来沉重打击的周之夔，张溥还是不止一次地挽救他，并请周之夔的房师许士柔规劝教育，希望周之夔不要自绝于正道。第三，崇尚友情。五伦（君臣、父子、夫妇、兄弟、朋友）之中，惟有朋友是横向平等的，张溥对待朋友，可谓周到而尽心。而能够对朋友做到坦诚相待、荣辱与共、同甘共苦、兴趣相投是很难得的。张溥对待朋友，以最大的诚意，尽最大的努力，故而也得到朋友最真诚的支持。最典型的事件就是抚养孤子。“吾娄前故有沈君烈者，名承，亦才士，试辄高等，三居第一，声价蔚起。四方高才，皆与结社。竟于甲子下第死，年四十余。未几，妻薄氏死，一子繈褓。天如张公，时为诸生，怜而育之”[①]。第四，尊长爱幼。得到同辈人的敬重，得到晚辈的敬仰已经不易，得到前辈长者的厚爱，其实更难。而这些，张溥都做到了。“先生性好士，穷乡末学，粗知好古攻文，辄许于不置口，赖其奖擢成名者数十百人”[②]。

第二节　奔走三吴　筹建复社

“三吴”是一个历史的名词，狭义是指吴郡（今苏州）、吴兴（今湖州）、会稽（今绍兴）三郡。广义讲，三郡之外，还包括了其他一些郡县，不同历史时期说法不一，多泛指今天的苏南浙北偏东的广大区域。而广应社的活动和复社的缘起，也主要在这里。所以，为了扩大文社的影响，为了复社的成立，张溥频繁奔走于三吴地区，其中，吴江社事的发展演变，最为关键。吴江地处苏州、杭州之间，在苏州、杭州盛行的文人结社，似乎对吴江没有直接的影响。但实际上，从应社成立到广应社的活动，里面有很重要的人物就是吴江人吴昌时。吴昌时是吴江人，父吴翼，万历十年举人，授修武令，娶嘉兴黄氏，生吴昌期，因难产惊吓，抱子归居母家，不与夫同处。久之，吴翼纳妾，生吴昌时，故同父异母兄弟，年龄

---

① 王家祯《研堂见闻杂录》。

② 吴伟业《吴梅村全集》卷24《复社纪事》。

悬殊较大。而吴昌期居黄家长大，继承黄家家业并进士及第，官至工部郎中、广西参议等，致仕归居嘉兴南湖。虽然家境殷实，还有私家园林勺园，但无子嗣承继。而幼弟吴昌时字来之，号竹亭，有子吴祖锡(徐汧婿)时幼，到嘉兴承继吴昌期家业并尽孝，而吴昌时也长居嘉兴，与文社名流在勺园雅聚。所以，张溥等人往来江浙间，必然路过嘉兴，聚于勺园。但吴昌时在吴江长大，今天话说就是户口学籍在吴江。而联络南北，扮演秘书长角色的孙淳，学籍在嘉兴，实际上也是吴江人。而真正将吴江文人社事与广应社相融合的是张溥。在这个过程中，新任吴江县令熊开元是关键，将文社联合体的领袖张溥请到吴江，拉开了复社筹建的序幕。

自应社成立之后，张溥一方面忙于科举之事，承受着岁考、大比的压力；另一方面广交朋友，扩大文社的影响，使应社发展为影响全国的文社联合体——广应社。同时，张溥还要从事社会活动，树立了强大的个人威望。到崇祯元年，张溥成为广应社的实际领导人，而从江北应社到杭州读书社等十余文社，实际成为广应社的成员组织，成为日后复社的主体。所以，复社这个名目是吴江文人确定的，但已经不是当初预想的几个人的结合，而是全国文社的联合体，取代了广应社的名号。换个角度看，是张溥以广应社为主体而筹建复社。这其中，有元老的不同意见，也有吴江文人的思考，在张溥的奔走说服下，终于达成了一致。

一、吴江讲学

崇祯元年春夏之交，张溥与张采先后从京师回到太仓。到十一月，张采赴临川县令任，张溥送到杭州方别。回程中路过吴江并短暂停留，与新任县令熊开元相见，接受了熊开元的邀请，到吴江讲学。“吴江令熊鱼山以文章经术为治，知人下士。慕天如名，迎致邑馆。巨室吴氏、沈氏诸弟子，俱从之游学”[①]。

熊开元(1599—1676)，字玄年，号鱼山，湖北嘉鱼人，是晚明忠贞耿直而又迂腐的书生官员。天启五年进士及第，授崇明知县，崇祯元年调吴江知县，为复社的建立发挥了官方的影响甚至组织作用。熊开元其人，在晚明历史上值得注意。崇祯四年熊开元赴京考选，授吏科给事中，同年十一月因其吴江任期内征赋未满额，降两级调外任。熊开元未曾赴任，而是告假回家了。久之，起为山西

① 陆世仪《复社纪略》卷1。

按察使照磨，迁光禄寺监事。崇祯十三年迁行人司副。被降职的官员，多年闲置之后连续迁升，熊开元心意颇恰，瞩望甚高，希望当时的首辅周延儒出手相援。但周延儒因要事在身，未曾与熊开元见面，由此两人不协，以至发生熊开元弹劾周延儒事件。就熊开元而言，不过是书生之见及意气用事；就周延儒而言，在崇祯朝四五十位辅臣中，是唯一一位才华能力胜任首辅之职而品德上略高于温体仁的官僚。周延儒第一次出任首辅，可以说是邪中带正，私心太重。而第二次出任首辅则是临危受命，太过艰难，为挽救明王朝进行了最后的努力，朝政为之一新，明朝出现了再兴的曙光。可谓正中带邪，有所乖张而卓有成效，与温体仁的纯奸不可相提并论。在崇祯朝具有真正首辅能力的温体仁和周延儒，诚如杨士聪所评"上即位以来，命相三四十人，其中非无贤者，求其精神提携得起者，惟宜兴（周延儒）与乌程（温体仁）二人，但俱不轨于正耳"①。熊开元正是于崇祯十五年十一月弹劾周延儒而无具体罪状，得罪了皇帝，被下到锦衣卫狱。锦衣卫的首领骆养性与熊开元是同乡，有心保全，廷杖旨下，以计策保住了熊开元的性命②。李逊之《三朝野记》卷七、《明史》卷二五八、熊开元《鱼山剩稿》卷三俱记载了此事的详情，但并没有注意到朱由检的微妙心理变化。惟朱彝尊《静志居诗话》卷一八的记录分析，甚有意思。这件事的结果是熊开元系狱累年，直到崇祯十七年正月十四最后处理，将熊开元遣戍杭州。熊开元离开不久，京师便落入李自成之手，崇祯皇帝吊死在景山上，明朝灭亡。南明福王政权赦免其罪并以原官起用，不赴。弘光元年（1645）闰六月，唐王朱聿键即位于福州，改元隆武，熊开元因朝臣举荐，被授予工科左给事中。同年十一月升行在都察院右佥都御史，紧接着担任了御营随征东阁大学士、行在都察院权理院事、左副都御史。次年八月又进职文渊阁大学士、都察院右副都御史，没几天，汀州兵败，唐王为清兵所执。熊开元无奈北还，弃家为僧，皈依苏州灵岩寺继起，法名正志，号蘖庵，清康熙十五年（1676）圆寂于安徽九华山，年七十八。

因为张溥到吴江活动，成为县令请来的导师。吴江巨室吴氏、沈氏诸弟子，俱从之游学，在张溥身边，就出现了一个班底，形成了一个以张溥为核心、以吴江人为主体的文人集团。后来复社的经费，很大一部分来源于吴江的巨室子弟，吴翻无疑是贡献最大的。

在熊开元、张溥出现在吴江之前，吴江并没有组建文人社团，但相互间唱和

---

① 杨士聪《玉堂荟记》。

② 李清《三垣笔记》中"崇祯"。

联络并非空白。只是，没有一个明确的主旨，也未曾建立相应的组织，成了富家子弟文雅而不失俗气的不定时聚会。

二、结交沈、吴

吴江作为江南经济文化发达的区域，历来是文人汇聚的地方。仅明代而言，就出现沈氏、叶氏、吴氏等文学家族。以沈璟为代表的吴江派，更是研究中国戏剧史学者关注的流派。介于苏州、杭州之间的地域优势，使吴江成为东南地区文化交流的走廊，连接着东面的松江青浦、南边的嘉兴杭州、西南面的湖州、北面的苏州。而三吴文社兴盛之时，杭州文社亦有声有色。吴江文社的待举状况，与时风似乎不太协调。于是，崇祯元年熊开元令吴江和张溥到吴江的活动，终于使吴江成了复社的策源地。

熊开元到吴江上任，特别关注地方文教事业，积极张罗文人的八股文研究学习，并雅好文社事务。“吴江令楚人熊鱼山先生讳开元，以文章经术为治，知人下士。慕天如名，迎至邑馆。巨室吴氏、沈氏诸弟子，俱从之授学，天如于是为尹山大会”[①]。尹山大会是复社的成立大会，之前有相当复杂的酝酿过程未见详细记录。陆世仪的描绘也相当模糊，难以了解吴江文社肇举的细节。凡论复社者，皆不能不依据陆世仪的《复社纪略》，因为这是记录复社活动的最完整的早期史料。然而，很少有人注意到陆世仪与复社的关系，以及陆世仪对复社的态度。从陆世仪自己的言论中可以看出，他是对复社是有意见的早期成员，尽管后来不参加复社的活动，但一直关注复社的发展。其《复社纪略》中的“复社总纲”，可能就是摘要杨彝的“复社事实”，记载了崇祯元年到崇祯十六年的复社活动和时事，简略而有误差。就是说，陆世仪与杨彝俱是应社的成员，也是复社的早期成员，但后来不参加复社的社事活动了或者说不是复社的骨干力量，而是一般的成员。陆世仪连自己是复社成员也不承认，在他的“名录”中就没有自己的姓名。而朱彝尊的记载也很笼统，十数年之事，仅在“孙淳”条中数百字概述，难以窥其踪迹。但作为吴翻的亲家翁，朱彝尊的记述明显偏颇。“崇祯之初，嘉鱼熊开元宰吴江，进诸生而讲艺，于时孟朴（孙淳）里居，结吴翻扶九、吴允夏去盈、沈应瑞圣符等肇举复社”[②]，朱彝尊似乎亲眼看到了复社的创建过程，没有张溥的影子。当然，也有专家对此深信不疑，甚至认为“朱彝尊是复社成

---

① 陆世仪《复社纪略》卷1。

② 朱彝尊《静志居诗话》卷21“孙淳”条。

立之际的财政支持者"[①]，看来是延续了前贤的笔误。朱彝尊出生于复社成立之年，何能在经济上支持复社？于此，有必要考察一下张溥与吴江吴翻等人的交往过程。

三、掌控吴江社事

因为熊开元的支持和引见，张溥到了吴江："慕天如名，迎至邑馆。巨室吴氏、沈氏诸弟子，俱从之授学，天如于是为尹山大会"[②]，明确记载了张溥到吴江与复社创建的关系，也说明了吴氏、沈氏诸生与张溥的关系。这里的吴氏、沈氏诸弟子，就是指吴翻、吴允夏、吴有涯、沈应瑞等人，即吴氏、沈氏诸弟子，在邑馆接受张溥的教学。逐渐地，张溥以个人的影响力、学力、人格魅力，在沈、吴等巨家子弟中树立了威望。逐渐成为他们的核心。不仅是经学或制艺上的，还是精神上的。因为张溥得到县令的推崇，又有广应社文人精神领袖的气度能力，所以很快得到吴江文人的认可。其中，吴翻是最为重要的人物。

按照朱彝尊的说法，吴翻是吴江的大户，在复社活动过程中发挥了重要作用，尤其是主要的财政供给者。"扶九居吴江之获塘，藉祖父之赀，会文结客，与孙孟朴最厚，倡为复社。……有子南龄，予女婿也"[③]。吴翻是吴江县学的贡生，孙淳是寄籍嘉兴的吴江诸生，与沈应瑞、吴允夏过从甚密，四人为至交。这四人，是吴江文社的始作俑者。而他们酝酿建立文社的取名，就是复社。那么，我们先了解一下吴翻。

> 吴翻字扶九，号静庵，貌魁硕，善谈论，诗文浏漓藻丽。弱冠负重名。庄烈帝立，凡阉党悉置于法。翻与同志孙淳等四人创为复社，义取剥穷而复也。太仓张溥举应社以合之，海内知名士皆闻风而来。翻于邪正是非之介，确然不可易。时温体仁方柄国，屡招致，翻卒不应。同邑吕纯如要一见，亦终不得。……乙未秋卒，年四十七[④]。

这里有两个信息应当注意到：一是《复社姓氏传略》的作者吴山嘉，是吴翻

---

① 小野和子《明季党社考》第248页。
② 陆世仪《复社纪略》卷1。
③ 朱彝尊《静志居诗话》卷21。
④ 吴山嘉《复社姓氏传略》卷2。

弟弟吴翿的重孙，称吴翻为“高伯祖”，纪事有明确的倾向性但基本事实没有篡改。二是准确记载了吴翻的年龄，卒于乙未秋，年四十七，也就是吴翻生于明万历三十六年（1608），卒于清顺治十二年（1655）。从年龄和制艺上，可以将吴翻作为张溥门人辈对待。因此，在讲究师门传承的时代，及门时序即是长幼的标准，而不是年龄。张溥不仅自己直接影响甚至掌控了吴江文人的结集活动，还将门人吕云孚派到吴江，具体组织联络，直接参与活动。所以尽管张溥门人吴伟业、吕云孚等均小于吴翻，从师门而言，吴翻仍然应该称呼他们为师兄。

吕云孚（1611—1645），字石香，太仓人，诗文受到张溥赞誉，而困顿场屋。经张溥推荐，吕云孚到吴江就试，熊开元“大奇之，拔以冠军，遂为吴江学生”[①]。这是明代诸生常有的事，寄籍他乡，为科场计。考之王家祯《研堂见闻杂录》，吕云孚当是太仓沙溪人，死于清兵南下江南之时，结局悲惨：“大兵屠吾里，石香辈金帛出奔，舟至镇北，兵已至，曳之岸上，刃再下，血淋漓，偃卧田间，舟中物皆风雨去。日暮，迹者至，匍匐扶归。被创甚，勺水不入口，呻吟十余日死。”[②]提到吕云孚，主要为了说明张溥在吴江的影响。张溥在，吕云孚是张溥在吴江的代表。张溥去世，吕云孚是张溥在吴江影响的继续。王家祯记载，明清易代之后，在吴翻面前提到吕云孚，他并没有忧戚意，而对朱明镐夫妇病逝，则泪交睫不止。说明吴翻等人眼里吕云孚未必还有什么地位。但稍做分析可知，王家祯故意在吴翻面前提及吕云孚，已经是顺治九年，距吕云孚被杀已经八年，而同社朱明镐的丧事正在举行，故不能由此判断关系亲疏。

四、协调各方　筹建复社

张溥在复社成立前多次出现在吴江，但每次有多长时间，一时难以考证。重要的是，张溥已经得到了吴江文人的认可；张溥的主张，也得到了吴江文人的接受。这与张溥花费大量的时间精力与吴江文人交游讨论，特别是感情上的建立与加深，有着绝对的关系。据蒋逸雪《张溥年谱》崇祯元年十一月：“疑溥别张受先后，尝与孙淳等遨游杭州近地诸胜，至明年五月始归。”[③]张溥没有回太仓过年，而在杭州等地倘佯半年之久的可能性不大，因为张溥与生母居西郊之七录斋，张溥是孝子，不会让母亲一人在家过年。而是在吴江接受了熊开元的安排，

---

① 吴山嘉《复社姓氏传略》卷2。

② 王家祯《研堂见闻杂录》。

③ 蒋逸雪《张溥年谱》第20页。

与三四同志切磋时艺、讨论经史、筹建文社。次年春再到吴江，并往杭州游瞩，在张溥的诗歌里可以找到明确的记录。崇祯元年深秋张溥送别张采，在吴江期间与孙淳等人交游，情谊甚笃。以致孙淳南归震泽，张溥赋诗送别，文字间难舍难分，期待再见。“此去论心期四月，偏寒拨火岁将盈”[①]。孙淳回震泽过年，临别赋诗，张溥和诗二首，足见深情。张溥在崇祯二年三四月间再来吴江，与孙淳、吴翻、吴允夏、沈应瑞等，已经成为故交，不仅在吴江邑馆，更可能到震泽。张溥诗《孟夏同孟朴、与游、孟宏访扶九，与游诗成，次韵》表明，崇祯二年初夏到吴翻处作客的不仅有张溥和孙淳，还有昆山王志庆（与游）和长洲（今苏州）许元溥（孟宏）。可见，这不是普通的访问。广应社是当时影响全国的文社联合体，张溥与吴翻等人建立复社，广应社处于怎样的地位，是一个敏感的难题，需要进行大量的说服工作。

张溥于崇祯元年年底回太仓过春节，开春就有常熟之行，极有可能争取应社元老杨彝、顾梦麟等人的支持。达成一致意见之后，再访吴江。而杨廷枢、许元溥代表了郡城的态度，王志庆代表了昆山的态度，可以这么认为，张溥率领的是广应社代表团前往吴江，与吴翻、吴允夏、沈应瑞、孙淳会商，确定了创建复社的步骤和原则。事后，张溥一行人在吴江有一段游览时光，仅张溥即有《张公墩同望》《柳塘泛夜》诸诗及《登沈圣符芷香阁次与游韵》等，还到了孙淳的书斋，张溥咏诗四首。从吴江出发，张溥、吴翻、沈应瑞、王志庆、许元溥、吴昌时、杨廷枢等人游览了杭州。张溥在杭州有多首纪行诗，如《同与游、孟宏、君伟放舟湖心，扶九携尊小酌迟维斗次孟宏韵》《同孟宏、孟朴、来之登烟雨楼》等[②]。先贤、名胜在张溥咏叹中也多有涉及，岳飞祠、于谦祠、放生池、苏小小墓等均唏嘘叹息。一行人的游览，除了领略胜景之外，还有咏叹酬唱，由此进一步加强了友情。而游赏的过程中，自然不会忘记对社事的探讨。于是，一个波及全国的政党化文人组织已具雏形，并且已经形成了复社的领导集团。张溥的前后奔波，自然而然地成为了复社筹建组组长，也就是复社领袖的不二人选。

从以上诗歌唱和的盛况来看，既有对前贤的赞叹，也有对历史的检点思考，而行吟中不免有对时下的忧虑以及对未来的期望，所以，未来文人组织的理想、纲领也就渐次成熟。团结协作的复社领导集体已经形成，其中，杨廷枢的出现，值得注意。因为最初，杨廷枢是反对与吴江文人团体联合的，并拒绝与孙淳见

---

① 张溥《七录斋诗文合集·诗稿》卷1。

② 以上作品均见张溥《七录斋诗文合集·诗稿》卷2。

面。“迨崇祯庚午，楚中熊鱼山先生开元自崇明令调吴江，最尚文章声气。时吴江诸生孙淳孟朴、吕云孚石香、吴翻扶九、沈应瑞圣符辈附之，号召同人，创为复社，颇见嫉于维斗。孟朴至吴门，怀刺谒杨，再往，不得见，曰：‘我社中未尝有此人。’我社者，应社也。赖天如先生调剂其间，而两社始合为一”[①]。正是张溥的穿梭调解工作，特别是张溥与杨廷枢兄弟俩的深厚友情，是说服杨廷枢的重要基础。杨廷枢不仅成为吴江文人社团的上宾，还与吴江文人一起畅游杭州，荡舟西湖，饮酒赋诗，情谊浓浓，与当初拒绝会见孙淳形成强烈的对比。由此看，张溥具有非凡的组织协调能力，是思想政治工作的高手。从此，一个波及大半个明王朝的文人集团联合体初步形成，只待展出旗号，便能惊动天下。于是，召开复社的成立大会时机，正在成熟。

然而，一个人数众多触角伸向明朝多半国土的社会团体，举行一次大规模集会殊非易事，需要精心的策划和广泛的联络，并需要可观的经济支撑。熊开元不能动用政府的资金来筹办，只能诸生个人承担。吴翻这位吴江富户，当然成为主要的财政提供者。其女婿计东说法，是将家里大量的金钱用于社事了。朱彝尊也有记载：“扶九居吴江之获塘，藉祖父之赀，会文接客，与孙孟朴最厚，倡为复社。既而思合天下英才之文甄综之。孟朴请行，出白金二十镒，家谷二百斛。”[②]复社建立的活动家孙淳走到了前台，同时担任了组织发展、社会宣传和对外联络工作。“是役也，孟朴渡淮、泗，历齐、鲁以达于京师，贤大夫必审择而定衿契，然后进之于社”[③]。说明孙淳联络的主要是北方诸生文社，并发展了一批“预备社员”，将复社成立大会的时间、地点通知了直达京师的广大同志。经济上，初期的活动经费主要源于吴翻，这是事实。只能说，朱彝尊与杜登春、计东一样，听说的故事和看到的材料混合起来，基本描述了当时的一些情况，并不是亲身经历。而前辈所言，或有倾向，或也听说，未必没有可疑之处。吴翻出钱，孙淳出力，张溥出面，熊开元出势，复社的成立基本水到渠成了。

---

① 王应奎《柳南随笔》卷 3。

② 朱彝尊《静志居诗话》卷 21。

③ 同上。

第三节　组织复社成立大会

经过与应社元老的沟通，吴江文社人物的联合，加上在浙江的广泛联络，一个新的全国性文社联合体组建时机成熟。于是，需要进行一个重要的仪式宣布组织的成立。复社的成立大会，正是在经过了充分的酝酿准备之后，在尹山隆重举行。为了复社的成立，张溥殚精竭虑，日夜操劳，既要联络各方人士，又要综合考虑不同文社的诉求，尽量平衡各方，疏通关节，使散布各地的文社形成基本统一的学术思想和行动纲领，其难度，不亚于组织一个近代政党。正是在筹建、建立复社的过程中，张溥的社会活动能力得到进一步的提高和彰显，为士子所公认。

一、往来三吴与会址的选择考虑综合因素

为筹建复社，张溥已经付出了巨大的努力。在成立大会的会址选择上，更显出了张溥的全局思维。他长期往来三吴之间，对于水陆交通与四邻接壤，有着比较充分的了解，并同时了解了相关士流的心态，最终选择了尹山这个特殊的地方。苏州周边的山有一百余座，不乏气势巍峨的如穹窿山，但半天可以上下一次，高仅 341.7 米。名闻遐迩的灵岩山，只有 182 米，因近吴国都城，吴王夫差的行宫在山上，西施的许多故事发生在此山，因此出名[①]。又因为是佛教重地，净土宗首寺，享有崇高威望。复社成立的地点是称不上名山的尹山，甚至已经连个山头也不见了，记载清晰，无须考察。但为何选择尹山而不是同样交通方便、市井繁荣的郡城苏州或吴江松陵镇呢？前人没有明确的记载。尹山，位于今苏州市东南方，“在宝带桥东南六里，周大夫尹吉居此，实一土阜耳。梁建崇福寺，明洪武间圣僧永隆运巨木重建，今木池尚存，旧有澹台灭明书院，尹和靖慕其风，曾侨寓焉”[②]。古迹名胜，容易寻访，有利于远客集中到一个具体的地点。在今天，尹山已经不见踪影，其东南面的尹山湖已经成为城市的一部分了，苏嘉杭高速公路、苏州绕城高速公路穿越期间。但在明代，这里是远离闹市的水陆交通要道，京杭大运河向南蜿蜒而去。这里河网纵横，帆樯如林，从常熟、昆山、太仓、嘉定、青浦、松江、吴江、嘉兴、湖州来到尹山，陆路可行，水路更为方

① 《苏州市志》第 192 页。
② 徐崧、张大纯《百城烟水》卷 3。

便，这也是重要的因素。复社肇始于吴江，定名也依照熊开元、吴翻等人的意见，再到吴江召开成立大会，广应社元老在感情上未必能够接受。尤其是吴县杨廷枢，既是应社元老，长张溥八岁，门下弟子数千，又在苏州士民中具有极高的人望。在苏州士民反抗阉党斗争中，杨廷枢的凛然正气和组织领导能力，闻名天下。可是，杨廷枢对建立复社并不赞成，“孙孟朴（淳）乃与我妇翁吴翻及吕石香（云孚）辈数人始创复社，颇为吴门杨维斗（廷枢）先生所不快。孟朴尝怀刺谒杨先生，再往不得见。诃之曰：‘我社中未尝见此人。’我社者，应社也”[①]。复社成立大会选择在尹山，既考虑交通和集中的方便，也可能为了迁就杨廷枢。而松江诸子便于往还，恐怕也是重要因素。松江诸子在京师有广泛的活动，也是燕台盟社的重要力量，他们的加盟，不仅扩大了张溥的影响，更将广应社的宗旨充分体现，为复社的扩大张本。回避吴江的地面，还有一个原因就是，避免给县令熊开元带来不便。当时也许没有问题，在日后的政治斗争中，这可能成为把柄。

二、尹山大会与复社成立的时间

这本来不是问题，前面叙述张溥在吴江、杭州的活动以及说服应社元老的工作，已经完成。崇祯二年五月应社元老与吴江文人畅游杭州，说明复社成立的条件已经成熟。复社成立的时间有不同的记录，纯粹是后人追忆、追记出现的误差。简单说，有崇祯二年和五年说。朱彝尊明确说“复社始于戊辰，成于己巳”[②]，问题出在传抄的《复社总纲》中一句话：“虎丘大会，张溥为盟主，合诸社为一，定名复社，刊《国表》社集行世”[③]，将两件事合并了。成立复社，应是崇祯二年的事情，传抄中误入崇祯五年，以致龃龉。而崇祯五年举行虎丘大会，是复社成立之后的第一次全国性大会，《国表》的刊行，在虎丘大会之前。从张采活动的时间上，就可以简单看出。张采崇祯元年十一月赴临川任，三年秋病归，复社的社集《国表》一集已经刊行。所以，定名复社，不可能在崇祯五年的虎丘大会。何况复社在熊开元的支持下成立，而熊开元于崇祯四年初赴京考选，从此与复社活动没有直接关系，也证明复社不可能成立于崇祯五年。更重要的是，张溥于崇祯四年中进士，之前一段时间准备科举考试，之后一段时间忙于选官、任

① 计东《改亭文集》卷10《上太仓吴祭酒书一》。

② 朱彝尊《静志居诗话》卷21。

③ 陆世仪《复社纪略》前《复社总纲》。

职，没有精力筹建。所以，复社成立于崇祯二年，不难定论。困难的是，在崇祯二年的具体何时举行尹山大会并宣布复社的成立。目前，很难发现复社在尹山举行成立大会的时间记录，仅有杜登春《社事本末》涉及“两社对峙，皆起于己巳之岁。余以是年生，生之时，两郡毕贺，借汤饼，为东南一大会。社事之有大会，自贺余生始也”①。杜登春记录的几社，是他家父辈们的文社。这是一条间接材料，说明几社成立大会在崇祯二年的夏熟之后，江南地区大量食用面粉的时节。汤饼即面条，庆生、祝寿等必食。而复社纳几社于其中，当在几社成立之后。但复社不可能成立于崇祯二年之后。所以，推断复社成立的尹山大会应在崇祯二年的夏收之后秋收之前，大约夏历九十月间。另一个重要的考虑，就是苏州一带，农作最忙的时节是夏收夏种。而后一段时间，不仅农作较为闲散，主要是田间管理，气象条件也比较合适，雨水较少，炎热消退，气温下降，水陆交通的不利因素较少。

三、参加尹山大会的人员与复社纲领

复社的尹山大会，我们无法准确说有多少人员参加，成立大会参加的人数不少，这可以肯定。陆世仪记录的名单，称七百余人，实际加上陆世仪本人共六百八十七人。最重要的组织者是熊开元和张溥，与会者均是各地的代表，“篙雪之间，名彦毕至”②。既然是各地的知名人士，当然具有一定的代表性和号召力，是地方的头面人物。而且是“未几，臭味翕集，远自楚之蕲黄，豫之梁宋，上江之宣城、宁国，浙东之山阴、四明，轮蹄日至。比年而后，秦晋闽广多有以文邮致者”③。说明复社的尹山大会只有江浙皖地区的人物参会，主要是苏州、松江、嘉兴、池州等府。“楚之蕲黄，豫之梁宋，上江之宣城、宁国，浙东之山阴、四明，轮蹄日至”现象，是尹山大会“未几”之后的事情。一年之内，影响在上江、两浙地区进一步扩展。一年之后，波及秦晋闽广。据此推断，尹山大会只是很小规模的成立大会，复社的影响是逐渐扩大的。朱彝尊说复社始于戊辰，成于己巳，说诸社佥会于吴，统合于复社④，但不等于各社均有代表参加尹山大会。据陆世仪记述，应该是尹山大会之后，复社成立的消息传播四方，且由张溥、周锺这两位

---

① 杜登春《社事始末》。

② 陆世仪《复社纪略》前《复社总纲》。

③ 同上，卷1。

④ 朱彝尊《静志居诗话》卷21。

广应社的领袖在主持社事，吸引了更多的诸生加入复社。

从陆世仪和朱彝尊记载中可以知道，会议过程中等于有一个宣誓的程序，不是几百人或上千人在尹山山呼，也可知与会人员数量有限。况且，寺庙之中，地方狭小，也不允许数百上千的人同时聚集。而参与申盟词的文社主要是云间、两浙、莱阳、黄州的几家，加上张溥、周锺、吴应箕、徐鸣时、杨彝、顾梦麟、沈寿民、刘城、吴翻、吴有涯、沈应瑞、吕云孚、孙淳等，大约三五十人。而刘城在《贵池吴应箕传》中说："当崇祯初元，三吴中创为复社，才十余人耳，不佞城与次尾实共之。"[①]这十几个人，就是创建阶段担任主要工作的人员，是参与大会筹备工作的各地文社的代表，并不是参加成立大会的人员额数。说明七郡诸生的领袖人物，已经云集到复社旗下，江浙各地重要文社的主要成员均参加了复社的成立大会，为复社的影响全国准备了条件。

会上，张溥为复社制订了条规课程，可以认为就是复社的政治和学术思想，尽管在以后的发展中有所变化，但在复社成立之时即有条规课程，是摆脱宗教集结的近代政党创建的典型程序。但与会者的共同应答，又是典型的旧式结盟仪式。说明复社的结集，并没有完全摆脱传统会盟的框架。

大会的议程、进展情况，没有文献记载，估计一两天之内，就能完成。会上张溥为复社定性，并有主导性发言，用今天的话说，张溥确立了大会活动指导思想和复社的基本精神："自世教衰，士子不通经术，但剽耳绘目，几幸弋获于有司。登明堂不能致君，长郡邑不知泽民，人才日下，吏治日偷，皆由于此。溥不度德，不量力，期与四方多士共兴复古学，将使异日者务为有用，因名曰'复社'。"[②]这说明，张溥已经看到了明末士林存在的精神问题，知识分子的精神家园已经荒芜。并且规定了七条准则宣誓遵守："毋从匪彝，毋读非圣书，毋违老成人，毋矜己长，毋形彼短，毋巧言干政，毋干进辱身"和处罚条例："嗣今以往，犯者小用谏，大则摈。佥曰'诺'。"[③]这是旧时会盟的盟誓形式，又是新型政治实体组织成文的组织纪律。如果从政治组织的视角看，就是复社的纲领和章程。这样，一个具有明确政治和学术思想的文人社团成立仪式圆满完成。

---

① 刘城《峄桐集》卷10，计六奇《明季南略》卷4。

② 陆世仪《复社纪略》卷1。

③ 同上。

第四节 扩大复社的组织力量

历来论者认为，复社大会上张溥合诸社为一，包括云间几社、浙西闻社、江北南社、江西则社、历亭席社、昆阳云簪社、吴门羽朋社、吴门匡社、武林读书社、山左大社、中州端社、莱阳邑社、浙东超社、浙西庄社、黄州质社、江南应社。蒋逸雪《张溥年谱》以表格说明之[①]，太仓的张溥纪念馆门首的说明内容也是这样。但应该看到，复社只是张溥、吴翩 、沈应瑞、吕云孚、孙淳等人建立的新文社，经历了一个发展扩大的过程。而这个过程中，张溥说服了应社元老，将广应社整体纳入复社，成为复社的基本力量。如此，则原先在广应社旗下的所有文社，自然成为复社的组成部分。这些文社主要有"江北匡社、中州端社、松江几社、莱阳邑社、浙东超社、浙西庄社、黄州质社与江南应社，各分坛坫，天如乃合诸社为一"[②]。尹山大会成立的复社，是有诸多文社和重量级人物参与的文社联合体，次第纳入多家文社，就是全国性的文社联盟了。如上所述，复社成立之初，不是十多家文社均参与尹山大会，而是后来逐渐加入，这个过程，有两三年时间，孙淳发挥了关键的作用。朱彝尊记载张溥说过的话："（孙淳）忘其身，惟取友是急，义不辞难，而千里必应。三年之间，若无孟朴，则其道几废矣。"[③]朱彝尊如是记载，但遍查张溥《七录斋初集》和《七录斋诗文合集》《近集》等，没有这句话。仅有《国表序》及代张采的《国表序》中有类似的表述："孟朴与扶九、圣符高气盛情，通于朋友，不惮历遐阻，发怀抱，以来千里之驾。"[④]孙淳联络大江南北，直达京师，实际将山左、中州、莱阳等地的文社迎接进复社，早在孙淳之前，张溥燕台结盟、中州交友、山左徜徉、江浙奔走，已经做了大量的工作，具备了吸收这些文社的情感基础。复社成立前后，各地文社逐渐汇入的情况，简略叙录如下：

一、将原广应社旗下的文社纳入复社

广应社在发展的过程中已经成为影响全国的文社联合体，相关文社的独立

① 蒋逸雪《张溥年谱》第 23 页。
② 陆世仪《复社纪略》卷 1。
③ 朱彝尊《静志居诗话》卷 21。
④ 张溥《七录斋初集》卷 3《国表序》。

性逐渐削弱而演变为分支机构或分会。但是，并没有得到明确或建立隶属关系。前文梳理了从应社到广应社的演变，已基本清晰。到复社成立之际，广应社旗下活动的文社主要有：（一）杨彝、顾梦麟、张溥、张采、钱旃、吴昌时、杨廷枢、朱隗、王启荣、周铨、周锺建立的应社，这是最“古老”的应社，经常活动于张溥的七录斋、柏起宗的柏园和杨彝的凤基园，是广应社的核心。（二）以杨廷枢、徐汧为首的郡城应社。据张溥《应社十三子序》可知，郡城应社有十三人，以杨廷枢为核心。从发展的角度看，郡城应社已经是应社的分支机构。（三）娄东十子。一般研究者没有注意到这样的描述，而应社的娄东十子是客观存在的应社分支机构，核心是张溥和张采，其间当有吴伟业和陆世仪等。需要说明的是，此间的“娄东十子”是一个文人小团伙，是应社旗下的文人社团，不同于清初诗坛的“娄东十子”。（四）匡社。匡社早于应社而独立活动于长江下游的南岸地区，是苏州的徐鸣时与贵池的吴应箕为首。“先是贵池吴次尾应箕与吴门徐君和鸣时，合七郡十三子之文为匡社，行世已久”[①]。而这个匡社容易引起误会，以至于陆世仪将它区分为江北匡社和吴门匡社，今学者也有承认其为二匡社者，如郭绍虞《明代的文人集团》[②]。实际上匡社只有一个，主要的活动区域在吴门，就是陆世仪所说的“时三吴文社，人人自炫”中的一个。由于周锺的活动，匡社逐渐演变为广应社的分支机构，但其独立性远在郡城应社和娄东十子之上。（五）与南社重叠的江北应社。江北应社是以南社人员为基础，在张溥的影响下定名的活动形式，主要人物就是南社的人士。而江北应社定名和选文活动，张溥在《江北应社序》中有记载。以选文为依据，江北应社的人物包括了南社的主要成员，而选文则是商丘的刘伯愚、吴伯裔、吴伯允所完成。但计东《上太仓吴祭酒》明确说明“大江以南主应社者，张受先、西铭、介生、维斗。大江以北主应社者，万道吉、刘伯宗、沈眉生”[③]，似乎很清楚地划清界限了。但并没有说明白应社扩大的过程以及广应社与各地应社活动的关系。上江文社本身就有错综复杂的关系，与应社的关系又处于变化之中，梳理殊为困难。简单说，江北应社与南社有重叠，南社与匡社有重叠，匡社与江南应社有重叠，江北应社是一个有时段性的

---

① 陆世仪《复社纪略》卷1。

② 郭绍虞《照隅室古典文学论集·明代的文人集团》中列有“匡社”，解释为“后来匡社合于应社，应社有合于复社”（上册第590页）。后又列“匡社(乙)”（同前书第602页），即认为有两个匡社。应该说匡社有两个活动的地方：贵池和苏州，以苏州为主。而匡社也不是合于应社，是与应社并列而成为广应社的组成部分。

③ 计东《改亭集》卷10。

组织，复社成立后，基本不再活动。而几社和南社的情形则更为复杂。

以上这些文社，或前或后，或长期存在，或短暂结合，均与应社有一定的关系，更与张溥有着密切的联系，可以看作均是广应社旗下的文人社团。而复社成立之后加入复社的文社，就不仅仅是张溥个人的影响，而是以张溥为领袖的复社的整体魅力了。

二、尹山大会后继续接受文社的融入

上述文社直接在张溥、周镗等人的活动下于复社成立之际进入复社，成为复社的主要力量，甚至可以说，复社是吴江文人肇举的文社，但又是由广应社演变而来的，成为广应社的发展。无怪乎有人认为有两个复社：吴江复社和作为文社联合体的复社。应该指出，复社成立之际就不是一个独立的小团体，已经具备了联合体的性质。所以，此后不断有文社诸生加入进来，成为中国十七世纪文化甚至政治舞台上一支重要的社会力量。个人加入，情形比较复杂：有乘坐车船来访而加入，“楚之蕲黄，豫之梁宋，上江之宣城、宁国，浙东之山阴、四明，轮蹄日至”[①]；有函报的，“比年而后，秦晋闽广多有以文邮致者”[②]；有单独找各地邑长登录姓名的，以张溥为例，“天如狎主复社，以附东林，声气相求，龙集凤会，一言以为月旦。四海重其人伦，书晷刻而百函，宾昼日以三接”[③]；甚至没有见到张溥，就将姓名登录在复社的，“以溥尚在京师，不及亲炙，相率过娄，造庭陈币，南面设位，四叩定师弟礼，谓之遥拜，浼掌籍者登名社录而去”[④]。这么说，娄东有这样的情况，吴江有这样的情况，池州等地也有类似的情况，加上复社大会的名录，就导致了复社人名录混乱的局面，散佚、重复同时存在。所以，今天要想整理出一个完整的复社名录，已经不能。

而广应社之外各地文社纳入复社的情况，留存的信息虽然稀少而龃龉，大致可以梳理。较为重要的或影响较大的加入复社文社，主要有以下一些。

（一）几社

从杜登春的回忆记载中，似乎几社是与复社对峙的文社，具有并驾齐驱的

---

① 陆世仪《复社纪略》卷 1。

② 同上。

③ 朱彝尊《静志居诗话》卷 19。按：朱氏对复社大不以为然，尤其是亲家为了复社花费大量钱财，难免偏见。但说到张溥书信往来频繁，接待宾客忙碌，从侧面说明了张溥在复社发展壮大过程中的作用与贡献。

④ 陆世仪《复社纪略》卷 2。

地位。不少文献描述几社，说成与复社同时创立的文社，实际上几社的成立时间早于复社，是在应社势力影响下结集的青年文社，基本是同辈而关系密切之人的组合。而云间几社的渊源，远比应社悠长，在燕台结盟归来之后明确展现出来。几社的人物基本上有世交的关系，源于昙花五子社。昙花五子是张鼐、李凌云、莫天洪及杜乔林兄弟，文学成就最高的是张鼐。在他们的影响下，门人子弟结为小昙花社，人员主要有：莫俨皋、陈所闻、杜麟征、唐允谐、章闇、朱灏、唐昌龄、唐昌世、吴桢、俞竑等。与他们有血缘关系或师生之谊的后生，成为几社的核心。崇祯元年，几社已在酝酿之中。这年的会试，"惟受先（张采）、勿斋（徐汧）两公得捷。先君（杜麟征）中副车。诸下第南还，相订分任社事，昌明泾阳之学，振起东林之绪，以仰副去邪崇正之新主"①。杜登春所记，点明了几社以及酝酿成立的其他文社，兴复古学治理经史的同时，有着明确的政治动机。也透露了几社起初的政治与学术倾向，是明确的绍绪东林，继承顾宪成的学问主张。然而，顾宪成兄弟及高攀龙等创建的东林书院，办学讲学的过程中宗旨也在发生变化，从探究儒家经典的原始宗旨到讲究儒学的实用价值，并且还有心学的倾向，变幻复杂，需要专题研究。顺便说，杜氏一门，与文社殊有渊源。杜若芳、杜乔林兄弟、杜麟征三代均是文人结社的积极倡导组织者。而杜麟征的儿子杜登春，不仅热衷于社事，记录社事盛况，还与复社领袖的家族关系更亲。杜登春入赘张溥之弟张王治家，由青浦迁居太仓。杜登春对纷繁的复社文献有直接阅读的机会，所记事实应该可信，尽管情感倾向不一定妥当。因为在叙述历史的同时，不仅要为先君张扬，还不能忘记自己是张家的人，更要顾忌清王朝的文网。

杜麟征等南还松江，时间大约是崇祯元年春末，与夏允彝、徐孚远、周立勋、彭宾、陈子龙致力于社事。并且由"先君（杜麟征）与夏允彝主其事"②，于崇祯二年初夏杜登春出生三朝聚会，成立几社，两郡毕贺。看来杜家没有料到会如此多的宾客，以致准备的面条不够了（明清时期松江地区称呼面条为汤饼，已经有手摇擀面机使用）。以上六人，就是通常所说的"几社六子"，同年自己编选了他们的文集《六子会义》印行。正因为如此，人们容易将几社作为封闭的世家子弟的小团体对待，而忽略了其后的发展变化。简言之，几社也以兴复绝学为己任，杜登春说的"绝学有再兴之几而得知几其神之义"，与复社"兴复绝学之意"并无

① 杜登春《社事始末》。

② 同上。

二致。相对而言，几社的封闭性稍高，而后来积极参与社会事件的程度也很高，并在经史、文学的研究和创作中取得惊人的成就，更有许多节义忠烈的壮举。以陈子龙为代表的云间词派，不仅是晚明词坛的重要流派，更是明末忠贞气节的象征。“由于陈子龙的品节人望和他的文学造诣的精深，他在生前和身后都为江浙才士所仰尊，门弟子遍及吴越间。基于明词的衰落，陈子龙及其盟友们倡导雅正以纠正淫哇俚俗之风，深为门下群从所师承，这就无异于组训了一大批词学队伍，构成了经受过唐宋词的传统审美倾向熏陶的创作力量”[①]，奠定了清词创作高潮的美学基础和创作队伍基础。

几社诸子参加复社活动，并与复社领袖是至交，陈子龙甚至在张溥去世之后在复社中具有最高的影响力，成为复社领袖之一。但几社的社事继续经营，相对封闭地进行着他们的经史研究和文学创作。所以，几社又是与复社并存的相对独立封闭的文社。正因为此，文化史著述一般将复社与几社并举。而杜登春说“主于简严，惟恐汉唐祸苗，以我身亲之，故不欲并称复社，自立一名，尽取友会文实事”[②]，并不是说几社成立于复社之后，而是几社的名称问题。等于说，加入复社之后，大多数文社连名称也取消了，只称复社，而几社的名称保留了，而且局限于云间做取友会文和创作研究的实事了。

（二）南社

与匡社一样，也是独立性较强的早期文社，成立于万历四十八年，是上江地区的文会形式，其组织形态比较松散，重要人物是万应隆、沈寿民、沈士柱、吴应箕。参加南社活动的主要是贵池、宣城、芜湖诸生，除上述诸人外，尚有沈寿国、邵璜、赵初浣等二十余人。与匡社不同的是，南社的活动不是有组织经常性的，主要是组织者万应隆、沈寿民和沈士柱，临时约会衡文而已。正是在匡社和南社兼职的吴应箕与周镫、钱旃、徐鸣时的联系，影响了南社，并没有完整组织机构的南社于崇祯五年加入复社。标志就是，崇祯五年的虎丘大会，万应隆率同邑诸生与会。

（三）武林读书社

又称杭州读书社，也是渊源很深的文社，由于文献资料的零散，前人载述也不够清晰。先看小筑社，这是以严调御三兄弟为核心的小团体。“严调御，字印持，余杭人，太常卿大纪长子，长身疏髯，风神落穆。以高才为诸生祭酒，博雅好

---

① 严迪昌《清词史》第 29 页。

② 杜登春《社事始末》。

古,能琴善书,晚味禅悦,多方外游。仲弟武顺、季弟敕亦有名,时号三严”[①]。另一个重要人员是闻启祥,广治群书,工于举业,万历四十年中举,而次年春闱,已经到达京师的闻启祥忽然感到不高兴,就放弃会试,命驾南还,从此屡征不起,成为世外高人。但对于朋友,却是广泛结交,与闽越湖广人士皆有过从。正是这位高人的高风怪诞,才有魅力将严氏兄弟联合在身边,并活动了将近十年。到天启七年或崇祯初年,仁和县冯悰、张岐然立读书社,由于闻启祥和张岐然的关系,小筑社并入读书社。不论小筑社还是读书社,尚经史,重考据是基本学风,而重操守气节则是情谊建立的基础。于是,杭州读书社的精神追求,与广应社并无二致。明季文社大兴,除了科举制艺需要、政治气候使然,还有一个很重要的哲学环境就是王学盛行出现偏差,导致读书人不是真正读书,而是游学吹嘘,类似于玄谈,学风败坏。空谈误国的王衍,历来成为文人嘲讽的对象。辛弃疾[水龙吟]“夷甫诸人,神州沉陆,几曾回首”就是谴责了王衍的玄谈。所以,金沙、娄东、虞山、余杭、仁和、松江、贵池、湖州、宣城、莱阳、豫章、吴门、芜湖等地倡严谨学风,兴经学,求名教真谛,能在几年之间盛行于全国。从黄宗羲记载的一个故事中可以看到这种声气相通的一斑。冯悰与黄宗羲论杨、左事,崇尚杨、左气节就是名节高尚的标志。与杨涟、左光斗事件直接关联的天启诸君子之一黄尊素,就是黄宗羲的父亲,冯悰的门人顾豹文居然问杨大洪是什么人。结果是被老师狠批一顿,说读书人应该了解当代人物,对这样的事情一点也不理会,读书还有什么用!杨涟之正气凛然、贤明通达,直到蒲松龄编小说,也不忘赞美:“公生为河岳,没为日星,……天上多一仙人,不如世上多一圣贤。”[②]张溥等应社、广应社人士绍绪东林,兴复古学,崇尚气节,重视情谊,与读书社精深融通,在精神思想和人情上具备了合并读书社的基础。而其中还有一个联络疏通的关键人物严调御的儿子严渡,将张溥与严调御联系起来。严渡于崇祯元年到京师,与张溥订交。待严渡回杭州,乃大合两浙同社于吴门。据计东的说法和陆世仪的记载,则读书社并入复社,当是崇祯二年复社成立之后不久的事情。

(四)山左大社与莱阳邑社

莱阳邑社与山左大社的关系,如同匡社与南社的关系,既有交叉重叠又有相对的独立。莱阳邑社是早就存在的文社,重要人员就是莱阳宋氏。“宋继澄,

① 吴山嘉《复社姓氏传略》卷5。
② 蒲松龄《聊斋志异》第536页《杨大洪》。

字澄岚，天启丁卯举人，倡道海滨，士多归之”[1]。关于邑社的资料殊为难求，以宋氏兄弟及其朋友结合，人员不是太多。至赵士喆倡大社，邑社并入其中。而山左大社几近百人，从规模上看，邑社远不能与山左大社比拟。但是，邑社是以宋氏为基本成员的文社，具有地域性和家族性，结交范围有限，长期存在，稳定活动，而山左大社是临时性的组织，并不是经常性组织严密的社会团体，只是举行文会和编辑文集时结集，人员关系不如邑社严密亲近。

莱阳宋继登、宋继发、宋继澄兄弟在读书界具有很强的影响力，宋继登父子在仕途均有所建树。宋继登万历三十二年中进士，官至陕西右参议。宋玫与族叔宋应亨（宋琬父亲）天启五年同举进士，分别知清丰县和虞城县：“崇祯元年，玫兄琮亦举进士，知祥符，而玫以才调繁杞县，三人壤地相接，并有治声。”[2]《明史》此处记载不确，宋琮应是宋玫的隔房堂兄，宋应亨之子、宋琬之兄。宋继登父子、宋继澄父子在莱阳士林中的声威可以想见。莱阳大姓，宋氏其一。姜氏、左氏也是人才立于通衢，诗文妙于造化，影响不啻莱阳，气节千古流芳。明代中叶以后的莱阳，有张、赵、左、宋、姜五大世家，诗书传家，各有特色，张姓以仁义胜，赵姓以敦厚胜，左姓以忠贞胜，姜姓以刚烈胜，宋姓以文采胜，这是后人根据他们的事迹归纳出来的。在现存的复社莱阳成员名单中，莱阳五大姓占据了不小的席位，文社举事，既有人才，也有资金。邑社既举，复有大社，邑社并入大社，但仍然独立开展聚会，到崇祯元年，大社加入广应社，进而成为复社的重要力量。

（五）详情难以稽考的文社还有许多

加入复社的文社，陆世仪记载的是江北匡社、松江几社、莱阳邑社、浙东超社、浙西庄社、黄州质社与江南应社，等于明确说这些文社于尹山大会前后即参与复社，“各分坛坫，天如乃合诸社为一，而为之立条规，定课程”[3]。据蒋逸雪先生的统计是十六家[4]，朱彝尊说的是十家，包括云间几社、浙西闻社、江北南社、江西则社、历亭席社、昆阳云簪社、吴门羽朋社、吴门匡社、武林读书社、山左大社等[5]。中州端社、黄州质社未见二家记录，加上这两个文社，加入复社的应有

---

① 吴山嘉《复社姓氏传略》卷10。
② 《明史》卷267《宋玫》。
③ 陆世仪《复社纪略》卷1。
④ 蒋逸雪《张溥年谱》第23页。
⑤ 朱彝尊《静志居诗话》卷21“孙淳”。

十八家文社，包括复社自身，当为十九家。那么，怎样理解这个复社的概念，就需要专家的论述了。谢国桢先生说："原来应社与复社的感情，本不很好"，"孙淳和吴翻创立的是复社不是应社。"[①]不可否认，复社的肇始者是吴翻、沈应瑞、吴有涯、孙淳等，其中孙淳已经参加应社的活动，成为太仓吴江间最早的联络员。据计东所说，创复社这件事颇为吴门杨维斗先生所不快，说明在复社创建上，应社元老的意见有所不同。即便熊开元到吴江，将张溥接到吴江，并将吕云孚介绍到吴江，具体操持复社事宜，也还需要做大量的说服工作。杨廷枢的意见没有表述出来，只是不高兴了，拒绝与孙淳见面，还说"我社中未尝见此人"，赌气而有童趣。但杨廷枢还是复社的中坚，在后来的复社运动中，成为领袖人物，吴翻、吕云孚、吴有涯、沈应瑞等人反而难以显现其声望影响。从这个意义上说，吴江人肇举复社只是一个名义。也可以这么认为，是广应社接纳复社并采用复社名称，赋予文社以新的思想精神，经过金陵大会、虎丘大会和其他多种形式的社集而成为全国性的文社联合体。从崇祯二年到六年，除了少数几个受阮大铖控制、温体仁影响而与复社无关的文社外，几乎全国文社归于复社麾下，声势之壮大，可以想见。招致打击，也就在所难免。张溥组织起这样一个全国性文人集团，其社会活动能力、组织协调能力和指挥能力，绝对是超常的。

二、说服豫章诸子加入复社

关于豫章艾南英、章世纯、陈际泰、罗万藻加入复社的情况，比较复杂。特别是艾南英，与江左文人经历了激烈的争执。虽然后来被除名，必须承认，艾南英也曾是复社成员。更重要的是，应该知道艾南英、陈际泰、章世纯、罗万藻等，是晚明文章大家，也是学问大家，于文学师承与学术取法上，与江左文人略有区别，本质上没有矛盾。

其实，争执起源于选文，是制艺上的分歧，本质上是竞争关系而发生的矛盾。进而演变为衡文的争论，是崇尚唐宋诸家文章还是强调汉魏。论战深入了，矛盾激化了，但就文章崇尚来看，娄东受"七子"影响，偏向复古。艾南英强调欧、苏，并抬出归有光为楷模。平心而论，这种争论没有实质意义，因为"七子"倡导复古的时代环境已经变化，陈子龙等人的主张与实际创作并不一致，对唐宋八家古文也推崇备至。而艾南英的文章，也有汉魏之气。这场争论的起

① 谢国桢《明清之际党社运动考》第126—127页。

因、过程、变化和影响,笔者曾经专文讨论[①],此处略去。

但需要说明的是,尽管艾南英已经游离于复社之外,当年与他同志的豫章社其他骨干成员章世纯、陈际泰、罗万藻等,不仅是复社的成员,更与复社领袖张溥建立了良好的个人关系。

陈际泰(1567—1641),字大士,号方城,江西临川人,明末古文家,"临川四大才子""江西四家"之一。其父陈仪生,号西园,流寓于福建汀州武平一带,教书为业。陈际泰生于福建,童年、少年时代在福建度过。二十岁后返回故里,由于家贫,从父读书,同时种地为生,虽然学问日精,却为生计所迫,长期耕作田间。然文章名声渐显,与章世纯、罗万藻、艾南英志趣相投,结"豫章社",倡导唐宋古文,致力写作。崇祯三年(1630),64 岁的陈际泰考中举人,崇祯七年中进士,时年已六十八岁,授行人(掌册封、传旨的官)。十三年,奉旨护送已故武英殿大学士蔡国用灵柩回乡,次年在济宁途中染病去世,年七十五岁。有《易经说意》7 卷、《周易翼简捷解》16 卷、《群经辅易说》1 卷、《五经读》5 卷、《四书读》10 卷、《太乙山房集》15 卷、《已吾集》14 卷等传世。

章世纯(1575—1644),字大力,明临川箭港(今江西丰城)人。天启元年(1621)乡试中举,历任天长县教谕、国子监学正等职。直到崇祯十七年,章世纯年近七旬就任广西柳州知府。获悉京师沦陷,崇祯自缢,明朝覆亡,清军南下,悲愤成疾,在柳州抑郁而终。有《留书》《券易苞》《章柳州集》《章大力集》等传世。

罗万藻(? —1647),字文正,江西临川腾桥人,天启七年举人,科场失意。南明弘光元年(1645)出任福建上杭知县。次年为唐王政权的礼部主事。虽然是供职小朝廷,也是进入官场,罗万藻看到的是政治腐败,烽烟四起,清兵南下,国将不国,遂忧郁而终。有《此观堂集》6 卷(一说 12 卷)、《十三经类语》14 卷传世。

在张溥的文集中,有《陈大士会稿序》《陈大士古文稿序》《答罗文止书》等[②],说明张溥善于团结同人,与豫章诸子有着良好的关系。即便对艾南英,张溥也没有当面开罪。从现存的《天佣子集》中,看不到一句话对张溥不满。而比较于当时各府县,江西参加复社的人员数量,与江苏、浙江、安徽、山东相当。这里面,固然不能排除张采的作用,因为江西临川县参与复社的人数最多。更不能

① 《明季江左江右文争的演变》,载《学术交流》2011 年 9 期。

② 前两篇见于《七录斋诗文合集》,后一篇见于《七录斋集》。

否认章世纯、陈际泰、罗万藻诸君在抚州的影响。

四、张溥的领袖素质

张溥之成为复社领袖，与熊开元的推举不无关系。熊开元是吴江的父母官，自己出面当然不妥，需要真正的干才领导复社。尽管吴江的吴、沈两大姓均有俊才，但学识人望没有一个能与张溥比拟，况张溥是现成的广应社领袖，自然地成为首选。而张溥的个人素质，才是担任复社领袖最重要的条件。

1. 超强的社会活动能力。张溥一生，仅活了四十岁。但张溥在创建复社之前，已经具备了社会活动家的能力气度，典型的早成。张翼之、张溥父子不仅受到张辅之的欺凌，还受到张辅之的家奴欺负。张溥的庶出身份，更是成为嘲弄的题材。这样的环境，玉成了张溥坚韧的性格和出头的愿望。

这种家族孤独感，激励了张溥广泛参与社会活动，在实践中培养自己的能力。张溥超强的社会活动能力和非凡的组织协调能力，为全国性文社联合体复社的建立和自己成为真正的复社领袖奠定了基础。

2. 过人的勤奋与学识才华。张溥读书的勤奋，为一般人难以想象，前文已提及。七录斋命名的原由，是张溥读书每抄录一遍，高声吟诵，然后烧掉，如此七遍，则不忘记了。由于太过辛苦，以至右手上握笔之处长出老茧，过几天必须削去。冬天手上皲裂，用热水泡泡，决不影响读书。

不惟读书勤奋，学识才华也非常人可比。张溥早年在经学、史学、文学方面，均有深厚的造诣。之后张溥经、史、子涉猎之广，数年间效率之高，难以想象。

3. 广泛交际成为人文枢纽。张溥在成为复社领袖之前，交游之广，远非一般二十多岁的人所能达到的规模，人数层次之多、地域之广，难以准确统计。

4. 气节品行系天下人望。复社被称为绍绪东林的文社，尚实学、持清议、重气节、行正义等，与东林并无二致，但在社会组织的性质、形态等方面，复社远远超越了东林。东林称"党"，实际只是讲学的流派；复社称"社"，实际是一个初具近代政党特性的党社。在前文一章里已经专门论述，不必赘语。张溥尚气节，稍长，更加注重名节。简单归纳，主要有以下几点：第一，虚己推人。张溥对他人的著述，总是推崇备至。第二，心胸宽广。张溥的雅量，为同人称道。第三，崇尚友情。五伦之中，惟有朋友是平等的，张溥对待朋友，可谓周到而尽心。第四，尊长爱幼。

复社，是东林之后影响最大的文人集团，但不是东林的延续，更不是东林的分支，而是独立发展的文人组织。只是东林后学及后裔加入复社，形成了东林融入复社的局面。更由于张溥中进士前后，已经与东林前辈建立了广泛的联系，失意的东林和新兴的复社合流，而张溥亦成为东林系正直官员或离职乡绅与在野诸生之间的桥梁，从思想、学术、行为、人望等诸个方面看，张溥已经是明季士林的领袖，是朝野文人的精神坐标。

附说：复社的领导集体

复社成立之初，在前台的领导人是张溥，在后台的支持者则是熊开元，而领导成员主要有杨彝、顾梦麟、王志庆、许元溥、周锺、钱旃、杨廷枢、吴翻、吴有涯、夏允彝、沈寿民、万应隆、刘城等。他们或者集体决策领导，或在地方成为社目领导文社活动。“于各郡邑中推择一人为长，司纠弹要约、往来传置”①。“好事者遂指溥友人赵自新、王家颖、张谊、蔡伸为四配。门人吕云孚、周肇、吴伟业、孙以敬、金达盛、许焕、周群、许国杰、穆云桂、胡周鼒为十哲。溥之昆弟十人张浚、张源、张王治、张樽、张涟、张泳、张哲先、张濯、张涛、张京应为十常侍。又有诸生依托门下效奔走展财币者，若黄、若曹、若赵、若陈、若陶，则名五狗”②，好事者虽然居心不良，但说明在张溥周围有一个相对稳定的“常委会”和“委员会”，并有专门的组织分工和固定的办事机构，也是复社全国性活动的领导集体。复社的日常工作，基本上有四配、十哲和“秘书长”孙淳担当。复社的一项重要事务，就是品评文章，包括评选同人文章和制艺八股文。而当时文章的接受者，主要是吴翻、孙淳等人。而收到的文章往往成千上万，需要大量的时间阅读，吴翻、孙淳对天下士流的心血极为尊重，认真评阅，选辑成帙，付梓印行。先后出版社文有四集，称《国表》。而在《国表》之外，复社尚有房选印行，这是复社经费的重要来源，也是复社“秘书处”的重要工作。从事这项工作的人员，实际就是复社的领导集体。熊开元知吴江时，这些文章多传到吴江，“孟朴(孙淳)、扶九(吴翻)、圣符(沈应瑞)因以广寄乐善，聚四方之业，捆而归于先生(熊开元)，取予之间，断断如也。而予与介生(周锺)、勒卣(周立勋)、彦林(钱旃)、云子(朱隗)、维斗(杨廷枢)、彝仲(夏允彝)、来之(吴昌时)亦与诸子左右其政”③。虽记载选务，亦点明了复社的基本领导机构及其主要成员名单。

---

① 陆世仪《复社纪略》卷1。

② 同上，卷2。

③ 张溥《七录斋初集》卷3。

第五节 召集金陵大会

应社成立的动机，是研究经学，揣摩时艺，提高八股文的写作技巧，为博取功名准备条件。复社研究经学的重要目标是恢复古学，“此以文会友、以友辅仁”①，只要条件许可，复社领袖不会放弃交结天下朋友的机会。崇祯三年在南京开考的江南乡试规模巨大，是一次天然加人为的英才聚会机会，也是复社成立后领袖们第一次集体亮相于江南诸生面前，具有非同寻常的意义。

一、召集金陵大会的时代条件

金陵大会并不是张溥事先的着意安排，而是崇祯三年秋闱提供了绝佳的时机和环境条件。因为乡试，江南追求功名的才俊纷纷向南京集中，参加八月的考试。比较于天启七年(1627)的乡试，整个士林惊恐不安的情绪消除了，代之而起的是诸生阶层大有可为的欣喜心态。

天启七年十一月魏忠贤自毙于凤阳道中，使东南残存君子看到了再生的希望。励精图治的崇祯皇帝急于挽救明王朝的颓势，有意推行开明政治，唤醒了言路的活力，于是清议勃发。大量阉党分子受到处分，不少残存的被“东林党”的老臣回到朝廷。但毕竟缺员太多，急需才德兼备的后备力量尽快走向前台，为科举的公正举行和大量录用人才准备了政治条件。

天启五六年的戕害，几乎将朝廷特别是东南君子一网打尽。不仅有左光斗、杨涟、袁化中、顾大章、周朝瑞、魏大中、周起元、周顺昌、高攀龙、李应升、黄尊素、周宗建、缪昌期等被称为“天启六君子”和“天启七君子”的十三人，还有万燝、赵南星、王之寀、刘铎、夏之令、苏继欧、丁乾学、吴裕中、张汶、英怀贤、邓汉宇等。在《明史》卷243、244、245里，我们看到的是一幕幕惨剧。尤其是陷于诏狱的诸君子均为惨死，朝廷上下一片恐怖。以魏忠贤、客氏、魏广微、崔呈秀为首的阉党，大明王朝的鬼蜮，不惟从肉体上杀戮君子，也从精神上摧残士流。遭遇打击的君子固然可悲可叹，礼乐崩溃，名教无力。饱读圣贤书的魏广微、周应秋、杨维垣等数百人丧尽礼义廉耻，又何尝不是可悲可叹！于是，从东林领袖到

① 陆世仪《复社纪略·复社总纲》。

普通生员，急切地寻找精神支柱。应社正是在这种精神环境中得以迅速发展壮大。铲除阉党，恢复正气以挽救明王朝，崇祯皇帝的重担需要诸多能臣良吏共同承担，复社正是在这样的大格局中成长壮大。但是，在十七年的时间里，能够胜任首辅重任的人员仅有温体仁和周延儒，其他四五十人，皆为过客，没有作为。而回到朝廷的许多官员，实际上并不知道皇上需要他们说什么、做什么，甚至有些人迂腐地从祖师爷那里搬来深奥的道理来解决皇帝所面临的现实棘手问题，实在没有实用价值。如学问为天下士子敬重的黄道周，除了惹皇帝生气，并无实着。随着阉党势力得到清除，朝廷需要大量的实用人才，从思想精神到实际事务来填补惨烈的政治斗争留下的空白，这为崇祯三年的乡试和四年的会试广取人才提供了可能。同时，在政治清明的感召下，生员阶层也意识到需要尽快进入统治阶层，以真才实学和能力以“以仰副去邪崇正之新主”①。由此，崇祯三年的乡试，聚集了最多的生员。

绍绪东林、学问救世的复社诸生，为时代所感召，入世的情怀空前高涨。应天乡试在明朝的陪都南京，江南又是人才最为集中的地方，南京又是具有悠久历史文化的曾是明王朝开国都城的繁华都市，聚集于此的生员们在开考之前，内心充满希望，即便失意，也不会一脸阴霾。开考之后等待阅卷发榜，也是内心晴朗，满怀喜悦。而应天乡试中，诸多复社名流中举，无疑将进一步扩大复社的影响。所以说，金陵大会是复社成员心态最为阳光的一次大会。但关于金陵大会的文献记载，殊为简略。就现有少量资料，略加梳理。

二、金陵大会的过程及影响

崇祯三年的金陵大会，陆世仪描述为：“崇祯庚午乡试，诸宾兴者咸集，天如又为金陵大会。”②

能够参加乡试，必然是已经取得秀才资格的读书人。明代的南直隶乡试，范围很广，涉及十四府、四个直隶州、十七个属州共九十七个县，包括应天、凤阳、淮安、扬州、苏州、松江、常州、镇江、庐州、安庆、池州、太平、宁国、徽州、徐州、滁州、和州、广德③，而南直地区也是元代以后经济文化最为发达的地区。每次乡试，这些地方选拔的诸生集中于南京，常有数千人之多。而录取的举人定

---

① 杜登春《社事始末》。

② 陆世仪《复社纪略》卷 2。

③ 《明史》卷 40《地理》一。

员为一百三十余人，为全国之最。每次考试的时间在明代中叶以后是固定的，三场考试为八月初九日、十二日和十五日。考试结束后由主考、同考用十天时间评阅，确定中式试卷，然后发榜。此次乡试之后的金陵大会，应该在八月二十五日之后。是科，“主裁为江右姜居之曰广，榜发，解元为杨廷枢，而张溥、吴伟业皆魁选，陈子龙、吴昌时俱入彀，其他省社中列荐者复数十余人”①。这样的结果，对于复社来说，值得庆祝。即便失意的复社成员，也不会因为自己的失利而灰心。张溥正是利用乡试的集中机会，举行社集。但社集的具体过程，没有太多的文献记载。黄宗羲《思旧录》云：

> 庚午，同试于南都，为会于秦淮舟中。皆一时同年，杨维斗（廷枢）、陈卧子（子龙）、彭燕又（宾）、吴骏公（伟业）、万年少（寿祺）、蒋楚珍（鸣玉）、吴来之（昌时），尚有数人忘之。其以下第与者，沈眉生（寿国）、沈治先（寿民）及余三人而已。余宿于天如之寓②。

据上文分析，乡试前后的一段时间，复社诸人有广泛的交际，在南京开展了很多游赏聚会。而举行金陵大会的时间是在乡试之前还是之后，尚难确定。明确知道的是黄宗羲、沈寿国、沈寿民俱下第，也参加了这次秦淮船上的聚会。而此次会议参加的人数似乎并不多，仅有十余人或二十余人，不能说就是金陵大会。因为参加庚午乡试的复社人士众多，不可能为一二十人张溥专门召集一次大会。而陆世仪《复社纪略》中的名单，仅仅是第一次大会以及稍后投文的名单，吴翻《复社姓氏录》被认为是金陵大会和虎丘大会的名录，这个名录中有二千二百四十人，与吴应箕的名录大致相当，间有异同。所以，金陵大会的与会人数，不会很少。与会人员，一部分是参与尹山大会的人员，另一部分就是新成员，陆世仪所记，可能源于张溥家传抄本，而吴翻的名录则是将尹山大会名录与金陵大会名录合并，成为后世称为的《复社姓氏录》第一集（第二集被认为是参加虎丘大会的新成员）。可以这么认为，参加尹山大会的人员部分参加了金陵大会，具体人数难以统计。而吴翻“姓氏录”中与陆世仪不同的名单，就是新加入复社参与金陵大会和会后投名的人士。根据这个推测，则金陵大会的人员应有数百人。又，黄宗羲居住在张溥寓所，点明了复社人士集中于金陵可能相互

① 陆世仪《复社纪略》卷 2。

② 黄宗羲《黄宗羲全集》第一册《思旧录》。

聚集“合租”，以节约开支。根据当时的生活水平和物价，一个从县学被推荐参加举人考试的诸生，一次考试的花费约十五两银子，相当于一个普通自耕农全年经济收入的三倍。像黄宗羲这样的素封之家公子尚且借宿，其他复社人更会如此。可见，不参加乡试的人员来到金陵与会，还是有一定的经济压力。富庶之家当然无须节俭。根据陈子龙在自撰《年谱》中，谈到自己庚午乡试的情况：

> 六月，偕勒卣（周立勋）、闇公（徐孚远）游南都，寓谢公墩佛舍，专治举子业。暇则游城中名胜及近郊山林、陵园、坛壝、观阁、台榭，靡不历焉。予幸登贤书，本房即京山郑师也。是科相国姜燕及（曰广）、陈赞皇（演）两先生为试官，南国得士称最盛，而郑师之门，尤多名士云。（《陈子龙诗集》附录《年谱》）

乡试之前，名士们并没有将考试看得多么严重，或许是成竹在胸，尚有余暇，名胜古迹、亭台楼阁广为游瞩，两个月的时间，可以把南都的风景看遍。富贵之家的公子，到绮丽锦绣的南都，当然少不了游赏香软曼妙的秦淮河。而在秦淮舟中举行的会议，是金陵大会的预备会议还是总结会议，也难判断，后者的可能性更大。所以，我们只能推测，金陵大会的与会人员可能在乡试前后有多次不同人员不同规模形式的聚会，黄宗羲所记载的只是其中的一次。陆世仪《复社纪略》前附“总纲”仅有“金陵大会”四字，未记录基本情况。从陈子龙的记载可以看出，乡试期间的活动具有小团体特性，甚至是地方性的小团体十分活跃。松江文人集团很团结，本身就是与复社关系较为游离的私谊和家族关系较重的团体，所以在乡试过程中也是一起出游或研修举业。除了地域家族或私谊关系，经济上的差异也是小团体活动的重要原因。比较而言，松江文人集团由富家公子组成，虽不至于挥金如土，也肯定比张溥等人潇洒。烟花之地，难免风流，就是典型的文人作派。“贡院与学宫毗连，院墙外为街，街以南皆河房。每值宾兴之岁，多士云集，豪华者挟重资、择丽姝乔寓焉；寒素之士，时亦挈伴闲游，寻莲访藕，好风引梦，仙路迷人。求其独清独醒，殆十无二三也”①。

冒襄说：“余庚午与君家龙侯、超宗追随旧院。其时，名姝擅誉者何止十数

---

① 余怀《续板桥杂记》上卷。

辈，后次尾、定生、密之、克咸、勒卣、舒章、渔仲、朝宗、湘客、惠连、年少、百史、如须辈，咸把臂同游，眠食其中，各踞一胜，共赌欢场。”[①]其时，秦淮名妓多与复社名士订交往来，例如尹春与余怀，李十娘与姜垓，王月、葛嫩与孙临，董小宛与冒襄，马嫩与陈名夏，李贞丽与陈贞慧，李香君与侯方域，顾媚与陈梁等。

其实，金陵大会名曰大会，理解为大范围广泛会见更为符合实际。有多次的聚集，并没有举行大规模的会议。但金陵的活动，对复社的发展演化，有着重要的意义。

其一，金陵从此成为复社重要的活动中心，成为复社与阮大铖斗争的核心阵地。金陵作为陪都，文武百官、宗庙社稷基本配全，皇帝几乎可以“拎包入住”。所以，金陵也就成为各种政治势力预演的剧场，在南都取得成功，更容易进入京师的政权核心。金陵官场的交织关系，就不是象征性的。不少失败者、退隐者、致仕者居住金陵，期待复出、重出和“发挥余热”，与朝廷有着千丝万缕的联系。复社在金陵举行集结，对复社势力的壮大和加快影响全国的速度，具有极为重要的意义。

其二，金陵作为经济文化中心，集中了诸多的文化名流，融会交流中有利于复社文学创作取得更大的成就，使复社文人的文学创作渐入高潮，成为明清之际文学创作的主要力量，掀起了明代文学创作的最后高潮，影响了清代文学的发展走向。从六朝到近代，金陵的享乐之风由来已久，秦淮河畔的花街香阁，不知让多少王孙公子销魂；秦淮河里的桨声灯影，不知让多少墨客骚人唏嘘感慨。而明清易代之际的秦淮名妓，也在历史的长河中荡出了不小的浪花。陈子龙、吴伟业、吴应箕等人的不少诗篇，成于金陵。后期复社名流几乎均活跃于金陵的文化沙龙，侯方域、陈贞慧、冒襄、方以智、黄宗羲、姚翰等，经常在金陵聚集，诗赋文章由此日进，使复社不仅成为学术的和政治的党社，也成为文学流派。

其三，金陵大会激发了复社人士的政治斗争热情，从此，复社文人更多地参与政治活动甚至政治斗争。复社内部随着部分人士的举人、进士身份确定，或走向政权核心效力，或卷入政治斗争旋涡。特别是黄宗羲为代表的忠烈后人，从金陵大会开始逐渐进入复社，成为复社对阉党势力斗争的核心力量，也进一步提升了复社文人的忠义气节思想，在明清易代之际文人的情感选择，发挥了

① 冒襄《同人集》卷16。

重要的影响。

其四，金陵大会是复社全面高涨的前奏，预示了中国文人社集最大高潮的到来。乡试之后，举人们忙于准备会试，而新科举人中张溥、吴伟业、吴昌时、彭宾、万寿祺、吴继善、吴克孝、马世奇、杨廷麟、杜麟征、姜埰、左懋第、夏曰瑚等人由南都到京师并成为进士，复社声望得到极大的提高，为金陵大会奠定了基础。崇祯四年的会试，又成为复社科举事业上的一次丰收，是虎丘大会的前奏。而复社名流科举成功的一个重要原因，就是科考试题的经史化和阅卷标准的学问化，与复社的学术思想相一致。“启、祯之间，文体益变，以出入经史百氏为高”①，而且之前，朝廷颁布了一百一十余篇范文，供士子学习，以规范制艺的文辞句式和应用经书。应社到复社治学之途，与朝廷要求相类，多年揣摩，必有得心应手之时。

但是，由于复社在陪都的影响，也引起了某些势力的侧目和朝廷的关注，复社的麻烦接连不断，也从此开始。

需要说明的是，金陵大会之后，一部分中举的复社文人加紧准备来年的会试，没有时间徜徉于繁华的古都之中。但相当一部分诸生只能期待下一次的乡试。于是，他们有足够的时间继续着金陵的复社人士集会，这实际上就是没有命名的第一次国门广业社。黄宗羲《思旧录》所云聚会情况，即此。

每逢乡试之年，举行国门广业社，是复社领导层的集体决定。但每一次活动的组织者或召集人以及聚会主旨，则是依据情况而定，并非不变。国门广业社虽然是短暂的结集，由于组织者的更换，组织观念的差异，实际上是复社分化的开始。有一点可以肯定，就是陪都举行的国门广业社集，政治因素高于学术或制义，与张溥等人主张的兴复古学有一定的差异。特别是东林遗孤加入复社的金陵活动，政治斗争意图逐渐明显，也是在脱离复社成立时的宗旨。张溥于崇祯六年组织虎丘大会，并于崇祯十年十月，为自己的生母金氏大张旗鼓庆祝六十大寿，引起数十州县社众及张溥及门弟子前来祝寿，与张溥适时强化对复社掌控的考虑不无关系。

---

① 《明史》卷69《选举》一。

第六节　组织复社的第一次虎丘大会

复社成立的尹山大会，虽然只有附近路府的生员领袖或代表数十人参加，但却是一次大范围的结集，堪称是一次大会。而金陵大会尽管参与的人数众多，但并没有举行全体会议的记录。真正大规模的复社代表大会的第一次全体会议，是崇祯六年苏州虎丘大会。在没有现代通信技术和交通条件的晚明，张溥组织这样一次集会，非凡的组织指挥能力，超越常人的领袖气度，得到了充分的彰显。

一、复社召开虎丘大会的背景

崇祯五年年底，张溥以葬父的理由请假离开了翰林院，与生母一起回到太仓。实际上是在微妙复杂的政治斗争中难以应对，为了避免更大的政治风波形成，暂时离开是一个明智的选择。这是虎丘大会的一个重要背景。

张溥回乡途中，对政治危险缺乏认识的诸生们，尚以为张溥是在京城得意而归，以为出自张溥门下便很容易取得功名。于是，沿途有秀才们结交请教，"比溥告假归，途中鹢首所至，挟策者无虚日。及抵里，四远学徒群聚萃止"[①]。正是在归途和到家之后受到热捧，张溥的声望更加崇高，才激起张溥再次举行复社大会的想法。"癸酉春，溥约集社长，为虎丘大会。先数月前，传单四出，期会约结"[②]。说明大会的组织工作在张溥一手策划下进行。这时，张溥最亲的盟友张采已经回到太仓，对张溥的会议组织起到重要的作用。张溥回到太仓之后，当然还有家事要处理，就是安葬其父亲。其父张翼之已去世十六年，一直未能安葬，原因尚难稽考。家庭关系复杂，肯定是最重要的因素。不仅与张辅之诸子张洪、张灏、张深、张沆的关系不够融洽，同父异母诸兄弟之间，也未必手足情深。在张溥笔下，经常提到的兄弟仅有张王治(无近)。"昨予客燕，无近弟日念予，欲予归。予归不两月，弟车且北矣"[③]。而且将自己与张王治比作大小苏，才华的比拟，感情的比拟，这说明张溥与其他兄弟关系一般，只是中举、中进士

---

① 陆世仪《复社纪略》卷 2。

② 同上，卷 1。

③ 张溥《七录斋诗文合集 · 近稿》卷 2《无近弟稿序》。

之后，张溥在家族中的威望方得提高。张翼之去世后，年仅十六岁的张溥奉生母金氏出居西门，等于离开了张氏旧宅，也说明在张家，张溥的地位很有问题。张辅之生子四，后不显。张翼之娶陆氏、续潘氏，侧室有叶氏、汪氏、金氏，生子十人，张溥为金出。不过，张辅之一门的衰败，甚于其弟。今太仓张溥纪念馆，就是张辅之旧宅，规模体式依旧。故而张溥回乡葬父，并没有与诸兄弟多商量，“壬申，请假归，营卜宅兆，葬其父虚宇公，手自卒瘏，未尝屑屑问诸兄弟”①。从时间上推断，张溥葬父应在春节前。吴地习俗，卜葬一般在大寒节气，也是张王治赴京之前。此后，张溥的主要精力用于筹备虎丘大会了。有充裕的时间精力，是张溥顺利组织第一次虎丘大会的重要保障。

二、筹备与虎丘大会的过程

复社第一次虎丘大会的筹备策划，张溥是进行了一系列的安排。首先与各地的社长约集，不像是社长们先来开个预备会，更像是张溥与各郡邑的领导书面商定。其次，不排除张溥与杨彝、顾梦麟、杨廷枢等见面商量的可能。得到领导集体主要成员的支持。其三是散发书面通知，“传单四出，期会约结”。通知各地的社长魁目集会的时间地点，各地社长与本邑社员联络，届时组团到苏州，汇聚于虎丘山上。至于各地眉目如何召集，详情难得。会议的盛况，陆世仪作了如下描述：

> 至日，山左江右晋楚闽浙以舟车至者数千余人。大雄宝殿不能容，生公台、千人石鳞次布席皆满。典庖司酝，辇载泽量往来丝织。游人聚观，无不诧叹，以为三百年来，未尝有也。宴会之明日，互相通名，笺刺一时盈满笥箧。比别祖道，百里不绝。其时与会者，争以复社命名，列诸牌额。

《复社纪略》中的这段记载，文辞朴实而精彩，简略而丰富。首先，交代了与会人员的来源：山东、山西、浙江、安徽、湖北、湖南、福建，当然还有今天的江苏、上海。而陆世仪只是概括讲，并没有详列省府州县，应该还有没写到的河南、江西甚至北直隶人员。其次，介绍了人数：数千余人，就是几千人了，具体多少难以统计。因为崇祯三年以后，复社重要领导人周锺“数年之内，金沙专司选政，

① 张采《知畏堂文存》卷8《庶常天如张公行状》。

借以浮沉于声应气求间，而社局一委之娄东。自辛未至辛巳，娄东之局，几比尼山。举天下文武将吏及朝列士夫、雍庠之子弟称门下士从之游者，几万余人”[①]，张溥的号召力于此可见一斑。根据今天所看到的虎丘景区空旷的范围，容纳万人不是问题。苏州每年秋季举行虎丘庙会，景区同时可以容纳三万多人。再次，描写了具体的开会方式。那时没有扩音设备，几千人怎样安静下来开会，难以想象。只是大雄宝殿坐不下，生公台、千人石等处均铺了坐席，坐满了，可想规模有多大，场面有多壮观。在虎丘，今天所看到的大雄宝殿不大，仅能容纳数百人。但两侧空地上，坐千余人没问题。生公台、千人石之处，坐两三千人也不会十分拥挤。其四，讲述了吃饭的壮观场面。数千人同时在虎丘用餐，为大会提供服务是个极大的难题，张溥还是很好地解决了。专门从事后勤工作的人员往来如织，提供数千人的饮食茶水，在今天看来也是相当困难的。还有，游人聚观，无不诧叹，这是三百年来未曾有的大场面，也是从古到今文人最大规模的集结。不仅开会吃饭规模盛大，就是散会离开虎丘、离开苏州，路上尽是复社人，百里不绝，盛况空前，固然彰显了复社的声势，但复社及其领导人，也引起了当局的注意，怎不令人惊恐不安！“门左千人，门右千人，为同心者忧、异己者所嫉矣”[②]。

这里还有一个细节：虎丘大会不仅是复社的社员大会，也是社员之间交流会友的大会。宴会的第二天，互通姓名，互相拜访，拜帖名片可以装满一筐，人员至多而交流顺畅，使不少复社成员间相识而成为朋友。

复社的虎丘大会，来之多个省份的社员交通工具也不简单。我们今天组织这样一次盛会，需要动用四五十辆大客车，需要相当大的停车场。晚明时代，没有大客，只有船只和马车，一城车马，多半赶赴虎丘；大量船只，泊满七里山塘。吴门富户修竣一新的游船与参加复社大会的船只，可以从虎丘山门的山塘河一直排到阊门，甚至护城河里也有停泊。二百八十年后陈去病在《五石脂》中，对当时的盛况依然向往：“闻复社大集时，四方士之挐舟相赴者，动以千计。山塘上下，途为之塞。迨经散会，社中眉目，往往招邀俊侣，经过赵李，或泛扁舟，张乐欢饮。则野芳浜外，斟酌桥边，酒樽花气，月色波光，相为掩映。依栏骋望，俨然骊龙出水晶宫中，吞吐照乘之珠。”[③]事实上，会后不少复社名流徜徉于苏城内

① 杜登春《社事始末》。

② 同上。

③ 陈去病《五石脂》。

外。如徐州万寿祺，就接受徐汧邀请，留在苏州，与陈子龙、杨廷枢等看赛龙舟。

虎丘大会上，比较活跃的人员除了张溥，还有陈子龙、杨廷枢、徐汧、万寿祺、冒襄、沈寿民、吴翻、沈应瑞、孙淳等。因为社集活动中必然收到文章，并进行编选刊行。复社成立之后，实际有个社刊，称《国表》，张溥在前三期上作序。甚至还刻印专门文体的社刊，如《国表小品》。近现代文人社团如南社有社刊，称《南社》，共有二十二集[①]，也出版专门的文体集刊，如《南社诗集》。追溯其源头，当在复社。复社中对《国表》选文编辑贡献最大的是孙淳，张溥对此予以高度评价："孟朴与扶九、圣符经营社事，积久不衰。同人诸篇归其家者，岁可十万。孟朴孜孜扬扢，一字不遗。"[②]虽不免夸张，收到数千上万篇文章完全可能。而虎丘大会收到文章二千五百篇，亦甚为可观，是复社社集最伟大的成果之一。

三、虎丘大会后的复社变化

值得注意的是，从虎丘大会开始，复社在悄悄发生变化。

一是复社成员的年龄结构发生变化。十六世纪出生的复社生员许多已经成为举人或进士，有的已经对社事的兴趣消退，返回书斋研究学问了。这其中，杨彝、顾梦麟、徐汧等人，或变得老成持重，或回归书斋，或步入官场，基本上不再直接参与复社的活动。而二十多岁的生员加入复社，尽管有求取功名的用意，客观上也增强了复社的活力。

二是成分结构有了微妙的变化。原先参加复社的多数是没有功名的生员，但随着复社的扩大，有不少东林后裔或子孙或女婿、侄子、外甥、门人加入复社，对社事的开展和复社性质的改变作用明显，并关乎到复社及其领袖的命运。

三是复社的活动中心变化，形成了苏州、南京两个活动中心。举行盛大的复社大会在苏州，但只有第二、第三次虎丘大会。其实第二次虎丘大会并非大规模会议，只是小范围高层领导的会议，是在进行复社事务的有关交接转移，从此复社的主要领袖不再出现在复社的大会活动中。而日常事务和南京的集会，则由各地的眉目协商决定主持人选，并不是直接由复社领袖张罗。

四是复社逐渐卷入复杂的政治斗争。崇祯六年复社虎丘大会之前，虽然张溥无意间已经涉及了政治斗争，但很快退出。从崇祯三年乡试、四年会试中建立起来的人脉，有利于复社的发展活动。这里面，主要是周延儒。为了入阁，他

① 柳亚子《南社纪略》第90页。
② 张溥《七录斋诗文合集·近稿》卷4。

曾经伤害了钱谦益，开罪于东林。而面对强大而狡诈阴毒的温体仁，周延儒悔不当初，急于取得东林的谅解。而复社领袖和重要眉目与东林关系密切，借此可以与东林修复关系。所以，在周延儒担任内阁首辅时，复社不会有任何麻烦。但崇祯六年六月，周延儒“引疾乞归”了。从此，内阁是温体仁的天下，而皇帝并不认识这位首辅的阴鸷嘴脸。“（温体仁）始而与周（延儒）深相结，周固力助而且援之以进。及周为大珰王坤所排，举朝争之，而温无片言相助。及科臣陈赞化纠周去之，凡与周为难者，温皆援之以进，助周者皆屈焉。盖周之去实温挤之也”[①]。因为温体仁机关曲巧，手脚干净利落，害人不留痕迹，别人很难发现这位幕后凶手。温体仁视复社为东林，视东林为仇敌，展开了阴险的牵制压迫与打击。没有烈火的焚烧锻造，钢铁是炼不出来的。没有权势的打击迫害，复社也不会发生政党化的变化。从此，复社才俊，也不得不卷入政治活动，成为晚明一股不可小觑政治力量。

张溥在复社的领袖地位，不仅表现在他能够组织大规模的集会，可以号召复社眉目和普通成员，即便张溥没有发出任何指令，也会吸引四方社众。从张溥嫡母去世会吊的场面，就可以想见。

崇祯十二年张溥嫡母潘氏去世，四方宾客涌入太仓，万人会吊，张溥的声望影响，又一次得到验证。张溥嫡母潘氏卒于崇祯十二年，“崇祯己卯，孺人亡，又三年西铭殁，金孺人伤心蠹痛，未逾期亦至于大故”[②]。这里明确记载了张溥嫡母潘氏去世时间，但张溥去世的时间表述不明确。按照吴地的表达习惯，应该是“第三个年头”的意思，即崇祯十四年。张溥生母金孺人去世，时在崇祯十五年初。根据吴伟业《复社纪事》所述，张溥在嫡母亡故后举行的葬礼中发挥主要作用，又合乎礼制。这里说明的，不仅是关注张溥活动的人很多，参与张溥嫡母葬礼的人也很多。

至张溥生母金孺人去世，张溥的葬礼尚未进行，仍然有不少门人弟子和朋友在吴下，于是，又有万人前往吊唁。具体多少，史料阙如，无法准确表达，但“其姓名具在金孺人会吊门籍”，大概类似今天重要活动的签名簿，杜登春曾经看到过这样一个名单，“余入赘，得阅之，亦一大观也”[③]。张溥生前是复社领袖，系天下士林人心；卒后也影响社众，动宇内学子人情。不论生死，只要复社人尚

---

① 夏允彝《幸存录·门户杂志》。

② 吴伟业《吴梅村全集》卷48《张母潘孺人暨金孺人墓志铭》。

③ 杜登春《社事始末》。

在，张溥就是复社的领袖。

如同历史上的任何一个文人组织一样，发展到一定的境界，会产生意见分歧走向分化衰弱，直至消亡。复社的命运，也是如此。第一次虎丘大会，是复社发展到高潮的高调表现，导致满城出观，也引起了高层关注，打压控制在所必然。而激烈的政治环境下，对于政治问题和政治人物的不同态度，也是复社分化的重要原因，何况复社成立之初，就已经有诸多隐含的分歧，是张溥强势而巧妙地将矛盾压制，并在其后的活动中努力消解。随着国门广业社活动的定期举行和规模扩大、政治斗争明确并且人员成分更加复杂，从崇祯七年开始，张溥居家读书，或出游，与复社领导层的关系有所疏远。实际上多数复社元老也逐渐淡出复社的领导集体，张溥实际上逐步放松了对复社的领导，特别是崇祯十一年八月《留都防乱公揭》发布之后，在文社的性质演变与发展方向上，张溥逐渐失去了对复社在陪都活动的控制，复社的领导集体也实现了新老交替。但是，张溥是复社的永远领袖，是复社的精神支柱。不论是否直接掌控复社，复社离不开张溥。因此，在张溥居家读书期间，复社名流和主要领导人物，奔赴太仓或与张溥相约会于苏州、昆山、吴江、嘉善等地，就成为常态。这也可以看出，张溥在复社乃至整个士林的地位与影响。

第四章　踉跄仕途

张溥的仕宦经历极为简单，从崇祯四年(1631)春末到五年年底为庶吉士。任职到回乡不过两个年头，二十个月左右。但为了进入仕途，张溥经历了长时间的艰苦努力和多次挫折，并非一帆风顺。在翰林院的短暂经历中，张溥虽有个人因缺乏经验的失误，也有个性方面的不足，更有复杂的政治斗争将年轻的复社领袖卷入，险为鱼肉。

第一节　从秀才到进士

这其实是一段极为艰辛的道路，有些人永远只能是秀才，选择为吏以养家糊口或年过五十而退出；有的人能够考取举人，取得入仕的资格，能否成为有品秩的官员，需要看机会和运气，当然也可以进行一定的运作；少数人能够从秀才到举人，又成为进士，获得为时人景仰的地位。

一、秀才张溥

根据明代的科举考试规则，学校是培养学生的基本途径，国有国学，州府县各有学，并根据学校的不同级别规定了具体的名额。每三年举行一次乡试，于子、卯、午、酉之年的秋季开考，正常时间是农历八月初九、十二、十五，称为秋闱。会试则在丑、辰、未、戌之年的春季进行，一般为二月初九、十二、十五，称为春闱。府县学校中有人通过了科考去参加乡试，才有读书人通过考核、选拔、竞争，成为府县学生。张溥正是这样的途径进入县学的。各府、州、县的科考一般也在春天举行，选拔一二人参加乡试。就现有资料检点，没有发现张溥参加岁考和科考的详细记载。但张溥在六七年的时间里，有两次参加科考选拔的机会，分别是天启四年(1624)和七年，并有两次岁考。具体情况，已经无法稽考。或许张溥已经忙于社事，没能及时准备。至少，天启七年张溥没有通过地方科考，未能取得参加乡试的机会。同年，张采通过了科考选拔，并在乡试中取得成功。此际的太仓知州先后是陈如松、陈永宪、刘彦，学正彭永昌[①]。故张溥实际上是在获得太学生资格后直接参加了崇祯三年的乡试，并取得举人资格，于次年参加礼部试的。可见，从十九岁到二十八岁，张溥忙于读书，也忙于成立文社及其他社会活动，同时忙于经营生计和成家生子，并收了诸多弟子。

在生活来源有了保障，社事经营初具规模之后，张溥还必须为将来的科举考试准备。正常的道路是参加州县的科目考试，以取得参加乡试的资格。但张溥还没有必胜把握之时，却得到了意外的惊喜，在地方官的推荐下，张溥被选录进太学，不仅直接得到了参加礼部试的资格，甚至得到了直接做官的资格。当然，由太学而走上仕途，只能是沉沦下僚，没有腾达的机会，张溥当然不甘心于此。走科举道路，理所当然成为张溥的首要选择。于是，通过地方科目考试获得参加乡试的资格，成为最直接的道路。张溥在这条路上，继续前进。而天启皇帝的突然病逝和崇祯即位，改变了张溥必须参加地方科考的命运，通过选拔推荐，张溥得到了太学生的资格，可以直接参加春闱了。不仅如此，如果没有更高的追求目标，张溥就此可以走上仕途，得到一个足以养家糊口的职位。但张溥不仅志为大儒，且志在修正天下学风士风。所以，依然参加了正常的科举选拔考试。

二、贡入太学

入太学就是俗称的"监生"了，是监生就有资格做官，也有资格参加礼部试，但成为监生并不容易。"府、州、县学诸生入国学者，乃可得官，不入者不能得也。入国学者，通谓之监生。举人曰举监，生员曰贡监，品官子弟曰荫监，捐资曰例监。同一贡监也，有岁贡，有恩贡，有纳贡"[②]。张溥属于恩贡，当是崇祯即位的特别安排："恩贡者，国家有庆典或登极诏书，以当贡者充之"[③]。张溥"戊辰，以覃恩选贡入太学"[④]，进入太学，就具有了做官的资格。突然到手的机遇，也是瞬间降临的荣耀，张溥带着激动之心入京了。

---

① 宣统《太仓州志》卷 11。按：太仓虽为州，实同于县，但在学校建制上又高于一般的县，故有学正一人，训导三人，学生名额初定三十人，后略有增加，但有限。

② 《明史》卷 69《选举》一。

③ 同上。

④ 张采《知畏堂文存》卷 8《庶常天如张公行状》。

这一年，是应社的丰收年，好事连连。“戊辰，溥以覃恩选贡入京。会试，受先（张采）第三，九一（徐汧）、八公（蒋德璟）皆告捷，江西黎左严（黎元宽）已冠礼闱，为主试所抑，置之第二，皆社中才杰也。溥廷对高等，诸贡士入太学者俱愿交欢溥，争识颜面，因集多士为成均大会”[①]。大量的应社成员成为进士，成为统治阶层的一员，意味着应社成为国家人才的储备库，并不断扩大着社会影响。

进入太学，并不像今天入学，需要严格的学年计划和教学课程，而是一种资格。张溥具有了资格，并可以受到朝廷官员的考核接见。当然，有关部门主要是吏部官员接见并不是礼节性的会见，而是要当面考核新进的贡士们——供皇帝选择委用的天下英才的真实水平能力。因为在清除逆党之后，并非将东林遗老召回朝廷就能满足政府对管理人才的需要，从中央政府到地方，官员的空缺数量惊人，需要及时的补充。从贡士中选用直接可以办事的人员，成为崇祯皇帝获得管理人才的捷径。在《崇祯实录》里没有关于这次新贡士考核的记录，张溥何时参加廷对，难以稽考。仅有陆世仪《复社纪略》中记录“溥廷对高等”一语，不知何出。但张溥在京城的影响巨大，一是成为贡士进入太学，本身就是巨大的荣耀；二是进入太学与天下贤士见面，不仅为太仓出名，也结交了大量时俊，为今后的呼吸相通准备了人脉；三是张溥作为应社领袖在京城，已经得到了生员阶层的认可，成为生员阶层和年龄相仿文士的旗帜，得到了广泛的拥戴，所以能够组织成均大会；四是张溥应社领导人的身份，不仅为生员们所景仰，也得到了前辈官员的敬重。因为经历了天启惨祸之后，虽然崇祯为东林平反了，但朝廷上下的气氛并没有完全扭转。精神家园被毁坏之后的高层文人与普通生员一样，迫切需要重建精神家园，需要一位精神领袖。张溥正好填补了这个空白。因此，不仅是“天下所贡士”，还有不少“公卿雅流”，“咸愿获交公，幸一望见”[②]。处于惊恐之中的文人，不论官职是否恢复，亟需寻找精神依归。张溥的出现，满足了这个需要，这也是张溥日后能够领袖士林的重要思想因素。

我们从《崇祯实录》中的一段文字，可以窥见当时朝廷的氛围：

丁卯，翰林院编修倪元璐上言：“臣以试士复命还朝，窃见群臣章奏，凡攻崔魏者必引东林为并案。一则曰‘邪党’，再则曰‘邪党’。夫以东林为‘邪党’，将复以何名加诸崔、魏？崔、魏而既‘邪党’矣，向之首劾忠贤，重论

---

① 王家祯《研堂见闻杂录》。

② 张采《知畏堂文存》卷8《庶常天如张公行状》。

呈秀者，又邪党乎？夫东林，则亦天下之才薮也。其所宗主者，大都禀清挺之标，而或绳人过刻；树高明之帜，而或持论太深。此之谓非中行则可，谓之非狂狷不可。且天下之议论，宁涉假借，而必不可不归于名义；士人之行已，宁在矫激，而必不可不准诸廉隅。自以假借矫激，深咎前人，于是彪虎之徒，公然起而背叛名义，毁裂廉隅，以至连篇颂德，匝地生祠。夫颂德不已，必将劝进；生祠不已，必且呼嵩。而人犹宽之曰：'无可奈何，不得不然耳！'嗟乎，充一无可奈何，不得不然之心，又将何所不至哉！议者能以忠厚之心，曲原此辈，而独持已甚之论，苛责吾徒，臣所谓方隅未化者，此也。韩爌清忠有执，上所鉴知。而廷议殊有异同，可为大怪。词臣文震孟，正学强骨，三月居官，昌言获罪，有人如此，雅谓千秋。今起用之，旨再下，谬悠之谭日甚，臣所谓正气未伸者，此也。总之，臣论不主调停，而主别白韩爌、文震孟。不争二臣之用舍，而争一日之是非。至海内讲学书院，凡经逆珰矫旨折毁者，并宜葺复如故。盖书院生祠，相为贞胜。生祠毁，书院岂不当复哉！"上曰："朕屡旨起废，务秉虚公，有何方隅未化正气未伸？惟各书院，不得倡言创复，以滋纷扰。"①

从上述记载中可以看出，魏忠贤、崔呈秀等已然清除，但余党仍有相当的势力，在朝廷随时可能翻案。而崇祯的态度，也不是为了真正重用东林系官员。在官场多年的人物，已经嗅出了朝廷氛围的不对，但没有察觉崇祯态度的微妙变化。翰林院编修倪元璐的上书，等于探测了崇祯的态度。为东林平反，并非为了重用东林系官员，只是用之表明态度，清除魏党。只要言官的议论超出了皇帝的心理底线，一样会遭到反驳甚至处罚。崇祯明确亮出态度，起废不等于将东林系健在的官员全部召回；没有全部重用东林系官员也非正气未伸；朝廷上有不同意见，并非方隅未化；不是毁魏忠贤生祠，就一定要恢复书院，相反，不能倡导书院创复。在崇祯看来，书院也是不稳定的因素之一，倡导恢复甚至创建书院，就会导致纷扰。

可以说，在崇祯元年年初，东林系官员不仅遭到了逆党余孽的议论，也受到了崇祯的打压，正是极为苦闷的时刻。而张溥这位未来的文人精神领袖，正好此时出现在京师，当然受到了广泛的欢迎。那么。为什么东林领袖没有成为文

---

① 《崇祯实录》崇祯元年正月。

人的精神依归或旗号呢？天启十三君子的悲惨下场，令东林系官员成惊弓之鸟，战栗未已，中心彷徨，不知依傍，正需要有人振臂。张溥在他们眼里，是初生牛犊，也是未来的名流，正可以拥戴而不冒任何风险。所以，前辈先进放下身段，甘于与张溥交往，“是时宇内名卿硕儒，前为崔、魏摧折，投荒削逐者，崇祯初元，后先起用，闻溥名，皆愿折节订交”①。当然，这也是日后复社人脉广阔并在温体仁实施打压时得到一定庇护的缘起。

在京城，张溥住在张采的住所。张采因为入京参加礼部试，寓居京师。“是年，适余先成进士。公策款段至京师，托余邸”②，说明张溥的经济状况尚不容其不精打细算，更是“二张”情谊深切的证明。张溥在京城广泛结交社会名流和天下才士，不仅组织了成均大会，还将发展应社的经验用在京城，进行燕台结盟，与山左文人集团、松江文人集团结合，为复社的建立打下基础。后来，张溥与张采先后回到太仓。短暂休憩后，张采赴临川县令任，张溥则一面忙于社事，一面准备乡试，于崇祯三年中举。

三、应天乡试

张溥既然已经成为贡生，等于已经取得直接参加春闱的资格。但张溥没有利用这现成的条件，而是参加了正常的乡试。因为年十九就“志为大儒”③，也不会愿意留下日后他人议论的话题。于是，张溥参加了崇祯三年的应天乡试。

这年应天乡试的主考官是姜曰广、陈演。“榜发：解元为杨廷枢，而张溥、吴伟业皆魁选，陈子龙、吴昌时俱入彀，其他省社中列荐者复数十余人”④。这么多人一次性中举人，复社的影响力可以想见。重要的是，主考姜曰广，本身就因为东林中人，于天启七年初被削籍，崇祯即位后召回，政治上、学术上与复社相近，录取的举人中复社人士居多也在情理之中。“姜曰广，万历末举进士，授庶吉士，进编修。天启七年，魏忠贤以曰广东林，削其籍。崇祯初，起右中允”⑤。中学语文课本上一般选有吴敬梓《儒林外史》中的一篇文字，曰《范进中举》。历经艰难，终于成为举人，已经是对范进极大的奖赏，带来的是乡绅的问候，亲人的

① 陆世仪《复社纪略》卷1。
② 张采《知畏堂文存》卷8《庶常天如张公行状》。
③ 同上。
④ 陆世仪《复社纪略》卷1。
⑤ 《明史》卷274《姜曰广传》。

尊重，官府的厚待，房子、票子、位子、美食、美酒等等，凡是需要的和别人能够想到的，都有可能出现在身边而惟恐你拒绝，难怪范进这一高兴就疯了。可见，举人的身份，已然相当贵重，是进入仕途的基本条件。而没有中举的，当然郁郁不欢。“庚午，同试于南都，为会于秦淮舟中，皆一时同年，杨维斗（廷枢）、陈卧子（子龙）、彭燕又（宾）、吴骏公（伟业）、万年少（寿祺）、蒋楚珍（鸣玉）、吴来之（昌时），尚有数人忘之。其以下第与者，沈眉生（寿民）、沈治先（寿国）及余三人而已”①。

行笔至此，不仅要问：什么状态算真正成材了。应该说，成为举人，已经可以为国家所用，就已经是人才，已经成材。但对张溥来说，尚未达到他的人生期待的境界。于是，考中进士，通过旧时读书人正常的渠道进入仕途，才是理想的状态。而即便是进士，被委任为编修、修撰、庶吉士、知县之类的官员，没有经过实际事务的历练，也很难成为真正对国家有用的人才。所以，张溥依然在成材的道路上奋斗。

四、三甲第一名

崇祯四年的会试，张溥又一次名噪京城。这一次的出名，不仅是因为中进士，成为三甲第一名。更因为是复社领袖中进士了；复社眉目中进士了；复社的不少成员中进士了；张溥的门生吴伟业成了榜眼；张溥与吴伟业师徒同榜，琼林宴上的座次皇上关心了；吴伟业未婚，皇上钦赐归娶了。表面上看，风光无限。实际上，张溥已经是受到严重的打击了，只是在耀眼的光环之下，尚未察觉出来。因为会试中，吴伟业是第一名，即会元。很多情况下，会元在参加殿试之后，名次一般在一甲，即状元、榜眼或探花，会元、状元同一人，也比较常见。吴伟业为一甲第二名，是一种平衡与妥协的结果。（崇祯四年的进士名额是一甲三名：陈于泰 、吴伟业、夏曰瑚，二甲六十七名，三甲二百七十九名）张溥名列三甲之首，看似风光，实也是政治斗争与官僚之间微妙关系的体现。明朝的惯例，一甲三名，直接就是翰林院修撰、编修。而翰林院修撰、编修，是未来阁臣甚至首辅的前奏，即若干年之后，可以成为国家的执政大臣直至内阁首辅。可是，出于温体仁与周延儒之间微妙平衡的需要，张溥的晋升之路就更加曲折。同样具有问鼎内阁实力的复社领袖之一杨廷枢，则被直接堵在了门外。

---

① 黄宗羲《思旧录》，《黄宗羲全集》第一册第 364 页。

崇祯三年入冬，张溥与几位朋友一起赴京应考。昆山王志长、王志庆，吴县许元溥先行出发，张溥与杨廷枢在山东德州与他们相遇，五人于是一起向京城进发。“庚午既冬，孟宏计偕同平仲、与游前发，予于德州道上遇维斗，要之并驱，及商家林，与三子相见”[①]。这里面，虽然杨廷枢是乡试的解元，最后却没有中进士，没有享受到大明王朝的任何恩惠和荣宠，是复社的“五秀才”之一，却是复社领袖中与陈子龙等大明正直官员一样，成为惨烈殉明的忠烈。清顺治四年(1647)杨廷枢被清兵杀害于苏州吴江的泗洲寺，年仅五十三岁。

而张溥进京参加了崇祯四年的会试，虽中三甲第一名进士，比较于他的学生吴伟业，远远不够光荣。因为吴伟业是一甲第二名，榜眼。师徒同榜，皆在高等，已经足够他人羡慕了，何况复社中还有多人中了进士，如杨以任、马世奇、成德、管正传、周之夔、刘士斗、夏曰瑚、杜麟征、凌必正、杨廷麟、姜埰、范志完等数十人。更有影响的是琼林宴的座次安排，惊动了崇祯皇帝。

科举考试后举行宴会，唐代已经极盛。曲江池宴会是皇上所赐，是新进士的荣耀，百姓聚观，士子乞衣，以致道路堵塞，新贵衣毁。然后，进士们到慈恩塔题名。不过，这宴会和题名是否有位次的安排，前人的记载并没有统一的文字。

明代的琼林宴，座次依照会试的名次确定。于是，会元当然坐最上。老师和学生成了同榜且老师的名次在学生之后，又该如何呢？尊师重道，尊老爱幼是传统美德。于是，吴伟业明确表示不敢坐在老师上首。“辛未会试，吴伟业中会元，乃同榜第八名张溥受业门生。琼林宴时，不敢僭坐师上。奉旨：张溥坐会元之上。盛事亦奇事。”(陆世仪·复社纪略附录计东所言)然而，盛事奇事的背后，却隐含了巨大的危机。

崇祯得以知晓张溥、吴伟业大名，与名次确定被人攻击有关，皇上亲自调阅试卷，并在上面题字，加上钦定座次，是为日后崇祯不毁复社的基础。“是科延儒欲收罗名宿，密嘱诸分房于呈卷前，取中式封号，窃相窥视。(李)明睿头卷即伟业也。延儒喜其为禹玉之子，遂欲中式。明睿亦知为故交之子，大喜悦，取卷怀之，填榜时至末而后出以压卷。伟业由此得冠军多士，为乌程(属浙江，代指温体仁)之党薛国观泄其事于朝。御史袁鲸将具疏参论，延儒因以会元卷进呈御览，烈皇帝亲阅之，首书‘正大博雅，足式诡靡’八字，而后人言始息”[②]。可见，在张溥、吴伟业完全不知情的时候，严酷的政治斗争已经展开了。

---

① 张溥《七录斋诗文合集·古文近稿》卷5《许年伯母诸太孺人寿序》。

② 陆世仪《复社纪略》卷2。

这里有必要说明一下，会试与殿试的名次不一定相同，但有很多情况是基本相同的，变化不是太大。张溥是会试的第八名，皇帝如果没有改动，或授意变动，张溥应该是二甲第五名。皇帝的关注未必就是好事，至少在张溥这里体现的是名次降低。因为这次会试的主考是周延儒，第一名是周延儒朋友吴禹玉的儿子吴伟业，第八名是吴伟业的老师，在殿试之后位置都有了变化。如果说吴伟业中榜眼是崇祯的精心安排的话，张溥的三甲第一人身份，更是各种微妙关系共同作用的结果，也不排除崇祯的高妙心术。

第二节　短暂翰院

新进士在殿试结束之后就是候选，等待朝廷的工作安排，按照当时的习惯，先选用一甲为翰林院修撰和编修，二甲中的优秀人才进入翰林院任庶吉士，三甲中的特别优秀者方能进入翰林院任庶吉士，称为馆选。

一、翰林院庶吉士

张溥为三甲第一名，故通过馆选成为庶吉士，有可能将来成为内阁成员。“届庚午辛未，连举成进士。廷推善文章任翰林选者，无出公右，选翰林院庶吉士”①，似乎灿烂的前程已经敞开了大门，中进士并名列前茅，成为翰林院庶吉士，将来身列公辅的架势已经具备。而且，中进士之后的琼林宴排座次还受到了崇祯皇帝的特殊关照。对于一般的读书人，名列甲榜，位在翰林，皇帝关心，前程不可估量，已经是达到了最理想的境界。而且，庶吉士是皇上的近臣，虽然任职时间不长，实际地位不高，但有机会参与诏书的起草，甚至为皇上讲解经籍，有很好的晋升机会。在明代，英宗以后，非进士不入翰林，非翰林不入内阁，故而入翰林即有储相之目。张溥的艰辛与勤奋，终于换来了巨大的成功。不仅告慰了已故的父亲，更为健在的生母扬眉吐气。

张溥也正是带着浪漫的幻想和积极的精神投入工作，期待着致君泽民的机会。“成祖初年，内阁七人，非翰林者居其半。翰林纂修，亦诸色参用。自天顺二年，李贤奏定纂修专选进士。由是，非进士不入翰林，非翰林不入内阁，南北

---

① 张采《知畏堂文存》卷 8《庶常天如张公行状》。

礼部尚书、侍郎及吏部右侍郎，非翰林不任。而庶吉士始进之时，已群目为储相。通计明一代宰辅一百七十余人，由翰林者十九”①。这就是中国古代的官场，做什么都需要讲出身，如果你没有做过什么，就不能做什么，这是形式逻辑与辩证逻辑之外的意念逻辑或情感逻辑。而张溥，正在这条逻辑正道上奋斗。

同时，张溥也在努力学习治国平天下的知识与技能。与苏州相邻的松江府上海县人徐光启，就是翰林院的导师之一。徐光启(1562—1633)，字子先，号玄扈，是明代杰出的科学家，为学讲究致用，并能接受西学，变为中用。张溥受到徐光启的教育，不仅是学业上的，还有思想方法上的。

但是，个人的努力不论怎样，自己不能评价；能力与成就无论如何，也不是自己评定的。在张溥很认真地履行自己的职责之时，潜在的危机已经逼近。在复杂的官僚派系斗争又夹杂忠奸正邪较量的环境中，张溥很难适应。他的官场生涯，也就在温体仁与周延儒的权力斗争中悄然结束。

二、温、周倾轧

温体仁与周延儒均是人才，是能够担当重任的辅臣。可是，他们在权力地位面前丧失了自我，在辅助君王的事业上走向了歪路。张溥之踉跄仕途，深层次的原因，是温体仁与周延儒暗中展开了较量，而张溥恰恰是周延儒主考成进士，周延儒就是张溥的座主，是业师，必然成为温体仁打击的对象。冲着周延儒与张溥的师徒之谊，打压张溥，教训张溥，时时与张溥为难，温体仁的根本动机是动摇周延儒的首辅地位并取而代之。一是认为自己是万历二十六年(1598)的进士，论资力、经验，在周延儒之上，年龄也长于周延儒二十岁。可是，周延儒是首辅，自己是次辅。虽然周延儒是万历四十一年的会元、状元，直接授翰林院修撰。但毕竟，仕宦生涯中的段位不及温体仁。二是按照惯例，会试的主考是次辅，而不是首辅。周延儒以首辅而主持会试，实际上是剥夺了温体仁的权利。不说有什么财物上的问题，重要的是使温体仁失去了一次拉拢人心、营造山头、号令天下士人的机会，温体仁怎不恼羞成怒！尽管上年为了排挤钱谦益入阁，两人曾经狼狈为奸。

崇祯元年十一月初，吏部根据皇帝的指示，草拟了可以进入内阁的名单，是吏部左侍郎成基命，礼部右侍郎钱谦益、郑以伟，尚书王永光、李腾芳、孙慎行、

---

① 《明史》卷70《选举》二。

何如宠、薛三省、盛以弘，礼部右侍郎罗喻义，左都御史曹于汴，供皇上点用。而呼声渐起受到皇上关注的礼部右侍郎周延儒、礼部尚书温体仁不在其列，不仅两人恼怒，皇帝也感到纳闷。“初，(周)延儒以召对称旨，至是枚卜，谦益必欲得之，而虑以延儒同推，势必用延儒，遂力遏止之。不知上果意在延儒，不推，适滋上疑耳”①！果然，来年在朝堂之上，激烈的斗争就此展开。周延儒、温体仁两人联手，翻出已经定案而钱谦益实际没有责任的浙江乡试案，打钱谦益一个措手不及。钱谦益能干、有学问，但毕竟是个书生，个人的想法也太大了点，在政治斗争中没有经验，败下阵来。“崇祯二年会推阁臣，谦益以礼部侍郎与焉，而尚书温体仁不与。体仁摘千秋事(指天启二年钱谦益典试浙江的科场舞弊案)，出疏攻谦益。谦益由此罢，遂终明世不复起”②。

仅仅是一个已经结案的科场事件，尚不足以扳倒钱谦益，必须找到皇帝最忌讳的地方栽赃钱谦益，方能一劳永逸。结党，是君王最不能接受的，诬钱谦益结党，则可在政治上将其一招毙命。“十一月庚申，会推阁员成基命、钱谦益、王永光、郑以伟、李腾芳、孙慎行、何如宠等。寻礼部尚书温体仁衔钱谦益，密讦天启初谦益主试浙江，贿中钱千秋，不宜枚卜。癸亥，召廷臣及体仁、谦益于文华殿，相质辨良久，上曰：‘体仁所言神奸结党，谁也？’曰：‘谦益党与甚众，臣不敢尽言。即枚卜之典，俱自谦益主持。’吏科给事中章允儒曰：‘体仁望轻，如纠谦益，欲自先于枚卜也！’体仁曰：‘以卜相事大，不得不为皇上慎用人耳！’允儒曰：‘朋党之说，小人以陷君子，先朝可鉴。’上叱之，遂下锦衣卫狱，削籍。礼部以钱千秋试卷呈，上责谦益，引罪而出，命谦益回籍，旋除名为民。下千秋于锦衣卫狱。周延儒亦曰：‘自来会推会议，止以祖宗故事，实皆一二人主持，余无所言，即言出而祸随之矣。’上大称善”③。

打击了钱谦益后不久，周延儒顺利成为内阁首辅，又将温体仁引入内阁，成了次辅。其实，温体仁的目的并没有完全达到，他的目标是首辅的位子。所以，“战友”很快变为死敌，二人展开了激烈较量。

而张溥则不幸卷入其中，成为权力斗争的牺牲品。所以，对于周延儒和温体仁，这两位同在《明史》“奸臣传”中的人物，有必要简单了解一下。不过，两人并不在一个重量级的“奸”上，周延儒难以望温体仁项背。

---

① 蒋平阶《东林始末》。

② 《明史》卷70《选举》二。

③ 《崇祯实录》卷1“元年十一月”。

周延儒(1593—1644),字玉绳,号挹斋,江苏宜兴人,万历四十一年会试、殿试第一,授修撰。崇祯元年三月任礼部右侍郎,次年十二月特旨拜礼部尚书、东阁大学士,入阁。崇祯三年拜太子太保文渊阁大学士,为首辅,六年六月遭温体仁排挤,年仅四十岁的周延儒"致仕"了。从此,崇祯经历"遭温"的时代。四十岁"归老"林下的周延儒当然不甘于自己的失败,总结政治斗争的既往,后悔自己得罪了东林,特别是东林魁首钱谦益,须设法修好。而当年主考的会试中式者中,可能与钱谦益关系较好能够影响钱谦益态度的人物,也只有复社领袖张溥。而在温体仁担任首辅以及温体仁死后的三年多时间里,复社经历了最黑暗的历程,也迫切需要与东林不断示好的周延儒出山,以消除复社的灾难,避免东南大狱的兴起。

周延儒少年聪颖,智慧文才令人引颈。才华卓越,既可能导致他人的猜忌与打击,也可能过于自以为是而坏事。周延儒两方面都占了。顾公燮记载周延儒少年时的经历,说明了他的天资过人。周延儒十二岁时,在私塾读书,回家时搭便舟。舟的主人是一位乡绅,知道他是读书的孩子,就命他以"小子"为题作文,周延儒援笔立就。乡绅以为他有所剽窃或有腹稿,又命他以"信乎"为题作文,周延儒又是援笔立就。"绅叹服,以女妻之,延名师教授"①。聪颖、勤奋、名师教授,结果是年仅十九岁的周延儒状元及第,极其罕见。成为崇祯朝最有影响力的首辅之一,更是难得。"上即位以来,命相三四十人,其中非无贤者,求其精神提携得起者,惟宜兴与乌程二人,但俱不轨于正耳"②。周延儒归老林下,深自反省。张溥来访之后,即亲自前往常熟,拜访了被他打击离朝的钱谦益,相谈甚契。钱谦益有诗《阳羡相公枉驾山居即事赋呈四首》,不惟旧怨全无,且有携手之意,对周延儒的评价颇高。其一曰:"阁老行春至,山翁上冢回。衮衣争聚看,棋局漫相陪。乐饮倾村酿,和羹折野梅。缘堤桃李树,一一为公开。"其二云:"黑头方壮盛,绿野正优游。月满孙弘阁,风轻傅说舟。鸱夷看后乘。戎马问前筹。侧席烦明主,东山自可求。"其三云:"堤柳眠风翠,楼花笑日红。浓华欺冷节,妖艳仗天工。舟楫浮春水,车茵爱晚风。暂时忧国泪,莫洒画桥东。"其四曰:"若问山东事,将无畏简书?白衣悲命驾,红袖泣登车。甲第功谁奏?歌钟赏尚虚。安危有公在,一笑偃蓬庐。"③以谢安、裴度比拟周延儒,称赞他年富

---

① 顾公燮《丹午笔记》。

② 杨士聪《玉堂荟记》卷上。

③ 钱谦益《牧斋初学集》卷15。

力强，具有救时才能，并希望能够共同调羹鼎鼐。周延儒的常熟之行，不仅是与钱谦益个人修好，更是与整个东林君子和复社领袖修好。就个人关系而言，张溥与周延儒并没有直接深厚的交情，只是周延儒是主考，张溥中了进士，习惯上说，周延儒是张溥的座主，尽管只长张溥九岁，却是长辈。钱谦益长周延儒十一岁，万历三十八年探花，比周延儒早一科成进士。倾轧之后，同在林下，周延儒放下身段，亲自上门，也给足了钱谦益面子。钱谦益与周延儒棋酒攀谈，如此推许，也是摈弃前嫌的积极表现。得到钱谦益的谅解，可以说周延儒已经得到了东林的支持。而复社方面，本身就积极推动周延儒的复出。这其中的情节，相当于紧张的地下工作。张溥在太仓，虽然批读经史，但忧虑朝政的恶化，“非起复宜兴（周延儒），终是孤立之局”。于是，“与钱蒙叟（钱谦益）、项水心（项煜）、徐勿斋（徐汧）、马素修（马世奇）诸先生谋于虎丘之石佛寺”。并做出决定，派精明能干的王成带上七封重要的书信进京见吴昌时，以便送达要员：“王成以七札熟读，一字一割，杂败絮中，至吴帐，为蓑裱法，得达群要。”[①]不仅重要的复社领袖到场秘密商量，还请来了东林前辈，制定缜密的计划，派出聪明机灵而忠心的仆人，采用了近代间谍的行动方式，可见朝廷的情报系统多么严密。张溥“说延儒曰‘公若再相，易前辙，可重得贤声’，延儒以为然”。在京城的吴昌时确实在积极奔走，联络内官，为周延儒的复出制造影响。“延儒之再起也，昌时为通关节”[②]。其实这些并不重要，重要的是“帝亦颇思延儒”[③]。所以，吴伟业说“已而阳羡（周延儒）果召。召出自上意，初非有他也”[④]。不过，张溥在周延儒复出进京之前，确实对周延儒的施政提出了希望：“延儒再召，溥等以数事要之。延儒慨然曰：‘吾当锐意行之，以谢诸公。’既入朝，悉反体仁辈弊政。”[⑤]根据《明史》记载，周延儒再相之后，一一按照张溥的救时策略行政，短短几个月，完成了诸多难以完成的大事，如蠲免积欠、起用旧臣、宽宥罪臣、广取人才、给已故的文震孟和姚希孟赠官、召回黄道周并复官、注销复社狱案等等，中外翕然称贤。尤其是棘手的郑三俊、倪元璐、范景文、刘宗周、黄道周等人的起用，难度极大，因为都是崇祯亲自处分的官员，现在重用，很是驳了皇帝的面子。好在此时的崇祯，只

---

① 杜登春《社事始末》。

② 同治重修《苏州府志》卷 147。

③ 《明史》卷 308《周延儒传》。

④ 吴伟业《吴梅村全集》卷 24《复社纪事》。

⑤ 《明史》卷 308《周延儒传》。

想救时，不太在意面子问题。因为周延儒的许多建议，均是救急救时的良方，眼下切实可行，且纲目并举，条理分明，具有明确的预期效果，以至于崇祯宴后退入宫中，欣欣喜色，说了句“还是他做”[①]。此际的周延儒，以焕然一新的面目展现在朝堂之上，又善于听取正确的意见，朝政有了中兴的希望。于是，各种积极的建言也就活跃起来，御史张肯堂“面陈要务，延儒是公言”[②]。但可惜的是，周延儒并不能挽救明王朝的危亡。因为周延儒尚不具备柱倾危的能力，而明王朝的灭亡已经非人力所能阻止，因为已经腐朽至极。崇祯十六年十二月初十丑时(1644 年 1 月 19 日)周延儒奉旨自裁，结束了难以评说的一生。周延儒死后的第九十八天，崇祯十七年三月十九日(公元 1644 年 4 月 25 日)，朱由检以同样的方式结束了自己的生命，明朝灭亡。

温体仁(1573—1638)，字长卿，号圆峤，浙江乌程人，万历二十六年进士，出道远远早于周延儒，但“为人外曲谨而内中猛鸷，机深刺骨”[③]。史书上的这一句评价，简略精深。温体仁一生做事，谨慎而阴险毒辣，为了金钱权力，而不是为了帝王社稷和百姓，他表现出高超的技巧和独特的才能。为了阻止钱谦益入阁，他联合周延儒，等到与周延儒同在政府，立即采用阴狠的手法排挤周延儒，终于在崇祯六年六月如愿以偿当上首辅。当然，崇祯皇帝是关键因素。在政府阁僚和言路官员的安排上，有意识地搞平衡，“知两党各以私意相攻，不欲偏任。故政府大僚俱用攻东林者，而言路则东林居多”[④]。夏允彝的倾向有点问题，所以黄宗羲进行了批驳，写成《汰存录纪辨》。清人徐秉义也说：“允彝之《幸存录》，以东林、逆案并提，而较其铢两之优劣，置邪正于不道，所谓方寸之木，可使高于岑楼也。温体仁、谢升、杨维垣、张捷、王永光皆极力为之洗刷，三案之颠倒是非又不待言矣。今之邪说，必取证于是录，以允彝死节，其言当可信。岂知允彝所师者，齐人张延登也。延登故亓诗教之密友。以延登之是非为是非，焉得不谬！允彝本足千秋，多此一书，以资邪人口舌，惜哉！”[⑤]从万历二十年开始的明代政治状况看，明王朝不灭亡简直是不可思议的事情。朱由检极力挽回，但往往举措乖张，事与愿违。黄宗羲说：“毅宗(明思宗朱由检)亦非不知东林为君

---

① 抱阳生《甲申朝事小纪》三编卷 3《一朝五十相论纪》，李清《三垣笔记·附识上·崇祯》。

② 全祖望《鲒埼亭集》卷 10《张公神道碑》。

③ 《明史》卷 308《温体仁传》。

④ 夏允彝《幸存录·门户大略》。

⑤ 徐秉义《明末忠烈纪实》卷 18。

子，而以其依附者之不纯为君子也，故疑之；亦非不知攻东林者为小人也，而以其可以制乎东林，故参用之。卒之君子尽去，而小人独存，是毅宗之所以亡国。”[①]温体仁正是这样逐渐“独存”的。他表面光滑，全无锋芒，只有在张溥选为庶吉士时表现有点直接，说：“是何足患！庶吉士有教读成例，成材则留，不成材则去，去之亦何难？”[②]根本没有把张溥放在眼里。而崇祯信赖温体仁，当然也有一定的道理。崇祯朝入阁五十人，能够具备宰相能力的仅有温体仁和周延儒，是真正的政客。本来，周延儒与温体仁是一伙的，在打击钱谦益的活动中完全一致。但当温体仁终于入阁办事，与周延儒成为搭档之后，温体仁的主要目标就是夺取首辅的位置。于是，一面百般表现，使“帝意渐向之”，一面对首辅周延儒“曲谨媚”，暗中“欲夺其位”[③]。而与周延儒的每一次较量，温体仁都在幕后。不是冲到前台直接论战，而是由手下亲信开战，自己暗中指挥。温体仁担任首辅的七年时间里，复社的麻烦不断，几乎形成不可收拾的局面。而朝廷之上，诚如黄宗羲所言，君子尽去，小人独存。当然，崇祯皇帝乃至历代君王，最担心的就是臣下结党。所以，当崇祯发现了温体仁“有党”之时，立即“同意”了温体仁的辞职，比起当初处置魏忠贤阉党势力，简单得多。回乡后的温体仁倒是优游自在，过了一年病故，算是一个善局。

张溥一介书生，不幸夹在两大政治斗争高手之间，其难以实现美好理想的结局可以想见。于是，在复杂的人事关系中张溥败下阵来，只得请假回乡，回到了读书著述的生活中。

> 壬申，请假归，营卜宅兆，葬其父虚宇公。手自卒瘏，未尝屑屑问诸兄弟。发所度书，不下数万卷，丹黄由释，无寒暑间[④]。

张溥发起组织了复社，领导了这个全国性的文人组织，而且是高度政党化的组织，在历史的长河中就不可能是一朵浪花，而是一次浪潮。张溥死后四年，尚且成为南明弘光政权朝廷上争论的题目。“一日，阁中语及故庶吉士张溥，士英曰：‘我故人也，死，酹而哭之。’姜曰广笑曰：‘公哭东林者，亦东林耶？’士英

---

① 黄宗羲《汰存录纪辨》。
② 陆世仪《复社纪略》卷 2。
③ 《明史》卷 308《周延儒传》。
④ 张采《知畏堂文存》卷 8《庶常天如张公行状》。

曰：'我非畔东林者，东林拒我耳。'弘图因纵臾之，士英意解。而刘宗周劾疏自外至，大铖宣言曰广实使之，于是士英怒不可止。而荐张捷、谢升之疏出，朝端益水火矣"[①]。虽然与张溥已然无关，但张溥在明季的政治舞台上，影响力于此可见一斑。

三、翰院生涯与张溥的失误

张溥在翰林院的工作，实际上是学习和实习，处于朝廷的培养之中。但有时，也有具体的工作任务。在今天看到的张溥集子里，保留了十一篇制文，应该就是翰林院工作的残存资料。

翰林院庶吉士的学习时间是三年，期满授予具体的官职，称为散馆授某官，一般是编修、检讨、御史、给事等，且日后升官很快。所以，新进士皆希望入馆。首先是接受教诲与训练，是翰林院或赞事府高级官员担任教官，以朝廷礼制、律令、六艺、公文等教授，以便三年后上岗直接能够担当方面工作。

张溥在翰林院，一边学习，一边实践练习，下面这篇《授大理寺右少卿制》，就是实践的文字。虽然这篇制文中的毛某不知为何人，但张溥草制，大处立意，细处见真，结构完整，语气凝重而果断，俨然是皇上口吻。

更难为的是，文中语词新奇，典故相连，骈散结合而严整规则，是实用文体，其雅丽堪比《滕王阁序》。

礼刑之用，维臣乃襄。中和之资，在古已贵。故泮谳有歌，风人勤庭坚才子之慕；典雅可作，后贤发广川宰相之思。朕之结怀，宁不劳悁？只以良者不官，官者非实，则坐叹枳樊；颓嗟玉帛，言之空虚，伤彼有位矣！嘉尔大理寺右少卿毛某，行喻大圭，志方清月，始列芙蓉之幕，不殊椽艾之修。金矢一束，无假侜张；《逸礼》数篇，归其整截。是以吏既非法，经不为容。初登誉于淑问，继连称于折民。召为柱史，弥白风猷。跛敧之士，见惠文以生寒；傥荡之流，望骢马而知避。此皆理存本柯，故能气表崖岸。出服绣衣者，敬其小心；入弹簪冠者，惭其大度。用是移直殿中，持平大卜。询之诸臣，佥曰其可。夫首任理官，而复进之廷尉者，所以彰士师之不忘明允；再典威仪，而更烦之鞫讯者，尤以见"三礼"之必协五刑。班景众卿，老成者居

---

① 《明史》卷274《高弘图传》。

长;此肩黄屋,清近者为嘉。而又闻其事亲曰孝,爱人以德。燕息乡郊,常有三年之痛;周旋父老,每多百姓之忧。当淫涝而施其衣食,遇转馈而酌之军民。农始食新,例亦从旧。乃知蝉嫣荐牍,职有其由。抟钦朕心,宁无所以!兹特授尔阶中宪大夫,锡之诰命。

於戏!如真之秩,纪自朝廷;已试之功,宣于人士。宠其平日,重以敕辞。庶亡人畏辟,再传桐大之形;学士崇文,永绝茅蕝之制。后效可图,王言其肃。

写文章对于张溥来说是小事,但在朝堂的人际关系处理,则张溥就不够老道了。张溥在官场的第一个失误就是为吴伟业的集子撰写序文,不符合官场的故事。

本来,中了进士之后,等待朝廷选择安排官职期间,有一件重要的事情就是新进士的文章刻印。依照传统,新进士的书稿由当时的房师作序,以建立门生关系并公布于众,等于宣布某某是本人的门生,将来也就是本人官僚体系中的一员。李明睿是吴伟业的房师,理所当然吴伟业是李明睿的门生。可是"是时天如名噪甚,会员稿竟以天如先生鉴定出名"[1],破坏了规矩。张溥名闻士林,但在朝堂尚属新进,没有经验,不了解官僚主义在中国已经有了二千年的历史,不了解明代官僚体系中的传统,不了解等级制度何等森严。

于是,张溥为吴伟业撰写序言,居然越俎代庖了,得罪了李明睿,使李明睿感觉没有面子,极为生气,欲削吴伟业的门人籍。所幸徐汧率领吴伟业向李明睿请罪,周延儒从中调解,再诿过于书肆,代为受罚,总算事情平息。然张溥与李明睿也就彼此没有了好感,"明睿所争者体例,非仇溥也。而溥大不悦,两人自此遂相隙"[2]。这本来不是什么大事,而文人向来就因为这类事情闹出大事,甚至波及无辜。

张溥的第二个失误是躁进。因为鉴定刻稿的事情得罪了李明睿,又过早发表议论于翰林院,不懂得官场严格的规矩。"翰院规制:庶常居造就之列,遇馆长如严师,见先达称晚进,公会隅坐,有命唯诺唯谨。溥任意临事,辄相可否,有代天言作诰命者,文稿信口甲乙,同馆皆忌之"[3]。虽然陆世仪并没有直接看见

---

① 陆世仪《复社纪略》卷 2。

② 同上。

③ 同上。

张溥在翰林院的表现，但这样的记载也并非虚构。张溥的文集在崇祯九年即有刻印，陆世仪见到张溥的六卷本《七录斋集》并非难事。而陆世仪本身早期加入复社，后来没有参加复社的活动，甚至对复社颇有微词，但对复社的情况有较多的了解。“道威早岁亦署名复社，后以故出，故其于社事多有微词。然前既为社中人，于社事始末甚悉”[①]。从张溥现存于文集中的十一篇制文看，陆世仪并未夸张。

第三个失误就是让吴伟业参劾温体仁，直接开启了复社与温体仁党的冲突。“有谗于内阁者，延儒犹委婉为解，温体仁则曰：‘是何足患，庶吉士有教读成例，成材则留，不成材则去，去之亦何难！’溥闻之，恚甚，乃辑其通内结党援引同乡诸事，缮成疏稿，授伟业参之。伟业立朝未久，于朝局未习练，中情多怯，不敢应。时温之主持门户操握线索者，德清蔡弈琛为最。伟业虽拒师命，乃取参体仁疏增损之，改坐弈琛。体仁大怒，将欲重处。延儒从中曲解之，体仁、弈琛由此侧目溥。明睿又以刻稿衔之，时时督过”[②]。

从上述描绘中我们可以看到，一是张溥确实不慎，开启了自己与温党的冲突；二是张溥确实看到了温党的存在并对朝政形成了牵制；三是自己没有资格弹劾，而门人吴伟业有，张溥抓紧机会让吴伟业参劾温体仁，是对明王朝的忠心，是对君王的赤诚。四是张溥在翰林院的处境确实不妙，即使没有种种失误，仅仅与周延儒过从甚密，足以出现张溥承担不了的后果。另一个要注意的是，陆世仪对张溥及复社的事情比较清楚，何以对温体仁、蔡弈琛、李明睿诸人的事那么清楚？《复社纪略》涉及的事件，到崇祯十年。而崇祯十年，也是“陆世仪主要精力由制举入仕转入修身立体、治学经世方面”[③]。就是说，之前，陆世仪是复社重要成员，与张溥等人过从甚密，知悉事情也甚多。崇祯十年以后，不再参加复社活动，从而潜心学问。也就是说，在东林后裔纷纷加入复社、崇祯九年国门广业社之后，南京的复社活动逐渐高涨，张溥就逐渐失去了对复社的掌控。同时，复社参与政治斗争和社会活动的程度更高，面临的压力更大，分化也更严重。于是，出现了回归书斋、载酒征歌、奔走呼号同时存在的状态。这些变化，陆世仪不是很清楚。同样，陆世仪也不明白张溥为何这样嫉恶如仇，因为他没有悲惨的经历，更没有看到官场的腐朽。

---

① 邓实《复社纪略·跋》。

② 陆世仪《复社纪略》卷2。

③ 葛荣晋、王俊才《陆世仪评传》第26页。

张溥中进士之时，其伯父张辅之已经去世。而张辅之的儿辈，没有一个能与张溥比肩。故张溥不仅在同父弟兄中是最杰出的，在堂兄弟中也是最出色的。所以，不但成为诸兄弟中的领袖，也有机会报复曾经欺凌张溥的恶奴。这件事，或许可以有不同的看法，是张溥在复仇。但客观讲，晚明恶奴害主以及祸害地方，是普遍的事情，徐霞客的长子，就是死于家奴的暴乱。张溥惩治家奴，更大的意义在于为地方除害。

这已经是多年之后事了。巡安路振飞到达娄东，张采、张溥向四府理刑谈及两恶奴在娄东的诸多不法事，以及对家庭的欺凌。于是，"黄瑞旃、徐日义、雷起剑、徐世荫达之两道，檄拘陈、过二奴，下之崇明县狱，知县颜魁登授意狱吏暗毙之"。后来祁彪佳巡安苏松，巡视太仓，"适两张治衙蠹，有奸胥董寅卿者，任南赣抚军陆文献之仆也。为库吏时，侵盗钱粮，加派病民。两张致意祁公，立毙寅卿于杖下，江南之害顿除"[①]。豪奴、衙蠹、地痞、流氓等社会黑恶势力，没有人认为对社会有利。但是，治理却是相当的困难。两张在力所能及的范围内，为民除害，不仅有利于地方的安宁，也有利于社会的稳定。

张溥伯父家的这两个特殊奴仆，不仅挑拨张辅之与张翼之的兄弟关系，甚至欺凌张溥全家。张辅之固然负有不可推卸的责任，但这两个豪奴也确实有些本领。陈鹏长于笔札，主人的许多章奏书牍出于其手。过昆善于聚敛，为主子搜刮了不少财富，"因此内外家政，事无大小，必由两人"[②]，不惟为祸张家，也为祸一方。除之，既是张溥完成了洒血书墙的誓言，也为乡绅官宦树立了榜样。

当然，张溥幼年受到伤害而产生出人头地的想法是一回事，考取功名效力社稷是另一回事。经过多年的读书，随着学识的增加和人格的提升，张溥对社会的认识和人生的规划，已经不是幼年的愤恨与怨怒，而是人生价值的实现和社会价值的体现。对于张溥的人生理想与个性，张采这样记载：

> 公生平谓人："丈夫贵有志，昔人称三不朽，要各有类：如德，则修身及家，均平天下；否者，备顾问，奏对三雍，为国家作述礼乐，昭宣教化。功，则为社稷臣，勒名旌常；否者，表章六经，裁量子史，俾后学有所依仿，稽勋亦不在挞伐下。言，则冠豸螭陛，屈轶指佞，言行道亦行；否者，著成一家，藏诸名山，使千万世知有其人。比于龙门、扶风。"又每恨无鞅掌才，不任奔

① 陆世仪《复社纪略》卷2。
② 同上。

> 奏，以此让人。同志知其托寄有在，及官翰林，思一有所表见，即口语不能无予夺。又性淳古，所不可，辄面赤不应，谗言遂孔张，执政要人眈眈视[①]。

古人的人生理想，很重要的是对“三不朽”的追求，而不是对官职爵位的追求，“大上有立德，其次有立功，其次有立言，虽久不废，此之为不朽”[②]。张溥对于自己的“三不朽”有着明确的规划，只是，主要的理想在他的人生道路上并没有得到实现，带着无限的遗憾而英年早逝。张溥的人生理想不能得到实现，并不是张溥不具备这样的能力，而是张溥没有得到这样的时代。有如《三国演义》中写司马徽的话“卧龙虽得其主，不得其时”[③]。张溥则既不得其主，也不得其时，理想与现实有较大的差距。简单说，概括张溥的一生，理想中的“三不朽”，他做到了一半，是个人的艰苦奋斗可以做到的。而另一半，则不是个人的能力所能够实现。相反，张溥为此努力的过程，十分短暂而艰难。

因为在官场，张溥已经尽力了，也已经失败了，没有机会再去实现他的理想。本来可以不理睬别人的眼光，但别人掌控着张溥的命运，中断了他理想的实现。在翰林院庶吉士任上，张溥尚未做出成就，已经遭到上层官僚的侧目了，就是温体仁说的：“庶吉士有教读成例，成材则留，不成材则去。去之亦何难！”原因是什么？表面上看，是张溥缺乏官场经验，对事情的处理欠妥。实际上，是张溥的行为打破了官场的传统，权贵们不能适应了。张溥的措置，似乎存在不足：“疏于谦尊而（韬）光之道，温体仁、蔡奕琛故忮刻成性，若房师李明睿之加督过，似缘溥之未善处也。”[④]初次进入官场，并不知道官场的习俗抑或有之，根据张溥的性格和当时自我感觉的气场，恐怕即使知道了也未必理会。而作为官场的居高临下者，如果没有私心，如果多一点胸襟，这个官场或许还有一些希望。但是，晚明的整个统治肌体，如同人体已经患上了葛雷克氏症，即便没有内忧外患，也会自我灭亡。因为，像孙承宗这样已经证明能够担负天下安危的栋梁，抛弃一旁。像钱谦益这样的人才根本没有尝试的机会，扔回故乡。像张溥这样的后生更谈不上施展才华，去之何妨！于是，张溥只好请假归去，继续埋首于青灯黄卷之间。

---

① 张采《知畏堂文存》卷8《庶常天如张公行状》。

② 《左传》“襄公二十四年”。

③ 罗贯中《三国演义》37回。

④ 蒋逸雪《张溥年谱》第25页。

第三节 退居读书

应社建立的目的,是分工治经,揣摩八股制艺技巧以博取功名,同时追本溯源,探究儒家经典的本意和历史发展的经验教训。既然社事源于分工治经,当然治经的目的是科举功名,也有端正学风的动机,甚至有改变社会风气的理想。但在此后的政治风雨中,复社的领袖人物发现,理想是美好的,但实现理想的困难超乎他们的想象。于是,从文字经学中寻找,在研究中满足,故态复萌。所以,回归书斋,成为不少复社领袖的选择。

一、自我疏远

在张溥经历了政治中心的风云际会之后,对朝廷的失望、对政治的灰心、对政坛人物人际关系的迷惘,在以后的书斋生活和学术研究中充分表现出来。可以说,这位读书界的领袖、社会活动家,对社会的激情已经消退,重新回到了七录斋从事他的经史学研究。

从外部环境来看,崇祯六年(1633)六月温体仁为首辅之后,复社进入艰难的时期,严酷的形势,也让张溥、张采、杨廷枢、钱旃、周锺等复社运动的领袖人物承受着极大的精神压力。张溥虽批读经史但"中夜不安"[①],惟恐崇祯皇帝学习乃兄。所以,崇祯六年虎丘大会以后,张溥没有参加复社的大型集会,也没有召集复社大会。唯有南京的复社人士,不仅有三年一次的国门广业社集会,还有一些雅集甚至浪漫的聚会,社事活动有声有色。

从复社的发展来看,一方面复社成员的结构发生了变化,不是原来的读书应举的秀才,有相当一部分是社会活动的积极分子,他们的思想、言行与复社初衷有很大的距离。张溥意识到,复社的性质已经发生了变化,已经成为一个政治化的文人组织,而不完全是一个读书人的集团,自己已经很难有效控制。

部分元老对社事兴趣渐渐淡去,复社的领导集体已经呈现分化的局面,特别是德高望重的张采、杨彝、顾梦麟、杨廷枢等人对于蓬勃发展的复社或选择淡化自己,如杨彝;或选择组织小范围活动,如夏允彝。作为复社领袖的张溥,已

---

① 杜登春《社事始末》。

经不考虑用极大的精力与心血将之重新凝结成一个文人社团联合体。

再有，虎丘大会的超大规模，也给张溥以巨大的压力，从此张溥不再组织复社大会，也没有参加南京的国门广业社。所以，崇祯六年虎丘大会之后的张溥，逐渐退向幕后，在后台继续管理着复社，但与复社的活动疏远了。而复社的前台领导集体，已经演变为更加激进的以天启被难诸孤为中心的集团。

二、返回书斋

比较而言，张溥经营社事的热情已经消退，复社也逐渐脱离了张溥等人创社的规划。于是，张溥在证明了自己的才智与能力之后，重新选择了读书。虽然张溥回到了书斋，与张采一起研读经史，目的已经不是制艺应举，因为他们已经进士了，官场生活也经历了，而是在研读中发掘儒家经典真正蕴涵，排除宋元明士子对孔孟学术的曲解，进而探讨儒家治国平天下的正确途径。在崇祯六年虎丘大会之后，张溥基本上住在太仓，接待了不少远方来客，如吴钟峦。"癸酉春，钟峦游吴，谒文湛持（震孟），天如与之邂逅席次，言论风采，迥异时流，天如心重之。询及宜兴（周延儒），曰'挹斋座客，皆声色货利之辈，绝无一文士。吾不乐近之，谢政后，始往一见耳'。天如益重其人，力为引掖，得贡入北雍。复嘱湛持言选司，授宛平教谕"[①]。说明虎丘大会之后有一段时间，张溥在苏州周边，没有回到太仓，与复社元老、东林人士继续交往。所以，能够在一次偶然的宴席上会见到周延儒的老师吴钟峦。但时间也不会太久，张溥回到太仓，继续读书。间或出游，但用时不多，距离不远。六年六月，张溥与张采一起离开太仓到杭州，会见学臣黎元宽，据说是为了《绿牡丹》事："当天如之选'国表'也，湖州孙孟朴淳实司邮置，往来传送，寒暑无间。凡天如、介生游踪所及，淳每为前导，一时有孙铺司之目。两粤贵族子弟与素封家儿，因淳拜居周、张门下者无数。诸人一执贽后，名流自负，趾高气扬，目无前达。乌程温育仁，相国介弟也，心鄙之，著《绿牡丹》传奇诮之，一时争相搬演。诸门生深以为耻，飞书两张先生，求为洗刷。两张因亲莅浙，言之学臣黎元宽。黎与两张同盟也，因禁书肆、毁刊本、究作传主名，执育仁家人下于狱，狱竟而后归。"[②]这段记载本身并不可靠，因为明显的错误是《绿牡丹》并非出于温育仁之手。清人张鉴承其误记，在《复社姓氏传略》的序言中认定了这一事实的存在："时相子弟欲入社，不可，因两越贵胄之

---

① 陆世仪《复社纪略》卷2。

② 同上。

奔竞演为《绿牡丹传奇》，诋孟朴为铺司。于是学臣黎丑庵（黎元宽）按试之日，禁书毁板，梏时相家人，刊时相子弟干谒之牍，悬之长安市中”[①]。但有一点是肯定的，崇祯六年六月，张溥与张采确实一起到了杭州，并与黎元宽见面聚谈。此后，“二张”基本上就在太仓读书，不常外出。“二张”大量的学术研究和著述，就形成于这以后的一段时间。

崇祯七年端午节前后，黄宗羲与朋友一起到太仓访问了张溥：“甲戌，余与冯砚祥（文昌）同至太仓，值端午，天如宴于舟中，以观竞渡，远方来执贽者纷然。”[②]也说明，张溥的主要时间精力放在了家里，在七录斋中读书。

张采在祭文中写道：“六七年来，弟病不入城市，兄性微少精详，左右害我戆兄。命驾南郭，则百方沮，一月不过一二至，至则谈平生，考古今，亦何减七录斋时！乃前二十有七日（当是指崇祯十四年四月初十后数日，因为张溥卒于五月初八丑时），兄远归，薄暮抵我俭斋，酒行甚欢。弟见兄担荷甚重，因语‘汉侯庙将落成，拟购旁隙地数楹，为潜修计。兄抱襆被，两人寒窗拥炉，仍修旧业’。兄唯唯。”[③]可以说，社事基本由新生代领袖主持之后，张溥的主要精力用于读书著述，同时还要为复社的命运担忧，应对周之夔、陆文声之流的攻讦纠缠[④]。张溥制定了自己的读书著述计划，第一步是经学著作的汇编，第二步是对经学著作的汇释会解，形成自己的经学体系。尽管张溥和张采并没有能够按照自己的愿望将经史研究进行到底，张溥在短短的一生中，经史研究的成果，达到了常人的数倍，著述数千卷。就张采而言，短短几年的时间，校勘、刻印、编辑、选录了大量的典籍，进行刊刻发行，主要有《周礼注疏》十八卷首一卷，刊刻《宋名臣言行录》六十二卷，刊行自己的《知畏堂文存》十二卷、《诗存》四卷。选辑刻印了《两汉文选》四十卷、《东汉文》二十卷、《三国文》二十卷等，这些成绩，非数年功夫，不能达到。同样，张溥用了近八年的时间精力，成就的著述令后人难以望其项背。

三、元老同调

与张溥、张采一样，吴门不少复社元老也逐渐淡出了复社的活动，回归书斋

---

① 吴山嘉《复社姓氏传略》卷首张鉴叙言。

② 黄宗羲《思旧录》，《黄宗羲全集》第一册第 364 页。

③ 张采《知畏堂文存》卷 9《祭天如兄文》。

④ 陆世仪《复社纪略》卷 2。

了。杨廷枢从崇祯三年中乡试第一之后，二上公车，志在必得，但造化弄人，未能抒志。在最有希望中进士的甲戌会试中，杨廷枢又一次下第。本来，文震孟以右庶子见招，于崇祯六年初赴京供职，临行饯别，时贤聚于徐汧的止水堂，张溥特地关照文震孟，海内无愧会元称号的举人只有陈际泰和杨廷枢，要在明年的会试中留意。文震孟当然同意。可是，甲戌会试，文震孟选定的试卷本可定为会元，由于项煜希望会元出于己房，并认定其确定的试卷就是杨廷枢所考。结果拆封后才发现，会元落到了李青的头上，而杨廷枢名落孙山。尽管这次陈际泰终于中进士，但年已六十有七，文震孟是座师。故文震孟开玩笑说："昔为老社长，今作老门生。"①杨廷枢从此又回到了从前，潜心研习经史，以著述自娱，偶尔关注时事和社事。

早在复社成立之前，杨廷枢已经是吴中著名的学者，从学者数百人甚至注录者多达二千人。而他家的园林，也就成为授业解经的课堂。"领解之后，声誉日重，门下著录者二千人"②。二千似乎有些夸大，前后受其河润者当为不少。崇祯七年以后的杨廷枢很少参与社事，而静心于书斋。但崇祯十一年初夏对《南都防乱公揭》一事，则发表了自己的看法，"以(阮大铖)不燃之灰，无俟众溺，如吾乡逐顾秉谦、吕纯如故事，在一乡攻一乡，此辈窘无所托足矣"③。不仅是有不同的态度，对社事、仕途和政治的热情，已经几乎褪尽。但是，杨廷枢的正义感和民族气节，植根于他的经学研究，也浸润了他的灵魂。当吴应箕等解释《南都防乱公揭》的原由、作用后，还是在上面署名刊刻发表。其在明亡后的壮烈表现，正是儒家忠孝节义的典范践行。

杨彝与顾梦麟，可以说是早于张溥、张采而致力于经学的吴中名士，在常熟唐市的凤基园研习经学多年。"万历末制艺沿袭子书佛乘，彝与太仓顾梦麟反复诘难，申明圣人之经义，以开学者之惑"④。汪琬《尧峰文钞》卷三四有《杨顾两先生传》，兹录于下：

杨先生彝，字子常，常熟唐墅里人。少与同郡顾先生后先补诸生，两先生相亲善，皆明经行。矜尚气节，每试，各占高等，时人并称杨顾。云顾先

① 陆世仪《复社纪略》卷2。
② 朱彝尊《静志居诗话》卷21。
③ 陈贞慧《书事七则》。
④ 《唐市志》卷上《文苑》。

生之生也，其母陈梦神人授以石麒麟，故名梦麟，字麟士，吴丞相雍后裔也。世居太仓之双凤里，明万历、天启末，士之为时文者，喜倡新说，畔违传注。两先生慨然思振其弊，相与讲说辨难，力明先儒之学，远近受经门下称弟子者尝不下百人。吴中诸名士兴文社，曰“应社”，两先生俱在焉。诸名士及其门下弟子，往往遵用两先生说，相次取科第。而两先生卒浮沉学宫中，顾先生仅中应天乙榜，援例入国子学。杨先生以岁贡生授松江府学训导，居五岁，擢都昌知县，移疾不往。而顾先生亦讫不及仕也。然名声方大噪，凡四方贤公卿大夫有事于吴者，必请两先生相见，与讲钧礼。宾客杂沓造门，以不获面为耻。东阳张公国维巡抚三吴，闻两先生名高，数亲礼之。又延顾先生为公子师。然顾先生严正，自注书说经外，未尝少干以私。一武人夜以贿至，先生骇曰：“此何为至于我哉?”其人惶遽去。太仓守鄞县钱侯肃乐，与顾先生过从甚欢，亦命其子弟受业。终侯之任，顾先生绝不以事请也。以故钱侯入官京师，辄诵言顾先生于朝。而杨先生自明亡即杜门不出，有贵人往投刺，趑趄门外者移时，讫不得一见，乃叹息而去。盖其耿介略相类。先是，明季保举法行，张公与提学御史力欲慰荐两先生以应诏。两先生同声固辞，凡往返再四，知不可夺而止。本朝顺治初，或冒顾先生姓名走谒当路贵人。贵人不知其伪也，遂被款接，且委职至府通判。杨先生先刺知之，遗书以告。顾先生怡然曰：“我自为我，彼岂能浼我哉!”竟不发其事，时人推为长者。顾先生少于杨先生二岁，年六十有九，以顺治十年卒。阅八年，杨先生始卒，年七十有九。两先生性并孝友，尤好周人之急。杨先生遭母殁，呕血数升，断酒肉者竟其丧。抚孤侄俱有恩意。少所事师死，独力殡埋之，且为婚嫁其子女。邻人或侵杨先生屋址，置不与较也。顾先生遭母殁，其守礼一如杨先生。崇祯中，连岁荐饥，吴中米价大踊。顾先生首倡巨室煮糜粥以活饿者。语人曰：“吾非饶于家也，勉为善而已。”两先生终身力学，杨先生为诸生，每暑夜苦蚊，辄纳足巨瓮中以读，晚而目盲矣，犹请友人读书其侧。为诸生讲说，必连日夜。而顾先生老病，亦必手一书卧视不辍也。顾先生尤好著述，所纂《四书说约》二十卷，《诗经说约》二十八卷，《四书十一经通考》二十卷，《织帘居诗集》四卷。又《重订说约》二十卷，《织帘居文集》四卷，《中庵琐録》一卷，《韵珠》四卷，《双凤里志》八卷。杨先生方撰次《大全节要》一书，及见《说约》行世，乃谓顾先生曰：“子之书犹吾书也!”遂削其稿。两先生皆工诗歌，杨先生诗多不存。存《怀旧诗》一卷，常熟钱公谦益序顾先生诗，以拟陶南村、龚安节二人，吴人咸以为允。集中和陶诸篇，尤为时所传诵。杨先生有子静，诸生，又庶出子绪皆夭。顾先生有子湄，字伊人，亦工诗歌。尝纂《虎丘新志》，予极称之，方知名于世。

旧史氏曰：予闻杨先生颀然长身，骨棱棱不胜衣。顾丰颐飘须。其议论尤和婉可听。两先生生同郡，长同学，遂尔齐名当世，至今天下言经学者多宗之。惜乎予不及游其门也，故仿孟坚传楚两龚，为两先生合传以志向往，以俟后之良史采焉。

对杨彝、顾梦麟的学识人品，汪琬的钦佩之情，溢于言表。尤其是杨彝，不仅在明代晚期是东南的学术领袖，对清代的学术也有开端之功。清初最杰出的思想家、学问家当数顾炎武、黄宗羲与王夫之，杨彝与顾炎武，则情同师生、父子。顾炎武北上燕赵，杨彝、顾梦麟、万寿祺等二十余人饯行，并有书启请沿途学人朋友接待。十年之后，顾炎武再看当年的这封公开信，依然对已故友人和健在的朋辈情谊殷殷："爰成《肇域记》，而著述亦稍稍成帙。"①此后杨彝修杨氏祠堂，顾炎武撰写《杨氏祠堂记》有云"承先生之命而为之记"之语②，也证明了杨彝在顾炎武心目中的位置。杨彝、顾炎武、黄宗羲又均是复社的领袖级人物，尽管顾炎武后来没有参加复社的集体活动，但与复社领袖之间的交往从未间断。顾炎武在明亡之后，长达十年时间隐居在杨彝的凤基园，并在杨彝的帮助下创立亭林书院，暗中从事反清复明活动。直到张煌言、郑成功相继失败之后，顾炎武彻底绝望，决计出游。尽管已经是三百多年前的事情，今天在唐市旧街以及码头，仍然保留了当年的格局，依稀可见清初学人的风采。

杨彝、张溥、张采、顾梦麟甚至杨廷枢等重新蛰伏书斋，致力于经学研究，启迪了清代经学的兴盛。顾炎武、黄宗羲与王夫之并称"清初三大儒"，说明晚明以复社领袖为肇始的经学，是清代学术的先驱，从学风到方法上引导了清代经学的兴盛。张溥的学术研究，坚持到了生命的最后一刻。

四、星陨中天

关于张溥去世的有关记载，存在一定的模糊之处。主要的原因，在于当事人的语焉不详和存心不良者混淆视听的编造，加之盛年下世，确实令人难以置信。

① 顾炎武《顾亭林文集·佚文辑补》。

② 顾炎武《顾亭林文集》卷5。

梳理张溥去世的有关事项，需要从周延儒的“复相”说起。

年仅四十岁就“归老”林下，周延儒当然不甘心。总结政治斗争的既往经验教训，后悔自己当初得罪了东林魁首钱谦益，结交了阴鸷凶险的温体仁。于是，需要与钱谦益设法修好。而当年主考的会试中式者中，可能与钱谦益关系较好的也只有复社领袖张溥。而在温体仁担任首辅以及温体仁死后的三年多时间里，复社经历了最黑暗的历程，也迫切需要向东林不断示好的周延儒出山，以消除复社的灾难，避免东南大狱的兴起。

周延儒少年聪颖，智慧文才令人引颈。周延儒“归老”林下反省之后，亲自前往常熟，拜访了被他打击离朝的钱谦益，相谈甚契。

得到钱谦益的谅解，可以说周延儒已经得到了东林的支持。而复社方面，本身就积极推动周延儒的复出。周延儒再相后，以焕然一新的面目展现在朝堂之上，又善于听取正确的意见，朝政有了中兴的希望。至于说冯铨、侯恂、张溥、阮大铖等用了六万两银子打通关节一事，纯粹虚构，不可相信。虚构故事的，远不止奸人，还有小人。

在《丛书集成》初编出版的三千四百六十七册中，常熟福山人周同谷的《霜猿集》绝对是几种最小体量的诗集之一，几乎不能做成书脊。然而，其中的三首诗写周延儒复出，却搅动出很大的泥沙。因为不仅诗歌“写时事”，且注释详“说时事”。

其　一

新来艳质可怜身，绣幕留香别作春。
再召东山为国计，楼船箫鼓闹江津。

注曰：洞庭山富家娶妇，少而美。夫死，妇独居。一日，闻街头鼓乐声，谓侍儿曰：“谁家娶妇耶，试往观之。”遂出门，坐花轿中，下太湖去。富家讼之县，县申道，下檄缉捕甚急。娶亲者惧事泄，以其妇盛装送宜兴，大见宠悦。诗曰“新来艳质可怜身，绣幕留香别作春”，指其事也。太仓张溥为门户计，鸠金二十万赂要津，宜兴得再召。然无行意，曰：“不如在家乐。”溥乃见张道台，令以朱单捕妇，而语侵相国。溥见宜兴，出单于袖中，宜兴大怒。溥曰：“此小事，不足怒。公今高卧不起，将来更有大于此者。”宜兴恍然，谓溥曰：“非公，吾见不及此。”遂行。坐楼船，树大纛，纛上绣“东山再召”四字，祭江神，酣歌弥月，不知天子召己盖为国家大计也。诗曰：“再召东山为国计，楼船箫鼓闹江津。”深讥之也。

其　二

二册书成注复删，莫防灯下鬼神环。

西铭夫子鲰都主，生死荣枯一笔间。

注曰：延儒再召，溥欲尽用其党人而杀异己者，书二册以进，延儒秘而藏之。

其　三

月堕西江歌舞阑，中原一片血流丹。

故人昨夜魂游岱，相国方言好作官。

注曰：张西铭讣音至，延儒惊起曰："天如奈何遽死！"既而曰："天如死，吾方好作官。"客曰："天如吾道干城，公何为出此言？"延儒乃出一册示客曰："此皆天如所欲杀之人也，我如何能杀尽？"见者骇然。溥还娄东，一夕暴死，亦天意也。溥死无后。[1]

从诗歌的自注可见怨毒之深，尤其是"溥还娄东，一夕暴死，亦天意也。溥死无后"。幸灾乐祸的奸佞笑容，如在目前。简单分析即知是胡说。周延儒官场老手，何至于楼船树旗招摇过市，如此幼稚而张扬？道为明清两朝设立于路府之间的监察区，长官称"道员"而不是"道台"。以"道台"称之，是清代的做法。看来，周同谷是不分明清了。周延儒是张溥的座主，张溥是周延儒的晚辈，何以用师尊辈命令的口吻对周延儒说话？一种可能，周同谷并不了解张溥与周延儒的关系。张溥见过周延儒，是崇祯十四年春天的事情，虎丘谋划之后前往宜兴，对周延儒有所建议，随后周延儒有虞山之行。周与钱谦益谈了什么，怎么谈的，没有文献记载。但钱谦益的诗歌《阳羡相公枉驾山居即事赋呈四首》，说明了钱谦益的心情。宜兴之行应该保密，不会大张旗鼓路人皆知。而周延儒也不会因为收到一个美女而不肯出山，是张溥亲自上门将他逼出来。周延儒是时刻想着重新当上首辅，为此也积极活动，焉能为色所惑！以上种种，几乎不必驳之，即知为虚构。但对后世的影响，却是不小。尤其秦淮故事，往往如此。

可惜的是，周延儒四月奉诏复出，八月抵达京师陛见，疏陈救时方略，复社领袖张溥五月初八去世，年仅虚岁四十，并没有来得及见到周延儒的政绩。

可就是张溥的盛年突然去世，引起了后人的猜疑。毕竟张溥年纪太轻，才

---

① 周同谷《霜猿集》。

三十九周岁。按照计六奇描绘简直可以拍成电影的精彩而紧张的镜头。“宜兴再召，通内而赀币帛者，冯涿州（铨）也；奔走而为线索者，太仓张溥、嘉兴吴昌时也。擘画两年，纶綍始下，时为崇祯十四年之二月。六月陛见，相得甚欢，呼先生而不名。首复诖误举人，广天下取士之额；次释漕欠解户，并蠲民间积逋；会忧旱，禁狱、戍遣以下悉还家。……昌时于是事权在手，呼吸通天，为所欲为矣。昌时与张溥同为画策建功人，淮安道上，张溥破腹，昌时以一剂送入九泉，忌延儒密室有两人也，其忍心如此”[①]。说张溥被吴昌时毒死或故意用错药害死，计六奇的记录并不准确。

竭力诋毁东林、复社和周延儒、张溥的周同谷说张溥暴卒于娄东，应该说“卒于娄东”正确，即张溥不是卒于淮安道上。从淮安到太仓，按照当时的行船速度，估计需要五天以上时间，复社领袖、在全国有巨大影响的张溥死在归家的路上，不可能仅有计六奇一家记载。从复社领导层、重要眉目到复社对立面必有关心、记录。可靠的记录，是张采、吴伟业、陈子龙等人对张溥临终情状的描绘。

张溥离开宜兴，应该是崇祯十四年四月中旬，目的地是太仓，是在周延儒复出的事已经有了结果后回家，或许周延儒也已经出发。张采说“前（指张溥去世的五月初八）旬有七日，兄远归，薄暮抵我俭斋，酒行甚欢。第见兄志在担荷，因语关汉寿庙成，拟购旁隙地数楹，为潜息计。兄抱幞被，两人寒窗拥炉，仍修旧日静业。兄唯唯”[②]。根据张采的叙述，张溥应该是四月二十一到南郊见张采，回到太仓应在四月二十或稍前。从时间记录看，比较吻合。所以，回太仓后，与张采见面、喝酒、夜谈之际，有共读之约。

陈子龙说：“天如临殁，尚讲《易》，谓侍者曰：‘月甚明，我将行矣！’遂逝。”[③]与张采说的张溥卒于五月初八昧爽一致，是月色已暗，天色未明之时。

吴伟业也记载，“先生卒于家，千里内外皆会哭，私谥‘仁学先生’”[④]。可见，淮安道上之说不确。那么，张溥缘何盛年去世呢？早年读书艰辛，生活困难。成年过度劳累，身体严重透支。操劳社事、家事、国事，承载了太多的责任，是突出的使命意识压垮了张溥。而复社面临的危机、险些形成大狱，吞噬了张溥的

---

① 计六奇《明季北略》卷19《周延儒续记》。

② 张采《知畏堂文存》卷9《祭天如兄文》。

③ 陈子龙《陈子龙全集》卷19。

④ 吴伟业《吴梅村全集》卷24《复社纪事》。

生命。所以，从崇祯六年虎丘大会之后，张溥的健康状况就很不理想。在身体虚弱、病痛缠身而又惊恐不安的情况下，依旧读书、著述、接待、谋划、奔走，有几人能够支撑？据董说的《祭张夫子文》说，崇祯十四年正月，董说在太仓，与张溥共处有一段时间。张溥有意将董说留在身边，但董说为了母亲的生活，一段时间后必须回湖州。这次见面，张溥的状态是“方强饭，能达旦不寐，皆上寿之相”①。年轻的董说并不知道，这正是短寿之相。张溥并没有注意自己的养身，所以说，张溥之死，死于过度劳累和超高的压力。至于张溥所患疾病，根据片言只语，大致可以推断为急性胰腺炎而没有得到及时正确的治疗。

附说：张溥去世一年多以后，方举行安葬仪式。“嗣定，即卜地西门外娄江西馆南岸昆山之三十保，以崇祯十五年十月二十七日成葬”②。

近年来，笔者一直在寻找复社名流的墓葬。不少地方将复社的有关历史陈迹加以保护，如苏州的五人墓、吴伟业墓，上海的陈子龙、夏允彝、夏完淳墓，浙江钱肃乐墓及钱氏故居、祠堂。但是，有不少复社名流避风雨之地难觅踪迹。应社早期领袖徐汧，明知其墓在苏州光福山中，几次寻访无果。徐汧之子徐枋，亦参加复社活动，易代之后隐居光福山中，居所名涧上草堂。徐枋卒葬光福珍珠坞，其墓被列为县级文物保护单位，实已湮没于荆棘杂草之中，非当地长者引路，难觅踪迹。杨廷枢被杀之后，门人连绍原收其尸，葬于虎丘山麓之十房庄，现在连十房庄也找不到了。娄江已经屡次改道，行政区划已经多次改变，城市亦发生了翻天覆地的变化。复社领袖张溥的墓，已经不见踪迹，大致位置，在新开发的城市住宅小区之内。实物遗存，仅有当年毁墓时留下的一块墓碑，供后学于唏嘘中怀想。

---

① 董说《丰草庵前集》卷1(四库禁毁书丛刊本)。

② 张采《知畏堂文存》卷8《庶常天如张公行状》。

第五章　学界巨匠

读书应举，本是士子的正路。张溥出生在一个复杂的家庭，虽有温饱的保障，却没有正常的地位。发奋读书，只为出人头地，以仕途的成功换取家族的认可，从而达到母以子贵，恢复其在张家应有的地位。领袖复社，科举成功，京师任职翰院，已经达到目的。然而，短暂的翰院生活并没有成为张溥的仕途经济资本，他得到更多的是伤害，更有对晚明政治、社会、学术现状的清醒认识。故而，离开政坛的张溥，致力于经史之学和实学研究，恢复了科举之前的勤奋刻苦，短暂一生，涉猎广泛，成果卓著，为晚明第一学术狂人。张溥为学，今人似乎难以追溯其家数。按照惯例，有儒家、法家、道家等说法，各有师承。张溥是明季文人的精神依归，边缘化耆宿的期望，奋斗中诸生的榜样，致力于经史而不能简单归纳师承。事实上，也难有胜任张溥之师的人选。因为，在张溥四十年的人生中，所成就的学问实在太大，超越了他的实际年龄，惟有学界耆宿数十年经营，方能望其项背。而且张溥涉及的领域极广，包含了史学、经学、文学、哲学和多种实用科学。虽天不假其年，未能成为一代宗师，然其理论建树与实际成就，堪称明季学界巨星，为今人所叹服。

在参加科举考试之前，张溥的学术研究已经超出了科考的需要，虽然没有具体的研究计划，然已为日后的学术开拓打下了基础。当年应社分工治经，虽然张溥主持《周易》的研究，但对于《诗经》《春秋》《尚书》等，张溥早已涉足，并有独到见解。今天看张溥的学术成就，似乎庞杂而不成体系，个别著作后人也有微词。如《历代史论》二编，“议论凡近，而笔力尤弱，殊为不称其名”[①]，就是一例。其根本原因，就在于张溥的人生短暂，年仅四十，星陨中天。所以，学术研究成果呈现在后人面前的，是不少的半成品或开端，并非最后完成的作品。即便如此，亦可见张溥深厚的学术功力。而庞大的学术规划，足见张溥的学人精神。张溥去世之后，崇祯下诏征集张溥遗著，有司先后录上三千余卷。这三千

---

① 《四库全书总目》卷90。

余卷的详情已经不得而知，但就现存张溥著述和编纂，面广量大，宏富精深，却是不争的事实。造成这个局面的原因，不是张溥的学力才华不足，实在是因为过于庞大的研究规划加之盛年谢世，未能从容完成。

蒋逸雪先生说："张氏原拟自周迄唐，有见必书，有言必存。盖古人说经，源流尚近，文旨并茂，得其一言，如宝元龟。即或解异，时王初旨自在，所谓过而废之，宁过而立之。"[①]点明了张溥治学的立意，在于追本溯源，探究初旨。根据这一立意，张溥计划在经学方面编撰三部大书：《经学古解》《经学通解》《皇明经学》。"意欲废讲说而专存经解，窃取古今书目考之以经，为一类。按其书名，或存或亡，次第采购。又遍览史乘，旁及百家与名人藏集，其中有一言合经者，剟取简首，久而成卷，私先命名，分为三集：自周迄唐曰《古解》，宋元曰《通解》，今则曰《国朝经解》"[②]，这就是张溥庞大的经学计划。原因在于，"经学之不明，讲说害之"，需要"探赜远近，同怀彼我，私出拟议，为《易》《书》《诗》《春秋》《三礼》《孝经》通论，以寓已志。庶几微言获明，前人不泯"[③]。即张溥研究经学的终极目标，是写成上述三部大书之后，还要完成六部"通论"著作，以成一家之言。

自汉至宋元，经学著作浩如烟海，张溥有志全面梳理，若此，则为经学之集大成者。只是年仅四十，驾鹤西去，未能如愿。从张溥的学术计划可以看出，经学之外，于史学、文学的关注与研究，也是非常重视的。

张溥的经学研究，自读书应举肇始，至去世前尚未全面展开，只是完成了对明代经学流变的大致梳理。个人的精力时间有限，而张溥不仅大量时间精力用于社会活动，为应社的成立、为应社扩大为广应社并波及大江南北、为复社的成立和正常运作倾注了大量的心血。还由于温体仁当政的六年中时常处于惊恐不安之中，难以集中精力为学。加之涉猎太广，天不假年，实为经学界一大遗憾。尽管如此，张溥的经学成就，卓有可观。仅仅是进行"注疏""大全"的合纂，工程量就相当可观，也就是符合张溥读书的习惯——抄书。但是，张溥将二者合编，并不是等量齐观。永乐十三年颁行的《四书大全》《五经大全》《性理大全》，是皇权的象征；士子崇尚《大全》，是进身的必由之路。这就决定了张溥的

---

① 蒋逸雪《张溥年谱》崇祯十四年条。按：这里专指经学方面，张溥宗经而忧虑经学的凌乱芜杂，脱离了经学本源。蒋先生此段文字，乃摘录张溥原文，依据已意摘取断句，组织成文，与张溥原文有异。

② 张溥《七录斋诗文合集·近稿》卷2《五经注疏大全合纂序》。

③ 同上。

经学研究，不能完全逾越《大全》的束缚。逾越了就是挑战皇家的学术权威，也不利于士子在理学为尊的环境下取得科举的成功。但是，兴复古学的主张，也要得到充分的体现，方能符合张溥自己的治学取向。于是，张溥选择了在序言中予以阐释。

治经过程中，不能忽视相关的人和事，需要关切历史的走向与人事的变迁。于是，张溥顺势又展开了史学研究。只可惜，随时关注而未能形成有体系的成就，仅有断代式的著述评点。《宋胡致堂先生读史管见》序中说："旧刻《管见》二版，皆灭没讹落。予间校定，复为分著年月，标括论旨，编次一目，通见长短。"[①]可见，张溥校定过宋人胡寅的史学巨著《读史管见》。至少，在史籍校定和史书评点方面，呈现了张溥过人的见识。加之搜集整理"汉魏六朝百三名家集"并集有题词，不仅是文学史料的保全整理，更是开创了文学史研究的方向。可以说，《汉魏六朝百三家集题词》，就是最早的断代文学史著作。

第一节　基本成型的经学研究

异于时代潮流的张溥学术思想，粗看并没有特别的地方。治学，总有自己的思想方法，按照自己的路径与习惯做下去。但考察一下从汉学到明学的演变可以发现，张溥学术思想有其独到之处。由于大量时间精力投入社会活动，直到温体仁集团严厉打压复社而后起之秀逐渐走到前台展开了对"温党"和阉党余孽斗争之时，张溥方有时间致力于学问。"故西铭得以逍遥林下，批读经史，为千秋事业"[②]，治学思想也逐渐成形。而张溥的经学思想，连接史学文学，与时代环境息息相关。

一、张溥经学思想形成的背景

张溥学术思想，是在读书应举和同志间交流中逐渐形成，并在自己的学术活动中逐渐成熟。

一方面，我们不能疏忽张溥成长环境中的学术影响。

张溥生活在太仓，学业起步于太仓，七录斋"二张"共读，相互影响、相互促

---

① 张溥《七录斋诗文合集・近稿》卷1。

② 杜登春《社事始末》。

进，“二张”不仅是终身的莫逆之交，也是学术上的同道。张采长于张溥六岁，共读之初，张溥二十二三岁，而张采已届而立，将外面的信息带入七录斋，正常不过。而明季娄东最大的学术信息，当然就是王世贞在文坛学界的地位。领袖文坛二十年，高举复古大旗的王世贞，是士林的马首，也是娄东的骄傲，更是娄东后学的楷模，复古的主张，自然得到后学的顶礼膜拜，张溥也不例外。“嘉靖之季，文尚弘邈，吾娄相国（王锡爵）起而昌大其事。观斯备矣。当时称述大家者，咸云：‘琅琊（王世贞）探放六艺，太原（王锡爵）综切义理，两家岳岳儒林间，四方车盖辐辏。其乡童子歌谣，丈人播说，未能先也’”①。比较于王锡爵，张溥更向往王世贞，从艺文到学术。“予生时晚，不及从琅琊王氏两先生游，则闻之长老云：‘元美先生（王世贞，字元美，号凤洲，又号弇州山人）广大，敬美先生（王世懋，字敬美，别号麟州，时称少美）方严’，辄私心想见之。大海纳流，百谷趋焉。山高无仞，跛养不牧。今学者动言两先生，其有山海之思乎？及交子彦（王瑞图，字子彦，号书城，王士禄子，王世懋孙），予则以为真见两先生也。两先生门地素高，齿贵介。年未壮，皆位方岳。顾家居甚约，见故人耆老，必下车语。登堂饮酒，极欢乃罢。其他非等夷，或出最微，必致礼，无诮诃”②。如同欧阳修盛赞杨亿、刘筠“自杨刘唱和，《西昆集》行，后进学者争效之，风雅一变”③。张溥对太仓王世贞、王世懋两先生的道德品行、艺文学术、修养人望，崇敬有加。同样，两先生主张的文章学问，也使张溥向往。王世贞一生重《周易》，张溥亦研究《周易》见长，崇敬之情，于此可见一斑。而对于后“七子”的“文必秦汉，诗必盛唐”主张，张溥的领会与践行，甚至超越了宗臣等人。于诗，张溥潜心于三百篇，张采亦观点相似。“三百篇而下，诗难说矣”④，连“七子”崇尚的盛唐诗歌，也未首肯。

另一方面，应该注意到复古思潮的影响。

文学史上一般论述明代中叶复古运动的文学原因，均提及“台阁体”影响，主要是为了论述明中叶的文学复古。但明中叶的复古思潮并非局限于文学的复古。永乐以后形成的学风特别是科举考试指挥棒下对儒家经典的解说，不可忽略。科考取向与明代文学的关系，需要专题研究，学界已有留意。而“大全”

---

① 张溥《七录斋诗文合集·近稿》卷1《王文肃课孙稿序》。

② 张溥《七录斋诗文合集·近稿》卷5《王子彦稿序》。

③ 欧阳修《六一诗话》。

④ 张采《知畏堂文存》卷2《慎尔斋诗稿序》。

之下的学术走向，实际也是前、后“七子”有志改良的方面，只是还没有改良的条件。所以，只能含蓄地以“复古”相号召。

事实上，朱棣当上皇帝之后，采取了一系列的文治措施。教育与科考中规范“教材”的一个系统工程，就是《四书大全》《五经大全》《性理大全》的纂修。三书合计二百六十卷，卷帙宏大。而其价值，恐怕只有明成祖朱棣和少数领衔编撰的人心里有数。实际效用，“就是要用这套封建经典来统一这个封建国家的思想”①。

对于《四书大全》学术价值，看四库全书总目提要可知：

明永乐十三年翰林学士胡广等奉敕撰。成祖御制序文，颁行天下，二百余年尊为取士之制者也。其书因元倪士毅《四书辑释》稍加点窜。顾炎武《日知录》曰“自朱子作《大学、中庸章句》《或问》《论语、孟子集注》之后，黄氏有《论语通释》。其采《语录》附于朱子《章句》之下，则始于真氏。祝氏仿之，为《附录》。后有蔡氏《四书集疏》、赵氏《四书纂疏》、吴氏《四书集成》，论者病其泛滥。于是陈氏作《四书发明》，胡氏作《四书通》，而定宇之门人倪氏(案：定宇，陈栎之别号)合二书为一，颇有删正，名曰《四书辑释》。永乐所纂《四书大全》，特小有增删。其详其简，或多不如倪氏。《大学》《中庸》《或问》则全不异，而间有外误”云云，于是书本末言之悉矣。考士毅撰有《作义要诀》一卷，附刻陈悦道《书义断法》之末，今尚有传本，盖颇讲科举之学者。其作《辑释》，殆亦为经义而设，故广等以夙所诵习，剽窃成编欤？初与《五经大全》并颁，然当时程式，以《四书》义为重，故《五经》率皆度阁，所研究者惟《四书》，所辨订者亦惟《四书》。后来《四书》讲章，浩如烟海，皆是编为之滥觞。盖由汉至宋之经术，于是始尽变矣。特录存之，以著有明一代士大夫学问根柢具在于斯，亦足以资考镜焉②。

这里点明了《四书大全》编纂的作用：二百余年取士的依据；编纂的手法：剽窃，将前人的成书拿来编辑一通。而其源流，顾炎武已详加考证；影响：后来《四书》讲章，浩如烟海，皆是编为之滥觞，也就是胡广等人的详简窜改外误，为后学所继承。盖由汉至宋之经术，于是始尽变矣！因为那是正规的教材，考试用书，

① 侯外庐、邱汉生、张岂之《宋明理学史》下卷1册第13页。

② 《四库全书总目》卷36。

岂能更正;价值:有明一代士大夫学问根柢。"四库"馆臣对于明代国家教育的系列教材,从编纂到运用,颇有微词。而对明代的士大夫经学根底,实在是不敢恭维。当然,这只是朝廷的,取功名的士子士大夫的。游离于正统之外,真儒大有人在。四库馆臣之所以对《四书大全》的评价还有所保留的话,对《五经大全》中的《春秋大全》编纂,简直是厉声呵斥了:

明永乐中胡广等奉敕撰。考宋胡安国《春秋传》,高宗时虽经奏进,而当时命题取士,实兼用三《传》。《礼部韵略》之后所附条例可考也。《元史·选举志》载延祐科举新制,始以《春秋》用胡安国《传》定为功令。汪克宽作《春秋纂疏》,一以安国为主,盖遵当代之法耳。广等之作是编,即因克宽之书,稍为点窜。朱彝尊《经义考》引吴任臣之言曰"永乐中敕修《春秋大全》,纂修官四十二人。其《发凡》云:纪年依汪氏《纂疏》,地名依李氏《会通》,《经》文以胡氏为据,例依林氏。实则全袭《纂疏》成书。虽奉敕纂修,实未纂修也。朝廷可罔,月给可糜,赐予可邀,天下后世讵可欺乎"云云,于广等之败阙,可谓发其覆矣。其书所采诸说,惟凭胡氏定去取,而不复考论是非。有明二百余年,虽以《经》文命题,实以《传》文立义。至于元代合题之制,尚考《经》文之异同。明代则割《传》中一字一句,牵连比附,亦谓之"合题"。使《春秋》大义日就榛芜,皆广等导其波也。……①

可以说,四库馆臣对于《春秋大全》的学术质量,全面否定;对胡广等人的学术态度,嗤之以鼻;对是书的学术影响评价,全是负面。而针对最高统治者朱棣的态度,也是冷嘲热讽。张溥所说的"自世教衰,士子不通经术,但剽耳绘目,几幸弋获于有司。登明堂不能致君,长郡邑不知泽民,人才日下,吏治日偷,皆由于此"②,并非明季现象,实肇始于永乐年间。而修正经学风气、继承汉唐两宋经学精神的行动,一直在进行,只是没有像张溥这样高调宣示。

"台阁体"是外在表现,"世教衰"是原因,经术塞是根源。明中叶的复古思潮,固然从表象入手,不等于没有经术的考虑。

从《四书大全》《五经大全》《性理大全》颁行天下起,真儒对于汉唐经学的继承传播努力,就悄然兴起,至明季始彰显。

---

① 《四库全书总目》卷28。

② 陆世仪《复社纪事》卷2。

二、张溥的经学主张——皈依汉唐经学的取向

大凡复古，即是对现实的不满；兴复古学，就是对时兴的鄙夷。张溥的经学主张，简单说就是皈依汉唐经学的取向，注疏正义中阐释经典著作的微言大义，发掘其对现实的指导作用，是一种结合汉唐学人考据方法而经世致用的经学主张，对于清代经学的乾嘉学派具有先导意义。

汉唐经学，追本溯源，或注重儒家经典蕴含的发微，或考论源流演变，权威注疏有之，一家之言也见。而宋学虽然百花争艳，然多归于程朱，尤以朱学为上，得到明代统治者的大力提倡。然而，明代诸多哲学家对程朱理学的理解认识，各家解说，各有所得，直到王学盛行，似有整齐划一的气势。即便纂修"大全"的当事人，亦不甚了了。"《五经、四书大全》及《性理大全》书成，……上亲序之。临海陈遂常曰：'始欲详，缓为之。后被诏促成。诸儒之言，间有不暇精择，未免抵牾。虚心观理，自当得之，不可泥也'"①。说白了，这还是有些自知之明。不可否认，参与纂修"大全"的学者阵容相当强大，也是饱学之士。只是由于时间仓促，没有达到理想的精细程度。所以，有明一代，从刘基、宋濂、方孝孺、曹端到王守仁，加上永乐皇帝的推动，程朱理学定于一尊的地位，"大全"则将诸儒解说杂糅抄录，并无新意。对于统一思想，约束士林的作用，必须客观承认。而肢解儒家经典也是事实，这就是清代汉学复兴的根源。

清代汉学复兴的肇始，则在明季的东林书院，不惟集群治经，共同探讨，更有相互究诘、论难，以阐发圣人的原意。更为重要的是，将儒家经典的经世致用特性加以确认。

其实，孔子就很强调经世致用：

> 陈亢问于伯鱼曰："子亦有异闻乎？"对曰："未也。尝独立，鲤趋而过庭。曰：'学诗乎？'对曰：'未也。''不学诗，无以言。'鲤退而学诗。他日又独立，鲤趋而过庭。曰：'学礼乎？'对曰：'未也。''不学礼，无以立。'鲤退而学礼。闻斯二者。"陈亢退而喜曰："问一得三。闻诗，闻礼，又闻君子之远其子也。"②
>
> 子曰："小子何莫学夫诗？诗可以兴，可以观，可以群，可以怨。迩之事

---

① 谈迁《国榷》卷16"成祖永乐十九年己酉"。

② 《论语·季氏》。

父，远之事君，多识于鸟兽草木之名。”[①]

孔子对于“诗三百”的实用价值很清楚，对其经世致用的意义，说得很明白。汉唐硕儒“章句”也罢，“注疏”也好，或者“集注”，穷究字词流变，阐发微言大义，并没有忽略其实用性。明季东林书院讲学，既本经典，也讲实用科学，方是对汉唐真儒精神的继承发扬。而致力于经书本意阐述与字句解读，在张溥看来是真学问。只是，明代中叶之后，急功近利者并非用心于斯。“本朝专以经学取士，流为科举，其学遂荒，缙绅儒林，绝口不吟。然访之著作之家、山泽之中、岩廊之上，亦有其人”[②]。常熟唐市的杨彝与太仓双凤的顾梦麟，就是这样的人。

张溥治学的起步阶段，就得到了正确的引导，这就是杨彝、顾梦麟的作用。天启元年张溥结交顾梦麟。顾梦麟本是太仓双凤里人，久居常熟唐市，与杨彝共同治学。因顾梦麟引荐，张溥结识杨彝，并推许杨彝学术。天启四年，二十三岁的张溥非常忙碌。先是与张采到金坛，访问周锺。“闻周介生（周锺字）倡教金沙（金坛），负笈造谒之。三人一见，相得甚欢，辩难亘昼夜，订盟乃别。溥归，尽弃所学，更尚经史，试乃冠军”[③]。经史结合，同道切磋，在地方考评中取得实际效果，鼓舞了张溥为学的信念。于是，与张采更加急于寻访真儒，寻找学术知音。杨彝与顾梦麟的经史之学，名闻遐迩。于是，“二张”有志于组建学术团体。“应社之始立也，所以志于尊经复古者，盖其志也。是以五经之选，义各有托。子常、麟士主《诗》，维斗、来之、彦林主《书》，简臣、介生主《春秋》，受先、惠常主《礼》，溥与云子则主《易》，振振然白其义于天下”[④]。身边有畏友，结交有真儒，应社有同调，在张溥的周边，已经形成了一个兴复古学的学术联盟。张溥所要兴复的古学是什么，汉唐学者的注疏正义之学，而不是程朱以后的解说之学。

首先，张溥经学根基，在于儒家经典的本义发微，遵从古学，皈依汉唐。但是，张溥并非唯汉唐之学马首是瞻，而是植根于现实科举考试的需求。“不读《注疏》，无以知经学之源流；不读《大全》，无以正经学之纰缪。两者若五官并立，不容偏废”[⑤]。“大全”俨然与“注疏”平等，俱是治经的途径。而张溥似乎明

---

① 《论语·阳货》。

② 张溥《七录斋合集·近稿》卷2《五经注疏大全合纂序》。

③ 陆世仪《复社纪略》卷1。

④ 张溥《七录斋合集·存稿》卷3《五经征文序》。

⑤ 张溥《七录斋合集·近稿》卷2《五经注疏大全合纂序》。

确说两者并重，无所取舍。实际上，张溥崇尚汉学而轻视宋学，“注疏”经书盛于汉唐，“讲说”经典盛于宋元。《四书大全》《五经大全》《性理大全》成为取士的依据，就是士子必修的科目，是十年寒窗的晋身阶梯，焉能疏忽朝廷的风向。明代中叶以后，科举考试中“大全”的地位日隆，不惟程朱理学成为统治思想，经典解说也成为科考的衡量标准。复社诸生以读书应举为要，复社领袖张溥不能因为学术而将“社盟兄弟”引向纯学术的道路，既要科举成功，也要有真正的学问，这是张溥表达自己经学主张不得不顾忌而又想兼顾的地方。

张溥的真正经学主张，是立足于儒家经典原著，客观认识历朝历代的儒学成就，评价其得失，避免其谬误。以“三礼”来看，张溥以为，尽管《周礼》《仪礼》《礼记》已经充分阐述了“礼”的地位、蕴含、作用，成为君民共同遵守的依据。但是，“《礼记》之得列于经，非得已也。及今而为学者之通尚，何哉？盖‘三礼’之名，本由《曲礼》《仪礼》《周礼》而设，而诸《记》不敢并者，义也。行之后世，从乎《周礼》《仪礼》而不能止，从乎《曲礼》之二篇而有所不可，不得已而取戴氏之学，以明礼之备，则时王之为令也”[①]。所以，张溥对张采将《曲礼》《仪礼》《周礼》合为一家以正得失，取其精华而为《礼质》，大为赞赏。实际上，是张溥肯定了《曲礼》的地位，虽古朴简短，非为全貌，上下两编，足以纪纲诸“礼”。而《礼记》只是将《曲礼》文字保存并集引诸家之说成一体，东汉末年，郑玄为《小戴礼记》作注，便盛行不衰，由解说经文的著作晋升为儒家经典。故而，研究“三礼”，不能忽略《曲礼》的价值。

其次，从经学研究的角度出发，张溥更倾向于追本溯源，还原儒家经典的本意，明确指出当初成祖将《大全》颁行天下，并无废弃“注疏”的用意。但是，“成、弘以来，学者尊尚《大全》。兼通《注疏》，等为闲书。久而‘讲说’滋烦，人便剽记。沦弃《大全》，亦复不论”[②]。《大全》是朝廷颁布的“教材”，张溥固然不能否定，但崇尚汉学即尊崇《注疏》的倾向，并不掩饰。

主要原因，是张溥看到了当前经学的危机，在于士子唯有依据《大全》，方能成功应举，在仕途上博得一官半职，或进而扶摇直上。而学人，即便是在朝堂上口若悬河的经筵讲官，亦未必是学富五车的真儒。真儒，应是深刻领略儒家经典的微言大义，并施行于自己的职责之中。用辛弃疾的应时话说，就是“算平戎万里，功名本是，真儒事”（《水龙吟·甲辰岁寿韩南涧尚书》）。即真儒既要有真

---

① 张溥《七录斋初集》卷1《礼质序》。

② 张溥《七录斋诗文合集·近稿》卷2《五经注疏大全合纂序》。

才实学，还要有真本事，能够建功立业。

可是，现在的经学，别说“注疏”，即便《大全》亦已经褪色。因为“讲说”便于“剽记”，成为经学界公认的捷径，实际上是对经学的毁坏。所以，张溥主张废“讲说”而专存“经解”，以周到唐的经学著作为“古解”。“盖古人说经，源流尚近，文旨并深，得其一言，如宝元龟”①。可见，张溥真正主张的是恢复古学。归纳起来，就是注重原始著作，慎重取用后人的讲说。

其三，是张溥认识到了“讲说”在明代的危害性。

“讲说”作为一种学术方法，并无不可。宋元学者对儒家经典的讲说，也是对儒学的阐释，具有学术的继承性和时代的契合性。如果向前推演，可以看到，《礼记》是对“三礼”的解说，不仅有作者的见解，更集中了前人的阐释。郑玄作注，不惟文字疏通，亦有前人讲说的吸纳。只是宋元时期的讲说，既有儒家经典作为依据，而时人的发挥也是相当可观，不免出于“己意”。如张栻与朱熹等人的讲说，堪称是宋儒的典型。张栻说“仁”，是“人之性，仁、义、礼、智四德具焉。其爱之理即则仁也，宜之理则义也，让之理则礼也，知之理则智也”②。刘敞说“中庸”：

> 杨慥问曰：“仲尼称颜渊不迁怒，何谓也？”刘子曰：“中庸而已矣。众人之怒也，出怒于怒，故怒也，是迁也已。颜子之怒也，出怒不怒。出怒不怒者，怒出于不怒者也。怒出于不怒者，有迁之者乎？仲尼言其一端尔。由是言之，谓之不迁怒也可，谓之不迁喜也可。”杨子曰；“何谓中庸？”曰：“中庸者，中用也。喜怒哀乐之未发谓之中，发而皆中节谓之和。此四物者，君子不能不由焉，然而中为之本矣。”“有人也，喜之不喜，怒之不怒，若是可谓中庸乎？”曰：“未也。是其于智也达，于道也偏。偏则不遍，是其过之者也。”“然则喜之而喜，怒之而怒，喜怒不失其类，则可谓中庸乎？”曰：“未也。是其于名也察，于情也节，犹未免乎徇也，是之谓不及。”“然则奈何？”曰：“因于物，缘于理，彼其可喜也而喜之，彼其可怒也而怒之。其貌曲巧，其变曲当。物之制也，理之有也，而泊然无所于系，是中庸矣。③”

---

① 张溥《七录斋诗文合集・近稿》卷2《五经注疏大全合纂序》。

② 张栻《南轩集》卷18《仁说》。

③ 刘敞《公是先生弟子记》。

这只是一例而已，宋人讲说儒家经典，从只言片语到鸿篇大论，成就惊人，就是对于振兴国力抵抗侵略没有多大的实际建树，逐渐脱离了儒家的学术初衷。唯有浙东事功儒学的几位大家，尚有治理一方的能力，如叶适。至少，是陈亮式关心国计民生的文士。而明代中叶之后的重"讲说"，说白了，就是学术上走捷径，而不是下功夫踏实的追本溯源。学术上走捷径，思想、情感基础就不扎实，一旦发生足以动摇人物心志的事件，也就缺乏定力。李自成攻入北京城之后，那些权贵的表现，很能说明问题。在张溥看来，就是"世教衰"，结果是"士子不通经术，但剽耳绘目，几幸弋获于有司，登明堂不能致君，长郡邑不知泽民，人材日下，吏治日偷，皆由于此"①，这就是"讲说"危害的严重性。学风不正，整个士林的精神结构松散；士风不正，捷径而登的士子蠹空了官场的基础；官风不正，毁坏的是整个明王朝的肌体。其源头，在于"大全"的编撰、颁行与使用，即教育、考核选拔机制的顶层设计出了差错，这才是张溥的弦外之音。

具有明确的方向和可操作的方法，付诸实施，张溥的经学研究上的实践，也崭露了学界巨匠的锋芒。

三、张溥的经学研究实践

张溥治经有一个系统的计划，只是由于社会性事务实在太多而个人的精力有限，加之天不假其年，未能完成。但从现存的各种序言中，还是可以窥见张溥的经学研究实践，并体现了张溥经学研究的特色。

在张溥看来，儒家经典需要整体研究，要有视诸经为一体的眼光。张溥曾有为主要的经书撰写通论的想法，且欲将《易》《书》《诗》《春秋》《三礼》《孝经》等书捏合并撰写通论，是一个庞大的计划。如果张溥得以耄耋之寿专注学问且无改朝换代之事，或许就是一代儒宗。可惜的是，即便张溥寿过不惑，也难以成就更大的学术，因为易代而不得不终止。表面上看，张溥的经学研究，似乎起源于对《周易》的关注。早在应社成立之前，张溥的易学研究，已经有了一定的基础。否则，分工治经中，张溥不可能担当易学的研究。但是，习举业的过程中，张溥首先是致力于"四书""五经"，以扎实的功底为功名的追求准备条件。在尔后的研究中，将触角伸向了儒家经典的系统研究并染指史学与文学。而全面观察张溥的经学研究可以发现，实质是起源于"三礼"的研究。从张溥对"三礼"的正

---

① 陆世仪《复社纪略》卷1。

名，可见其探究之深：

> 盖“三礼”之名，本由《曲礼》《仪礼》《周礼》而设，而诸“记”不敢并者，义也。行之后世，从乎《周礼》《仪礼》而不能止，从乎《曲礼》之二篇而有所不可，不得已而取戴氏之学以明礼之备，则时王之为令也。……“三礼”之书，不及包诸“记”之文；诸“记”之文，常得应“三礼”之说。今之以《礼记》诏天下者，非废“三礼”，欲以详“三礼”也。①

针对这篇序言，同时挚友周锺评价说：“从来论‘三礼’废兴，无此深晓。”②如果对经学史没有一定的了解，无法理解张溥的这段学术阐释。首先，现在学者一般说“三礼”，指的是《周礼》《仪礼》与《礼记》，但张溥认为，原来所说的“三礼”不包括《礼记》，不论是“大戴礼记”还是“小戴礼记”，应该是《曲礼》。其次，张溥认为，《礼记》之并列于《周礼》《仪礼》是不得已的事情，因为《曲礼》散轶而文字不详难以依傍。其三，将《礼记》与《周礼》《仪礼》并列称为“三礼”，是权威的作用，而不是学术演变真相。更重要的是张溥阐述了《礼记》与“三礼”的关系，是“三礼”在前，诸“记”在后，《礼记》颁行天下，为学子共敬仰，是对“三礼”的发扬光大。因此，学《礼记》并非废“三礼”，而是详细全面理解“三礼”的必由之途。问题出在“讲说”，是对经学的简便解释上，也就是从宋人到明人对经学的态度方法。因此，张溥赞赏张采的做法，将“三礼”合为一家，重新整理。而能够将“三礼”来龙去脉揭示清晰，亦可见张溥的治学，起源于经学；张溥经学之起步，在于“三礼”。在“三礼”与戴氏之学已经了然于心之后，方关注其他儒家经典。而明确针对明代科举制度形成的《四书注疏大全合纂》《五经注疏大全合纂》等，只是张溥经学研究上的开始。而这经学研究的开端，工程量就相当惊人。将“注疏”与“大全”合纂，本身就是一种有别于当时主流的学术取向。重新尊重注疏，认识注疏的学术价值，正是张溥“尊经崇古”兴复古学的思想体现。张溥身体力行，撰成《周易注疏大全合纂》六十九卷、《尚书注疏大全合纂》三十四卷、《诗经注疏大全合纂》三十四卷、《春秋三书》三十一卷、《四书注疏大全合纂》三十七卷、《四书尊注大全》二十卷等等。如果说，这些是张溥读书并研究的初步

---

① 张溥《七录斋诗文合集·古文存稿》卷1《礼质序》。

② 张溥《七录斋初集》卷1。按：《七录斋初集》付梓，经过周锺、张采评曰，并在精要之处写有眉批，对张溥的文章进行点评。

成果，那么，《经学古解》《经学通解》《皇明经学》与《六经通论》则是张溥后期学术研究的目标。只可惜未能成就，中道辞世，不能看到张溥最终的经学成就。已成诸书尽管只是合纂，学者难免有所责难，但客观上的影响不容忽视。如《诗经注疏大全合纂》，虽是“抄撮之学，无所考证”，亦“差愈于科举之士株守残匮者”[①]。就是说，对于科举道路上紧抱“大全”而对经学一知半解的书生，还是有所裨益的。如果说“注疏”“大全”合纂只是张溥经学研究过程性成果，散见于各篇序言中的阐释，更可见张溥的经学见解。

《礼质序》中，阐述了张溥对“三礼”的定义以及“三礼”与“记”的关系。《房稿遵业序》所强调的是经学的系统性，这与张溥一开始就将“四书”“五经”统筹研究是一致的。张溥认为：“不明乎六经而欲治一经，未见其能理也。不明于五伦而欲善一伦，未见其能安也。是以专经之号与夫人伦之称，古之人重乎其严也，不敢轻以与也，不敢轻以受也。轻以与，则有绝道之忧；轻以受，则有不学之刺。”[②]《房稿遵业》本是几社周立勋编选的一部科考文选，相当于今天的范文。但在张溥看来，这也是宣传其经学主张的阵地。更重要的是，通过这样的范文，可以让士子从古学中得到儒家经典的真谛，以便将来成为正直有用的人才。所以，具有“导天下以读经尽伦”的价值。

张溥注重儒家经典作品源流的考辨，由此亦可见张溥踏实的学风，有异于明代多数学人。仅在“三礼”与诸“记”的讨论中，已经显现了张溥注重考辨的学术取向。而强调“注疏”的价值，则不惟是对汉唐之学的追随，更有对经学本源探究、矫正明人注重“讲说”的用意。

> 余尝思《大学》《中庸》，汉郑氏注之，唐孔氏疏之，距程子之世，相望数百年，莫有知其为经者。朱子沉潜程学，二者绝而复续，暗而复明，其施为甚钜，表论最微，功又在他书之上。“注疏”虽古，不能无少让也。然“注疏”以后，言者病少；“章句”以后，言者病多。少则昧道，多则伤实。合而观之，汉之言《中庸》者，礼也；宋之言《中庸》者，理也。礼、理一也，而学者二之，其异同得失，可无辨乎？[③]

---

① 《四库全书总目》卷 17。
② 张溥《七录斋诗文合集·古文存稿》卷 3《房稿遵业序》。
③ 张溥《七录斋诗文合集·古文近稿》卷 6《中庸注疏大全合纂序》。

这里，张溥考辨的是《中庸》《大学》的研究历史。我们今天所讲的“四书”“五经”，是明清两朝教学和科考的基本内容，但“四书”“五经”的称呼与涵盖，有一个漫长的演变历史。大致说来，“五经”定型较早，孔子时代已经初步确立了，但不叫“五经”，而是“六经”。孔子特别注重古代文献的研究和整理，他将古代的《诗》《书》《礼》《乐》《易》《春秋》分别进行改编和整理，用于授徒。此后儒家以此为经典教材，代相传授。由于《乐》失传，到汉武帝的时候设立“五经”博士，从此有了“五经”的固定称呼和含义。

“四书”的情况就比较复杂了，《大学》《中庸》《论语》《孟子》并不是同时上升为儒家经书的。《论语》作为孔子及其弟子的语录集，在西汉中叶就已经成为重要的儒家经典。而《孟子》在汉代并未被列入儒家经典，是唐代韩愈等人竭力推崇，《孟子》的地位不断隆升，北宋仁宗年间终于列入经书之中。《大学》《中庸》只是《礼记》中的两篇而已，不是独立的著作。韩愈推崇《大学》，将其独立出来。韩愈的门人李翱推崇《中庸》，将《中庸》也独立出来。北宋仁宗明道初年，程颢、程颐大力宣扬《大学》《中庸》二篇，将之与《论语》《孟子》并行，于是有了“四书”的雏形。南宋朱熹则祖述二程，推崇《大学》《中庸》，继续将之与《论语》《孟子》并列，并对四书分别作注。用张溥话说，就是朱熹沉潜程学，二者(《大学》《中庸》)绝而复续，暗而复明。正是从朱熹始，“四书”确立了特定的含义指向，并得到官方认可，成为儒者必修的课程。朱熹在经学史上的地位，张溥予以了充分的肯定。

同时，张溥注重经学史的研究。在《论语注疏大全合纂序》中，张溥梳理了《论语》的注疏集解流变情况，指出“注家莫善于何，疏家莫善于邢”的观点①，点明了自己对何晏、邢昺的推崇。古今注疏论语者何止千家，今“十三经注疏”本所收《论语》，即用何晏、邢昺注疏，不为管窥。同样，《中庸》《孟子》的“注疏大全”合纂序言中，也将二书的注疏集解历史，进行了简明的梳理。由此可见，张溥对经学史相当重视并了然于心，贯穿在他的经学研究实践过程。

张溥的经学研究，还体现在对同仁朋友经学著作及文集的序跋中，对友人的学术研究和“真儒”风采，予以充分的肯定。字里行间，充满赞美之情，也可见张溥博大的情怀和对兴复古学的良苦用心。常熟杨彝与太仓顾梦麟，是经学上的同道挚友，于张溥则是同辈先进。因此，在《杨子常全稿序》《杨顾二子近言

① 张溥《七录斋诗文合集·古文近稿》卷6《论语注疏大全合纂序》。

序》《杨顾二子小言序》中，从学识到人品，称颂有加。至如《陈大士易经会稿序》《何玄子易诂序》《徐中明易就序》等文中，对陈际泰、何楷、徐世淳的《周易》研究，热情揄扬。不仅自己有对《周易》的解读，更有对时人"易学"的品评指点。

比较而言，张溥对于《周易》的研究，具有更明确的实际成就。

从现存的张溥文章中可以看到，在《周易》的解说中，张溥的见识还是比较前卫的。虽然没有写成完整的《周易》"现代版"，具体卦象的解说，却有着体用结合的特征。

> 盛茂卿先生既著《易林元篇》，发明'十测'，表汉焦氏绝学，又集言《易》众家通理一书，名《易学象义》，诚心救世，何殷勤也！言《易》三家：田何之《易》，《易》之本经也；焦赣之《易》，阴阳灾异之书也；费直之《易》，卦参彖象文言者也。今立学宫，止有费《易》，学者又以功名累心，各趣便说，大儒讲诵，弦绝不闻。①

盛如林，晚明学者，江苏丹阳人，著作《易林元篇十测》有明季刻本传世，北京出版社"四库未收书辑刊"第六辑第十八册有影印。张溥介绍了易学的流派及其特征，指出从不同角度出发，可以对《周易》有不同认识的现实情况。这里涉及到的易学三家，是田何、焦赣、费直。然张溥的取舍，无疑是尊田何而非焦、费，因为田何之《易》，是《易》的本经，是真正的《周易》本意解读。

> 田何，字子庄，齐人也。自孔子授《易》，五传至何。及秦禁学，以《易》为卜筮之书，独不禁，故何传之不绝。汉兴，田何以齐诸田（属于原来齐国的田姓家族）徙杜陵，号曰杜田生，以《易》受（授）弟子，东武王同子仲、洛阳周王孙丁宽、齐服生等，皆显当世。惠帝时，何年老家贫，守道不仕。帝亲幸其庐，以受（授）业，终为《易》者宗。②

而焦赣、费直的《周易》之学，或注重阴阳灾异或探讨卦参彖象，不是《周易》的本源。实际上，《周易》不仅是一部书，还是一种复杂的文化现象，是长期积累的精神财富。我们今天将《易经》与《周易》等同，实际上是一种容易导致混淆的

① 张溥《七录斋近集》卷 3。

② 皇甫谧《高士传·田何》卷中。

说法。《周礼》记载："大卜：掌《三兆》之法，一曰《玉兆》，二曰《瓦兆》，三曰《原兆》。其经兆之体，皆百有二十，其颂皆千有二百。掌《三易》之法，一曰《连山》，二曰《归藏》，三曰《周易》其经卦皆八，其别皆六十有四。"①相传《三易》是三个不同朝代的占筮书。《连山》是夏代的占筮书，《归藏》是商朝的占筮书，《周易》是周朝的占筮书。因此就有了《易经》流行于周朝而称《周易》的说法，甚至依据《史记》记载"文王拘而演周易"而断定《易经》是周文王姬昌的杰作，说服力不强。《连山》《归藏》《周易》是运用和解释《易经》的三个方法，如同后人不断注疏、正义之类。只是《连山》《归藏》已经失传了，无人知道其如何解释《易经》，唯有《周易》流传下来并在周代盛行。所以说《易经》或《周易》原来只称为《易》，"周""经"是后来加上去的，《周易》就是传下来的最早的《易》版本。这与张溥所说的"田何之《易》，《易》之本经也；焦赣之《易》，阴阳灾异之书也；费直之《易》，卦参彖象文言者也" 三家解《易》现象，颇为一致。

由此可以看出，张溥并没有将《周易》作为占卦卜筮之书来对待，并未真正称颂盛如林的《易林元篇十测》。但对盛如林的《易学象义》，还是肯定的。《易经》的基本组成部分有四：卦、爻、卦辞、爻辞。其中卦、爻是符号，爻分阳爻"—"和阴爻"— —"，每三爻合成一卦，共得八卦，为"乾，坤，震，巽，坎，离，艮，兑"，两两重叠，可得六十四卦。卦辞是对六十四卦的解释，爻辞是对卦象中每一爻的具体解释。解释爻的次序是自下而上，分别是"初、二、三、四、五、上"，并以"九"表示阳爻，"六"表示阴爻。具体解说到"上"爻或"初"爻，表示阴阳的"六"或"九"放在"上"或"初"的后面，如 "初六""上六"之类。但"二、三、四、五"爻表示阴阳的"六"或"九"则放在前面，如"六三""九四"之类。如此看来，《易经》颇似占卦卜筮的工具书，以宗教迷信的外衣以及占测功能，发挥了特殊的愚民作用。其实，占测只属其中的一个功能，其所囊括的哲学、天文、地理、军事、科学、文学、农学甚至帝王之术等丰富的知识内容，今天依然有挖掘的价值，大概这就是各种《周易》"现代版"盛行的缘由，只是取舍各有不同。而历代大儒，则孜孜不倦地阐述《周易》中的经邦济国思想，张溥也不例外。

但在张溥的眼里，《周易》的史学价值，仅有友人黎遂球（字美周）有所发明。黎遂球著《易书爻物当名》，颇得同道关注。张溥、徐世溥、章美、曾文饶为序。张溥说："美周天性忠孝，读史尤详，远揽近察，悉寓于《易》。以爻配事，以事例

---

① 《周礼·春官宗伯第三·大卜》。

爻。不烦大卜立筮、詹尹拂龟，吉凶了如，其明炳烛。”[①]张溥曾经很谦虚地说自己对于《易经》，三十岁以前只能略知，准备而立之后，用大量时间通读易类著述，以形成自己的易学体系。宏伟的理想没有实现，但在相关易学的序言里，已经可以看到，张溥对易学历史与内涵已经了然于心，对易学流派也有所褒贬。而仅存的几篇“卦说”，已经透露了张溥的基本见解。

对于《周易》的解释解说著作，汗牛充栋。特别是成为儒家经典之后，更是得到了历代大儒的关注。而成为儒家经典的关键，是孔子及孔门弟子对《周易》的诠释。“十三经注疏”本《周易正义》卷首称“孔子既作《十翼》，《易》道大明”，并叙述了从春秋到唐代的易学史。《周易》或称《易》从卜筮占测之书到儒家经典的过程，清晰明了。而对于卦象的解释，蕴含了历史的变迁、三才的关系，也就不是吉凶臧否所能涵盖的了。所以，张溥的《鼎卦说》《艮卦说》《震卦说》，不免有借题发挥的成分，如《鼎卦说》：

> 今天下耳目聪明之士不少矣，而行之以意气，则焚灼之烈，不能以和物，安在其有济哉？故五进上行，得尊位矣。得中应刚，能用人矣。要其进也必以柔，所谓舜之不废不虐，汤之克宽克仁，殆犹是焉。[②]

联系张溥的时代，可知别有用心。在《周易》中，鼎卦排在第五十，原文是：

> 鼎：元吉，亨。《彖》曰：“鼎，象也。以木巽火，亨饪也。圣人亨以享上帝，而大亨以养圣贤。巽而耳目聪明，柔进而上行，得中而应乎刚，是以元亨。”《象》曰：“木上有火，鼎。君子以正位凝命。”初六：鼎颠趾，利出否，得妾以其子，无咎。《象》曰：“鼎颠趾，未悖也。利出否，以从贵也。”九二：鼎有实，我仇有疾，不我能即，吉。《象》曰：“鼎有实，慎所之也。我仇有疾，终无尤也。”九三：鼎耳革，其行塞，雉膏不食，方雨亏悔，终吉。《象》曰：“鼎耳革，失其义也。”九四：鼎折足，覆公𫗧，其形渥，凶。《象》曰：“覆公𫗧，信如何也。”六五：鼎黄耳金铉，利贞。《象》曰：“鼎黄耳，中以为实也。”上九：鼎玉铉，大吉，无不利。《象》曰：“玉铉在上，刚柔节也。”[③]

---

① 张溥《七录斋近集》卷3。
② 张溥《七录斋诗文合集·论略》。
③ 《周易正义》卷5。

鼎卦，由离卦与巽卦重叠而成，上离下巽，下部三条爻是主卦，代表主方。上部三条爻是客卦，代表客方。主客相遇，烹食相待，由生而熟，寓意变革。鼎，不仅是一种炊具，也是国家政权的象征。在“周易”里，掌握国家政权的人，当然就是君王。张溥推崇舜的“不废不虐”，汤的“克宽克仁”，希望君上能够正确用人，明显具有针对性。客观地讲，总体上大明王朝对待臣下，从朱元璋到朱由检，很难找到符合“舜”“汤”之贤明实例，更多的是对臣下的伤害甚至虐杀。孔子说：“君使臣以礼，臣事君以忠。”[①]前提条件不存在，大明王朝的灾难降临之时，忠臣也就不多。因为饱读诗书的君子，在君王的杖下几乎毁灭了。天启十三君子的惨祸，如在目前。而复社面临的严酷形势，促使张溥发出了对舜、汤的呼唤与怀想，实际上也是对当今圣上的讽喻。

同样，张溥在《艮卦说》中，也有借古讽今的意味。

> 艮其背，不获其身，行其庭，不见其人，无咎。《彖》曰：“艮，止也。时止则止，时行则行，动静不失其时，其道光明。艮其止，止其所也。上下敌应，不相与也。是以不获其身，行其庭不见其人，无咎也。”《象》曰：“兼山，艮；君子以思不出其位。”初六：艮其趾，无咎，利永贞。《象》曰：“艮其趾，未失正也。”六二：艮其腓，不拯其随，其心不快。《象》曰：“不拯其随，未听退也。”九三：艮其限，列其夤，厉熏心。《象》曰：“艮其限，危熏心也。”六四：艮其身，无咎。《象》曰：“艮其身，止诸躬也。”六五：艮其辅，言有序，悔亡。《象》曰：“艮其辅，以中正也。”上九：敦艮，吉。《象》曰：“敦艮之吉，以厚终也。”[②]

艮卦是易经六十四卦的第五十二卦，主卦和客卦（上下）都是艮卦，表示两座山不可能合并成一座山的意思，所以要抑止自己言行，即当行则行，当止则止，当说则说，不当说则闭嘴，一切必须审慎抑止为上，做事要符合礼法规矩，不能随心所欲。与鼎卦一样，所涉及的内容很多，但张溥关注的是，光明之人，表里如一。“人身皆可见，唯背不见；人身皆有欲，唯背无欲。言艮者，莫切于此矣。盖尝即背之说，而近言之，背非而面是。人之所难，莫难于背与面之一也。背与面不一，即一人之身其为身也多矣。是以往焉而失，即往焉而思其获，若背与面一焉。我不背人而为非，人不背我而有所议，则其人之光明可知矣。其人

---

① 《论语·八佾》。

② 《周易正义》卷5。

而光明，则其失与获可知矣”[1]。正心诚意之人，君子也。这样极品的君子，实际上是一种理想。在与张溥相关的人物中，君子固然不少，黄道周、文震孟、姚希孟等前辈，杨廷枢、吴应箕、陈子龙等同辈，董悦、夏完淳等晚辈，不论是否参与了复社的活动，均是同道中人。就是说，张溥欣赏的，就是这样当面与背地里都是一样的人。

然而，张溥颂扬这种背地里与当面一致的君子，称赞他们的光明，没有所指是不可能的。就身边而言，张溥不是没有接触到这样的小人。复社中早期的重要人物周之夔即是其一。而眼下最能将东南君子毁伤殆尽的人物，则是一人之下的温体仁。

因此说，张溥仅存的《周易》研究著作，是《鼎卦说》二篇、《震卦说》二篇和《艮卦说》，固然结合前人研究的成果特别是注疏中的文字，也有前人不同说法的罗列，更重要的张溥有针对性的阐释。而张溥的解说，不仅结合了现实的事件或人物，也关注已经成为过去但影响依然巨大的事件与人物。在《震卦说》中，张溥明确强调了长子的价值与地位，将圣贤的“长幼有序”予以强调，不是无的放矢。事实上，明王朝走向灭亡，并不完全是天启或崇祯的罪过，根源在于万历。晚明乱象的肇始，在于“国本之争”，“国本之争”的缘起，在于朱翊钧因为宠爱郑贵妃而产生的废长立幼想法。而这，恰恰违背了周公之礼中“嫡长子继承制”的规定和明王朝“有嫡立嫡，无嫡立长”祖训。可以说，张溥的说卦，有史实的依据和现实的针对性。张溥的经学研究，具有古为今用倾向。因此，对历史的关注与评点论述，也是张溥学术研究的重要课题。

第二节　独具慧眼的史学研究

历史的真实不容篡改，但历史事件、历史人物的教训或经验，是可以从不同的角度审读分析吸取的，这也是张溥涉足史学的动因。通过经学的研究，张溥发现宋儒经学的不足，但不足以影响学术进展。是明代的统治者与学者将宋儒经学的负面效应凝聚放大，方造成了士林经学取向的紊乱。然而，宋儒的史学研究，却是得到张溥的高度认同，并特别尊崇南宋学者胡寅。胡寅（1098—

---

① 张溥《七录斋诗文合集·论略》。

1156)，字明仲，号致堂，学者称致堂先生，南宋建州崇安(今福建省武夷山市)人，后迁居衡阳。他是著名学者胡安国堂弟胡淳的儿子，胡安国奉母命抚养其成人，并教导之。北宋末年，因荐为秘书省校书郎，迁司门员外郎。绍兴中，召为起居郎，迁中书舍人，后除礼部侍郎、兼侍讲直学士院，除徽猷阁直学士，致仕，归衡州。有《读史管见》《论语详说》《斐然集》等，学术上得到了胡安国衣钵。根据王瑞明先生的论述，宋儒史学有三个特点：体制创新，在前代史学著作体制基本完备的背景下完善编年体，创立会要体，发展通典体；重当代史，官府朝廷记录当代事件详尽，私人著述当代变迁亦清晰详尽，如《三朝北盟会编》《建炎以来系年要录》；考证精审，对宋以前的史书考据取得可喜的成就。[①] 张溥所服膺的胡寅，只是宋代诸多史学家之一。胡氏史学研究中重要的特点在于考订精准、明辨夷夏、古为今用。其实，这也与张溥的经学、史学思想完全一致，反对对于史料的随意发挥。而对史料的完整使用与准确解读，发掘其经世致用的价值，正是张溥史学研究的主要取向。

史传著述，本意在于存史实，供借鉴，如司马迁所言："究天人之际，通古今之变，成一家之言。"[②]记录历史如此，研究史学的著述亦当如此。所以，张溥的史学研究，第一强调的就是忠于史料并准确解读史料，以获取其中的教训或经验。张溥对于历史借鉴价值的主要著作，在于他的有关史论。

然而，张溥的文集有经过自己整理版本，有关史论的著作，流传却较为复杂。文集中，特别是《七录斋集》，又称《七录斋初集》，是今天能见到的张溥文集最早版本。尽管陈子龙在序言中说张溥为诸生时即有文集行世，今未见。是集包括《七录斋集》六卷，《论略》一卷，原始称谓是《张太史七录斋初集》，吴门童润吾崇祯间刻本，有周锺、张采的评阅，陈子龙、周立勋作序，刊行于崇祯九年，今有"四库禁毁书目丛刊"本。时张溥三十五岁。同年，有《七录斋诗文合集》刊行，含近稿六卷、存稿五卷、馆课一卷、论略一卷、诗歌三卷，盟友周锺及弟子支益作序，今有"续修四库全书"本。崇祯十四年，张溥将自己的文章重新编辑整理，成《七录斋近集》，尚未最后定稿，溘然长逝，好友张采加以校阅增补后付梓，今复旦大学图书馆有藏本。另有一种别集传世，藏浙江宁波天一阁。依据以上四种版本为基础，当今学者陆岩军、曾肖分别进行整理研究，前者为国家社科项目，后者为全国高校古委会资助项目，齐鲁书社已经出版校点本《七录斋合集》，

① 王瑞明《宋儒风采》第七章《宋儒的史学成就》。

② 司马迁《报任安书》。

是对先哲的极大告慰。

张溥去世之后，对他的文集、诗集搜集整理，为今天研究张溥提供了极大的方便。而张溥的史学著作，则相对零散且版本紊乱，难以准确梳理源流。

一、《历代史论》一编：君王专论

在张溥的史学研究中，最重要的一项就是《历代史论》一编与《历代史论》二编，史学研究者却难以梳理它们的来龙去脉。即便权威的四库馆臣，也有疏忽。“是书总论史事，起三家分晋，至周世宗征淮南，议论凡近，而笔力尤弱，殊为不称其名。题曰‘二编’，盖尚有前编，今未之见”[①]。

其实，张溥生前有没有专门撰写“历代史论”的计划，不得而知。读史过程中对历史事件或重要人物加以评点，是张溥读书或学术研究的日常行为。而针对史事或人物，随手评论，写成文字，在妙思泉涌的张溥那里，也是常事。然是否得以完整保存，尚待稽考。在张溥的集子里出现的序文，除了寿序，更多的就是各种文集序言，对历史事件与历史人物的评价，零玑碎锦列布其间。而大段议论甚至系统阐述，亦多有佳作。于是，仰赖于门人后生的有意搜集，或当时的留心收存。这里，就不得不关注一下张溥的得意门生吕云孚，《历代史论》一编，或出其手。或许，吕云孚从张溥学，着意点在于通古今史变，与张溥的首席大弟子吴伟业专攻诗文有所不同。所以在师事张溥的过程中，协助其师做些收集编辑工作，积久成帙，付梓刊行，于是有了《历代史论》。据张采所作《七录斋近集凡例》中的信息，《历代史论》已经刊行。可惜的是，吕云孚在易代之际，死于乱兵。“吾里吕石香，名云孚，与余比邻，少攻经史，及不肯为时俗文字。搜奇选僻，每至不可句解。一文出，人怪笑之，至诟詈，吕不顾也……居无何，大兵屠吾里，石香辈金帛以奔，舟至镇北，兵已至，曳之岸上，刃之再下，血淋漓，僵卧田间，舟中物皆风雨去。日暮，迹者至，匍匐扶归，被创甚，勺水不入口，呻吟十余日死”[②]。吕云孚死得凄惨，令人痛心。死于何兵，无需探讨，时在顺治二年初秋，也就是清军稳定江南的过程中。至少需要注意到，吕云孚的学术倾向，一是志在经史，二是“搜奇选僻”，实是穷极源头，不肯人云亦云，这与张溥的治学特色颇为一致，故而得到张溥的称扬。“自五代以往，史多文胜；五代之后，史多理胜。若其书能双举，材号兼荣，旧史之中，实难其士。吾夫子假政南归，搜狩昔

---

① 《四库全书总目》卷90。

② 王家祯《研堂见闻杂录》。

籍，标以裁辨，风开山川，光晓耳目，天下传而喻之”①。

是书号为《历代史论》一编，四卷九十九篇，第一篇《秦楚之际论》，阐述了张溥对刘邦与项羽谁当得天下，又是谁承担弑杀义帝罪责的独到见解。张溥认为，即使承认了项羽派人杀了义帝熊心，肯定了《史记》的记载（这类史实，后世学者经过大量考证，有不同的结论），也得出了刘邦必杀义帝的结论。“虽然，《纲目》以义帝之弑，遂贼楚而王汉。使羽不弑心，心其遂有天下乎？汉王定三秦、举燕赵之后，能事心乎？吾知汉王亦必杀之也”②。虽然张溥并没有明确怀疑项羽杀义帝熊心的真实性，但判断汉王也必然杀之，符合历史的规律。因为秦楚之际，乱局之中，欲以忠信得天下，是不可能的，需要的是实力。而时运则是久乱而人心望一统。至于招牌，只有需要时用一下。由此可见，张溥研究历史，并不局限于前人的定论，而是根据自己的研读而提出新的观点。

《历代史论》一编的第一篇之外，基本是“帝论”，出发点，是君王决定治乱，是张溥“天下盛衰系于一人”的历史观表达。我们今天不能苛求古人的所谓历史观，但不可忽视的是，君王的贤愚智昏，确是直接关乎天下形势的走向。所以，张溥对从汉高祖到元顺帝的一百余位大小君王统统论了一遍，客观评价了他们的主要行政特征与治国的成败。

客观地讲，封建君王的贤愚明暗，对国家治乱有着直接的关系，因为毕竟是家天下的时代。这一家之主，如若不贤，结果可想而知。所以，张溥对近百位君王梳理一通，择其要而论之。如对汉元帝，虽然明确了他的仁义与优柔寡断，但没有过多的责怪。因为在张溥看来，主要的责任还不在汉元帝，在汉宣帝刘询。“昭帝之立，武帝忧女主为患，忍杀其母；元帝仁弱，宣帝知其必乱家，以许后故，不忍废之。而不虑其后弘恭石显复使久典枢要。奄正寺人之变，其谁作乎？责在贤者，非宣帝不任矣”。明确说，汉元帝的错误，是汉宣帝酿下的。如果提前改易太子，不要让这位刘奭登基，也不至于发生内乱。汉桓帝刘志，梁冀弑汉质帝刘缵后所立，时年十五，可以说已经懂事了。所以，“政令威福，悉出于冀。帝褒崇殊，数使礼仪比萧何，增封比邓禹，赏赐比霍光，冀尚嫌其薄。未几，帝与单超等啮血定盟，冀及妻、孙寿并见族，天下咸快。帝断出禁闼，指顾太平。乃梁、孙方灭，宦者五人已侯。其后杀直臣、开党锢、浊乱横虐，反倍冀时。论者窃疑

① 吕云孚《历代史论》一编序言。

② 张溥《历代史论》一编卷 1《秦汉之际论》。

帝昏明不一，性在善恶之间。以余观之，帝直愚不可移者也”[①]。这是如实记录，后面张溥的议论很有意思，汉桓帝所嫉恨的，不是乱臣贼子当权管事，而是梁冀等人妨碍了他的权力行使，所以要族诛。后面的大臣，不论贤愚忠奸，只要皇上认为自己受到限制，就要大开杀戒。所以，汉桓帝不是为天下除贼，只是为自己除去障碍，是“愚不可移”的。因此，汉桓帝不论杀奸贼，还是杀忠臣，不是出于法典，更不是礼仪需要，所以采取的不是正大光明的惩处，而是非常的手段，以暴易暴，其暴更兹。再到汉灵帝刘宏，党锢之祸方兴，君子厄难不已，东汉王朝也就不可阻挡地衰败下去。

张溥不仅关注了盛世汉代的君王故事，也论证了乱世君王的表现。魏晋南北朝时期的乱象，在张溥看来，是有机会整合一统的，但没有出现雄才大略的君主。倒是盛世之中，从君王到后宫外戚，往往容易制造混乱。唐代在太宗盛世之后，即进入一段难以评说的乱世之中。从《唐中宗论》中，我们可以看到张溥的一些见识。虽然有些观点，并不符合今天的史观，或许也存在不足。但这是张溥的“读史管见”，正视即可。

再看《唐中宗论》：

古来无道之君，未有下流若唐庐陵王、宋康王者也。庐陵王久贬房州，赖五王之力，反周为唐。复位以后，即纵韦后与武三思等淫乱。五王诛死，其秽贱固不足道。所深痛者，五王讨乱反正，止诛张易之、昌宗，而不正名武氏为贼。汉吕后少从高帝起侧微，攻苦食淡，未若武氏先侍太宗，继为比丘尼，长发入宫也。虽断戚夫人为人彘无人道，未若武氏以妾杀嫡也。虽杀三赵王，未若武氏之杀己子、尽诛李氏宗室也。虽王诸吕，未若武氏竟称皇帝、立武七庙、易唐社稷也。然朱虚一呼，吕氏无少长皆死。迎立文帝，汉乃大定。武曌罪恶，贯达天地。以义断之，实唐贼也。先儒谓：五王既奉太子即位，即当以武氏至唐太庙，数其九罪，废为庶人，赐之死而灭其宗。诚笃论也。张柬之等既不能讨治，及武三思为司空，始扶床叹愤，弹指出血。呜呼！晚矣。或曰：薛季昶虑产、禄，刘幽求请早图，三思之祸当日有心者所共忧也。不知讨贼之义，一在正名，一在乘时。武后为唐祸烈矣，正其名则天下之贼也，不正其名则中宗之母也。正之则若何，其先在神龙元

---

① 张溥《历代史论》一编《汉桓帝论》。

年之正月，其时易之、昌宗既斩庑下，即出太后于长生殿，声其罪诛之，诸武咸戮无赦，上也。否则在是年之十一月太后上宾（殡），宜探祸本，犹之吕后既崩，平、勃始诛诸吕，次也。五王既失其时，而任上者复童昏不觉。自中宗称太后曰母也，自韦后则曰姑也，三思以母氏之懿亲，托婚姻于爱女，上官婕妤、崔湜、郑愔复为左右。其间，韦后既不惜其身以委仇雠，而帝亦甘心庸保，惟三思所使。盖末流不肖之主，宗庙社稷本不关其心，久之而妇言是听，即夙昔之忿亦无所动其中。纵令斯时有忠谏之臣，痛哭流涕，历陈往日，以祈觉悟。二三小人必将巧为之说曰：母实生我，其何敢怨。帝与后方德之不暇，安能复念患难哉！然中宗一身，女祸接踵。言乎后妃，武氏为其母，韦氏为其妻；言乎公主，安乐为其女，太平为其妹。岂天固使然？抑人事所召乎！诗人伤褒姒灭周，《春秋》恶姜氏孙于齐。作《唐史》者，至此盖痛不胜书矣。

这篇《唐中宗论》，通读全文，似乎与标题不合，何哉？文章开篇即对唐中宗下了定论，是古今最为下流的君王之一。能够与他比肩的，也只有宋高宗赵构了。唐代这段历史比较复杂，略加梳理，方能明白张溥的行文路径和用意。唐太宗李世民（599—649）是雄才大略之主，尽管历史上的评价有所差异，贞观之治却历来为史家称道。然而，年近五旬，还选来了美女武才人（武媚娘）。没几年，李世民死了。于是，这位武才人、武则天（624—705）不久之后又成了新皇上李治（628—683）的皇后（655），时年三十一岁，而皇上是二十七岁。五年之后，由于李治健康状况逐渐下降，武后处理政务的才能也渐渐显现，大唐王朝的实权向皇后转移。后面的故事，通过《大明宫词》《武则天》等影视剧，也为世人所熟知。

首先，张溥将武后夺权之事与吕后专权相提并论，指出武后对大唐王朝的危害远甚于吕后对汉朝的危害。我们不能用今天的历史观去要求张溥，但张溥的客观分析与点评，也不能随意批判。尤其是张溥用历史的教训评价历史，可谓中肯。

汉初，高祖刘邦去世后，吕后专权，诸吕封王，刘氏子孙惨遭杀戮，宫廷之中血雨腥风。在陈平、周勃、刘章等人的努力下，汉朝的刘氏江山才得以稳固，有了后来的“文景之治”。

孝文皇帝，高祖中子也，母曰薄姬。高祖十一年，诛陈豨，定代地，立为代王，都中都。十七年秋，高后崩，诸吕谋为乱，欲危刘氏。丞相陈平、太尉周勃、朱虚侯刘章等共诛之，谋立代王。语在《高后纪》《高五王传》。

大臣遂使人迎代王。郎中令张武等议，皆曰："汉大臣皆故高帝时将，习兵事，多谋诈，其属意非止此也，特畏高帝、吕太后威耳。今已诛诸吕，新喋(蹀)血京师，以迎大王为名，实不可信。愿称疾无往，以观其变。"中尉宋昌进曰："群臣之议皆非也。夫秦失其政，豪杰并起，人人自以为得之者以万数，然卒践天子位者，刘氏也。天下绝望，一矣。高帝王子弟，地犬牙相制，所谓盘石之宗也，天下服其强，二矣。汉兴，除秦烦苛，约法令，施德惠，人人自安，难动摇，三矣。夫以吕太后之严，立诸吕为三王，擅权专制，然而太尉以一节入北军，一呼士皆袒左，为刘氏，畔(叛)诸吕，卒以灭之。此乃天授，非人力也。今大臣虽欲为变，百姓弗为使，其党宁能一邪？内有朱虚、东牟之亲，外畏吴、楚、淮南、琅邪、齐、代之强。方今高帝子独淮南王与大王，大王又长，贤圣仁孝，闻于天下，故大臣因天下之心而欲迎立大王，大王勿疑也。"代王报太后，计犹豫未定。卜之，兆得大横。占曰："大横庚庚，余为天王，夏启以光。"代王曰："寡人固已为王，又何王乎？"卜人曰："所谓天王者，乃天子也。"于是代王乃遣太后弟薄昭见太尉勃，勃等具言所以迎立王者。昭还报曰："信矣，无可疑者。"代王笑谓宋昌曰："果如公言。"乃令宋昌骖乘，张武等六人乘六乘传，诣长安，至高陵止，而使宋昌先之长安观变。……①

史学家对于汉代前期这场权力斗争，几乎没有争议，肯定了陈平、周勃、刘章等人的历史功绩。

其次，张溥的红颜祸水论，必须正视其缺陷。

文末提到一个历史故事，事在春秋时。鲁国国君鲁桓公在位十八年，突然死在齐国了，很是蹊跷。来年(前693)庄公即位，没有按照固有程序安排登基，是因为文姜不在国内。《鲁世家》云："庄公名同，桓公之子，文姜所生。"②文姜何人，鲁庄公的生母。照理说，她应该是太后，应该在国内辅助儿子上位。可是，她没有到达自己的岗位。为何，因为她的儿子将她安排在都城以外的地方，不

① 班固等《汉书·文帝纪》。

② 《春秋左传正义》卷8。

让她进入都城，也就是不让她出现在鲁国的政治舞台。原因在于，鲁桓公的死与他有关。是何关系？是因为这位文姜与同父异母的哥哥齐襄公乱伦。齐僖公发现了这对同父异母兄妹的情况，急于将女儿嫁出去，看中了郑国公子忽。公子忽担心其中有诈，并不是知道绯闻故事，就婉言谢绝了。“齐侯欲以文姜妻郑大子忽，大子忽辞。人问其故，大子曰：‘人各有耦，齐大，非吾耦也’”[①]。这是成语“齐大非偶”的源头。后来文姜嫁给了鲁桓公，从此十余年不能与同父异母兄见面。公元前694年，齐襄公与周王公主结婚，鲁桓公陪夫人文姜回娘家探亲，这兄妹俩又偷偷寻欢作乐。这次被鲁桓公逮住了，责骂了文姜。但齐国强大，鲁国弱小，鲁桓公也无可奈何。不料文姜将挨骂的事告诉了齐襄公，鲁桓公就被这位大舅子杀了。所以，鲁庄公继位，就没有按照正常程序走，而是让生母、也是罪人的文姜居住到齐鲁交界的禚这个地方。两个月后，文姜又逃到齐国生活：“元年春，不称即位，文姜出故也。三月，夫人孙于齐。不称姜氏，绝不为亲，礼也。”[②]“孙”就是“逊”，有自惭而退让的意思。齐襄公死后，文姜回到鲁地，一心一意地辅佐儿子鲁庄公（姬同）处理政务。文姜虽然私生活过于放荡，但政治军事方面却有着非同寻常的才干。在她的辅助下，鲁国逐渐强盛起来，在诸侯国之间的战争中也屡屡得胜。作为儒家的开创者，孔子本身对周公就极为崇拜，一直在维护周公之礼，焉能对文姜的行为有一字好评？是故“《春秋》恶姜氏孙于齐”。千载而下，就必须看到文姜氏在鲁庄公中兴中发挥的积极作用。

其三，张溥能够看到君王的重要性，同时也能注意到重臣在重大历史事件面前的价值，提出了自己的分析判断。当年废除武皇帝，恢复唐朝建制，但没有做到除恶务尽，从根源上清除武后的影响，以至于不久之后即有韦后之乱，使得大唐王朝在“神龙政变”之后，不得不发生新的政变——唐隆政变，换来了李隆基的崭露头角，将唐朝推向巅峰——开元盛世。

唐中宗李显，当上皇帝，本身就是历史的玩笑。按照封建社会的长幼顺序，李显上有同母二兄：李宏、李贤，还有异母兄李忠、李孝、李上金、李素节。李显是武后第三子，唐高宗的第七子，轮不到。但在经历了“毒杀”“病死”“自缢”之后，李治的儿子所剩无几。于是，李显成了太子，并在李治死后顺利即位，成了皇帝，武太后临朝听政。裴炎等受遗诏辅政，实际均是武太后的帮凶，政事皆取决于武则天。李显想重用自己皇后韦氏的人马，试图组成自己的集团。刚想提

---

① 《左传·桓公六年》。

② 《左传·庄公元年》。

拔韦后的父亲韦玄贞，就遭到裴炎等人的竭力反对。结果，继位才五十五天的李显被武则天废为庐陵王，被贬出长安。先后被软禁于均州（今湖北丹江口）、房州（今湖北房县）十四年，只有韦氏陪伴，情感甚笃，相依为命，备尝艰辛。

圣历元年(698)三月，年事已高的武则天在狄仁杰等建议下，决心还政李显。李显终于结束了流放的生活回到洛阳。九月，武则天重新立李显为皇太子。李显被重立为太子之后，很注意搞好与母亲武姓家人的关系。出于这一动机，他决定和武氏联姻。于是，永泰公主嫁给了武则天侄孙武延基，成了魏王武承嗣的儿媳；安乐公主嫁给了武则天另一位侄孙武崇训，成了梁王武三思的儿媳。中宗与武家结亲，通过裙带关系稳固确立自己的地位，本身是不错的策略。无奈后事的发展，出乎李显的预判。

长安四年(704)，武则天病重，居迎仙宫，张易之、张昌宗侍奉左右，外人不得入内。张柬之、崔玄暐、敬晖、桓彦范、袁恕己为首，密谋除掉二张，拥立中宗。次年正月，神龙政变发生，张易之、张昌宗被杀。武则天无奈，先令太子监国，次日传位。中宗复位，大赦天下，复唐国号，一应典制，悉复前旧。张柬之、崔玄暐等人也加官晋爵封王，这就是文中的"五王"。他们是这次政变的主要策划者和实施者，因而在唐中宗李显登基后不久，五人被封为郡王，但是，封王后没过多长时间就先后被贬为各州的刺史、司马，张柬之、崔玄暐在被贬途中病死，敬晖、桓彦范、袁恕己则在被贬途中被杀。睿宗李旦即位后五人被平反，追复官爵和获得了配享中宗庙庭的资格。实际上，他们的命运，取决于李显。

李显复位后，马上立韦氏为皇后，并让韦后参与朝政，对张柬之等功臣却不加信用。韦后与武三思关系暧昧，李显对此似乎并无反感。"张柬之等扶中宗复位时，虽然杀了张昌宗、张易之两个祸乱朝政的奸贼，但留下了更大的祸根武三思等"①。景龙四年(710)六月，唐中宗李显在韦皇后和安乐公主合谋下，中毒身亡，终年五十五岁。同月中宗幼子温王重茂被立为帝，改元"唐隆"，韦后临朝称制，欲重演武后故事。临淄王李隆基联合其姑太平公主，交结禁军将领葛福顺、陈玄礼等诛韦后、安乐公主并诸韦、武等，拥立李旦即位，是为唐睿宗，史称"唐隆政变"。李隆基被立为皇太子，不久即位。李隆基即位之后，开创了开元盛世。一场唐隆政变，为唐朝换来了一个巅峰。自此唐朝帝位转往李旦一系，直至唐亡。武氏、韦氏婆媳，给大唐带来的伤痛，史家确实难以书写，因为地位

---

① 栗斯《唐诗故事》第一集第 35 页。

太特殊了，史上罕见。因之，张溥只能叹息。

二、《历代史论》二编：特定历史事件的评点

《历代史论》二编十卷，原文载《通鉴纪事本末》中，是逐条事件的评点文字，是为张刻本《通鉴纪事本末》。所以这个版本署名是"宋建安袁枢编次，明太仓张溥论正"。但单独印行于何时，何人所为，尚未见明确的记载。可能刊刻于张溥生前，抑或去世之后。初步考察，张溥挚友韩四维当有涉足。清代四库馆臣没有明确其编纂者，倒是先有批评。前文已及，此处从略。

韩四维，生卒年不详，当与张溥相仿，字张甫，别号芹城，相传是北宋名臣韩琦的后代，河北昌平人。韩四维四岁丧父，母亲含辛茹苦将其抚养成人。崇祯四年(1631)进士及第，授庶吉士，与张溥成为同事。历官翰林院检讨、国子司业，左春坊左庶子等。与姚明恭、文震孟等交游，亦随之沉浮。仕途十余年后，韩四维举家南迁苏州城西之观音山麓。易代之后，隐居山林，著书立说，不入城市。惟与故旧知己，时有过从。国家图书馆藏有《韩芹城先生乡墨一卷传略一卷》。但也有这样的记载："韩四维，顺天昌平州籍，河南嵩县人。崇祯辛未进士，官谕德。愿输银二万，求为国子监司业不得，止授伪宏文院修撰。按：司业有何大佳处，而费多金，不过借题媚贼耳。贼亦鄙之，降为修撰，不亦耻乎？此词林中最无行者。庚辰十月观音山僧语予云：大清朝时，四维寓苏之观音山，恣甚，山中各静室僧，莫不诈害。俄而座主某，因有大事诣其家，欲避之，且乞银少许，韩仆辞云：'在观音山。'及往山访之，又辞'在家'，座主大怒曰：'吾拼一身扳他罢。'因词连四维，拘至南京下狱。狱卒以九链系其颈，地俱青石，四维无银使用，冻馁甚，一夕而死。"[①]此段记载的可靠性值得怀疑，因为张溥特别注意夷夏之辨和正统思想，张采对此极为清楚。张溥去世之后，遗作整理的主要人物是张采，韩氏参与。如果韩四维是这样的人，按照张采的个性，不可能让他染指张溥遗作的编纂整理，更不可能在《历代史论》二编出现韩四维的序言。比较符合实际情况的是，张溥尚健在之时，韩四维已经到了南方，并参与了从茅山读书到娄东刻书的多种工作。《历代史论》二编的内容，是《通鉴纪事本末》所记述历史事件的评论，二者合刻即是《通鉴纪事本末》的张溥论正本。析出，则为是编。

北宋司马光编成《资治通鉴》之后，由于卷帙浩大，难以通读，颇有使用不便

---

① 计六奇《明季北略》卷 22。

之感。南宋袁枢取《通鉴》所记之事，区分眉目，分类编排，以记事为主，详载始末，自为标题，共记载二百三十九事，附录六十六事，凡四十二卷。起三家分晋，终周世宗之征淮南，时间跨越一千三百多年，形成了史传著作“编年体”“国别体”“纪传体”之外的新体式“纪事本末体”。这种体例在张溥看来是编排科学而使用方便，也是张溥难得的对宋学如此敬重。在袁枢《通鉴纪事本末》的基础上，张溥几乎针对每个事件撰写了论正，也就是张溥对事件的分析评价，重新刊刻。于是，《通鉴纪事本末》就有了两种版本，一种是有张溥论正的，一种是没有张溥论正的。清刻本，均删去了张溥的论正文字。而在清代，特别是乾隆以后，张溥著作多在禁毁之列。张溥版的《通鉴纪事本末》，不能流传。因此，张溥在《通鉴纪事本末》中的论正篇章，因《历代史论》二编的存在而广为流传。而《历代史论》二编，极有可能在张溥刻印自己论正的《通鉴纪事本末》同时，单独印行。韩四维的序言落款是“年社弟韩四维芹城题”①。前三字就有两层含义：科举同年、同是复社成员。理解认识张溥的实用史观，发掘《历代史论》二编的微言大义，需要从《通鉴纪事本末序》入手：

> ……《纪事》之书，纲维条目，为世警戒。于论治志贞观，君道莫浃焉；于出师志诸葛，臣节莫纯焉；于后妃志明德，阴教莫修焉。观晋武帝之立贾妃，而知择妇宜慎；观唐太宗之废承乾，而知储训宜早；观楚王英之狱，而知左道足以杀身；观董贤之嬖幸，而知美男足以乱政；观宗爱之弑魏焘，而知刑人不可近；观杨广之杀杨勇，而知妇言不可从；观匈奴之叛服，而知和亲非策；观黄巾之聚散，而知内治为本。……②

由此看，在近四百则的论述文字中，基本贯穿了张溥的这些史学思想。最根本的一条，就是“为世警戒”，是研究历史，也要“务为有用”，要以史为鉴。南宋袁枢《通鉴纪事本末》编纂的动机是删繁就简便于阅读，而实际效果则是与司马光一样的“资治”，并且更容易借鉴。张溥的论正文字，遂长短不一，多数篇章五六百字，却能将每件事值得借鉴的地方揭示出来，更加明确。

以第一篇为例，三家分晋的历史比较复杂，从当年“春秋五霸”之一的晋文公开始，三军卫国，六卿执政，就种下了祸根。但张溥看到的历史教训，不是晋

① 韩四维《史论二编序》，《历代史论》二编卷首。

② 张溥撰、曾肖校点《七录斋合集》卷 21。

国的分裂，而是“大夫灭君”。从周王室的角度看，各国争霸，已经不把周天子放在眼里。而晋国的大夫执政，国君逐渐成了摆设，导致了三家分晋局面的出现。因此，张溥是主张维护周天子地位的，希望周天子能够为晋国的统一发挥作用。然而，周天子做了顺水人情，承认了韩氏、赵氏、魏氏的诸侯地位，等于使得三家分晋合法化了。

《宋明帝北伐》中，没有提到北伐任何一场战事，只有笼统的一句，倒是将这位刘彧善于戗杀骨肉的残酷本性予以揭示了：“明帝在位七年，与魏构兵凡五年。其始非有不并之势、积仇之劫。特以薛安都、常珍奇据城北降，请兵自救。毕众敬愤于见诛，甘心逞逆，遂至长淮以北，忽焉戎有。追师老气竭，贾元友陈伐魏取陈、蔡之策，刘勔斥其狂谋难信，帝亦徘徊听许，汉武悔田轮台，其庶几乎？明帝泰始二年八月，杀子勋。十月，杀子绥等十三人。逾六年，而二月杀休佑，五月杀休仁，七月杀休若。终帝之世，非攻夷狄，即屠戮骨肉。彼阴贼狷戾，以为骨肉之患，等于夷狄也。”

当初刘裕篡位，开刘宋王朝基业，是乱世中的稳定措施。虽然经历了艰难的平叛与稳定政权的过程，但此后刘裕进行了一系列改革，加强中央集权，抑制豪强兼并，大胆启用寒士，废除苛捐杂税，发展农业生产，轻徭薄赋，宽松民力，振兴教育，举善授能，国家有了中兴的希望。其子刘义隆即位后，继承乃父遗策，元嘉年间呈现出一派繁荣景象。唯有北伐一事，失败而归，致使国力大损，为史家微词。辛弃疾“元嘉草草，封狼居胥，赢得仓皇北顾”即是指此。而后子孙，大肆杀戮同胞，国势每况愈下。

宋废帝刘子业在位时，杀戮成性，从叔祖到兄弟，刘氏子孙数十人送命，最后导致自己被杀的局面。刘子勋在多位将领和刺史的支持下举兵讨建康（南京，刘宋王朝的首都）。而刘彧抢先一步，弑君自立，是为宋明帝。当时的形势是，刘彧虽然在建康，弑君自立已经成功。但实力远不如刘子勋，尽管刘子勋才十一岁，得到了道义上的高地和诸位将领、地方刺史的支持，地盘、实力远超刘彧。然刘彧凭借技巧与时机，最终击败了刘子勋。然而，刘宋的实力，也由此严重衰弱，从此不振。

《宋书》本纪第八的议论：“圣人立法垂制，所以必称先王，盖由遗训余风，足以贻之来世也。太祖负扆南面，实有君人之懿焉，经国之义虽弘，而隆家之道不足。彭城王照不窥古，本无卓尔之资，徒见昆弟之义，未识君臣之礼，冀以此家情，行之国道，主猜而犹犯，恩薄而未悟，致以呵训之微行，遂成灭亲之大祸。开端树隙，垂之后人。虽天伦之重，义殊凡戚，而中人以下，情由恩变。至于易衣而出，分苦而食，与夫别宫异门，形疏事隔者，宜有降矣。太宗因易隙之情，据已行之典，剪落洪枝，愿不待虑。既而本根无庇，幼主孤立，神器以势弱倾移，灵命随乐推回改。斯盖履霜有渐，坚冰自至，所从来远也。”[①]这是沈约的慨叹，而张溥的论正更有切肤之痛。

张溥认为，在刘彧看来，兄弟骨肉同宗族人的威胁，可以与夷狄相比，甚至更为危险。对待同姓尚且如此，异姓将领、官员，这位刘彧又如何放心？如此待人，焉能得到他人的鼎力相助？所以，“善战如沈攸之，善守如沈文秀，不免挫伤。始叹骨肉之弱，不如夷狄之强。明帝灭亲则勇，当敌则怯”。这种情况，大义灭亲则可，为了私利，为了稳固自己的政权，无端猜忌而杀戮同胞，可悲可叹。

《杨氏之宠》一文，并没有直接将“安史之乱”的罪过加到杨玉环身上，而是深层揭示了唐王朝这场内乱的缘起，在于李隆基重用李林甫，导致奸人立朝、庸才办事、人才流失、坏人趁机。唐朝由盛而衰，并非急转，祸根由来已久。

寿王瑁。玄宗第十八子也。母武惠妃，频产不育。瑁生，宁王养之邸中，故封建独晚。其妃杨氏，册于开元二十三年之十二月。天宝四年八月，明皇纳之宫中，天下乱不可支矣。李林甫，国家之贼。相之十有九年，乱已有余，又益之以贵妃、杨国忠，是速乱也。韩非有云：木虽蠹，无疾风不折；墙虽隙，无大雨不坏。明皇之相林甫，蠹木隙墙也。更宠贵妃，任杨国忠，则疾风大雨也。国忠饮酒蒲博，见摈宗党。发奋从军，张宽挞之。无行若此，岂有范雎摺折张仪掠笞之耻哉！太真妃即贵宠，乃其从祖妹，夤缘亲密。骤进执政，戚非观津而赏，逾成阳殉之以国，不亡何待？安禄山柳城贼胡，又败北当死。帝违张九龄之言，免其刑诛。国法已谬，忽引入宫中，母事贵妃。彼昏不知何至此极。……

张溥借用韩非的话，指出大唐王朝“开元盛世”之后，并不是因为杨玉环或杨国忠造成了急转直下的局面，是十九年的时间里重用李林甫，造成了木蠹墙隙的局面。表面看起来依然完整，但内里已经腐朽不堪，遇到疾风大雨，必然崩塌折断。所以，文章虽写杨氏之宠，但主要涉及的事件，是唐玄宗长期依赖李林

---

① 沈约《宋书》卷8。

甫，无端重用杨国忠，糊涂疏远张九龄，浑噩信任安禄山，惊恐疑虑哥舒翰，无力掌控陈玄礼。根本原因，在于一人所为，祸害天下，责任在李隆基。所以，张溥并没有谴责杨玉环，甚至还有点同情。如果权力已交，得到众将士的理解，"即失长安，杨氏姊妹兄弟犹归故乡耳"。哪里想到，大到皇位，小到贵妃一并失去。由于君王的失误，千万百姓罹难，国家陷入长期的战乱动荡。从李隆基的角度看，不仅失去君位、失去国家百姓，亦失去了自己的宠妃以及宠妃的家人。所以张溥说，没有这场大乱，焉有这场大悲！而大乱的源头，则在君王的昏聩。

张溥行文，善用典故。"观津而赏""尧丧成阳"等故事，比较冷僻。然用之，则文章的张力更强。而张溥对特定历史事件的分析，并无个人的太多偏向，只是客观审视而已。《李辅国用事》中，将唐肃宗与隋炀帝比较，客观评价了隋炀帝的雄才大略。而对于张良娣的评价如此之高，可谓超出一般史家的眼光。"事虽不成，其英武帝不及也"。及至唐末，不仅外有风起云涌的农民起义，内有难以调停的"牛李党争"，更有尾大不掉的藩镇割据以及相互攻伐，终于将唐王朝这座大厦推倒。史事借鉴，往往不是一事，需要串联统领，方能捕捉内在的规律。张溥将相关的几个历史事件联系起来分析，析出其中"有用"的成分，这应该就是他致力史学的动因。

三、宋元史事：叹息布满其间

两宋历史，也颇多值得感慨。北宋立国之初，仍然面临契丹、南唐、后蜀、吴越、南汉等割据政权，并且实力不弱。由于柴世宗的早逝，后周政权在数年的征战中也消耗了实力，赵匡胤仓促之际即位，并未有太多的军事准备。好在柴世宗在位六年，将北汉、契丹、南唐、后蜀等打了个遍，也削弱了他们的实力。经过赵匡胤、赵光义的努力，通过军事和外交的手段，基本完成了北宋的相对统一。然而，契丹、大理、西夏等政权依然存在，并不时给宋王朝带来惊天动地的打击，也让统治者极为痛苦。"靖康之乱"后，宋室南迁，偏安江南，直到 1276 年正月，临时了一百五十年的首都临安（今杭州）沦陷。1279 年四月崖山最后的激战，翻过了大宋王朝血泪斑斑的最后一页。两宋三百余年历史，内政外交、军事民事、文化科举、经学史学、忠奸正邪等等，值得论正的事件人物甚多。元代的历史虽然只有八九十年，亦颇多人物和故事具有讨论价值。

张溥对于两宋及元代的人物、故事，亦颇多喟叹。固然，这里不能不注意到《宋史纪事本末》《元史纪事本末》。

明代陈邦瞻名下的《宋史纪事本末》，编者并未独吞其功。“宋史纪事本末二十六卷[①]，明陈邦瞻撰。邦瞻字德远，高安人，万历戊戌进士，官至兵部侍郎，事迹具《明史》本传。初，礼部侍郎临朐冯琦，欲仿《通鉴纪事本末》例，论次宋事，分类相比，以续袁枢之书，未就而没。御史南昌刘曰梧得其遗稿，因属邦瞻增订成编。大抵本于琦者十之三，出于邦瞻者十之七。自太祖代周，迄文谢之死，凡分一百九目。于一代兴废治乱之迹，梗概略具”[②]。《宋史纪事本末》的成书，过程比较复杂。在陈邦瞻之前，已经有人着手编撰。“在他之前，有山东临朐人冯琦（《明史》卷二一六有传），曾起草编撰此书；另外，南京的侍御史沈越，也用同样的体裁编录宋代的史事，取名《事纪》。这两部书都未完稿。后来就由冯琦的弟子监察御史刘曰梧、应天府丞徐申创议，请陈邦瞻将冯、沈二书加以增订，合为一编，于万历二十二年（公元一六〇四）着手编撰，大约一年左右的时间，全书完成”[③]。可见，此书经过多人的努力方才成功，而且是在“纪事本末”体史书流行四个世纪之后编撰，体例与取材等方面，超越前人。

张溥与此书的关系，同样是“论正”。但更重要的是，将原书的卷次重新整编，一事一卷，成为一百零九卷的《宋史纪事本末》。“此书撰成以后，由刘曰梧、徐申校订刊行，分二十八卷，刻于万历三十三年（公元一六〇五）。这个本子，可以称之为原刻本。在这以后，又由徐申动议，请陈邦瞻续编元代部分，约用一年左右的事件写成《元史纪事本末》初稿，并由臧懋循（字晋叔）参加订补，分为六卷。万历三十五年，监察御史黄吉士巡抚淮南，就将陈氏的宋、元二书与袁枢的《通鉴纪事本末》合刻，并将《宋史纪事本末》略加合并，改为十卷，《元史纪事本末》改为四卷。另外，明朝崇祯年间，江苏太仓人张溥，就《通鉴纪事本末》各篇写成史论若干篇，并取陈氏二书逐目加以论正，附于各篇之后，改成以篇为卷”[④]。因此，《宋史纪事本末》最为流传的版本，就是张溥的论正本。但是，中华书局的校点排印本，继承了分卷的优点，却删除了张溥的论正文字，是一种新的版本。张溥去世后，他的论正文字，由张采辑入《七录斋近集》中。清中叶也有独立刊行本传播，名曰《宋史论》。清康熙十六年（1677）孙琮眉批本，三卷，即是如此。

《元史纪事本末》的版本，最初是明万历间陈邦瞻刻本。张溥在陈邦瞻本的

---

① 按：应为二十八卷，写成二十六卷，当是誊录笔误。

② 《四库全书总目》卷49。

③ 陈邦瞻《宋史纪事本末》“出版说明”。

④ 同上。

基础上予以论正，但未能印行。入清后，张溥的嗣子、侄子、侄孙共同编校，方能印行。所以，今天尚能看到娄东刻本署名是"高安陈邦瞻原编，娄东张溥论正，侄闻升，男永锡，侄孙日瑞、绍祖、玉瑞同校"。

《宋史论》三卷，一是从《七录斋近集》中析出刊行，一是从张溥版《宋史纪事本末》中析出刊行，两者没有差别，起于《太祖代周》，终于《文谢之死》，共一〇九篇，与《宋史纪事本末》次序完全吻合。在《七录斋近集》中，有七卷文章论述宋元史事（其他卷中亦有零散篇目），其中的卷十到卷十五，共六卷，专论宋史，卷十六论元史。这个"七录斋集"版本，最后的完善者是张采。虽未明言，但从张采的序言中，还是可以捕捉到些许信息："方拟修宋元二史，编集本朝故实，成一家之言，传之后世，而竟止此。"[①]删去卷十文字，将卷十一至卷十五的五卷重新编辑为三卷刊行，虽然不能明确何人肇始，至少知道目前能看到的最早版本有清康熙十六年孙琮评点本。孙琮字执升，号寒巢，浙江嘉善人，生卒年均不详，康熙中叶尚在世，诸生，明末清初藏书家、文学家。精于评选图书，每评一本书出，人争相传阅。读书山晓阁。工诗，颇有警句。

孙琮评点，已是喟叹满纸，当是已然领会张溥心迹。而张溥论正宋元史事，更是唏嘘其间。宋代孙宗鉴《东皋杂录》上说："神宗问荆公（王安石）'曾看《五代史》否'？公对曰：'臣不曾仔细看，但见每篇首必曰呜呼，则事事皆可叹也。'余为公真不曾仔细看。若仔细看，必以呜呼为是。五代之事，岂非事事皆可叹乎！"[②]这正说明了王安石看得很仔细，看清楚欧阳修编写这部史书的用意，但不能直接对皇上说明白。宋元之事，尤其宋代，三百余年文明，一朝惨烈毁灭，岂不令人哀痛！"读史至宋，踧乎伤之。代侔汉唐，而文出夷貉。其书遢冗，不足述也"[③]。仅仅是一部《宋史》，张溥已如此评价，何况一代史事。

南宋灭亡之后，元朝完成统一，为前代修史，便成为文治的重要组成部分。元人修史，一个现实的问题是，以谁为正统，即元朝继承了哪家的正统江山。经过长期的论证探讨，元人决定，将宋、辽、金均作为正统来对待。而涉及诸多敏感问题，故而对宋史中的许多事实进行了符合时代的裁剪删除甚至修正。这也是史学界认为《宋史》在元人所修的正史中最差的原因。于是，张溥产生了重修《宋史》的想法。在张溥看来，正史出于元人之手，史料杂沓，编写失序冗长。其

---

① 张采《知畏堂文存》卷2《西铭近集序》。

② 丁传靖《宋人轶事汇编》卷10。

③ 张溥《七录斋近集》卷3。

实，这也是出于一种技巧。编写的学者多为汉人，既不能忽视元蒙统治者的规矩，又不能违背史家良心，还有不能明说的情感。于是，《宋史》中有很多“微言大义”，散见各篇；即便议论文字，亦尽量闪烁其词。好在大量史料，就在冗长散乱的文字中保留下来，或者提供了查阅的信息，大概也是修史者的苦心吧。然涉及忠奸斗争、民事蚕桑、水利钱粮、刑律法度等等，几乎没有避讳，直书而已。至于内政，宋元同理，无可忌惮。

《宋史·真宗纪》：“大中祥符元年春正月乙丑，有黄帛曳左承天门南鸱尾上，守门卒涂荣告，有司以闻。上召群臣拜迎于朝元殿启封，号称天书。丁卯，紫云见，如龙凤覆宫殿。戊辰，大赦，改元，群臣加恩，赐京师酺。”而实际结果是“幽州旱，求市麦种；夏州饥，请易粟，并许之。己巳，诏黎、雅、维、茂四州官以瘴地二年一代。甲戌，大雪，停汴口、蔡河夫役”。不行，大概是态度还不够虔诚，于是“三月甲戌，兖州父老千二百人诣阙请封禅；丁卯，兖州并诸路进士等八百四十人诣阙请封禅；壬午，文武官、将校、蛮夷、耆寿、僧道二万四千三百七十余人诣阙请封禅”。真宗的态度是“不允”，但实际上很想这么干，需要更强烈的请求。“自是表凡五上”，程序完成了，就“夏四月甲午，诏以十月有事于泰山，遣官告天地、宗庙、岳渎诸祠”。年号改成“大中祥符”，以回应天书的旨意，封禅、拜谒等事，亦是根据天意而安排的。是故史官评价他说：“真宗英悟之主。其初践位，相臣李沆虑其聪明，必多作为，数奏灾异以杜其侈心，盖有所见也。及澶洲既盟，封禅事作，祥瑞沓臻，天书屡降，导迎奠安，一国君臣如病狂然，吁，可怪也。他日修《辽史》，见契丹故俗而后推求《宋史》之微言焉。宋自太宗幽州之败，恶言兵矣。契丹其主称天，其后称地，一岁祭天不知其几，猎而手接飞雁，鸨自投地，皆称为天赐，祭告而夸耀之。意者宋之诸臣，因知契丹之习，又见其君有厌兵之意，遂进神道设教之言，欲假是以动敌人之听闻，庶几足以潜消其窥觎之志欤？然不思修本以制敌，又效尤焉，计亦末矣。仁宗以天书殉葬山陵，呜呼贤哉！”[①]虽指出敬神道设教之言可能是契丹的阴谋，更明确说：“不思修本以制敌，又效尤焉，计亦末矣！”这是真宗一生最大的失误，忽略了百姓，敬重了鬼神。

人有畏惧之心，本是常事。从原始崇拜到宗教信仰，也是个人的自由。但沉湎其中，就是迷信了。先秦两汉，巫风盛行，源于人们认知的匮乏；魏晋南北朝时期，谈玄说道、议论鬼神，因为生死无常、灵魂空虚，是一种精神的寄托。

---

① 《宋史·真宗本纪》。

“中国本信巫，秦汉以来，神仙之说盛行，汉末又大畅巫风，而鬼神愈炽。会小乘佛教亦入中土，渐见流传。凡此，皆张皇鬼神，称道灵异，故自晋讫隋，特多鬼神志怪之书”①。到了唐代，实际上人们的思想逐渐趋向科学，对鬼神之事多是敬而远之，并有理性的认识。李商隐诗歌《贾生》可以看出一斑：“宣室求贤访逐臣，贾生才调更无伦。可怜夜半虚前席，不问苍生问鬼神。”②显然，李商隐已经知道，君王的社稷稳固，百姓的生活安宁，不是鬼神的佑护，而是靠人才的治理。到了宋代，似乎没有进步，人们反而更关注祥瑞、天书、鬼神等等。于是，张溥予以了尖锐的批判。《天书封祀》：

汉武帝好神仙，举朝卷舌。唯东方大夫谐谑善谏，帝笑而不罪也。真宗“天书”，上下同狂。孙奭苦谏，不避烦数。崔立、孙籍、周起等谔谔，尽荷包容。岂天子凿空，心实知非，无庸震电耶！王钦若构害寇准，谓澶渊辱国，当以封禅洗之。弃人事，崇鬼魅，其说不经。帝亦彷徨朝宁，私畏大臣。迨王旦纳美珠，奉天册，事遂速成。唐高立武后，非李绩不决，其失类是，后悔奚赎哉！准固社稷臣，受惑王曙，奏朱能伪书，得丧交怀，大贤易虑，不学无术，此其大者。后因以坐贬，身没雷州。早建霍光之忠，晚负新垣之诮。五鬼可诛，一眚难盖，恐当年先为瘿相笑矣！陕州魏野，草堂作诗，讽旦、准乞休。言外远致，似以茂陵封禅为病，惜两君子不悟耳！

皇上好神仙，固不是大臣所能谏阻的。但作为贤臣，推波助澜就不能原谅了。张溥没有因为王旦、寇准这样的贤明大臣而忽视他们的错误。而两宋历史上，奸人小人却是不断出现。即便在北宋初年对于稳定江山发挥重要作用的宰相赵普，后人也不无微词。元初刘因《白沟》：“宝符藏山自可攻，儿孙谁是出群雄。幽燕不照中天月，丰沛空歌海内风。赵普元无四方志，澶渊堪笑百年功。白沟移向江淮去，止罪宣和恐未公。”③等于说他并未为了赵家的江山而殚精竭虑。蔡京为首的“京城六贼”、误国误君的吕惠卿，还有秦桧、董宋臣、贾似道等等。对于奸佞小人，张溥更是瞠目怒斥了。

当然，有些人，换个角度审视，或许也有不得已的地方。所以，《丁谓之奸》

① 鲁迅《中国小说史略》第 29 页。

② 冯浩《玉溪生诗集笺注》卷 2。

③ 刘因《静修先生文集》卷 10。

中，张溥并没有严词责骂。其实，丁谓被贴上奸臣的标签，很大程度上是因为与寇准的倾轧。因为寇准是社稷之臣，是忠臣，与他成为对立面，自然就是奸臣。以往的评判，就是这样的二分法。丁谓就不得不放在奸臣之列了。

上文已经说到，在宋真宗天书封禅事件上，寇准也是有责任的，不仅没有谏阻，还很是积极。同样，对于丁谓与寇准的倾轧，一者是君王喜好的变化，二者是因为权力斗争，三者恐怕与两人的误会有关。很多人都知道"溜须"一词，说的就是他俩。宰相寇准大胡子，相传一次进餐，寇准的胡子上粘上了饭粒，一说是汤。参知政事（宰相的副手）丁谓帮他拂去，寇准笑曰："参政，国之大臣，乃为长官拂须耶？"说得丁谓既羞又恼，从此对寇准怀恨在心。公众场合，年轻人为长者拂须，乃是尊老。即便是真的，亦是源自笔记小说，而非正史。

丁谓（966—1037），字谓之，后更字公言，苏州府长洲县人。宋太宗淳化三年（992），登进士甲科，官至宰相，封晋国公。前后共在相位七年，显赫一时，贵震天下。但过于迷恋权力，机巧过头，反为所累，最终被贬崖州。在崖州逾三年，徙雷州，又五年，徙道州。明道（宋仁宗年号）中，授秘书监致仕，居光州，卒。诏赐钱十万、绢百匹。"临终前半月，已不食，但焚香危坐，默诵佛书，以沉香煎汤，时时呷少许。启手足之际，付嘱后事，神识不乱，正衣冠奄然化去。其能荣辱两忘，而不变不怛，真异人也"[①]。丁谓是个天才式人物，勤奋好学，机敏聪颖，博闻强记，天象占卜、书画棋琴、诗词音律，无不通晓。戏说唐朝酒价、西南安抚乱民、京师统筹城建、前线保全难民、苏州减免赋税、江宁兴修水利、朝堂整顿经济等等，堪称是治国之能臣全才。沈括《梦溪笔谈》记录他"一举而三役济"的故事，很有意思。此事，《宋史·丁谓传》上就七个字"大内火，为修葺使"，可见，董狐精神，已然不见。沈括记载："祥符中，禁中火，时丁晋公主营复宫室，患取远土。公乃令凿通衢取土，不日皆成巨堑。乃决汴水入堑，引诸道竹木排筏及船运杂材，尽自堑中入至宫门。事毕，却以斥弃瓦砾灰壤实于堑中，复为街衢。一举而三役济，计省费以亿万计。"[②]原本是一治国能臣，就是迎合皇上迷信，对真宗的好大喜功推波助澜做得过分。而迷恋权力意气用事，与寇准倾轧，先后被贬，实际也是被人利用了。就文意看，张溥已经理解了。

虽然不能说张溥是个唯物主义者，但确是对宗教迷信持批判态度的。《道教之崇》：

---

① 江少虞《宋朝事实类苑》卷11《名臣事迹》第128页。

② 沈括《梦溪笔谈·补笔谈》卷2。

汉武帝在位五十余年，用兵敛财，疲耗海内，以致神仙土木，靡役不举，幸不为亡秦续者，大权在握，政不下移也。徽宗才弱，国家富强，非西汉比，颇慕武帝纵逸，欲愿已极矣！方士魏汉津、王老志、王仔昔、林灵素之徒，杂然并进，铸九鼎，册道君，又何愚也。汉津本蜀黥卒，自言得李八百鼎药，以声律身度之说，炫惑天子；老志转运小吏，云服钟离先生丹，能测宫闱燕语；仔昔学儒不成，称遇许逊，间焚符为宫妃疗赤目，技能微小，岂闻道者流？灵素晚出，言尤无稽，誉人主为大帝，大臣为仙官，贵人长秋，咸有名号。三尺童子，犹掩口笑之，帝心独喜者。万乘之君，位尊志盈，所难者寿，又自以帝王有真，神灵非常，闻言内喜，冯虚御风，神霄玉清，旦暮遇耳。蔡卞帅越州时，张怀素为言孔子诛少正卯，彼谏其已亟，楚汉成皋荥阳间疾战，尝凭高以观，此最诞妄，而卞偏好之；汉津议药迂怪，蔡京独以为神，君臣一心，驰骛恍惚。唐代宗崇释氏，宰相元载、王缙、杜鸿渐无不佞佛者，所谓大观在上也。然汉文帝信新垣平，至武帝而李少君等出；真宗惑汀州王捷，徽宗因而滥觞，作法于凉。为子孙常，盖先慎诸？

张溥善于抓住问题源头，这不是“议论凡近”的眼光。大处着眼，一方面，崇拜神仙有悠久的历史，远在先民农耕文明之前，是原始崇拜。故而张溥议论宋徽宗崇尚道教，从汉文帝、汉武帝迷信方士说起。到唐代宗信奉佛教，举朝礼佛，宰相大臣几无例外，这是从远处寻找缘由。另一方面，就一朝而言，汉武帝迷信之极，起源于汉文帝。唐代宗佞佛，师法高宗。宋徽宗崇尚道教，自称“太上道君皇帝”，是真宗迷惘于神祇天书的延续与发展。

小处着眼，君臣均是有修养有文化之人，被几个小人玩弄于股掌之间，三尺童子，犹然哂笑，何况饱读诗书的宰相、枢密使、尚书、侍郎之流？看来，大臣们不是不明白，因为皇上喜欢，所以就推波助澜了。往深处看，就是“君臣一心”，君王喜欢这样，大臣一起助兴，方能乱世亡国。所以，根子在君王，在于张溥所说的起始当慎。

两宋三百余年，可议论并吸取教训之事，远不止百余件，张溥依据《宋史纪事本末》而议论了一〇九事。其中涉及宋辽之间、宋金之间、宋与蒙元之间，战争和平、分裂统一；虚虚实实、人事鬼神。可以说，张溥的议论，涉及面广，分析深刻，看到关键，常出新解，既有史学家的严谨，更有政治家的深邃，引导人们将历史的教训与现实的危机结合起来，避免“二过”，是其“务为有用”治学思想的体现。

第三节 张溥的古籍整理研究

张溥才思敏捷，瞬息成章，已见史家明载："溥诗文敏捷。四方征索者，不起草，对客挥毫，俄顷立就，以故名高一时。"[①]如果用一个字形容张溥的一生，就是"忙"，从社会活动、文学创作到学术研究，没有时间"闭门觅句"。然而，在短暂的一生中，张溥不仅涉及经学、史学研究，创作了大量的诗文，更在文学研究中取得了后人不能忽视的成就：整理前人文集和开创了断代文学史的写作，对后世文学史编写有拓荒之功，并对文学创作提出了与其学术研究相一致的主张。

一、《汉魏六朝百三家集》的整理

我们现在的书稿文章，出版或自行印制，非常简单。古人就不同了，抄写、刻印、流传等受制于诸多因素。因此，散佚成为不可避免的结局。有些作品成了教化的工具和礼乐的载体，得到了很好的传承，《诗经》即是；有些作品，依赖于名家的选录印行而得以保全，《文选》之功在此。更多的文集诗集等，如果没有后学的刻意辑存，恐就湮没于历史长河中了。张溥所做的古籍整理工作，对于保全汉魏六朝名家的作品，功德无量。这部《汉魏六朝百三名家集》，具有不可替代的文献学意义。是编凡一百一十八卷，在张燮"七十二家集"基础上，兼采冯惟讷《诗纪》、梅鼎祚《文纪》的成果，加上张溥自己搜集的一百四五十种文集加以校对、排比附益而成。集中收录上起汉代贾谊，下至隋代薛道衡的作品，凡一〇三家。其中汉二十家，魏十二家，晋二十二家，南朝三十八家，北朝六家，隋五家。编排体例与张燮相仿，一人一集。每一集中，首列赋，次列文，后列诗，再后为作者本传。每集卷首各有题辞，对作家和作品作出评价，也时有精当的意见。最重要的贡献，在于张溥将这百三家集刻印(汲古阁本)，保全之功，不可估量。后世的翻刻本、影印本，皆来于此。今人殷孟伦将题辞加以注释，并汇集为《汉魏六朝百三家集题辞注》，人民文学出版社 1960 年初版，1981 年再版，已印行三次，有四万六千五百册流传，比较易得。

对于是集，前人亦有微词，认为张溥贪功，没有明确说明是在他人基础上编

---

① 《明史》卷 288《文苑传》四。

辑而成。事实上，张溥提到了。“余少嗜秦汉文字，苦不能解。既略上口，遍求义类。断自唐前，目成掌录，编次为集，可得百四五十种。近见闽刻七十二家，更服其搜剔苦心，有功作者”①。但是，张溥所说的是，自己已经搜集了一百四五十种，然后见到闽刻七十二家本，至少张溥搜集的前人诗文集，已是闽刻之倍。搜收之功巨大，工程量难以想象。而且在编定之后，尚期待贤者补充完善。可见，张溥的学术态度，足令今天的不少学者惭愧。“余自贾长沙以下，迄隋薛河东，随手次第，先授剞劂。凡百三家，卷帙重大，余谋踵行。古人诗文，不容加点，随俗为之。聊便流涉，无当有亡。评骘之言，惧累前人，何敢复赘！每集叙首本末，微见送疑取难，冀代筵叩尔。别集之外，诸家著书，非文体者，概不编入。其他断篇逸句，虽少亦贵，期于毕收。但家无剩书，妄谈远古，縢囊漏挂，宁免讪笑！倘世有蓄文德之别部，大思光之‘玉海’者，则愿负担以从矣”②！这里，是编撰的过程，严谨的态度，遇到的疑惑，去取的标准，留有的遗憾，满怀的希冀。所以，在清代不受待见的张溥，当然也不可能得到四库馆臣的揄扬。是故“提要”如是说：“自冯惟讷辑《诗纪》，而汉、魏、六朝之诗汇于一编；自梅鼎祚辑《文纪》，而汉、魏、六朝之文，汇于一编；自张燮辑七十二家集，而汉、魏六朝之遗集，汇于一编。溥以张氏书为根柢而取冯氏、梅氏书中其人著作稍多者，排比而附益之，以成是集。卷帙既繁，不免务得贪多，失于限断，编录亦往往无法，考证亦往往未明。有本系‘经说’而入之集者，如董仲舒集录《春秋阴阳》，刘向、刘歆集录《洪范五行传》之类是也。有本系‘史类’而入之集者，如褚少孙集全录《补史记》、荀悦集全录《汉纪论》之类是也。有本系‘子书’而入之集者，如诸葛亮集录《心书》，萧子云集录《净住子》是也。有抵牾显然而不辨者，如张衡集录《周天大象赋》，称魏武黄星之类是也。有是非疑似而臆断者，如《陈琳传》中有袁绍使掌书记一语，遂以《三国志注》绍册乌桓单于文录之琳集是也。有伪妄无稽而滥收者，如东方朔集录《真仙通鉴》所载《与友人书》及《十洲记序》之类是也。有移甲入乙而不觉者，如庾信集录杨炯文二篇之类是也。有采摭未尽者，如束皙集所录《饼赋》，寥寥数语，不知祝穆《事文类聚》所载尚多之类是也。有割裂失次者，如锺会集《成侯命妇传》，《三国志注》截载两处，遂分其首尾名为一篇之类是也。有可以成集而遗之者，如枚乘《七发》《忘忧馆柳赋》《谏吴王书》，及《玉台新咏》所载古诗可成一卷；左思《三都赋》《白鬓赋》《髑髅赋》，及《文选》所载《咏史

① 张溥《七录斋近集》卷8。
② 同上。

诗》，亦可成一卷，而摈落不载之类是也。然州分部居，以文隶人，以人隶代，使唐以前作者遗篇，一一略见其梗概，虽因人成事，要不可谓之无功也。明之末年，中原云扰，而江以南文社乃极盛。其最著者，艾南英倡'豫章社'，衍归有光等之说而畅其流；陈子龙倡'几社'，承王世贞等之说而涤其滥；溥与张采倡'复社'，声气蔓衍，几遍天下。然不甚争学派，亦不甚争文柄，故著作皆不甚多。溥所撰述，惟删定《名臣奏议》及此编为巨帙，《名臣奏议》，去取未能尽允；此编则元元本本，足资检核。溥之遗书，固应以此为最矣。"[①]肯定成就而心有不甘，颇欲批点而不得不正视现实，只能从张溥的文体归类上挑些毛病，"卷帙既繁，不免务得贪多，失于限断，编录亦往往无法，考证亦往往未明"。文体的分法与作品的编排次序，本身就是不断变化的，张溥只是遵循了时代标准而已。

因为此编"元元本本，足资检核"，所以"四库全书"也就原原本本加以收录，成为现代重新整理出版前贤文集、研究汉魏六朝文学演变不可或缺的资料。尤其是文献史料的保全意义，不应低估。

二、文学史的拓荒之作

仅仅将《汉魏六朝百三家集》作为一部文献著作来对待，未免低估了它的价值。与张溥的对各家题词评述和一篇总序合起来看，已经是一部成型的断代文学史著作，这是文学史编撰的拓荒之作。

我们今天使用的文学史教材或文学史著作，花样繁多，版本复杂。但是，基本体例，就是文学发展演变通史、断代文学史、分体断代文学史或分体文学通史。文学发展演变通史类，现代编著文学史，开山之作有黄人《中国文学史》和鲁迅《汉文学史纲要》。新编文学史著作主要有游国恩与萧涤非等主编的《中国文学史》、社科院文研所《中国文学史》、刘大杰《中国文学发展史》、章培恒与骆玉明主编之《中国文学史》、郭预衡《中国古代文学史》、袁行霈主编之《中国文学史》、袁世硕《中国文学史》等等。断代文学史如李敬一《先秦两汉文学史》、胡国瑞及聂石樵各著《魏晋南北朝文学史》、熊礼汇《隋唐五代文学史》、程千帆与吴新雷著《两宋文学史》，邓绍基《元代文学史》等。分体断代文学史如杨海明《唐宋词史》、严迪昌《清词史》与《清诗史》、朱则杰《清诗史》、张仲谋《明词史》、杨镰《元诗史》等。分体文学史如郭预衡《中国散文史》、赵敏俐《中国诗歌史通论》、

---

① 《四库全书总目》卷189。

鲁迅《中国小说史略》、郭箴一《中国小说史》、周贻白《中国戏剧发展史纲要》及《中国戏剧史长编》、黄拔荆《中国词史》、刘麟生《中国骈文史》等等。其基本架构，则源于张溥的著作：文学史总论、作家分论、作品集。

张溥对汉魏六朝的文学发展描述："文集之名，始于阮孝绪之《七录》，后代因之，遂列史志。马贵舆（马端临）《经籍考》详载集名、人物爵里、著作源流，倍具左方。览者开卷，大意已显。然李唐以上，放帙多矣。周惟屈原、宋玉，汉惟枚乘、董仲舒、刘向、扬雄、蔡邕，魏惟曹植、陈琳、王粲、阮籍、嵇康，晋惟张华、陆机、陆云、刘琨、陶潜，宋惟鲍照、谢惠连，齐惟谢朓、孔珪，梁惟沈约、吴均、江淹、何逊，周惟庾信，陈惟阴铿。千余年间，文士辈出，彬彬极盛，而卷帙所存，不满三十余家。藏书五厄，古今同慨。"[①]张溥简约叙述了李唐以上的文学发展中，主要的作家与作品搜集、散佚情况，是对先秦两汉魏晋南北朝文学发展的简要勾勒。并且提纲挈领地指出了各个时代的主要风流："两京风雅，光并日月，一字获留，寿且亿万；魏虽改元，承流未远；晋尚清微，宋矜新巧；南齐雅丽擅长，萧梁英华迈俗。总言其概，锥轮大路，不废雕几；月露风云，无伤气骨。江左名流，得与汉朝大手同立天地者，未有不先质后文、吐华含实者也。人但厌陈季之浮薄而毁颜、谢，恶周、隋之骈衍而罪徐、庾。此数家者，斯文具在，岂肯为后人受过哉！"[②]

这是张溥对两汉魏晋六朝文学发展的总论，仅仅几个字或一两句话，即将一朝一代文学风格总体特征归纳出来。看似简单，实则之前是大量的阅读与整理研究。尤其是对颜、谢、徐、庾诸家的评价，客观公正，不能因为诗歌意象的软绵甚至低俗，或者骈偶文的盛行，就归罪于颜延之、庾肩吾及徐摛诸人，显然是不合实际的。

对于各家文集的评点，也就是文学史的作家作品分论，张溥的观点体现在百篇题词中，涉及作家一百零三人，也是张溥对这一段文学史发展的点评。百篇文章，几乎是首叙作者生平事历，次论作品风格成就，再体察艺术特征和存在的不足，极其规范。"题词"不仅是对作家作品的论述，更呈现了文学发展的脉络，对后世的研究，具有启迪意义。如评价陈叔宝，后人基本上只是延续了"靡靡之音，足以亡国"的观点。杜牧《泊秦淮》即是。"烟笼寒水月笼沙，夜泊秦淮近酒家。商女不知亡国恨，隔江犹唱后庭花"。而这《玉树后庭花》，就是陈后主

---

① 张溥《七录斋近集》卷8。

② 同上。

的杰作。张溥则说："世言陈后主轻薄最甚者，莫如《黄鹂留》《玉树后庭花》《金钗两鬓垂》等曲。今曲不尽传，惟见《玉树》一篇，寥落寡致，不堪男女唱和，即歌之，亦未极哀也。史称后主标德储宫，继业允望，遵故典，弘六艺，金马石渠，稽古云集，梯山航海，朝贡岁至。辞虽夸诩，审其平日，固与郁林、东昏殊趋矣。临春三阁，遍居丽人；奇树秀花，往来相望；学士狎客，主盟文坛；新诗方奏，千女学歌；辞采风流，官家未有。梁朝羊祖忻豪侈善音，姬妾数百，穷妙歌舞，终日宾游，同其醉醒，初不闻以此贬德。使后主生当太平，次为诸王，步竟陵之文藻，贱临川之黩货，开馆读书，不失令誉。即假列通侯世阀，鱼弘、羊侃数辈，亦扫门不及。乃系以大宝，困之万几，岂所堪乎？鹤不能亡国，而国君不可好鹤，后主盖与卫懿公同类而悲矣。汉武《李夫人歌》与《落叶哀蝉曲》，忧伤过于后代，而四夷服威。陈主词非绝淫，亡且忽焉，哀而不起者，在声音之间乎？非独篇章已也。诏命书铭，秋冬气多，即作者亦不自知日暮矣。"[①]张溥所说的文学史上一个比较普遍的现象：末世文学，充满落寞哀伤而又无可奈何的黄昏情调，却具有特殊的艺术魅力。同时，张溥指出，文学创作受到时局及风潮的影响，并且是不自觉的，并不是因为写了某个作品而引导出某个时局。

三、遴选嘉文不遗余力

明季文人结社，还有一个很重要的工作，就是编选前人名作刊行，这是文社活动重要的经费来源。从应社到广应社，张溥、周锺、张采、顾梦麟等人，不仅编辑刊印社内兄弟的诗文集以扩大文社的影响，也搜集当朝科举佳作刊印，不仅为社众提供了"学习资料"，也是社事活动筹集经费的重要渠道。而风气形成，则一时难以停步。于是，复社成立之后，不论复社的主要领导，还是相对独立的几社成员，编印各种选集，极为热心。而作为复社领袖的张溥，自然不得袖手旁观。因此，今天在张溥的文集里，可以看到多篇这样的序文。共读七录斋的张采回到故乡，就致力于古文的编选工作。《汉文选》初稿完成，即请张溥审阅。张溥阅读过程中，总有些不安，因为担心张采选文未精或挂一漏万。

"两汉文世无佳选，曩闻梅禹金先生本最佳，惜未之见也。比归家，受先《汉文选》成，读之叹其神绝。然不观梅氏本，心终不安"[②]。这里的梅禹金，即明代戏剧家、小说家梅鼎祚。梅鼎祚(1549—1615)，字禹金，号胜乐道人，安徽宣城

---

① 张溥《七录斋近集》卷9。

② 张溥《七录斋合集·古文近稿》卷2《两汉文选序》。

人。一生以读书、藏书、著书为乐，先后藏书达数万卷，曾与藏书家焦竑、冯梦桢、赵琦美相约，各自访求博采遗书逸典、珍本秘籍，每隔三年聚会于金陵，相互校勘誊录，以广其传。后与汤显祖交谊最深，两人相互批评所作文章、诗赋。一生著述卷秩浩繁，涉及诗文、小说、戏剧等。有《皇霸文纪》十三卷、《西汉文纪》二十四卷、《东汉文纪》三十二卷、《西晋文纪》二十卷、《宋文纪》十八卷、《南齐文纪》十卷、《梁文纪》十四卷、《陈文纪》八卷等，基本囊括了隋以前的各代嘉文。所以，张溥感觉到，一定要看到梅鼎祚的选本，才可对张采的选本定稿。于是，千里传书，联系到了梅朗三。梅朗中(1607—1642)，字朗三，宣城人，梅鼎祚之孙，复社成员，是复社在宣城地区的主要领导之一，与张溥善。以张溥、张采的请求，梅朗中将祖父编纂的手稿交给“二张”，因此可以看出，张溥的为学精神，是何等谨慎。

当然，张采致力于选文，并非个人行为。在沈寿民、刘城等人与张采在茅山读书期间，即事此。而在周延儒离开朝廷之后，温体仁对东林遗老和复社名流的打击力度逐渐加大，复社的大型公开活动相对减少，而小规模的集会则是经常，主题往往是读书选文。所以，在张溥的《七录斋近集》卷三，出现多篇此类序言:《古文五删总序》《广文选删序》《唐文粹删序》《宋文鉴删序》《文选删序》《元文类删序》《宋文纪序》《续离骚序》《皇明经世文编序》。将前人选本加以精简，或另出选本，基本贯穿了张溥自己的文学思想。即便为同社友人的文集作序，亦是如此。张溥的文学主张，与当时的文学流派形成以及文脉之争不无关系，更与当时的社会危机与学术走向相关。因此，张溥“推崇前七子、后七子的理论，主张复古，反对公安、竟陵两派逃避现实，只写湖光山色、细闻琐事，或追求所为‘幽深孤峭’的风格。但他在提倡兴复古学的同时，又以‘务为有用’相号召，与前、后七子单纯追求形式、模仿古人有所区别”①。正因为此，张溥对于陈子龙等人编纂的《皇明经世文编》，方能评价甚高。因为，文章不仅是可以鉴赏，还需要可以“经世”。是编洋洋五百零四卷，补遗四卷，方贡岳、张国维、任浚、黄澍、张溥、许誉卿、冯明玠、徐孚远、陈子龙作序，一百六十余人参与鉴定，多是复社成员或东林人士，如钱谦益、杨廷麟、周延儒、陈际泰、熊开元、黄道周、张采、项煜、史可法、吴伟业、周镳、吴昌时等等。冯明玠说：“有经世之才，必济以经世之学；有经世之识，始抒为经世之文。才与学与识兼备而人重焉，虽无文可也。

① 刘政《四库全书总目质疑一则》，平原大学学报 2008 年 3 期第 160 页。

才与学与识兼备而文行焉，虽欲无文而亦不可得也。”[①]可见，入选文章作者，皆具经世之才学识。

第四节　张溥的实学研究

因为要“经世”，要研究“有用”的学问，写出“有用”的文章，成为“有用”的人，所以张溥在百忙之中，并没有忘记对实务的关注。张溥自己，不愿意变成“登明堂不能致君，长郡邑不知泽民”[②]的混混，研究兵马钱粮、农田水利，也就不足为怪了。张溥的论述，涉及到农作、水利、军训、边防（防倭）、救荒、治盗、导民、屯田等等方面，略加梳理，可以看出，张溥实际上具有治国理民的系统思想，具备调和鼎鼐、巧用盐梅的能力。可惜特殊的历史环境下，周延儒、温体仁合计耽误了崇祯皇帝宝贵的十三年，中间薛国观、蔡弈琛等浪费三年。于是，大明王朝的朱由检，也就无力回天了。虽然不能说张溥能够挽救明王朝于危亡之际，至少张溥是注重实用科学的，是关注具体的社会问题并提出自己观点的。甚至在授徒中，也注重实学的地位。吴伟业乡居期间，为地方官员治理浏河提出了很实用的预案，从时间安排、水量调节、土方量计算、工时置换与人力布局等，几乎与实际操作接近，与其师的实学研究，不无关系。

一、关注民生与治民理念

在诗歌史上发现关注民瘼的作品并不困难，从先秦的歌唱到近代的叹息，佳作极多。然而，文人具体关注到民生相关事件，并不多见。民生最基本的事情，就是衣食住行，其中，衣食关联生死，衣食生死以外，对普通百姓来说，已无大事。而直接与百姓衣食相关的事项，主要是从朝廷到地方官员能否勤政爱民，能否关注民生疾苦，能否真正救民于水火。于是，张溥对于老师徐光启的农学研究，极为崇拜。从《徐文定公农政全书序》中，可见一斑。在张溥论述中，农事也是大事，不能认为是无关大雅的小道，这就是态度。“《农政全书》，公经纶之一种，张大中丞与方郡伯两公笃念民生，嘱陈卧子进士编次广传。刻竟，予得卒读，益叹吾师命指深远，周天际地也。农家者流，出自稷官，班史记之。其后

---

① 陈子龙等《皇明经世文编》冯明玠序。

② 陆世仪《复社纪略》卷 2。

种树育谷、育蚕养鱼，耕牛之经、花竹之谱，人各有书。然碎布民间，事不相摄，耕奴织婢，号为小道；雅人墨士，或讳而不言。若总之王朝，编于太府，采明农之众篇，勒一代之大典，上探井田，下殚荒政，凫茈可食，螽螟无忧，率天下而丰衣食，绝饥寒，使盗贼屏息，礼乐盛兴，非至治乎”[①]？就《农政全书》的篇章内容而言，张溥的说法完全符合封建社会农耕为主的实际。《农政全书》引经据典阐明了农业是立国之本的道理，在今天也不落后。从《尔雅》《齐民要术》等经典著述到农谚口诀，从土地特性、气候气象农时到农作器具，从农事安排到种子田垄，从茶棉果木到主要农产品收集储存加工等等，甚至牛骡等牲畜的养育使用治病，无不详载，考订精细，结合实际，是当时最为先进的农业资料。尤其是农田水利，从卷十二到卷二十，用九卷的篇幅，谈论各地的水利问题，已经堪称十七世纪的水利工程指导书了。具体到一点，也是理论与实际结合而讨论之，如农时、气候、土壤等等。所以张溥通读全书，对自己的老师佩服至极。

同样，张溥作为明季大儒，对儒家的民本思想自然谙熟。所以在农作的问题上，徐光启明白，张溥也明白。因为早在战国时代，孟子已经说了，“不违农时，谷不可胜食也；数罟不入洿池，鱼鳖不可胜食也；斧斤以时入山林，材木不可胜用也。谷与鱼鳖不可胜食，材木不可胜用，是使民养生丧死无憾也。养生丧死无憾，王道之始也”[②]。王道初张，在于存民，让百姓能够衣食无忧地活下来。而安民的重要一环，在于不违农时，创造条件让百姓发展生产。于是，农田水利，也是张溥关注的事项。

当然，张溥没有到过东北西北，也没有太多的时间在外考查。所以，就其相对了解的东南地区，谈了些关于农田水利的观点。俗话说，万物生长靠太阳。其实，没有水也活不长。所以，张溥《东南水利议》，论述了太湖流域的水利建设问题。“永乐之元年，诏户（部）尚书夏原吉治水江南，复以《水利集》赐之，使讲究拯治之法。尚书原吉奏，以为浙江诸郡，苏、松最居下流，嘉、湖、常三郡土田，下者少，高者多，环以太湖，绵亘五百余里，纳杭、湖、宣、歙诸州之水，散注壂山等湖，以入山茆。顷为浦港湮塞，汇流涨溢。治法要在浚涤吴淞诸浦港，以入于海”。为何张溥主要关心的是排水问题，而不是蓄水问题？因为长江中下游的江南地区，经常遭受的是水涝之灾。以苏州为例，年降水量在1100毫米左右，水量充沛，足够农作和生活需要，一旦上流来水，加上一段时间的降雨集中，就

---

① 张溥《七录斋近集》卷3《徐文定公农政全书序》。

② 《孟子·梁惠王上》。

会出现内涝。更重要的是苏松地区海拔较低,甚至为负,排水不易。因而张溥注意到,太湖流域之水,一是发源于天目诸山,一是源于上游来水,而下泄通道主要是白茆、吴淞。“盖浙西、苏、松诸郡之水,其源皆出天目,昔之人言之矣。水之枝节多岐,而白茆、吴淞两派最大,昔之人又辨之矣”[①]。对于太湖流域的水系水量布局,既然前人已经了然,而且君王关注的治水也是疏通,措施亦已到位。张溥又别开生面,提出了蓄水灌溉的思路。治水,既要防止洪涝灾害,更要保障生产生活用水。所以,张溥提出了“藏存溉金坛,滆港溉武进,艾祁、通波溉青浦,顾浦、吴塘溉嘉定,大瓦等浦溉昆山以东,浒浦等塘溉常熟以北,冈垄支河深广复旧”的见解[②],将太湖以北、以东的几条主要河流的灌溉功能,与白茆、吴淞的泄洪功能统筹治理,以保障太湖流域的水系平衡。这种见识,是系统性的治水理念。

即便如此,水旱无情,不能完全依赖“天意”而保全民生,需要人为的准备与干预。特别是一旦遇到抗拒不了的灾难,则需要及时的救援。因而,发展生产的同时,必须关心百姓的困苦,天灾之后,及时救援。从远古的圣君尧舜时期,救荒救灾就已经成为君国大事,见于史书和歌咏。通观古人救荒,张溥认为宋代的两位贤臣,措施可以借鉴。一是富弼的青州救荒,二是赵抃的越州救荒,值得学习。

富弼(1004—1083),字彦国,洛阳人,宋仁宗天圣八年(1003)举茂才异等,历将作监丞、直集贤院、知谏院、枢密副使等,与范仲淹等共同推行庆历新政。新政失败后,出知郓州、青州等地。任内救助数十万灾民。至和二年(1055)拜相,封郑国公,人称“富郑公”。在青州其间,遇到黄河泛滥,大量百姓流离失所,逃向青州。而青州虽然受灾较轻,也难以承受数十万灾民。“富郑公知青州。河朔大水,民流就食。弼劝所部民出粟,益以官廪,得公私庐舍十余区,散处其人,以便薪水。官吏自前资、待缺、寄居者,皆赋以禄,使即民所聚,选老弱病瘠者廪之,仍书其劳,约他日为奏请受赏。率五日,辄遣人持酒肉饭糗慰籍,出于至诚,人人为尽力。山林陂泽之利可资以生者,听流民擅取。死者为大冢埋之,目曰‘丛冢’。明年,麦大熟,民各以远近受粮归,凡活五十余万人,募为兵者万计。帝闻之,遣使褒劳。前此,救灾者皆聚民城郭中,为粥食之,蒸为疾疫,或待

① 张溥《七录斋诗文合集·论略》卷1《东南水利议》。
② 同上。

哺数日不得粥而仆，名救之而实杀之。弼立法简尽，天下传以为式”①。此法简便有效，没有后遗症。因为既往救灾，往往将灾民集中，不仅救援出现杯水车薪的窘况，也埋下了疾疫集中爆发的隐患。

另一位救灾能手是赵抃。赵抃(1008—1084)，字阅道，号知非子，浙江衢州人，景祐元年(1034 年)进士，历武安军节度推官、崇安等知县，泗州通判。至和元年(1054)为殿中侍御史。后任睦州知府，梓州路转运使，右司谏，天章阁待制、河北都转运使，右谏议大夫、参知政事等。晚年乞归越州。“吴越大饥疫，死者过半。抃尽救荒之术，疗病，埋死，而生者以全。下令修城，使得食其力。复徙杭，以太子少保致仕，而官其子屼提举两浙常平以便养。屼奉抃遍游诸名山，吴人以为荣。元丰七年，薨，年七十七。赠太子少师，谥曰清献”②。赵抃的越州救灾，正史只有简略的记载，详情见于曾巩的《越州赵公救灾记》:“熙宁八年夏，吴越大旱。九月，资政殿大学士知越州赵公，前民之未饥，为书问属县灾所被者几乡，民能自食者有几，当廪于官者几人，沟防构筑可僦民使治之者几所，库钱仓粟可发者几何，富人可募出粟者几家，僧道士食之羡粟书于籍者其几具存，使各书以对，而谨其备。州县史录民之孤老疾弱不能自食者二万一千九百余人以告。故事，岁廪穷人，当给粟三千石而止。公敛富人所输，及僧道士食之羡者，得粟四万八千余石，佐其费。使自十月朔，人受粟日一升，幼小半之。忧其众相蹂也，使受粟者男女异日，而人受二日之食。忧其流亡也，于城市郊野为给粟之所凡五十有七，使各以便受之，而告以去其家者勿给。计官为不足用也，取吏之不在职而寓于境者，给其食而任以事。不能自食者，有是具也。能自食者，为之告富人无得闭粜。又为之官粟，得五万二千余石，平其价予民。为粜粟之所凡十有八，使籴者自便如受粟。又僦民完城四千一百丈，为工三万八千，计其佣与钱，又与粟再倍之。民取息钱者，告富人纵予之而待熟，官为责其偿。弃男女者，使人得收养之。明年春，大疫。为病坊，处疾病之无归者。募僧二人，属以视医药饮食，令无失所恃。凡死者，使在处随收瘗之。法，廪穷人尽三月当止，是岁尽五月而止。事有非便文者，公一以自任，不以累其属。有上请者，或便宜多辄行。公于此时，蚤夜惫心力不少懈，事细巨必躬亲。给病者药食多出私钱。民不幸罹旱疫，得免于转死；虽死得无失敛埋，皆公力也。”③

① 《宋史》卷 313《富弼传》。

② 《宋史》卷 316《赵抃传》。

③ 曾巩《越州赵公救灾记》,《曾巩集》卷 19。陈杏珍、晁继周点校本第 316 页。

结合两人的救灾经验，张溥的观点是，既要救灾于后，当灾害发生时及时救助，又要预备于前，做好必要的预案和物资储备，形成可行的救灾方案。《救荒议》指出："故以实心行政者，务身亲之，使其利足以及人，而不畏其烦苦，不贪其美名。"[①]要在真心救民于水火之中，使之得以存命而安身。

政府的救荒固然重要，提高百姓抗拒灾荒的能力也同样重要。于是，必须减轻百姓的负担，使民有余，故张溥有《赋役论》，指明赋役税收，利在国家，自古以来，赋役税务，法度不同，要在因时制宜。大明赋役制度几经调整，每次纠正一些偏差，而随之产生新的问题。所以，赋役税收之法，亦应"因时变通"，使百姓负担相应，生活生产不受影响。

衣食丰足之后，就是关注百姓的教育与风俗，需要帮助百姓建立公序良俗，当建学校，开科举，选人才，导上进，正风俗，引导百姓成为知礼仪而讲信用的善人。故而《建学论》中强调严格的考选制度，不能只看文章而忽视综合能力，也不是用金钱权力地位换来文凭："夫议国学之失者，在于启纳粟纳马之例；议郡县学之失者，在于仅取士子课试之文。"[②]从国学到地方学校办好了，方能影响到社会，为社会公序良俗之先导。钱肃乐在太仓，张采与张溥曾倡导在衙门前设立朱白榜，将善人、坏人张榜公布。"娄城郭旧分二十四铺，合境分二十九都"。即城乡共分成五十三个区域，每铺或都设正副约，"各授善恶册，曰'得实持以报'"[③]。每月的初一、十五，招集缙绅和正副约议论民风，得到善恶人姓名及其事迹，加以惩罚或表彰。并且"以朱白榜列善恶人名，械白榜者阶下，予大杖。久之，杖者日少"[④]。二张有缙绅的身份，在地方有极高的威望。加之地方长官的支持和权力的作用，对于维护娄东公序良俗，意义可以想见。表面上看，这只是民风问题，但关系到统治秩序的稳定，是对地方保甲制度的重要补充。而端正民风，首先必须端正士风。正士风的关键，在于教以忠义。张溥在《正风俗议》中说："为今日太平之计，欲使风俗之正，亦教之以忠义而已矣。夫忠义者，人之所习知，而人皆不知所以用之。上之人苟示以风厉之权，而明其赏罚之道，行之于学校而学校安，行之于四海而四海服，则草野之人，各有国家之责。"这也就是"天下兴亡，匹夫有责"的意思。从这点看，张溥治民的最高境界，仍然是儒

---

① 张溥《七录斋诗文合集·论略》卷1《救荒议》。

② 同上，《建学论》。

③ 张采《知畏堂文存》卷3《钱侯荣升序》。

④ 《明史》卷276《钱肃乐传》。

家推崇的一个也不能少的“大同”。

二、对军事与边防的阐述

中国军事史上有一个值得研究的现象，就是儒将带兵打仗。而且，还有不少书生喜欢谈兵论战，胸中颇有谋划，这也是文人责任意识的一种表现：守边安民。孟子强调了民为贵，何以使民贵，《梁惠王》中有精深阐述。可是，没有注意到一个问题：遇到敌人的入侵怎么办？不管孔子有没有删诗，“诗三百”中描写战争的篇章客观存在，但全是防御性作战，或者守边。“诗三百”成为儒家经典，说明后儒的眼光，有广于先圣处。因之，历代文人多有关注边事的，甚至直接从军守边，并留下了感动古今的华章。

当然，守边打仗，治理军队，并不是写诗那么豪放壮美，而是很现实很棘手的。明王朝自“万历三大征”之后，立即外强中干了。外人看来，天朝就是不能违抗的，所以疆土稳固，影响亚洲全局。但潜伏的严重危机，已经显现。仅仅在财力上，一千六百万两以上的银两消耗，已经让大明王朝承受不起。所以后来的辽东战事，不仅军事上屡屡受挫，经济上也左支右绌，君臣上下，没有正视而已。或者说，对于即将到来的亡国危险，故意漠视。

身处江头海角的张溥，既没有亲临前线，也未曾涉及军务，却依然关注备边守土的大局，足以说明，张溥在不自觉中储备着治国平天下的知识技能。当然，张溥不是军事家，不可能从大局整体考虑明王朝的军事建制与国防布局。仅从局部或具体事务着眼，也可看到张溥的胸襟。与张溥为莫逆之交的钱谦益，便是喜好谈兵的领袖级人物。从一篇《特进光禄大夫左柱国少师兼太子太师兵部尚书中极殿大学士孙公行状》[①]，可见钱谦益对明朝末年军事形势、东北战局、战争与战役的布局运作，有比较清醒而全局的认知。在明末，长期担任内阁首辅的温体仁、周延儒以及坚决执行温体仁方针的薛国观、蔡弈琛之流，并未见得有什么军事才能，当世人却称道他们是有才干的相材。“上即位以来，命相三四十人，其中非无贤者，求其精神提携得起者，惟宜兴（周延儒）与乌程（温体仁）二人，但俱不轨于正耳”[②]。而才兼将相，能够治国安邦的孙承宗、钱谦益等，被晾在一边。崇祯亡国，后人说肇始于万历。若崇祯真正任用忠义贤达而文武兼备之人，或许明王朝的悲剧不会这么快这么惨。张溥经历了短暂翰院见习之后不

---

① 钱谦益《牧斋初学集》卷47。

② 杨士聪《玉堂荟记》。

再北上京城，也是这样政治气候的必然结果。若能孙承宗、钱谦益、张溥前后相继而没有出现温体仁、周延儒、薛国观、蔡弈琛，也许历史是另一种走向。

经常能够给明王朝带来边境麻烦的是北方游牧民族，这也是朱棣将首都定在北方的主要原因。故而不仅边将，文人也极为关注北方的边防事务。欲明白北边的边事，首先需要知道北边是何许人，该如何相处？自《诗经》以来，北方游牧民族与中原农耕民族之间，经常爆发战争，基本上是北方南下，农耕防守。汉之霍去病、窦宪北上，甚至到达燕然山地区，乃是少之又少。“靡室靡家，玁狁之故。不遑启居，玁狁之故”（《诗经·采薇》），是如实的写法。然而，在张溥的时代，后金的直接威胁不是造成明王朝边境的战乱，是关乎明朝命运的因素。所以张溥有了《女直论》，也因为文中直接提到努尔哈赤的名字，成为清代禁毁文字。一是文章的名字原因，二是被禁的现象，容易让人误会，以为张溥的思想是何等的顽固。其实，细读全文，张溥并未对后金政权及其创立者予以轻视，文中隐约还有一丝哀悯。文章的主旨，在于检点明王朝对努尔哈赤以及北方游牧部落政策措施上的失误。朝廷“杀其父之无名”，“与其爵之已重”，是为“朝廷之失制”。将领“每每贬己重而利其财，戮其柔和之人而畏其陆梁之党。杀无辜以上功，匿不轨以逃罪”①，是边将贪腐无能，祸国殃民，为明王朝的彻底灭亡埋下了祸根。

所以，边将的人选，需要全方位考察和严格的筛选。《任边将论》：“开创之主，类起于戎伍之间。将士之能否，习察而身简焉，得以别其所任之轻重。沿而至于继体守文之君，深居优处，太师之名，武夫之号，有日进于前而不辨者，如是而欲责以知人善使之道，亦事之难通者也。论者求其说而不得，则其势必先于选择。若袁翻严坐举主之议，欧阳修军中求将之说，其言未尝不辨，行之久而终归于空文之无用……然而任边将之道与任攻将之道，固有异也。攻将之任，主檀车驷騵之盛，行滔滔洸洸之威，受托于六师，而根（报）命于一战。为之君者，衮冕拜庙，操斧授柄，推毂而度门曰‘从此以外，将军制之足矣’！若边将之任，与之千里之封，假以岁月之久。当其职者，愿为李牧之雁门，毋为魏尚之云中；愿为羊祜之襄阳，毋为祖逖之河南，固其志也。苟非俾事权、绝谗间而示之以简佚宽厚，亦何以养数十年而不变乎？”②不说这里列举前人论述何等深邃，也不论张溥对于练兵择将是否精通，就其中两个观点，足以说明张溥对于任用边将有

① 张溥《七录斋初集》卷 1。
② 张溥《七录斋初集》卷 1《论略》。

自己的思考。

其一，守成之君与开创之君对于将领的认知有很大的不同，任用将领的能力差异很大。原因在于，开创之君起于行伍，本身就身经百战，具有丰富的战场经验，当然能够迅速判断将领的能力，能够知人善任。而守成之君深居优处，连武将的名号职务也不一定清楚，要求他了解军将而妥善任用，行不通。

其二，张溥提出了守边将与攻将有差异的观点，这一点很重要。并非攻将不能守边或边将不能进攻，张溥所说的任用上的不同，在于君王的智商是否达到应有的高度以及胸襟能否容下边将的长久"无功"。守卫边关，能够让边关无事，已是居功至伟，有所开拓更是难上加难。张溥论说及此，不为无因。从天启到崇祯初，孙承宗经略辽东，"居四年，复九大城、四十五堡，招练精兵十一万，立车营十二、水营五、火营二、前锋后劲营八、弓弩火炮手五万、轻车千、偏厢车一千五百辆、沙唬船六百、马驼牛骡六万、甲胄器仗弓矢火药蔺石渠答卤楯合之数百余万。我进四百里，奴退七百里。西虏受我戎索，东奴不敢过河一步。招集辽人四十余万、辽兵三万。两年屯田五千顷，得十五万盐钱税，朋桩入可七万，采青省十八万"①。如果说钱谦益是孙承宗门人，或许有所溢美，则清人所修史书说："承宗在关四年，前后修复大城九、堡四十五，练兵十一万，立车营十二、水营五、火营二、前锋后劲营八，造甲胄、器械、弓矢、炮石、渠答、卤楯之具合数百万，拓地四百里，开屯五千顷，岁入十五万。"②而这样的儒将，王朝的长城，就在"朝议"和阉党的"合作"下光荣归乡了。故而，张溥认为，君王多对打了胜仗的将领尊礼有加，容易看到战争或战役的价值。而对于成功守边的将领，既信任不够，也不能认识到守边成功的意义。

有了合适的将领，还必须有强大的军队和善战的士兵。为了保障军队的正常训练和战事需要，必须具备完善的军事动员机制并对士兵进行严格的训练。所以在《兵论》和《兵家训实序》中，张溥对国防建设与国防体系提出了看法。有了完备的国防体系和强大的军队，大明王朝的边防才能得到保障。

而防御作战，既有千里冰封万里雪飘的北疆，也有四季如春的南疆，还有波涛汹涌的海疆以及内陆的治安防御体系，张溥并未参与到其中的任何一项，却能够看到明王朝存在的诸多问题，提出了自己的军事防御观点。除了任用边将之外，防边部署至关重要。《备边论》指出："边疆之地，以尺寸之进退为强弱。

---

① 钱谦益《牧斋初学集》卷47。

② 《明史》卷250《孙承宗传》。

而公卿大臣为凡所见者，常狃于一日之安，而遗百世之害。”[①]这就是寸土不让的意思。一旦松动，所丢失的，就不是一城一寨，可能就是千里之溃。所以，不能为了一日的安宁而贻害百世。“国朝宅都天险，自守边廷，视关中之建，势益重矣！至大宁委之三卫，而宣、蓟之应阻；东胜内徙不守，而山、陕西之振绝。其事之舛谬，又曷可胜道哉！大宁之赐，本于三卫助战之功。而既畀之后，辽东、西与宣府声援遂疏。兴和随废，而开平失固，则议边者之不察也。土木之变，三卫寔为导，则蛮夷外藩之祸速也。东胜跨河北，以卫套中，每一登城，平沙无林阻，见百十里而遥。所谓汉得阴山，匈奴过之，未尝不哭也。而遽徙不守，使虏入套。是朔方、河南之地，统万、受降之城，历代之所有，自我明而弃之也”[②]。这段议论，并非书生之见。早在嘉靖年间，对于河套地区的防守问题，就成了朝廷争论的焦点。“海内士大夫方怨嵩贪忮，谓言能压嵩制其命，深以为快。……未几，河套议起。言故慷慨以经济自许，思建立不世功。因陕西总督曾铣请复河套，赞决之。嵩与元、炳媒孽其间，竟以此败”[③]。

对于西北防务，张溥并未亲临，但十分清楚，防守作战，务得地利，依赖天然屏障。特别是冷兵器时代作战，高山大河是最好的防御阵地。实在没有，只能建设城池壕沟以阻止敌人的进攻。所以，西北防守，阴山的地位极为突出。可是，大明王朝没有守住阴山，导致河套地区完全暴露，无险可守，结果是西北粮仓尽数丢弃。同时，张溥注意到防御作战的军事部署，必须是相互呼应驰援，而不能孤城悬浮于敌前。从东北防御部署看，大宁堡放弃，三卫南移，关外驻军相互呼应的道途阻断，谈不上边防，反而成为累赘。真正的防卫，必须是立体的、系统地、相互支持的。而西北、东北两地的防务几于崩溃，大明的危机，可想而知。张溥之见，不为不深。

其实，明王朝的危机，不仅来源于西北、东北的边防，江防、海防也是麻烦不断，主要的东南地区经常遭遇倭寇袭击，百姓苦不堪言。十四世纪初期，日本国南北朝分裂，诸侯割据，互相攻战，争权夺地，势力范围经常调整。在战乱中失败的封建主组织武士、商人和浪人骚扰中国东部沿海地区，文明一点是走私贩卖货物，粗鲁一点就武装抢掠，是一种介于国家武装力量与海盗之间的武装组织，抢烧杀劫无恶不作，历史上称之为“倭寇”。而江浙之地由于经济发展，人口

---

① 张溥《七录斋初集》卷1《论略》。

② 同上。

③ 《明史》卷196《夏言传》。

稠密，缺乏基本的天然屏障，成为倭寇入侵的重灾区。“（嘉靖）三十三年甲寅，春正月，倭寇松江沿海地方，南翔、新城二镇尤甚，所获辎重尤多”。“四月十一日，松江流贼数百，自唐行掠，舟犯嘉善，毁民居，劫库藏，进犯嘉兴”①。南自福建，北到辽东，沿海州郡，不胜其扰，民不堪命。所以，明王朝也在调兵遣将，部署海防，并出现了戚继光、俞大猷等名将。即便是文弱书生，亦参与抗倭斗争。浙江总督胡宗宪幕下的徐渭，就曾建言献策，获得成功。

张溥生活的地方，也是经常遭遇倭寇，因为海船靠岸，登陆南进，很快就到富庶的浏河、牌楼、新塘等大镇，往前就是城厢镇。这一代经济繁荣，物贸发达，一旦遇寇，损失惨重。“苏州沿海之地，其所谓险要之大者，以一郡言之，常熟之福山港、白茆港，太仓之刘家河、七丫港，嘉定之吴淞江、黄滏港是也。以一邑言之，长洲之泖湖、吴江之莺河、吴县之太湖是也。以言其次，福山西有三文浦、斜桥，东有许浦、金泾。刘家河北有新塘、浪港、茜泾、吴淞江，南有宝山，东有老鹳嘴，均之为险要而不可以无备也”。这是对苏州地区水路要地的纵览，从沿江各个主要进入内陆的河流港口入手，将来犯之敌挡在水路关卡之外，就必须选择水路交通的战略要地设防。然而，防御倭寇的最理想状态，应是不让倭寇接近，即阻敌于防线之外。“是故有事余外防，则设战舰、列舟师。如贼自东南而来，必由宝山，吴淞江宜发舰一艅，泊于吴家沙以堵截之；贼自东北来，必由三沙，刘家湖宜发舰一艅，泊于营前沙以堵截之。而各信地时为策应，则寇不敢窃瞰矣”②。

倭寇海盗是一大隐患，除了前海与近海的布防，内陆河网的防御布局，也不可或缺。所以，张溥又详细分析了整个太湖流域水网节点的布防问题，对整个东南地区的防务，有一个整体布局了然于心，非七录斋中书生之孔见。军队与国防建设，必须依赖雄厚的经济基础，所以需要关注国家的经济运行与财税筹集。

就具体的政事，从朝廷大局到具体的地方事务，张溥也有多方面的论述。涉及的事项，有马政、赋税、诏狱、海防、治河等等。以《书军储说后》为例，张溥对张采提出的救荒措置方案，颇为赞赏。从国家的大局出发，“天下有三大势：北备边，中备江，南备海。边镇不宁，举天下之粟尽输而之边。幸海中无事，备

① 朱九德《倭变事略》。

② 张溥《七录斋诗文合集·论略·海防议》。

海之粟不集于近而移他邑，当事者其置海度外乎”[①]。同样的道理，军队驻扎在哪里，哪里就应该有军队的储备粮。在同时遭遇蝗灾、风灾的娄东，如果将当地征收的粮食留在当地的粮库，既可以保障军粮的供应，又减少了运输的费用和损耗，等于减轻了当地从官府到百姓的负担。所以，张溥与张采都认为，将娄东征集的粮食运往京师，再从别的地方运输军粮到娄东卫所，尽管是漕运惯例，是祖宗立下的规矩，实在是有害无利，损耗大而不方便。简单的变动就是置换划拨，从别邑起运同等数量的粮食，采用就近征收的原则，而将娄东之粮就近供应驻军，以节省百姓的运力及损耗，等于荒年减轻百姓负担，就是救荒的策略。

同样，对于历史上的救荒妙策，张溥也是竭力赞赏的。“尝读史，私心所慕效者，于宋有两人焉”[②]。一个是富弼，在青州任上，遇到河朔大水，民流京东。富弼出榜安民，让流民散布于各个村落，征集本地富裕的粮食，随流民所在赈济，直到夏熟，确保流民安全返乡而不乱。一个是赵抃，担任越州知府时赶上灾荒，但了解到周边几个州郡情况尚可，且各知府皆禁止粮食涨价。赵抃就下令本州允许粮食涨价。结果是四面的余粮往越州集中，粮价不涨反降。官府收购到足够度过饥荒的粮食，无一人饿死。

文人谈政治，既可以是空洞高深的理论，也可以是具体的政事。张溥既能从大局出发，又能细致分析具体的问题，论出忠义，论出民生，无怪乎有“议论随叙事而入，感慨淋漓，激昂尽致”的评价[③]，正点出了张溥政治性散文的特点，在叙述中议论，明白阐述个人的观点，鲜明而清晰。

三、为国为民的财经观念

俗话说，钱不是万能的，但没有钱是万万不能的。有志于调和鼎鼐的张溥，自然关注到货币、借贷、赋税、物贸等等方面。在借贷与物贸方面，张溥的理念是兼顾义利，全局着眼，重视历史经验，结合明季现实。《赋役论》指出：“以版籍覆天下之丁甲，以垦田定天下之赋税，国家之定制也。而因时变通之道，亦存其中。”是说依据成年男子的人数核算兵役劳役，按照实际耕地面积确定赋税额度，这应该是既定的国家政策。但是，也需要根据一时一地的特殊情况有所调整。北宋梅尧臣《小村》“淮阔洲多忽有村，棘篱疏败谩为门。寒鸡得食自呼伴，

---

① 张溥《七录斋诗文合集·近稿》卷3。
② 张溥《七录斋诗文合集·论略》。
③ 吴调和、吴楚材《古文观止》卷12。

老叟无衣犹抱孙。野艇鸟翘唯断缆，枯桑水啮只危根。嗟哉生计一如此，谬入王民版籍论”，说的是明明遭遇洪涝灾害，百姓死亡相继，像小孙子这样的“根”都未必能够保住的人家，居然还在皇家征赋税服徭役版籍上，真是荒谬。所以张溥强调，要因时变通。且不说历史上赋税制度屡屡变化，即便明朝，也是经常调整的。当然，明朝有一个特殊情况，征税再多，也不够政府的正常运行，因为被封为“王”的朱姓子孙后代实在太多，需要的赏赐占去了大明王朝财政收入的大头，成为不堪的重负。而土地制度、科举制度等等，又助长了赋税的流失，豪门权贵的兼并与严重的贪腐，使得明王朝经济上左支右绌，连前线将士的基本粮饷都不能保障，更何况更新装备招募新兵了。工部主事陆澄源上奏崇祯说：“今之勋荫，充塞满路，禄费不支。”[①]还有比勋荫更为庞大的朱姓王爷队伍，早在万历初年已经不堪重负。“计每岁所入折色钱粮及盐课赃赎事例等项银两，不过二百五十余万两，而一岁支放之数乃至四百余万两。每年尚少银一百五十余万无从措处。生民之骨血已罄，国用之费出无经”，这是现实。因而首辅也是“日夜忧惶，计无所出”[②]。到了崇祯年间，情况更加糟糕，落到要权贵捐款的地步。

张溥没有在朝廷真正任职，当然不可能清楚朝廷的财政状况。所以，议论不免书生意气。而将百姓的生存放在首位，则各项开销预算也会有所顾虑，征收赋税粮饷等事，也就不会艰难了。“国朝征一之法，始于欧阳铎；条鞭之法，行于刘光济。当时议条鞭之善者，以为均丁粮、消冒滥、息赔累、简名目、寝觊觎、屈市滑、平贫富、清册籍，一举而官民积重之弊皆反，天下孰有愉快于斯者乎？而行之十余年，群弊猬起”，张溥列举了一系列的问题，并指出了根本原因，在于“弊法得其人亦理，良法不得其人亦乱”[③]，关键是执法之人，理政之人，征集之人，是否出于忠心和具有清廉的修养，能否将民生放在重要的位置。所以，张溥在《征贷论》中说：“宽郡县以宽民，则守宰不以功令乱其心，而得优柔以从事。责郡县以宽民，则慈惠之长务为明察，而吏卒不得因缘以为奸。”[④]就是说，宽，源于上。宽民力，不等于贵民，还得防止吏卒之类的具体执行人从中渔利。

而在经济运行中，有关法律制度不够健全，被奸人钻了空子，往往损失巨

① 李逊之《三朝野记》卷6。
② 张居正《张太岳集》卷36。
③ 张溥《七录斋初集·论略·赋役论》。
④ 张溥《七录斋初集·论略·征贷论》。

大，祸国殃民。因此，立法严谨精细，极为重要。然执法同样重要，甚至行法比立法更重要。张溥分析了唐代改租庸调为两税法和宋代的改差役法为免役法，阐明用人执法之重要。“考其废兴，两税之难行也，不败于夏秋之两征，而败于后之借钱增税。免役之难行也，不败于官之雇募、民之输，而败于广敷钱、增科率。以是知立法非难，而行法为难”[①]，就怕一本真经，最后被念歪了。

事实上，这样的例子不少。在《钱楮论》中，张溥明明知道会子、交子便于使用，更看到了人为的破坏。明知当时铸造铜钱最为可靠，但官铸的同时又有私铸，成色不齐，大小不一，使用不便之外，原料也很紧张。因为大明境内，出铜之地甚少，产量不高而质量也差。所以，铜钱应该朝廷统一铸造，以县为单位，设立钱库，流行中使用钱楮，各地统一标准结算。这可以说，是一种类似于现金支票的使用方法，很是方便。钱及铸钱之铜之外，对于封建王朝安危关系极大的就是粮食，就是让百姓有饭吃，并保障军队的粮食供应。而这一点，明王朝又是捉襟见肘的。所以，张溥对于屯田，予以了特别的关注，撰写了《屯田策》。汉唐统一政权时期，皆有屯田之制，或军或民，只要还有国家的安宁，军队或民众集中种植，以保障粮食供应，确实是好办法，类似于今时的农场。明代自然亦不例外，实行屯田。根据张溥的研究记述，“洪武之世，临濠有屯，戍两广者往耕之；宁夏、四川有屯，船城、墙滩之间，置重将焉；太原、朔州诸屯，弗证其入；云南、定边、姚安、毕节诸屯，缓其岁输；辽左之地议屯，闽海运之不济也；一片石诸关议屯，虑守关士卒之游敖也。列圣继之，尝诏大臣往北京整理屯种矣，尝诏给陕西、山东诸屯之官牛耕器也。河南诸屯疲民赡卒，则申诫矣；山海至蓟州诸军宜修屯，则遣官经理矣。盖考其迹，则闲地皆屯；论其制，则以十为率，三守城，七屯种”[②]。

本来，屯田制是很好的部署。将驻防部队耕战结合，部分士卒负责防务，部分兵将负责耕作，既保障了驻军的后勤，粮食、衣物甚至一些经济作物，皆能成为军费开支的重要补充。但是，时间长了之后，各种弊端也会暴露出来。比如，主管屯田事务的军官，往往屯田之外，参与各种经营，屯田成为官员获利的重要途径，腐败因此产生。加之分赃不均，相互攻击，不仅破坏了屯田制度，更影响了军队的战斗力，分化军心。更有甚者，将领主官等将财物用来交易，甚至是与敌人进行交易，不惟催化了军队的腐败，破坏了当地的经济环境，更暴露了军队

---

① 张溥《七录斋初集·论略·赋役论》。

② 张溥《七录斋诗文合集·论略·屯田策》。

的问题，泄露了军事情报，使敌军有机可乘，在接下来的战争中处于严重不利的地位。明代后期的辽东战事不利，这是其中很重要的因素。“继其事者，皆没于财贿而忘远略”[①]。张溥只是在翰林院见习期间了解到一些朝廷局面和东北战事，也知道了一些明王朝上下存在的问题，尤其是朝臣倾轧、将领无能、官员腐败、经济面临崩溃、边防千疮百孔、宗室开支庞大、百姓生活困顿，可以说，没有一件事让皇上省心。崇祯即位后，求治心切，急于求成，也就可以理解了。然而，沉疴猛药，未必能够挽救，何况绝症已到晚期。以毛文龙为例，袁崇焕杀之，史学界评价不一。很重要的原因，是崇祯杀袁崇焕时有一项罪名是擅杀大帅。但很少有人注意到后面几句话的分量：“崇焕无子，家亦无余赀，天下冤之。崇焕既缚，大寿溃而去。武经略满桂以趣战急，与大清兵战，竟死，去缚崇焕时甫半月。初，崇焕妄杀文龙，至是帝误杀崇焕。自崇焕死，边事益无人，明亡征决。”[②]袁崇焕在东北战事中的作用，就明熹宗东北换帅一事，已然明白。这可是清人修的《明史》，如此敏感的事件，已经有所掩饰，尚且如此清晰。

孙承宗经略辽事，形势已经大为好转，无奈小人当道，能臣罢去。接替孙承宗的，是高第。到任之后，即主张撤防，将已经巩固的前哨陆地让出。“撤锦州、右屯、大、小凌河及松山、杏山、塔山守具，尽驱屯兵入关，委弃米粟十余万，而死亡载途，哭声震野，民怨而军益不振”。后果便是“我大清知经略易与，六年正月举大军西渡辽河，二十三日抵宁远”。所幸袁崇焕与手下部将坚守宁远，方保住这一要塞。“崇焕闻，即偕大将桂，副将左辅、朱梅，参将大寿，守备何可刚等集将士誓死守。崇焕更刺血为书，激以忠义，为之下拜，将士咸请效死。乃尽焚城外民居，携守具入城，清野以待。令同知程维楧诘奸，通判启倧具守卒食，辟道上行人。檄前屯守将赵率教、山海守将杨麒，将士逃至者悉斩，人心始定。明日，大军进攻，载楯穴城，矢石不能退。崇焕令闽卒罗立，发西洋巨炮，伤城外军。明日，再攻，复被却，围遂解，而启倧亦以然炮死”[③]。

袁崇焕是否枉杀毛文龙，可以检点一下。作为督师的袁崇焕巡视到毛文龙的驻地，“与之言节制及更定营伍，以道厅为监临，毛悍然不乐。而咬牙切齿恨阎鸣泰、武之望二人，其意在袁公也”。并且，袁崇焕看到，毛文龙“久营边寨，杭

---

① 张溥《七录斋初集·论略·女直论》。
② 《明史》卷259《袁崇焕传》。
③ 同上。

州西湖尽有乐地"[①],是将自己的地盘建设成独立王国,享乐无度。毛文龙的罪行十二项:"兵马钱粮不经核查,夜郎自居,横行一方,专制孰甚?一当斩;说谎欺君,杀降诛顺,全无征战,却占首功,欺诳孰甚?二当斩;刚愎撒泼,无人臣礼,牧马登州,问鼎白下,大恶不道,三当斩;每岁侵饷银十万,每月给米三斗五升,克减军粮,四当斩;私开马市,潜通岛夷,五当斩;命姓赐字,不出朝廷,走使舆台,滥给札付,犯上无等,六当斩;劫掠商人,夺船杀命,积岁所为,劫赃无算,身为盗贼,七当斩;部将之女,收而为妾,民间之妇,没而为奴,好色诲淫,八当斩;逃难辽民,不容渡海,日给碗米,令往掘参。畏不肯往,饿死岛中,草菅人命,九当斩;拜魏忠贤为父,迎冕旒像于岛中,至今陈汝明一伙盘踞京师,交结近侍,十当斩;奴酋攻破铁山,惨杀辽人无数,逃窜皮岛,掩败为功,十一当斩;开镇八年,不复寸土,观望养寇,十二当斩。"[②]袁崇焕杀毛文龙的第四、第五、第七、第九项罪名,均与经济问题有关,是将领守边的同时,还忙于经营,主业当然做不好。屯守军将,本应守土为主,种地养殖,只是为了改善军队的生活条件,弥补军费的不足。而演化为将领的生财之道,腐蚀的是整个国家肌体。因而,看似经济问题,实则关乎国家体制与安危。体制健全,制度完善,还得有理想的人选来执行,方能利国利民。如同盐铁茶酒,历史上多是专卖,由国家掌控,选择精明而秉公的官员掌管其事,为国征利收税,为民保障供给,平抑物价,稳定经济。在汉初,朝堂之上专题论证了国家经济问题,桓宽综合成《盐铁论》。食盐因其产量的局限,成为特殊的商品,二千多年来一直是国家控制,实行专卖,还必须贤臣主管。为此,张溥有《盐法论》,提出:"盐者,天下之大利。而今之所简以为理者,皆朝廷降散之人。以降散不职之人,主天下无涯之利,则请托必行而苞苴日盛。"[③]这里,张溥看到的还是小者,大者则是从食盐开始,走私贩卖,破坏国家经济制度与经济秩序,扰乱市场,进而引导贪心,腐蚀整个统治阶层,毁坏的将是朝廷政权。故而,必须清廉耿介的名公大臣,主持一方大政,如食盐买卖,如屯田守边,从而为国家为朝廷经营,而非损公肥私。尽管张溥并未实际临民或理财,从这些论述可以看出,他已经在为国为民理财准备条件,养育自己调和鼎鼐的实际能力。

---

① 柏起宗《东江始末》。

② 同上。

③ 张溥《七录斋初集·论略·盐法论》。

四、趋向科学的认知态度

十七世纪，西方科技已经是高度发达，而东方古老的文明之都亦已经张开双臂，准备将东方的古老文明与最新科技成果结合起来。当时的西方传教士来华，动机不用说，但副产品是带来了新的理念与新的科技，将有利于文明古国的腾飞。张溥生活在这个时代，对此可没有无视。但是，不可忽视的是，张溥毕竟生活在东方文明古国，接受了系统的儒家教育，带着治国平天下的理想走入社会，能够将些许西方理念与儒家经典的原始宗旨结合起来，已是难能可贵。《徐文定公农政全书序》中，对徐光启接受西学的影响持羡慕态度，可见张溥对新鲜事物的积极。比如对西历，就有好奇，“闻公方究泰西历学，予邀同年徐退谷往问所疑”①，这也是对实学的一种态度。虽然不能说张溥有多少科学思想，但有些问题的看法，也已经不是完全的迷信了。

对自然灾害、日月运行等所谓天象及其蕴意，张溥有自己的认知。《灾异论》中，张溥并未就灾害的发生与神灵的喜怒结合，倒是将人的作为放在了第一位。“宋李沆之为相也，日取四方水旱盗贼奏御，同列疑其细事，而沆独言：人主冲年，当知四方灾异、民所疾苦，不然，他日血气方刚，不留意声色犬马，则土木、甲兵、祷祠之事必作。当时之人不察焉，而其后真宗果封泰山、禅社首，以从事于繁役”。北宋李沆有“一代圣相”的美誉，不为浪得。真宗即位，作为太子的老师进而辅政，着意引导君王留意民生疾苦，而不是土木、甲兵、迷信之事甚至声色犬马。张溥赞赏李沆的奏论，将四方水旱灾异视作教材，而非用神灵怪象的警告，这是一种进步。可惜的是，李沆未能辅助赵恒成为一代圣君就早早辞世了。没有李沆这样的相臣引导，赵恒还是走上了迷信歧途。张溥不是科学家，也未必知道要崇尚科学，至少有点唯物观念，正视实际情况而不是请求神灵的指示，就是一种趋向。“人君克谨天戒，人臣克有常宪”②。人君自称天子，当然需要接受天意的约束，而臣下是具体干事的，需要的是人为制定的法律法规与规章制度，并且需要认真谨慎地执行。

对有关炼丹、祈祷诸事，态度保留，张溥没有迷信于方术。事实上，自秦始皇开始，历代圣君名臣以及林下贤士，代不乏人。汉武帝刘彻，堪称雄才大略，然而也迷信得可爱，居然相信栾大的骗术。栾大（？—前 112 年），本是胶东王

---

① 张溥《七录斋近集》卷 3《徐文定公农政全书序》。

② 张溥《七录斋初集・论略・灾异论》。

刘寄的手下，负责置办饮食器物之类。因身材高大长相俊美，学习方术，被推荐至汉武帝处。武帝以为栾大能通神仙，委以重任，封拜五利将军、天士将军、地士将军、大通将军、天道将军等，甚至封为乐通侯，娶已孀居的卫长公主，成了汉武帝的乘龙快婿。“赐列侯甲第，僮千人。乘舆斥车马帷帐器物以充其家。又以卫长公主妻之，赍金万斤，更名其邑，曰当利公主”[①]。后武帝发觉栾大的方术大多不验，也不能通神。黄河缺口的治理和提炼黄金白银，更是无从谈起。汉武帝造了天台，承接仙露，也没能见到仙女练成仙丹，还因此耽误了卫长公主，愤怒的武帝将栾大腰斩。关于汉武帝的迷信方术，封禅名山大川，在《孝武本纪》里有详细记载，密集而忙碌，就是没用。秦汉以后的君王名公，炼丹修道拜神服药比比皆是，而大多寿命不长。或者疯疯癫癫，成为保全性命的手法，未必真的迷信。鲁迅先生《魏晋风度及文章与药及酒之关系》谈到服药饮酒的多种情况，哂笑而已。

张溥关注方术以及炼丹诸事，与时风很有关系。在明代君王中，求仙炼丹排名第一的当是嘉靖皇帝，而对天地最为敬重的是明孝宗朱佑樘。朱佑樘在位十八年，十八次“大祀天地于南郊”[②]，祈求国泰民安。没想到他的儿子朱厚照却走样了，虽然也大祀天地，但祭坛上的砖瓦都被风吹掉了。他自己只是想着新法子玩玩，还封自己什么大将军之类。明世宗嘉靖皇帝，堪称葛洪的继承人。是否真的相信丹术，笔者读书不多，不敢妄下结论。但至少，朱厚熜炼丹是认真的，一心一意炼丹，可以排除外界俗务的打扰，说不定大臣们看到皇上如此虔诚，会改变主张，同意给他的父亲朱佑杬封个“皇”。明武宗朱厚照玩过火了，三十三岁就撒手人寰且没有皇子接班，于是首辅杨廷和与班底成员商量，确定了接替明武宗的人选：宪宗的孙子、孝宗的从子、兴献王朱佑杬的世子朱厚熜。还没有上岗，朱厚熜就已经想着要为他的父亲封个皇帝的名号。继位之后，立即付诸实施。可是，遭到了大臣几乎一致的反对。客观地讲，已经当皇帝的朱厚熜，想着为自己的生父加“皇”的称号，是孝的表现。一个名号而已，并不能改变什么。长期的争执与大规模廷杖，却改变了明代的政治。首先是嘉靖皇帝从此不愿意多见臣子，以至于晚年有二十多年几乎不朝，君权旁落。于是，严嵩父子控制朝政二十年，局面可想而知。其次是皇帝另寻精神寄托，修道炼丹成了嘉靖皇帝的主课，荒唐的故事也就一再发生。其三是书生从争大礼的结果中看

① 司马迁《史记·孝武本纪》。

② 《明史·孝宗本纪》。

到，只要有理和坚持，付出惨重的代价，在历史上留下了浓墨重彩的一笔也很值得。后来迎合上意的张璁、桂萼、方献夫议定了朱厚熜生父的名号为“恭穆献皇帝”[①]，而“廷臣诤者百余人。帝不得已，乃以嘉靖元年诏称孝宗为皇考，慈寿皇太后为圣母，兴献帝、后为本生父母，不称皇”[②]。事情尘埃落定，杨廷和下岗了，他的儿子也被编管了（杨慎，一首《临江仙·滚滚长江东逝水》家喻户晓）。而朱厚熜也关门炼丹，从此懒得管理朝政了。

上有所好，下必甚焉；是否诚心，并不重要。可以肯定的是，祈禳、炼丹、服药等等，最后都走火入魔，失去了最初的意思，成为旁门左道的玩意儿。以炼丹服药为例，关于明世宗就有很多传说，甚至有险些丧命于宫女之手的记载。但有些臣下的服药，就发生变化了。砷、汞之类为主要原料的“仙丹”当然不少，但从君王、朝臣、富商、文士之类忙于壮阳的也大有人在，李时珍《本草纲目》，就收录了不少壮阳补肾的药方，介绍了几十种药物，也是这种时风影响的成就。导致的结果就是，明朝皇帝在朱棣之后，没有一个长寿的。宪宗活了四十一岁，孝宗活了三十六岁，药不离身的武宗三十一岁暴亡，世宗活到了六十岁，算高寿了。穆宗三十六岁就死于非命，神宗同样如此，二十余年不临朝，五十六岁去世，一方面是与大臣怄气，另一方面身体确实不好。所以，当时的大臣，如颇有建树的谭纶、张居正、戚继光等尚且如此，那些奸佞小人、贪官污吏以及暴发户，更是如此。

这些，其实均是旁门左道。张溥注重实际，鄙视方术，尽管只是说“汉之武帝，宋之真宗，当太平之世，为聪敏之主，而好神仙，志封禅”[③]，没有提到明代的君王，实则指桑而已。因而张溥认为，治理国家，无论治边理财、临民统军或是防盗赈灾，主要在于人事。诚如欧阳修所言，盛衰之理，虽曰天命，岂非人事哉！人定法，人执法，人理政，人尽其才，则国家安宁，张溥的愿望是极好的，也不免有些理想化。“天下之盗，其人类魁奇伟翰，殊材异能，足以为国家所用。而使之放废无聊，不得已而出，而为乱。间考前代，如黄巢之贩私盐，张荣之为阡能草书檄，张元、吴昊之为夏人用，黄师宓主侬氏之谋，徐伯祥引交人入寇。以此之材，苟其正用之，御侮之具，固其素足。而朝廷坐困之于贫贱忧楚之中，遂激而走险，以至难于君父。此富郑公所以欲乞臣僚采访，作《草泽遗逸》，荐于朝

① 《明史》卷191《丰熙传》。

② 《明史》卷190《杨廷和传》。

③ 张溥《七录斋初集·论略·左道论》。

廷，随其所能，量加恩命。苏文忠愿采唐之旧，使五路监使郡守共选士人，有才力过人不能从事科举者，使得出比任子，不以流外限其所至也”①。这就是张溥超越的认知能力了，将贼盗加以区分，打家劫舍的贼盗，毋需君王担忧，也用不足动用军队镇压，因为是小打小闹。而真正的能够引起严重后果的贼盗，是有特殊能耐的人才。弥盗的重要手段，就是使其不能为盗，而能成为国家有用的人。可是，这些人在何处？肯定不在学校，也不在书房，更不在官场，是有文化有能力有水平但没有应试技巧不能参加科考的人。说白了，就是体制外的能人。任其发挥，可能酿成灾祸；收归朝廷，将能大放异彩。即便一时没有将其招抚，也不要激化矛盾，将其推向反叛。那样的话，朝廷的损失就不是一二人才的问题了。

或者并不是足以御侮或制造巨大灾难的人才，未必魁奇伟翰，殊材异能，就是一般的小小贼盗，亦应该加以引导规劝，放一条生路，也就多了一个善人。当然，最好是防患于未然，在即将或可能出现贼盗的环境或时段，着意改善环境，救急于一时，则某些人就不会为了活命而迫不得已成为盗贼了，这就是免租税救灾荒，及时恩泽万民，救民水火的意思。

风雨雷电、水旱灾异等等，俱是自然现象，封禅祭祀，礼数再多也解决不了问题。要在对这些现象或问题有清醒的认识，善于把握，事先积极预防，事发及时救治，而不是求神拜仙。苏轼诗《雨中游天竺灵感观音院》：“蚕欲老，麦半黄，山前山后水浪浪。农夫辍耒女废筐，白衣仙人在高堂！”享受人间香火供奉的大慈大悲的观世音菩萨，并不能阻止下雨。养蚕的关键时刻（大眠开叶）、种麦的希望时刻（收浆），也是最不能下雨的时候，却是雨浪浪，男女劳力却不能下地干活，菩萨并未显灵。所以做好人事，尽到人力，才是正道。而对于天意神灵，张溥的观念是，敬之可矣，这是趋向理性的认知方法，殊为难得。

张溥一生，已经不是能够用著作等身来形容了。读书用功，七录七焚已是天下闻名，而勤于著述，笔头之快，也是罕见其匹。尽管散佚甚多，存世著作的整理，也是浩大工程，何况他只有二十余年的著书立说时间，又用大量的时间精力投入到各种社会活动之中。仅仅参加科考，许多人穷其一生，也未必成功。所以，张溥实际上是提前透支了自己的生命，以二十余年的时间，做出了一般人六十年未必能够达到的成就。

---

① 张溥《七录斋诗文合集·论略·治贼盗议》。

张溥的学术研究，涉及经学、史学、文学、实学各个方面，不仅经学上兼容汉唐，吸取宋学精华，提倡探究儒家经典的本原蕴意和圣人的思想精髓，更引导了一种经学精神。明季吴门经学，前有杨彝、顾梦麟等，后有陈瑚、陆世仪等，中坚则是张溥。在张溥的提倡下，吴门形成了一股经学热，也贯彻了复社的经学精神，集考据、解说、注疏于一体，奠定了清初经学的基础，成为清代乾嘉学派的先导。而将经学与实学结合起来，将儒家圣人思想贯彻到实际的“登明堂”与“长郡邑”过程中，以达到“致君泽民”的境界，则是明季复社经学思想的精髓，导源于东林学派的取向，本质上就是将儒学本源化和实用化，是明季的事功儒学。只不过，张溥的事功儒学倾向，既没有明确宣示出来，也没有得到时人的认识及稍后学者的承认。经学重新恢复汉唐学方向，是时代的环境下学者迫不得已的选择。所以，“高邮二王”、段玉裁、钱大昕、朱俊声等人，是将经学推向了考据，掀起了训诂学的热潮。张溥的史学研究，虽然有人评价不高，似乎发明不多。读史有所发现不奇怪，发明太多可能就会背离历史的真实。而张溥的君王论、重大历史事件专论、宋史专论或元史专论，不管如何刊行，首先应该看到，张溥的史学研究工程巨大，结合袁枢的《通鉴纪事本末》一事一论，不惟是对袁书的发明，增加了袁书的价值，对于《资治通鉴》的价值发挥，也是起到张扬的作用。张溥在文学上的研究上，虽然没有“诗话”“文话”之类的专著，文学见解也散见于重要的题跋与序言之中。而“百三名家集”的搜集整理与刻印，殊非易事，其文献学意义，不能替代。尤其是针对是书作的总序和各家文集的题词，可以看作是最早的断代文学史，将汉魏六朝文学发展的脉络以及主要的作家作品梳理评价，已然是文学史著述的主体部分。所缺乏的，是对名篇或代表作的简要论述而已，成为后世文学史编写的重要参考。由此看，张溥是复社领袖，是明季士林的精神依归，是晚明文人的联系枢纽，杰出的社会活动家，也是明末重要的学者，是学界巨匠，明代学术史上不得忽视的大家。

第六章　士林枢纽

张溥是积极的社会活动家，卓越的社会工作者。从学界到文坛的领袖地位，并不是自己的定位，是晚生的崇敬，是时代的推许，也是前辈的公认与同辈的敬佩。张溥是东林前辈与诸生阶层的枢纽，是沟通朝野的桥梁，是号召全国文士的旗帜。张溥领导的复社，震动朝野，君王留意，时相瞩目。“太仓复社结党恣行，把持武断，提学臣所责何事，致士习嚣横如此！着倪元珙一面查究惩饬，据实回奏”①。张溥在京，名动天下；告假葬亲，而远近诸生上门拜谒者已成群结队。“远近谓士子出天如门者必速售，大江南北争以为然。以溥尚在京师，不及亲灸，相率过娄，造庭陈币，南面设位，四叩定师弟礼，谓之遥拜，浼掌籍者登名社录而去。比溥告假归，途中鹢首所至，挟策者无虚日。及抵里，四远学徒群集”②。在张溥一生中，交往的人物从内阁首辅到贩夫走卒，人数难以计数。今天仍有姓名可考者，亦以百计。广泛交际成为人文枢纽，是张溥成为晚明文人核心的重要因素。张溥在成为复社领袖之前，交游之广，远非一般二十多岁的人所能达到的规模。成为复社领袖之后，更加结交天下士，人数层次之多、地域之广，难以准确统计。从张溥的文章中可以发现有近二百篇序，除了寿序之外，大量的就是文集序，所涉文主籍贯有三十余处，几乎遍及复社成员所能活动到的重要州郡。这些，当然均是与张溥交游较多的人士。不仅有三吴的张采、杨彝、顾梦麟、徐汧、朱隁等，莱阳宋琮、宋玫，豫章陈际泰，上江沈寿民、沈寿国、刘城等多处人士的文稿也是张溥作序，非知其人知其文，作序极难。由此可以想见，张溥的交际面有多宽。而在官场，张溥的交际面不仅有大量的复社人士，如刘士斗、钱肃乐、吴昌时、蒋德璟、黎元宽、徐汧、吴伟业、夏允彝、陈子龙、徐孚远、夏曰瑚、左懋第、刘同升等，更有未入复社的许多官场重量级人物和学术文章名流，位高望重的主要有熊开元、徐光启、黄道周、侯峒曾（其弟侯岐曾入复社）、文震孟、姚希孟、钱谦益、周延儒等。就其中比较重要或影响较大的名家，作简略梳理介绍。

---

① 陆世仪《复社纪略》卷 4。

② 同上，卷 2。

第一节 生死之交"南张"

张溥与张采,是终身的朋友,历来并称"娄东二张",同姓不同宗,兄弟之情,不亚同胞。张采既不是张溥的前辈朋友,也称不上同辈先进,是与张溥情义一体的复社领袖。他们是创立应社的肇始者,是应社中积极的活动者组织者,也是学问上精神上相互激励焕发者。"娄东二张"之称,突出了"二张"的终身情谊。张采不仅是张溥学业上同调、功名道路上的榜样,更是文社活动的主要助手,复社中仅次于张溥的领导者。并且,张溥宽泛和蔼,张采严肃刚烈,"二张"在性格上有一定的互补作用,是畏友,"两公性不同,相爱,见则互教诫所不及"[①]。

一、相似的境遇

张采(1596—1648),字受先,居娄东之南郊。"四方称谓不敢以字,天如曰'西张',居近西也;于受先曰'南张',居近南也。及门弟子则曰'南张先生、西张先生',后则曰'两张夫子'"[②]。张溥居城西,张采居城南,故称。张溥与张采,没有亲属或血缘关系,知情同手足,终身为至交。方志介绍:

> 张采,字受先,凤翼子,崇祯元年进士。父早卒,事母至孝。弱冠,益折节读书。时海内学者喜诵诸子书,为文多诡异。同里张溥,与采相砥砺,期以六经史汉倡天下。已,先后成进士,世遂翕然服从。采谒选,归病里中,显者多纵恣。乃集荐绅于城隍庙,而誓曰:"吾侪读古人书,幸通籍,毋以势凌人,毋纵奴仆横,毋使宗党子弟肆里门,毋听私属隶。官府有渝约者,共斥之。"众曰:"诺。"风俗始少戢,及授临川知县,敦俭约。奉母间进肉,妻子以下率烹葵食之,恤民绳暴,善政毕举。寻移疾归。先是,张溥举复社,采归,与其事。为陆文声、周之夔所讦。及溥卒,采独具疏直之,事详溥传。十四年,旱蝗,采请于州,四门设粥厂,活万人。又作常平仓,立乡约及保甲法。知州钱肃乐尤重采,民有不便,采白之,无不从。豪猾衔之刺骨。福王时,起礼部主事,升员外郎,已奉使归。采好善嫉恶,出于天性,修辑州志,

① 吴伟业《吴梅村全集》卷24《复社纪事》。

② 陆世仪《复社纪略》卷2。

皆直笔。尝过绍兴,与刘宗周讲学,宗周极推之。濒行,封黄柑四枚,驰数十里为赠。尤留心经济,尝与程珣定海乱。乙酉,里中巨猾数十辈,绐采出,捶之几死。一僧伺间负之走,得脱。自后东西窜伏,辄南向痛哭,三载卒,年五十三。(宣统《太仓州志》卷十九"人物"三)

张采对张溥,于理解中生敬重之情。虽长于张溥六岁,长期"兄"称张溥,直至终身。不仅因为学业上的互相激发,还有人生经历上的相似遭遇,见面即生惺惺相惜之情。

张采的父亲张凤翼(1557—1616)[①],字伯鸣,诸生。读书不事章句,但关注实用价值。为人大方,虽家境贫寒,遇人有急难,竭力周济。"二张"互许姻亲,为生死至交。张溥与张采订交在万历四十八年(1620),时张溥"十九,补博士弟子,声闻籍甚,交一时名贤,志为大儒。"[②]张采长于张溥,二人不分彼此,深契相交。"忆弟交兄,始庚申"[③]。时张溥十九岁,已经在城西的"七录斋"住了三年。而张采二十五岁,长张溥六岁。常理上讲,张溥应该称呼张采为兄,但张采居然也称呼张溥为兄。这是互相敬重,情谊甚笃实。张溥于天启三年(1623)把张采请到自己的书斋共同读书,"岁既癸亥,延我七录斋,逮丁卯。凡五年中,兄每晨出,夜分或过子刻入,两人形影相依,声息相接,乐善规过,互推畏友,时设疑难,必尔我畅怀,归于大理"[④]。但根据现有资料,很难考证张采此时的身份。如果已经是诸生(秀才),则张采的社会地位不差,也有数量可观的物质和经济补助,读书生活没有问题。根据张溥年十九成为诸生名动一时的情况来推断,张采获得诸生资格应是晚于张溥。从功名顺序上,张采称呼张溥为兄,当出于此;张溥称呼张采为兄,则是序齿。二人虽非同胞,情同手足,以至终身。正是这种友情,"二张"在今后的诸多活动中共同进退,张采成为张溥终身交情最深的挚友,也是张溥文社活动和社会运动中最得力的助手。而在张溥年轻时结交的朋友中,虽然未必如张采所言,皆一时名贤,至少有多位日后在政治上、学术研究上

---

① 张采《知畏堂文存》卷8《先考赠君行略》记载其父亲"生于丁巳年七月十六日申时,卒于丙辰年九月二十日寅时,享年六十岁"。父卒时张采年二十,已经成人。张采有一兄长,名士鲁,万历三十八年(1610)病卒,留下三子一女,皆幼年。可见,张采的家境也不是太好。但在家庭中的处境,张采比张溥好得多。

② 张采《知畏堂文存》卷8《庶常天如张公行状》。

③ 张采《知畏堂文存》卷9《祭张天如文》。

④ 同上。

和文学创作上取得一定成就的人物，如赵自新、陆世仪、朱明镐等，当然也包括张采。而“二张”之间，是畏友，既相互钦佩而又相互忌惮，一方有过，另一方必然严厉纠正，在人生的道路上，共同前进。

同样是父亲去世，自己并未取得功名，但张采的处境略好于张溥，因为张采没有复杂的家族纠纷和豪奴搅局。但张采的压力并不比张溥小，父亲、兄长去世后，嫂子、兄长的三子一女、母亲的生活，需要张采承担起来。所以，张采只有尽快取得功名，获得俸禄，才能保证全家的基本生活资料。当然，不是所有的人需要张采养活，毕竟张采的父亲留下的不仅是人口，还有房产、土地。所以，张采才能安心读书。因为张采之父张凤翼生于嘉靖三十六年，卒于万历四十四年，年六十。张采的长兄张士鲁卒于万历三十八年，应该年近四十。所以，子女当有成人者。不过，张采与兄张士鲁是否同母，则无从考证。“娄东二张”如此亲密，恐与相似的家庭身份地位不无关系。

惟其如此，两人在学业上有共同的追求目标，也能够相互促进。“娄东二张”相互推为畏友，是相互促进与互相学习的。自订交之后，两人相当一段时间形影相随，读书科举，是他们交往的根本动力。而读书的出人头地，更是两人的共同目的。于是，两人不仅在七录斋，在外面的任何地方，也是将读书作为头等大事对待。若有所倦怠，则互相惧怕对方的批评。

而正是相互勉励与相互监督，又互为师友，“娄东二张”也成为前后科进士，实现了读书应试的最高目标。

二、杰出的才学

既然张采也致力于经典著作的研究，且在应社时的分工是治《礼》，短短几年的时间里，张采校勘、刻印、编辑、选录了大量的典籍，进行刊刻发行，主要有《周礼注疏》十八卷首一卷。刊刻《宋名臣言行录》六十二卷，刊行自己的《知畏堂文存》十二卷、《诗存》四卷。选辑刻印了《两汉文选》四十卷、《东汉文》二十卷、《三国文》二十卷等，这些成绩，非数年功夫，不能达到。仅仅刻印古书，似乎学术价值不大。但要知道，张采并非富有，筹集资金刊刻《周礼注疏》之类，还是极为困难的。其中，《两汉文选》四十卷、《三国文》二十卷在苏州大学图书馆有存，苏州市图书馆藏有的《两汉文选》残缺一卷。

不可忽略，张采也是文章高手，诗歌内行。只不过，张采的文学作品保全不多。在明清易代之际，不仅张采的大量手稿不见，还险些丧命。今有《知畏堂文存》十二卷、《知畏堂诗存》四卷存世，保留各体文一百四十二篇，诗歌三百二十七首，远非张采的全部创作。诗文的结集付梓，完全因张采的两个儿子和两个外甥：张于临、张于娄、金起麟、方瑛。他们的努力，终于保存了一代文人集团领袖张采的部分文学作品。

一般情况下，文如其人是基本的规则，但用在张采身上则不符。崇祯元年(1628)张采进士及第，授临川县令，到任之后，雷厉风行，抑制豪强、审阅旧卷、兴办学校、照顾鳏寡，政事很有起色，但身体状况却不如人意。张采的性格是严毅风烈，任职临川“摧强扶弱，声大起”，且“喜甄别可否”，人有错则“面斥之”[①]。临川任期到了之后，张采没有进京述职等待考选，而是返回原籍，再也没有重返仕途，致力于经学文章的经营。其文章风格，娓娓絮叨，从容不迫，具有语气和缓而连绵不断的特点，犹如生活阅历丰富而又健谈的长者，向后生传达生活体验和研究学问的路径，明显受到欧阳修文风的影响。张采在临川的时候，正是复社筹建、成立的时候，各种力量暗中分化组合甚至争执，虽然波涛不大，但影响不小。艾南英就与陈子龙争论激烈，并又对张溥的选文予以攻击，激怒了张溥、吴昌时等人，纷纷写信给张采，要他在临川以父母官的身份，约束一下艾南英。张采修书一封，只是劝导艾南英，希望他不要与张溥、周锺、宋玫等公开争吵：“江左江右并为人文渊薮，在豫章向操海内衡文之柄，近日介生、天如先后执牛耳，然皆声气相倚，未有不奉豫章者也。宜共遵尊经笃古之约，力追大雅，以挽颓靡，幸勿自开异同，为世口实。”[②]语气委婉，遣词卑恭，文气从容，大局为重，情理兼到，颇类阴柔，根本不是张采习惯的风烈气度。

张采的诗歌现存三百余首，数量不多，质量也不是很高，却有明显的风格特征：以身边事与眼前景为主要表现对象；追求平淡无奇的艺术风格；简朴的议论中蕴涵深刻的见解；布局平稳、脉络清晰而语词朴实。

积　雨

作吏未谋家，归来贫似昔。所居故数楹，冷风吹四壁。
妻孥不耐穷，积雨相叹息。晨昏糜作餐，中午得饭食。
日逐体既克，如何欲未极。试看南北邻，我家且丰泽。
他富与他贵，取盈非所适。

---

① 《明史》卷288《张采传》。

② 陆世仪《复社纪略》卷1。

先将自己的艰难生活做明晰的描绘：居住是四壁漏风，屋顶漏雨；饮食则一日三餐，一干两稀；而寒风冷雨，妻孥愁叹，说明妻子孩子对生活的失望。而张采对自己的生活已自满足，因为早上晚上能够吃上碎米稀饭，中午可以享受干饭，基本满足了生存的需要，还有什么可追求的呢？与邻里相比，这样的生活算是富足的了。通过这样的对比，写出了普通百姓的生活情状，与娓娓叙写中发出了与“朱门酒肉臭，路有冻死骨”相似的批判。我们在有些作品中，似乎又可以看到陶渊明的影子。如《村居》一首，更像《归园田居》：

所居固无山，饶溪作山径。鸣鸟自成音，水流适鱼性。
细草匀阶除，深虚得大慎。开卷拓见闻，闭目复呼应。
试问山中人，山静仁者静。

张采与陶渊明最大的相似是当上县令，最大的不同是张采进取而陶渊明回避。这首小诗中，张采没有着意渲染自己的高雅，而高雅自在。太仓没有崇山峻岭，仅有几乎不能用海拔标高的土墩。但张采居住城南，流水、小径、台阶、细草、鸣鸟、游鱼，构成了天然的世外桃源，也点染了张采澄明如水的心灵。张采的诗歌，当然也以咏叹娄东及吴中风物世情为主。

在四卷《知畏堂诗存》中，有十五首四言诗，别有旨趣。四言诗在“诗三百”之后，作者不多。特别是五、七言诗兴起之后，由于表情达意、朗诵的节奏和音节安排上有明显的优势，四言诗更少人问津。曹操之后，佳作甚少，大家难觅，张采却肆其余力，为四言之诗。其中《猛虎》五章，风味独特。其五：

曷惟妇哭，泪也滂沱。他山之下，孔子未过。

仅仅十六个字，概括了两千年，隐含今不如昔的唏嘘。苛政猛于虎，尚有孔子的问讯关注。而今，没有孔子，却有哭妇。孔子政治思想的核心是仁政，历代统治者所标榜的就是儒治，以儒家思想教育培养国民特别是知识分子，以成为贯彻仁政的主体。可仁政不见施行，哭妇遍地皆是，上自君王，下至各级官吏，仁在何处？那些读圣贤书而食君王禄的君子们又在哪里？为何不来像祖师爷一样“轼而听之”，并派人“问之”[①]！或许，有像张采这样的人，也没有能力、没有权力来问。

张采的诗歌，虽没有重大主题，却有末世的感叹和衰世的情怀，淡泊中寄寓幽怨，自具风格。

三、慷慨的申辩

崇祯十四年五月初八张溥去世，但温体仁党的刑部侍郎蔡奕琛并不知道。因薛国观案被捕入狱的蔡奕琛，继续讦溥“遥握朝柄”，于是崇祯皇帝下诏严责“二张”回奏：“至十四年，溥已卒，而事犹未竟。刑部侍郎蔡奕琛坐党薛国观系狱，未知溥卒也，讦溥遥握朝柄，己罪由溥，因言采结党乱政。诏责溥、采回奏。”[②]张采奏“复社一案，责张溥及臣回奏，惜溥已死，臣谨沐斋陈之：我朝制科取士，因重时文。凡选乡会中式文曰‘程墨’，选进士文曰‘房书’，选举人文曰‘行卷’，其诸生征文汇选曰‘社稿’，从来已久。若复社之起，臣已为县令，不预诸生事。张溥时犹未第，故选社文。以臣向同砚席，代臣作序。及溥成进士，而臣已病废矣，岂意里中奸人私隙中伤。有复社一款，下苏松提学，前学臣倪元珙曾经具覆。奉旨，再察。既学臣亓伟以丁忧去，张凤翮以外转去，悬案未结，是会致然，罪不在溥与臣也。乃夏五月初八日，溥病身死，惟臣仅生。谓复社是臣事，则出处年月不符；谓复社非臣事，则溥实臣至交。生同砥砺，死避罗弋，负义图全，臣不出此”。态度明确，事实清楚，张采没有参加复社的组建，是事实。但张采巧妙回避了自己在复社的实际领导地位的问题。接着继续辩诬，备述复社端倪，指出周之夔的《复社或问》和徐怀丹的《复社十大罪檄》都是有意陷害：“窃维文者，昭代之所重；社者，古义所不废，推广溥志，不过楷模文体，羽翼经传耳，未尝有一毫出位跃冶之思也。至于《或问》及《罪檄》，此忌溥者罗织虚无，假名巧诋，不惟生者不闻，亦溥死者不知。若使徐怀丹果有其人，臣愿剖心与质；倘其人乌有，则事必诬构。独念溥日夜解经论史，矢心报称，曾未一日服官，怀忠入地，即今严纶之下，并不得泣血自明，良足哀悼。臣虽与世隔越，孤立杜门，而兢兢勉学，颇知省察，不欲一字自欺，岂敢一字欺皇上。谨据实回奏。”[③]疏上，崇祯皇帝以“书生文社不足究”，降旨勿问。当然，这里面首辅周延儒的作用不可抹杀。

---

① 《礼记·檀弓下》。

② 《明史》卷288《张溥传》。

③ 张采《知畏堂文存》卷1《具陈复社本末疏》。

四、悲剧的结局

张采的个性刚烈,《明史》中有明确记录:“采特严毅,喜甄别可否。人有过,尝面叱之。”[①]崇祯十七年三月,明朝灭亡。五月,福王朱由崧在南京建立弘光小朝廷,起张采为礼部主事,寻进礼部员外郎。但为时不久,失望乞假而归。弘光元年(清顺治二年,1645)五月,清兵渡长江,福王出逃,南京陷落。地方政权迅速崩溃,太仓处于无政府状态。张采遭到了一帮地痞无赖的报复,几乎丧命。

俗话说:得罪君子,丧吾德;得罪小人,丧吾身。弘光元年五月十七日,张采在家里,突然有几个人进门,张采尚礼貌迎接。殊不知这几个人根本不搭理,直接将张采捆绑,拉往衙门,一路上遭到毒打,到城隍庙,“势如风雨,铁石并下”,打得张采奄奄一息。“复惧其佯为绝也,乃以利锥长数寸者,自耳旁至腰腹以下,皆锥数寸,遍千洞穴,而有汲井水数斛灌之。此时已无一息矣,乃牵之入小校场,欲作坎为瘗,系索于颈,两人曳之走,头与地相击有声,身无寸肤得完者”。不仅没有任何反抗能力,气息也已微弱,接近死亡了。居然还有人想把张采的头砍下来,幸有“从旁有不平者,呵之乃止”。等到这帮地痞离开,同情张采的人才将他扶起,在多人的帮助下,张采得到及时的医治,保住了性命。“一沙弥见其鼻犹有息,乃毁寺中一绰楔举之。旁有好义者,共扶至南关外宅内,作法相调理,得渐苏”[②]。身体基本康复后,张采离开了令他伤心的太仓,前往常熟唐市,住进凤基园依靠杨彝生活,三年后病逝。“张采字受先,崇祯戊辰进士,除临川知县,升礼部主事,与张溥称‘娄东二张’,并主文柄。明末,采匿影杨彝凤基园,自称山衣道人”[③]。一个月后,带头迫害张采的恶徒受到惩罚,首犯二人,斩于市。

张采之于张溥,学业上相辅相成,道义上休戚与共。在张溥溘然长逝之后,张采竭力整理张溥文稿,特别是《七录斋近集》的校勘整理,功莫大焉。对于张溥,有这样兄长式的畏友,亦是人生幸事。

---

① 《明史》卷288《张采传》。

② 王家桢《研堂见闻杂录》。

③ 道光《唐市志》。

第二节　联系前辈名流

张溥善于结交天下名贤，在复社中有共同的认识，在先达中也有一致的看法。张溥及复社的朋友遍天下，就是最好的说明。陆世仪《复社纪略》云：

> 社事以文章气谊为重，尤以奖进后学为务。其于先达所崇为宗主者，皆宇内名宿：南直则文震孟、姚希孟、顾锡畴、钱谦益、郑三俊、瞿式耜、侯峒曾、金举、陈仁锡、吴甡等，两浙则刘宗周、钱士升、徐石麟、倪元璐、祁彪佳等；河南则侯恂、侯恪、乔充升、吕维骐等，江西则姜曰广、李邦华、熊明遇、李日宣等，湖广则梅之焕、刘弘化、沈维炳、李应魁等，山东则范景文、张凤翔、高弘图、宋玫等，陕西则李遇知、惠世扬等，福建则黄道周、黄景昉、蒋德璟、刘长等，广东则陈子壮、黄公辅。诸公职任在外，则代之谋方面；在内，则为之谋爰立：皆阴为之地而不使之知。事后彼人自悟，乃心感之。不假结纳，而四海盟心；门墙之所以日广、呼应之所以日灵，皆由乎此。是时议起废，欲推举钱谦益；而阁部折之坚，乃共推文震孟、侯恂、倪元璐、刘宗周、姜曰广、黄道周，相继登用。又复引掖后进，内而中行评博、外而推知，有名望应考选者，俱力行荐拔。其六部迁转及台省举劾，皆得与闻。天如虽以庶常在籍，悛悛负公辅之望云。

上列人物，是复社交往的官场主要人物，在复社发展的过程中或多或少起到一定的作用。如科举考试，他们担任乡试考官，则复社领袖特别是张溥的推荐，往往就是推荐入学、岁考取得好名次、乡试中举的重要保障。“每岁、科两试，有公荐、有转荐、有独荐。公荐者，某案领批，某科副榜，某院某道观风首名，某郡某邑季考前列；次则门弟子某公弟，至某公孙、某公婿、某公甥；更次则门墙某等，天如门下某等，受先门下某等。转荐者，江西学臣王应华，视荐牍发，时案抚州三学，诸生噪鼓，生员黜革，应华夺官，后学臣相戒不受竿牍。三吴社长更开别径，关通京师权要，专札投递。如左都商周祚行文南直学宪，牒文直书‘仰甘学润当堂开拆’，名为公文，实私牍也。独荐者，公荐虽已列名，恐其泛常或有得失，乃投专札。尔时有张、浦、许三生卷已经黜落，专札投进，督学倪元珙发三卷于苏松道马元扬达社长,另换誊进,仍列高等;是大妨贤路。局外者复值岁、科试,辄私拟等第名数;及榜发,十不失一。所以为弟子者争欲入社,为父兄者亦莫不乐之子弟入社。迨至附丽者久,应求者广,才隽有文、倜傥非常之士虽入网罗,而嗜名躁进、逐臭慕膻之徒亦多窜于其中矣"①。但根据崇祯朝在复社成立以后的六科进士榜与复社人名比堪,实际成功的复社成员并不多,大约占六分之一左右。或许乡试、岁试、推荐入学等方面有较大的作用,但已经没有详细资料可以证明了。

从上面的名单可以看出,绝大部分是东林系官员,这也说明,复社在政治上、学术上,与东林有着一致的地方。尤其是反对阉党,鄙视小人,经世致用,崇尚本源等方面,复社将东林的取向运用到多个方面,超出了东林的影响范畴。而这正是东林学派及其官员所难以达到并十分欣喜的,也是东林前辈与复社领袖有所交往的重要因素。

在张溥交往的前辈先达中,有相当多的人物姓名,出现在各种东林名录中,钱谦益无疑是往来最多的一位。并且,几乎与复社、张溥的命运直接关联。而张溥的交际圈中,也确实不少东林前辈。

一、联结东林与复社的钱谦益

钱谦益(1582—1664),字受之,号牧斋,又自称牧翁、蒙叟、绛云老人、敬他老人、东涧遗老等,江苏常熟人,明万历三十八年(1610)一甲三名进士(探花)。钱谦益的一生,四分之三在明朝度过,但经历了太多的打击与伤心。早年名列"东林",身受党祸。崇祯初回归朝廷,又不幸遭到温体仁、周延儒的联合打击,被迫回乡。即便赋闲,温体仁没有放过他,钱谦益住进了牢房,险些丧命。易代之际,钱谦益辱没了自己的名声,保全了南京的一城百姓性命,为时论所诟病。又担任了六个月的清朝礼部右侍郎,更为舆论所不容。告病回到常熟,又秘密支持抗清力量,得到抵抗人士的赞赏。因此,从不同的角度出发,后人对钱谦益有不同的评价。"但他在中国文学史上的地位,则久为人们所公认"②。

今天能看到的复社人名录中,没有钱谦益的名字,但钱谦益是复社事实上的精神领袖,是重要的领导成员。复社成立时加入复社的人员是尚未取得功名的生员,钱谦益包括张采已经是官场人物,名单当然不会在其中。复社有"小东

① 陆世仪《复社纪略》卷2。

② 钱谦益《牧斋初学集》"出版说明"。

林”之称，有人甚至认为复社是东林的延续。因为《明史》上的一句话，易于误会。“诸奔走附丽者，辄自矜曰：‘吾以嗣东林也’”①。是那些对复社并不十分清楚却又钻进复社的新人，为了抬高自己的身价而宣扬的。但是，这也说明了复社在政治上、学术上对东林的认同。诚其如此，复社成立后依然在世的东林士人基本上参加了复社的有关活动，钱谦益自不例外。与复社对立的阉党把钱谦益当作复社魁目，与阉党精神相通的浙党头目蔡奕琛，因为薛国观案的牵连而下狱，居然栽赃复社。“其十一月（崇祯十三年，1640），蔡弈琛以贿国观前事逮讯，不肯入狱，抗章自讼为复社诸人构陷，以旧邑令丁煌语为征，取《复社或问》及檄，增益上之，且因以并攻虞山曰：‘复社杀臣，谦益教之也’”②。

张溥与钱谦益的交往始于何时，难以推断，应该是张溥第一次进京时。因为这时钱谦益也在京师，不少东林人士惊恐之余，看到张溥初生牛犊不怕虎的举动，很是敬佩。“明年戊辰，溥以覃恩选贡入京，受先第三，九一、八公皆告捷。江西黎友岩元宽已冠礼闱，为主试所抑，置之第二，皆社中才杰也。溥廷对高等，诸贡士入太学者，俱愿交欢溥，争识颜面，因集诸多士为成均大会。是时宇内名卿硕儒，前为崔、魏摧折投荒削逐者，崇祯新政，后先起用，闻溥名，皆愿折节订交。骚坛文酒、笈筐车骑，日不暇给”③。

崇祯元年十一月会推阁员的风波，直接导致钱谦益狼狈归里。“责谦益引罪而出，命谦益回籍，旋除名为民”④。回乡之后的钱谦益一方面沉湎于学术研究和文学创作中；另一方面，将投靠自己的柳如是安置在常熟与太仓之间的白茆镇，购地修建红豆山庄，徜徉其间。同时，钱谦益往还于郡城、太仓、常熟之间，与东林失意官员和复社领导层密切交往。其中，与张溥的交往更为引人注目。张溥的生母金氏六十岁祝寿，钱谦益赶来，还写下了热情洋溢的祝寿文，时在崇祯十年十月，也是复社处境极为艰难的时刻。

崇祯十年十月，张溥的生母金氏六十大寿，数十州县社众及张溥及门弟子前来祝寿，钱谦益为祝寿文：

---

① 《明史》卷288《张溥传》。

② 吴伟业《吴梅村全集》卷24《复社纪事》。

③ 陆世仪《复社纪略》卷1。

④ 《崇祯实录》“崇祯元年十一月”。

太仓张氏寿宴序

崇祯丁丑，翰林院庶吉士太仓张君天如之母金孺人年六十矣。是岁十月初度之辰，天如偕其兄弟稽首上寿。于是天如之友张君受先，与其及门之徒合吴越数十州之士，相与铺筵几，庀羊酒，称觞于孺人之堂下，而请余为介寿之词。余读诗至《六月》之序，以为《小雅》既废，则四夷交侵，而中国微矣。然《鹿鸣》以下二十二诗，如《伐木》之燕朋友，《南有嘉鱼》之乐与贤，《菁菁者莪》之乐育材，上比于《鹿鸣》《四牡》，下比于《南陔》《白华》而《天保》以上，《采薇》以下，《出车》《杕杜》《蓼萧》《彤弓》，错出于篇什之中。甚矣，诗人之知王道也！治古之世，朋友辑睦，贤材众多，相与讲明忠孝之谊，以事其君亲。《四牡》之相劳也，《南陔》之相戒也，皆朋友之谊也。宣王之中兴也，文武之臣征伐，孝友之臣处内，故其诗曰：文武吉甫，又曰：张仲孝友。夫是以北伐南征，《车攻》《吉日》，复文、武之竟土，而诗人美之。及其衰也，谗谄并进，大夫悔仕，《谷风》之弃友，《苏公》之刺谗，与夫《蓼莪》《北山》之诗，继《正月》《十月》而作。四夷交侵而中国微，职此之故。繇此言之，朋友之不交，贤材之不育，而望《小雅》之兴也，其可得哉！今天下方全盛，圣天子比隆于文、武、成康，非宣王之可拟。天如以命世大儒，在承明著作之庭，讲道论德，离经辨志，昌明《伐木》《菁莪》之谊于斯世。于孺人之称寿也，耆艾近前，俊乂列后，鱼鱼雅雅，以献以酢。其为孝养也大矣。视束氏之《补亡》，求《南陔》《白华》之义于晨餐夕膳之间，固不可同日而语矣。数十年以来，持国论者，以钩党禁学为能事，驯至于虏寇交讧，国势削蹙，朝廷之上，惟无通人硕儒，通经学古，修先王《小雅》之政教，是以若此。

善哉！天如之寿其亲也，吾有望矣。《既醉》之歌攸摄也，其卒章曰："厘尔女士，从以孙子。"《卷阿》之歌矢音也，其次章曰："尔土宇昄章，亦孔之厚。"繇《既醉》言之，则交友之道，归于事亲。繇《卷阿》言之，则得贤之效，章于辟国。观于张氏之寿宴，有笾豆静嘉，来游来歌之思焉，斯可以观感已矣。余之为此言也，不独为孺人祝也，以为本天如寿亲之意，以修先王之政教，则《既醉》《卷阿》之什，可复矢于今世，而《小雅》之废兴，可勿道也。

——《牧斋初学集》卷三十九

这篇祝寿文，不仅交代了为张溥母亲庆祝六十大寿的人物，除了张家的子孙之外，规模更大的是吴、越数十州之士，即江苏、浙江地区几十个市、县的读书人，当然主要是复社成员，集中到太仓。具体组织的人是张采，也就成为吴越数十州复社成员的一次大会。钱谦益没有具体描写有多少人，但既然江浙各地来人，复社成员也集中于这一带，规模必然可观。文中祝寿的意思似乎退居次要地位，而主要的笔墨，用在学问研究和孝悌友谊的探讨上，并指出："数十年以来，持国论者，以钩党禁学为能事，驯至于虏寇交讧，国势削蹙，朝廷之上，惟无通人硕儒，通经学古，修先王《小雅》之政教，是以若此。"眼下国势危殆，就是钩党禁学的结果。最迫切的事情，当然是放下一切党争，集中精力行《小雅》之政教，绍述先王，匡扶社稷。如果不是将张溥视同亲人，也不至于如此深情。要知道，钱谦益仅仅小张溥的生母金氏四岁，长于张溥二十岁，完全是长辈。而热情洋溢的赞颂推许张溥母子，字里行间却透露出这位东林领袖对国家的忧虑，对张溥的期待。

张溥去世之后，钱谦益是张溥葬礼的主要组织指挥者，也是为张溥立嗣的主持人(张溥无子，以张樽少子为嗣子，钱谦益为取名张永锡，字式似)。有《题张天如立嗣议》记之①。有意思的是，这篇题记的落款，因为要向世人公布，必须涉及自己与张溥的关系。钱谦益署的是"崇祯十五年壬午月朔日己巳，虞山通家钱谦益再拜书于娄江舟中"②。所谓"通家"，就是世交。至此，钱谦益能够为张溥做的，已经做到了，这就是东林领袖对复社领袖的情谊。

二、气谊同调的黄道周

黄道周(1585—1646)，字幼平，号石斋，福建漳浦人。天启二年(1622)进士，庶吉士，散观，授编修，为经筵展书官。未几，内艰归。

崇祯二年起故官，进右中允。三次上疏论救故相钱龙锡，被降职外调，龙锡得减死。五年正月方候补，因病求去。临行上疏，从历史的经验到天命人事，处处为国家担忧而辨别朝廷大臣优劣，指出："今诸臣之才具心术，陛下其知之矣。知其为小人而又以小人矫之，则小人之焰益张；知其为君子而更以小人参之，则君子之功不立。天下总此人才，不在廊庙则在林薮。臣所知识者有马如蛟、毛羽健、任赞化，所闻习者有惠世扬、李邦华，在仕籍者有徐良彦、曾樱、朱大典、陆梦龙、邹嘉生，皆卓荦骏伟，使当一面，必有可观。"③言下之意，现在朝廷上神气

① 钱谦益《牧斋初学集》卷84。

② 同上，卷39。

③ 《明史》卷255《黄道周传》。

活现的周延儒、温体仁等货，实在远不如我黄道周建议的这几位。于是，皇上很生气，将黄道周斥为民，也就是黄道周自己说的削籍。

崇祯九年用荐召，复故官。旋进右谕德，掌司经局，疏辞，不许。后又因参劾杨嗣昌，完全是书生之见，崇祯贬道周六秩，为江西按察司照磨。

久之，江西巡抚解学龙荐所部官，推奖道周备至。结果是二人被削籍，逮下刑部狱，责以党邪乱政，并杖八十，永戍广西，几乎死于戍所。

崇祯十五年八月，黄道周戍已经年。一日，帝召五辅臣入文华后殿，手一编从容问曰：张溥、张采是怎样的人啊？周延儒说，大家都说是读书好学之人。崇祯又说：张溥已死，张采小臣，科道官何亟称之？周延儒回答说：其胸中自有书，科道官以其用未竟而惜之。皇上曰：亦不免偏。周延儒赶紧设法将话题引到黄道周身上，以便相救，马上说：张溥、黄道周皆未免偏，徒以其善学，故人人惜之。见皇帝没有表态，蒋德璟补充说：道周前日蒙戍，上恩宽大，独其家贫子幼，其实可悯。帝微笑，其他辅臣乘机加温，为黄道周说好话。次日传旨：黄道周复故官。但黄道周在烟瘴之地时间久，饮食又没有营养，身体状况很差，陛见时向崇祯请假，皇上恩准了。

明亡，南明福王政权建立，黄道周被任命为吏部左侍郎，不赴，为马士英所激，赶赴南京，陈进取九策，拜礼部尚书，协理詹事府事。而朝政日非，大臣相继去国，识者知其将亡矣。明年三月，遣祭告禹陵。濒行，陈进取策，时不能用。刚办完事，南明弘光政权灭亡，黄道周见唐王朱聿键于衢州，奉表劝进，被用为武英殿大学士。

当时，唐王政权国势衰弱，政柄归郑芝龙掌控，大帅恃恩观望，不肯一出关募兵。黄道周请自往江西图恢复，以七月启行，所至远近响应，得义旅九千余人，由广信出衢州开往抗清前线。所用兵器，部分是钢刀长矛，部分是农具。十二月进至婺源，遇大清兵，战败被俘，押解至江宁，被杀。“道周学贯古今，所至学者云集。铜山在孤岛中，有石室，道周自幼坐卧其中，故学者称为石斋先生。精天文历数皇极诸书，所著《易象正》《三易洞玑》及《太函经》，学者穷年不能通其说，而道周用以推验治乱。殁后，家人得其小册，自谓终于丙戌，年六十二，始信其能知来也”[①]。

张溥与黄道周的交往时间，也只能推断。因为黄道周于崇祯二年回京，之

---

① 《明史》卷255《黄道周传》。

前一直守丧未出。此时黄道周的身份是翰林院编修、进右中允,就是在翰林院辅导新进的庶吉士,所以,黄道周实为张溥之师。

崇祯五年正月,黄道周的一道奏章,把自己弄到了削籍的境地。临行,张溥以诗送行。

送黄石斋先生

此别非常撼斗魁,萧然胜拜上清回。
生成骨性忧天步,历尽艰危耻鸩媒。
投版不因知己谢,遗簪犹念圣心裁。
舟行半道三千里,只剩中朝九万枚。
哭世森寒存谏草,祝南愚鲁种官梅。
张褒长啸山难负,赵概修书字未灰。
玉佩参差愁去住,石秤安稳待归来。
忠诚岂愿东溪号,淡约甘辞长命杯。
鬓发倍前知学到,药方多录见花开。
放臣只诵承嘉惠,寥落何年会市槐。

诗中为黄道周的不公遭遇深表不满,对黄道周的才学人品予以极高的评价,期待着正人君子的归来。然而,就此一别,九年未能问讯见面。黄道周再次得到张溥的消息,是张溥的去世噩耗。

张溥落葬于崇祯十五年十月,又二年多(弘光元年三月,1645),黄道周为张溥撰写了悲情潮涌而又惺惺相惜的墓志铭。"天如之名满天下,忌其名者藉以入告。呜呼!士大夫之不读书,又罪天下之读书者,不修名又以名为厉,以天下将使浑沌,为附释老祝之。凯章邢而凶欧苏,则傅岩学古之为胥,靡有以也"[①]。墓志铭一般不长,而黄道周写的张溥墓志铭从国家文脉写到朝廷风气,再叙张溥盛年下世,呜呼再三,悲悼的是张溥,伤怀的是自己,担忧的是社稷。黄道周之用心,可谓苦矣。而世人又有几人能够理解文人的不幸,实际是国家的不幸。

钱谦益、黄道周是读书人的标杆,他们的情感倾向,引导了诸多文人的取

---

① 黄道周《黄漳浦集》卷14。

向。由于钱谦益、黄道周对张溥的倾心相结，对于张溥的人际关系，必然产生巨大的影响。

三、同郡贤达文震孟

文震孟(1574—1636)，字文起，号湛持，长洲(今苏州)人，文徵明曾孙。祖父文彭，父文元发，并有名行。震孟弱冠以《春秋》举于乡，十赴会试。至天启二年(1622)，殿试第一，授修撰。时魏忠贤已经渐用事，外廷应之，数斥逐大臣。震孟愤，于是冬十月上《勤政讲学疏》，从天灾人祸、历史教训诸方面引导朱由校，却不见效果。不料奏疏落在魏忠贤手上，魏忠贤趁帝观剧，摘疏中"傀儡登场"语，谓比帝于偶人，不杀无以示天下，帝颔之。一日，讲筵毕，忠贤传旨，廷杖震孟八十。首辅叶向高正在告老还乡，无意政事，次辅韩爌力争。会庶吉士郑鄤疏复入，内批俱贬秩调外。言官交章论救，不纳。其实放外任也未必是坏事。但文震孟没有赴吏部候选，直接选择归去。幸运的是，文震孟的返乡正好避开天启惨祸，没有成为魏忠贤制造的又一个烈士。

六年冬，太仓进士顾同寅、生员孙文豸坐以诗悼惜熊廷弼，为兵马司缉获。御史门克新指为妖言，波及震孟，与编修陈仁锡、庶吉士郑鄤并斥为民。

崇祯元年以侍读召，改左中允，充日讲官。三年春，辅臣定逆案者相继去国，魏忠贤遗党王永光辈日乘机报复，文震孟抗疏纠之。帝方眷永光，不报。震孟寻进左谕德，掌司经局，直讲如故。五月，复上疏曰："群小合谋，欲借边才翻逆案。天下有无才误事之君子，必无怀忠报国之小人。今有平生无耻，惨杀名贤之吕纯如，且藉奥援思辩雪。永光为六卿长，假窃威福，倒置用舍，无事不专而济以狠，发念必欺而饰以朴，以年例大典而变乱祖制，以考选盛举而摈斥清才。举朝震恐，莫敢讼言。臣下雷同，岂国之福!"皇上命令文震孟指名道姓再次陈奏，文震孟说："杀名贤者，故吏部郎周顺昌。年例则抑吏科都给事中陈良训，考选则摈中书舍人陈士奇、潘有功是也。"[①]王永光窘甚，密结宦官王永祚，说陈士奇出姚希孟门，而文震孟，是姚希孟的舅舅。这下皇上反而心疑之了，王永光上疏为自己辩白，皇帝下旨宽慰，并批评文震孟任情牵诋。然群小翻案之谋亦由是中沮。文震孟不知道，崇祯关心的不是君子与小人，而是党人。王永光正是抓住了这一重要动向，攻击文震孟、姚希孟而自保。这时大臣不少被捕在

---

① 《明史》卷251《文震孟传》。

狱，文震孟讲《鲁论》时强调“君使臣以礼”，详细阐释，反复规讽。表面上皇帝接受了劝谏，很快降旨，将尚书乔允升、侍郎胡世赏从狱中放出来。但心里，并不欣赏文震孟。皇帝曾经在文震孟面前跷起二郎腿，而文震孟正好讲到“为人上者，奈何不敬”，朝皇帝的脚看了看，崇祯赶紧用袖子遮掩，慢慢地把脚放下。时称“真讲官”，可在崇祯眼里，文震孟就是个书生。不过，这个书生有些学问，还能够及时指出皇帝的错误，确实是个好官。于是，有意重用，至少此人可以抵消一些小人的副作用。五年，擢右庶子。久之，进少詹事。按照惯例，崇祯皇帝的讲筵也不列《春秋》。但崇祯认为《春秋》以有裨治乱，令择人进讲。而文震孟就是以《春秋》名家，为温体仁所忌，故意不举。次辅钱士升不明就里，举荐文震孟，温体仁没办法，只能将文震孟的名字报上去。结果，讲课内容与讲解方法，完全符合崇祯的意思。崇祯八年七月，皇帝特提升文震孟为礼部左侍郎兼东阁大学士，入阁办事。

但是，仅仅三个月，终于在温体仁精心策划的离间、诬陷、激怒等作用下，文震孟得到了“冠带闲住”的“待遇”，回到苏州。回苏州后半年，由于外甥姚希孟的病逝，伤心过度，身体垮了，不久去世，年六十三。

“震孟刚方贞介，有古大臣风，惜三月而斥，未竟其用。归半岁，会甥姚希孟卒，哭之恸，亦卒。廷臣请恤，不允。十二年，诏复故官。十五年，赠礼部尚书，赐祭葬，官一子。福王时，追谥文肃”①。清人所修史书上的这段评价，应该比较公允。因为，文震孟只是一个文人，与边事、后金事没有任何纠葛。

文震孟六十岁时为崇祯六年，正带着情绪休假。张溥在《寿文湛持先生六十序》中，简略概括了文震孟的人生道路、官场履历、性格特征等，简直就是一篇定评。“居家有常仪，临事应变，裁以大度，文师秦汉，义贵词达，书法晋人，必恭敬先之。此固其小者。于事君子义，亦无不当焉。是故在乡而乡人服，登朝而天下安。不慕公孙之荣，而征司马之遇，君子固曰未晚也”②。叙事历历，敬佩之情洋溢满纸；评价公允，期待之意殷殷急切。可惜三年后文震孟就不幸去世，年仅六十三岁。张溥与文震孟等人的关系，实际上就是张溥与清议之间的关系。在东林遗老相继淡出崇祯朝廷的时候，这些人实际上就是东林的延续，代表了清议的力量。但是，他们的处境并不理想，是崇祯皇帝复杂心理的一种折射。

---

① 《明史》卷251《文震孟传》。

② 张溥《七录斋诗文合集·古文近稿》卷4。

四、豪侠才俊姚希孟

姚希孟(1579—1636),字孟长,号现闻,长洲(今苏州)人,万历四十七年(1619)进士,比舅舅文震孟还早一科。不过,文震孟是状元,考中进士之后直接是翰林院修撰,已在外甥之上。两人同在翰院,以持清议闻名。且仅相差五岁,辈分上是娘舅与外甥,情分上同于兄弟。天启五年(1625),由于东林事牵连而削籍归。崇祯元年(1628),以左赞善召,历右庶子、少赞事,协助韩爌等办理逆案,为温体仁所忌,出掌南京翰林院。因为姚希孟在政治上与文震孟一样,与正人君子为伍,不与小人为党,更不可能成为温党的帮凶。所以,他遭到温体仁集团的排挤,也在预料之中。在南京任职不久,因病返乡,病卒于家中,年仅五十八岁。

姚希孟离开京城到南京,张溥正好在翰林院做庶吉士,严格说,也是姚希孟的学生。在姚希孟即将启程时,张溥有诗《送姚现闻先生南篆》:

其　一

大车今日发,兰简德音充。吾道无南北,天心岂异同。
四朝典礼内,万事史书中。后进资严则,凭高望九重。

其　二

白日初回照,弘人已抗踪。铃声或缓急,鹊语正从容。
欲识山中诏,先开天下冬。到今依辇毂,梦里辨疏钟。

其　三

发发风非昔,斯言未敢渝。忧危无美仕,出处见真儒。
一月冰霜甚,频年志力输。音来不断绝,何以箧中孚。

其　四

恩深怯此送,花暖不知功。去后存王国,归来问我躬。
文章容嫉妒,山泽赖疏通。但恐明规远,微心蒙复蒙。[①]

“南篆”就是接受到南边任职的官印,这里指姚希孟从京城的翰林院任职改到陪都南京的翰林院任职,实际上就是被边缘化了。诗中不仅有对姚希孟的颂

① 张溥《七录斋诗文合集·诗集》卷1。

美，更有张溥对老师的殷殷情谊，同时对老师的遭遇表示了不满，希望姚希孟到南京任职时间不要太长，很快就能回到京师，继续教导自己。但是，事情不是自己可以决定的，因为姚希孟得罪了小人，被视为揽权敛财结党营私的绊脚石，必除之而后快。而张溥尚天真地认为"山泽赖疏通"，希望老师的人际关系得到疏通，期待老师帮自己疏通人脉。其实，张溥的人脉已经超过了文震孟、姚希孟等人，得到了正人君子前辈的器重，同辈先进的敬重和后生们的仰望。张溥的人望，不是今天能够想象的。在张溥的身边，有一张巨大的人脉网，有纲有目，有显有隐，在复社的发展和活动中起着重要的作用。

五、亦师亦友蒋德璟

蒋德璟（？—1646），字申葆，一字若柳，号八公，福建晋江人，天启二年（1622）进士，改庶吉士，散馆授编修。崇祯时，由侍读历迁少詹事，条陈救荒事宜，升任礼部右侍郎。十五年（1642）二月，崇祯皇帝劝农敬神的耕种礼成，蒋德璟请求召还原任侍郎陈子壮、祭酒倪元璐等，崇祯皇帝皆恩准。同年六月，廷推阁臣，蒋德璟名在其中。入对时提出边臣须久任的观点，指出蓟辽总督，半年换了五人，辽事更加糟糕。皇上说用人不当就该换，蒋德璟说，与其事后更换，不如谨慎于当初选拔任用之时。并强调，边事必须统一指挥，将领太多，不相隶属，步调不一，难以完成守卫边疆的任务。首辅周延儒推荐蒋德璟知识渊博，可备顾问，并非为了笼络人心，也是真正看到了蒋德璟的能力才华。于是，蒋德璟及黄景昉、吴甡一起，被任用为礼部尚书兼东阁大学士，同入直。

崇祯十七年二月，李自成的军队渐渐逼近京师，崇祯要大臣议论怎么办，结果大臣没有具体的防御计划，反而争论反腐败问题。直到二十二这天，皇帝要求拿出明确的意见，却没有人敢于直说。于是，陈演说少詹事项煜主张以东宫南迁，皇上默然无语。蒋德璟从旁力赞，并顺势提出迁都南下的建议，皇帝不答话。过了几天，皇帝又一次召集朝议，主题却转移到粮饷经济问题上，由于蒋德璟意见遭到皇帝的反驳，只得辞职，于崇祯十七年三月初二离开朝廷，移居郊外。正是这样的一个举动，蒋德璟在李自成军队进入京城时得以逃离。

南明福王政权在南京建立，召蒋德璟入阁，蒋德璟没有接受。明年，福王政权灭亡后，唐王建立政权于福州，召蒋德璟、何吾驺、黄景昉，次年以足疾辞归。唐王政权覆灭之时，蒋德璟亦已经病重，不久辞世。

蒋德璟官编修时，是翰林院的先达前辈。为少詹事，则成为张溥在翰林院学习时的"任课老师"。这期间,老师与复社领袖之间的交往,决定了蒋德璟对复社的态度。在陆世仪开列的名单中,"福建则黄道周、黄景昉、蒋德璟、刘长等"[①],蒋德璟是复社的重要支持者。"始,周介生之应社,社目若茂苑杨维斗廷枢、徐九一汧、常郡荆石兄艮、虞山杨子常彝、顾麟士梦麟、吴江吴茂申有涯、吴来之昌时、松郡夏彝仲允彝、陈卧子子龙及闽中陈道掌元纶、蒋八公德璟咸在列,而独以凡例为天如手定"[②]。

六、热心社事的熊开元

熊开元(1599—1676),字玄年,号鱼山,湖北嘉鱼人,是晚明忠贞耿直的书生官员。天启五年(1625)进士,授崇明知县,崇祯元年(1628)调吴江知县,为复社的建立发挥了官方的影响甚至组织作用。

熊开元到吴江上任,特别关注地方文教事业,积极张罗文人的八股文与经书研究学习,并雅好文社事务。"吴江令楚人熊鱼山先生讳开元,以文章经术为治,知人下士。慕天如名,迎至邑馆。巨室吴氏、沈氏诸弟子,俱从之授学,天如于是为尹山大会"[③]。尹山大会是复社的成立大会,之前有相当复杂的酝酿过程未见详细记录。陆世仪的记述相当模糊,难以了解吴江文社肇举的细节。凡论复社者,皆不能不依据陆世仪的《复社纪略》,因为这是记录复社活动的最完整的早期史料。吴伟业所记,更为简略且有所取舍,杜登春描述则"听说"的成分较多。然而,很少有人注意到陆世仪与复社的关系,以及陆世仪对复社的态度。从陆世仪自己的言论中可以看出,他是对复社有意见的早期成员,尽管后来不参加复社的活动,但一直关注复社的发展变化,特别是复社的处境。其《复社纪略》中的"复社总纲",可能就是摘要杨彝的"复社事实",记载了崇祯元年到崇祯十六年的复社活动和时事,简略而有所误差。而且,很可能是后人缉补,与陆世仪的《复社纪略》合刻,并非陆世仪就有一个"复社总纲"。而《复社纪略》记载的复社事务,只到崇祯十年托名徐怀丹的人发布复社十大罪的檄文,与"总纲"不符。就是说,陆世仪与杨彝俱是应社的成员,也是复社的早期成员,但后来不参加复社的社事活动了或者说不是复社的骨干力量,而是一般的成员。陆世仪连自己是复社成员也不承认,在他的"名录"中就没有自己的姓名。

---

① 陆世仪《复社纪略》卷2。

② 吴伟业《吴梅村全集》卷24《复社记事》。

③ 陆世仪《复社纪略》卷1。

而朱彝尊的记载也很笼统，十数年之事，仅在“孙淳”条中数百字概述，难以窥其踪迹。但作为吴翻的亲家翁，朱彝尊的记述明显偏颇。“崇祯之初，嘉鱼熊开元宰吴江，进诸生而讲艺，于时孟朴（孙淳）里居，结吴翻扶九、吴允夏去盈、沈应瑞圣符等肇举复社”①，朱彝尊似乎亲眼看到了复社的创建过程，没有张溥的影子。当然，也有专家对此深信不疑，甚至认为“朱彝尊是复社成立之际的财政支持者”②，不合实际。朱彝尊出生于复社成立之年，成年时复社已经消亡，何能在经济上支持复社？于此，有必要考察一下熊开元、张溥与吴江吴翻等人的交往过程。

因为熊开元的支持和引见，张溥到了吴江，“慕天如名，迎至邑馆。巨室吴氏、沈氏诸弟子，俱从之授学，天如于是为尹山大会”③，明确记载了张溥到吴江与复社创建的关系，也说明了吴氏、沈氏诸生与张溥的关系。这里的吴氏、沈氏诸弟子，就是指吴翻、吴允夏、吴有涯、沈应瑞等人，即吴氏、沈氏诸弟子，在邑馆接受张溥的教学。而能使张溥到吴江的关键人物，是县令熊开元。

熊开元其人，在晚明历史上值得注意。崇祯四年熊开元赴京考选，授吏科给事中，同年十一月因其吴江任期内征赋未满额，降两级调外任。熊开元未曾赴任，而是告假回家了。久之，起为山西按察使照磨，迁光禄寺监事。崇祯十三年迁行人司副。被降职的官员，多年闲置之后连续迁升，熊开元心意颇恰，瞩望甚高，希望当时的首辅周延儒出手相援。但周延儒因要事在身，未曾与熊开元见面，由此两人不协，以至发生熊开元弹劾周延儒事件。就熊开元而言，不过是书生之见意气用事；就周延儒而言，在崇祯朝五十多位辅臣中，是唯一一位才华能力胜任首辅之职而品德上略高于温体仁的官僚。周延儒第一次出任首辅，可以说是邪中带正，私心太重。而第二次出任首辅则是临危受命，太过艰难，为挽救明王朝进行了最后的努力，朝政为之一新，明朝出现了再兴的曙光。可谓正中带邪，有所乖张而卓有成效，与温体仁的纯奸不可相提并论。但确实在崇祯朝具有真正首辅能力的温体仁和周延儒，诚如杨士聪所评：“上即位以来，命相三四十人，其中非无贤者，求其精神提携得起者，惟宜兴（周延儒）与乌程（温体仁）二人，但俱不轨于正耳。”④熊开元正是于崇祯十五年十一月弹劾周延儒而无

① 朱彝尊《静志居诗话》卷21“孙淳”条。

② 小野和子《明季党社考》第248页。

③ 陆世仪《复社纪略》卷1。

④ 杨士聪《玉堂荟记》。

具体罪状，得罪了皇帝，被下到锦衣卫狱。锦衣卫的首领骆养性与熊开元是同乡，有心保全，廷杖旨下，以计策保住了熊开元的性命①。李逊之《三朝野记》卷七、《明史》卷二五八、熊开元《鱼山剩稿》卷三俱记载了此事的详情，但并没有注意到朱由检的微妙心理变化。惟朱彝尊《静志居诗话》卷一八的记录分析，甚有意思。这件事的结果是熊开元系狱累年，直到崇祯十七年正月十四最后处理，将熊开元遣戍杭州，是繁华之地，不是凉州。熊开元刚到杭州，京师便落入李自成之手，崇祯皇帝吊死在景山上，明朝灭亡。南明福王政权赦免其罪并以原官起用，不赴。弘光元年(1645)闰六月，唐王朱聿键即位于福州，改元隆武，熊开元因朝臣举荐，被授予工科左给事中。同年十一月升行在都察院右佥都御史，紧接着担任了御营随征东阁大学士、行在都察院权理院事、左副都御史。次年八月又进职文渊阁大学士、都察院右副都御史，没几天，汀州兵败，唐王为清兵所执。熊开元无奈北还，弃家为僧，皈依苏州灵岩寺法师继起，法名正志，号蘖庵。所谓"自孔子之道不传，儒门收不住者，争归释氏"②，自身应之。清康熙十五年(1676)圆寂于安徽九华山，年七十八。

熊开元不仅引张溥到吴江，成为吴江文人社事的主心骨，还是两年多时间里复社的联络中心之一，是复社社刊《国表》的执行"主编"之一。"鱼山先生以政事之暇，加意今文。所谓应制之途，同人之义气，出其中矣。于是孟朴、扶九、圣符因以广寄乐善，聚四方之业，捆而归于先生。取予之间，断断如也。而予与介生、勒卣、彦林、云子、维斗、彝仲、来之亦与诸子左右其政"③。即孙淳、吴翻、沈应瑞等人负责收集四方文章，集中交给熊开元编选成《国表》。张溥、周锺、钱旃、朱隈、杨廷枢、夏允彝、吴昌时等人，仅仅是与孙淳、吴翻、沈应瑞起到辅助编选的作用。由此看，熊开元倒成了复社的秘书长。亦可见，熊开元于复社、于文章，用心用力，是张溥的挚友、复社的无名领导人。张溥在熊开元受到处分回乡之际，作诗二首送行，名《送熊鱼山给谏归楚》，第一首"揭揭于今非古车，楚山楚水染衣袪。催科愿作阳城考，谏诤羞为谷永书。除外帖名知不贱，归来官服幸如初。总繇浩荡全臣操，病摘秋花心计疎"④，点明了熊开元因为催科不力、征赋不满额度、言官肆意攻击而遭到处分的事实。

---

① 李清《三垣笔记》中"崇祯"。

② 熊开元《鱼山剩稿》卷2。

③ 张溥《七录斋诗文合集·古文存稿》卷1。

④ 张溥《七录斋合集》卷1。

在陆世仪开列的名单中，还有顾锡畴、郑三俊、瞿式耜、侯峒曾、金举、陈仁锡、吴甡、刘宗周、钱士升、徐石麟、倪元璐、祁彪佳、则侯恂、侯恪、乔充升、吕维骐、姜曰广、李邦华、熊明遇、李日宣、梅之焕、刘弘化、沈维炳、李应魁、范景文、张凤翔、高弘图、宋玫、李遇知、惠世扬、黄景昉、刘长、陈子壮、黄公辅等三十多位，虽然未必身居要职，均能从朝廷到地方为复社成员提供一些帮助。由此也可见，张溥在上层有怎样的结交面。但是，有一点必须明确，在张溥的交游名单中，没有阉党分子，没有奸佞小人，皆是饱学的正直之士。且不少是承受了魏忠贤集团、温体仁集团的打击，带着伤痛的心甚至病痛身体为大明王朝效力。《明史》上对明代灭亡的历史有一个简明的阐述："神宗冲龄践祚，江陵秉政，综合名实，国势几于富强。继乃因循牵制，晏处深宫，纪纲废弛，君臣否隔。于是小人好利者驰骛追逐，与名节之士为仇雠，门户纷然角立，驯至悊愍，邪党滋蔓。在廷正类无深识远虑以折其机牙，而不胜忿激，交相攻讦。以致人主蓄疑，贤奸杂用，溃败决裂，不可拯救。故论者谓：明之亡实亡于神宗。"①按照这个逻辑来分析，明朝的灭亡，在朱元璋制订的规矩中，已经埋下了两颗灭亡的种子。一是朱元璋后人封王及其待遇，最后是消耗了明王朝五分之三以上的财力物力和土地，导致国家的整体困境和百姓的水火生活；一是杀戮摧残官员，尤其是廷杖，这不仅是刑罚，更是君王无礼的待臣之道。失去民心、伤尽士心，求国无亡，不可得也。

第三节　团结志趣同道

张溥的同辈朋友几遍天下，近有同郡同邑同城之张采、顾梦麟、朱明镐、杨廷枢，而与张采如同一体。远到金沙周锺、池州刘城、抚州陈际泰、莱阳宋氏兄弟、中州吴钟峦等等。需要说明的是，这些人并不是同龄人，只是同辈人而不论其年龄大小，要在志趣通道，社事通力协作而已。有些人物，在应社到广应社的过程中以及复社发展的过程中发挥了重要作用，前章已及，此处不再论。对于张溥交往中影响较大或后来在历史的天空中留下一道痕迹者，不论其正邪成败，择其要者简单介绍，以便了解张溥的社交圈概貌。

---

① 《明史》卷21《神宗本纪》。

一、敬重治学道友

读书应举，本是士子本色。进而研究经史学问，讲究经世致用，已经是社会贤达的理想。介于二者之间，正是张溥人生道路的一个重要阶段。所以，在学问的道路上，张溥集思广益，博采众长，得到的前辈的指点、同仁的支持，不惟学问，即人望的提升与社交圈的扩大，也大有裨益。

1. 杨彝

杨彝(1583—1661)，字子常，常熟唐墅里人。“少与同郡顾先生后先补诸生，两先生相亲善，皆明经行。矜尚气节，每试，各占高等，时人并称杨、顾”①。“明万历末，士之为时文者，喜倡新说，畔违传注。彝与太仓顾梦麟思振其弊，相与讲谕辨难，力明先儒之说，天下翕然从风，称杨顾学。弟子著录者，数百人。吴中名士兴复社，彝为眉目。屡试不遇，以岁贡为松江训导，荐授都昌知县，移疾不往。明亡后，杜门不出。彝性孝友，母殁，呕血数升，断酒食终丧。抚孤侄，有恩。少所师事死，独力殡埋之，且为婚嫁其子。终身力学，晚岁目盲，犹时令人读书其侧，为诸生讲说，无少倦。年七十九卒”②。杨彝一生勤奋读书，顾梦麟的养子顾湄为杨彝作《杨子常先生行状》说：“幼奇颖，从博士学，奋励刻苦。暑夕，尝以两足纳巨瓮中，诵读不稍懈。”③

杨彝与顾梦麟的学问名声，在时下很高，但在科举道路上，却很失败，原因何在？世风浮夸，对经义不求甚解，而大谈圣人之道，就能够金榜题名。而功夫扎实，用力甚勤，学问真实，独立经营，未必遂愿。

天启元年(1621)，张溥与顾梦麟交往，在顾梦麟的引见下，张溥与张采到常熟唐市见到了杨彝。但与杨彝结交的具体时间，难以确定。在天启元年与四年冬天之间，“二张”见过杨彝，然后到金沙见周锺，方讨论建立文社的事宜。天启四年冬在江苏常熟东南、太仓正西的唐市，周锺、杨彝、张溥、张采聚集在杨彝的庄园凤基园，成立了研修经典的机构应社，从此分工研究，定期交流，互相辩难，共同进步，奠定了张溥的学术思想基础。但到了广应社阶段，杨彝与顾梦麟对社事逐渐淡出，并不具体领导广应社和复社的事务，继续潜心学问。崇祯八年(1635)杨彝曾一度出任松江训导，后因举荐，被授予都昌知县，以年老体病为

---

① 汪琬《尧峰文钞》卷34《杨顾两先生传》。

② 乾隆《苏州府志》卷57。

③ 归庄《归庄集》附录《年谱》引。

由，辞不赴任。对于杨、顾的学问人品，张溥在《杨顾二子近言序》《杨顾二子小言序》中予以了热情的颂扬。在《杨子常全稿序》里，张溥引用陈际泰对杨彝文章的评价："清奥幽削，得秦汉之深。"[①]这说明了前、后"七子"特别是王世贞的文学主张影响之大。

尽管杨彝与顾梦麟很少直接参与复社的领导活动，但在学术思想和人望方面，对复社的贡献是不可估量的，甚至延续到复社消亡之后多年。如顾炎武，曾经是复社成员，后潜心学问，明亡之后，有十年时间隐居在杨彝的凤基园，并在杨彝的帮助下创立亭林书院，暗中从事反清复明活动。直到张煌言、郑成功相继失败之后，顾炎武才彻底绝望，决计以学问终身。于是，他考察南北，访求奇书，探讨兴亡，慰问耆宿。临行之时，杨彝与顾梦麟等二十余人饯行，并致书各地的同道，请予接应，为顾炎武的活动创造了一定的条件。

2. 顾梦麟

顾梦麟(1585—1653)，字麟士，人称织帘居士，太仓双凤人。家境清寒而治学谨严，是典型的乡间贤士，后应常熟唐市的杨彝之邀，到杨彝庄园凤基园共同探讨学问，崇祯六年(1633)以副贡入太学。"梦麟嫉当时文风溃决，畔违传注，乃独阐正义，著《四书说约》，海内翕然宗之。时荐辟令下，巡抚张国维欲荐于朝，固辞"[②]。清初有人冒其名谒当路贵人，遂被款接，委职至通判，梦麟闻之曰："我自为我，彼焉能浼我哉！"[③]竟不发其事，人推为长者。这事在今天不可能发生，古代没有摄像技术，难免假冒。事迹详见本书第四章所引汪琬《尧峰文钞》卷三四《杨顾两先生传》。

从年龄上讲，顾梦麟长于张溥十七岁，几乎是上一代人。但顾梦麟非常敬重张溥，故张溥也经常光顾织帘居。织帘居是顾梦麟在太仓双凤的书斋，贫寒的读书人除了有自己的住宅之外，还有书斋，甚至书斋之外有亭台，以便接待同道朋友，难以想象。顾梦麟固然是贫寒之士，但有亭台有书斋，聚书满屋，逍遥其间。他的书斋不仅书籍丰富，且周边广植花木，四季幽香，环境宜人。张溥是经常光顾的人物之一，甚至十天八天住在那里，流连忘返。

尽管张溥的年龄小于杨、顾，但杨彝、顾梦麟的著作，由张溥作序，亦见三人交往情深而杨、顾之器重张溥。在《杨顾二子近言序》中，张溥不仅赞赏杨、顾的

---

① 张溥《七录斋诗文合集·古文近稿》卷6。

② 宣统《太仓州志》卷19《人物》三。

③ 汪琬《尧峰文钞》卷34《杨顾两先生传》。

学问、人品、友情，还特地纠正当时的一个误解，以为顾梦麟也是常熟人："子常虞山人也，四方之交子常者，即交麟士，亦以麟士为虞山人。夫麟士非虞山人，而以为虞山者，其久与子常处，忘其为娄东也。予与受先辨焉，天下始知麟士为娄东人矣。盖君子大贤，乡邑有之以为重，后之考土俗而人物者，皆由此出。虞山得一子常，则已重矣，安可尽他邑之有而有之乎？故予与受先辨之者，所以重娄东也。然天下虽知麟士之为娄东，而问其朝夕之所耦，未尝与子常或离。若麟士者，谓之虞山可也。"[①]看起来意义不大的一段文字，从侧面写出了杨、顾学问之高、在当时的影响力之大，能为常熟争光，亦能为太仓添彩。黄宗羲批评张溥的学问文章不够深远，细细品味张溥的文章，其实具有丰富的内涵和婉转的情态，乍看当然不能明其就里。

3. 吴钟峦

吴钟峦（？—1646），字峦稺，说他是中州名宿，即资历甚老[②]。论辈分，他是周延儒的授业老师，堪称是张溥的师爷辈。此处涉及，似有不妥。但吴钟峦和张溥两人相处的情分甚浓，是忘年交，几乎没有受周延儒的影响。根据他能成为周延儒的老师这一点看，至少长于张溥二十岁左右。而以文章知名天下，则略早于豫章诸家。"同时中洲吴峦稚钟峦、梁溪马君常世奇、武林宋羽皇凤翔，并号文章宗匠"[③]。但将吴钟峦说成中州名士，大概是他在中州一带颇受敬重，比较有名而已，其实吴钟峦是南方人。"吴钟峦，字峦稚，武进人。崇祯七年进士。授长兴知县。以旱潦，征练饷不中额，谪绍兴照磨。逾年，移桂林推官。闻京师变，流涕曰：'马君常必能死节。'已而世奇果死。福王立，迁礼部主事。抵南雄，闻南都失，转赴福建，痛陈国计。鲁王起兵，以钟峦为礼部尚书，往来普陀山中。大清兵至宁波，钟峦慷慨谓人曰：'昔仲达死珰祸，吾以诸生不得死。君常死贼难，吾以远臣不得从死。今其时矣！'乃急渡海，入昌国卫之孔庙，积薪左庑下，抱孔子木主自焚死。仲达者，江阴李应升，钟峦弟子，忤魏忠贤死党祸者也"[④]。

陆世仪又记载了张溥与吴钟峦的交往："中州名宿吴钟峦（字峦稺），宜兴周挹斋诸生时授业之师，钟峦为之延誉于四方。宜兴之登巍科，其奖借之功为多。

① 张溥《七录斋诗文合集·古文存稿》卷3。
② 陆世仪《复社纪略》卷2。其实吴钟峦是常州武进人，不是中州人。
③ 同上，卷1。
④ 《明史》卷276《吴钟峦传》。

钟峦狷介有守，宜兴贵为首揆，未尝有所干请。癸酉春（崇祯六年，1633），钟峦游吴，谒文湛持；天如与之邂逅席次，言论丰采迥异时流，天如心重之。询及宜兴，曰：'挹斋坐客皆声色货利之辈，绝无一文士，吾不乐近之。谢政后，始往一见耳。'天如益重其为人，力为引掖，得贡入北雍。复嘱湛持言选司，授宛平教谕，以便入场。是年，得膺顺天乡试，荐明年甲戌会试。"[①]吴钟峦游吴是在崇祯六年春天，也就是复社虎丘大会举行的时候。吴钟峦有没有参加虎丘大会，不得而知。但来到吴中，访问的是文震孟，其态度可以想见。所以张溥竭力帮助，并请文震孟出面，使吴钟峦得到宛平教谕的职位，贡入北雍，即成为国子监的学生，可以直接参加会试。事实上，吴钟峦就是有才华，毕竟是高攀龙、顾宪成教出来的弟子，科考一举成功，中崇祯七年进士。但其后官场轨迹模糊，或为江浙闽一带某县知县之类的官，既没显要的经历，也未在清兵南下的过程有抗战的表现，就被鲁王朱以海委任为礼部尚书。不久鲁王政权溃败，朱以海为清兵所杀，吴钟峦自焚死。

由吴钟峦对周延儒的态度、对文震孟的态度看，张溥礼待，是出于君子同道。从吴钟峦的最后选择可以看出，儒学名宿，也非浪得虚名。

4. 黄宗羲

黄宗羲（1610—1695），字太冲，号梨洲，浙江余姚人，黄尊素长子。黄尊素被阉党迫害致死时，黄宗羲年十九，入都讼冤。崇祯为东林平反昭雪后，黄宗羲返回余姚家中，致力于学问，从刘宗周学，成为明末清初成就最高的思想家、哲学家和文学家之一。做学问的同时，黄宗羲关注时局，积极参与复社活动。崇祯元年（1628），黄宗羲进京鸣冤，遇到了张溥，"戊辰，相遇于京师"[②]。崇祯三年，黄宗羲到南京参加乡试，虽然没有成功，但结交了大量复社名流，参与了复社的第一次国门广业社活动。《思旧录》云："庚午，同试于南都，为会于秦淮舟中。皆一时同年，杨维斗（廷枢）、陈卧子（子龙）、彭燕又（宾）、吴骏公（伟业）、万年少（寿祺）、蒋楚珍（鸣玉）、吴来之（昌时），尚有数人忘之。其以下第与者，沈眉生（寿国）、沈治先（寿民）及余三人而已。余宿于天如之寓。"[③]这是黄宗羲与张溥的第一次长时间相聚，从此往还不断，黄宗羲多次参与复社的大会和小范围聚会，并访问太仓，与张溥畅谈，成为复社新生代的中坚力量。特别是崇祯十

---

① 陆世仪《复社纪略》卷2。

② 黄宗羲《黄宗羲全集》第一册《思旧录》。

③ 同上。

一年夏天的《留都防乱公揭》上署名，表明了这位东林后裔、复社同人对阉党势力坚决斗争的态度。

明亡之后，黄宗羲参与了抗清复明的活动，被鲁王授为监察御史。鲁王兵败入海，黄宗羲依然结寨四明山中，并派人探视鲁王，鲁王委任黄宗羲为左副都御史。如果明朝还在，京师任个左副都御史已经是不小的官了。可是现在，只是职名而已。鲁王死，四明山寨渐渐散去，恢复无望，黄宗羲回到家乡，侍奉母亲，研究学问，并致力于南明史料搜集整理，编写出《弘光实录钞》《海外恸哭记》和《行朝录》等史料。

记录明清易代的"野史"所保全的明代史料，比较清代经过慎重处理写进《明史》的许多资料，都更具有史料价值。用黄宗羲的话说，就是"后死之责，谁任之乎"的心态支撑下，致力于故国史料的收集编撰，虽是私家著述，实际就是正史："国史既亡，野史即国史也。陈寿之《蜀志》，元好问之《南冠录》，亦谁命之？而不谓之国史可乎？"而记录国史，尤其明亡之际的史实，也是对历史的反省。诚如黄宗羲论："南都之建，帝之酒色几何？而东南之金帛聚于士英；士英之金帛几何？而半世之恩仇快于大铖。曾不一年，而酒色、金帛、恩仇不知何在？"[①]等于明说社稷之亡，亡于阉党。而阉党之起，似乎在天启，但其根源，还在万历。明亡之兆，在国本之争。国本之争，源于万历皇帝的私爱，没有为宗社培养称职的皇位继承人。而文武百官的党同伐异，则起到了推波助澜的作用。

在《行朝录》中，黄宗羲根据当时历经艰辛搜集到的有关记录史料，叙述了福建隆武政权、广东绍武政权、浙江鲁王政权的建立、抵抗和失败经过，成为今天研究南明历史的宝贵资料。而其中的《永历纪年》，从朱由榔的身世一直记录到桂王政权灭亡。由于没有得到确切的资料，没有记载朱由榔的最后情状，只说"蒙尘之后，事秘，不知崩日崩所"[②]，亦足见史笔之严谨。而这段史实，在王夫之《永历实录》中，有吴三桂弑杀朱由榔的记录："前平西伯晋封蓟国公吴三桂弑上于云南，及皇后张氏，世守云南黔国公沐天波死之。"[③]《行朝录》中，已经详细记载四明山寨的抵抗情况，黄宗羲还特别编撰《四明山志》，对其山水气象详细记录，实际记录了黄宗羲抗战经历与山林情怀，这在文网森严的清初，需要极大的勇气。

---

① 黄宗羲《弘光实录钞序》，《黄宗羲全集》第二册。

② 同上。

③ 王夫之《永历实录》卷1。

著书立说的同时，黄宗羲还教书育人，培养出不少经学、史学人才，直到这些人才成为清代编修《明史》的主力。而《明史》之修，实际上体例大局，出于黄宗羲的手笔。文学史上说的“清初三大儒”：黄宗羲、顾炎武、王夫之。可见，黄宗羲在学术史、文学史上的地位。

黄宗羲《思旧录》里提到曾经的太仓之行，“甲戌，余与冯砚祥同至太仓，值端午，天如宴于舟中，以观竞渡，远方来执贽者纷然”。对张溥的学术，评价不高。“天如好读书，天资明敏。闻某家有藏书，夜与余提灯而往观之。其在翰院，声价日高，奉之者等于游、夏，门无益友。天如亦自恃其才，下笔丰艳，遂无苦工入细。尝以泥金扇面，信笔书稿。故所成就，不能远到，为可惜也”①。但是，张溥的伟大，正在于此。他没有很多的时间，更没有很长寿数，能够成就至此，为常人所难以想象。若再假张溥四十年，其成就又会怎样，我们不能设想。不过，黄宗羲说的是事实，张溥的结交面太广，耗费了大量时间精力；下笔疾风骤雨，精细深远有时难以顾及，但张溥的思想、人格、才气，黄宗羲还是敬佩的。

二、广交文气朋友

文人的进取意识与担当精神，在幼年的记诵经书过程中逐步确立，并在文章的写作中逐步提纯、升华。形诸文字的精神意识，可以看作是一种文气。志趣相同而文气相类的士林同调，不仅是文章学识上的朋友，更是气谊知音、治学动力。张溥的气谊知音，在社事活动中极为广泛。比较重要的文气朋友，也不下数十位。略看数例，可见张溥的气度与个性。

1. 吴应箕

在复社中，“复社五秀才”是一个特殊的群体，他们是吴应箕、杨廷枢、沈寿民、刘城、沈士柱，而吴应箕居首。五个人中，三个为清军所杀，沈寿民、刘城二位遗民终身。

吴应箕(1594—1645)，字次尾，安徽贵池兴孝乡人，是复社中联系元老和新生代领袖的纽带，与复社的各方面人士具有良好的关系，也是复社中最为活跃的领袖之一。他生在贵池，也在贵池遇害，但一生中大多数时间在江苏，与复社元老张溥、张采、杨廷枢、周锺、周镳、孙淳、沈应瑞等过从甚密，而本身又是皖江文人的核心，为刘城、沈寿民、沈士柱等敬重。同时，与顾杲、高永清、周茂兰、姚

---

① 黄宗羲《黄宗羲全集》第一册《思旧录》。

瀚、左国林兄弟以及复社四公子(陈贞慧、侯方域、冒襄、方以智)友情甚笃。年十六,参加南直隶句容县试,失败而归,是为吴应箕与江苏结缘之始。而后守丧三年,未参与当时的社会活动。因为吴应箕的父亲早卒,其祖父于万历三十九年(1611)去世,十八岁的吴应箕守制三年。终制在万历四十一年,则是年设上江提学,设考点于贵池,吴应箕无须赶往句容应试。于是,即在贵池参加提学使组织的考试(台试),补博士弟子,取得参加乡试的资格。四十三年秋,吴应箕到南京参加乡试,不知何故,没有入场,"或以疾,或以故,不可考也"[①]。自四十六年起,六次参加南都乡试,皆未能成举人,原因何在?不是吴应箕没有水平考个举人,而是他没有将精力投放到功名制艺上。在应社成立之前,吴应箕已经与苏州徐鸣时交往,成立匡社。陆世仪所谓"贵池吴次尾应箕与吴门徐君和鸣时,合七郡十三子之文为匡社,行世已久","时三吴文社,人人自炫"[②]。匡社即是其一,但与其他许多文社一样,并不是常规而稳定的组织,只是取友尚文而已。在周镳和周锺的联络下,以吴应箕、徐鸣时为首的匡社加入了应社的活动,成为广应社重要的基础力量。所以,匡社领袖,自然成为广应社的领导成员,积极参与了复社的筹备建立。正因为此,在复社尹山大会以及前后登录的成员名单,就可以看到吴应箕、徐鸣时、沈寿民、刘城、万应隆、沈寿国等上江文人。可以说,吴应箕已经用大量的时间精力在处理广应社和复社的事务,并积极参与复社相关的政治活动。崇祯元年以后的金陵应试,或为应试做充分的准备工作,已经不是吴应箕的主要任务,会友、论文、议论天下大事成为主要的功课,张罗国门广业社成为吴应箕的主要活动内容。所以,此后吴应箕在金陵参加的复社活动,基本上与政治斗争有关,当然也与朋友之道、斯文之道有关。

在江南的社事活动中,吴应箕最重要的事情就是参与起草修订《留都防乱公揭》,并在刊行过程中发挥重要作用,成为复社文人与阮大铖斗争的主将。从崇祯二年到明亡,吴应箕每年有过半时间在江苏,足迹遍及句容、金坛、宜兴、常州、无锡、苏州以及昆山、常熟、太仓、吴江,并往还于杭州、湖州、嘉兴等地。即便在安徽,也经常与朋友在一起畅游风景,甚至连崇祯十四年的春节也没有回家,而是与刘城等人聚会。因此说,吴应箕并没有将功名放在重要的地位。

京师失守,南都新立,万事待举而君昏臣奸,君相没有想到建立稳固的防线,却想到了赶紧捞钱和报复,国家、社稷被朱由崧、马士英、阮大铖诸人抛弃在

---

① 夏燮《忠节吴次尾先生年谱》万历四十三年条。

② 陆世仪《复社纪略》卷1。

脑后。故而前人评价说："南都之立，百无一为，止为大铖杀一周镳而已。"[①]于是，"校尉四出，诸人踉跄奔避，善类为空"[②]。周锺、光时亨、周镳、武素、雷演祚殒命，陈贞慧等被捕入狱，危在旦夕。顾杲、黄宗羲等《留都防乱公揭》署名者均在抓捕之列。当吴应箕赶到金陵狱中看望周镳，谋求营救之策时，得到消息，阮大铖正派出缇骑侦捕陈贞慧等，自己也在追捕之列。于是，急忙离开金陵，进入皖南山中。

清兵南下，南都不守，各地抗清义军蜂起。乙酉闰六月，佥都御史金声起兵于绩溪，奉福建唐王正朔，吴应箕于池州起兵响应，参与了抗清的武装斗争，一度占领建德、东流，并进攻池州。九月，金声兵败被捕，十月遇害于南京。吴应箕失去军事上的呼应支持，不久战败，被清兵抓获，遇害。徐秉义记载吴应箕被杀的地点是松林[③]，夏燮谓"遂正命于贵池之石灰冲"[④]。朱彝尊记载，"闻先生授命处，血迹至今犹存，洗之不去"[⑤]。

用朱彝尊的话，吴应箕名不登朝籍，于人才之邪正，国事之得失，了如指掌。不仅完全了解，而且直接参与有关斗争，并著述立说，表明是非判断。《熹朝忠节死臣列传》虽仅存残编，却可以明确知道共撰有十六人的传记，"呜呼，自古阉宦之祸烈矣，未有如忠贤之甚者也"！一声哀叹，吐出无限悲伤。《东林本末》三卷，论及古今，考察门户，将明季党争始末清晰描绘，指出阉党对明朝根本的动摇。在《楼山堂集》中，既有对历史人物和成败得失的论述，更有针对明朝当前重大问题的具体方略，简单说，吴应箕政治上与复社其他领袖一致，是对东林的绍绪，学术上强调经世致用、古为今用。既是一代文人领袖，更是在野的政治家。没有享受到大明王朝的皇恩，却以生命诠释了忠义气节，名垂青史。《明史》卷二七七、徐秉义《明末忠烈纪实》卷十六、朱彝尊《静志居诗话》卷二十、黄宗羲《思旧录》等有传记和评论。刘城《峄桐集》卷十《吴次尾先生传》《署池州府推官监纪军事吴公诔》记载尤详。

2. 杨廷枢

杨廷枢(1595—1647)，字维斗，号复庵，长洲(今苏州)人。苏州府志上是这

---

① 古藏室史臣(黄宗羲)《弘光实录钞》。

② 吴伟业《鹿樵纪闻》。

③ 徐秉义《明末忠烈纪实》卷16。

④ 夏燮《忠节吴次尾先生年谱》顺治二年。

⑤ 朱彝尊《静志居诗话》卷20。

样介绍的：

杨廷枢，字维斗，孝子大渶子，举崇祯庚午乡试第一。自为诸生，即以文章气节负重名，倡应社于吴中，与太仓张溥、张采等诸名流分经立课，集汉唐以下诸儒义疏传说，辨其源流得失。为文章，必傅经义，力矫世俗诡谲之习。四方学者，奉为楷模。因其所居皋里，称皋里先生。领解后，声誉益盛，门弟子著录者二千人。初，周顺昌被逮，廷枢身左右之，几被祸。甲申闻变，北向恸哭，誓以死殉。福王立，贻书执政，所言十事，皆天下大计。奄党阮大铖者，崇祯时废居金陵。复社士为《南都防乱揭》讨之，大铖遣使求解于廷枢，廷枢拒不纳。至是大铖方得志，欲修宿怨，御史王实鼎阿大铖意，上复社渠魁疏，专指廷枢，将构大狱。会南都破，事得解。乙酉后，隐居邓尉山，不复入城市。丁亥四月，苏松提督吴胜兆反。为之运筹者，戴之俊，廷枢门人也。事败，连廷枢，被执，于舟中赋绝命词十二首，裂衣幅作遗书，自题其后，曰："吾自少读书，慕文信国之为人。今日之事，乃其志也。"五月朔，巡抚土国宝会鞫于芦墟泗州寺，廷枢南向挺立，国宝好言相慰，命薙发。廷枢终不屈，乃杀之。临刑大呼曰："生为大明人"，行刑者急挥刃，首堕于地，复曰："死为大明鬼。"时年五十三。门人私谥忠文先生。[①]

杨廷枢的祖父杨成，"为明末尚书，家住城西梵门桥巷（即杨衙前），相传为汉皋伯通故里，故自号皋云里"[②]，但《明史》无传。根据五峰园的历史记录，则杨成不应是明末人，应该是明嘉靖年间的官员，退居苏州，购地建园而居。而五峰园占地面积不大，仅二亩半，符合明代中后期私家园亭建筑的时尚。此园即是杨家的住宅，杨廷枢的父亲杨大渶长于此，而以孝名。杨廷枢生于此长于此，而以忠义名。杨廷枢的儿子杨无咎生长于此，又以孝义名。杨廷枢的孙子、杨无咎的儿子杨绳武，以谦恭稳重、孝友和介名。一句话，杨家的家风如此，代代相传。

杨廷枢长于张溥七岁，早年名声也远比张溥响亮，而筹建应社之时，并没有因为自己是诸生而有所不同，与杨彝、顾梦麟、张采、张溥、周锺、吴昌时、钱旃、朱隗、王启荣、周铨分经治学，合作交流，并共尊杨彝为长。正因为此，张溥对杨

① 乾隆《苏州府志》卷54《人物》八。

② 《吴县历史名人》第103页。

廷枢相当敬重。天启六年(1626)十一月初十,杨廷枢的母亲五十庆生,张溥到场祝寿,并写下了《杨伯母侯太君五十序》,赞颂了杨母的盛德,也间接赞扬了杨廷枢兄弟。

按照当时的考试安排,已经是诸生的杨廷枢一直有资格参加三年一次的乡试,但至少两次参加考试,杨廷枢也没有中个举人。直到崇祯三年,方才中举,杨廷枢成为应天乡试的第一名。次年的会试及以后的四次会试,杨廷枢均失败而归,但这并没有动摇他对明王朝的忠心。南明弘光政权建立,杨廷枢"贻书执政,所言十事,皆天下大计"。可惜执政大人们忙于内讧,并没有把国家大事放在心上,当然就不可能接受采纳。

清兵南下,南京易主,杨廷枢已经看不到明王朝复兴的希望,便隐居邓尉山中,与各方保持着密切的联系,成为抵抗力量隐蔽战线的一员。后被清兵捕获,杀害于吴江的泗洲寺。

杨廷枢的一生,几个重要的事件足以证明其无愧于儒家千余年着力构建的思想价值体系。

第一件事是与苏州市民一起反抗阉党势力,造成"开读之变"。"(周)顺昌好为德于乡,有冤抑及郡中大利害,辄为所司陈说,以故士民德顺昌甚。及闻逮者至,众咸愤怒,号冤者塞道。至开读日,不期而集者数万人,咸执香为周吏部乞命。诸生文震亨、杨廷枢、王节、刘羽翰等前谒(毛)一鹭(巡抚)及巡按御史徐吉,请以民情上闻。旗尉厉声骂曰:'东厂逮人,鼠辈敢尔!'大呼:'囚安在?'手掷银铛于地,声琅然。众益愤,曰:'始吾以为天子命,乃东厂耶!'蜂拥大呼,势如山崩。旗尉东西窜,众纵横殴击,毙一人,余负重伤,逾垣走。一鹭、吉不能语。知府寇慎、知县陈文瑞素得民,曲为解谕,众始散。顺昌乃自诣吏。又三日北行,一鹭飞章告变,东厂刺事者言吴人尽反,谋断水道,劫漕舟,忠贤大惧。已而一鹭言缚得倡乱者颜佩韦、马杰、沈扬、杨念如、周文元等,乱已定,忠贤乃安。然自是缇骑不出国门矣"①。这是正史上的记载,实际情况比这复杂得多。因为毛一鹭是魏忠贤的走狗,对苏州士民很不友善,导致了生员阶层的集体愤怒。而周顺昌在苏州的名声极佳,是耿介贫寒的清官。老百姓听说周顺昌要被抓走,很是不服,加之从工坊到小贩,苏州承受了太多的税负,百姓愤恚已极。周顺昌将被逮,正好激起了市民的情绪。敬重周顺昌的书生们前台有礼有节与当

① 《明史》卷245《周顺昌传》。

局交涉，后台与市民沟通，终于在市民代表的影响下，造成十多万市民的大集会，抗议的浪潮声响一直传到了京城。从此，杨廷枢不仅在学界闻名，也在天下闻名了，成为读书人义气的楷模。

第二件事就是参与文社活动，不仅是最初的应社成员，与钱旃、吴昌时一起分工研究《尚书》，更是应社的苏州眉目，在郡城组建了分支机构。在复社成立的过程中，杨廷枢本来反对吴江的沈、吴参与社事，在张溥的工作下，同意了将整个广应社纳入复社。这样，吴翻、吴有涯等人所取名的复社，演变为全国性的文社联合体，已经不是当初吴江文人组织的小团体了。“前明士大夫并敦气节，有汉党锢诸贤风。小人亦发愤好义，愚氓习俗相延，有时或罹法网。魏阉攻东林君子，而东林社息。后复社继起，吴中极盛，主坛坫者，杨廷枢维斗、顾梦麟麟士、杨彝子常、张溥天如诸正人也。其意以明经学、立人品、绍述东林为主，乌程温体仁党屡欲戕之，后社中诸君子能致命成仁，不欺其志，可云无负所学矣”[①]。杨廷枢是复社的重要领导，是领袖之一。

第三件事是刊布《留都防乱揭》事件。复社文人必须揭露阮大铖的本来面目，原因是多方面的。有一个非常重要的原因，崇祯定逆案这样的大事，南京的多数官员居然不知道阮大铖与“逆案”二字的关系，甭说士民百姓了。“铖罪无籍揭，士大大与交通者，未尽不肖，特未有‘逆案’二字提醒之，如赘痈粪溷，争欲决之为快，未必于人心无补”[②]。但在复社内部，主要的不同意见是“揭行则祸至”，“如彼者何足揭，而我辈小题大作”[③]。顾杲、吴应箕、陈贞慧草成《留都防乱公揭》后，征求了复社主要领袖的意见。“飞驰数函，毗陵（常州武进）为张二无（张自烈），金沙（金坛）为周仲驭（周镳），云间（松江）为陈卧子（陈子龙），吴门为杨维斗（杨廷枢），浙（江）则二冯、（冯悰、冯京第）、司马魏子一（魏学濂），上江（安徽）左氏兄弟（左国栋、左国林、左国柱）、方密之（方以智）、尔止（方文）”[④]。得到肯定意见之后方刊刻发表，并非贸然。而杨廷枢是收到“请示报告”的复社领袖之一，不仅同意了，而且署名了。

最重要的事件，是吴胖兆反正事件。策划吴胜兆反正的主要人物是戴之儁，杨廷枢的学生，复社成员。还有吴著、吴芸兄弟，也对吴胜兆的反水起到了

---

① 乾隆《长洲县志·风俗志》。
② 陈贞慧《书事七则》。
③ 吴应箕《楼山堂集》卷 15。
④ 陈贞慧《书事七则》。

点化作用。据王沄所续《陈子龙年谱》记载："胜兆故椎鲁少文，凡有举措，皆幕中越人吴著管之。著与其兄芸颇知文义，尝以语微动胜兆，胜兆不以为忤也。之儁辈伺得其指，与深相结。又出以煽其徒，诇察机便"[①]，从内心深处，吴胜兆已经领略了在清朝的窘迫危险，正酝酿着对清朝的反叛。而门下士的游说，正好推波助澜。于是，戴之儁等积极与驻守舟山的明军取得联系，准备起义。但由于谋事不密，消息已被清军将领土国宝侦知（土国宝，原籍大同，迁居江南。初为太湖水盗，为洪承畴招降，官至总兵。降清，任原官，在清军下江南过程中充当急先锋，大肆屠杀抗清人士）。起事者尚未准备充分，而镇压者已经虎视眈眈。与舟山黄斌卿的军队相约的举事时间是四月十五、十六，"水师于丁亥四月十五、十六两日至松江"[②]。可是，舟山水师没能按时到达松江，而是在长江口外遭遇飓风，未能完成集结，"舟多漂散不得集"[③]。海东逸老所记，水师颇为壮观，但很是不幸，"连舯二千，将抵崇明，海啸大风，舟覆，踉跄而归"[④]。实际到达崇明附近的舟山战船，只有二百艘左右，遭遇飓风，险些丧失张煌言、张名振等主将。外援不到，消息走漏，既无成画，也乏决断，吴胜兆被部下制服，押送南京遇害。戴之儁等人就在松江被高永义等杀害。紧接着，是一批复社文人领袖及他们的亲朋好友遭到残酷的镇压杀戮，陈子龙父子、杨廷枢、侯岐曾满门、夏之旭、夏完淳、顾咸正父子三人、钱栴、张宽、徐开祚等四十余人遇害。在松江、苏州等地还有诸多名士富户受到牵连被逮，家产被抢掠一空，妻女儿媳甚至婢女遭到超乎想象的凌辱。

杨廷枢，不仅是复社的重要领袖，更是有影响的社会贤达，与舟山等地的抗清力量有着密切的联系，门人戴之儁策反吴胜兆，与杨廷枢的教导不无关系。"湖海之屯聚者，以兴复明朝为辞。杨君潜通书札，事亦有之"[⑤]。戴之儁作为杨廷枢的学生，还是两年前太湖义军的重要参谋人员，是吴昜身边的重要谋士。而正是杨廷枢的关系，戴之儁方能建立广泛的人脉，成为抵抗意识的体现者。

既然杨廷枢与屯聚义师有书札往来，不乏出谋划策之功，其门人又是策反吴胜兆的主要人员，清廷当然不会放过杨廷枢。于是，杨廷枢被俘获，押往清兵

---

① 陈子龙《陈子龙诗集》附《年谱》。
② 徐秉义《明末忠烈纪实》卷 16。
③ 计六奇《明季南略》卷 4。
④ 海东逸老《海东逸史》。
⑤ 佚名《吴城日记》。

驻扎的吴江芦墟的泗洲寺。途中，杨廷枢回顾自己五十三年的人生，视死如归的情怀洋溢其间："予自幼读书，慕文信国之为人，今日之事，乃其志也！四月二十四日被缚，饿五日不死。大骂，又不杀。未知尚有几日未死！遍体受伤，十指俱损，而胸中浩然之气，正与信国斩燕市时不异，俯仰快然，可以无憾！一生读书至此，方见得力。"①计六奇《明季南略》较此略详，足见杨廷枢以文天祥为依归的忠贞和赴死的决心。尽管"未登朝而食禄"，仍为自己"报国无能，怀志未展"而耿耿于怀，以为"终是人臣未尽之事"②。眼下一死，方见平生之学："浩气凌空死不难，千年血泪未曾干。夜来星斗中天灿，一点忠魂在此间。"③在泗洲寺，土国宝"重其名，命之剃发。廷枢曰：'砍头事小，剃发事大。'乃杀于寺桥"④。可以说，杨廷枢用生命书写了复社文人殉道精神最辉煌的一笔。

父亲忠义，儿子孝义，孙子也好样。杨廷枢的儿子杨无咎(1636—1724)，字震百，号易亭。父廷枢死国难，时无咎年十二，已经知道大义。本来杨无咎是过继给叔叔杨廷桢(字公干)的，及执廷枢丧，泣血三年。或疑非降服之礼，无咎曰："先人大故，非寻常人之丧其亲者比。礼以义起，予天下之鲜民，虽终身丧可也。"⑤当廷枢被难日，赖门人吴江迮绍原力得收殓。后岁时家祀，必以绍原配享。杨无咎从此杜门隐居终身，只与涧上徐枋、昆山朱用纯交往，人称"吴中三高士"。徐枋临殁，以孤孙相托。无咎不避嫌怨(来自徐枋家族特别是其弟弟徐柯)，不惧风险(来自当局的)，卒保其孤。而杨无咎自己的生活，却贫困而平淡，闭门读书，研究《周易》，直到去世，卒年八十九，学者私谥正孝先生。

杨绳武，字文叔，廷枢孙，无咎子。自幼能文，曾经与朱彝尊讨论经义，折中同异，而学益精。康熙五十二年进士，选庶吉士，授编修。"居京师，喜欢汲引士类。丁父艰归，遂不出，主讲杭州敷文书院，再主江宁钟山书院。平生孝友和介，囊无私财，垂老无负郭田。殁，年七十六"⑥。

张溥不仅与杨廷枢是深交，与杨廷枢的弟弟杨廷桢也关系甚好。两人的交往，始于天启六年三月："予之识公干也，在丙寅之三月，是时寥洲周先生以矫旨

① 徐秉义《明末忠烈纪实》卷16。
② 朱彝尊《静志居诗话》卷21。
③ 计六奇《明季南略》卷4。
④ 徐秉义《明末忠烈纪实》卷16。
⑤ 同治《苏州府志》卷81《人物》八。
⑥ 乾隆《长洲县志》卷24。

逮京，聚而送者万人。有敝衣华冠抱先生而泣悲不能起者，公干也。”[①]文章从惊心动魄的周顺昌被逮捕押送场面中写出杨廷桢的个性，从兄弟情谊写到不幸的命运，从作者到达苏州之日即杨廷桢去世之日的巧合强调两人情缘的天作，对杨廷桢的突然病逝，表达了沉痛的悲悼之情。

张溥与杨廷枢不仅是复社的同事，治学的朋友，还是诗友。张溥有《寄杨维斗兼示同社》《同与游、孟宏、君伟，放舟湖心，扶九携尊小酌，迟维斗次孟宏韵》二首等诗作，或关注社事活动，或记录畅游的风雅，骚人本色，亦在湖山杯酒之间。

3. 徐汧

徐汧(1597—1645)，字九一，号勿斋，苏州人。为诸生时，与杨廷枢友善，参加应社活动，但没有与杨廷枢等人一起研究经书。重要原因，天启五年(1625)魏大中、周顺昌被逮，徐汧与杨廷枢一起想方设法筹集钱款，以资其行。并在周顺昌被逮之时，发动苏州百姓请愿，对魏忠贤阉党势力的残酷镇压进行反抗，这就是在明代历史上影响巨大的“苏州民变”。

苏州民变事件，追溯源头似乎很远，可以从张居正出任内阁首辅开始说起。至少也可以从天启仓促登基，杨涟、左光斗等在明熹宗即位发挥重要作用后形成众正盈朝的局面谈起。简单说，以魏忠贤为首的阉党集团与各怀私心的内宫嫔妃(万历、泰昌)联手，对朝廷执掌重权的君子展开了残酷的杀戮，且编制《东林点将录》《东林党人榜》等，活生生地将一群书生学者和失意官员造了一个“东林党”，杀害了杨涟、左光斗、魏大中、袁化中、周朝瑞、顾大章等六君子，紧接着，继续对列入名单的正人君子镇压杀戮。“六君子”遇害后，“七君子”之狱随起，魏忠贤及其亲信正有步骤地将天启朝正人君子一网打尽。苏州掌管织造的太监李实，并非魏忠贤的亲信，与东南君子黄尊素有交往。于是，民间相传黄尊素欲利用李实的关系，刺探朝廷动向，收集魏忠贤的罪状，欲寻找机会消灭宦官势力对朝政的掌控。消息传到魏忠贤那里，当然成为打击异己的口实。对黄尊素而言，君子何畏；而对于李实而言，小人充分了解逆贼的厉害。于是，李实赶紧向魏忠贤的亲信太监李永贞求教。于是，李永贞看在本家份上，给李实出谋划策，要他出面弹劾黄尊素等君子，并为他代写奏章。天启六年二月，署名李实的奏章交到了魏忠贤手中。魏忠贤得到这份奏章，如获至宝，借圣旨的形式，将周

① 张溥《七录斋集》卷6《杨公干纪略》。

起元、黄尊素、缪昌期、周顺昌、周宗建、高攀龙、李应升七人逮捕。周宗建、缪昌期在京城，立即遭到逮捕，其余五人已经罢职离开京城，于是，魏忠贤派锦衣卫奔赴各地抓捕。历史的真实无须考索，正人君子的劫难古今痛惜。七君子中，除了高攀龙闻讯自尽外，六人皆惨遭毒刑，不屈而死。

前吏部主事，苏州人周顺昌被逮，根本原因在于他的忠直清廉，反对阉党。当时周起元“以忤珰削籍，公（徐汧）为赠言，指斥不讳。嘉善吏科都垣魏大中被逮，道经吴门，公过之，以女字其孙”[①]，这样的事迹均传到了阉党的耳朵里，是故对周顺昌恨之入骨，置之死地而后快。当锦衣卫南下抓人时，苏州的百姓以为是皇帝逮问，于是，请求苏州的巡抚毛一鹭、巡安徐吉疏救周顺昌，遭到拒绝。于是，杨廷枢、徐汧、刘曙、朱隗、文震亨、郑敷教等五百诸生，公服立门外，率领十万苏城百姓喊冤，呼号之声如奔雷泻川。魏忠贤派来的文之炳“妄自尊大，不察民情，持械击百姓”，还大声叫嚷“东厂严旨逮官，乃容鼠辈置喙”[②]。老百姓知道是东厂逮人，立即群情激愤，商人、轿夫、书生、工匠一起动手，打得缇骑抱头鼠窜。从浙江抓来的黄尊素和苏州周顺昌，在锦衣卫的秘密押解下离开苏州北上，而苏州民变的市民首领颜佩韦、杨念如、沈扬、马杰、周文元五人事后被杀害。一年后，魏忠贤被除，苏州百姓将五人安葬在城西山塘街的魏忠贤生祠原址，碑名曰“五人之墓”，相传是文震孟所书。杨廷枢于墓门题额“义风千古”四字，张溥写下了《五人墓碑记》，颂扬五人的高义，记载应社领袖的胆略和组织发动市民抗议的事迹。

从这件事可知，徐汧虽家境贫寒，而读圣贤书，也接受了圣贤的精神，其为官和守道，其来有自。崇祯元年（1628），徐汧进士及第，选庶吉士，授检讨。崇祯三年，钱龙锡贬官，黄道周、倪元璐疏救，遭到崇祯批评，徐汧立即上书，颂扬黄道周、倪元璐为贤直之士，受到皇帝呵斥。徐汧敢于当面与皇帝争论：“推贤让能，荩臣所务，难进易退，儒者之风。间者陛下委任之意希注外廷，防察之权辄逮阉寺，默窥圣意，疑贰渐萌。万一士风日贱，宸向日移，明盛之时为忧方大。”[③]这番议论着实有些迂腐，皇帝当然听不进去。此事发生在崇祯五年正月，于是，徐汧请假回家。假期满（时间多长史无明载），徐汧只能还朝任职，迁左谕德，右庶子，充日讲官。崇祯十四年奉使封赏江西益王府，回程时以病请求休

① 计六奇《明季北略》卷 2。
② 同上。
③ 《明史》卷 267《徐汧传》。

假，便道还家，从此家居二年有余，与复社领袖重新聚首，在张溥去世之后复社陷入分裂的当口，杨廷枢、徐汧、张采、顾杲、华允诚等一起，维护了复社的团结，继续展开对阉党势力迫害的抗争。尤其张溥著述的刊行，主要依赖这些朋友，今天才能看到部分如《春秋三书》《列国论》等。《春秋三书》三十二卷，四库存目云："是书第一编曰《列国论》，凡二十四卷；第二编曰《四传断》，凡七卷；第三编曰《书法解》凡一卷。同时徐汧、张采为之序。采有例言，称《列国论》中，尚阙杂国一题。《四传断》中，僖公阙十余年，文公全阙，襄公以下亦全阙，采间为补之。"[①]

李自成攻入北京，崇祯自缢，南明福王政权建立，徐汧受到召用，被任命为少詹事。徐汧没有忙于上任，而是将自己最忧虑的和最希望的事情致书当事，主张辨邪正、化异同、举正事、去党争。到任后，陈时政七事，以化恩仇、去偏党、举大计为言，反而招致了小人柳祚昌的攻击[②]，灰心失望。次年三月十九，崇祯皇帝忌日，福王政权的大小官僚有模有样地在太平门外设坛遥祭，"独阮大铖后至，哭呼先帝而来"，说什么"致先帝殉社稷者，东林诸臣也。不尽杀东林诸臣，不足以谢先帝。今陈名夏、徐汧俱北走矣"。何等歹毒！要将东林诸臣杀尽，与东林相接的复社成员为官的当然也要杀尽，真是勇于继承魏忠贤的未竟事业，不将正人君子除尽绝不罢休。好在马士英说了句实话："徐九一现有人在。""阮大铖日与杨维垣谋，必欲尽杀东林、复社诸人"[③]，而当时在朝为官的东林、复社人士已经所剩无几，担任闲职，难以有所作为。此时，已经是左良玉兴兵东下，清朝决定南下的时刻。阮大铖的屠刀既然举起，也不会因为朝廷需要或清兵南下而有所心慈手软，复社领袖们或惨遭杀害，或陷入大牢而祸不可测，或远走他乡深山，暂避刀斧。而这位坚决要为崇祯报仇的阮大铖，在清兵南下的过程中又坚决地为新朝服务了。

因为有阮大铖等阉党余孽掌握朝政，又由于福王朱由崧听信于有拥戴之功的马士英等人，更由于这位福王实在是智能低下，徐汧放眼看不到明朝复兴的希望，正好身体不佳，以病告归。一个多月后的五月初十，福王的弘光政权就在清兵的进攻中土崩瓦解了。徐汧对儿子说："国事不支，吾死期近矣。""乙酉六月四日，郡城不守。汧在乡闻之，夜自缢，仆觉而救之，不得死。"朋友朱隗说：

---

① 《四库全书总目》卷 30 经部春秋类存目一。

② 《明史》卷 267《徐汧传》。

③ 计六奇《明季南略》卷 3。

"公大臣也，义不可不死。然当归死于家。"徐汧认为有理。闰六月，清兵完全控制苏州，下令剃发，徐汧一条小船，摇到虎丘北侧的新塘桥下，对岸上人说："留此不屈膝、不披发之身以见先帝、先人于地下"①，自沉于桥下。从京城失守起，徐汧已经知道天下事无望了，赴死的决心已很坚决。看到江山易主，人民变装，"心愤激不忍变也"②。顾公燮记其投虎丘剑池死，③不确。相传其投水处有一老书生继投水中而死，一老仆随之投水死。夏完淳《六君咏·徐詹事》云：

文靖黼黻才，华国樊述作。世称马与徐，遵道适华朴。
要离墓草青，胜事空寂寞。千载有遗风，慨然排冥漠。
始知风雅儒，大勇甘沟壑。灵旗动虚无，清晖宛如昨。

张溥与徐汧结交在天启六年春，不仅在郡城与徐汧来往密切，即在京城，也经常聚会并诗歌唱和。《元夜饮姚宫端斋，九一、君常、平人、默寘、伯祥、羽侯、张甫、文初同集，分赋得文字》，记录了在姚希孟宅第元宵聚集赋诗的盛况。当时参加聚会的有徐汧、马世奇、陈士奇、吴太史、杨廷麟、谭翼、韩四维、姚崇典，考张溥在京师过年、过元宵，只有崇祯四年和五年。但是，崇祯五年张溥在翰林院的处境已经不佳，况四年会试后陈士奇、吴太史、谭翼、姚崇典落第，不太可能心情上好，逗留京师近一年。所以，这次聚会是在崇祯四年、会试之前的元宵节。由此可见，张溥与姚希孟、徐汧等人的关系。徐汧子徐枋(1622—1694)，字昭法，号俟斋、秦余山人，崇祯十五年举人。亦是复社成员，明亡不仕，隐居苏州光福山中"涧上草堂"，今光福香雪海附近有涧上村，居民不知村名来历。自称孤哀子，读书作画，终身不入城市，卖画自食，例不书款，与宣城沈寿民、嘉兴巢鸣盛称"海内三遗民"。也与杨无咎、朱用纯并称"吴中三高士"。可惜这样的君子，已经少人关注。其葬处，非村中老人引导，难以寻觅，杂草丛生，荆棘蔽道，墓茔坍塌，墓碑斑驳，虽为县级文物保护单位，实无任何保护措施，拜谒之际，百味涌动。

附说：徐枋、杨无咎、朱用纯并称"吴中三高士"，三人的父亲均是忠烈之士。徐枋之父徐汧、杨无咎之父杨廷枢事迹上文已述，朱用纯之父朱集璜（？—

---

① 徐秉义《明末忠烈纪实》卷18。

② 佚名《吴城日记》卷上。

③ 顾公燮《丹午笔记》："乙酉六月，王师破苏城，公慷慨流涕，赴虎丘剑池死。"

1645)，字以发，昆山诸生，有志行，不以进取为意，然教授弟子，留心时务，有经济之才。曾就崇明、嘉定、昆山、太仓、长洲、吴县的军粮运输和民负建议上官调整征集和装运方法，既省民力，又减损耗，且结算简单，运输安全。又曾经在昆山东南方注意到海潮拥沙，影响太湖泄洪通道，向上官提出疏浚河道的请求，并直接参与设计、计量和工程建设，半年竣工。清兵向昆山进军之时，县丞阎茂才遣使迎降，昆山军民杀之，于六月十五起兵，推旧将王佐才为帅，朱集璜、周室瑜、陶琰、陈大任等起兵响应。七月五日清兵攻城，次日城溃，王佐才纵民出奔，而自己则官带坐帅府，等待清兵来杀。朱集璜书绝命词于衣带间，词曰："可质祖宗，可对天地，生无自欺，死复何愧"①，"投东禅寺后河死"②，忠义之气，摇漾于天地之间。或记载其为清兵所执，"大骂不屈，见杀"③，符合事实。因为其子朱用纯(1627—1698)，字致一，号柏庐。当时已经十八岁，不仅记事清晰，且有意仿效王裒故事，以"柏庐"为号，即庐墓守孝，攀柏悲号。既暗示了他的父亲朱集璜是被杀害的，也表达了不仕新朝隐居终身的意志。经过一段时间的颠沛流离之后，朱用纯返回故里，从此耕种农田，教育子弟，侍奉母亲，养育弟妹，隐居以终。其《朱柏庐治家格言》五百二十四字，文浅意深，贴近日常，简明实用，传唱四方，堪比朱熹的《朱子家训》。

4. 刘城

刘城(1598—1650)，字伯宗，晚号存宗，安徽贵池人，与吴应箕、沈寿民、沈士柱、杨廷枢为复社五秀才。刘城与吴应箕"两先生同时以古文名家，声名藉藉起"④。同样的，刘城与吴应箕均对国家社稷具有热切的关注，了解时局，明辨是非，清楚朝政得失人物正邪，在政治上明确倾向于代表正义的东林。所以，也得到了东林后学官员的器重。史可法巡抚安庆时，深知复社的秀才们具有治国平天下的知识能力，"大事每咨焉"⑤。崇祯九年行保举法，刘城受到举荐，将用为知州，辞谢。福王政权建立，布置江北防御，以四镇分领，刘城极为担忧。他上书史可法，认为四镇难以驾驭，主弱则叛，敌强则降，主敌皆弱则专制，或互相攻伐，没有老成精干的将领可以弹压。刘城看到了问题所在，并提出了具体的方

---

① 吴山嘉《复社姓氏传略》卷2。

② 《明史》卷277。

③ 计六奇《明季南略》卷4。

④ 刘城《峄桐集》邵嘉序。

⑤ 吴山嘉《复社姓氏传略》卷4。

略，提出“大计宜定”“大势宜审”“朝廷之气宜立”“东南之民力宜宽”“阉宦之干预宜制”“纪纲之饬治宜尊”“取材之法宜严”“起用之幸宜杜”“将帅之权勿假”“最急之官宜先”“似缓之地宜备”等一系列见解和主张[①]。但史可法与刘城均无力改变，因为实权掌握在马士英手里，史可法、高宏图等人无法与之抗争。社会就是这样的奇怪，知道该如何的人不能如何，而能够如何的人不知道该如何，或根本不愿意如何。

南都易主后，刘城杜门不出，终日忧愤。好友吴应箕兵败遇害，刘城为之收葬，从此愈加忧愤悲哀，无意世事，不久病逝，年仅五十三岁。刘城的《春秋左传地名录》《古今事异同》《南宋文鉴》诸书，乃其读书杂记，并非专门的学术研究。故如《春秋左传地名录》，一般评价不高，“盖随手集录，以备记诵，无所考正”[②]。而其《峄桐集》，则是集中了他的诗文精华，清康熙十九年(1680)邵嘉捐资刻印并撰序，复社成员范康生、余怀为序。参与复社活动，不仅是为了学术研究以成就功名或文学创作的，更是以气节道义为依归的。从他为吴应箕收葬可知，气谊之重不仅见于诗歌吟叹如“观傩诗”[③]，更见于行动。在复社领导层中，刘城属于比较淡泊的人士，心境比较平静。“为人平易，无次尾之锋芒，虽挂名《防乱揭》，阮大铖亦不忌之”。并且致力于读书，不以经营为意。“四壁图书，不愧名士也”[④]。

《峄桐集》中有文集十卷、诗集十卷，诸体皆备。就文章而言，可以看到明显的唐宋古文痕迹，尤其是柳宗元散文的风格。从刘城清醒地拒绝保举的知府职位，可以知道刘城具有敏锐的洞察力。沈寿民被举荐入朝，不久郁郁而归，证明了刘城的见识。也可以说，他比沈寿民、吴应箕对大明王朝更为失望。其实，吴应箕也看到了明王朝的“死相”，“国事日棘，中外大小臣碌碌取充位，无一能办者”[⑤]。民间相传，将死之人，会有一些怪异的言行暗示其冥路已近。虽然没有什么科学依据，也不能用实验来解释，但却有不少的巧合。所以，古人特别愿意相信这样的“征兆”说，现代科学批判其为无稽的谶纬说。

刘城在复社领袖中，是创作和留存诗歌较多的一位，现存《峄桐诗集》中的作品有近一千二百首，涉及刘城生活中的重要方面。吴应箕认为，只有真正的

① 刘城《峄桐集》卷7。

② 《四库全书总目》卷30。

③ 王平《刘城和他的四首贵池“观傩诗”》，《池州师专学报》2004年4期。

④ 黄宗羲《思旧录》。《黄宗羲全集》第一册第360页。

⑤ 刘城《峄桐集》卷10《吴次尾先生传》。

感触，才有真正的诗，其余则无诗。“悯时伤事，而诗亦名。则偶为诗焉，其所感触矣。非是者不名诗”[①]。在吴应箕看来，诗歌是触于中而形诸言，没有真情实感，则不能写出真正的诗歌。刘城的诗歌，是感时伤事的结晶，所以是诗人心底的诗。

参加广应社活动后，刘城也曾为了功名而致力于制艺，编选成功的名作，张溥为之作序。《七录斋诗文合集·古文近稿》卷一有《刘伯宗房稿论文序》，《七录斋集》中有《刘伯宗稿序》。张溥为一人文稿写两篇以上的序，仅有杨彝、张采、刘城等数人而已，可见张溥对刘城的敬重。序言中首段，介绍了数人的文章气义之交情：“予之务察于应社也，与道吉、伯宗、眉生、昆铜论之详矣。宁俭于人之数，而毋受其多；宁舒其时以得其所以为人，而无伤于亟。故阅时而其人至焉，又阅时而其人其文至焉。大约江以南自予与介生、受先、维斗之数人来者，无乎不良也；江以北自道吉、伯宗、眉生、昆铜之数人来者，无乎不良也。苟其一辞之可，凡数人者，无不与闻焉。”[②]

张溥去世之后，刘城为文祭奠，伤心欲绝，文章虽短，却清晰全面地概括了张溥的远大志向、为人品行、才华学术、对朋友的情谊等等。回忆往事，历历在目：“念畴昔，流连虎阜。慨论当时，移衾销漏。今也志行，身可已矣。后之君子，亦知所自。著书满家，意亦在是。德功与言，三者并峙。”[③]长夜不眠，议论时事，关注天下，书生意气与忧患意识，清晰可见。

三、信任社事挚友

庞大的社务，张溥不能事必躬亲，奠定了发展的基础，确立了发展的路径，需要大量的同志共同努力。用人所长，尽人之力，是张溥对人的知，更是张溥对人的信。所以，孙淳、周锺、吴昌时等人，在张溥的组织协调下，成为复社的主干力量。

1. 孙淳

孙淳（生卒年不详），字孟朴，吴江震泽人，寄籍嘉兴，为嘉兴府学生。

应社之初，只是个学术团体，人数不多，“合吴郡、金沙、槜里（今嘉善）仅十有一人，张溥天如、张采来章、杨廷枢维斗、杨彝子常、顾梦麟麟士、朱隗云子、王

① 吴应箕《楼山堂集》卷 16《刘伯宗癸未诗序》。

② 张溥《七录斋集》卷 1《刘伯宗稿序》。

③ 刘城《峄桐集》卷 10《祭张天如文》。

启荣惠常、周铨简臣、周锺介生、吴昌时来之、钱旃彦林，分主五经文字之选，而效奔走以襄厥事者，嘉兴府学生孙淳孟朴也，是曰应社"[1]。"文社始天启甲子，合吴郡、金沙、槜李，仅十有一人。张溥天如、张采来章、杨廷枢维斗、杨彝子常、顾梦麟麟士、朱隗云子、王启荣惠常、周铨简臣、周锺介生、吴昌时来之、钱栴彦林，分主五经文字之选。而效奔走以襄厥事者，嘉兴府学生孙淳孟朴也，是曰应社"[2]。朱彝尊、《苏州府志》如此说，其实不确切。孙淳并没有在应社开始时参加，是稍后加入并成为积极的联络人。朱彝尊是根据前贤的描述追记，方志则辗转抄录，难免含糊。后来孙淳在复社创建活动中担当了如同秘书长的工作，成为文社的联络中心，这是事实。

在应社发展到复社的过程中以及后来相当长的一段时间，孙淳做了大量的工作。所以，张溥对孙淳的肯定最多，与孙淳的交往密度也大，唱和诗多达二十三首。根据有关唱和张溥的描述，孙淳是为复社最辛苦的人。张溥代张采作《国表序》有言："予与天如之识孟朴，在七年以前。"[3]该文至迟作于崇祯四年，说明"二张"与孙淳交往有年，情谊深厚。"崇祯之初，嘉鱼熊开元宰吴江，进诸生而讲艺，于时孟朴（孙淳）里居，结吴翻扶九、吴允夏去盈、沈应瑞圣符等肇举复社"[4]，说明孙淳虽寄籍嘉兴，但生活、交际的场所在吴江。

应熊开元之邀，张溥到了吴江。在吴江有多长时间，一时难以考证。蒋逸雪《张溥年谱》"疑溥别张受先后，尝与孙淳等遨游杭州近地诸胜，至明年五月始归"[5]。张溥没有回太仓过年的可能性不大，因为张溥与生母居西郊之七录斋，张溥是孝子，不大会让母亲一人在家过年。应该是在吴江接受了熊开元的安排，与三四同志切磋时艺、讨论经史、筹建文社之后回到太仓，次年春再到吴江，并往杭州游瞩，在张溥的诗歌里可以找到明确的记录。崇祯元年深秋，张溥送别张采，在吴江期间与孙淳等人交游，情谊甚笃。孙淳南归震泽，张溥赋诗送别，文字间难舍难分，期待再见。"君来携得许多情，君去无端托姓名。尽夜酒深伤语促，连朝花发及秋清。频呼装剑愁风厉，欲往停车听鸟鸣。此去论心期四月，偏寒拨火岁将盈"[6]。孙淳回震泽过年，临别赋诗，张溥和诗二首，足见深

---

① 朱彝尊《静志居诗话》卷21。
② 同治《苏州府志》卷147《杂记》四。
③ 张溥《七录斋集》卷3《国表序》。
④ 朱彝尊《静志居诗话》卷21"孙淳"条。
⑤ 蒋逸雪《张溥年谱》第20页。
⑥ 张溥《七录斋诗文合集·诗集》卷1《再赋送孟朴》。

情。张溥在崇祯二年三四月间再来吴江，与孙淳、吴翻、吴允夏、沈应瑞等，已经成为故人，不仅在吴江邑馆，更可能到震泽。张溥诗《孟夏同孟朴、与游、孟宏访扶九，与游诗成，次韵》表明，崇祯二年初夏到吴翻处作客的不仅有张溥和孙淳，还有昆山王志庆（与游）和长洲（今苏州）许元溥（孟宏）。在张溥诗集卷二中还有《过孟朴清啸斋》四首、《同孟宏、孟朴、君伟、来之登烟雨楼次韵》二首、《同来之、孟宏、孟朴、君伟龙渊远眺次韵》三首、《同孟朴、孟宏、君伟弄间泉》、《和孟朴新安归舟兼示黄卜周朱白石吴于民》二首、《次孟朴富春道中》，卷三有《金阊同孟朴、九一、孟宏、君伟夜饮即席限韵》《同孟朴、美周、骏公、僧弥集受先斋》《中秋后二日孟朴、尔通过小轩同赋》《同孟朴、美周、僧弥集骏公斋》《送孙孟朴》等，涉及登临远眺、游赏烟霞、把臂举盏、清谈小议等，是文人固习，也是朋友情谊，诠释了孙淳在复社中的位置，也交代了张溥与孙淳的友情。正是朋友之间的契合，方能在文社活动中相互配合。

而事实上，孙淳不仅是张溥的友人，更是复社的大忙人。广应社发展过程中，孙淳已经发挥了不小的作用。复社筹建期间，孙淳就走到了前台，同时担任了组织发展、社会宣传和对外联络工作。“是役也，孟朴渡淮、泗，历齐、鲁以达于京师，贤大夫必审择而定衿契，然后进之于社”[①]。说明孙淳联络的主要是北方诸生文社，并发展了一批“预备社员”，将复社成立大会的时间、地点通知了直达京师的广大同志。张溥明确承认，孙淳发挥了关键的作用。“忘其身惟取友是急，义不辞难，而千里必应。三年之间，若无孟朴，则其道几废矣”[②]。朱彝尊如是记载，但遍查张溥《七录斋初集》和《七录斋诗文合集》，没有这句话。仅有《国表序》及代张采写的《国表序》中有类似的表述：“孟朴与扶九、圣符高气盛情，通于朋友，不惮历遐阻，发怀抱，以来千里之驾”[③]。如是，则孙淳在复社发展中发挥的联络作用，绝对重要。

并且，为了文社的发展，孙淳甚至甘愿自己承受误会与委屈。杨廷枢对建立复社并不赞成，“孙孟朴（淳）乃与我妇翁吴翻及吕石香（云孚）辈数人始创复社，颇为吴门杨维斗（廷枢）先生所不快。孟朴尝怀刺谒杨先生，再往不得见。诃之曰：‘我社中未尝见此人。’我社者，应社也”[④]。能够承受两次被拒绝及呵斥

① 朱彝尊《静志居诗话》卷 21。

② 同上。

③ 张溥《七录斋集》卷 3《国表序》。

④ 计东《改亭集》卷 10《上太仓吴祭酒书一》，王应奎《柳南随笔》卷 3。

的羞辱，孙淳必有过人的容量。而复社中，正是需要这样宽广老成的人物，以利于复社的团结与发展。

2. 吴翻

吴翻（1608—1655），字扶九，号静庵，江苏吴江人。“扶九居吴江之荻塘，藉祖、父之赀，会文结客，与孙孟朴最厚，倡为复社。……有子南龄，予女婿也”①。吴翻“貌魁硕，善谈论，诗文浏漓藻丽。弱冠负重名。庄烈帝立，凡阉党悉置于法。翻与同志孙淳等四人创为复社，义取剥穷而复也。太仓张溥举应社以合之，海内知名士皆闻风而来。翻于邪正是非之介，确然不可易。时温体仁方柄国，屡招致，翻卒不应。同邑吕纯如要一见，亦终不得。……乙未秋卒，年四十七”②。对于吴翻，朱彝尊应该是比较了解的，毕竟是儿女亲家。

按照朱彝尊的说法，吴翻是吴江的大户，在复社活动过程中发挥了重要作用，尤其是主要的财政供给者。吴翻又是吴江县学的贡生，孙淳是寄籍嘉兴的吴江诸生，与沈应瑞、吴允夏过从甚密，四人为至交。这四人，是吴江文社的始作俑者。而他们酝酿建立文社的取名，就是复社。

这里有两个信息应当注意到：一是《复社姓氏传略》的作者吴山嘉，是吴翻弟弟吴翿的重孙，称吴翻为“高伯祖”，纪事有明确的倾向性但基本事实没有篡改。二是准确记载了吴翻的年龄，卒于乙未秋，年四十七，也就是吴翻生于明万历三十六年（1608），卒于清顺治十二年（1655）。从年龄和制艺上，可以将吴翻作为张溥门人辈对待。吴翻与张溥门人吕云孚的关系，颇为微妙。

崇祯元年张溥到吴江，已经与吴翻熟悉。而见面的理由，是熊开元请张溥讲学，而吴翻是学员。此后，他们一起投入了复社的筹建发展之中，共同成为复社的领导。从吴江的吴翻居住处到嘉兴的吴昌时居住的勺园，距离不远，张溥常与吴翻、许元溥、孙淳徜徉其中。饮酒赋诗、把臂叫嚣、观摩歌舞、远眺湖山，发怀古之幽情，写期待之壮志。在张溥的诗歌中，多首诗写到与吴翻游玩、唱酬的欢快情怀。《孟夏同孟朴、与游、孟宏、访扶九，与游诗成，次韵》二首、《同与游、孟宏、君伟、放舟湖心，扶九携尊小酌，迟维斗次孟宏韵》二首诸诗，味道甚浓。就诗歌的标题，可以知道，他们都是诗人，是写诗高手，而其中许元溥诗才最高，各位在“次韵”。而张溥与吴翻贪杯，没有及时写诗，故作诗迟于杨廷枢。更能够说明，张溥与吴翻、杨廷枢、孙淳、许元溥、王志庆等人的密切交往。而聚

① 朱彝尊《静志居诗话》卷 21。

② 吴山嘉《复社姓氏传略》卷 2。

集的地点，又往往是吴翻居住的园亭或吴昌时居住的嘉兴园林，两地也是复社领导层经常聚会的地方。在复社的活动中，吴翻所贡献的，不仅是活动经费、集会场所，更有文稿编选付梓的大量心血，并接待来往诸生，是复社重要的领导人和吴江文社的眉目。

3. 周铨

周铨（生卒年不详），字简臣，江苏金坛人，周镳长兄。与弟弟共读书，攻苦力学，而不求张扬。在应社成立之时，分工研究与弟周镳主《春秋》，偏向于对历史的检讨分析，成就如何，未见记载。他是应社的创始人之一，却没有参加复社的成立活动，而是致力于功名考试。崇祯十年中进士，"知上虞县，用古循吏法治之，易良朴直，多有政声"[①]。后因事谪为代州判官，著述年余归。清兵南下，金坛破，死之。

4. 周镳

周镳（1602—1645），字介生，周铨弟。"周介生镳，金沙望族。神庙时，镳祖于德登进士，为贵宦。伯应秋以解元联捷，维持泰时，踵发一时。镳父绍诗困于诸生，有子四人：长铨，字简臣。仲即镳。叔镕，字我容。季钺，字我成。读书尺木居，昆弟相师友。简臣少鲁而攻苦力学，惟介生敏颖绝伦，角丱时五车万卷无留牍矣，诗文缅缅万言，有倚马之目，诸昆仲皆莫及也。房选《华锋》出，时尚一新，天下竞称之。由是，向日推豫章者，相率而推金沙矣"[②]。周镳有着较好的家境，有充分的时间读书而不必为生计奔走。所以，幼年颖敏的周镳在兄弟中间很快突出。这说明，周镳具有优良的天智，所需要的是后天的机会。果然机会来了，张溥、张采亲自上门，来探讨制艺和古文问题。

"时娄文卑靡，两人（张溥、张采）有志振起之。溥矫枉过正，取法刘知几、樊宗师，岁试乃踬。闻周介生倡教金沙，负笈造谒。三人一见，相得甚欢，若故旧。辩难五昼夜，订盟乃别"[③]。这次见面的结果是，张溥改变了原来的治学途径，更尚经史，试乃冠军。在科举考试的事实面前，张溥意识到金沙周镳通时变尚经史治学方法的正确性，也使张溥学术和政治思想逐渐形成。就科举层面而言，张溥与周镳的这次探讨，实际是对晚明科举考试导向的预测，而预测的结果居然和明思宗即位后的取士标准变化一致起来，以至于在崇祯朝大量复社成员中

---

① 吴山嘉《复社姓氏传略》卷3。
② 陆世仪《复社纪略》卷1。
③ 同上。

举、中进士，甚至名列三甲，均与这次学术思想的转变有关。

更重要的是，"二张"与周锺结盟，形成了东西联合的局面，为将来文社的扩大奠定了一定的基础。至少在思想认识上他们已经明白文社可以不是一地一时的事情。

"始，周介生之应社，社目若茂苑杨维斗廷枢、徐九一汧、常郡荆石兄艮、虞山杨子常彝、顾麟士梦麟、吴江吴茂申有涯、吴来之昌时、松郡夏彝仲允彝、陈卧子子龙及闽中陈道掌元纶、蒋八公德璟咸在列，而独以凡例为天如手定；盖两人相信在语言文字外，别有契合也"①。与金沙（今江苏金坛）周锺定盟，则是应社走向实质性团体的开端。如果说与张采同郡同城，交往比较便利的话，吴伟业也是太仓人，居里与张溥相去无几。而金沙则与太仓相去五百里，在当时的交通条件下，往返一趟，殊非易事。天启三年(1623)的"二张"访周，与当时的治学及科举导向有关。与周锺交往，奠定了张溥在诸生中的领袖地位，也是张溥成为应社、广应社、复社领袖的前奏。同时，"二张"与周锺结盟，是复社学术乃至政治思想统一的重要一步。

应社建立之初，只是个学术团体，人数不多，"合吴郡、金沙、檇里（今嘉善）仅十有一人，张溥天如、张采来章、杨廷枢维斗、杨彝子常、顾梦麟麟士、朱隗云子、王启荣惠常、周铨简臣、周锺介生、吴昌时来之、钱旃彦林，分主五经文字之选，而效奔走以襄厥事者，嘉兴府学生孙淳孟朴也，是曰应社"②。这些人是应社的核心，杨彝居长。稍后的广应社，最积极活动的是金沙周锺。"共推金沙主盟，介生乃益扩而广之……于是应社之名，闻于天下"③。其命名本意，实源于《周易》之"同人"卦。"同人，柔得位，得中而应乎乾，曰同人。同人曰同人于野，亨，利涉大川，乾行也。文明以健，中正而应，君子正也。唯君子为能通天下之志"④。同人卦位于否卦之后，具有否极泰来的期待。张溥在应社中的分工是主《易》，可见对《易》的研究，已经在诸君子中称首。应社取名，是张溥对《易》研究的成果。否卦的意思是阻塞，阴阳不交，万物不生，小人据内，君臣阻隔，不能意志相通，不能行君子之道。而否卦的前面是泰卦，天下苍生平安无事。联系明王朝的变迁，恰是轨迹如卦序。

---

① 吴伟业《吴梅村全集》卷24《复社纪事》。

② 朱彝尊《静志居诗话》卷21。

③ 陆世仪《复社纪略》卷1。

④ 《周易正义》卷2。

周锺在应社中，不仅从事学术研究，更从事将应社扩大到上下江的工作。可以说，周锺是应社的“组织部长”，在应社发展过程中发挥了重要的作用，是应社到广应社的重要人物。而在复社的建立过程中，周锺的主要精力用于与豫章艾南英的纠缠上，以支持张溥筹建复社并领导复社。在复社成立之后，周锺积极参与了复社的领导活动，但让张溥走在前列。“介生之从兄曰仲驭镳，南司农郎，著风节，解官讲授南都。兄曰简臣铨，才不及弟，与彝仲、卧子同举丁丑进士。介生生平执友，大士七十登第，九青已逾九卿，骎骎公辅矣；介生沦落诸生，自如也。先生初以为少长，兄事介生，既显贵，倾介生客，顾修旧节唯谨，于事必首介生，而已为之下。介生亦不以贫贱故，少有所抑损。世称友道，以周、张为难”①。吴伟业对张溥与周锺的交往还是欣赏与敬佩的。但是对复社后来事件的叙述，就有些偏颇了，并不是完整的事实，容易被人误解。

当然，记载周锺在科举、选官方面的事没错。周锺于崇祯十六年中进士，为庶吉士，亦仅仅是一个实习生而已。“介生癸未成进士，选庶常。踰年国亡，不能死，污伪命，南奔，伏法于金陵。仲驭以钩党赐自尽，受先为经纪其丧。仲驭之讲授南都也，怀宁阮大铖故奄党，倾危喜结纳，仲驭令其门人檄之出境，阮缓颊输平，弗许。介生尝一遇之于杯酒间，少弟我容后至，语不合，推案坏坐，坐者皆失色，介生徐引去，不为谢，阮衔之次骨。山东刘泽清，故群盗也。既贵，阳慕知名士，奉书五百金，虚左席以邀致介生。介生却其币，弗往。弘光中，此两人中外擅威福。南士甘心复社，迎合当事之意，流传增饰，取不逞词，传著介生口中。二憾交作，遂伏首恶之诛。及至仲驭不免，人始知介生应死，其杀之未必尽以其罪。呜呼！仲驭刚肠疾恶，横为匪人所害，后世必有纪其事者，可无憾矣！介生以一念之濡忍，缓于引决，重为用事者龉龁，蒙彼恶声，殒身独柳。使先生在，必为嘘唏掩涕，恨其舍生取义之未能，而身名并灭，贻天下戮笑也”②。上面的叙述虽依据别人的传说而成，但有两点是不差的：一是周锺及其堂兄周镳，都是阮大铖的死敌。二是周锺比较清介，不为金钱所动。具备这两者当然还不够，周锺尤其如此。因为他特别讲情谊，喜欢结交，其中难免奸慝，一不留神，成了算计的对象。固然，周锺是接受了李自成大顺政权的委任，做了个“宏文院”（就是原来翰林院）编修③。编修，多大的官？但关于周锺撰写劝进表和许多歌

---

① 吴伟业《吴梅村全集》卷24《复社纪事》。

② 同上。

③ 柳义南《李自成纪年附考》第357页。

功颂德的文字，想象成分不少，没有真实的史料留存，更不见实物。因为有人记录了周锺的表现，并且是杨廷鉴与周锺争着为李自成草诏，有点报应："至是周锺与廷鉴杨争草诏，是成祖杀戮忠臣之报也。"[①]因为相传这些文字出于周锺之手，但还有人"抢功"，主动说是自己的。到四月二十三，李自成在一片石兵败的消息传来，大量投降的明朝官员逃出京城，牛金星等并未阻拦，即便他们携带了重资。周锺也在那几天之内离开北京南逃。

但到达南京时，知道了马士英、阮大铖当国，自己不会有好结果，只好到处鼠窜。一年的时间，周锺行踪不定，到处流浪。或许在南京与周铨、周镳见过面，或许在家乡隐匿一段时间。但阮大铖已经张开大网，准备将《留都防乱公揭》上署名的复社人士一并诛杀。而周锺还有更大的罪名就是投降李自成，归顺大顺军，阮大铖欲藉此造"顺案"。还造了个需要一网打尽的名录，名曰《蝗蝻录》，东林、复社名流尽在其中，特别是《留都防乱公揭》上署名的人物。尽管"四方警报狎至，士英身掌中枢，一无筹划，日以锄正人引凶党为务"[②]，但还是有许多人能够辨别是非，没有及时为阮大铖捕杀这些名流，且放出消息，迁延久之，使不少复社名流逃过劫难。而可笑的是，清兵已经到了山东南部，指向江南，左良玉要清君侧，马士英、阮大铖要杀清流，实在是不知道何事重要。当时也有人劝阮大铖，天下未定，不要忙于报复。阮大铖说就是要加紧报复，否则没有机会了，因为大明王朝已经"钟鸣漏尽"。故而前人评价说："南都之立，百无一为，止为大铖杀一周镳而已。"[③]于是，"校尉四出，诸人踉跄奔避，善类为空"[④]。光时亨、周镳、武素、雷演祚殒命，陈贞慧等被捕入狱，危在旦夕，事情发生在弘光元年(1645)的四月。顾杲、黄宗羲等亦在抓捕之列，所幸"左签都御史邹之麟，杲之姻也，迟之，而北兵已下，不竟其狱"[⑤]。已经旦夕不保的陈贞慧没有遭到杀戮，等来的是弘光亡国，清兵进入南京，全城一片混乱。马士英、阮大铖逃命之际，也没有时间再去过问陈贞慧等人。"事虽解，已滨十死矣"[⑥]。正是由于邹之麟拖延，顾杲、黄宗羲才保住了性命，"甲申难作，大铖骤起南中，遂案揭中一百

① 计六奇《明季北略》卷22。
② 《明史》卷308《奸臣传》。
③ 古藏室史臣(黄宗羲)《弘光实录钞》。
④ 吴伟业《鹿樵纪闻》。
⑤ 古藏室史臣(黄宗羲)《弘光实录钞》。
⑥ 黄宗羲《黄宗羲全集》第十册《陈定生先生墓志铭》。

四十人姓氏，欲尽杀之。……公等惴惴不保，驾帖尚未出，而大兵至，得免”[①]。

但是，在清兵渡江的前一个月，阮大铖的动作已经开始，不仅杀了光时亨、周镳、武素、雷演祚等，捕快四出的同时，东林后裔、复社名流纷纷出逃。周锺逃到嘉兴，信息已经为阮大铖、马士英掌握，派无锡武举邹浩之去抓捕。周锺试图说服邹浩之放过自己，但邹浩之说：“老年翁此去亦不妨。如不去，晚生妻子已下狱矣。”周锺当然很清楚，依据自己的罪行当死，根据马、阮报复之坚决，也必死。所以说了句“去终是死者，亦避不得矣”。于是，跟随邹浩之到南京领死，被杀于大中桥。临刑，对众人说：“今杀我，天下遂太平乎？”[②]

周锺在明亡之际的选择固然违背了复社的精神，从明朝的角度来看，周锺确实该死。但周锺之死，并连坐堂兄周镳被迫自杀于狱中，并不是正常的惩处，是私心的报复。时流关注留北官员，喜道听途说，得到某人消息，或咬牙切齿，或扼腕叹息，或肃然起敬，尽在情理之中，未必能够完全坐实，吴伟业也不能尽得事实。但是，吴伟业说的意思很重要，即不是以罪行杀周锺的，周锺的罪行有不少是有人编撰传说的，并非事实。但周锺与张溥的友情、周锺对应社和复社的贡献，不能抹杀。张溥《周氏一家言序》《广应社再序》等文章中，对周锺有很高的评价。尤其对周锺评选文社的文稿并评点，很是赞赏。“十五国之风会，介生论之备矣”[③]。在张溥的诗歌中，仅发现一首与周锺的诗《寄周介生兄弟》，似乎周锺并不擅长与诗。因而，也缺乏诗人的一片豪情，大节面前，有所畏惧，导致了名节的毁坏，令人唏嘘。

5. 吴昌时

吴昌时(？—1644)，字来之，吴江人，崇祯七年(1634)进士，授行人。但吴昌时没有赴任，先回江南。

崇祯十一年，吴昌时进京赴行人任，张溥赋《送吴来之北发》诗，为其送行：“赋贡王门说采珠，江皋琴水意相须。著书二万经方盛，买纻三千调更孤。驾掖句传倾坐客，日华声满在天衢。典文精切邯郸步，应撤重围让汉儒。”[④]崇祯十二年三月考选，得礼部主事。从此积极筹划周延儒复出的事：“吴昌时来之为礼部郎，移书先生曰：‘虞山毁不用，湛持相不三月被逐，东南党狱日闻，非阳羡复出

---

① 全祖望《鲒埼亭集》卷11《梨洲先生神道碑文》。

② 计六奇《明季南略》卷3。

③ 张溥《七录斋集·程墨表经序》。

④ 张溥《七录斋诗文合集·诗集》卷3。

不足弭祸。主上于用舍多独断，然不能无中援，惟丹阳盛顺伯可与谋。'顺伯时客先生所，故与介生媚旧，雅负权谲，见其书奋曰：'来之筴诚善，顾非公言莫足鼓动者。某请衔命矣。'先生嘿不应，来之以己意数申欵，问遗中贵人，卒不能得要领。间刺探一二禁密语，疏中数为人传说，沾沾自多，公卿固侧目。"①

虽然周延儒复出为首辅，并不能说就是复社或吴昌时等人的策划，主要还是崇祯想起了周延儒，惟有周延儒可以担当眼下的重任。身为礼部主事，吴昌时并不甘心自己的位子，很想当上吏部文选司正郎。因为这个官位，操控着官员的考核升迁。于是，周延儒暗中帮忙，郑三俊糊涂推荐，破例让吴昌时如愿。

而一旦遴选大权掌握在手，吴昌时所做的，是攫取更多的利益和更大权力，贪墨通内，四面树敌，于崇祯十六年十二月七日弃市。

文秉《烈皇小识》记当时的审讯情形甚为详尽：

> 七月二十五日，召府部九卿科道廷鞫。上角素，率太子与定王同讯。呼昌时前，诘其通内。上声色俱厉，昌时辩："祖宗之制，交结内侍者斩，法极森严。臣不才，安能犯此?"上呼蒋拱宸面质，拱宸战栗匍伏不能措一语。上愈怒，叱退拱宸。然上意已有成局，不待拱宸之对质也。昌时始终不为屈，曰："皇上必欲以是坐臣，臣何敢抗违圣意？自应承受，若欲屈招，则实不能。"上即命内侍用刑，阁臣蒋德璟、魏藻德出班奏曰："殿陛之间无用刑之例，伏乞将昌时付法司究问。"上曰："此辈奸党，神通彻天，若离此三尺地，谁敢据法从公勘问者！"二阁臣奏："殿陛用刑，实三百年未有之事。"上曰："吴昌时这厮，亦三百年未有之人。"二阁臣口塞，叩头而退。内侍遂进用夹，两胫皆绝，昏迷不省人事，乃命下锦衣卫狱。昌时已不能行，卫役负之以出。进见卫帅骆养性曰："请受刑"。养性曰："汝甫受刑，尚不省人事，且俟后审。"越数日，卫审一如廷鞫，语不稍屈。乃刑其两家人，亦终无所招。后有旨送法司，咸谓有生机矣。不数月，而斩决之旨下。

吴昌时是个有能力的人，但必须在严格的约束下做事。一旦脱离管束，必然犯下大错甚至大罪。虽然吴昌时罪有应得，然而他对应社、广应社和复社的贡献，应实事求是评价。作为应社的最早成员之一，推动了应社的扩大。"是故介生发

---

① 吴伟业《吴梅村全集》卷24《复社纪事》。

扬其大，而予兢兢焉。盖即来之、彦林推广之意，而加详之，所以明有亲也"[①]。

而张溥与吴昌时的个人交往也很密切，一起游赏湖山美景、唱和应答。张溥诗集卷二收录来嘉禾与吴昌时游宴的诗作数篇。其中有《同孟宏、孟朴、君伟、来之登烟雨楼次韵》两首，写出了张溥宽慰的心情：

其　一

水气连空绿，晴洲高处幽。无山飞鸟静，有佛古藓浮。
平满归群木，苍凉上一舟。云生感慨出，此日获芦游。

其　二

烟泽悠凭阁，高岩响带淙。澌流趋壑缓，林月照人双。
鱼出春深草，钟声雨后牕。问吴犹接地，门外即三江。

别后时时回忆到，心中经常牵挂到，乃是真正的朋友。张溥有《寄吴来之》诗，亦足以说明两人之间的情谊：

红叶从风湖远堤，春回烟阁静香提。
素心道路难为说，好事云屏待子题。
一诺久知千古重，三秋自此两峰齐。
平章梅雪看君子，赋有金声报紫霓。

四、款接文社韵友

张溥是诗人，与各地文社的社友既有文章往来，更有酬唱甚至集群吟唱。可以说，张溥的诗歌创作，并非其长却颇有成就，成为明季诗坛重要一员，与社友之间的广泛唱和不无关系。与张溥唱和的主要复社诗人，略述之：

1. 许元溥

许元溥（生卒年不详），字孟宏，长洲（今苏州）甫里人。父许自昌。官中书舍人，有笃行，构梅花墅，聚书连屋。许元溥性格沉静，好读书，能诗文，而淡于功名。崇祯三年（1630）举人，冬赴会试落第，从此不赴，以读书交游为乐，精于

---

① 张溥《七录斋诗文合集·古文存稿》卷3《广应社序》。

《易》，旁涉经史，才气警敏。其诗歌创作，颇得张溥赞许。故往往同游，唱和为快。卒，私谥孝文。“同榜举人陆坦，字履常，自嘉定徙居郡城，有学行，与（杨）廷枢、（郑）敷教及许元溥称吴门四孝廉”①。“时东南名士，倡为文社，争欲得溥。溥所选古今文，皆有典则。甲申后，遂不应试，莳兰艺菊。宾客到门，相与赋诗谭谎，留榻款洽，萧然烟水间而已。年五十卒”②。

从以上史料看，许元溥应该与张溥是同龄人而略小，生活在1605—1655年。而好交游，喜诗赋，则与张溥同调，并多次陪伴张溥到吴江、嘉兴、杭州等地。在张溥的诗集里，涉及许元溥的诗歌有多篇：《同与游、孟宏、君伟、放舟湖心，扶九携尊小酌，迟维斗次孟宏韵》二首、《孟夏同孟朴、与游、孟宏访扶九，与游诗成，次韵》二首、《同孟宏、孟朴、君伟、来之登烟雨楼次韵》二首、《同来之、孟宏、孟朴、君伟龙渊远眺次韵》三首、《同孟朴、孟宏、君伟弄间泉》、《金阊同孟朴、九一、孟宏、君伟夜饮即席限韵》。

许元溥不仅诗歌受到张溥的赞赏，其孝友也颇得赞许。在《许年伯母诸太孺人寿序》一文中，对其祖母之盛德极为欣赏，兄弟和睦好书，祖母慈祥好礼，家风敦雅，诗礼相传。而许元溥又特别孝友，承欢祖母与母亲膝下，团结兄弟堂前。即便外出，也心系家中。崇祯三年冬应试途中，数人相聚，偶谈妇德，“孟宏辄俯首不言，若有思者，盖念太母教子勤笃，有似昔媛……孟宏兄弟日读百卷书，其于古今义概，妇女风烈，识睹尤详。侍太母朝夕，书其行事，必能如扶风诵姑，眉山称母，无俟余言。然在许氏为家乘，在吾党为口碑”③。

2. 朱隗

朱隗（生卒年不详），字云子，长洲（今苏州）人。在应社成立的最初，朱隗与吴昌时一样，并不以学问见长，而是有志于诗歌创作和研究。但学术分工上，朱隗与张溥一起研究《易》，也非无专长。在后来的复社活动中，朱隗并非活跃分子，主要精力在研究和创作中，有《咫闻斋稿》。

朱彝尊评价说：“云子际锺、谭盛行之日，唱酬吴下，遥应南风。”④似乎朱隗就是公安文风、竟陵诗风在吴中的代表。其实不然，朱隗所欣赏的风格，是中晚唐人的诗法，虽气象格局不是太大，亦偏于精致，但没有瘦削怪僻的倾向。晚年

① 乾隆《苏州府志》卷57。
② 乾隆《元和县志》卷24《人物》三。
③ 张溥《七录斋诗文合集·古文近稿》卷5。
④ 朱彝尊《静志居诗话》卷19。

隐迹不出，搜集了大量的明代诗歌加以选编，成《明诗平论》二集二十卷，另有《两晋文钞》。

3. 王志庆

王志庆（生卒年不详），字与游，江苏昆山人，以诗才称，是张溥的诗友。王志庆长兄王志坚，字淑士，万历三十八年（1610）进士，与钱谦益同科。次兄王志长，字平仲，以研究“三礼”（《周礼》《仪礼》《礼记》）为乐。王志庆天启七年（1627）举人，屡赴公车不遂。“皆举乡荐，读书好古”[①]。王志庆当先结识张采，或在应天乡试过程中。崇祯元年（1628）张溥与王志庆结交，当是王志庆与张采同在京师参加会试，而张溥贡入太学并活动于京师之际。此后两人一直往来不断，往往一起游瞩，诗歌唱和。

在张溥的诗中，有多首涉及到王志庆，或游玩，或饮酒，或论学，如《同与游、孟宏、君伟、放舟湖心，扶九携尊小酌，迟维斗次孟宏韵》二首、《孟夏同孟朴、与游、孟宏访扶九，与游诗成，次韵》二首、《早过与游斋，受先已行矣，次韵追之》、《六月望后一日访与游次韵》二首、《夜同与游、九一、步瀛、君伟、青芝放舟虎阜觞月连旦，次与游韵》、《郡归复饮与游园中，平仲、惠常同集》、《贺与游子箴渝采芹》、《无近弟过与游斋同饮》二首、《宿与游斋》等，说明两人过从甚密而志趣相通，所以情感也特深。以至于可以一起出游，可以同舟欢饮，可以宅院相聚，可以兄弟同乐，甚至可以留宿书斋。王志庆的儿子考中秀才（采芹），张溥写诗祝贺。这些诗歌中涉及的都是复社名流，有许元溥、沈初馨、吴翻、孙淳、杨廷枢、张采、张王治等。《送王与游北发》则寄托了张溥对王志庆北上会试的良好祝愿：“今宵花发自青桐，束帛征车照玉骢。日下看名忠孝字，月中传帖茝珠宫。汉时经术堪丞相，左掖文章厌上公。余有清音连驿送，泰山高处晓光通。”[②]可惜良好的祝愿没有实现，王志庆也只能是读书终身。

4. 王启荣

王启荣（生卒年不详），字惠常，太仓人，顺治十三年（1656）贡生。生平资料几无，只有张溥诗集卷一《送王惠常南还》，并无其生平信息。不过，既然与张溥一起组建应社，张溥以字称呼，应该是年岁相当之人。只是后来没有参与复社的领导层活动，故渐渐淡出。

---

① 钱谦益《列朝诗集小传》丁集下。

② 张溥《七录斋诗文合集·诗稿》卷3。

5. 钱旃

钱旃（？—1647），字彦林，浙江嘉善人，崇祯六年（1633）举人。南明弘光政权建立，以陈子龙荐，授职方郎中，奉命视察江浙城守部署。刚完成任务，尚未来得及到南京汇报，南京已经属于清朝。于是，钱旃只好回家，避迹乡村。后由于其女婿夏完淳及其老师陈子龙等人抗清事暴露，又涉及吴胜兆反正的事件，不幸被清军捕杀。

吴胜兆事件发生后，陈子龙、夏之旭、夏完淳、侯岐曾、杨廷枢、顾咸正父子、钱栴等复社名流面对死亡的态度，说明他们虽然失败了，仍然为能够为大明王朝作最后的贡献感到自豪。他们以与吴胜兆事件关联为荣，以死为幸，没有一人屈膝求生，以生命实现了对故国对道义的忠贞。由此看，复社文人精神上支持吴胜兆反正，实际上参与了谋划起事的过程，即便死难，无怨无悔。钱栴，是其中的一员。

第四节　提携晚生后进

张溥交往的晚生后进，不计其数；得到张溥指点的后学，数量上也难以统计。陆世仪说“溥奖进门弟子，亦不遗余力”[①]。但张溥太忙了，能够得到张溥详细指点的后学，实际上不多。偶尔得到点拨学生，倒也不少。就其有一定影响的门人后学，略介绍于次。

一、首席大弟子吴伟业

吴伟业（1609—1671），字骏公，号梅村，江苏太仓人。“年十四，能属文，里中张西铭先生以文章提倡后学，四方走其门，必投文为贽，不当意，即谢不内。有嘉定富人子窃先生塾中稿数十篇投西铭，西铭读之大惊。后知为先生作，因延至家”[②]。顾湄《吴梅村先生行状》也说，张溥见到吴伟业的文章后大为赞赏，因留授业，并对吴伟业的将来，充满期待，“文章正印，其在子矣”[③]。是时张溥二十一岁，吴伟业十四岁，从此师徒共同读书，揣摩文章与制艺。崇祯四年（1631）

① 陆世仪《复社纪略》卷2。
② 陈廷敬《吴梅村先生墓表》，见《吴梅村全集》附录一。
③ 顾湄《吴梅村先生行状》，见《吴梅村全集》附录一。

的会试，吴伟业为会元。殿试，为一甲二名进士，俗称榜眼，授翰林院编修，旋即奉旨归娶。崇祯八年回京履职，充实录纂修官。后历东宫讲读官、南京国子监司业，再迁左庶子。弘光时，授少詹事，乞假归。

入清，吴伟业杜门不出，致力于诗书，并偶尔参与文社之事。就是当年的影响太大，加上因为偶尔的抛头露面，受到清王朝的关注。顺治十年(1653)九月，两江总督马国柱荐，诏至京，任秘书院侍讲，升国子监祭酒。十三年以嗣母丧归里守孝，从此不出。吴伟业的晚节不保，很大程度上是出于清朝的政治需要。在《清史列传》中，吴伟业被列入"贰臣传"的第二类，是对清王朝没有多大贡献的降臣。但只要是社会名流，健康活着，清王朝就加以收罗，并不是要他们为清王朝做多少事，是要他们归顺在体制内而不能做对清王朝不利的事。当然也不排除他的亲家陈之遴及其他官员为了邀宠而向朝廷推荐。另一个原因就是不少人已经是"贰"了，大名人吴伟业还坚持不出，已经快十年，再不让他"贰"一下，这些人心有不甘，担心后人骂一群而美一人，赶紧把吴伟业也拖下水。吴伟业之出，既是亲老的担忧和全家的性命交关，不得不出。也考虑到亲家全家的性命，包括自己的女儿。还有个性的问题，吴伟业本身并没有多少刚气，比较柔弱。

"伟业学问博赡，或从质经史疑义及朝章国故，无不洞悉原委。诗文工丽，蔚为一时之冠，不自标榜。性至孝，生际鼎革，有亲在，不能不依违顾恋，俯仰身世，每自伤也。临殁，顾言：'吾一生遭际，万事忧危，无一时一境不历艰苦。死后敛以僧装，葬我邓尉、灵岩之侧。坟前立一圆石，题曰"诗人吴梅村之墓"。勿起祠堂，勿乞铭。'闻其言者皆悲之。著有《春秋地理志》《氏族志》《绥寇纪略》及《梅村集》"①。

附录：宣统《太仓州志》卷二十"人物"四：

吴伟业，字骏公。高祖愈，籍昆山。祖议，赘琅琊王氏，始为州人。父琨，以经行称乡里。伟业幼有异质，笃好史汉，张溥奇之，因留受业。崇祯四年，会试第一，庄烈帝批其卷曰："正大博雅，足式诡靡。"殿试第二，授编修。给假归娶。九年，充湖广乡试主考官，升南京国子监司业。十三年，晋中允，谕德，转庶子，擢少詹事。甲申归。国朝顺治间，总督马国柱荐授秘

---

① 《清史稿·文苑传》。

书院侍讲，升国子监祭酒，充《孝经衍义》编纂官。丁母忧，不出。又十余年，卒，年六十三。遗命葬邓尉之石壁，题曰："诗人吴梅村之墓。"伟业为文瑰伟宏富，诗尤擅胜，取明季遗事，用王、杨、元、白体咏之，曲折详尽，使人有黍离麦秀之感。

近几十年来，对他的研究已经相当深刻，此处无须详论。但是，有几个问题需要说明。

第一个是吴伟业在翰林院任职不久，张溥与温体仁产生矛盾而让吴伟业参温体仁的事，有一定的夸张。温体仁说的是"庶吉士有教读成例，成材则留，不成材则去；去之亦何难"？张溥"闻之恚甚，乃缉其通内结党、援引同乡诸事，缮成疏稿，授伟业参之；伟业立朝未久，于朝局未习练，中情多怯，不敢应。时温之主持门户、操握线索者，德清蔡奕琛为最；伟业虽拒师命，乃取参体仁疏增损之，改坐奕琛"①。刚到翰林院办事，就卷入严酷的政治斗争，可能性不大；翰林院与内阁之间不相统属，温体仁关心到刚来的庶吉士张溥不会直接具体到这个份上。只能说，问题是这样出来的，事后回忆，难免补充中有所差池。

第二个是吴伟业以诗歌著称，在文学史上是清初"江左三大家"之一，其师承关系如何？吴伟业中进士时尚不能写出很好的诗歌，向张溥求救。张溥意识到，吴伟业在官场上，必须能够是写诗好手。于是，张溥从声韵学开始教吴伟业作诗。而张溥的诗学从何而来，则没有答案。因为在张溥的求学成长经历中，还没有发现谁可以成为张溥作诗的老师。张溥学音韵知识，然后通诗，而在诗歌写作上，师法自然，随心成韵，这实际上是明中叶后期以来的正常情况。吴伟业也没有纠缠于先贤的某家某派，而是用真性情写真情诗。所以，才会写出"梅村体"叙事诗，才会成为清初杰出的诗人。

第三个问题是吴伟业与张溥的关系，是否铁定一块没有波折？其实不然，有一个现象必须注意，就是两人之间的文字关系，并不是很密切。张溥的诗歌中，除了送吴伟业归娶一诗，另有三首诗涉及吴伟业。其中两次是多人聚集在张采的俭斋，一次是五个人聚集在吴伟业的住处，远不及张溥与王志庆、许元溥、孙淳交往密切。陆世仪的《复社纪略》只说到师徒同年举人，同榜进士，"伟业以溥门人联捷会元、鼎甲，钦赐归娶，天下荣之"②，此后便没有张溥与吴伟业

① 陆世仪《复社纪略》卷2。

② 同上。

关系的记录。而吴伟业自己写的《复社纪事》，似乎复社与自己无关，从局外人的视角冷冷叙写。虽然提到张溥，只是谈复社起源于“科考复习资料”的竞争。“自制举艺之法行，其撰著之富，单行可传，无如临川陈大士际泰。大士与其友罗文止万藻、章大力世纯、艾千子南英，实共为此学；三子者仅举于乡，大士久困诸生，未遇也。金沙周介生钟始以制艺甲乙天下，其推重者曰临川、曰莱阳。宋九青玫父子兄弟治一家言，于临川不及也；然最以科第显。盖介生为此说。踰年，而吾师张天如先生（讳溥）从娄东往，复社之举自此始”[①]。并说明自己写下这些文字的用意，当事人存世不多，再不记录下来，就要湮没无闻了。“明年，南都覆，九一、彝仲、卧子、维斗诸君子或抱石沈（沉）渊、或流肠碎首，同时老成具尽。而受先为邑蠹里猾乘乱摽击，剟刺几无完肤，绝而复苏；又两年，而病殁于避迹之荒野。其老儒佚叟零落仅存，于往事都不复记忆，亦罕有能言之者矣。熊鱼山流离南国，削发祝融峰下，携楖栗来吴中，缚禅灵岩山寺，号蘗庵和尚，今无恙。余故辑而存之，其姓名宜书者附见于篇”[②]。按照吴伟业的说法，应该还有一个复社的名单。但至今没有发现，或许就是有不宜于书之姓名在吧。

在崇祯四年殿试以后，吴伟业奉旨归娶，张溥有诗送行（《送吴骏公归娶》），不称门人，不称姓名，以字尊称。且曰“人间好事皆归子，日下清名不愧儒”，似更将吴伟业当作同年先进对待。次年春，张溥告假回乡，从此没有踏入官场。到吴伟业回京履职，这期间有三年多时间，不见两人有密切交往的记载。而张溥去世、落葬诸事，也不见吴伟业的悼亡诗、祭文之类。直到张溥去世二十年后，人间沧桑，心态几变，方出现在张家，为师母撑腰。

第四个问题，关于琼林宴座次安排。“辛未会试，吴伟业中会元，乃同榜第八名张溥受业门生。琼林宴时，不敢僭坐师上。奉旨：张溥坐会元之上。盛事亦奇事”[③]。按照这个记载，张溥会试的成绩不差，是第八名。但需要注意的是，张溥乃是本房的第八名。会试的士子可能几千人，主考之下，分房（考场）考试也分房阅卷，各自录取，公推会元。崇祯四年会试的会元，出在李明睿的考场，即吴伟业。而张溥是这个考场的第八名，已经得到了殿试的资格。而殿试一般不会黜落通过会试的进士，只是明确一甲二甲三甲人选与名次而已。所以，琼林宴是已经取得殿试资格的新进士喜宴，年轻而处在兴奋中的吴伟业表示了不

---

① 吴伟业《吴梅村全集》卷 24。

② 同上。

③ 陆世仪《复社纪略》附录计东所言。

敢坐在老师之上。事后清楚会元的价值与地位，或许心中疙瘩，不便说明而已。而张溥坐会元之上，也明显唐突。

第五个问题，会元稿鉴定作序。“故事：新进士刻稿，皆房师作序。是时天如名噪甚，会元稿竟以‘天如先生鉴定’出名，明睿大怒，欲削伟业门人籍。同馆徐汧率伟业负罪，因诿之书肆，执送五城惩示以解。当是时，明睿所争者体例，非仇溥也。而溥大不悦，两人自此遂相隙。及殿试，伟业所得榜眼。馆选，天如得庶吉士。初，延儒但闻天如名，未识其面。及榜发后晋谒，延儒恨相见晚，恩礼备至，天如由此得馆选”[①]。因为主考是首辅周延儒，张溥受到了周延儒的赏识，李明睿再生气，不能驳了首辅的面子。但张溥与李明睿之间，很难和睦相处。张溥与吴伟业之间，也难说是否如当初，如果不是吴伟业强烈要求张溥鉴定作序。

但是，事实也好，推断也好，不能否认的是，吴伟业是张溥的第一个及门弟子，是张溥门下成就最高、影响最大的弟子，是在中国文学史、文化史乃至中国历史上地位最高的张门弟子。

张溥门下的多数弟子，由于张溥指点的时间、内容有限，由于自身的才力与用力方向的问题，基本上成就不高。然关乎张溥门墙盛况，须略了解。

二、张溥汲引的弟子

指明确游于张溥之门或张溥明确承认的弟子，包括陆世仪所说好事者点名的张溥门下十哲：吕云孚、周肇、吴伟业、孙以敬、许焕、周群、许国杰、穆云桂、胡周群，在某一方面有所成就或在复社发展中发挥一定作用的弟子。其中，吴伟业已经在上文介绍。

1. 吕云孚

吕云孚（1611—1645），字石香，太仓人，诗文受到张溥赞誉，而困顿场屋。经张溥推荐，吕云孚到吴江就试，熊开元“大奇之，拔以冠军，遂为吴江学生”[②]。这是明代诸生常有的事，寄籍他乡，为科场计。考之王家祯《研堂见闻杂录》，吕云孚当是太仓沙溪人，死于清兵南下江南之时，结局悲惨：“大兵屠百里，石香辈金帛出奔，舟至镇北，兵已至，曳之岸上，刃再下，血淋漓，偃卧田间，舟中物皆风

---

① 陆世仪《复社纪略》卷2。

② 吴山嘉《复社姓氏传略》卷2。

雨去。日暮，迹者至，匍匐扶归。被创甚，勺水不入口，呻吟十余日死”①。提到吕云孚，主要为了说明张溥在吴江的影响。张溥在，吕云孚是张溥在吴江代表。张溥去世，吕云孚是张溥在吴江影响的继续。王家祯记载，明清易代之后，在吴翩面前提到吕云孚，他并没有忧戚意，而对朱明镐夫妇病逝，则泪交睫不止。说明吴翩等人眼里吕云孚未必还有什么地位。但稍做分析可知，王家祯他是故意在吴翩面前提及吕云孚，以唤起回忆。这时已经是顺治九年，距吕云孚被杀已经八年，而同社朱明镐的丧事正在举行，不能由此判断关系亲疏。客观说，吕云孚在吴江文人的社事活动中，发挥了积极的推动和联络作用。

2. 周肇

周肇，字子俶，太仓人。五岁识奇字，十岁为文，师嗟异之。以总角为张溥高弟，贡入太学。中顺治丁酉顺天举人。顺天科场事起，同考官论死，肇亲为治殓，兼以橐饘济其家。四经御试，久之，得青浦教谕，举卓异，升新淦令。时肇已病，力疾至官，未几卒。②

3. 孙以敬

孙以敬(1616—1694)，字令修，号浣心，太仓人，家世不详。年十五，补州学生，与吴伟业同窗。崇祯九年(1636)举人，十年进士。而关于孙以敬中进士，陆世仪有一段小说情节：“丁丑，(夏)曰瑚分房，(赵)士春始亦以第三人及第，时谓衣钵相传，后先不爽。浙人忌之，题其榜为‘社榜’云。丙子，南场礼记分房，部司李瑞和与华亭诸生潘扆通关节，有定约矣。编号者失检，初场卷号误编太仓增广生孙以敬，二、三场则无讹。榜发，以敬魁选，扆落孙山。及操贡举，以敬之后场则潘扆卷也。扆家富，交游广，捐重币而不得隽，刻揭言以敬割卷弊中。以敬，天如门下也。言之郡守方岳，制扆使不得呈借端私。迎入衙署，许以贡入北雍，来科乡场补荐。扆不得已，勉从之。及以敬赴北会试，扆尾之而行，意尚不能忘。吴伟业闻之，密为以敬计。时礼记分房，一为夏曰瑚、一为罗大任，伟业以敬嘱之。既入闱，曰瑚病痢剧甚。同帘视疾，曰瑚口已不能言；见枕畔有一卷，大任取阅之，尚未动笔。众皆曰：‘此必肤公心赏也’，遂荐之。主裁者知其故，因皆批取中。拆号，果为以敬卷，曰瑚竟卒于闱。潘扆见以敬联捷，乃无言而归。”③

这不是一般的精彩，是将巧合、误会与规律融合在一起的小说艺术。而孙

---

① 王家祯《研堂见闻杂录》。

② 吴山嘉《复社姓氏传略》卷1。

③ 陆世仪《复社纪略》卷2。

以敬进士及第后，任福建瓯宁令，六年，“政教推八闽第一，行取入都，复令长垣”[①]。明亡，被荐为唐王政权给谏。福建政权崩溃，见事不可为，遂辗转还乡，隐居终身。

4. 穆云桂

穆云桂，字苑先，从张溥游。当祸，同社生往往从决策，多所挽救。后溥弟王治以给谏改官，甫旋里，踉跄就逮，祸不测。云桂先期北发，倾身营护，得削籍归。而云桂几为忌者所中，平生周旋故旧于患难死生之际，独尽心力，三十年如一日[②]。

5. 曹耀

曹耀，字德公，少从张溥、杨廷枢游，尝与陈瑚辈讲天人性命之学，至老不衰[③]。

6. 华渚

华渚，字方雷。其先自无锡徙吴。渚少颖悟，弱冠补诸生，有名。时张溥、张采、杨廷枢方主盟文社，渚皆游其门。鼎革后，弃诸生，屏居。六经、子、史及医、卜、种植之书靡不搜讨。文笔古峭，兼工书法。康熙初，尝预修府志，所著有《逸民传》《勾吴华氏》，年六十九卒[④]。

7. 葛云芝

葛云芝，字瑞五，锡璠孙，鼐子。年十五，为诸生，游张溥之门，又为张采婿，“二张”皆亟称之。遭国变，尽弃所学，潜心求道，以姚江为宗，遍叩诸方知识，得其正传。已，入山独栖一室，竟日瞑坐，见者疑为神仙。所著有《卧龙山人集》《容膝居杂录》[⑤]。

8. 盛符升

盛符升，字珍示，昆山人。康熙甲辰进士，授内阁中书，升礼部主事，擢监察御史，寻罢归。己卯，圣祖南巡，符升年已八十五，献《两京赋》《三驾平朔赋》《会同馆赋》。御书“年登大耋”四字赐之。明年卒。符升少师事云间夏允彝、太仓张溥。乡举出新城王士禛之门。早有文誉，耄而好学，著述甚富，有《诚斋诗稿》

---

① 吴山嘉《复社姓氏传略》卷 1。
② 宣统《太仓州志》卷 19《人物》三。
③ 同上。
④ 乾隆《苏州府志》卷 54《人物》八。
⑤ 同上，十四。

及《昆山志》《昆新志稿》[①]。

9. 钱安修

钱安修，字方明，又字行安，常熟人。寄籍吴县学宫，为诸生，七试皆第一。游于张溥之门，称高弟子，所作诗古文辞，坚古峭拔。钱安修身材短小，虎丘大会上，名流欲见张溥门人，需要踮脚寻找，方得见到[②]。

10. 王家祯

王家祯，字予来，太仓人。少孤，与吕云孚同砚席。张溥见其文，奇之，引为弟子。生平勤著述，年七十，自序云"穷老气尽，纸干墨燥而不自已，于天人古今大要多所阐发"[③]，其自负如此。不过，他的《研堂见闻杂录》，虽篇幅不长，记载易代之际地方的混乱和社会黑恶势力的危害，有切身的体会，是研究明清改朝换代时期江南名镇沙溪乃至太仓地方历史的第一手详细资料。

11. 朱汝砺

朱汝砺，字商石，明诸生。少游张溥及吴伟业门，尝作书数千言，规当世，为文瑰丽沈博。知州白登明闻其名，延辑州志，未成稿，藏于家[④]。

12. 王家祥

王家祥，字止吉，诸生。博通典籍，尤精天文地理。知州白登明设书院于沙溪，曰"乐只堂"，延为院长。弟家祯，字予来。少孤，张溥见其文，奇之，引为弟子。入国朝，吴中文社并起，争致之，不应。生平勤著述，于古今理要，多所阐发。同时陈嘉，字静夫，名与家祯埒，师事黄淳耀，淳耀殁，抚其遗孤，有古人风[⑤]。

13. 支益

支益，生平不详。

14. 锺升

锺升，生平不详。

三、与董说情同父子

董说（1620—1686），字若雨，号西庵，浙江湖州人，明万历四十八年（1620）

---

① 乾隆《苏州府志》卷 60《人物》十四。

② 乾隆《苏州府志》卷 63《人物》十七，吴山嘉《复社姓氏传略》卷 12。

③ 吴山嘉《复社姓氏传略》卷 2。

④ 宣统《太仓州志》卷 20《人物》四。

⑤ 同上。

出生在湖州南浔，一个富饶美丽的江南名镇。在复社中，董说绝对是后进，其名不见吴翻、吴山嘉著录。但与张溥的关系却甚深，几乎情同父子，且是复社名流中于小说创作取得重要成就的作家。对于董说的研究，赵红娟之《明遗民董说研究》分析深刻而考据详尽，他人难出其右。董说在文学史上，并非以诗歌著名，但又确实是重要的诗人。而影响更大的是他编写了《西游补》，是复社文人中唯一编写白话神魔小说获得后人高度评价的作家。

董说第一次与张溥见面是在昆山，时在崇祯十三年(1640)九月。张溥与王志庆等聚会，在王志庆的住处。这时董说从浙江来访，与张溥见面。两人一见，很是投缘。时张溥惟一的儿子，两岁夭折，伤心无奈。而董说八岁丧父，与母亲相依为命，颇有一种说不出的感受。但董说没有跟随张溥到太仓，回湖州了。崇祯十四年正月，董说在太仓与张溥共处有一段时间，两人的情分，有如父子。张溥对董说有依依不舍的意思，欲将董说留在身边。但董说为了母亲的生活，陪伴张溥一段时间后回了湖州。

孰料，这是他们的最后一次见面。五月初八，张溥去世。八月，遵照张溥生前托吴翻带给的便条意思，董说来到太仓"闻夫子讣音前五日也，吴羽三归自瞟城，出夫子手书三十余字，意勤恳，大抵使说之之娄也，必以八月。今说之之娄固八月也，升夫子之堂，入夫子之室，不见夫子"[①]。看不到张溥了，看到的只是张溥的灵柩，未完的著述。于是，董说挥笔写下了沉痛万端的《祭张夫子文》。

于张溥而言，需要董说是什么样的身份，只有自己心里明白，董说也有数。但是，没有明确表示，更没有向外人宣布。只能说，董说是张溥形式上未曾入门的关门弟子，是寄托了张溥厚望和情感的弟子。

---

① 董说《丰草庵前集》卷1。

第七章　诗坛能手

张溥在文学史上的名声，不在于他的文学成就，而在于他是社会活动家，是复社领袖，几乎没有文学史家专门探讨张溥的文学成就，尤其是张溥的诗歌创作成就。但客观的说，张溥不仅是文学家，更是明末诗坛文坛的组织者。就诗歌而言，张溥虽未致力于此，但诗歌中寄托了张溥的社会理想、人生甘苦与人间真情。朱彝尊曾经说过，复社诸君子主要关注经邦济国的实学，强调经世致用的学问，对于韵语，不甚关注。但是，复社的诗人成群，几乎是晚明诗人的结集。从明末到清初，诗坛上的主要作家，仅有少量没有成为复社的成员。简单说，复社诗人，是明末诗坛的主体，是清诗兴盛的基础。但钱谦益的《列朝诗集小传》里，几乎没有复社诗人的信息。出于何种考虑，难以判断。从钱谦益与复社领袖的交往以及钱谦益在晚明社会的地位影响来看，钱谦益不可能对复社诗人的创作漠不关心。更重要的原因，恐怕还是为了表明这位东林党魁、复社的精神领袖与复社没有关系，是故意为之。或者，淡化复社诗人群体的影响，有利于钱谦益自己执诗坛牛耳风光的彰显。在探讨张溥文学成就的同时，首先必须肯定，他是一位社会活动家，是明季文人的精神坐标。其次应当明确，他在中国思想史上有着一定的地位，对儒家思想的本源多有发微。其三须客观认识张溥在学术史上的价值，尤其是史学和古籍整理方面的成就。最后，张溥才是文学家，吟咏之事，是张溥的余事。鉴于此，对张溥诗歌创作，不宜苛求。但张溥的诗歌创作成就以及在诗坛的影响，亦应予以客观的评价。

第一节　张溥诗歌创作概况

张溥不以诗歌见长，却是明末重要的诗人之一。与张溥同时的诗人，不仅数量不多，实际创作成就，钱谦益、陈子龙之外，也难以予以高度评价。因为，晚明诗坛，总体成就有目共睹，前、后“七子”之后，称得上大诗人的，就是钱谦益与陈子龙，乃一代风骚领袖。但历来文学史叙述，并不将钱谦益作为明代文人来认识。因此，在整个明季诗坛，以陈子龙为殿军已经成为学界共识[①]。而陈子龙之外，复社有诸多文人的诗歌创作成就骄人。即便不以韵事为意的张溥，如果天假其年，明清之际的文学史中诗坛的流变，当重新认识。张溥的诗歌作品，今存于《七录斋诗文合集》中有三卷，《七录斋近集》中有二卷，另有少量散佚作品，存诗近六百首，皆张溥无意为诗人而不得不为诗人的佳作。

一、诗风在师友之间

首先必须肯定，张溥的文学创作诸体皆备。尽管朱彝尊认为复社诸子致力于文，于韵事不甚留心："复社诸君，多以文章经济自负，韵语不甚专心。"[②]然事实上，江左三大家之一的吴伟业，吟哦之初即在张溥指点之下。据吴伟业自言："余初第时，不知诗，而多求赠者，因转而乞吾师西铭，西铭一日漫题云：'半夜挑灯梦伏羲'，异而问之。西铭曰：'尔不知诗，何用索解？'因退而讲声韵之学。"[③]这说明，崇祯四年(1631)张溥中进士时年三十，入室弟子吴伟业亦二十三，吴于诗尚未精深，张溥为之讲声韵诗律之类的知识。则张溥声韵之学从何而来，须深究之。在现有的材料中，很难发现张溥诗歌的承传关系。在张溥的求学生涯中，并未发现哪一位是诗坛高手或音韵声律之学的专家，只能说在相互探讨经学的过程中，张溥、杨彝、顾梦麟、杨廷枢等互为师友，张溥之声韵学知识，当在师友之间的朋友身上得益不少，加之自学和自悟，可见张溥过人的智慧与自学能力。尔后有成，方能为吴伟业讲授声韵之学。从现存的张溥各集中，诗歌的数量质量皆为可观，不能不说，诗歌史上略去张溥，未为公道。由此可推，称张溥诸体皆备，诗文俱精，非为溢美。周锺云张溥："成进士，官石渠归，所著益广，乃辑前后所为古文及诗梓之以传，盖诸体备矣。"[④]

---

① 关于陈子龙在明代诗坛及复社的地位，从游国恩等主编的《中国文学史》到近年来的多种文学史著述，均有相似的论述。尽管有些著作或文学史教材表述比较含蓄，如袁行霈主编之《中国文学史》第十一章第五节称"复社领袖张溥死后，他事实上成了两社的主帅，并为明末文坛成就较为突出的作家"。是成就突出的作家不错，但是两社的主帅就未必。张溥死后，复社出现了分裂的局面，实际上已经分散活动，没有一个核心领袖能够掌控复社的整体局面。

② 朱彝尊《静志居诗话》卷21。

③ 乾隆《镇洋县志》卷14。

④ 张溥《七录斋诗文合集》周锺序。

其次探讨张溥文法师承，则相当纷繁。先从张溥为文之倾向来看，身在太仓，不能不受到前、后“七子”复古思潮的影响，尤其是后七子领袖王世贞。他不仅是太仓人，且在太仓闲居几二十年，晚年诗文学问，冠绝一时。更重要的是，他与张居正同年进士，张秉政，王秉文，本来可以创造王朝的盛世。但张居正过早去世，政治变革出现逆转。在李攀龙去世之后，王世贞独执文坛牛耳二十年，对晚明文坛造成了极大的影响。无疑，张溥的主张是倾向于前、后“七子”。尤其是豫章方面对吴中文坛颇有微词之际，张溥很自然地支持陈子龙与艾南英论争。但又必须看到，张溥的文章路径，实际上并非等同于前、后“七子”，而是有独立的思考和文法渊源。简单说，就是祖述秦汉，兼蓄唐宋诸家；植根经史，下笔文从字顺。述道、明道、传道，与韩、柳、欧、苏并无二致，但对道的认识，则既含经典儒家之道，更含史变认识与经世致用，并非说教的理学家。

再说张溥诗歌的流传情况，又是一个极为复杂的事情。因为今天能够看到的作品，是已经刻印流传的作品。但张溥写诗，有时是即兴走笔，并不注意留存。“溥诗文敏捷。四方征索者，不起草，对客挥毫，俄顷立就，以故名高一时”[①]。非不起草、对客挥毫、俄顷立就，是因为手中七录，脑中亦七录，终身不忘，积养深厚，方能一挥而就。而留存下来的部分作品，付梓时经过校订，今天就集中在《七录斋诗文合集》《七录斋近集》中，为五卷。《明诗综》《明史别裁集》及明清人诗话作品中涉及的诗句或作品，则集中往往不见。

二、吟叹只缘真心

张溥现存诗歌四百九十余首，就数量而言，不是大诗人。然相对于张溥短暂的一生和等身的著作而言，已经是用尽所有空闲时间，作品涉及记游、题画、赠别、酬答、怀古、悼亡、哀祭、写景、述怀、艳情等等方面；就其体裁而言，有五古、七古、五律、七律、五绝、七绝、乐府、歌行、排律等，尤以律诗见长。吟咏之广关合人生所有，体裁之多遍及诗歌诸体，堪称复社中重要的诗人之一。

张溥自称“学诗非予能也，然私心独好读二九诗。二九者，徐子九一、宋子九青也”[②]。既然不能学诗，对诗歌的见解却又是如此明确，有些矛盾。其实不然，张溥赞美徐汧、宋玫的诗歌，是因为他们的风格受到杜甫的影响。依此看，张溥的诗歌创作，尽管不及杜诗博大精深，但部分沉郁苍凉的作品风格较为相似。

---

① 《明史》卷288《张溥传》。

② 张溥《七录斋诗文合集·近稿》卷4《宋九青诗序》。

在张溥的诗歌中，赠别送行诗占有绝对的比重，有百首之多，是张溥重视友情、关注朋友的体现。送别之人，有达官显贵，有普通书生。行者的去向，有任职京师，有任职地方，有出游，有归里，有赴试，有出使，也有落职甚至遣戍，充满了张溥对行者的殷殷情谊。但值得注意的是，对于任职方面的官员，张溥还有深情的期待。《送张坦公之任青涧》云“生平好排难，不用赋城芜”，希望到任之后为民排忧解难而不要扰民，更不能为后人撰写《芜城赋》制造素材。《送周章甫公祖司理姑苏》云“清风一座咸歌雅，更种门墙庾杲莲”，希望周之夔秉承苏州良好的文明传统，以诗赋风雅治理苏州。可惜周之夔到苏州后，并没有按照同年的期待行事。《送刘瞻甫父母之任娄东》曰“大海日云迎善气，南山草木咏新图”，对刘士斗任职太仓满心欢喜。果然，刘士斗没有令张溥失望，到任后访贤问故，积极职事。遇到灾荒，谋求对策。尽管后来遭到周之夔的诬告，但给太仓百姓留下的是贤宰形象。

在复社中积极联络四方，成为张溥最重要帮手的孙淳，在张溥的吟咏中也出场最多。既有相聚的欢快，也有离别的惆怅，更有同游胜迹、吟赏烟霞的雅趣。当孙淳造访京师，与张溥、吴伟业等人相聚一段时间后南归，张溥的不舍之情，于两首送别诗中清晰表露。

纪行咏怀，登高望远，从遥远的历史中寻找人生的寄托，在苍茫的山水里发散心中的郁闷，是诗人的代传故技，张溥当然也不例外。于是，不少作品是与朋友眺望湖山，聚会小亭，荡舟碧波，夜游园池的吟唱。不过，张溥在叙写友情之外，还有一分幽情，朋辈难以捉摸。就是说，张溥的诗歌，在抒发与朋友一样情怀的同时，另有一丝别人难以体会的幽怨，掩盖在喧嚣热闹的杯酒之间。朋辈在赞美他的才情、欣赏他的能力、利用他的关系，却少有人理解他的内心、知道他的需要。所以，张溥的诗歌内涵，往往别有一番天地。

三、随意中有蕴涵

张溥的诗歌创作，既不是晚唐“三句两年得，一吟双泪垂”式的苦心经营，也不是江西诗派那样“点铁成金”“脱胎换骨”。如黄庭坚强调，“老杜作诗，退之作文，无一字无来处。盖后人读书少，故谓韩杜自作此语耳。古之能为文章者，真能陶冶万物，虽取古人之陈言入于翰墨，如灵丹一粒，点铁成金”①。但是，张溥

① 黄庭坚《山谷集》卷19《答洪驹父书二首》。

诗歌的“来处”，在于他的内心，是心底流出的歌，有欢快，也有伤感，更有幽怨。因此，不能纠结于张溥诗歌的表象。有一个现象可以说明，张溥有意无意间不愿意让别人充分了解自己，如很难发现张溥有几首诗有明确的时间记录。所以，寻觅张溥的行踪，诗歌几乎没有信息可寻。当然，散文中这样的信息也是极少，难以形成连贯的证据。甚至，补充的作用也难以发挥。

同时，张溥熟悉古今故事，在诗歌中虽没有特别喜欢使用典故，却有一些比较冷僻的典故，包括历史冷知识。张溥的诗歌中使用相当数量的典故故事，又往往随意组合，多数是根据自己的理解来提炼使用，有时很难理解。有些故事比较熟悉，如颜回乐贫、吴越争霸、楚汉相争、刘邦还乡、贾谊抑郁、严陵高卧、开元艳闻、崔郊求浆等等，均出现在张溥的诗歌中，蕴涵了张溥多样的人生喟叹。但是，许多典故不仅冷僻，组合提炼根据张溥自己的认识，且蕴意并不明显，需要结合张溥的交际、一时的环境，方能理解张溥的指向。

而众多故事与历史典故使用，又有诗人的某种情感取向和一种故意，写出了真实的内心又不愿意让他人理解，以保持诗人气度豁达、心胸宽广、精力过人、坚强刚毅、能力超群的形象，而内心的惊恐、无奈、甚至伤感，就隐含在历史故事或典故的某个角落。因此，在张溥的诗歌中，实际存在一个忧郁寡欢、愁苦万端又没人理解的张溥，而不完全是挥笔潇洒、才思敏捷的张溥。

第二节　张溥的友情诗

从应社到复社，均注重人间真情。社事既以情谊为重，饮酒、论文、畅游、聚会、惜别、追忆之类的主题，经常出现在张溥的笔下，散发着他对朋友的一腔真情。即便遭到朋友的疏远甚至背叛，张溥总是给予理解与宽容。“人情大半三年改，古道难言五色迷”[①]。将对历史的认识与对现实生活的体悟结合，叹息中也隐含了无奈。这无奈，就是明白了也不能说出来。因为张溥所希望的，就是友情的维系不断。

一、送别诗

与朋友告别，表达依依惜别、真情挽留的心迹本来是寻常的事情，祝愿前程

---

① 张溥《七录斋诗文合集・诗集》卷2《同朱白石纵论古今》。

似锦、旅途顺利也是人之常情。王勃的《送杜少府之任蜀川》、王维的《送元二使安西》、高适的《别董大》、王昌龄的《芙蓉楼别辛渐》等等，给人们留下了无限凄美或壮美的遐想。但是，如果是朋友倒霉落难、遇到天灾人祸或悲剧不得不离别，这样的送别就有悲壮凄凉伤感的气氛，甚至有感同身受的体会。或者为朋友的不幸而伤痛悲戚唏嘘，或者为朋友的不公正遭遇而愤懑不平。

崇祯五年(1632)春，黄道周因为一道奏章而削籍为民，凄惨回家。临行，张溥作诗送别。岂料，几个月后自己也不得不请假回家了，因为周延儒、温体仁等人组成的内阁，并不希望如黄道周、张溥之类的人物在朝堂发声。

送黄石斋先生

此别非常撼斗魁，萧然胜拜上清回。
生成骨性忧天步，历尽艰危耻鸩媒。
投版不因知己谢，遗簪犹念圣心裁。
舟行半道三千里，只剩中朝九万枚。
哭世森寒存谏草，祝南愚鲁种官梅。
张褒长啸山难负，赵概修书字未灰。
玉佩参差愁去住，石秤安稳待归来。
忠诚岂愿东溪号，淡约甘辞长命杯。
鬓发倍前知学到，药方多录见花开。
放臣只诵承嘉惠，寥落何年会市槐。

黄道周(1585—1646)，字幼平，号石斋，福建漳浦人，天启二年(1622)进士，授庶吉士，散观，授编修，为经筵展书官。未几，内艰归。崇祯二年起故官，进右中允。三次上疏论救故相钱龙锡，被降职外调，龙锡得减死。五年正月方候补，因病求去。临行上疏，大谈兴亡与用人的关系，推荐数人堪当大事，而眼下掌控内阁的周延儒、温体仁等人，实在不是担当大任的理想人选。等于他同时得罪了几个当权的实力派人物，也得罪了皇上。而他认为的几个人，只要“使当一面，必有可观”[①]，皇帝和肱股之臣皆怒，后果可以想见。于是，黄道周得到的是削籍而归的下场。

① 《明史》卷255《黄道周传》。

张溥送别之际，首先赞美了黄道周的人品，为官清正，两袖清风，忧国忧民的精神始终没有改变。“张褒长啸山难负，赵概修书字未灰”，是对黄道周的宽慰，同时也是勉励。张褒是南朝齐梁之际的人物，朝廷上遭到御史的弹劾，罪名是不肯担任学士之职。张褒潇洒地说了一句：碧山不会对不起我。于是，焚烧了佩戴的银鱼，飘然而去，归迹山林，杜甫《题柏学士茅屋》曰“碧山学士焚银鱼”，即此。这是一个非常冷僻的典故，张溥读书极细也极深，才能使用这样的故事。也只有黄道周这样有学问的人才能够明白张溥的用意。赵概修书，是北宋的故事。赵概是仁宗年间的参知政事，因为苏舜钦等用监奏院的废纸换酒聚饮，遭到除名为民的处分。苏舜钦后来到苏州，购地修园亭，留下了今苏州最古老的园林沧浪亭。当苏舜钦被逐之时，赵概就说参加聚会饮酒的都是馆阁名士。后赵概致仕，搜集古今谏诤故事，编辑成《谏林》一书，以昭示后人。张溥用这样两个故事，是希望黄道周不要消沉，即便啸傲山林，也不会被淹没于历史的长河之中，有《谏林》这样的书会记载，有赵概这样的人会关注。何况山林也是理想的去处，而归来也许不用很长时间。

对时局和现实的忧虑，对气节操守的遵行，张溥也往往通过送别题赠的诗篇表达出来。赠别时送人怀人的吟唱，反映了复社领袖重视横向联系和朋友情谊的一个方面，而酬唱题赠中赞赏气节操守辨析正邪的议论，在张溥诗歌中也是重要的内容。《送黄石斋先生》中，既有对清议的崇尚，也有对正人君子的赞美，更有贤人遭厄的忧虑：“生成骨性忧天步，历尽艰危耻鸠媒。投版不因知己谢，遗簪犹念圣人裁。舟行半道三千里，纸剩中朝九万枚。哭世森寒存谏草，祝男愚鲁种官梅。……”诗歌中对黄道周的人品清望予以高度评价，更赞赏了他不顾个人得失成败而敢于建言的精神。可惜的是，现在只能寄希望于他的儿子，能够在将来的官场顺利升迁了。苏轼《洗儿戏作》云：“人皆有子望聪明，我被聪明误一生。唯愿孩儿愚且鲁，无灾无难到公卿。”[①]一种幽怨与不平之气，奔腾于胸中。苏轼希望孩子愚且鲁，方能无灾无难到公卿。换言之，无灾无难到公卿的那些人，全是愚且鲁。张溥对于正直有学问，精明能干又忠诚的黄道周的遭遇甚是不平，期待黄道周的儿子愚鲁而能整理盐梅，调和鼎鼐。

同样，姚希孟离开京城到留都，对个人而言，也是一次政治上的挫折；对朝廷而言，是国事的扭曲。姚希孟离开京城到南京时，张溥是翰林院庶吉士，严格

① 孔凡礼点校本《苏轼诗集》卷47。

说，也是姚希孟的学生。在姚希孟即将启程时，张溥有诗相送：

送姚现闻先生南篆

其　一

大车今日发，兰简德音充。吾道无南北，天心岂异同。
四朝典礼内，万事史书中。后进资严则，凭高望九重。

其　二

白日初回照，弘人已抗踪。铃声或缓急，鹊语正从容。
欲识山中诏，先开天下冬。到今依辇毂，梦里辨疏钟。

其　三

发发风非昔，斯言未敢渝。忧危无美仕，出处见真儒。
一月冰霜甚，频年志力输。音来不断绝，何以箧中孚。

其　四

恩深怯此送，花暖不知功。去后存王国，归来问我躬。
文章容嫉妒，山泽赖疏通。但恐明规远，微心蒙复蒙。①

张溥的诗歌散文，很难发现有时间的注脚，少量篇章可以通过有关历史事实和具体内容做推测，多数作品则不能。似乎他刻意想隐瞒什么，不愿意当时人、后世人清楚了解他的具体行踪。

这组为姚希孟送行的诗歌，因姚希孟调南京的时间得以明确。崇祯三年，姚希孟升少赞事，又是翰林院的官员，在朝廷有一定的影响力，却是温体仁不喜欢的人。所以，一年多以后，被排挤到南京。而张溥在翰林院读书，是崇祯四年四月到五年年底，因而这组诗亦当作于是时。“南篆”就是接受到南边任职的官印，这里指姚希孟从京城的翰林院任职改到留都南京的翰林院任职，实际上就是被边缘化了。因为南京是留都，是朱棣搭建的一个空架子，官员没有实权，甚至没有实事。秦淮艳运经久不衰，明代更为发达，固然与历史的传承及文人风流习性分不开。而高官厚禄又无所事事的留都官员，也有推波助澜的作用。

张溥从姚希孟车马出发开始着笔，并没有接着写车驾人马行装之类，而是突然转到了一个希望上，就是从此书信往来不要中断。因为张溥与姚希孟之

① 张溥《七录斋诗文合集·诗集》卷1。

间，是真儒的相通，不论南北地域界限，不论在南京或北京翰林院，精神是一致的。当然，张溥的愿望，是在严厉的规则约束之下，通过礼仪规制的训练和自己勤奋努力，能够登上朝堂为君王效力。可是，像姚希孟这样知识能力凤毛麟角的人物，而今也是失意而离开，将来张溥自己能有怎样的前景，似乎不敢想象。姚希孟是否会从此消沉，隐迹山林，张溥并不知道，也没有想到姚希孟真的在南京任职不久就回到苏州养病，再也没有回到政治中心，也没有想到自己在十个月之后就被迫告假回家，离开了自己并不熟悉的权力斗争漩涡。

但是，在送别的时候，张溥依然对姚希孟充满期待，期待姚希孟的归来，能够检点自己的作业是否符合官场的要求。即便姚希孟归隐山泽，也希望姚希孟利用自己的关系，为张溥这位后进今后的工作做一些疏通。因为张溥已经认识到，自己的文章、自己的才气，已经引起了朝堂权力人士的侧目。那位李明睿在教育新进的庶吉士，不可能给张溥以好颜色。张溥当然自己也认识到为吴伟业刻稿鉴定作序确实有些唐突，不符合科举考试的惯例。可是，现在也没有别的办法来补救。按照张溥的个性，也未必愿意补救。选择离开，恐更符合张溥的个性。

四首诗是一起赠给姚希孟的，但各自独立，并没有统一的思想或精神，这种做法，正是张溥的个性。不仅写“组诗”各首之间会相互割裂，即便一首诗歌，也是跳跃的，颇有意脉飘逸的姿态。

在《送熊鱼山给谏归楚》中，张溥对于熊开元的骨气正气，亦予以了热情的褒扬。张溥与熊开元的友情，从崇祯元年建立，同为文社的建立发展倾注了心血。在政治上，他们与东林相同，在朝堂上，他们声气相通。当熊开元被贬之时，张溥以为荣光。“催科愿作阳城考，谏诤羞为谷永书”（其一），“时宜不合犹吾党，元气相扶尚一家”（其二），表面上是说眼前我等与时宜不合，骨子里是对朝政的失望与隐忧。因为崇祯四年十一月熊开元被贬的原因是稽查出两年前在吴江县令任上征收的赋税不足，于是降两级调外任[①]。熊开元没有赴任，告假回乡。张溥清楚，赋税不足是假，熊开元与政府某些大僚龃龉是真，所以翻出几年前的旧账，打得熊开元措手不及。党同伐异，便己肥家的朝政局面，正是张溥等复社领袖所担忧的。

但是，送文震孟进京，情况就不一样了。因为文震孟是结束休假还朝，时为

---

① 熊开元《鱼山剩稿》出版前言。

崇祯六年秋。其实，崇祯三年起，参与定逆案的正直之臣逐渐离开朝廷，崇祯不喜欢这些话多的官员。而新入阁的温体仁抓住崇祯的心理，做了不少协同工作，培养了自己的亲信。正是这样的政治环境变化，文震孟在纠劾阉党关系人王永光的过程中受到崇祯的责备，次年借出封益府的机会顺便回家休养。直到崇祯五年底，皇上想起了文震孟，“即家擢右庶子，久之，进少赞事”[①]。六年秋，文震孟心情愉悦地准备回京赴任。临行，家乡朋友饯行：

湛持将赴职时，郡绅饮饯于徐九一之止水，天如谓湛持曰：“明年会试，同考公必压帘。今海内举子不愧会元者，惟陈大士暨杨维斗二人耳。幸留意！”湛持曰：“天下人读大士文，取巍科者不知凡几；而大士久困，吾此番当收之夹袋中。”天如转语项水心煜曰：“然则维斗乃公责也。”水心亦首肯。天如又言吴峦雉久为海内师范，此番不可不使之释褐。两人唯唯。比入闱，湛持压帘，觅得大士卷袖示水心曰：“昔为老社长，今作老门生。”[②]

这次回京任职，一是升职，二是有任务，张溥交代了陈际泰会试的事。当然，张溥不仅委托文震孟关照陈际泰科考之事，还写诗送别。在诗歌中，张溥不仅对文震孟的人品学问予以高度评价，也对明王朝的政治气象展开了理想的描绘。

送文湛持还朝

其　一

相看静水自云将，和吉声闻听凤凰。
天下安危惟道在，日边远近与心长。
后生规矩庚桑里，大雅风流政事堂。
为问简书勤御者，退公犹欲戒衣裳。

其　二

吴山千岫待秋装，辰告于今叩九阊。
淡泊自然扬子宅，澄清岂独郑公乡。
卧龙踪迹开天路，人镜芙蓉并月光。
揽梦尧阶知佩重，宝书沐浴在春王。

① 《明史》卷251《文震孟传》。
② 陆世仪《复社纪略》卷2。

“天下安危惟道在”虽然是典型的书生之见，也有一定的道理。如果按照今天的理解，这道未必就是儒家的精神法理，而是一种思想、路线、方法，或者说目标与规划，也不失为一种真正的道。从孔子论道开始，有多少人在阐述道的内涵，无法统计。但有一点可以肯定，孔子之道，或者说孔孟之道，一直不断得到发挥与补充，不同的时代，不同的环境下，对道也有不同的阐述。所以，道是变化的概念，随着时代而调整内容和概念倾向。张溥的思想并不是僵化的，对于道的内涵，有自己的看法。忠于君王，供职朝堂是为了道；潇洒山林，也是道所允许的。用舍之间，不在于个人的愿望，而是君王的需要。但是，文震孟对于社稷君王，永远是忠心的，不论远在乡关，还是近在日边（君王身边），赤子之心，天地可鉴。

所以，退还乡间，文震孟为君王教育后生，为将来的朝堂培养人才。在政府，则大雅风流，议论古今，提出建议，阻止小人，为清明的朝政而尽职。因此，对于朝廷来说，文震孟这样的人才，如扬雄，可资楷模，成就典雅学问；如郑玄，可感教化，促使悍匪远行；如孔明，可用开济，辅助君国大业；如魏徵，可为人镜，检点人主误差。而惟有尧舜之君，方能容忍这样的人物伫立在自己的朝堂。

作品没有直接赞美文震孟，但在送行之际，一次性推出若许历史上的辅臣文豪形象，文震孟当然是清楚的。更重要的是，张溥希望“揽梦尧阶知佩重，宝书沐浴在春王”，天子能够将堪与历代名相伯仲的文震孟揽在身边，发挥作用，那么，他就是尧舜般的天子了。当年朱由检入宫时，乃兄就是这么期望的：“吾弟当为尧舜。”[①]可见，张溥的愿望，是君明臣贤，朝政兴旺，像文震孟这样的贤人，能够群居于政府，再次形成众正盈朝的局面。

当然，愿望可以表达，现实不可奢望。文震孟还朝以后，确实一度受到重用。崇祯八年七月，在温体仁休病假期间，崇祯皇帝临时进行了一次考试，选拔阁员以补充政府缺额。在文震孟没有参加考选的情况之下，特简为阁员，以礼部左侍郎兼东阁大学士入阁办事。等到温体仁“病愈”归来，做的最要紧的事情就是排挤文震孟。仅仅三个月，文震孟就“冠带闲住”了[②]。而且回苏州不久，由于外甥姚希孟病逝而悲感伤痛过度病逝，年六十三。

如果说送别姚希孟、文震孟、熊开元等人，多少对朝政、官场抱有希望或期

---

① 李逊之《三朝野记》卷 6。

② 文秉《烈皇小识》卷 4。

待的话，与同道朋友的告别或送别友人，纯粹是人间友情的自然流露。特别是经营复社的朋友之间，相聚是短暂的，又是经常的，离别也就成了经常发生的事情。

送孙孟朴南还

秋天深气似君情，文字犹然身外名。
客热难因非子傲，人知偏畏独予清。
九州同调皆龙性，一句离诗到马鸣。
不直筴钱排难者，归欤无复坐中盈。

再赋送孟朴

君来携得许多情，君去无端托姓名。
尽夜酒深伤君促，连朝花发及秋清。
频呼装剑愁风厉，欲往停车听鸟鸣。
此去论心期四月，逼寒拨火岁将盈。

张溥不是作诗的高手，这两首送别诗的句法、文辞、格调、肌理、神韵，几乎没有值得道说者。然一腔深情，哽咽而出，不顾其他，显然与锺惺、谭元春的风格有些相似。即便诗才不算上乘，但张溥的诗友从东林前辈到一般书生。其中与张溥诗酒游赏唱和最多的是孙淳、许元溥、王志庆、宋玫诸人。与孙淳之间，唱和赠别聚集酬唱多达 23 首，极为罕见。

很难落实这两首诗写于何年，但从内容上看，应该是结交数年之后。根据张溥崇祯元年行踪，在十一月送张采赴任到达杭州，返回时暂住吴江，与孙淳、吴翻、吴翿、孙兆奎、沈应瑞的等相聚共谈文社事宜。相比较于其他诸位住在松陵镇或附近，孙淳的距离最远，在吴江的西南边，而且与张溥交往最为契合。所以，当孙淳回家之际，张溥叙写不舍之情。

《送孙孟朴南还》首先交代了离别的时间，是在秋深时节，与张溥十一月送张采至杭州返回相符。但既然已经到了十一月，即将进入寒冬腊月，就是准备过年的时节，当然不能长时间在外逗留。孙淳回震泽准备过年，理所应当。江南人家，过年是一件很隆重的事情。一直延续到今天，依然保留了许多繁盛的过年习俗。第一件重要的事情就是过冬至。本来是一个简单的节气，在吴地，就变得非常重要。因为“冬至阳生初动，岁将更始”，于是“里巷驰贺，一如元旦之仪,至尊长处拜谒,谓之贺节。同辈交相出谒,谓之拜冬”[1]。拜冬之后,就是紧张的春节筹备工作。主要的工作有:完租税,将一年该上缴或归还的租税交纳结算完成,以便轻松过年;舂米,在水稻收获归仓,小麦油菜已经种植完成,则可以抽出更多的时间舂米,将糠皮用来喂养猪羊,而米则专门收藏于米囤、米桶、米缸、米坛等器物之中,是为全家来年之基本口粮;酿酒,也是这一带重要的事情,就是酿造糯米酒,以便过年待客之用;宰猪羊,以便腌制腊肠、火腿、酱蹄等;起塘鱼,虽冬至到过年还有些日子,但很多事情都是繁重的,需要几家一起合作的。起塘鱼或荡鱼,就需要相互合作。吴江水乡,将近三分之二的面积是水面,水产养殖一直是重要的经济来源。年底轮流清塘,以便来年放养鱼苗,选择合适鱼种以提高水面单产。于是有些水塘需要车干(用脚踩的提水工具取水,叫车水),进行清底。上述许多事项,必须是男人在家,才能进行。所以,深秋入冬时节,孙淳回震泽了。离别,不等于无情。如同这秋去冬来的季节变换规则,张溥与孙淳不论分别或聚首,均为最好的朋友。

这交情已经很深的好朋友令人不舍的原因是什么?首先,孙淳是一个淡薄功名利禄的人,并没有急切于科考。功名文字,孙淳置于身外,而人间情谊,孟朴藏于心中。张溥看到了孙淳的性格特征:表面傲人孤僻,实际古道热肠;表面严正冰霜,一旦交心,绝对真情。可是,不少人被孙淳的表象迷惑,不敢与他有亲密的接触。张溥则看出来了,孙淳做事投入,注重友情,待人真诚,是一个值得深交并且是不难交往的朋友,所以两人在应社成立不久之后,就成为至交。因为相互认定为知心朋友,在志趣、爱好、性情、修养等诸多方面一致,所以离别之际,一丝伤感油然而生。何况,两人在生活条件上还比较相似,即贫寒。当然不是饥寒交迫的生存状况,是不够宽裕的状态。即不至于需要榆荚解难,也不是有多少盈余,基本平衡,支吾度日而已。

整首诗从节气入手,生计作结,关乎彼此,重在抒情。简朴的文字中,是彼此的真心交融;透过双重性格的揭示,点明了双方灵魂的沟通;关切到生活的情状条件,标志着他们已经成为无话不谈的朋友。所以,这首诗,依然有一种象外之旨的趣味,需要从张溥与孙淳实际生活环境着手,才能理解。

《再赋送孟朴》比较轻松明了,直接将两人交往的深情叙说。本来是相聚融洽,互为知音,可是现在不得不暂时分离。临别的夜晚,畅饮达旦;离别的

---

[1] 袁景澜《吴郡岁华纪丽》卷11。

清晨，寒气袭人。但为了共同的兴趣，他们已经约定，来年四月相见，聚首畅谈文社事宜。“此去论心期四月”一句，无意间点明了崇祯二年四月张溥又到吴江的事实。正是崇祯二年四月的谋划，一个全国性的文人集团即将诞生。尔后，孙淳在吴翻、吴翻的经济支持下，联络南北应社元老，接洽了解准备入社的诸生。“是役也，孟朴渡淮、泗，历齐、鲁以达于京师，贤大夫必审择而定衿契，然后进之于社”①。

类似的送别诗，张溥有许多。在《合集·诗集》卷一里，有多首诗是送那些即将主持地方政务的官员：《送申素公之任万安》《送管元心公之任永新》《送张坦公之任青涧》《送汪皖公之任闽县》《送徐玄伯之任当涂》《送申素公之任万安》《送周章甫公祖司理姑苏》《送王方轮之任乌程》《送钱百里之任山阴》《送沈铉臣之任建阳》《送戈行可之任晋江》《送朱生生之任蒲城》《送汪西原之任武昌》《送刘瞻甫父母之任萎东》等。这可以看作是一组诗，送走的多是崇祯四年一帮进士，他们被委任为地方官，成为知县或知州（县级）。作品中固然不乏同年情谊，但更多的是对对方文采能力的赞美，然后是祝愿，祝愿他们到地方礼仪治理，一方平安，风调雨顺，五谷丰登，百姓安居乐业，邑宰政绩斐然，早日升迁。因为张溥得到馆选，成为翰林院庶吉士，有储相之目。故众人得到张溥的送行诗，是一种友情加叮咛。此类诗歌，除《送朱生生之任蒲城》、《送张坦公之任青涧》两首五律，其余均为七律，足见仅三十一岁的张溥，已经是诗律行家。

朋友告别，原因多种。或踏上征程，送别之际充满希冀与祝愿，如《送王与游北发》《送曹忍生北发》《送吴来之北发》等。或失望而去、落职而归，几时再见不可预料，在张溥笔下，往往于送别中深情惜别，别后则是无尽的思念。

二、怀人诗

送别的伤感，别后的思念，思念中猜想，因猜想而成梦，在古典诗歌中是形成思维连接的主题。张溥之于朋友，常是置怀中不去，特别是张采、周锺、吴昌时、杨彝、顾梦麟、杨廷枢等从应社到复社的元老，不仅情谊多年，且精神上的契合度也超过许多后生，因而在张溥的怀想中占有的分量也是最重的。

---

① 朱彝尊《静志居诗话》卷 21。

江雨怀受先

别君几两月，草草待江浔。新雨知无恙，他乡共一心。

读书防骤暑，话汝在高岑。却寄还愁促，今宵恐没参。

崇祯元年十一月，张溥与张采别于杭州，张采赴临川县令任，而张溥则在吴江逗留一段时间，当是临近过年回到太仓。这首诗当作于崇祯二年年初。

张溥首先交代了时间，是在与张采分别后才两个月还不到，则是新年的正月中。已经差不多两个月了，分别这样长的时间，并不多见。因为，读书七录斋，两人情同兄弟，互为畏友，相互督促，认真读书。而今两个月不见，已经极度牵挂身在临川的张采。何以见得？“草草待江浔”，没有约定，没有准备，草草地、胡乱地就来到江边等待。当然，这不是长江，也不是富春江，而是张溥、张采共同熟悉的娄江。这段时间，大家忙于过年，张家尽管落寞，但还有兄弟十人，过年的忙碌可以想见。而张溥不仅要读书、写文章、接待朋友来访，还要为过年做很多事情。在这样充实忙碌的过年时节，张溥依然对张采极为思念，情谊之深，可以想见。以至于不由自主来到娄江边，曾经一起出发、一起回来的码头。首联十字，就字字浸透了张溥对张采的思念之情，后面的三联，就是没来由的但又深情的关照与猜想。

新雨，新年的第一场雨水，对于农家来说是福音。在新雨绵绵之中，张溥在娄江边徘徊，似乎幻想着远方的张采突然出现在由远而近的舟中，站在船头向码头上的张溥挥手致意。但陡然间，张溥清醒地知道，刚到临川任职两个月的张采，是不可能此时出现的娄江的。说不定，也在曙衙中幻想，是否张溥会突然出现的临川县正衙的门前向里高喊。当然，这只是猜想，而不是现实。张溥的思绪，转到了对张采的担忧上。因为张采与张溥一样，是个读书非常用功的人。一旦天气太热了，还得注意防暑降温啊！

幻觉就是幻觉，由深情而生发幻觉，没有逻辑上的理由。于是，张溥雨中等待，江边徘徊，回想共同读书的过去，期待再次聚首的将来，忍受不能见面的现在。于是，越想越迷糊，愁绪越来越浓，直到黄昏，直到天黑。终于，张溥回去了，带着不尽的遐想。

《寄怀马君常》二首，处处关乎风节，不仅是张溥的感念，也是马世奇真正的修为。

其 一

怀君不可说，明月应自知。温饱非所志，艰难幸勿辞。
高秋慎风露，正色修文词。报答千里意，忧乐无穷期。

其 二

余季甫入北，丁宁事正人。笑言视规矩，动履念鬼神。
长者师传责，天涯兄弟真。寒温等平素，相送直以身。

诗歌中的马世奇(君常)是张溥的忘年交，并与吴钟峦交好。吴钟峦与马世奇，又均是当时常州府人。

马世奇(1584—1644)，字君长，号素修，江苏无锡人。早年跟随顾宪成、高攀龙求学，声名甚高。崇祯四年进士，选庶吉士，次年为检讨。久之，升编修。崇祯十一年，奉旨使江西、山东、湖广诸王府，拒绝任何馈遗，廉洁奉公之风采，可以想见。归朝，升左谕德。此后居父丧，期满还朝，授左庶子。农民军势力大增的崇祯十六年冬，皇帝急忙向那些根本不懂军事的文官们询问御敌之策，马世奇上了一道奏本，从当时的形势和用兵大义泛泛议论了一通。若说全是迂腐之论也不见得，但对于保卫明王朝的江山，实在是有用但晚了些。“用兵以人心为本。人心乐为之用，虽寡亦强；人心不乐为用，虽众亦弱。今闯、献既负陷天之逆，而治献易，治闯难。盖人畏献而附闯，非附闯也，苦兵也”[①]。马世奇客观分析了明末农民起义成星火燎原之势的原因，不是农民不安本分，而是难以安居乐业，被迫起义。况且朝廷处置失当，加深了农民的负担，所以李自成才得到了广泛的拥护。与张献忠相比，李自成更得人心。所以，明王朝在李自成农民军的打击下只有溃败。而且，作为明王朝地方官的知府县令及其守将，食君禄而不为君事事，已经是普遍现象。别说州县长官，即便朝堂衮衮诸公，又有几位能为君王解忧，几位能为解民于倒悬而出一奇计良策！马世奇清楚地认识到，眼下形势极为危险，在写给儿子的信中，已经说到朝臣多假节使出京而人人思归的状况，朝堂已无人与君王分忧[②]。崇祯皇帝固然不能说是昏君，但也不算圣明到什么程度。因为他的独断专行和狐疑满腹导致他既不能完全相信东林君子，也不会信任边关守将，铸成袁崇焕冤案，失去了边将的忠心。而朝堂之上，小人君子杂用，宰辅更换频繁，十七年中，阁老居然达五十人之多。而整个崇祯朝，

① 徐秉义《明末忠烈纪实》卷11。
② 《明史》卷266《马世奇传》。

内阁真正能够提纲挈领的首辅，仅有温体仁和周延儒。可惜，这两人虽有才能而不归于正，尤其是崇祯眷顾的温体仁，为相七年，除了打击异己、迫害东林人士、与复社为敌、树立自己的山头之外，对朝廷和百姓几乎没有做一件有重大意义的事。夏允彝所说的"政府大僚俱用攻东林者，而言路则东林居多"[1]，远不是当时的事实。前人对于夏允彝的说法多不赞同，黄宗羲驳之尤详。但这《幸存录》是否是夏允彝所著，是个很大的疑问，有待于进一步考证。马世奇所说的失去人心，不仅是百姓的人心向往李自成，即便是从朝廷到地方的诸多官员，也已人心散去。可见，马世奇强调收拾人心是见解深刻而难以施行了。

读《明史》中这一段故事可以发现，对于忠臣义士，史官们很愿意大费笔墨。描绘农民军进北京时的殉难诸臣，有声有色。而涉及清王朝的事件，则闪烁其辞。所以，记载马世奇的殉节过程，文笔细腻，深情动人。尽管限于篇幅，不能为这类小官用太多的笔墨。但在传记后面，还是用大段文字颂扬他们的忠义精神。"世奇修颐广颡，扬眉大耳，砥名行，居馆阁有声，好推奖后进。为人廉，父死，苏州推官倪长圩以赎锾三千助丧。世奇辞曰：'苏饥，留此可用振。'座主周延儒再相，世奇同郡远嫌，除服不赴都。及还朝，延儒已赐死，亲昵者率避去，世奇经纪其丧，其好义如此。赠礼部右侍郎，谥文忠。本朝赐谥文肃"[2]。当然，徐秉义的记录不仅比《明史》更为详细，也更具有感情色彩。毕竟，这是私下著述，没有太多的限制和忌讳。三月十九日，马世奇知道李自成的军队打进了皇宫，听民间喧言皇帝南幸，便沐浴更衣，将自己掌握的司经局官印捧在手中，向北再拜，然后将印交给仆人，关照他如果皇帝到南方了，就将这官印拿着，从小路赶往皇帝所在的地方。接着，又南向遥拜母亲，曰："儿从此不得待高堂矣！"[3]明代特别注重孝道，而面对忠孝不能两全之际，马世奇只能象征性地遥尽孝道。据《明史》记载，马世奇将自尽时，身边有二妾，着意打扮一番，来到马世奇面前。马世奇很是惊讶，以为二妾准备逃难而去，没想到二妾知道马世奇准备殉节，也做好了殉节的准备。正在这时，有起义军来到马世奇家里，看了一眼，见室中萧然，即走开了。马世奇急忙与二妾同时自缢，又被仆人救下，而妾朱氏已经气绝身死。仆人劝马世奇，太夫人尚在无锡老家，当回家尽孝道，不应该就这样死

① 夏允彝《幸存录·门户大略》。
② 《明史》卷266《马世奇传》。
③ 徐秉义《明末忠烈纪实》卷11。

去。可马世奇说："苟生适为太夫人辱耳！且以我料之，天子必不南。"[①]不仅自己决意殉节，马世奇还写信约兵部主事成德一起殉节。三月二十日晨，几位同朝官员微服相访，见到马世奇，已经是经日不食，委顿不堪了，颈脖子上绳子勒过的痕迹清晰可见，不禁泣下，且劝马世奇说皇上会到南都去，肯定能够重新收拾江山。我们这些人暂且不死，就是为了这个。你马世奇不过是个词臣，并不是重要的官职，也没有重大的责任，不必去死。马世奇的回答是：我意已决，不必再劝了。妾李氏取出纱帨，在马世奇面前自缢身死，那些来访者在窗外看着这一切，相与叹息。等他们走后，马世奇也自缢身死，并"左手握椅，右手抚几，端坐如生时"，忠义奇士，殉节是这样的从容镇定。相传，马世奇极为清廉，走访藩王时，"馈赠一无所受"，曾梦中吟文天祥的《过金陵驿》，"殉国之志已素定"[②]。实际上，正是平生读书修为所玉成的精神。

对于马世奇的选择，故人吴钟峦"闻京师变，流涕曰：'马君常必能死节。'已而世奇果死"[③]。老朋友料定马世奇必然死节，朱彝尊说他殉国之志已素定，依据就是马世奇平生的学问品格。而这样的学问人品与将来的气节表现，张溥已经料到了。马世奇长张溥十八岁，崇祯四年与张溥为同年进士，且同为庶吉士。不同的是张溥一直是在籍的庶吉士，而马世奇是很快授检讨、编修等职，稳步升迁，但从不阿附权贵。崇祯十三年守父丧，即将除服，同郡周延儒再次出任首辅，马世奇故意迁延久之，未曾入京复职。等到周延儒被赐死，农民军高歌猛进之时，他却到京城任职了。张溥的这两首诗，正是对马世奇人品学问和崇尚气节的精神提前宣布。第一首说明了两人虽然年龄悬殊，但志同道合。第二首则赞叹了马世奇的气节长者神态以及对后进的引导示范。

张溥回忆了自己刚刚成为翰林院一员时受马世奇的正面影响，是马世奇关照张溥一定要与正人君子为伍。也是马世奇要求张溥，任何一个细小的举动也要符合规矩，更是马世奇建议张溥懂得注意敬畏。在马世奇看来，人在做，天在看。大丈夫做事，就要不负天地之间的立身。张溥对于马世奇的引导与身教，敬佩再三，对马世奇的传帮带作用，深为感动。因而，两首怀想马世奇的诗歌，

---

① 徐秉义《明末忠烈纪实》卷 11。

② 朱彝尊《静志居诗话》卷 20。文天祥《金陵驿》写于被押往大都经过南京之时，表达了为国捐躯决不投降的意志："草合离宫转夕晖，孤云飘泊复何依！山河风景元无异，城郭人民半已非。满地芦花同我老，旧家燕子傍谁飞？从今别却江南路，化作啼鹃带血归。"

③ 《明史》卷 276《吴钟峦传》。

叙写的是一个严肃的主题，就是坚贞气节，笑对生死。

《寄怀杨伯祥》二首，写出了张溥与杨廷麟之间忠贞气节观的一致，对杨廷麟的修养品德，予以高度评价。事实上，杨廷麟的忠义，是在大节上的表现。张溥没有能够看到，因为他盛年去世。但张溥预料到了，因为他们是知音。

其　一

送弟及江浒，凉风为余深。睹君仁义色，免彼童稚心。

鸟羽异南北，人情无古今。长河流不息，晓夜谁知音。

其　二

大路且折柳，至诚无委蛇。流连出门义，三复生民诗。

绝学久相勖，先忧不敢私。皇天念予汝，当俟河之湄。

杨廷麟（1598—1646），字伯祥，一字兼山，号机部，江西临江（今清江）善嘉桥人，崇祯四年进士，选庶吉士，授编修，以勤学嗜古播声馆阁间。崇祯十年，皇太子将出阁，杨廷麟被选为讲官兼直经筵（即成为太子的老师，又同时可以给皇帝讲经）。这样的隆宠，非一般臣子所能得。因为东宫属官，也就是未来皇帝的班底，能为帝师，则又必能入阁，是内阁首辅的人选。但杨廷麟没有立即接受，向皇帝请求将这个位子让给左谕德黄道周，遭到阁臣张至发的反对，未能成功，只好就任。次年二月，一次经筵讲毕，崇祯突然问"保举""考选"何者为得人。杨廷麟回答说："保举当严保主，如唐世济、王维章乃温体仁、王应熊所荐。今二臣皆败，而举主不问，是连坐之法先不行于大臣，欲收保举之效得乎？"①虽然没有明说保举不妥，但指出了行保举法的不足。

事情要追溯到崇祯七年的科考。早在崇祯四年的春闱，榜眼吴伟业，同年进士即有张溥、杨廷麟、杨以任、马世奇、成德、管正传、周之夔、刘士斗等复社各流，已经引起了温体仁的不满。而七年的礼部试、殿试之后，新进士中又有许多出自复社；"甲戌会榜发，（蔡）奕琛以《国表》姓氏查对，见新进士多出社局，大异之。因思变取士之制，以禁其将来，且可进其私党"②。温党考虑的结果，是向崇祯建议行保举之法，由名流大臣推荐官员。需要明确的是，复社几乎集中了全国最优秀的书生，研习制艺，穷研五经，科考中式多出其中，本来就很正常。如

---

① 《明史》卷278《杨廷麟传》。

② 陆世仪《复社纪略》卷3。

同当今的优质普通高中教学，多数学生考入名牌大学或本一，极为正常，优质生源取得最佳的高考录取率。而温体仁、蔡奕琛辈从仇视复社、反对东林人士的心理出发改变选士制度，行保举之法，理由堂皇而动机不纯，当然收不到皇帝所期待的效果。可就是行保举之法，浙党人士所能推举的优秀人才实在是少之又少。而复社人士已经多方准备，即便固定了行保举之法，复社中人也大有可进之机。于是，张溥等人与各社长商量，由各地社长推举贤才，“乃传示各邑社长，推择经济博达之士，能兴道致治者”[①]，造成名册，送到吏部。蔡奕琛再将名单与复社党目查对，发现超过了一大半，出乎温体仁的预料。结果保举法行也不是，不行也不妥，因为保举的命令已经下达。无奈，温体仁、蔡奕琛等想出了个办法，少用保举，仍行科举。这就是崇祯问保举考选何者为得人的缘故。因为刚保举上来的人实在也不堪用，是温体仁、王应熊推举的张抱赤、陈启新两位，一个不堪重用，一个不会办事。于是崇祯十年，科考准时进行，而这年的新进士，可谓人才荟萃，多出复社。状元刘同升，榜眼陈之遴，探花赵士春均是复社成员，其他如陈子龙、钱肃乐、胡梦泰、揭重熙、夏允彝、施凤仪、蒋棻、包尔庚、刘宪章、秦镛、周铨、张明弼、蒋鸣玉、钱朝彦、何宏仁、倪仁祯、熊人霖、刘大年、余飏、吴之琦、王追骎、余士玮、王泰征、赵士骥等数十人，“浙人忌之，题其榜曰‘社榜’云”[②]。

崇祯十一年冬，后金兵犯京师，杨廷麟以出外而免于难，险些丧命于卢象升与杨嗣昌的冲突之中。卢象升阵亡，杨廷麟被谪归。甲申京师陷，杨廷麟主动募兵勤王。良好的动机，招致怀疑，以为杨廷麟图谋不轨，又只得解散。福王用御使祁彪佳荐，召杨廷麟为左庶子，为免嫌疑，杨廷麟辞不就，直到南都失守，江西大部归清，杨廷麟方举义兵，与状元刘同升收复临江。福州立国，唐王加杨廷麟大学士、督师。同谋恢复临江的刘同升正在服丧，没有接受唐王政权的任命，留守临江，旋回赣州，年底病逝。杨廷麟从赣州打到吉安、临江，又追击清兵到樟树镇，却疏于警戒，被清兵反扑而败退吉安。

时在吉安的明军，有四营主力，其中广营、滇营两路来自广西、云南，是崇祯末年调动准备前往北京守城作战的。部队尚未完全集中，京师陷，到弘光朝，又令进南都，方积极北上。这两路兵马的招集者，是张居正的重孙张同敞。尽管张居正为明神宗尽力终身，死后却遭到惩罚，子孙罹祸。此时其重孙张同敞还

---

① 陆世仪《复社纪略》卷3。

② 同上。

是站了出来，为这个对不起张家的明王朝效力。两营人马到达江西，又已经是南都失守，弘光被俘的时候，将士不知进退，连调他们来的张同敞此时也在流亡的路上，未能及时找到这两支部队。杨廷麟得知此事后，立即前往接洽，请他们离开雩都营地，进入吉安守备城池。同时，杨廷麟又力请土司张安也参与防守行动，组织两营人马，入卫吉安。

丙戌(1646)正月，唐王在闽，处境不佳，欲入江西赣州立行营。于是，杨廷麟前往迎接，刚出赣州，得知清兵围攻吉安的消息，立即返回。惜为时已晚，因当时守城的是唐王任命的万元吉，疏于防止清兵突袭，由此陷入被动。吉安失守后，清兵围攻赣州，别说唐王前来，守赣的明军也危在旦夕。尽管杨廷麟请动了四营之兵，尤其是滇军一营，勇猛奋战，颇多斩获，终不敌训练有素、骁勇善战而又装备精良的清军。张安的部队、广西的部队从外围打击清军，迫使清军不敢集中兵力攻城，为赣州的守卫赢得了时间。更重要的是唐王派出了援军，从赣州城外向清军进攻，颇有里应外合、内外夹击之势。无奈清军经过这三年的战场操练，已经能够应付这一时的危难，改变部署，围城打援，逐个消灭，先将滇军打散，再打败张安的二营，使雩都变得无兵可守，一举夺下。战至丙戌八月，四营溃散，唐王援军亦败退回，不久唐王政权失败，援军遂绝。杨廷麟、万元吉孤守赣州，大半年下来，消耗殆尽，守城将士疲惫不堪。十月初四，清军攻入赣州，杨廷麟依然挥师督战，竭尽全力，“久之，力不支，走西城，投水死”①。可见，杨廷麟战斗到生命的最后一刻，虽不是引颈受刃那么气壮山河，也不是战死沙场的惨烈，赴死的意志、决心则相等。更重要的是，杨廷麟只要看到一线希望，就付出了百倍的努力，为明王朝用尽最后一丝气力、智慧。没有从容写下绝命词、甚至写了几十天的诗来表露心迹，直接在沙场战斗到最后一刻，用最简洁的方法结束自己的生命，“城破，赴水死”②，毫无拖泥带水之态，而为明朝献出了自己的一切。“赣州人民为表彰其高尚的民族气节，捐资立墓、碑，建忠义祠。家乡亦修建了兼山祠、杨忠节祠”③，以纪念这位复社义士。

杨廷麟的大义凛然、与日月同辉，并不是临时的突然决定，也不是为了报答什么恩情，是读书人自幼养成的忠孝节义观念在人生的十字路口发挥了决定性的作用。张溥的这两首诗歌是寄给杨廷麟的，那杨廷麟在哪儿？简单回答，就

① 《明史》卷278《杨廷麟传》。
② 徐秉义《明末忠烈纪实》卷16。
③ 柳培元《清江县志》第533页。

是在京师。从杨廷麟的经历来看，崇祯十二年十二月卢象升阵亡，杨廷麟在真定负责后勤运输，免于战死沙场。回到京师，仍供职兵部职方主事，为卢象升阵亡事条理本末，受到处分，调外任未赴。此后三年多时间，杨廷麟是在江西老家度过。但是，这段时间，也是中原战火纷飞，边疆狼烟四起，杨廷麟经历了军旅生涯，并在朝廷供职八年，已经不会将精力放在学问上。特别是卢象升阵亡，给了杨廷麟极大的震撼，朝廷所需要的，是实战人才，而不是遥远的学问。所以，这两首是作于张溥离开翰林院不久的日子里。可以看出，虽然两人已经有一段日子没有见面了，但彼此的心是相通的。当年一个是复社领袖，等于是民间的全国学联主席，一个是地方眉目，有着恢复绝学的共同心愿。并且在翰林院又是同学，一起成为庶吉士，准备将来成为公辅之才。不过，张溥被排挤了，因为他得罪了奸臣。

在第一首诗里，张溥回忆了当年的一段往事，就是张溥离开京城，杨廷麟相送。并且送行路途不近，一直送到张溥可以坐船的地方。离别之际，两人有一夜畅谈(长河流不息，哓夜谁知音)。而离别的时间，是天气寒冷的时节，也就是崇祯五年冬天。尽管两人不是一个地方来的，杨廷麟是江西临江人，张溥是江苏太仓人，但彼此的兴趣、倾向是一致的，与讲究忠孝节义的传统契合。在张溥的眼里，杨廷麟满脸透露的，就是仁义忠孝，一点没有遮掩。

在第二首诗里，张溥直接说出了杨廷麟的个性和心情。临别之际，杨廷麟没有任何做作，是真心希望张溥不要离开，而不是虚与委蛇的。因为他们有共同的愿望，恢复绝学，就是探究儒家经义的本来内涵，以纠正当时的学风与官风。曾经为了学问，共同努力，相互勉励，并没有任何为自己的想法，是一种先天下之忧而忧的精神。而今虽然离别，相信苍天有眼，可怜我们的赤子之心，会让我们再次聚首的(皇天念予汝，当俟河之湄)。可惜的是，张溥再也没有能够回到京城任职，在崇祯皇帝“遭温”的日子里。虽然温体仁于崇祯十年六月下台并于次年病故，但继任者张至发、薛国观之流，就是温体仁的影子。所以，四年多的时间里，朝政没有任何起色，反而每况愈下。张溥回不了朝廷，于崇祯十四年五月初八去世；杨廷麟离开了，也没有能够再回京师，而是在救亡的战场上，为大明王朝奉献了最后的忠义。

张溥的怀人诗歌，主要是写给东林前辈和同辈应社元老及有关眉目，可见就是研究学问、经营文社和在政治倾向上一致的朋友，很少关注到家人。但不是绝对没有，如《寄无近弟》，就是写给弟弟张王治的。而《寄周介生兄弟》《寄受先》《寄杨子常顾麟士》《寄吕石香兼示沈圣符吴扶九》等作品，重要的内容是对学问的的建议和对社事的关注，是张溥对复社同人一往情深的展现。在《和徐九一太史病中怀宋文玉给谏》里，张溥既写出了朋友如药石般珍贵，也写出了纠正学风的艰难。同时，从徐汧病中牵挂宋玫而赋诗寄托情怀，张溥和诗寄意，可见相互之间友情甚笃。再如张溥有《寄吴来之》诗，亦足以说明张溥十分注重情谊："红叶从风溯远堤，春回烟阁静香提。素心道路难为说，好事云屏待子题。一诺久知千古重，三秋自此两峰齐。平章梅雪看君子，赋有金声报紫霓。"

三、欢聚诗

与政治中心的重要人物聚会咏叹，寄托了张溥对清明政治的向往；与朋友无拘束的欢聚，是张溥人生快意的难得宣泄；与社众的聚合，是张溥对社事经营的一种模式，也是沟通的手段。在张溥的诗集里，涉及欢聚的诗篇甚多，从艺术上讲，既有深沉的经营，也有率意的歌咏，比较参差。

崇祯五年春节，张溥等人在京城，元宵节集中于姚希孟府上，饮酒赋诗，体现了群贤的尚同。张溥《元夜饮姚宫端斋，九一、君常、平人、默實、伯祥、羽侯、张甫、文初同集，分赋得"文"字》的长诗中，既有一时的慰藉，更有对未来的担忧。这次聚餐的人员，主持人是姚希孟，在座的人员是徐汧（九一）、马世奇（君常）、陈士奇（平人）、吴太冲（默實）、杨廷麟（伯祥）、谭翼（羽侯）、韩四维（张甫）和姚希孟的儿子姚崇典（文初），是一次南北文士的大聚会。

"忧时漆室崦嵫照，满目冰条感慨群。衣带渐宽惟五日，觥筹以礼在三军。太平莫作凉州饮，有道宁作西域焚"，壮志于此可见。张溥等复社领袖关注辽东，担忧后金政权的进攻。所以，当明军取得胜利，即引吭高歌，张溥写有《辽师大捷奏凯四章》。而这里，张溥与徐汧、马世奇、陈士奇、吴太冲、杨廷麟、谭翼、韩四维、姚崇典等人的春节聚会，分题吟咏，也表明了这些复社精英与前辈贤达之间的气息相同。数人之中，只有姚希孟、陈士奇不是复社成员，其余均是复社成员并取得功名在京师任职，声气之广，观念之同，好尚之一，在京城、朝廷有一定的影响。所以，也会遭到温体仁派系的集体打击。说明慷慨有志、正直清议的官员，内心所关注的是君王、社稷，于个体的进退，并未有太多的介怀。但在诗歌的吟咏中，政治性的话题成为主要的意象。

然而，第一次虎丘大会之后，张溥的咏叹素材发生了明显变化。因为张溥离开了政治，严格说，是被政治抛弃了。好在朋友是不会抛弃张溥的，经常与张溥交游饮酒并赋诗唱酬的是：吴江的吴翻、吴翾 、沈应瑞、孙淳，杭州的严渡，昆山王志庆，苏州许元溥等人。经常聚集的场所，或杭州，或苏州，或吴江，或昆山，或常熟，基本上在方圆千里之内。可以是朋友的园亭书斋，可以是风景名胜，也可以是酒楼茶肆。

登沈圣符芷香阁次与游韵

其 一

山水无穿凿，凭高选胜宜。开窗来白月，灌木及蹲鸱。
还往云如客，清和稻早旗。从兹得花理，何必借君桤。

其 二

一径偕春发，人来阁自然。绿床池上石，花国橘中仙。
飞酒难为午，留侬别有船。秋期先丛桂，切切慎江边。

其 三

狼籍看零露，攀晴烟不收。菱塘西子镜，越国采莲讴。
浅坐斟清暑，乘风访白鸥。更惊林木响，罗袜一登舟。

其 四

自此疑幽尽，支峰别作林。名书宜石丈，小阁赖花阴。
有客鱼争出，无山家更深。主人成约久，春向绿桥寻。

芷香阁可能是沈应瑞家园亭内的一个建筑，也可能书斋。当然，是书斋的话，与我们今天的一般书房只有几平米或十几平米不一样，那是一座单独的小楼。四首诗分别描写了芷香阁的内外环境与构造、四季花草、寻常歌舞、池塘群鱼，充满欢欣的情调。

离开京城的张溥，穷治经史的同时，经常与朋友相聚，游赏登临，怀古伤今，吟叹烟霞，成为一时的主题。但名胜古迹不仅是物质的存在，更是精神的寄托。所以，游览西湖，张溥并没有太多地陶醉于西湖的美景，而对西湖边上的岳飞祠、于谦墓祭奠凭吊，寄托了张溥的另一种期待。

在沈应瑞的宅第里，张溥看到的是天然山水，毫无修饰。但实际上是人工建筑的假山流水，可就是巧夺天工，浑然天成。明月射窗，禽鸟栖息，一幅人与自然融会一体的图画。于是，朋友往来，宾客宴集，主人热情，客人优雅。在春光明媚，莺歌燕舞的时节，有丝竹，有吴歌越吟，有美酒，有佳肴，赏美景，划小舟。水流尽处，以为已经看完园亭胜景。岂知曲径通幽，别有风情，是小峰奇石叠成的石林，数步之间，花草诱人，群鱼畅游。似乎知道客人的来访，鱼儿争着游到面前。这样的景致，主人精心设计构造，客人尽情享受观赏。然而，天下没有不散的宴席，歌者离去客人登船，一次造访，如同神仙。别忘了，还有更重要的事情，就是秋天到来之际的金陵相见，能够蟾宫折桂，才是真正的成功。

《同孟宏、孟朴、君伟、来之登烟雨楼次韵》两首，写出了张溥登上烟雨楼的心情：

其　一

水气连空绿，晴洲高处幽。无山飞鸟静，有佛古藓浮。
平满归群木，苍凉上一舟。云生感慨出，此日荻芦游。

其　二

烟泽浛凭阁，高岩响带淙。澌流趋壑缓，林月照人双。
鱼出春深草，钟声雨后窗。问吴犹地接，门外即三江。

别后时时回忆到，心中经常牵挂到，乃是真正的朋友。嘉兴烟雨楼天下闻名，始建于五代，位于南湖之滨。明代嘉靖间移建于湖中小岛，四面临水，朝暮烟雨，景色朦胧。但诗中景象蕴涵的感情基调，已经不是朋友聚首登临之乐，而是隐约有一种出尘的思虑。两首诗均写烟雨楼所见，而小舟、佛寺等意象的出现，表明张溥在快乐的游瞩中有隐约的伤感。尤其是“鱼出春深草，钟声雨后窗”一联，似乎在感叹人的忧虑太多，应该在钟声中惊醒，从此抛却烦恼。苏舜钦诗《沧浪观鱼》：“瑟瑟清波见戏鳞，浮沉追逐巧相亲。我嗟不及群鱼乐，虚作人间半世人。”[①]在沈应瑞家游赏园林时，张溥也写到群鱼争出的意象，亦有我辈不及群鱼乐的隐约喟叹。这说明，张溥在经历了人生的挫折以后，有时会产生消极的情绪，在压抑中思考，还要在他人面前坚强，惟有在咏叹中，通过一些特殊的意象，寄托隐含的心迹，而不为他人察觉，这就是张溥。所以，诗歌中出现群鱼、钟声甚至黄冠，是张溥内心一角的透露。

---

① 苏舜钦《苏舜钦集》卷 8。

孟夏同孟朴、与游、孟宏访扶九，与游诗成，次韵

其　一

煖夜风开月下波，觞行如水拂春萝。
香深剪句疑无敌，酒重闻声唤奈何。
次第绥山桃有客，珊残兰茧墨成蛾。
今朝输却湖光满，且共黄冠学钓蓑。

其　二

胜友何如十五城，烟中簇树尽闻莺。
连翩好夜文章集，静坐无风山水鸣。
闲说大堤花未半，拟将入道月初生。
尘心不灭胭脂惜，黄竹歌残问紫荆。

诗歌中不仅出现了隐士、道士意象，甚至有出家的想法，这在张溥的诗歌里，虽然少见，也是一种心情的流露，是对时局的失望。因为从崇祯六年到十五年，复社及其领袖时刻处于被压抑控制的状态，几任地方官和学臣均奉旨调查复社的事情。而张溥等人也明明知道是温体仁及其党羽在推动，却又无可奈何。因而，在诗歌中，隐含着忧郁与无奈。惟有朋友之间的深情、宜人的风光、尊前歌舞，可以让张溥暂时压住惊恐与烦恼。

同与游孟宏君伟放舟湖心，扶九携尊小酌，迟维斗次孟宏韵

其　一

雨色群来压树低，归时容与旧桑溪。
朋心十夜清鱼鸟，客傲三篇老阮嵇。
淡冶诸山邀作赋，蒙茸孟夏再分题。
桨人夜为平原宿，杨子沟头水未西。

其　二

高天问夜月盈坡，苍茫风舟载酒多。
水对芦湾春是屋，楼生烟里鹤能歌。
无花一夕将惊露，有字千头去换鹅。
迟足挥杯穷古意，铜人当此更摩娑。

吴江畅游之后，一行人来到嘉兴，曾夜间聚集于湖心小岛上的烟雨楼，畅饮豪谈，纵论古今，向来清高的杨廷枢出现了，且与同行者诗歌唱和。

心底的亮色，可以因为朋友、美景和美酒等闪出，也可以在烟雨山水之间与自然融为一体。这首诗虽然无法推断准确的写作时间，但地点可以肯定不是西湖，是嘉兴的南湖。

在应社成立的初期，参与者多是风雅之人，但未必富有。相对来说，杨彝、朱隗、吴昌时、钱旃、杨廷枢的经济条件好些，其他六人经济状况不理想，但不是很贫穷。尤其是吴昌时，祖上在嘉兴就有财产，而且相当惊人，在南湖之滨，与烟雨楼相对，就是吴家相当有规模的园林勺园。但比较于吴江的吴翻、沈应瑞家族的豪富，还是有相当的差距。不过，他们的聚会，也不能就集中在吴江，嘉兴也是名胜如云的地方，尤其是吴昌时的勺园，更是令人陶醉。

复社筹建之时，杨廷枢并不愿意见吴江文人，因为他们相当于要搞一个独立的小团体，有分裂应社的可能。而且，由于多是富家子弟，未必风雅。所以，杨廷枢有“我社中未尝有此人”的话，两次拒绝与孙淳见面①。但在张溥的调停下，杨廷枢与吴翻、沈应瑞等有了交往，并且唱酬往来。

这次的聚集人数较多，有王志庆、许元溥、吴翻、张溥、杨廷枢。还有一位“君伟”，多次出现在张溥的唱和欢聚诗歌中，但不知姓名何，仅有其字。又：

金阊同孟朴、九一、孟宏、君伟夜饮即席限韵

清雨连舟赖酒裹，轻鸥横水折荷房。
云多楚国留春袖，声唤红牙认玉郎。
别夜半惊皆落叶，新凉闲坐即潇湘。
故人消夏资烟阔，预判群山一树香。

也有君伟其人，且可以在苏州的金阊夜饮，又经常出现在张溥身边，就应该是苏州地区的人，最大的可能是吴江沈氏家族的人。吴江沈家“自”字辈，字多带“君”字，如沈自继字君善，沈自征字君庸，沈自友字君张，沈自籍字君嗣，沈自炳字君晦等。不论其为何人，既然张溥多次与他一起游玩、饮酒、赋诗，就是友人。金阊，苏州古城区西面有城门金门和阊门。两门之间的城外，由于内接城

① 王应奎《柳南随笔》卷3。

中商业中心，外连水陆交通要道，从古到今均是繁华热闹的场所。尤其是水陆交通汇合，上岸登船方便，不少学子由此进入运河，南下求学，北上科考。也有不少朋友，在此登陆、下船。从太仓到苏州，当时的基本交通工具就是船只，张溥往来郡邑之间，或前往吴江、嘉兴、杭州，就是依靠船只，穿梭于运河、护城河、娄江之间。

崇祯五年正月，徐汧因受到崇祯的批评请假，回到苏州，应在二月以后。同年冬天张溥告假回家，何时回到太仓没有准确记录。但六年春为虎丘大会，这没有错，而张溥葬父，按照江南一带习俗，应该是清明前夕或大寒节气。所以，虎丘大会应在清明后，也符合民俗民情。尔后，张溥才有可能在苏州继续逗留。徐汧请假在家，也不可能很长时间，因为还朝以后，徐汧升迁两次，至少六年时间，并担任了二年以上的右庶子，方于崇祯十四年奉使益王府。徐汧出使后便道还家，张溥已经去世。所以，这次欢聚的时间，就是崇祯六年的夏天。

苏州的夏天，在经历了梅雨季节之后，一般比较湿热。从首联的描写来看，已经是夏末初秋，天气依然炎热，但已经开始下雨，有一丝风凉。细雨绵绵，微波荡漾，游船之上，朋友举觞。在苏州金门、阊门之间的船上，张溥与几个朋友欢聚。放眼看去，当然好景难以描绘。张溥抓住了三个景物：鸥、水、荷。鸥鸟体态轻盈，飞舞于水面之上。而坐在船上看水，与岸上的视觉效果不同，有一种人与水面相平的感觉，故称横水。实地考察，今天已经是不见当年荷花盛开、莲藕田田的壮观场景，因为水体严重污染，水边不见了当时的水草、泥巴和荷花荷叶，只有水泥驳岸和鳞次栉比的高楼大厦。除了两个城门依旧原样，城墙几乎不见，仅有一段新修的仿古城墙，没有了旧时的模样。而“折荷房”，正是苏州地区八月中旬开始（夏历七月中旬）的重要活动，将莲蓬头摘下，街头巷尾叫卖，很有趣味。

颔联“云多楚国留春袖，声唤红牙认玉郎”，写的是在船上的表演。文人学士相聚，仅有酒是不够的，还需要歌舞。请到船上来演出，当然价格不菲，一般人家是不可能做到的。但在职官员徐汧，在馆庶吉士张溥，经济状况不错的许元溥等人，完全可以消受得起。表演水平如何？张溥说了，南方的美女俊郎，演唱的情谊荡漾。戏服精美轻盈，上面的花纹云雾缭绕。双袖舞动，春情浓浓，不论真假，至少表演是认真投入的。所以，红牙板轻轻敲打的节奏与艺人娇声呼唤玉郎相印，情节缠绵，身段婀娜，眼顾手指，叫声款款，谁家玉郎，怎不发狂。

张溥将美酒、美意、美景、美色、美声渲染到了极点，似乎诗人已经陶醉其间。在没有任何过渡的情况下，颈联突然出现的是一幅寂静清凉而带有伤感的画面：醉人的歌舞已经离去，热闹的酒宴已经安静，半夜时分天气渐凉，想到的是岸上、周遍的绿树已经枯黄叶落。虽然不是事实，是张溥的想象，是一种悲凉心态的体现，也与实地景象有一定的关系。因为极度喧嚣之后的寂静是很能刺激文人敏感神经的，何况城外点点渔火已经熄灭，城内已是一篇寂静，船上也已经醉的醉，睡的睡，剩下张溥，清醒的头脑，孤独的身影，摇晃的船只，渐凉的天气，感觉不是在繁华的苏州，而是在遥远的潇湘，一种漂泊感、孤独感、失落感油然而生。

其实，这次宴集的主人，又何尝不是满心的孤独呢！张溥从太仓来，孙淳从吴江来，是客，至少徐汧和许元溥是苏州人。但尾联的意思殊难理解，或因为方言的关系，也不排除张溥率性组合语词而成的可能，且格律也不够严谨。大致意思是老朋友夏天避暑喜欢依赖宽阔的水面，有着与众不同的性格。

对张溥记载朋友相聚的几十首诗加以梳理可以发现，欢聚总是在外地，至少不是在张溥的七录斋。太仓仅有的雅集是三五人在张采的俭斋和吴伟业的家里，张溥的家里并没有安排朋友的聚会。一个重要的原因，七录斋并不宽敞，不能安排聚会。而出现在张溥诗歌里的欢聚，基本上是由别人召集，张溥参与，并"次韵"他人之诗。而真正重要的集会，并没有见诸张溥的吟咏。但有一点可以肯定，真心朋友的相聚，对于处在紧张惊恐中的张溥，是莫大的安慰。所以，张溥愿意与朋友相聚，不论在景色宜人的烟雨楼，还是在幽趣盎然的私家园林，或喧嚣的码头。而为了某个节日，或某个眉目的父母祝寿，甚至社友初度，张溥不仅参与，还有奉献诗歌。所以，张溥的许多诗篇，是友道真情的表露。

第三节　张溥的怀古诗

怀古即为伤今，世人皆知。没有伤心的现在，就不会牵挂过去，不论过去是灿烂或悲伤。可是，中国的诗歌史上，大诗人几乎没有不怀古的，《黍离》之后，代代不乏。如果回忆伤心的过去，一般说是现在出现了相似的状况，或者更糟，感叹先人的奉献牺牲付诸东流；如果怀念灿烂的既往，就是对现实严重的不满，发出了今不如昔的感慨。而在中国的大地上，先人留下的遗迹实在是很多。一个土墩、一座建筑、一条街巷、一座坟墓、祠堂甚至一棵树、一株青藤，背后就是一段历史、一个悲剧或一场惊心动魄的战斗，有时甚至是关乎中国历史的走向。杜甫的《蜀相》，从成都武侯祠寂静荒凉的景象说开，将诸葛亮两朝开济的丰功伟绩与现在的人迹罕至形成强烈的对比，暗示了唐王朝对真正人才的鄙视与疏远。陆游的《楚城》“江上荒城猿鸟悲，隔江便是屈原祠。一千五百年间事，只有滩声似旧时”，没有明说楚城为何成为荒城，成为废墟，能够做注解的人就在隔江的江边上。因为怀疑了屈原，流放了屈原而信任了靳尚，楚国的结局可想而知。同样，张溥缅怀先贤，咏怀古迹，检点历史，也是发内心之幽情，叙写对历史悲剧重演的担忧。

一、凭吊先贤

张溥的诗歌中有多位先贤的身影，倾注了张溥的崇敬与缅怀之情。但《吊岳武穆祠》《吊于忠肃公祠》中，凭吊缅怀之后，张溥别有深沉的思虑。张溥有几次到了杭州，又有几次凭吊先贤遗迹，历史的记载比较模糊。但至少有三四次到杭州的明确记录：崇祯元年(1628)十一月前后，张溥送张采，到了杭州，但估计时间紧，不会逗留；崇祯二年四五月间，又到杭州，是在吴江筹备复社基本成型之后游玩杭州，心境较好而时间宽裕，游赏的可能性很大；崇祯六年与张采一起到杭州，是为了见黎元宽，要求整治乌程诸生演《绿牡丹》的事，看来时间较长，等事情办完才离开。而且张采同往，诗人同游当同有诗，但张采没有凭吊诗，说明张溥的《吊岳武穆祠》《吊于忠肃公祠》当不是写于崇祯六年的杭州之行。还有一次，没有具体时间记载，但可以推测。一是张溥的同年许豸担任浙江佥使兼摄督学，是接替被温体仁集团报复而落职的黎元宽，时在崇祯七年十二月。“元宽遂革职，时甲戌十二月也。元宽被处，半由社局起见”[1]，次年春许豸接任。黎元宽是张采同年进士，因为得罪了温体仁而被革职，张采应该心下难受，张溥前往杭州安慰的可能性很大。二是吴伟业崇祯八年回京履职，是年年初当有时间陪张溥到杭州。时浙江佥使许豸以同年身份接待张溥，并游赏西湖，在《春及堂遗稿》中有《与张天如、吴骏公、杨维斗泛舟西湖》，是在初春时节[2]，证明同行的有吴伟业、杨廷枢，均是闻名天下之人。所以，最有可能的就是崇祯八年春。而两首诗中表达的情怀，显然悲慨而怨艾，而且这两首诗写于同时、同地，涉及同样的历史背景和皇权纷争，真是不动声色给皇家揭丑，为国事担忧。

---

① 陆世仪《复社纪略》卷2。

② 蒋逸雪《张溥年谱》“崇祯元年”条引。

吊岳武穆祠

万古悲凉君未终，至今野老哭江东。
寻常将相谁为死，草率华夷不再雄。
铁铸狐狸羞石马，坟如明月向西风。
将携热酒浇磷白，松柏声来欲射熊。

吊于忠肃公祠

栝柏风严对月明，至今两袖识书生。
青山魂魄分夷夏，白日须眉见太平。
一死钱塘潮尚怒，孤坟鄂渚水同清。
莫言软美人如土，夜夜天河望帝京。

岳飞、于谦，都是民族英雄，都是抗击北方的入侵，都是被自己的皇上冤杀。而当年岳飞、于谦遇到的社稷危机以及为挽救危亡付出极大努力之后所受到的处置，是惊人的相似。夷夏之区别，经史学家极为重视，我们不能用今天的观念要求古人。1127年的“靖康之乱”发生，是民族矛盾冲突的因素，更多的是女真政权的扩张野心起作用，岳飞的故事发生了。也先南下，明英宗听信宦官王振导致土木堡之变。对于张溥及其同时代的人而言，一件发生在古代，一件发生在现代，与眼前的建州发难，历史是惊人地一致起来了。张溥面对忠魂，希望历史的悲剧不要再次发生，大明王朝不要出现岳飞的悲剧，也不要发生于谦的悲剧。但是，在张溥出任庶吉士之前，已经开始了历史悲剧的重演。是什么？还是先从岳飞说起。

岳飞的故事家喻户晓，不必多说。杭州岳王坟有一副门联：“青山有幸埋忠骨，白铁无辜铸佞臣”，说的就是忠臣岳飞安葬于此，跪在岳飞墓前的有四尊铁像，分别是秦桧、王氏、张浚、万俟卨，因为他们害死岳飞有罪。但在人们谴责批判秦桧的同时，有没有想过，仅仅秦桧能够置岳飞于死地吗？没有赵构的同意或暗示，秦桧不敢也做不到。人人熟悉的故事，岳飞要直捣黄龙府，打败女真政权，迎接赵佶与赵桓归来。赵佶归来好办，继续当他的太上皇，而赵桓归来怎么安置？他才是合法的皇帝。所以，赵构必须限制岳飞的行动。而赵家的故事，本来就复杂。当年宋太祖打下江山，千方百计证明自己是真命天子，让手下人编写了不少传说。但是，死后即位的不是他的儿子，是弟弟。就是说，赵匡胤的正统血脉没有传下去，是宋太宗赵光义的血脉传到了徽宗、钦宗、高宗。当赵构当上皇帝，虽然是宋徽宗的血脉，但毕竟只是第九子，根本没有即位的机会。是自己宣布当皇帝，群臣也就接受，反正是你们赵家的事，别人不必多管。然而，有一个军事巨人政治侏儒岳飞，偏要打到黄龙府迎回“二圣”，这就叫赵构不好办了。这是岳飞第一个犯忌。

或许有人认为，赵构主要是不敢冒险，怕打不过，金兵南下，自己连半壁江山也保不住。其实，当时岳飞、韩世忠、张浚、刘光世每个人手里是一个方面军，总量远远超过金兵，何况还有南方大量宋军没有动用，可以作为机动力量。但赵构想的是前线四大将能够稳住防线就可以，别让金兵再南下将自己赶下海，他对宋军的作战能力有自己的判断。可岳飞不理解君王的部署，一路狂追，已经打到了朱仙镇，形成了孤军深入之势，须及时召回。这也是一个犯忌的动作，违背了君王的旨意。更重要的是，岳飞回到朝廷，担任枢密副使，履行自己的职责就行了，但岳飞居然建议皇帝赶快指定皇位继承人，“密奏先正国本，以安人心，然后不常厥居，以示无忘复仇之意”①。表面上皇帝褒奖他的忠心，实际上皇帝十分伤心。因为赵构经历了人质生涯、内部军事政变、唯一的儿子死去、长时间兵荒马乱、曾经航海避敌，已经没有也不能再生儿子来接班，岳飞正捅到了赵构最痛的地方。所以，最后岳飞被以“莫须有”的罪名冤杀，年仅三十九岁。因而，不能将岳飞的悲剧责任全部给秦桧，其他人也有一定的责任，但主谋是赵构。

历史的奇怪之处就在于它会循环，会出现惊人的相似故事。赵光义接收了赵匡胤的政权，朱棣抢了侄子的江山，也就是抢了哥哥的江山。形式上有所不同，赵家不动声色，仅仅一个晚上，就实现了政权的过渡。而朱家打了四年，闹得血雨腥风死人无数。同样是面临外敌入侵，宋朝出了个赵构，是皇帝哥哥被俘之后即位，明朝出了个朱祁钰，也是不得已，在朱祁镇皇帝哥哥被俘之后当了皇帝。完全一样的是宋朝杀了岳飞，明朝杀了于谦。不同的是岳飞要“二圣”回来而要不到，赵佶 1135 年死于五国城，赵桓 1156 年死于五国城，而朱祁镇回到了京师，并且让已经当上皇帝六年多的弟弟“生病去世”，自己重新当皇帝。

于谦就是在朱祁镇重新当上皇帝之后，被按上荒唐的罪名杀害的。岳飞对于大宋是赤胆忠心，于谦对于大明也日月可鉴。“千锤万击出深山，烈火焚烧若

---

① 《宋史》卷 365《岳飞传》。

等闲。粉骨碎身全不怕，要留清白在人间”。最后，两位民族英雄又都在西湖边落葬，也不知道是明朝的大臣精心安排或是巧合。

张溥凭吊先烈，感慨难以言表。简单说，于谦和岳飞有同样的忠心，有同样的本领，也有同样的功劳，最后是同样的悲剧，给历史留下的是同样的反思。但张溥在追忆先烈忠义的同时，关注的是华夷关系，警告的是奸佞小人，诅咒秦桧、王氏的同类。当世之人尚不可欺瞒，后世会更加明白历史的真相。张溥等于告诉统治者，冤杀忠臣，天地同怒。天变示警不在意，倒行逆施必变天。

二、检点历史

其实，张溥在《吊岳武穆祠》和《吊于忠肃公祠》中已经在审视历史了，张溥做学问，很大一部分就是总结历史的经验教训。据宣统《太仓州志·艺文志》记载，张溥的历史研究，虽然没有形成自己的专著，但检索工作和评点整理，已经做了很多，形成了《宋史纪事本末》一百零九卷、《元史纪事本末》二十七卷、《通鉴纪事本末》、《南北史同异》、《历代史论》一编四卷、《历代史论》二编十卷、《论略》、《读史管见》、《皇明经济书》[①]。其中《历代史论》二编“总论史事，起三家分晋，至周世宗征淮南，议论凡近，而笔力尤弱，殊为不称其名。题曰‘二编’，盖尚有前编，今未之见”[②]。四库馆臣要求甚高，而未见的一编，实际上这仅仅是张溥的读史笔记，尚未形成系统的论述。在大量时间忙于社会活动的同时，张溥读书这么多，著述如此惊人，已经足以让人难以望其项背了。而对于历史成败兴亡的检讨，是总结历史经验教训的起点。张溥论述史变的工作尚未正式开始，就遗憾离世，不能不说是巨大的损失。而在诗歌中，一般就只能一时一事发表看法，如“竹下谈经分四座，月中修树得三株。鲁连急难先贫贱，韩愈怜才是大儒”[③]，借传说和历史，对一位尊长功名蹉跎深表痛心。竹林七贤旷达不求功名，吴刚忙碌不能蟾宫折桂，鲁仲连义不帝秦而贫贱终身。韩愈不一样，喜欢贾岛那样的比画，于是创造了一个“推敲”。可是，尽管有韩愈的关照，贾岛终于还是贫士。

---

① 宣统《太仓州志·艺文志》。

② 《四库全书总目》卷90。

③ 张溥《七录斋诗文合集·诗集》卷3《咏陈怀我公祖作人盛事》。

拟闺中读《汉书》

其　一

倚夜清舟作客评，摊书闲数汉人名。
一时司马无颜色，当日班姬是弟兄。
看浴未归金散尽，尚衣初进律先成。
不疑辇上辞秋草，薄命千年骨更轻。

其　二

情深不夜水能听，二百余年再上亭。
妲己屏风羞坐客，长门香草惜飞萤。
两心沟水头疑白，一曲虞兮冢尽青。
别却昔人春自在，读诗谁采隰中苓。

张溥经常作客在外，诗酒之外，还有指导后生读书的事情，或朋友一起切磋制艺、品评历史。上面的这两首诗，使用冷僻故事杂糅而成，表述随意，使人难以捉摸。诗歌的题目中“拟”即模仿，模仿闺阁中人读《汉书》，针对《汉书》中的故事发表意见。第一首，首联写作客之际，将《汉书》摊开阅读检索，似乎无聊，在清点那些汉人的名字。但诗中涉及的，全是女性事件，契合题目。颔联说看《汉书》的时候，感觉司马迁都失色了，因为《汉书》不仅是第一部纪传体断代史，其中还有一个重要作者是女性，这就是班昭。其实这并不是张溥贬低司马迁，只是为了衬托一位女性：班昭。班固并没有最后完成《汉书》的写作，留下《百官公卿表》《天文志》未完成就去世了。于是，班昭继承了这项工作。班昭（约 49 年—120 年），又名姬，字惠姬，扶风（今陕西宝鸡市）人。其父亲班彪和兄班固都是著名学者，另一兄班超从戎，为东汉王朝西部疆域的稳固建立了很大的功勋。班彪立志成就汉代史书，以续司马迁的《史记》，但未完成。班昭之兄班固继承父志，以二十余年心血写《汉书》，也没有最后完成。班昭博学多才，奉诏入宫续写。经过数年努力，补足《百官公卿表》《天文志》，终于完成《汉书》。

颈联和尾联，从字面上看，不知所云。张溥按照自己的理解，将历史故事糅合编写，难以明白就里。原来，颈联写的是卫子夫的故事。这里面，有《汉书》上的内容，有《史记》中的记载，还有托名班固的《汉武故事》。汉武帝从外面视察回来，顺道到了平阳公主家，因为陈皇后给废了，李夫人死了，后面那位钩弋夫人还没有出现，心情大坏。所以，在平阳公主家里，还是比较郁闷。为了让皇帝弟弟开心，平阳公主准备了很多美女，可就是没有一个可以让汉武帝看中的。“既饮，讴者进，上望见，独说子夫。是日，武帝起更衣，子夫待尚衣轩中，得幸。上还坐，欢甚，赐平阳主千金。主因奏子夫奉送入宫”[①]。《汉书》中的记载，与《史记》几乎一样。尾联也是这样，写班彪姑妈的故事。“孝成班婕妤，帝初即位选入后宫。始为少使，蛾(俄)而大幸，为婕妤，居增成舍，再就馆，有男，数月失之。成帝游于后庭，尝欲与婕妤同辇载，婕妤辞曰：‘观古图画，贤圣之君皆有名臣在侧，三代末主乃有嬖女，今欲同辇，得无近似之乎？’上善其言而止。太后闻之，喜曰：‘古有樊姬，今有班婕妤。’婕妤诵《诗》及《窈窕》《德象》《女师》之篇。每进见上疏，依则古礼”[②]。意思是与皇帝同车的不能是女人，只能是名臣。张溥所赞美的，不是男尊女卑，而是班婕妤的美德。君王有这样的后妃，国家才可能兴旺。联系万历、泰昌故事，所指颇为明了。

过严先生钓台

其 一

依然西汉水，肃手拜先民。一饭皆天子，山头属故人。
浙江今日有，文叔布衣新。非我批裘傲，丝竿不肯臣。

其 二

岂乏兴王志，山川事较真。敢将严子意，还问郭夫人。
远近长安日，清狂富水滨。惊心悼往者，高祖薄功臣。

张溥并非简单地咏叹历史故事，现实中有明确的针对性。从万历到天启，由于郑贵妃、李选侍、客氏的祸乱，明王朝已经元气耗尽了，切不可再出现妲己、陈皇后、虞姬一类的人物。换个角度看，她们也是历史的悲剧人物，与盛世的环境并不符合。而作者更希望的是，崇祯皇帝能够像汉光武帝那样，让明王朝强大起来。《过严先生钓台》是张溥游赏富春江时的咏叹，针对历史人物的遗迹而抒发个人的感慨，实际上正是点到了明王朝皇帝的一个重要失误：失去臣心。当然，张溥没有直接说明朝的事情，只是将汉代的故事咏叹一番而已。

东汉建立以后，曾经帮助过汉光武帝刘秀的严子陵没有到朝廷做官，依然

---

① 司马迁《史记》卷49《外戚世家》。

② 班固《汉书》卷67《外戚传》下。

在富春江畔钓鱼。而刘秀确实没有忘记这位恩人，将他请到皇宫中，盛情款待，同床而眠，一如钓台当日情形。只是严子陵实在不愿意留下来做官，只好放他自由了。刘秀对于其他的功臣呢，是厚禄供养，隆宠荣耀，而不是继续让他们"劳累"。但汉高祖建立西汉政权时，就不是这样了。"惊心悼往者，高祖薄功臣"，说的就是当年的功臣并没有得到刘邦的礼遇厚待，他只是把王的封号给了刘姓子侄。更糟糕的是，如韩信、彭越等功臣，最终的下场怎一个"惨"字了得。把张溥的思绪往前引二百七十年，明太祖朱元璋又是怎样对待他的功臣的呢？是借助一点小事，大肆杀戮。即便没有死于刀下，也在惊恐中自杀或郁郁而终，如徐达等。

再如《同朱白石纵论古今》："落叶如堆水满畦，破文狼藉饲苍鼷。人情大半三年改，古道难言五色迷。论尽兴亡惭许负，看残楚汉哭虞兮。纵横却蠹书生事，简点清心扫蒺藜。"说白了，兴亡只是君王的家事，书生还是回归书斋，享受清苦而平淡日子。而参与到风云际会之中，并非人人适合。《读宫闱诗选次韵》："长昼春丝绕镜昏，凤名呼彻惜香存。帖书字学夫人体，殿阁蝉歌武帝恩。卷上粉痕怜指甲，壶中红玉送花魂。白头宫女开元事，再把芙蓉今日论。"诗歌中的汉武帝、唐玄宗，都是历史上的名君，创造了一个时期的辉煌，但也有同样的愚蠢举动：好色与求仙。而明代后期，从君王到大臣，又何尝不是这样！

三、咏怀古迹

江浙一带的历史遗迹，虽然没有中原、西北那样星罗棋布。但零星的存在，也引起了诗人们的不少咏叹。如杭州的西湖边上，至今尚保留了一个似有似无的古迹苏小小墓。苏小小，相传是南朝时候的名妓，钱塘人，才华横溢而不幸早卒，后代文人咏叹甚多。传说她自己唱了一首歌，寄托了她对爱情的向往。

苏小小歌

我乘油壁车，郎骑青骢马。何处结同心，西陵松柏下。①

因为这样的一份情谊，感动了不少文人，李贺、温庭筠、张祜等均有同题作品。张溥的这首诗，则是一种反观。

① 郭茂倩《乐府诗集》卷85。

吊苏小小墓

不见人来绿尽封，碧泥红草即君容。
苍黄天际疑舟绝，寥落梅花伴夜慵。
绣领虫丝同一穴，愁歌金缕只三峰。
玉檀匣里飞清雪，洛浦何年更种松。

曾经倾动全城的美女，而今一抔黄土。如果不是有人来清理凭吊，恐怕就是荒草连片，踪迹全无了，只能将这里的红草碧泥当作曾经的芳容而观赏。不论是衰老抑或死去，万物同理，总有兴盛的时候，也有消亡的结局，不会永远门前车水马龙。当年的华装与骄人的容貌已经在黄土之中，只留下对真情的优美赞歌飘荡于群山之间，何时才会有人专门为结同心种下松树！像苏小小这样的女子，缘何得到文人的关注？伤感的文人和失败的英雄，所需要的正是红巾翠袖的安慰，因为她们知道真正的痛在哪里。因此，不少名流，结交这些才女，实际上是获得了红粉知己。而张溥也期待着，有没有一位真正理解张溥、理解实学的红颜知己来给予抚慰，让一颗惊恐的心得到安定。

在《齐武柏俱草堂》的标题下，张溥注有"齐武，岳武穆集兵地"[①]，虽然没有直接写到岳飞屯兵练兵的往事，但在描写园林景观的同时，还是隐约怀想岳飞的忠义与英勇。"名花方一亩，凿地即青峦。泉得自然理，鱼多次第安。送春惟芍药，新雨梦邯郸。试问川原古，英雄惜水寒"。眼下大明朝内外交困，即便有岳飞这样的英雄，又会怎样！或许是又一个风波亭悲剧。而就在崇祯即位的二年时间，就发生了这样的悲剧：冤杀边关名将袁崇焕。所以，这类咏怀古迹的作品中，已经蕴涵了张溥对明王朝命运的担忧，甚至是预料。

下面这首《张公墩同望》，是张溥与诸位朋友游玩杭州时的作品。

张公墩同望

是处空蒙不送春，湖中平涉得清新。
万村风静舟尝系，一磬声传鱼未嗔。
烟趁荻生迎返照，人披蓑去煮江苹。
再寻高迥群天近，今日溪源岂姓秦。

---

① 张溥《七录斋诗文合集·诗集》卷2。

张公墩原是西湖边上的一个小村庄，已不存。诗歌中的风烟景观，没有艳丽的花朵，也没有繁华的车马，是无语的群山，空蒙的氛围，宁静的村落。落日余晖之下，是袅袅的炊烟、从容的渔人、靠港的渔船和叫卖的敲打声。即便远眺，看到接天的高山，可是还有哪里的山川沟壑是姓秦呢？历史的车轮永远向前，秦汉唐宋代转星移。隐约之间，张溥似乎在担忧，大明的江山，将有更换主人的大麻烦。

而《登放鹤亭》一诗，则隐约透露出张溥的"归去"意绪。放鹤亭是西湖边上的著名景点，为纪念林逋而建。北宋初年，林逋隐居于杭州西湖边上，种梅养鹤，足迹不入城市，一首《山园小梅》声名甚高，其中"疏影横斜水清浅，暗香浮动月黄昏"一联，为后代诗人所敬佩。

登放鹤亭

指点香桐烟外封，一枝清静得秋容。
乘归飞羽看红尽，步落微风倚碧慵。
古寺花生流水曲，孤山云隔美人峰。
深妍欲领亭亭意，处士门前好听松。

诗歌中透露出来的，是张溥心力交瘁的情态和向往宁静的心理。这放鹤亭边西湖烟波、孤山寺旁松涛声声，似乎在向张溥呼唤：归来吧，那颗飘忽的心，与当年的林逋一样可以名垂千古。遥想当年林处士，领略湖边好风景，张溥得到的是宁静的心境与出尘的思绪。

但是，张溥是现实中人，是关注明王朝命运的读书人，具有与生俱来的使命意识，总是在对历史的检点与古迹名胜的鉴赏中寻找历史的规律，以探究成败得失，总结经验教训，为将来的调和鼎鼐储备知识技能。所以，听松之后，依然融入滚滚洪流之中，成为时代的忧虑者。

而当修养学识无所用处，才华能力不能施展，一腔忠心反被猜忌之时，张溥的幽怨情绪，也在诗歌中有所体现。

四、抒发幽情

张溥很少写乐府体诗，但偶尔为之，却抒发了内心的一种幽怨、委屈，让我们看到张溥柔弱的一面。同时，也直接反映了张溥诗歌创作的风格取向。或许张溥认为，这种体式更便于挥洒。

孟门行

双丝系玉环，宛转生光辉。
本以结同心，何知反弃掷。
君家美酒琥珀光，红颜少年空满堂，酒酣义气不可当。
君家玉堂盛孟门，孟门深谷无朝昏。
中有美人啸且歌，仁义结客客自多，相与醉君金叵罗。
黄雀衔杯报旧主，畏君弹射远飞去，夜深孤栖城北树。

从句式、布局、立意、语词等多个方面，与唐代诗人崔灏的《孟门行》很相似，也说明张溥诗歌创作明显接受了“七子”的拟古主张，并完整地模仿。看崔灏的《孟门行》：

黄雀衔黄花，翩翩傍檐隙。
本拟报君恩，如何反弹射。
金罍美酒满座春，平原爱才多众宾。
满堂尽是忠义士，何意得有谗谀人。
谀言反复那可道，能令君心不自保。
北园新栽桃李枝，根株未固何转移。
成阴结实君自取，若问傍人那得知。

不过，崔灏没有明确借用男女恋情表明与“君”的关系，用平原君的故事，说明是一种知遇故事。但是，报答知遇之恩的时候，却遭到了弹射，是有人挑拨离间，导致了“君”的误解，几乎被射杀，于是“黄雀”只能离开。

张溥则明确用男女恋情象征与“君”的关系，是一种已经有了相当成熟的约定关系之后，被无情地抛弃了。这里面，有美人的作用，也有客人的离间，更有主人的昏庸。于是，“黄雀”只能选择离开，害怕遭到伤害。但她没有远离，更没有琵琶别抱，而是夜深时分，孤苦伶仃，栖息在城北树上，依然深情地关注着

“他”的安危成败，“‘夜深孤栖’，余情不断。忠爱之心，故应如此”①，可又有多少忠爱之心，经得起一再的无情摧残呢？俗话说，“国破思良将，家败思贤妻”，不知这位主人能否知晓。

《惜行》《惜舟》各三首，在张溥的诗集里是仅有的艳歌作品，有《诗经》中爱情赞歌的大胆直白，有汉乐府中追求爱情的缠绵滋味，也有南朝民歌艳情作品的回环吞吐之致。

惜　行

其　一

门前即大路，之子应未知。行役薇或止，秋期日已亏。
君难挟弓矢，妾仅食粥糜。但愿巾车疾，三朝新结缡。

其　二

花开莺去日，石烂水清时。不惮山川阻，空劳风雨随。
车中呼小字，桑下问柔荑。一别无杨柳，临流应赋诗。

其　三

丝谷新故代，将毋忘扊扅。河深日出杲，秋至虫苦饥。
予季恤络纬，诗人刺茅鸱。相思及壮盛，莫负称男儿。

惜　舟

其　一

水动何苍莽，而今信不通。宵征畏蟋蟀，露火出蒙戎。
微叹长夜下，闲心落日中。流波无夜息，随梦入江东。

其　二

水终不可绝，三年种一桤。曰归念劳者，其雨悲新知。
霍霍西流尽，心心膏火疲。薄言若逢怒，敢告日月私。

其　三

日山君勿顾，妾心如长河。东山非所慕，蓬首不能歌。
水至千里曲，人难一日过。盟津系舟楫，絺绤犹绮罗。

这六首诗都是以女性的口吻写出，而作者又代双方抒情，于身份的变换中

① 沈德潜《明诗别裁集》卷10。

反而增强了作品的真实亲切感。而在内容表现上，既有《诗经》时代征役与爱情的交织，又有南朝密期相会的惊恐与甜蜜。如此看，张溥也是写情高手，艺术上融《诗经》、汉乐府、六朝情歌于一炉，吞吐回环，亦真亦幻。但张溥是否有类似的行为或心灵震颤，很难找到直接的证据。或许，仅有瞬间的审美享受。蒋逸雪引叶绍袁《年谱别记》记载的一件事，未必真实，却也不是空穴来风。蒋先生说“溥不矜细行，不必为讳”是有一定的道理[①]。在《桃花扇》中，我们也可以找到一个佐证，说明张溥在秦淮河畔，也不免俗。“闻得李贞丽原是张天如、夏彝仲辈品题之妓，自然是放肆的”[②]。可见，赏鉴品题秦淮歌妓的群体中有张溥。看看《惜行》三首，正是张溥的自我表白。

所谓“惜行”，就是不愿意行而又不得不行的意思。这就麻烦了，既然不愿意走，那就留下来呗！不行，因为他们不能在一起，必须离开。这里面，行的原因不同，伤心的程度也有所差异。

第一首，是写征戍行役之苦。一对青年男女，已经在某个场合见面，经过一段时间的交往，彼此心里有了对方。于是，他们期待着那个甜蜜的时光。热恋中的男女，讨论到婚嫁，心中的甜蜜会一直写在脸上，一旦出现变故，也会留下难以磨灭的伤痕。这对情侣，正在接受残酷的考验。因为，就在他们甜蜜相爱的当口，男人离开了。是君王的征召，是抗战的需要，是戍边的义务，还是不可逃脱的劳役？从张溥的描写中我们知道，是戍边与抗敌的需要。

但是，女子没有直接说她如何思念远方的情人，而是告诉他，“门前即大路”，担心“之子应未知”，这一点你应该还不知道吧！怎么会这样呢？是男子一直不知道，没有到过，还是女方搬家了。如果说先秦时期，不可想象。那时的礼节，并没有限制男女双方的认识、恋爱和交往走动，甚至亲密，如《氓》中之顿丘，如《野有死麕》之“有女如玉”。而在明代，这样做又是不可接受的。所以，门前就是交通要道，男方未必清楚。而不少类似的故事发生，已经不是荒野的乡村，而是在城市，道路难识也是常有。随后，张溥故意让读者遥想《诗经》中的场景，是“行役薇或止”，用《采薇》暗示男子的戍边。其实，出去打仗并不是既定，有一种临时征调的意思。不然，他们会将婚期重新安排。但是，事情仓促，他们来不及调整了。距离约定的结婚日期越来越近：“秋期日已亏。”这也是张溥故意的一笔，古代婚姻，往往安排在秋收以后，一是时间充裕，秋收秋种以后是农闲时

---

① 蒋逸雪《张溥年谱》第 48 页。

② 孔尚任《桃花扇》第二十四出《骂筵》。

节；二是有一定的物质条件，新收的粮食充足，池塘的鱼虾鲜美，圈内的猪羊肥壮，地里的蔬菜丰收，树上的果实累累；三是气候宜人，不冷不热，利于操办婚礼。所以，一般是“秋以为期”。可现在的时间越来越紧，转眼就要秋天过去了，他怎么还不回来？

带着焦急的心情，女子在苦苦等待，并展开联想：“他在前方，想到我们结婚的日子，也应该着急紧张，连弓箭也难以掌控吧。”并不是男人想到结婚就拿不住弓箭，是已经不能专心于弓箭了。不过，这是女子的幻想，是源于生活的真实。因为女子已经饮食消退，只能吃得下稀粥了，是从“我”的情感、心态，想象一下对方，也应该是没有心情坚守岗位吧。但愿他尽快驾着有帷幔的车，快速回来，来到我的身边，三天，或说就几天，总之是尽快，我们就完成婚礼，“但愿巾车疾，三朝新结缡”。

第一首已经够复杂了，第二首更加难以解释，因为张溥用《诗经》、乐府和六朝诗歌中的多种手法回环吞吐描写一曲爱情的悲歌。

诗人首先写了两句莫名其妙的话，让人难以琢磨。“花开莺去日，石烂水清时”中的“花开”，本来是清新开朗的气象。可是，这花开在“莺去”的日子，就是说应该在春光明媚鲜花盛开的日子有莺歌燕舞，可是，莺已经去了，离开了自己。于是，已经奠定了令人伤心的悲剧基调。可这悲剧是什么？是“莺去”，是一场轰轰烈烈的恋爱以分手作结。而且，是令男主人公无法理解的分手。当初，确实有爱的誓言，有海枯石烂的诅咒发誓。“上邪，我欲与君相知，长命无绝衰。山无陵，江水为竭，冬雷震震夏雨雪，天地合，乃敢与君绝”[①]。豪壮而有坚定的誓言，在今天已经无力挽救两人的感情，因为真的发生了不可能发生的事情，真的出现了“石烂水清”现象。当然，这只是男子的怨恨之语，并非实景。因为在花开的时节，她真的离开我了，我把当初的誓言还给她，告诉她“石烂水清”的事情发生了，让她回忆一下自己的誓言。

接着，诗人补叙了他们的爱情发生过程，“不惮山川阻，空劳风雨随”，是一个艰难的过程。不知何时、何地、何种场合，他们相遇了，产生了感情。为了能够见面，克服了多少困难，难以言表。男子有足够的决心，不怕崇山峻岭，不惧风雨交加。山水之阻，可以跨越；风雨之逆，也能抵抗。最要紧的最为难懂得是心灵的障碍，难以克服。是什么？是人为表现的礼的阻隔。说到这里先按下，

---

① 郭茂倩《乐府诗集》卷16。

我们来说一说张溥本人。

秦淮河畔，有多少文人在这里销魂，难以统计。就张溥的朋友辈中，就有不少风流才子，与秦淮脂粉留下一串串动人的故事：冒襄与董白、龚鼎孳与顾媚、陈贞慧与李贞丽、侯方域与李香君、孙临与葛嫩、姜垓与李十娘等等，何况前辈钱谦益与柳如是，榜样在此。而张溥为复社领袖，天下名士，亦曾在秦淮河畔驻足。于是，是否曾经发生过令张溥难以释怀的爱情，不能确定。根据这首诗所呈现的事件，张溥应该曾经与某位相恋，并且克服了很大的困难曾经密会。但是，这位女子"莺去"，不可能发生的事情发生了。

再来看诗歌的中间四句，是说跨越重重险阻，终于他们见面了。可到了指定的地方，见到有个他在等候，但不敢确认。于是"车中呼小字"，以验证。难道不熟悉？可能性不大；或许他乔装打扮，不能让别人看见，这完全可能。而呼以小字，也侧面证明这次密会存在一定的风险，不能公开。于是，他们到了一个人迹罕至的地方互吐衷肠。"桑下问柔荑"，是两情依依、浓烈缠绵的场景。"桑下"是男女幽会的秘密场所，一般是野外，在小说中是野合的代称。"柔荑"是初生的细嫩茅草，《诗经·邶风·静女》"自牧归荑，洵美且异"。其实这不是简单的几根茅草，是整整十根。《诗经·卫风·硕人》"手如柔荑，肤若凝脂"，以柔荑比女子的手，已经有了先例。"桑下""车中"，说明他们的甜蜜爱情，只到这个份上，健康、香艳、缠绵而动人，而风流中透露出隐隐的无奈与伤感。而"问"字，实在是张溥在这里炼出来的最恰当的字。

如此令人羡慕的爱情故事，却刹那间结束了。"一别无杨柳，临流应赋诗"，分别的时候，折柳相送，以示挽留之意。悲剧的是，居然连表达这份心意的杨柳都没有，这样的环境，无疑是将伤痛的心再伤害一次。或者，是说彼此都没有得到对方的柳枝。如果真是这样，就是一次诀别的约会。香车径直去了，男子回神沉思，只有"归去"可以选择，把缠绵的爱情，深深地埋进心田。

所以说，这首诗写的是一次密会，是诀别的约会，也就是爱情的终结。说白了，就是男子遭到了抛弃。第一首是期待，第二首是男人的伤心，第三首则是写女人的伤心，因为她不幸成了弃妇。可贵的是，她没有怨恨，只有牵挂。已经离开的她依然关照男方，不要忘记关门，注意季节变化，呵护最小的儿子，要敢于怀疑尊者的意见，抓紧年富力强的时机，不要辜负了男子汉的称呼。

《惜舟》三首，其一写女子对他的担忧思念，直到夜分，希望能够像梦中一样到江东，就是他所在的地方。其二写男子外出多年归来，面对她的责问猜忌，说出自己的心声，介绍自己的经历，此心日月见证。第三首女子对男子说话，只要夫妇互相敬重，哪怕穿着粗布葛麻做的衣服，也会有穿罗绮的幸福感。

第四节　张溥的写景状物诗

在与朋友游玩的时候，张溥是很认真地欣赏眼前的景物，从高山流水到游蜂戏蝶，但在张溥的诗歌中很少出现具体的意象。诗人描写的眼前景物，多经过了艺术加工，呈现出来的是整体而又朦胧的意象，这是张溥写景状物诗的最大特色。

一、湖山风光收眼底

张溥至少三次到杭州，至少一次畅游西湖。于是，西湖及周遍的山峦，在张溥的诗歌中有艺术的体现。仅在西湖，至少有《放生池》《吊岳武穆祠》《吊于忠肃公祠》《吊苏小小墓》《登放鹤亭》《西湖夜对》《断桥月渡》等作品。其中有先贤的忠义精神颂扬，有西湖周边山峦的倩影欣赏，有历史陈迹的咏叹。而西湖夜色，在张溥的笔下，迷离而动人。

和泛月

水木连延入镜华，一天浮碧美人家。
高歌团露千山晓，轻折芙蓉半臂花。
分去玉光留汉女，携来斗酒出秋葭。
平波如许人间放，帆影收归点点霞。

波光粼粼之下，是诗人的小船。小船中收获的，是月光。这西湖水面，如同一面镜子，山峦倒影，荷花临照，帆影点点，尽在这湖面上，尽收在视野里，刻印在脑海中。这是西湖安静的时候，透露出无限的妩媚。如果有可能，大雪的夜晚飘荡在西湖上，乃是人生一大境界。与张溥同时的张岱夜上湖心亭，就是一种美妙的享受。只是有人先到了，使他感到惊讶而已。可当西湖波涛汹涌的时候，人们也只能尊重她的意愿。

夜登湖心亭，大风，返舟

四月萧寥秋夜同，高悬风壑信难通。
迷舟追雨藏山角，静烛闻声在水中。
暮气万千惟一绿，波光离合尚余红。
连宵杨柳搂头卧，片片青归任落鸿。

本来想到湖心亭，但风急浪高，只能作罢。在风雨交加的四月，西湖边上却如同萧飒的秋天。夜晚，更是没有了往日的喧嚣。于是，诗人只能躲藏在楼上，赏西湖的波涛，听西湖的歌唱，隐隐约约间，似乎看到了绿水长空间飞翔的大雁，以及远方的灯光。在波光离合之际，诗人的目光，深情地投向了湖心亭，诗人一直向往的地方。

杭州的美景惟西湖独尊，但西湖没有山，则成死水；群山无湖，则乏灵动。正山水相映，生发出无限的风骚，方有文豪品题赞美，赋予人文的精神。所以，张溥游杭州，不能笔下只有西湖。

过凤凰岭

斗绝山形碧望同，春归应未渡高嵩。
飞云虽断峰还拱，鸣鸟时闻天亦通。
翠入四围资窈窕，下临一殿助虚空。
苍深满目无人识，流水锵锵在此中。

凤凰岭也叫风篁岭，在西湖南侧，属于东南丘陵的余脉，山势陡峭，是周边比较挺拔壮伟的山峦。从《夜登湖心亭，大风，返舟》可以知道，张溥登上凤凰岭，也应该在四月。相对来说，杭州的四月，已经有了初夏的感觉。万物茂盛，气温升高，春天的气息渐渐远去。

诗人描写凤凰岭，是形状如覆斗，一望绿葱葱。这里的春天应该还没有过去吧，因为它太高了。白居易曾描写庐山大林寺的桃花，是在四月盛开："人间四月芳菲尽，山寺桃花始盛开。长恨春归无觅处，不知转入此中来。"凤凰岭，是否依然春天的景象呢？山峰如拱，乱云飞过，鸟鸣之声不知来自何处。其实四望均是绿色的山麓和田园，在山顶下探，似乎山下的殿阁在虚无之间，更有一种神秘感，因为有一种若远若近的水声飘在耳际。张溥的高妙之处，在于没有将每一个景物写得非常清晰，但又有远镜头呈现，提供了想象的依据。尤其是水流声，是客观真实的，可以从张岱的笔下得到印证。“流淙活活，自龙井而下，四时不绝”①。

新安道中野望

从此山渐远，广深天蔚蓝。麦齐开稻种，日北正江南。
流水同春尽，归人采绿担。若逢兰蕙信，贻得草堂惭。

这首诗明快简洁，一气呵成。从严陵滩北发，逐渐离开高山峻岭，进入丘陵地带。再往北，正好有一段路上可以不见高山丘陵，四望无限，心情也从压抑的山沟到开阔的平原而得到舒展。诗人的视线，从遥远的山峦到广深的天空，再落到宽广的平原，并关注到时节与劳作。麦子拔节抽穗之后的扬花灌浆时节，田野看上去不仅绿油油的可爱，还特别平整，是谓麦齐。就在这个季节，是水稻育种的时候，农民将水稻的种子浸泡约一昼夜，待水分充足，再捞出堆放约一昼夜，水稻开始发芽，然后播种到秧床上，这就是开稻种。阳光逐渐北移，照在江南大地上，春天的气息渐渐远去，夏天的脚步已经接近。而养蚕人在地里忙碌后，挑着装满桑叶的箩筐归去。这个时候如果接到好门生的来信促归，张溥说一定让自己为有留恋异乡景物的想法感到惭愧。根据《旧唐书》白居易的传记记载，白居易到达庐山，特别开心，喜欢香炉峰及遗爱寺，在两者之间，构筑隐舍，流连其间，并写信告诉朋友：“予去年秋始游庐山，到东西二林间香炉峰下，见云木泉石，胜绝第一。爱不能舍，因立草堂。前有乔松十数株，修竹千余竿，青萝为墙援，白石为桥道，流水周于舍下，飞泉落于檐间，红榴白莲，罗生池砌。”与高僧啸傲林泉而几乎忘记自己的身份。“每相携游咏，跻危登险，极林泉之幽邃。至于翛然顺适之际，几欲忘其形骸。或经时不归，或逾月而返，郡守以朝贵遇之，不之责”②。张溥的意思，是自己为美景所迷惑，已经很长时间游玩在外，学生如果来信相催，自己一定感到惭愧。但从另一个角度看，正是对桐庐到杭州一带自然山水的极高赞美。

---

① 张岱《西湖梦寻》卷 4。

② 《旧唐书》卷 166《白居易传》。

二、草木山水有灵性

千百年来，人们总是喜欢陶渊明《饮酒》诗第五首的“采菊东篱下，悠然见南山”①，赞不绝口，称其写出了山与我的互动。实际上，将自然与我结合，将彼此的感觉融通，在后世诗歌创作中比比皆是。这种做法，就是将我的感受赋予自然，从蓝天白云到鱼虫花鸟。在张溥的笔下，也不乏这样的作品。

过老竹岭(其一)

肃怀登绝险，敬慎托车牵。衡进星为栈，卑趋鸟入渊。
土皮得山厚，人心与境全。忽然见平坦，群水献清巅。

欣赏美好的景物，并不是简单的事情。往往绝胜的美景，也在绝险的境地。张溥游赏老竹岭的经历，就是如此。而在经过艰险之后，诗人看到的是“群水献清巅”。一个“献”字，扫除了刚才的疲惫，忘却了艰险与惊恐，欣喜之色，写在脸上。而汪洋恣肆的大自然似乎知道，登上老竹岭的人，此时的心态，是需要极目远望，需要绿水青山。于是，交错的水面，将清澈的山峦托烘到诗人面前，以满足诗人的赏鉴需要。这就是群水对人性的理解，是群水领会了诗人的情怀并满足了诗人的要求。

和折桃

今春花事惜浓开，判析何人破此苔。
留得君归红一半，月明对茜鸟飞来。

花的情谊极为浓厚，懂得主人不在家，故意没有盛开，期待着主人回来，方达到全盛。其实，完全由于气候原因，花期可能提前或推后，可以用科学来解释，张溥也未必不知。但就是将花的情分写足，以凸显花的精神、花的思想、花与诗人的亲密，是“我”理解了花，赋予花以认知与思考。

---

① 陶渊明《陶渊明集》第 51 页。

吴园看梅

园开香细隔西泠，烟水高横分外青。
人在翠微春未半，雪如瀼露夜方零。
著书灵隐炊寒玉，影落昭阳问画屏。
间送云归迷晚岫，岸边花木待君醒。

花木本是无情物，道是有情皆人为。刚道花草通人性，别样心绪气为媒。“岸边花木待君醒”，花木本来就在岸边，没有离开也不会离开，但可以暂时不开。原因是什么，是君沉迷于崇山峻岭与功名是非之间。于是，岸边的花木待你的思绪回归本真。实际上，是诗人意识到自然花草的提醒与呼唤。

和赠新莺

早知学语试新飞，野宿无人自整衣。
惜别年年同此绿，洲名鹦鹉待春稀。

第一句说莺的聪敏，和人的想法居然相似，要尽早学好必要的本领，否则难以生存。第二句写莺的讲究，没有人的时候，在野外，依然是那样地注重自身的修饰与修养。她的梳妆打扮，不是为了人前的表演，纯粹是一种“君子慎独”的内美。所以，这不仅是自然界的莺，也是人化的莺，是张溥将自己的修养仪表，借助于莺的形象表达。

类似的写法，在张溥的诗集里有不少句子，如《和许孟宏山怀》中“绝黛横岗木石连，一枝寂寂学鸥眠”，《青山》中的“篁樾又逢迎”，《晚上竹林桥》中“水鸣不知蠒，烟聚始生风”，《冷水亭》中“人看山不厌，水与物相安”等等，均赋予无知的意象以高超的智慧与深沉的情感，以达到主客体的融会贯通，构成了灵动的境界意趣。

三、鸟蜂蝶蚕见大理

动物世界里的弱肉强食与人世间的不同，就是没有人为的规则。人类的弱肉强食与动物世界相同的地方，在于并不遵守人为的规则。所以，有时人在动物面前，也会产生一种自卑的心理。第一个发出类似感叹的是庄子，“乐哉群鱼”之叹，引发了一场辩难。其实，仅仅羡慕、赞美、自叹不如，还只是一种比较之后的感叹。如果在它们面前表现出一种自责，才是真正的高深。

感茧丝

纵横不成理，槿壁蚕满家。忍此釜中泣，眩彼身之华。

茅墙覆黄土，虫腹抽青霞。但恐登帝屋，弃捐如泥沙。

种桑养蚕，在我国有着悠久的历史，仅《诗经》里，已经有多首作品涉及养蚕。如《氓》里的女主人，就是养蚕高手，故以桑作比。《七月》有采桑姑娘，"女执懿筐，遵彼微行，爰求柔桑"。在江浙一带，养蚕是重要的经济来源。养蚕人家首先要准备充足的桑树，以保障养蚕之需。每年蚕季，首先要清理蚕具，清洗、消毒、暴晒。然后是置种、孵化、喂养。等到蚕老，需要制造草龙，为蚕做茧创造条件，养蚕人称之为"上山"。

作品一开始，就写了养蚕人家的环境：家里几乎没有立足的地方，只要有一点空间，从地面到各种架子上，都是安放着草龙，上面满是蚕。所以，看起来很乱，纵横不成理。而老蚕在草龙上，自已会找到合适的位子，然后定位吐丝，形成固定的空间，再由外而内作茧，大约五天到七天，蚕茧就成了。

诗歌的深度，体现在颔联："忍此釜中泣，眩彼身之华。"蚕茧并不能作成衣服，必须经过缫丝、纺织、染整、裁剪、缝纫之后，才能成为华丽的服饰。而缫丝的过程，就是将蚕茧变成丝线，需要将这些曾经的生命消灭。过程是，将蚕茧放在锅里，与清水一起煮沸，到一定的时间，蚕茧上就会飘出丝线，收起线头，慢慢抽丝，直到剩下蚕蛹在锅里。蚕是否会哭泣，没法证明，因为人不能成为蚕。但张溥认为会，在烧煮的过程中，蚕的生命在釜中消失，张溥想象出蚕在釜中的煎熬与痛苦，到生命的结束。而"釜中泣"不仅是诗人的想象，也是诗人的借用，源于曹植的《七步诗》。曹植是有感于兄弟相残，而张溥感叹的是人类的残暴。

那些身穿罗绮的人，可曾想到，他们身上华丽的丝绸，是无数生命的奉献，有多少蚕，在死亡的过程中发出了人们听不见的悲泣。他们穿着华贵的丝绸服装，抬高了身价，却牺牲了无数蚕的身体，他们在炫耀的时候，到底是他们本身值得别人敬重并被认定为高贵，还是仅仅因为衣服的原因，张溥肯定了后者。就是说，是衣服抬高了人的身价，而衣服里面的肉体，其实并不是有修养有文采的身体。"眩"，在这里是一个特殊的动词，交代了"釜中泣"与"身之华"之间的关系。不过，这并不是最大的悲剧，至少这些蚕还发挥了一点作用。就怕到了皇帝家里，与泥沙一样的命运，被抛弃，被践踏，就糟践的不是丝绸，是无数的生命奉献。同样，大明王朝的君王，对于臣下的忠心、奉献、尊严乃至生命，有没有像对待泥沙一样践踏抛弃呢！

四、尺幅图卷亦怡情

张溥的哲理诗，几乎没有人关注。张溥的题画诗，更是鲜有提及。检索张溥的诗集，题画诗不到二十首，几乎相当于祝寿诗的数量。

题画诗，顾名思义，就是写在画幅空白部分的与画面内容有关的诗歌。它将诗、书、画三者巧妙地结合起来，相得益彰，别有趣味。这些题诗也是画的一部分，为画面增加了更多的内容和意境，而画面又给诗进行了生动形象的阐释，书法则是将这两者融合为一的桥梁。

题画诗始于唐代，在元代发展到顶峰。在唐代有王维的《画》："远看山有色，近听水无声。春去花还在，人来鸟不惊，"说出了画面的主要内容，也阐明了诗人读画的感受，确立了题画诗的写作模板。宋代有苏轼的《惠崇春江晚景》："竹外桃花三两枝，春江水暖鸭先知。蒌蒿满地芦芽短，正是河豚欲上时。"不仅解释了画面的意象，更融入了诗人的理解与想象，充满着诗人自己的思想和感受。画有不言之声，诗有不尽之意，是题画诗一种独特之美。

题画诗因为题写在画作上，不可能长篇大论。简单数语，往往能够给我们展现的是诗歌之外的、画面之外的更多的内容，是诗人对画面的审视，更是对画面的丰富与补充。这些象外之象，往往融合了作者自己脑海中的图画，同时也关联到画面的内容，构成立体的意境。元明两代是题画诗的高潮，是名家辈出的时期。而张溥只是明末的文学家、思想家和社会活动家，于书画并非用心。所作题画诗的艺术追求，却与前贤达到了惊人的一致，这大概就是一种艺术上的百川灌河吧。

题画美人

其　一

莫言蕉叶竟无花，指下新声自攫拿。
忽报园中名果落，词人错欲认琵琶。

其　二

自小矜庄是内衙，博山赢得佛前茶。
真人不向丹青立，犹恨朦胧隔一纱。

这两首题画诗字面上似乎与题目不合，并没有将美人加以仔细的描绘。但将两首诗连起来看，方知道，诗人写的是画美人，而不是美人画。所以，诗人是站在画家的角度来审视画面，即展现了画面的内容，更点出了画家注入画面的精神。

第一首写到的画面内容是美人弹琵琶，但并没有出现美人的具体形象。前两句诗人先从画面的局部展开描写，出现的是琵琶的部分形状，但由于是局部，并不能判断就是乐器，以为是芭蕉叶子。所以很是纳闷，这芭蕉怎么没有花呢？随着画面的展开，出现的是纤纤玉指弹奏的动作。画面上，只有这样的意思，诗人似乎已经听到了最新的曲调，在玉手的拨弹之间。至于美人弹奏的是怎样的乐曲，无法知道。但张溥推断的是新声，则超越了画面的意义表达，这就是题画诗对画面的突破。后面两句写正在看画的时候，忽然有人来报，园子里的果子掉下来了。引起主人怎样的反应，是什么果，并没有说，这是看画过程中的插曲，且引起了诗人的误会。于是，诗人依旧落实到画面上，用画面的内容说明刚才的报告。原来主人听到的是“枇杷”掉下来，而诗人以为的是“琵琶”掉下来，借两词同音特征，回到了看画的主题上，突出了看画的专注。

第二首则先从画家说起，阐明了画家的艺术风格，也提出了诗人对画美人技法的观点。从字面上，不能准确知道这位画家是谁，但肯定是达官子弟，而且是诗人内心并不赞赏的人物，故用“内衙”，这是为了押韵，就是衙内。在张溥有交往的衙内里，明确可考的就是王锡爵的孙子王时敏，长张溥十岁，性庄简，著名画家，娄东画派的开创者。王时敏崇祯初官太常寺少卿，五年告归，从此不出，入清不仕，乡居以终。曾奉旨巡视诸王封邑，廉洁自重，颇有时誉。张溥有《送王烟客奉使周藩》，当作于崇祯四五年间，时均在京师，有同乡之谊，但后来两人不太友好。这位画家曾经到过博山寺(位于江西上饶广丰)，并得到高僧的敬重。接着，诗人回到画面，说画面的美人不仅没有正面图像，还有一层窗纱遮掩。这实际上是一种朦胧美，是画家的技法。张溥用一个“恨”字，点出了欣赏者的遗憾，也说出了画的魅力，同时指出了画家的技巧：在若隐若现之间，透露出迷蒙的美感。如果正面美人，一览无余，则缺乏想象的空间和张力。所以，这是画美人的高超技巧，形半露，神无穷。

同样，以植物为对象的绘画，亦应遵循这样的技法，在并不完全的呈现中蕴涵表现对象的精神与性格，供鉴赏者领会、补充与理解。《题画菊》有同题二首，分别是卷二的七律和卷三的五律。我们看一下五律《题画菊》："此树通灵谷，无山清自媒。虫心秋不改，琴尾月相猜。既畏因人热，还知伤雁来。留风如何筑，晚碧应徘徊。"没有一个字说到菊花，如果没有题目的标志，无法理解。但每一联，又都关合菊花。首联写菊花的清高，颔联说菊花的傲霜，颈联从李清照[声声慢]化来，尾联化用陶渊明诗意。而中心意思是，画家不仅画出了菊花的形态，更画出了菊花的精神气质。再看梅花，咏叹的作品难以统计，从梅花的成长艰难、生存的环境恶劣、饱经风霜的枝干孕育出高贵的芬芳，一直写到了梅花的前世今生。但画梅，就要画出梅花的形态和精神性格，是很难做到的。

题画梅

静树同君立，清心夜入钟。遥怜一枝意，封与隔溪松。

梅花是安静的，总是生长在清净的地方，与兰、竹、菊称四君子。而画家在表现梅花的时候，一般不是只有梅花，而是选择君子相伴，或竹或兰或菊。画面的内容应该是梅竹同在，以梅花为主，竹影陪衬。梅花是清净无欲的，往往在远郊、深山的寺庙周边或人迹罕至的山坡水滨盛开，精神气质历来得到文人雅士的颂美。于是，随着夜晚的钟声，人们安静宁息，有如清高的梅花。这是画面上蕴涵的内容，但没有直接的表现，是兰若隐隐在画面的一角或一边，构成一个整体环境。而在画面的另一边，是一条小溪，对岸的松树，与此岸即画面主体的梅花，根基在两岸，枝叶紧相邻。于是，画面的主体就有了梅花、松树、翠竹、小溪、寺庙。诗中未曾写到的菊花、兰花，说不定也在画面的一个角落有所点缀。

如果仅仅将画面的意象一一加以描绘或解释，是对绘画的一知半解；如果对张溥的这首诗只看到诗歌中描写的画面图案，则没有理解张溥的真正用意。张溥在赞美梅花，是梅花在"四君子"中有一席，在"岁寒三友"中又有一席，梅花的精神形象，联系了君子和同道友人。这是画面蕴涵的精神，也是张溥对梅花的认识。并且，张溥对于画梅花，也有自己的理解，这是张溥的艺术理论，就是任何事物在文艺作品中，不应该孤立出现，应该形成整体的环境并尽可能利用同类陪衬，以突出表现对象的主要特征。因此，张溥对于梅菊同在画面上，持赞赏态度。《题合画梅菊》："疏密不共叶，香心且一方。若明花外意，蕉萃念姬姜。"梅在寒冬放，菊于深秋开，画家一并写，孤傲共徘徊。

第五节　张溥诗歌的特色与不足

我们在认识诗人创作之后，一般需要归纳诗人的艺术风格。然而，事实上有许多诗人，并没有自己的风格，或于学中创作，尚未成大家；或人生短暂，没有形成自己的风格。不能排除，有些诗人本身就是博采众长，走糅杂的创作道路。张溥，就是一位风格复杂特色明显但没有形成自己风范的诗人。

一、写实洞察　咏史深邃

如前所述，张溥的诗歌，主要表现的内容是送别友人之愁苦、怀想同道之忧虑、相聚重逢之欢乐，在游赏中凭吊先贤、检点历史、咏怀古迹、抒发幽情，同时也有大量反映湖山风光、草木花树、鸟蜂蝶蚕的作品。其中，与王志庆、孙淳、许元溥等人的唱和诗数量甚多。题画诗虽然数量不多，质量也不是很高，但有一定的见解。另一个重要的方面就是祝寿，颂扬的同时包含了期待与劝勉。这些内容，很大程度上是诗人社会活动的再现。从这些作品中，我们可以看到诗人的交游、行踪和社会关系。在张溥的唱和关系中，还有多人的姓名字号不见于复社名录中，有待于考证补充，以完善复社名录。

张溥生活在晚明，晚明社会的主要矛盾和社会问题在张溥的诗歌中并没有反映。这似乎是诗人创作上很大的不足，但也是诗人的无奈。一个原因是张溥忙于各种事务，没有具体关注民生疾苦，第二个原因是时局的不允许。"方子丑间，两人如几上肉，弋人眈视，外传缇骑且至，一日数惊"[①]。在巨大的压力之下，张溥不能在诗歌中发表对时事的看法。

二、诸体兼备　律诗见长

张溥诗歌以律诗为主，虽然不排除五古、七古、乐府、歌行等，主要以律诗见

---

① 张采《知畏堂文存》卷9。

长，包括五律、七律、绝句等。

但是，张溥律诗有时比较率意，难免有些作品在格律、对仗方面不是很严谨。如《送徐九一太史》四首五律，韵律就有一定的牵强。在排除方言的影响后，也不能忽略诗人的任适精神的影响。

三、大量用典　逞才使气

虽然不能说张溥的诗歌晦涩难懂，大量用典确实增加了张溥诗歌的阅读难度。典故的使用，可以丰富作品的内涵，提升蕴意的高度，同时也显示了诗歌的深度。张溥使用的典故，重要来源在于先秦经典、历史文献和六朝故事，蕴涵深邃。

不可否认，有些典故非常冷僻，既有张溥掉书袋的习惯，也有同道中能够理解而可以使用的环境因素，更有张溥有意识用这些生冷典故，以掩饰一种需要宣泄又不愿为人了解的心绪。当然，多数典故仔细检阅，还是能理解张溥的用意的。如“桑下”“柔荑”“尚衣”等。

四、语言率意　流传局限

不能说张溥的诗歌语言浅俗，有不少诗歌的语言，张溥是率意为之。相对来说，他的唱和、赠答之类的作品比较字斟句酌，典故使用也比较普遍，而即景抒怀或写景状物的咏叹，并非张溥的强项。所以，在现存的近六百首诗歌里，看不到强烈的“复得返自然”欣喜。而大凡表现自然景观和物象，张溥使用语言比较随性，是一种清新自然的语言，朴素而具有很强的表现力。“远游日正午，依山平渡清。两人隔花语，一叶载江声。晚市鱼粳贱，溪亭沙石明。相呼泉浴罢，篁樾又逢迎”(《青山》)。此诗赋予自然景物以灵性，同时简朴明了地写出了诗人群体的豪迈与亲密。但是，一首诗中众多意象堆积，相互间缺乏应有的联系，使诗歌的韵味显得不足。

而部分写景咏物的篇章，语言口语化甚至方言化，容易引起歧义。如《过庐岭》：“群天分竦峭，堕石作高峰。狭道孤云逝，危岩一鸟容。人行或俯仰，晚吹杂秋冬。盘曲何穷尽，车声更入松。”这首诗的语言运用，就是张溥自己写自己的，就是这样的登山感觉，别人是否明白，作者并没有介意。

必须肯定，张溥的文学创作诸体皆备，但以文章知名于世。尽管朱彝尊认为复社诸子致力于文，于韵事不甚留心，“复社诸君，多以文章经济自负，韵语不甚专心”。然事实上，江左三大家之一的吴伟业，吟哦之初即在张溥指点之下。《明诗别裁集》从万千明人诗歌中选录张溥一首，堪称慧眼独具。

张溥不以诗名，也不以诗人自居，但对明代诗歌研究最为权威的朱彝尊在《静志居诗话》中专门评价了张溥，在《明诗综》里专门关注张溥，说明在明末清初，张溥是重要的诗人，而且是具有政治家气度的诗人。朱彝尊将张溥与谢安相提并论，不是没有道理的。“天如狎主复社，以附东林，声气相求，龙集风会，一言以为月旦。四海重其人伦，书晷刻而百函，宾昼日以三接。由是青衿胄子、白蜡明经登索元礼之门，不啻虬户为柳伯骞所识，胜于筍金。列郡文人，一时风尚，口谈朝事，案置《汉书》，头包露额之巾，足着踏跟之履，和歌下里，拥鼻东川……”[①]。朱彝尊对复社人诗特别是对张溥的诗评价不高，主要原因是儿女亲家吴翻为复社几乎耗尽家产而最后一无所有，心中不免芥蒂。殊不知，即便没有资助复社，鼎革之际，也将如此：“而复社祸机既发，扶九亦日在忧患中，家居论断历代史，分为‘存信’‘存疑’二部。又聚明人集三千七百家，欲辑典故，成一家言。遗书经盗劫，散佚殆尽。有子南龄，予女婿也。”[②]朱彝尊当然不敢说是易代造成的这一局面，而归罪于盗。重要的是，朱彝尊将张溥与谢安并论，是客观评价了张溥。客观上，张溥的诗歌也存在一些不足。一是率意有余而严谨不足，对于诗歌的谋篇布局与语言的精练不甚在意。二是散文化、议论化倾向明显，并没有恪守前、后“七子”的诗论主张。三是一定程度上以学问为诗，喜欢随手穿插典故，甚至有一些比较冷僻的典故。简单说，复社诗人，是明季诗坛的创作主力，张溥也是其中重要的诗人。作为复社领袖，其修养是全面发展的，吟咏，乃其小者。张溥诗歌创作，并不着意于艺术上的追求，主要是咏叹同道朋友之间的情谊，是对朋友的关注和对气节操守的颂扬。即便是登临游赏，状物写景之作，经营不深，难免有为诗而诗之感。然诚如熊开元所云：“大家诗不可以佳句求之。”[③]对张溥的诗，注重其情谊气节即可，艺术上不必苛求。

---

① 朱彝尊《静志居诗话》卷 19。

② 同上书卷 21。

③ 黄培芳《香石诗话》卷 2。

第八章　文章大家

唐宋以后的文章大家，大多行文必舒展自如，收放任意，“大抵如行云流水，初无定质，然常行于所当行，常止于所不可不止，文理自然，姿态横生”①。苏轼的观点，在明季得到了茅坤、归有光等人的接受并发扬，也就是豫章艾南英等人的主张，学习唐宋诸家，追求文从字顺、自然天成的艺术效果。然而，张溥接受的，是前、后“七子”的复古主张，从秦汉古文中寻找文章正印，发现惟有吴伟业的文章能够符合。但在复社成立之后的一段时间里，随着接触社会的深入和文章交流的扩大，张溥能够从前、后“七子”窠臼里跳出来，客观正确对待唐宋古文的传统，逐渐形成了自己的散文风格：以六经为旨归、为体，以韩柳欧苏为样板、为用。

第一节　张溥散文创作概况

与诗歌创作一样，张溥也没有着意于散文的创作。在研究经史的过程中，在与朋友的交往中，在相关的社会活动中形成的文字，确定了张溥文章大家巨擘的地位。因此，张溥的文章，涉及当时应用文体的主要形式，有书札、序跋、题词、碑记、随笔、史论、文论、政论等，于婉转中见观点，于疏犷中见经脉，于开阖处见学问。可以说，张溥是在不经意间成为文学家，成为散文大家。

一、制艺读经起步

张溥的“作文”从何时开始，并不重要，重要的是张溥承载着家庭的希望，从十几岁开始就具备了为父亲扬眉吐气的潜能，确定了自己的科举道路。具体何时，可以推断：张溥十一岁受业于张露生。“露生”应是字号，其真名与生平无从

① 苏轼《答谢民师书》，《苏东坡全集·后集》卷 14。

查考，但在张溥的成长道路上具有重要的影响。一是对张溥的鼓励，二是影响了张溥在家庭中的地位。“时初解把笔，先生谓可教，时称述于先子。先子时当忧患，内郁郁不自聊，时向先生索观予文，听先生赞言，辄内喜”[①]。我们现在的小学作文教学，课堂上有老师的讲解示范，家里有家长的指导，写完后老师批改，还有讲评。张露生教授张溥，时间可能长达五年，直到张翼之去世。而这五年，正是张溥童年到青年的重要过渡，也是最容易接受知识技能的时间。所以，张溥的制艺文字，当在这一阶段打下基础。

表面上看，八股文是死板的形式主义文章，严重约束了作者的思路与情感抒发。但在童年，形成写文章的规范，训练写作技巧和丰富写作材料，学习组织和使用材料，至关重要。张溥正是在张露生的培训下，不仅学会了八股制艺文章的写作，也具备了基本的文章写作功底。所以，今天看张溥的文章，比较难懂，原因就在于张溥的学问太大，知识面太广，任意驱使于文章之中。不论是馆课中的短文，还是较长的议论文章，皆有大量的故实、严密的推论。

二、兼取汉魏唐宋

探讨张溥文法师承，则相当纷繁。先从张溥为文之倾向来看，身在太仓，不能不受到前、后“七子”复古思潮的影响，尤其是后七子领袖王世贞。他不仅是太仓人，且在太仓闲居几二十年，晚年诗文学问，冠绝一时。更重要的是，他与张居正同年进士，张秉政，王秉文。在李攀龙去世之后，王世贞独执文坛牛耳二十年，对晚明文坛具有极大的影响。无疑，张溥的主张是倾向于前、后“七子”。尤其是豫章方面对吴中文坛颇有微词之际，张溥很自然地支持陈子龙与艾南英论争。但又必须看到，张溥的文章路径，实际上并非等同于前、后“七子”，而是有独立的思考和文法渊源。简单说，就是祖述秦汉，兼蓄唐宋诸家；植根经史，下笔文从字顺。述道、明道、传道，与韩、柳、欧、苏并无二致，但对道的认识，则既含经典儒家之道，更含史变认识与经世致用，并非说教的理学家。

其实，张溥的文学观，特别是对古文的创作，主观上愿意与前、后“七子”保持一致，在陈子龙与艾南英的论战中虽未发表观点，实际上是支持陈子龙的，也就是接受前、后“七子”复古主张的。一方面，张溥为艾南英的举动所激怒，个人之间形成了龃龉。而艾南英则将整个三吴地区的文统作为打击对象，认为有悖

① 张溥《七录斋诗文合集·近稿》卷3。

于文章正宗，方法上也未必妥当。另一方面，年轻的张溥也没有完全认识唐宋古文的价值，局限于前、后“七子”秦汉古文为高的观念。所以，年轻的张溥对于唐宋古文，尚未形成完整的认识。

唐宋古文运动，产生的背景相似，是在四六文严重束缚了文人才思发挥和形式主义泛滥的环境中倡导文从字顺、明道言情。但明代的复古运动，虽然也以复古相号召，强调“文自西京、诗自天宝而下，俱无足观”①，但明显是针对台阁体的矫枉过正。而行文只仿效西汉，赋诗但步趋盛唐，难免取径太窄、挂一漏万。李攀龙自己的诗文就是聱牙戟口，难以卒读。正是前、后“七子”徘徊于激进与保守、继承与创新之间，未能成为文坛正宗，唐宋派主张得到了较为普遍的认同。唐顺之早年也师法秦汉，中年以后，强调文道合一，主张文章当融会六经，明晰圣人之旨而加以阐发，与八股取士的标准相同。故唐宋派推崇的榜样唐宋八大家，与前、后“七子”标榜的西汉之前古文，显然更容易为后学所领会。艾南英强调规模唐宋，以韩愈、柳宗元、欧阳修、曾巩等人的古文为正宗，与唐宋派完全一致。所以，对陈子龙的观点大不以为然。在《答陈人中论文书》中，艾南英说：“足下谈古文，辄诋毁欧、曾诸大家，而独株守一李于鳞（攀龙）、王元美（世贞）之文，以为便足千古。其评品他文，皆未当。不佞心窃叹，足下少年，未尝细读古今人之书，而颠倒是非。需之十年后，足下学渐充，心渐细，渐见古人深处，必当皤然悔悟。”②在今天来看，不是见解有误，语气态度难以让人接受而已。

客观讲，陈、艾之争交织着经学思想、经济利益和文人意气，但落实到文章宗法上的争论，只是一时的见解差异。在当时的文坛上，茅坤的《唐宋八大家文钞》影响巨大，是不争的事实。综观启祯文坛的创作实绩，不论是豫章人士、三吴才俊抑或独立经营的如张岱等人，已经将圣人之旨趣、个人之情趣、文章之章法融为一体，承继了韩柳古文的风格章法。张溥、张采的古文，陈子龙的古文，在实践的过程中逐步演变，已经与艾南英的宗法主张基本趋同。相反，艾南英极力强调学习欧阳修、曾巩，追随他们的风格作法，自己实际创作成就微乎其微。今存《天佣子集》十卷一百八十四篇文章，能够体现自己主张的无多。而陈子龙逐渐浮华落尽见真淳，成就远在艾南英之上。黄宗羲评之曰：“以余观之，千子徒有其议论，其模仿欧、曾，与模仿王、李者，亦唯之与阿。卧子晚亦趋于平

① 《明史》卷287《李攀龙传》。

② 艾南英《天佣子集》卷5。

淡，未尝屑屑于模仿之间，未必为千子之所及也。”[①]而张良御更是明确指出了陈、艾的歧路同归：“然不二十年，两公皆殉难，而大樽晚年文字亦刊，洗铅华，独存淡质，卒同东乡之旨焉。”[②]从创作上体现了艾南英对唐宋古文的崇尚，也成为晚明文统的归宗，开桐城古文之先河。而张溥的古文观，也是随着时间的推移、学问的增长和人生经验的丰富，对于以平淡的语言诠释六经深邃的哲理，也逐渐认同。从张溥集汉魏六朝百三家集的序言中，我们可以看到这种变化的开始。

张溥认识到文章“随俗为之”的意义，遂扬弃了对秦汉古文的固执奉行而逐渐成为文章大家。应该说，张溥的古文，上窥六经，依傍史传，下承唐宋，摇摆于秦汉与唐宋之间，深邃而不深奥，古朴而不晦涩，是经世致用的古文。

三、笔锋多元指向

如果说张溥一生的文章皆是学问文章，不是事实。但客观讲，张溥一生并没有着意写文章，尤其是文学性散文。所以，应用性、学术性散文是张溥文章的主体，如果就文体分类，主要有题辞、序跋、尺牍、记传、论说和祭文墓志等。就内容而言，可以简单地将张溥的散文分为几类：一、学术性散文，主要是题辞、序跋、论说等。二、政治性散文，主要是论辨和记、传。三、应用性散文，主要是祭文、墓志、尺牍、寿序。总体风格是语言朴实平淡而气势恢宏，具有不容置辩的霸气。今常见之《七录斋诗文合集》和《七录斋集》中，大量散文是学术题跋和序言，以及反映交游之广的祝寿文章。《七录斋诗文合集》有“古文近稿”六卷、“古文存稿”五卷、“馆课”一卷、《论略》一卷、诗三卷。《七录斋集》中有九十一篇见于《七录斋诗文合集》中的“古文存稿”，一百篇为原著而张溥认为不佳者。当然，张溥的散文远不止此，至少尚有《汉魏六朝百三家集》题辞，就是百篇论说性散文，是一气呵成，不仅是文学发展简史，也体现了张溥论说性散文的一贯风格。加之“近集”“别集”中的文章，用陈子龙的话评价，就是“正不掩文，逸不逾道”[③]。

张溥的学术性散文，既是张溥学术研究的成果，如《五经注疏大全合纂序》《皇明诗经文征序》《两汉文选序》《五经文征序》《礼乐合编序》等，也是社务活动

---

① 黄宗羲《思旧录》，《黄宗羲全集》第一册。

② 艾南英《天佣子集》卷5附张良御评语。

③ 张溥《七录斋集》卷首陈子龙序。

和复社交游情谊的见证，如《云间几社诗文选序》《国表四选序》《行卷香玉序》等。这类文章，是复社领袖对社务的操劳，是社事活动的记录文献。还有大量的序言，是张溥为复社人士的文稿文集所写，不论长幼，张溥一律以褒扬为主，虽不无溢美，但意在鼓励。最为集中的学术性散文是《汉魏六朝百三家集》题辞，不仅是张溥对百余家集子的研究，也是对作家的研究、对文学史涉及的多个元素的研究，多视角展示了张溥的精神，是张溥学术性散文中思想价值、学术价值和文学价值最高的部分。

而政治性的道义之文，是张溥政治主张、社会治理观念的表述，也是复社政治倾向和人生观念的集中体现，不仅有关注边防的、朝政的总体论述，甚至具体到养马、屯田、兵器、水利等实务。在张溥的《七录斋诗文合集》里，有"论略"一卷，文章十八篇，其中七篇是实用性很强的专题论文，分别是《治盗贼议》《备倭议》《备正风俗议》《海防议》《救荒议》《江防议》《东南水利议》《屯田策》。在《七录斋集》里也有"论略"一卷，主要有《治夷狄论》《两直论》《灾异论》《备边论》《女直论》《治河论》《宗室论》《马政论》《任边将论》《赋役论》《征贷论》《诏狱论》《钱锗论》《左道论》《建学论》《山东论》《盐法论》《兵论》等。这些文章，是张溥学以致用的体现。

在现存的张溥文章中，序跋占有相当的比重，尤其是序。张溥的序又以两类为主：一类是文集包括诗文集和论文集的序文，是张溥学术思想和社会观、人生观一个重要的表现之处，也是张溥交游的重要方面。另一类是寿序，从学界前辈到同辈先进，还有许多是社盟人员的父母、祖父母等，从一个侧面，反映了张溥在当时受欢迎的程度。

尺牍，是张溥文章中重要的部分，不仅体现了张溥与他人的交情往来，往往包含了张溥对学术、创作以及人情世态的看法，是张溥内心世界的折射，也透露出当时文坛的一些信息。《与易曦侯》是写给易道暹的，而易道暹是湖北黄冈人，说明张溥的联络极为广泛。《答许子洽》是写给常熟许重熙的，也说明许重熙与张溥之间，不仅是复社同人，也是文章同道。张采说"天如诸笺牍皆随手散去，鲜有存者"，故存世尺牍，更值得重视，充分挖掘其中的内涵，以认识完整的张溥。

与寿序等庆典文章相对的就是祭文，主要是祭奠尊长，如朋友的父母、师长等。其中，哀婉动人、声情并茂的《祭王昆湖文》，真切回忆父辈交往情深。

史论，是张溥文章的重要组成部分。张溥读史，随手评论，而这类文字，保存殊少。惟有《历代史论》一编四卷、二编十卷完整保存。在《七录斋近集》中，又有《宋史纪事论》五卷和《元史纪事论》一卷，一般认为是张采辑补刊行，相对完整保存了张溥的史论文章。

祭文与墓志铭也有一定数量的作品，是张溥文章的组成部分，也是了解张溥人际交往不可或缺的部分。

另外，张溥的馆课作业，也是张溥文章不可忽略的一个方面，按照今天的分类，就是公文。张溥在翰林院学习有一年半，除了读书，还有练习，就是锻炼将来写作朝廷公务文书的能力。在张溥的集子里保留的《馆课》，并非正式的朝廷文书，是格式化的公文，需要交给长官或教官批阅评点的。张溥将十一篇制与十五篇各体作业保留在文集中，至少证明这些作业是成功的，得到长官好评并且自己也比较满意。

第二节　张溥的学术性散文

这里说的学术性散文，并不是专指学术论文，是张溥涉及学术的各类主要文章，包括题辞、序跋、史论等，占张溥现存文章总量之半。张溥的学术性散文内容是多方面的，首先是经学研究中的学术阐发，如准备科举考试过程中进行的“四书五经”研究，形成了多篇重要的序言：《中庸注疏大全合纂序》《论语注疏大全合纂序》《孟子注疏大全合纂序》《大学注疏大全合纂序》《书经注疏大全合纂序》，也有与友人研究经学过程中形成的心得，如《易会三编序》《陈大士易经会稿序》《五经征文序》《易文观通序》以及《鼎卦说》《艮卦说》《震卦说》等。其次是史学论著。张溥的史学论说至少有《历代史论》一编四卷、《历代史论》二编十卷、《春秋三书》三十一卷、《宋史纪事本末》论证、《元史纪事本末》论证（此两种情况比较复杂，在第五章有介绍）以及《春秋周平王通论》《周论》《鲁论》《齐论》《卫论》等专题议论文。其三，是张溥经世致用的学科研究专题议论文，如《东南水利议》《屯田策》《救荒议》《治河论》等等。还有一个重要方面就是编辑《汉魏六朝百三家集》撰写的总序及对百三家集所评点的“题辞”，分别看是交代编辑的理由与规则，是对“百三家”的点评，合起来就是一部汉魏六朝文学史论。

一、经学文章呈现踏实学风

张溥宗经，注重儒家经典本源的探讨，这是不争的事实，而且也作出了多方面的成就。从准备科举考试开始，张溥就陷入迷惘，因为科举考试的科目有具体的考试要求，准备中当然不能违背这些原则，否则后果可以想见。而张溥认为，这些“考试大纲”和“复习资料”，与儒家经典的本意有一定的距离，但具体有怎样的差异，张溥一时也难以明了。“永乐间，颁《四书五经大全》，废注疏不用”①。而《大全》的内容，并不完全与张溥理解的意思一致。如果老师在，还可以求教。但在父亲去世之后，张家一度陷入混乱，分家是在所难免，塾师张露生（露生乃字，名不详）也只能回家。于是，十六岁的张溥难以得到明确的指点，唯一能够做到的，就是紧紧抓住“考试大纲”认真准备，反复揣摩，练就一手考试的好八股文。终于，“年十九，补博士弟子，声闻籍甚，交一时名贤，志为大儒”②。首先是张溥取得了成功，成为有功名在身的秀才。当时太仓州三年只有二三个名额，而成为万里挑一的秀才，很不容易。其次，结交一时名贤，也得到了一时名贤的学术信息，可以与他们共同探讨经学，逐渐形成了张溥的经学思想。其三，立志成为大儒，是在成为秀才之后获得了基本的生活保障和得到社会贤达名流的关切之后，张溥的人生目标初步确定。此后，将为这个目标而奋斗。

既然志为大儒，就不能人云亦云，需要有自己的经学主张。但科举考试用的是“大全”，而大儒就必须对儒家经典追本溯源，探究祖师爷的本来用意。因此，即便是注疏，也未必真正符合孔孟的原意，需要对原著进行仔细的阅读疏解，以发挥其微言大义。但是，这与科举考试是不协调的。所以，真正的学术探讨，张溥只有等到功名成就以后。当时的科考存在的问题，张溥已经认识到，并指出了学风不正，影响士风，也影响了官风，但没有办法。他在复社成立大会上讲：“自世教衰，士子不通经术，但剽耳绘目，几幸弋获于有司。登明堂不能致君，长郡邑不知泽民，人才日下，吏治日偷，皆于此。溥不度德，不量力，期与四方多士共兴复古学，将使异日者务为有用，因名曰‘复社’。”③

如何兴复古学，同时又不影响在科举的道路上取得成功，张溥的做法是以“注疏”探源，以“大全”应试，两者兼得。在《中庸注疏大全合纂序》《论语注疏大全合纂序》《孟子注疏大全合纂序》《大学注疏大全合纂序》《书经注疏大全合纂序》里，明确表达了张溥对古学精要的认识。如《书经注疏大全合纂序》中，张溥探讨了两个问题，一是朱熹不为《尚书》作传的问题，因为《尚书》一直存在今古

① 《明史》卷69《选举》一。

② 张采《知畏堂文存》卷8《庶常天如张公行状》。

③ 陆世仪《复社纪略》卷1。

文真伪之争，以朱熹这样的大家，一旦作传，依据的版本就是真实可靠的，后人就不会怀疑，这不利于学术的发展。二是就《上书》的真伪发表了自己的看法："大抵孔(汉代大儒孔安国)传可谓之略，不可谓伪；蔡传当因其不及者修而成之，勿举其已定者苛而没之。此又读诸经皆然，不第一《尚书》矣。"[①]

张溥提出的是兴复古学的方法，就是读群经的方法，对于前人已经详细阐发的内容，不要轻易否定；对于前人研究中涉及不够的地方，可以详细探讨之，才是理解经书本源意义的方法。需要指出的是，张溥所认为不可谓伪的《尚书孔氏传》，实际上并不是孔安国的手笔，近代学者一般认为是晋代人假托孔安国的名义编撰。因为很有汉儒风采，故唐代孔颖达奉命编写《尚书正义》，奉之为宗。

同样，在《中庸注疏大全合纂序》《论语注疏大全合纂序》《孟子注疏大全合纂序》《大学注疏大全合纂序》中，也是针对具体的问题探讨，强调了注疏尽管不是没有缺点，但对于理解经书有着绝对的重要性："注疏虽古，不能无少让焉。然注疏以后，言者病少；章句之后，言者病多。少则昧道，多则伤实。合而观之，汉之言《中庸》者，礼也；宋之言《中庸》者，理也。礼理一也，而学者二之，其异同得失，可无辨乎！"[②]这里涉及两个问题：对注疏的看法，对礼与理的看法。一向受人注重的注疏，张溥也有微词，认为注疏虽然绝对重要，但还不够详细，士子使用未便，但批评注疏的人不多。章句虽然解释比较清楚明了，但指正的人却很多。这里就呈现出了一个有趣的现象，有些学术问题，探讨者说得很清楚，反而引起争论，因为可以有不同的认识，特别是时代环境变化之后。

张溥在应社中的分工是研究《周易》，《周易》本身就是滚雪球式的产物，是不同时代增加了许多内容之后后人难以寻找唯一正确解释的集成性著作。但剔除诸多附会穿凿的文字，扬弃那些玄妙的描述，可以看到很多对社会秩序、政权伦理、生活经验、科学技术的记录。可以大胆说，《论语》《孟子》是纲领化的社会章程，《周易》是玄虚化的行为准则。所以，张溥研究几种卦象，主要阐述其社会历史含义。如《震卦说》："震之为长子也，不独有其象，盖亦有其义也。故出则抚军，守则监国，长子之将以传重固也。"[③]尽管后面用许多诸如雷声震震惊天动地之类的异象来说明问题，实质上就是用种种迷信的令人惊恐的场景来警

① 张溥《七录斋诗文合集·近稿》卷5。
② 同上，卷6。
③ 张溥《七录斋诗文合集·论略》。

告，长子承担了传国的重任，任何人不能冒犯长子而已。虽然张溥没有明说，但我们现在都能够明白，周王朝在建国以前，就已经进行了大量的舆论准备，包括宗法制度的建立。等到周公摄政时，进一步完善了宗法制度，建立了嫡长子继承制、分封制和宗庙祭祀制等，将社会等级、秩序、规范用法律和迷信的手段加以宣传执行。正因为如此，《周易》能够成为儒家经典，因为它是儒家社会思想的另一种表述形态。

张溥编撰《中庸注疏大全合纂》《论语注疏大全合纂》《孟子注疏大全合纂》《大学注疏大全合纂》《书经注疏大全合纂》《诗经注疏大全合纂》等的动机，是希望士子致力于科举功名而熟练掌握“大全”的同时，能够端正学风，从“注疏”入手掌握儒家经典著作的原始含义，以达到真儒的境界。四库馆臣对《诗经注疏大全合纂》的评价是“杂取注疏及合纂成书，差愈于科举之士株守残匮者。然亦抄撮之学，无所考证也”[①]。张溥当然没有太多的考证，时间太紧不够用是主要原因，治学方法未必妥当是次要原因，急于求成而贪图多广，四面出击用心不专，也是不可忽略的因素。若终身致力于一经，且有五十年光阴，则必卓然名家。

二、史学论说展示独立见解

张溥的历史题材文章，当然是以史论为主。张溥到底有多少这样的文章，可以说无数，但自己并没有加以编辑整理，经过张采等人的选择保留下来的不多。即便清代四库馆臣以严谨著称，对张溥的《历代史论》一编也未见，只是简单介绍了《历代史论》二编十卷。馆臣评价不高，原因除了作品本身的不足之外，还因为是禁书，不宜给予较高的评价。“是书总论史似，起三家分晋，至周世宗征淮南，议论凡近，而笔力尤弱，殊为不称其名”[②]。张溥史论方面著述，主要涉及的记录有《历代史论》《春秋三书》以及数篇专题文章，但有一个重要的成果难以发现，就是张溥对《宋史纪事本末》和《元史纪事本末》的论正[③]，已很少有人关注。

可以肯定的是，《宋史纪事本末》原书为陈邦瞻在前人书稿基础上编撰完

---

① 《四库全书总目》卷 17。

② 同上，卷 90。

③ 照原文，不作“论证”。如《通鉴纪事本末》各卷卷首，均是“宋建安袁枢编次，明太仓张溥论正”。

成,并又撰成《元史纪事本末》。其中,《宋史纪事本末》于万历三十三年刻印,为二十八卷本。万历三十五年,黄吉士将《宋史纪事本末》《元史纪事本末》与袁枢的《通鉴纪事本末》合并刻印,分《宋史纪事本末》为十卷、《元史纪事本末》为四卷。张溥正是在这个合刻本基础上,针对《通鉴纪事本末》而有《历代史论》未完稿,针对《宋史纪事本末》《元史纪事本末》所记事件而加以论正,附于纪事之后。清代刊行的《宋史纪事本末》已经删去这些论正,因为宋史必然涉及辽政权和金政权,特别是金政权。惟有对十卷本《宋史纪事本末》的重新编辑,以事为卷,计一百零九卷,有功于是书,成为以后流行的版本。可惜的是,1977 年中华书局出版的校点本中,张溥的论正也不见。而《元史纪事本末》是张溥刊刻的,在陈邦瞻撰,臧懋循补的基础上,以事为卷,撰写论正,分二十七卷。在张溥临终前结集的《七录斋近集》,得到张采的修订后刊刻,按照张采的说法,"后死者不忍有芟益"①,张溥原就保留了"宋史纪事论"和"元史纪事论",不是张采有意识增加的。今传本《七录斋近集》一至十卷为文,十一卷至十五卷为"宋史纪事论",十六卷为"元史纪事论",保留了张溥对宋、元一百余重大事件的观点。

张溥另一部重要的史学研究著作是《春秋三书》三十二卷。《春秋》及《春秋左氏传》《春秋公羊传》《春秋穀梁传》均是儒家经书,但实际又是史书。张溥视之经,亦视之史,进行研读论断,惜并未最后完成,张采为订补部分。"是书第一编曰'列国论',凡二十四卷。第二编曰'四传断',凡七卷。第三编曰'书法解',凡一卷。同时徐汧、张采为之序。采有例言,称'列国论'中尚阙'杂国'一题,'四传断'中僖公阙十余年,文公全阙,襄公以下亦全阙,采间为补之。'书法解'为目多端,仅成一则。溥与采倡立复社,声气交通,蔓延天下,为明季部党之魁。其学问多有涉猎,未足专门……至于经学,原非所擅长。此书为未成之本,亦别无奥义。采等以交游之故,为掇拾补缀而刊之,实不足以为溥重也"②。后面几句话,很有道理。一是张溥的主要功绩,在于创建并领袖复社,而并不在于学问。二是张溥的学问很广泛,没有专门。三是朋友之道,气谊为重。张溥年仅四十,盛年下世,没有时间做更多的学问,已经成型的著作,朋友为之补缀刊行,正符合复社的精神。如杜濬,易代之后,自己生存都是问题,但帮朋友搜罗遗稿,刊刻专集,不遗余力,正是复社重气谊精神的体现。

张溥的史学文章,善于抽绎历史的规律而加以通俗的议论,以发怀古之幽

① 张采《知畏堂文存》卷 2《西铭近集序》。

② 《四库全书总目》卷 30。

思，而叹现世之忧患，有一定的现实针对性。其中《春秋周平王通论》《周论》《鲁论》《齐论》《卫论》是张溥读史的笔记式议论文章，分别阐述了对有关问题的观点。

首先，体现了张溥的独立见解，有一种敢于否定前贤定论的精神。如在《春秋周平王通论》中，张溥提出了一个与众不同的观点：周朝有国实际只到周平王东迁，周朝八百多年的历史，并不符合历史事实。《周论》又说："言周享国之久者，以为历主三十有七，历年八百六十有七，终古一见也。然东迁以后，王事尽矣。地不大于曹滕，民不众于邾莒，为之君者，又多不可道者焉。""周之正位乎天下，仅得三百五十有余岁也。"①是说周王朝实际到平王东迁后不久就结束了，后面就是列国纷争的历史，而不是统一的周王朝。

其次，张溥尊重历史事实，而不为前贤的粉饰所迷惑。公元前770年以后，虽然表面上有一个周天子，但势力逐渐衰弱，地盘逐渐缩小，人口逐渐减少，更没有对诸侯的约束力。因此，诸侯并不理会，也不尊重天子，并且发生了一系列侵辱王权的事情。尽管前人的描写尽量美化周天子，周王室已经难以摆脱衰亡的命运。"繻葛之战，祝聃射王中肩，而《春秋》犹书蔡人、卫人、陈人从王伐郑，所以存君臣也"②。此事发生在鲁桓公五年、周桓王十三年（公元前707年），平王东迁后不久，就失去了对天下的控制，并且与郑国结怨。等到周桓王伐郑，根本就是胡闹，蔡人、卫人、陈人从王伐郑，不过是象征性的，刚一碰头就撤走了，周桓王的部队被郑军包围。好在郑军并没有杀掉桓王，只是让他肩上中了一箭，有个记性。

其三，张溥探讨了周天子失势的原因，在于没有很大的国土，没有很多的臣民。原因何在？在于分封，从周朝立国，已经埋下了祸患。犯有同样错误的是汉朝，分封刘姓诸王，酿成"七国之乱"。如果不是及时调整政策，汉朝也早就失去对天下的控制。虽然张溥没有明说，明王朝也面临着同样的问题，但已经认识到朱元璋分封的严重后果。从明初到中叶，多位朱姓王爷的反叛，给明王朝带来了很大的灾难。所幸的是有能臣良将如仇钺、王守仁等平定（《宗室论》），否则后果不堪设想。

但更严重的问题，是张溥并没有认识到的宗室对国家的伤害。因为"王"太多而消耗了国家五分之四的财富、土地，皇帝反而没有力量维持政权的正常运

---

① 张溥《七录斋诗文合集·论略》。

② 同上。

行，更谈不上很好地备边。只有加紧盘剥，以增加朝廷收入；裁撤军队、冗员、驿站以减少开支，结果是点燃了农民起义的导火索。诸侯王的不法行为，又加重了当地百姓的反抗情绪，最终导致了民心尽失，农民起义爆发。可以这么说，王室掏空了明王朝的根基，农民起义推倒了大明政权。

《鲁论》《齐论》《卫论》等专题史论，也是就具体问题阐述了国家或政权衰亡的原因，见解深刻，具有现实的参照意义。《齐论》中说："齐桓公，五霸之贤者也。身死之后，五子争立。无诡立三月而受弑，孝、昭、懿、惠继之。然昭公弑孝公之子，懿公又杀昭公之子，而其臣邴歜、阎职复以懿公之虐，怨而弑之。故五公子虽皆为君，而不成乎君。自此以往，其乱遂未绝也。顷公惩马陉之辱，归而修德救民，可谓善补过矣。"如果一直这样下去，齐国必然强大。但就是这位齐顷公，又"以妇人之笑而启祸于强国之大夫，非所以自正也"。最终，齐国的国君从姜姓演变为田姓（田氏代齐）。在这篇《齐论》中，张溥先将齐国的历史简要概述，而重点举例的是国君的失德和国家的失序，在上者自身不正，在下者不遵规范，国家失去了基本的秩序，最终只有灭亡。姜齐如此，朱明又何尝不是！历史上有一种难解的现象，即易代前后，论史者增多，史学空前繁荣。易代前，是敏感的文人产生了忧患意识；易代后，是伤感的文人进行了悲痛回忆。

三、专题探讨崭露用世才能

复社诸人讲究实用的学问，即便探讨经史，也是为了吸取经验教训，为现实服务。张溥虽然没有赶上参加首善书院的学习，但专门向徐光启学习了一些实用知识。而在翰林院学习中，既有经史学问，也有不少实用知识是必须掌握的，如钱粮、兵马、赋税、农桑等。翰林院的教习，原先是由翰林侍读或侍讲学士担任，有时也用詹事府少詹事担当，"万历以后，掌教习者，专以吏、礼二部侍郎二人"[1]。从张溥的"馆课"和"论略"中，我们可以窥见他至少学习了兵马、救荒、水利、治安等方面的知识。相关的专题文章主要有《备边论》《治河论》《马政论》《任边将论》《备倭论》《赋役论》《征贷论》《诏狱论》《钱楮论》《建学论》《盐法论》《兵论》《治盗贼议》《海防议》《江防议》《东南水利议》《屯田策》等等。说明张溥的学识准备，已经涉及社会生活主要是政治统治的主要方面，也说明翰林院的培养，是朝着实用方向设计课程的。庶吉士有储相之目，并非偶然。

---

① 《明史》卷73《职官》三。

张溥的《东南水利议》,是一篇很有意思的文章。作者先将明代治理东南水利的历史回顾了一通,也赞美了一遍,然后提出他认为最理想的方案:“泄理多方,而为术有要,无过于胡御史体干之六策矣。其言曰:开泄水之川,浚容水之湖,杀上流之势,决下流之壑,挑潮涨之沙,立治田之规,而又请专设督理之官。呜呼!尽之矣!然而,禹贡之道虽存,谤书之来可惧。则当不避嫌怨,以图成功。”等于说前面那些管理东南水利的官员,虽然已经尽力于东南水利,但并没有彻底解决水患,问题是河道会不断淤塞,也就需要不断疏浚。所以,解决东南水患,需要一个科学的治理方案,更需要一个长效的机制。

东南水利建设,需要对东南地区的地理环境有整体的了解,才能提出完整而系统的解决方案。首先要明白,东南地区的水患来自何处。“昔者共工与颛顼争为帝,怒而触不周之山,天柱折,地维绝。天倾西北,故日月星辰移焉;地不满东南,故水潦尘埃归焉”①。这则神话前面的是想象,后面的是事实。东南地区本身地势低洼,就是水流淌的方向,古人早就明白。但具体到太湖周边直到松江数郡的水患,一个是发源于天目山的水系,一个是上流各种河湖的汇集,一旦长期降水,太湖难以容纳,必然下泄,太湖水出海通道不畅,就造成水患。所以,胡体干的方法是可取的,被张溥称为禹贡之道,就是要排泄通畅,容纳有效,上流拦截,下流疏通,以确保不损害农田。这样的理念,与今天的方法一样科学。但实施起来相当困难,因为不同的州郡,有各自的利益,所以需要朝廷统一部署,统一调度。在水患即将发生的时候,上游需要有效拦截削峰,就需要巢湖、石臼湖、固城湖、长荡湖、滆湖一起拦蓄,以减轻太湖的压力。而杭嘉湖平原、苏松平原三条主要的入海通道需要及时疏浚,以确保泄洪需要。

明白了如何治理东南水利,就需要具体的可操作方案。于是,张溥提出了一系列措施,如某项事宜,某某之什么主张可以效法之类,涉及到工部专员总体掌握、地方州郡通力合作、民力使用、奖惩赏罚、钱粮开销等方面,并且张溥预测了治理效果。

论一下东南水利,似乎只表现了张溥的水利知识,其实里面是一个系统布局,是整体看待东南水利,而不是局部。

文章的结构很有讲究,先说辉煌的历史,再说眼前的问题及其严重性,再推出最佳方案,落实到具体步骤,展望美好的前景,将现实性、可操作性、重要性结

① 《淮南子·天文训》。

合在一起，很有科学性和说服力。

《治夷狄论》的写法，则以对比为主：

> 三代而下，受命之正者，无若汉唐与宋。然创业之君，往往不能得志于夷狄。汉高之雄，而有白登七日之围；唐之高祖、文宗，代隋有天下，而不能不求助于突厥；宋祖择用将帅，折冲北方，而仅有郭进、田钦祚之胜；传于太宗，分兵出雄州、飞狐、雁门，而不免岐沟之败。甚哉！夷狄之难以中国理也。及于明之二祖，入燕而元主出塞，破开平而奔应昌，本雅失里之败，玄石、禽胡、清流之地，无不铭焉。斯独何欤！盖汉唐宋之天下，皆得于中国之人。蛮夷乘其衰乱战斗之隙，自养于强大，故中国不能为之备，而反籍其力。明则以中国之人，正夷狄之祸，因其弊而为之君长，此赵秩所谓"生华帝华"。从来有天命者，未敢望于斯也。然而，后事之失，或有同焉。己巳之变，近于澶渊之盟；庚戌之难，近于甘泉之警。要其得失数殊，不可不察也。景德之时，掳掠深、祁间。寇准身为重相，先练师而后请亲征。王钦若幸金陵、陈尧叟幸成都之谋，准力折焉，而引裾以要之出。卒也大驾渡河，捷凛告毙，契丹困十余日而始许和。息兵之后，行旅交通，边城晏闭。真宗既崩，隆绪集群臣，罢市举哀，戒沿边州郡毋作乐犯讳。则河北之举，以战为和，准所以内度中国之势，外安夷狄之情者，亦已至矣，岂若王振之委君土木仓皇北狩哉！汉文之世，诏将军陈武等无议兵，卒以公主之降。中行说教单于以窥边，是以有回中之火。而文帝终以顺天恤民，有六将军之备，而不勤师于远。嘉靖庚戌之前，吉囊、俺答二酋，分道入寇。学臣胡松发愤而言，以为山西之祸，大同实成之，而遽犯当路之忌。朝廷不罪镇巡，而反罢其官。至八月之警，天子始忧坐西斋宫。而杨守谦以勤王被诛，仇鸾以纵敌膺赏，则相嵩之罪烈也……

张溥使用的是历史故事，在平淡的讲述中进行对比。一组对比是汉、唐、宋之得天下，与明对比，汉、唐、宋立国于夷狄强盛之时，虽然也受到夷狄的攻击甚至挫辱，国力却能够逐渐强盛并取得胜利。而明得天下于夷狄衰弱之际，却有己巳之变、庚戌之难，不可思议。另一组对比是御驾亲征，宋真宗御驾亲征，是打出和平，而明英宗的御驾亲征，是明军主力被歼，皇帝被俘，丧师辱国，这是张溥心里明白但不能明说的。还有一组对比是宰相，宋真宗用寇准，力排众议，坚决抵抗，策划御驾亲征，当然是做好了充分的准备，于是取得胜利。而嘉靖皇帝用严嵩，却是杀害有功之臣而奖赏纵敌之将。不仅忠奸立显，更暗示了张溥对当今首辅的担忧。

虽然专题文章讨论的是具体问题，但如《备边论》《治河论》《马政论》《任边将论》《备倭论》《赋役论》《征贷论》《诏狱论》《钱楮论》《建学论》《盐法论》《兵论》《治盗贼议》《海防议》《江防议》《屯田策》之类的文章，显示了张溥所具备的调和鼎鼐知识储备和能力修养。并且，在《士品臣品议》《拟兴民行端士习以正人心以固邦本疏》《立朝以正直忠厚为本论》等文章中，虽然不是正式的奏本，但凸显了张溥从端正学风、士风到端正官风的主张，是对建设治国精神基础的勾画。即便在品评前贤，也流露出张溥的夷夏之辨和忠君爱国的精神。张溥一生并没有处理过任何军民事务，谈不上有管理经验，但对具体问题提出的看法，是经过深思熟虑的。《两直论》中对抗敌指挥中心前移的主张，《女直论》中对东北事务源流探讨尤其是检点明王朝的失误，符合实际而唏嘘再三。

四、评点题词勾勒文学流变

在浩如烟海的文山诗海中，张溥用难以想象的时间精力，搜集前人的文章诗赋，依人为系，结为文集，这就是《汉魏六朝百三家文集》。逐一题辞，加以评点论述，并用总序，简明扼要地勾勒了汉魏六朝的文学发展，极为精练而富有文采，是思想性、艺术性高度结合的优美散文。

《汉魏六朝百三家文集》是张溥多年的心血结晶，而被四库馆臣几乎否定。“自冯惟讷辑《诗纪》，而汉魏六朝之诗汇于一编；自梅鼎祚辑《文纪》，而汉魏六朝之文汇于一编；自张燮辑‘七十二家集’，而汉魏六朝之遗集汇于一编。溥以张氏书为根底，而取冯氏、梅氏书中其人著作稍多者，排比而附益之，以成是集”[①]。然后举例逐条指出张溥编辑采集的错误，有十数条之多。应该肯定，四库馆臣很有眼光，指出这么多错误，依然将张溥的《汉魏六朝百三家文集》一百一十八卷收入“四库全书”，是不得不承认它的价值在于“元元本本，足资检核”[②]。说明张溥搜罗编辑，并没有像四库馆臣那样肆意篡改甚至漏抄。但也应该注意到，张溥经营《汉魏六朝百三家文集》有年头，并非短期行为。在已经收集一百四十五种之后，才看到张燮的刻本，不存在抄袭的问题。“遍求义类，断

① 《四库全书总目》卷189。

② 同上。

自唐前，目成掌录，编次为集，可得百四十五种。近见闽刻七十二家，更服其搜扬苦心，有功作者”①，张溥没有否认别人的功劳。而对每一家进行评点的题辞，更是创举。结合总序，分之是各家介绍评论，合之则是汉魏六朝文学简史。且文笔洗练，简要酣畅，观点鲜明，脉络清晰，素描中见文采，委婉间有精神，在明季小品文流行的环境中，可以看作是百篇(含总序)文学史论小品文。

综观张溥的散文，很少找到数千字的篇幅，基本上是五百字到一千字左右的文章。一方面，张溥用简短的文字说明了重大的问题，或承载巨大的信息量，是文章高手所为。另一方面，明季盛行短文，环境使然，称为“小品”。“小品”本指佛经小文章，源于六朝鸠摩罗什翻译的《小品般若波罗蜜经》。两晋南北朝大量翻译佛经，佛教盛行，佛经畅销，直接影响了中国文化的演变。鸠摩罗什翻译的佛经，具有“空前的译艺，文质彬彬，确乎是一代不朽的盛业，佛教巩固的基础”②。不仅有助于佛教的传播，也活跃了中国知识阶层的思想，并有助于文艺理论及文体学理论体系的建设。

佛经中短小精悍的文章，不仅很快扩大了佛教的影响，也为文人的写作提供了新鲜的参考范本。《孟子》《庄子》《荀子》之类长篇大道理文章，很少再出现佳作。相反，小品盛行，名篇如云。因为基本上是散文文体，而可以包括一切短小精悍的文章，纵横开阖，发挥自由，故受到广泛欢迎。内容上大到国家运数、朝廷动向，小到山水之乐、读书杂记，无所不包。明代小品大家甚多，文章如云。崇祯五年，陆云龙等选评明代十六家小品，人各二卷，计三十二卷七百六十五篇文章，为一时盛行之选本。选到的大家，从徐渭到曹学铨，多为晚明人士，尚有健在，如公安、竟陵领袖人物。而谭元春与张溥等人，本有交往。由此看，张溥文章类小品化，亦属常理。

汉魏六朝百三家集序

文集之名，始于阮孝绪《七录》，后代因之，遂列史志。马贵与《经籍考》详载集名，人物爵里，著作源流，备具左方，览者开卷，大意已显。然李唐以上，放轶多矣：周惟屈原、宋玉，汉惟枚乘、董仲舒、刘向、扬雄、蔡邕，魏惟曹植、陈琳、王粲、阮籍、嵇康，晋惟张华、陆机、陆云、刘琨、陶潜，宋惟鲍照、谢惠连，齐惟谢朓、孔珪，梁惟沈约、吴均、江淹、何逊，周惟庚信，陈惟阴铿。

---

① 张溥《七录斋近集》卷8。

② 张曼涛《佛教与中国文化》第68页。

千余年间，文士辈出，彬彬极盛，而卷帙所存，不满三十余家。藏书五厄，古今同慨。晋挚仲洽总钞群集，分为流别，梁昭明特标选目，举世称工。澄汰之余，遗亡弥众。至逸书编于豫章，古文钞自会稽，巨源宝经龛之帙，容斋发故簏之藏，赵宋诸贤，戮力稽古，不能追续坠简，铺扬词苑，亦惟委之时运，抱痛河海而已。

余少嗜秦、汉文字，苦不能解。既略上口，遍求义类，断自唐前，目成掌录，编次为集，可得百四十五种。近见闽刻七十二家，更服其搜剔苦心，有功作者。两京风雅，光并日月。一字获留，寿且亿万。魏虽改元，承流未远。晋尚清微，宋矜新巧，南齐雅丽擅长，萧梁英华迈俗。总言其概，椎轮大路，不废雕几。月露风云，无伤骨气。江左名流，得与汉朝大手同立天地者，未有不先质后文、吐华含实者也。人但厌陈季之浮薄而毁颜、谢，恶周、隋之骈衍而罪徐、庾，此数家者，斯文具在，岂肯为后人受过哉？

余自贾长沙以下迄隋薛河东，随手次第，先授剞劂，凡百三家，卷帙重大，余谋踵行。古人诗文，不容加点，随俗为之，聊便流涉，无当有亡。评骘之言，惧累前人，何敢复赘。每集叙首本末，微见送疑取难，冀代筵叩尔。别集之外，诸家著书，非文体者，概不编入。其他断篇逸句，虽少亦贵，期于毕收。但家无乘书，妄谭远古，縢囊漏挂，宁免讪笑？倘世有蓄文德之别部，大思光之《玉海》者，则愿负担以从矣。娄东张溥题。

阅读这个序文，总体印象是高古深奥，语言文字古朴，与六朝文风相近。这篇序言，首先交代了"集"的由来，肯定了前贤的功勋。汉魏以前，文人的作品虽然存世不少，但并没有个人的专集之名，是阮孝绪开创先例，将作家的文章汇集编辑，成为单独的集子，众人的专集合起来加以著录提示，称为"文集录"。"普通（南朝梁武帝萧衍年号，520—525）中，有处士阮孝绪，沉静寡欲，笃好坟史，博采宋、齐以来王公之家凡有书记，参校官簿，更为'七录'，一曰'经典录'，纪六艺。二曰'记传录'，纪史传。三曰'子兵录'，纪子书、兵书。四曰'文集录'，纪诗赋。五曰'技术录'，纪数术。六曰'佛录'。七曰'道录'。其分部题目，颇有次序"[①]。从此以后，史书的志里就有了专门的分类。而马端临（字贵与）则发明了体例，将作家的生平有关资料罗列其中，使读者开卷即知大概。

---

① 《隋书》卷32《经籍志》一。

接着,张溥如实介绍了汉魏以来唐朝以前各家文章的结集情况,很不乐观。尽管费力已多,而名集不过三十家。所以,挚虞、萧统等编选辨别,保留了相当一部分作品,居功至伟。顺便说一句,由于此际有昭明太子这样的人忙于搜集,也有无聊的人忙于作伪,故魏晋时期伪书亦多。到宋代,出现许多如洪迈这样的学者,稽古辑佚,接续文脉,为后人的工作提供了许多方便。

重要的是,后面短短的几句话,张溥说明了四个极为重要的问题:一是张溥见到了闽刻七十二家本,搜集了文集三百四十六卷[①],极为敬佩张燮(万历举人)的稽考之功,“其搜扬苦心,有功作者。两京风雅,光并日月。一字获留,寿且亿万”。而张溥自己,已经搜集了一百四十五种,正在进行编辑整理。虽然没有明说参考,但直接点明,没有埋没别人的成就。二是勾勒了汉魏六朝的文学流变,标出了各个时期的主要特点,是精辟的文学史描绘。三是对作家“先质后文”的评价,阐明了文章写作的演变规律,是精辟的见解。四是对六朝诗文风格的判断,客观说不能由几个作家承担责任,是时代风气和后人的曲解造成。最后,张溥介绍了自己的编选标准和体例,为后人的使用提供方便。

体制短小,容量巨大,勾勒清晰,点评精确,以六朝文笔评点六朝文集,是这篇序文最大的特点,也是文章的价值所在。而张溥的一百零三家集题辞,就是对一百零三家的提要与评论,类似于文学史的作家作品介绍,对后世的文学史编写,有直接的参照意义。录数篇于下,并作简要说明。

贾长沙集题词

屈原为楚怀王左徒,入议国事,出对诸侯,深见信任。贾生年二十余,吴廷尉言于汉文帝,一岁中,超迁至大中大夫。此两人者,始何尝不遇哉!谗积忌行,欲生无所,比古之怀才老死,终生不得见人主者,怨伤更甚。即汉大臣若绛灌东阳数短贾生,亦武夫天性,不便文学,未必谗人罔极,如上官子兰也。太史公传而同之,悼彼短命,无异沈江,汉廷公卿莫能材贾生而用也。蔽于不知,犹楚谮人耳!贾生汉安策,无过减封爵,重本业,教太子,礼大臣数者,于天子甚忠敬,于大臣无不利也。怒之深而远之疾,何为乎?史记不载疏策,班固始条列之,世谓于贾生有功。然身既疏退,哭泣而死,焉用文为?太史公阙而不录,其哀生者深也!时政诸疏,杂见新书,顾伦理

① 闽刻七十二家本详情,见殷孟伦先生《汉魏六朝百三家集题辞注》的考证注释。

博通，不如本疏，揣摩家庭，登献华屋，草创润色，意者亦有殊途乎！骚赋词清而理哀，其宋玉、景差之徒乎！西汉文字，莫大乎是，非贾生其谁哉！

对于贾谊，历来同情其遭遇者甚众，冷静分析者也不少。李商隐有诗《贾生》："宣室求贤访逐臣，贾生才调更无伦。可怜夜半虚前席，不问苍生问鬼神。"王安石也感叹："一时议论略施行，谁道君王薄贾生。爵位自高言尽废，古来和啻万公卿。"而贾谊对皇帝说的几件事，恰恰就是明代出问题的事情。"减封爵，重本业，教太子，礼大臣"这十二个字，正是明王朝的问题所在。就"礼大臣"而言，这实际上是孔子早就说过的话"君使臣以礼，臣事君以忠"①。而明王朝的君王只有在一定的时候或一定的心情之下才能做到。特别是杖刑，用在朝堂之上，是极大的无礼。换言之，君对臣无礼，则臣亦不必忠于君。从朱元璋开始，对官员的廷杖，打烂的是书生的肉体，损坏的是士林的精神家园。明代的廷杖从朱元璋用于惩治犯事的官员开始，逐渐演变为皇帝意气用事的工具。明中叶之后，谏武宗南巡、谏阻世宗封生父皇号的百位大臣，在廷杖下相继伤亡，不仅是君臣的意气用事，也是文人耿介忠贞修养与沽名钓誉心理的扭结，直接导致了晚明君臣的离心离德。廷杖只是表象，其本质是撕裂了自汉代以来建立起来的家国观念和君臣精神关系。这个问题孔子说了，贾谊论了，有多少统治者重视了呢？张溥既同情了贾谊的不幸，也赞美了贾谊的文字，许为西汉第一，虽不免有所偏爱，亦是情理之言。

蔡中郎集题词

董卓狼戾贼臣，折节名士。陈留蔡中郎时已六十许人，令称疾坚卧，偃蹇遇害，不犹愈昔日死洛阳狱乎？勉强受官，侍中封侯，噫叹之下，身名并殒。虽王司徒轻善人，识者知其不长，然周历三台，鼓琴赞事，杜钦、谷永之诮，终不能为中郎解也。余揣其徙朔方，遁江海，囚形毁貌，不睹天日，几十五年，骤登大官，降谓待，非不欲奋其拳拳之忠，补益国家。当日公卿满朝，栖迟危乱，金章赤芾，岂独中郎？但识不鉴于比匪，谋不出于讨贼，噤口牢狱，爱莫能助。伯喈旷世逸才，余独惜其读《春秋》未尽善耳！汉史未成，愿就黥刖，子长腐刑之志也。设竟其志，即不如子长，岂出孟坚下哉！若家门

① 《论语注疏》卷三《八佾》。

清白，三世同居，却五侯之招，陈六事之本，忧心虹霓，抵独禁近，抱子政之悃愊，蹈京房之祸患，又班生所望景先逝矣。

文章仅三百余字，却概括了蔡邕的一生及其家世、志向、才学和悲惨的结局。背后，是东汉末年的皇帝幼小，奸臣当道，坏人坏到极点，好人也未必全好。明末的朝政，与之何其相似。张溥为之叹息，我们不免想到崇祯十二年惨死的郑鄤。郑鄤是武进横林的著名才子，在朝而敢于谏诤，回乡而学问文章。但不幸遇上了温体仁、吴宗达和敢于冤杀大臣大将的崇祯，被剐了三千六百刀，从崇祯十二年八月二十六的早上下刀，一直割到中午。身上割下来的肉，居然被人买去当药了。“午余事完，天亦暗惨之极。归途所见，买生肉以为疮疖药料者，遍长安市。二十年前之文章气节、功名显宦，竟与参术甘皮同奏肤功，亦大奇矣”[1]。从正德到崇祯，不少奇特的事情接连发生。而皇帝和大臣又各有坚持，明朝也就在上下离心、内外交困中走向灭亡。

王叔师集题词

屈原在楚怀王时，以忠被疏，作《离骚经》，顷襄王立，放之江南，作《九歌》《天问》《九章》《远游》《卜居》《渔父》《大招》，自沉汨罗。其后楚宋玉作《九辩》《招魂》，汉贾谊作《惜誓》，淮南小山作《招隐士》，东方朔作《七谏》，严忌作《哀时命》，王褒作《九怀》，刘向作《九欢》，皆拟其文。汉武时，淮南王作《离骚传》。向典校经书，分为十六卷。东京班固、贾逵各作《离骚章句》。余十五卷，阙而不说。至王逸复作十六卷《章句》，又续为《九思》，取班固二序附之，为十七篇。今世所行《离骚》，皆王本也。东汉文苑，王叔师父子皆有文名，考《灵光殿赋》与《梦赋》二篇，世共传诵。叔师文少有习者，读《离骚》乃见之矣。文字存亡，常有时命，或存己集，或附他书，俱可不敝天壤。叔师骚注，即不能割本书独行，然自以为与原同产南阳，土风哀思，有足亲者。《章句》诸篇与遗文并录，不类巨山《诗序》、康成《诗谱》哉！

王叔师是王逸，东汉中叶南郡宜城（今湖北宜城东南）人，官侍中。其《楚辞

① 计六奇《明季北略》卷15。

章句》十二卷，是最早的楚辞注本。这篇题辞，三百余字，勾勒了楚辞的历史和主要作家作品，并交代了《楚辞》的结集过程。

陆平原集题词

陆氏为吴世臣，士衡才冠当世，国亡主辱，颠沛图济，成则张子房，败则姜伯约，斯其人也。俯首入洛，竞靡晋爵，身事仇雠，而欲高语英雄，难矣！太康末年，衅乱日作，士衡豫诛贾谧，俛得通侯，俗人谓福，君子谓祸。赵王诛死，羁囚廷尉，秋风莼鲈，可早决几。复恋成都活命之恩，遭孟玖青蝇之谮，黑幰告梦，白帢受刑，画狱自投，其谁戚哉。张茂先博物君子，昧于知止，身族分灭，前车不远，同堪痛哭。然冤结乱朝，文悬万载，《吊魏武》而老奸掩袂，赋《豪士》而骄王丧魄。《辨亡》怀宗国之忧，《五等》陈建侯之利，北海以后，一人而已。排沙简金，兴公造喻，子患才多，司空叹美，尚属轻今贱目，非深知平原者也。

陆机(261—303)，字士衡，苏州吴县(今吴中区)人，东吴将领陆逊孙。云间陆家具有辉煌的历史，又有悲惨的结局。当年其祖父陆逊破刘备，几乎毁掉了蜀汉政权的军事力量。父亲陆抗，也是东吴名将。陆机二十岁时，东吴灭亡。从此隐迹故里，著述为乐。不想十年后，居然到洛阳“上班”了，成为西晋的官员，又不幸卷入诸王之争，与弟陆云一起被杀。

题辞并没有赞美陆机的才华，也没有回顾其祖上的光彩，就其人生选择的悲剧展开议论。在张溥看来，陆机的选择，最好是张良那样，能为我报仇，我即为你效劳；或者像姜维那样，报答知己，信守承诺，直到奉献生命，青史留名。可是，陆机没有选择正确的出路，“俯首入洛，竞靡晋爵，身事仇雠”，贪图名利，不甘寂寞，落得个被杀的下场。

张溥指出，陆机至少犯了三个错误：入洛是一错。西晋灭亡了东吴，作为吴之世臣，国亡主辱，学张良或姜维，才是应做的事情。不仅未能殉国，反而俯首入洛，身事仇雠，不可理解。离刀俎而不去，是二错。被投入大牢，命在旦夕，已经是严重的预警，获救后居然没有反应过来，依然贪恋爵位。前车之鉴不见，是三错。当年的知音张华，位高权重，居然被族诛，陆机识相，就应该赶快辞官归里，或许性命无忧。一错再错，兄弟二人的性命就此搭上了。

文章的立意，并不在介绍陆机的文集，也不在颂扬陆机的文才，在于检讨陆机的错误，从一个侧面表现了张溥的忠义思想，也是复社人的基本认识。所以，明清易代之际，复社人的选择是抵抗、殉节、殉难、隐逸。虽然不免有两截人，少之又少，不影响复社的整体精神。“秀水朱竹垞（彝尊）曾于吴江吴扶九（翻）所，得《复社姓名录》，以其后事征之，死于布褐而无闻焉者十之三，当官不苟、学行显于四方者十之六，自毁其名行者特十一耳”①。虽然意在肯定复社人的学问气节，但并不符合实际情况。应该说，死于布褐而无闻焉者十之六七，当官不苟、学行显于四方者十之三四，自毁其名行者，屈指可数。因此说，复社的忠孝节义思想，非常鲜明。同样，在评点仕历三朝的江总时，张溥也是这样的态度，且语词更为犀利。

江令君集题词

后主狎客，江总持居首，国亡主辱，竟逃明刑，开府隋朝，眉寿无恙，《春秋》恶佞人，有厚福若是者哉？自叙官陈以来，流俗怨憎，群小威福，摧黜繇命，识者笑其言迹乖谬。及考之史书，后庭荒宴，罪薄“五鬼”，自矜淡漠，岂犹任质之谈邪？《六宫谢章》，《美人应令》，艳歌侧篇，传诵禁庭。余则山寺穹碑，法师龛石，标记禅悦，寂不闻有庙堂典议，关其笔札。所谓韦彪枢机，李固斗极，其宴居则何如也。《序》云：“未尝逢迎一物，干预一事。”又云：“暮齿官陈，与摄山布上人游款，深悟苦空，更复练戒。”文人高致，或是贬俗，其如社稷何？后主即不道，非有商辛之恶也；总持即不肖，不若飞廉、恶来也。文昌政本，与时低昂，朝晏夜游，太康无儆，即其恬淡，亡国有余矣。齐梁以来，华虚成风，士大夫轻君臣而工文墨，高谈法王，脱略名节，鸡足鹫头，适为朝秦暮楚者地耳。梁有江总，隋有裴矩，后唐有冯道，三人皆醮妇所羞也。

江总（519—594），字总持，历仕梁、陈、隋，世称江令君。在梁官尚书殿中郎，深受梁武帝赏识。侯景之乱中流落岭南。陈文帝以中书侍郎征召，后主时官尚书令，不务正业，与后主日嬉戏于后庭，写艳诗，编志怪，号狎客。入隋，拜上开府，卒于江都。张溥对于江总的才华能力没有恭维，而是将他与裴矩、冯道并列，均是墙头草，只顾当官，不管谁是皇上。所以，张溥说，改嫁的妇女都会以

① 方苞《方苞集》卷5《书杨维斗先生传后》。

他们为耻辱。张溥行文多平和语，如此辛辣，实属少见。

张溥治学一生，学术性文章无数，但散佚颇多。简单梳理可知，文章千古事，得失在人心。涉及的经学论述，体现了张溥对儒家思想和儒学经典的追本溯源理想。论史，是总结历史的经验教训，为现实服务。谈具体的政务政事，从防边治河到治盗备倭，有独立的判断和策划。评点汉魏六朝的文人及其作品，从人品到文品一一关注。所以说，张溥的学术是全面的，形诸文字，亦可见斯人思绪之深刻、检点之完备、行文之精细。放在晚明小品文的创作潮流中，至少也是上中品。

第三节　张溥的政治性散文

张溥没有直接参与过社会管理，更没有担任重要的朝廷或地方官职，很难用政治家的标准来评价。然而，张溥的政治性论说或涉及政治的辨、记、传等文章，显示的是政治家的气质。一是对道德修养的论述，常见于张溥的序记之中。二是对重大政治事件的记述，阐明了张溥的观点。三是针对时代存在的问题和具体政务的议论，体现了张溥经世致用的倾向。

一、阐述德行修养

张溥认为，文人的德行修养，远在学问文章之上。早在应社成立不久，分题研究，按时会商交流之际，张溥针对数人的《诗经》研究成果写了《诗经应社序》，提出了德才兼备，以德为先的主张。即便是对已加入应社及以后参加复社的诸生，张溥强调的是德行为先，然后才是学问文章。“应社之始立也，盖其难哉。成于数人之志，而后渐广以天下之意。五年之中，此数人者度德考行，未尝急于求世之知，而世多予之。其所以予之者何也？则以其诚也，无意于名而有其实。不婴念于富贵贫贱，而当其既至，皆有以不乱。是故先与乎其人，后与乎其文，为人之道，有一不及于正，则辞之而不敢就。既与其人，而文或有未至者，则必申之以正，因其材之所命而乐其有成，是以邪僻之意无所形之于文。而四方之欲交此数人者，尝观其文而即知其人之无伪，则定社之大指也”①。根据文章的

① 张溥《七录斋诗文合集·诗经应社序》。

内容判断，当作于复社成立前不久，等于提出了入社的要求，需有德行，然后再看学问文章。就道德文章的关系，也是以道德为上。

在《正风俗议》中，张溥指出："风俗之不古也，士子为甚。逆珰之乱，献谄造祠者，倡于松江；奴酋之横，开城乞降者，见于永平。于是天下争言士子之变，沦胥已极，几甚于尧时之洪水，周初之猛兽。要之，此其人不足以谓之士子也。其人虽含气之属，久绝于生民之理。名之以人，而人不与；归之于地，而地不受；苟欲列而谓之士子，则天下之为士者惧矣。"[①]还是强调士子的修养德行，没有德行的士子，比没有文化的流民更具有破坏性。勉强将他们列在士子队伍中，天下士子均会感到害怕，这就是因为他们虽有文化，本质上是洪水猛兽。后面，张溥将士子风俗毁坏的表现及其危害，层层剖析，特别阐述了士子不闻忠义的严重性，进而强调培育忠义精神的意义。文章由浅入深，逐次递进，风格上类似于《庄辛谓楚襄王》。

当然，张溥不是大臣，也没有见到崇祯的机会，议论再好，皇帝不能见到，也就不能像楚襄王那样"颜色变作，身体战栗"而接受教训[②]，选贤授能，重用庄辛。

所以，能够参加应社活动的人，必然是道德修养为张溥认可的人。"予之务察于应社也，与道吉、伯宗、眉生、昆铜论之详矣。宁俭于人之数，而毋受其多；宁舒其时以得其所以为人，而无伤于亟。故阅时而其人至焉，又阅时而其人其文至焉。大约江以南自予与介生、受先、维斗之数人来者，无乎不良也；江以北自道吉、伯宗、眉生、昆铜之数人来者，无乎不良也。苟其一辞之可，凡数人者，无不与闻焉"[③]。

而对于有所不足甚至不良之人，张溥也并非一棍子打死，如对周之夔，多次引导挽救，希望他回到正路。只可惜他已经无药可救，不得已而决裂。

士子有了道德修养，就会约束自己的言行，成为有品行的人，好的士品才能养成好的臣品，这是为君国服务的基础。所以，张溥专门写了一篇《士品臣品议》探讨之。

在张溥看来，君王用大臣，并不是简单的事情，需要从他的幼年、草野状态加以考察。果然是有士品者，必然为贤臣。对于这样的人，就是君王屈身相请，亦未尝不可，如汤之相伊尹，待之以师礼。但名满天下的某些朝中贵臣，其实品

---

① 张溥《七录斋诗文合集·论略》。

② 《战国策·楚策四·庄辛谓楚襄王》。

③ 张溥《七录斋初集》卷1《刘伯宗稿序》。

行不怎么样，所以其臣品实在不值得赞颂。张溥举了两个例子，发表了异于常人的观点：

>……战国之世，天下士争趋如骛，其间犹有凿坯杜门者，然而风下矣。汉武诏求贤良，郡国以公孙弘应，对诏失指罢。已而再举，弘不肯行，强之始前，卒成显相，贵幸无比。一弘之身，胡前后见殊乎？君子于是知公孙之揣摩甚于苏秦也。秦一不得志，则弃强秦而之六国。弘一不得志，则变其朴守而献甘言。木鸢虽巧，不如车輗。墨子见荆王，锦衣吹笙，弘其墨子之术乎？是故高明之君，甚无利乎有顺臣也……①

对于历来为人们称道的两个成功人士，张溥有不同的看法。苏秦的故事，为人们所熟知。但公孙弘的故事，就未必很普及。公孙弘（前200—前121），字季，又字次卿，西汉菑川薛（今山东藤县东南）人，年四十余开始学习《春秋公羊传》，有深解。汉武帝初年，征为博士，出使匈奴，未能贯彻朝廷旨意，免官而归。不久，又以贤良召回，对策符合汉武帝心思，再为博士。后担任多年的内史，升御史大夫。由于熟悉吏事，精于律令，深得汉武帝信任，升为丞相，封平津侯。公孙弘每每顺着汉武帝的意思说话，从不在朝堂上谏诤，从布衣做到丞相，封爵，公孙弘是第一人。承顺，是他获得成功的秘诀。但自己极为勤俭，家无余财，外表宽和，深于心机，是他不倒的保障，直到年八十，终于相位上。张溥的记述略有小误，但为了说明问题，也可以这么说。公孙弘前面犯了错误，诏对不合皇上心意，结果回家了。后来再次应对，取得成功，且一直当到丞相，老死于相位，取得了侯爵。

而另一位苏秦，本来是主张连横的，但没有明白秦王的心思，结果碰壁而归。经过认真揣摩之后，改变自己的主张，终于佩六国相印而归，炫耀乡里。

两个人相似的地方在于成功，而不同的地方在于苏秦改变了自己的主意，也改变了侍奉的主子。公孙弘则没有改变主子，只是改变了自己，就是承顺皇上的意思。不过，在张溥看来，有顺臣并不是好事，至少说明君王并不高明。古代真正高明的君王，是能够与诤臣共事。俗话说，国有诤臣不亡国，家有倔子不败家。就在张溥的时代，崇祯换了五十位辅臣，迎合上意者比比皆是，敢于谏诤

---

① 张溥《七录斋诗文合集·馆课》。

者屈指可数，而明朝终于灭亡了。张溥的预判之准，于此可见。

文章的重点在于探讨士品对于臣品的意义，在儒家经典的熏陶下，养成良好的士品，登上仕途，才会有良好的臣品。而君王的职责，就是发现品行端庄的大臣并重用，而不是只要顺臣。但张溥没有发表空泛的议论，而是从历史的既往、熟悉的实例，阐述用臣之道。

二、扼腕君子之殇

天启六年三月，周顺昌被矫旨逮京，苏州发生了声势浩大的抗议活动，市民领袖颜佩韦、杨念如、沈扬、马杰、周文元付出了生命，后被苏州百姓安葬在建魏忠贤生祠的原址，张溥则写下了在文坛产生巨大影响的《五人墓碑记》：

五人者，盖当蓼洲周公之被逮，激于义而死焉者也。至于今，郡之贤士大夫请于当道，即除魏阉废祠之址以葬之，且立石于其墓之门，以旌其所为。呜呼，亦盛矣哉！

夫五人之死，去今之墓而葬焉，其为时止十有一月耳。夫十有一月之中，凡富贵之子，慷慨得志之徒，其疾病而死，死而湮没不足道者，亦已众矣；况草野之无闻者欤？独五人之皦皦，何也？

予犹记周公之被逮，在丙寅三月之望。吾社之行为士先者，为之声义，敛赀财以送其行，哭声震动天地。缇骑按剑而前，问："谁为哀者？"众不能堪，抶而仆之。是时以大中丞抚吴者为魏之私人毛一鹭，公之逮所由使也。吴之民方痛心焉，于是乘其厉声以呵，则噪而相逐。中丞匿于溷藩以免。既而以吴民之乱请于朝，按诛五人，曰颜佩韦、杨念如、马杰、沈扬、周文元，即今之傫然在墓者也。

然五人之当刑也，意气扬扬，呼中丞之名而詈之，谈笑以死。断头置城上，颜色不少变。有贤士大夫发五十金，买五人之头而函之，卒与尸合。故今之墓中全乎为五人也。

嗟乎！大阉之乱，缙绅而能不易其志者，四海之大，有几人欤？而五人生于编伍之间，素不闻诗书之训，激昂大义，蹈死不顾，亦曷故哉？且矫诏纷出，钩党之捕遍于天下，卒以吾郡之发愤一击，不敢复有株治。大阉亦逡巡畏义，非常之谋难于猝发，待圣人之出而投缳道路，不可谓非五人之力也。

由是观之，则今之高爵显位，一旦抵罪，或脱身以逃，不能容于远近，而又有剪发杜门，佯狂不知所之者，其辱人贱行，视五人之死，轻重固何如哉？是以蓼洲周公忠义暴于朝廷，赠谥褒美，显荣于身后；而五人亦得以加其土封，列其姓名于大堤之上。凡四方之士无不有过而拜且泣者，斯固百世之遇也。不然，令五人者保其首领，以老于户牖之下，则尽其天年，人皆得以隶使之，安能屈豪杰之流，扼腕墓道，发其志士之悲哉？故余与同社诸君子，哀斯墓之徒有其石也，而为之记，亦以明死生之大，匹夫之有重于社稷也。

贤士大夫者，冏卿因之吴公，太史文起文公、孟长姚公也。

翻到吴楚材、吴调和《古文观止》的最后一篇，就是《五人墓碑记》。明代的文章大家，遍布朝野，风格体裁的不同层次不同方面，均是佳作如云、如海。而《古文观止》选明人文章，仅十二家十八篇，就选到张溥的《五人墓碑记》，评之“议论随叙事而入，感慨淋漓，激昂尽致，当与史公伯夷、屈原二传，并垂不朽”[①]，不为没有见地。现在的中学语文课本一般都选有这篇文章，文辞内容已经不是问题，能够理解。但写作背景的交代，对于中学教师讲解有一定的困难。因为，课堂教学时间有限，不可能展开明末阉党干政、魏忠贤专权的介绍，更不可能将天启朝的政治详细讲解。《五人墓碑记》的背景，需要从明熹宗朱由校即位说起。

由于朱常洛从掌权到去世只有四十天，很多紧要事情根本来不及做，也就谈不上教育儿子怎么当皇帝了。所以，朱由校当皇帝，是在仓促之间。还没有成为成熟的男人，更没有进行任何的培养，就要担负起天下重任，确实也难为他了。

说实在的，天启皇帝的脑子病得不轻，从被从女人堆里抢出来，就落下了严重的精神疾病。他不知道该如何当皇帝，因为能够教他的人基本上被他最喜欢的人害死了。也不知道怎样做丈夫，因为他分不清谁是妻子(皇后似乎只是个职业)。更不知道如何做父亲，故生出来的儿子没有一个能活下来。这从他有了一个妖艳的乳母客氏，就已经注定了。从朱由校大婚开始，乳母客氏就大为不满。客氏与朱由校的关系，历史上有既明白又比较委婉的记载：“乳母客氏，

① 吴楚材、吴调和《古文观止》卷12。

侯巴儿之妻，年三十，妖艳，熹宗惑之，封为奉圣夫人，出入与俱。”[①]客氏的魅力，没有因为年龄而有所减退。魏忠贤看到了客氏的实力，竭力讨好巴结。由于朱由校已经成婚，并不能完全掌握在自己手里，而有魏忠贤如此俯首帖耳，也是一种补偿吧。从此两人狼狈为奸，“熹宗言动，客氏密报于忠贤。忠贤告假，则客氏居内；客氏告假，则忠贤留中……于是群小归附，阁臣魏广微认侄，顾秉谦、傅櫆、阮大铖、倪文焕、杨维垣、梁梦环俱拜忠贤为父，客氏为母”[②]。从天启四年年底开始，各种黑名单出炉，共载君子姓名四百，准备一网打尽。而魏忠贤的势力已经足以为所欲为。先是投靠魏忠贤的魏广微编写了《缙绅便览》，“手写所欲起用之人：黄克赞、王绍徽、王永光、徐大化、霍维华等五六十人，目为正人，各加两圈或三圈。又将《缙绅便览》中如韩爌、缪昌期、曹于汴、李邦华、郑三俊等约百余人，目为邪党，重者三点，次者二点，托内阉王朝用转送逆贤处，以行黜陟”[③]。接着，阮大铖、韩敬、王绍徽、崔呈秀、卢承钦等人名下的《东林同志录》《东林点将录》《天鉴录》《东林籍贯录》《东林党人榜》《动林朋党录》《盗柄东林夥》等纷纷出笼[④]，将正人君子尽行列入其中，朝廷的忠奸斗争与正邪较量混合起来，奸邪合流，君王昏聩，正人君子的毁灭性灾难于是发生。从天启五年三月起，朝廷上气氛恐怖，杨涟、左光斗、袁化中、魏大中、周朝瑞、顾大章、周起元、周宗建、缪昌期、高攀龙、李应升、黄尊素、周顺昌等相继毙命。还有大量的正直官员被阉党以审查、流放、罢黜、降级等手段赶出朝廷或拘押。这其中，除了高攀龙死在自己家里最为从容，其他均是惨死。

当逮捕周顺昌的消息传到无锡，并知道自己即将被捕时，六十五岁的高攀龙从容地在家里与家人聊天、饮茶。“攀龙晨谒宋儒杨龟山祠，以文告之。归，与二门生一弟饮后园池上，闻周顺昌已就逮，笑曰：‘吾视死如归，今果然矣。’入与夫人语，如平时。出，书二纸告二孙曰：‘明日以付官校。’因遣之出，扃户。移时诸子排户入，一灯荧然，则已衣冠自沉于池矣。发所封纸，乃遗表也，云：‘臣虽削夺，旧为大臣，大臣受辱则辱国。谨北向叩头，从屈平之遗则。’复别门人华

---

① 计六奇《明季北略》卷 2。

② 同上。

③ 文秉《先拨志始》卷上。

④ 以上诸中“东林”名录，孰前孰后，如何辗转编写，记载颇为混乱，《四库全书总目》提要有相关记录和考证。具体人员也出入甚大，并没有什么标准，大抵根据恩怨派系，将异己之人一并编入即可。简言之，凡是奸邪小人不喜欢的君子，基本上囊括在内。

允诚书云：'一生学问，至此亦少得力'"[①]。高攀龙很清醒，知道这场灾祸发生的必然性，与其瘐死狱中，不如留尸家中。在天启五年的"六君子之狱"，杨涟、左光斗、袁化中、魏大中、周朝瑞、顾大章没有一个不是被打得全身溃烂，筋骨俱断。最惨的当然是杨涟，因为他弹劾了魏忠贤的二十四大罪状，于是受刑最重。从方苞《左忠毅公逸事》中描写的左光斗惨遭酷刑后的伤势，不难想象杨涟经历了怎样的人间地狱。

因为周顺昌立朝刚正不阿，得罪了群小，也不小心得罪有君子，乃书生尚气而已，但主要是对奸佞小人，嫉恶如仇。而对君子，亲密有加。"顺昌为人刚方贞介，疾恶如仇。巡抚周起元忤魏忠贤削籍，顺昌为文送之，指斥无所讳。魏大中被逮，道吴门，顺昌出饯，与同卧起者三日，许以女聘大中孙。旗尉屡趣行，顺昌瞋目曰：'若不知世间有不畏死男子耶？归语忠贤，我故吏部郎周顺昌也。'因戟手呼忠贤名，骂不绝口。旗尉归，以告忠贤"[②]。逮捕魏大中的槛车经过苏州，周顺昌的义气激怒了魏忠贤。遂被矫旨逮捕，押送京城。

天启惨祸中的君子，左光斗，字遗直，安徽桐城人；杨涟，字文孺，湖北应山人；魏大中，字孔时，浙江嘉善人；周朝瑞，字思永，山东临清人；袁化中，字民谐，山东武定人；顾大章，字伯钦，江苏常熟人；周起元，字仲先，福建海澄人；缪昌期，字当时，江苏江阴人；周顺昌，字景文，江苏吴县人；周宗建，字季侯，江苏吴江人；李应升，字仲达，江苏江阴人；高攀龙，字存之，无江苏锡人；黄尊素，字真长，浙江余姚人。除了周朝瑞、袁化中是山东人，杨涟是湖北人，其他均为南方人，主要是江南人。于是，"江南既数见缇骑以为常，而缇骑亦视江南为熟游故道"[③]。

周顺昌被逮捕的过程，史书记录比较简略。"及闻逮者至，众咸愤怒，号冤者塞道。至开读日，不期而集者数万人，咸执香为周吏部乞命。诸生文震亨、杨廷枢、王节、刘羽翰等前谒一鹭及巡按御史徐吉，请以民情上闻。旗尉厉声骂曰：'东厂逮人，鼠辈敢尔！'大呼：'囚安在？'手掷锒铛于地，声琅然。众益愤，曰：'始吾以

---

① 《明史》卷243《高攀龙传》。按：此处未引全，《遗表》上文后有"君恩未报，愿结来生。乞使者执此报皇上"。《别友柬》为"仆得从李元礼、范孟博游矣，一生学问，至此亦少得力。心如太虚，本无生死。何幻质之足恋乎？诸相知统知此意，不一一也。三月十六夜，高攀龙顿首"。（黄煜《碧血录》）

② 《明史》卷245《周顺昌传》。

③ 黄煜《碧血录》。

为天子命，乃东厂耶！'蜂拥大呼，势如山崩。旗尉东西窜，众纵横殴击，毙一人，余负重伤，逾垣走。一鹭、吉不能语。知府寇慎、知县陈文瑞素得民，曲为解谕，众始散。顺昌乃自诣吏。又三日北行，一鹭飞章告变，东厂刺事者言吴人尽反，谋断水道，劫漕舟，忠贤大惧。已而一鹭言缚得倡乱者颜佩韦、马杰、沈扬、杨念如、周文元等，乱已定，忠贤乃安。然自是缇骑不出国门矣。……佩韦等皆市人，文元则顺昌舆隶也，论大辟。临刑，五人延颈就刃，语寇慎曰：'公好官，知我等好义，非乱也。'监司张孝流涕而斩之。吴人感其义，合葬之虎丘傍，题曰'五人之墓'。其地即一鹭所建忠贤普惠祠址也"[①]。虽简略，大致情节已经完备。而当时记载就有很多，计六奇根据有关记录整理出完整的过程，但还是有所遗漏。"诸生王节、杨廷枢、刘曙、郑敷教、文震亨、殷献臣、王景皋、袁征、朱隗、沙舜臣、王一经等，乃迎两台于门，痛哭而陈曰：'周铨部清忠端亮，舆望久归，一旦以触忤权珰，遂下诏狱，百姓怨痛，万心若一。明公为天子重臣，何以慰汹汹之众，使无崩解之患？'言讫，诸生皆痛哭"[②]。实际在场的书生很多，至少还有刘羽翰、杨廷祯、张溥等。"予之识公干也，在丙寅之三月，是时寥洲周先生以矫旨逮京，聚而送者万人。有敝衣华冠抱先生而泣悲不能起者，公干也"[③]。但并没有阻止周顺昌悲剧的发生，也没有能阻止颜佩韦、马杰、沈扬、杨念如、周文元五人于同年十月被杀。而多位秀才，却被除名了。

所以，张溥笔下，一是为周顺昌等十三君子扼腕悲号，二是为颜佩韦、马杰、沈扬、杨念如、周文元五位市民君子扼腕怆呼，三是为秀才君子扼腕叹息，四是为正义遭受戕害而扼腕唏嘘。正是由于应社的核心成员杨廷枢、徐汧、朱隗、刘曙等人的积极活动，发动了十多万苏州市民参与抗议活动，才有颜佩韦、杨念如等五人敢于冲锋在前，成为苏州百姓反抗魏忠贤恐怖统治的勇士。这也让知识分子看到了民众的力量。所以，苏州人民的抗议活动，是知识分子与人民大众结合的一场政治运动，具有超时代的意义。当然，张溥在当时并没有看到这样结合的意义，只是看到了颜佩韦、杨念如等人的大义凛然，比较一般的士大夫，更具有感人的力量。所以，张溥热情洋溢地赞美了五人的大义和慷慨赴死的精神。更为尖锐的是，张溥看到了苏州民变对于朝政的影响。魏忠贤专权，"缙绅而能不易其志者，四海之大，有几人欤"？是士林的羞耻，更是晚明官场的集体

① 《明史》卷 245《周顺昌传》。

② 计六奇《明季北略》卷 2。

③ 张溥《七录斋集》卷 6《杨公干纪略》。

悲剧。但“五人生于编伍之间，素不闻诗书之训，激昂大义，蹈死不顾”，对魏忠贤是极大的震动。因“吾郡之发愤一击”，从此不敢复有株治，一年时间，没有发生动摇社稷的恐怖镇压，不能不说，苏州民变的意义非同凡响。

需要注意的是，张溥文中的时间记忆有误。逮捕周顺昌发生在天启六年(1626)丙寅三月十五，开读激起民变发生在三月十八，而不是在天启七年丁卯。五人遇害在天启六年十月，十三个月后魏忠贤集团覆灭。天启七年十一月，苏州士民拆除了毛一鹭为魏忠贤建的生祠，在原址安葬五义士。也就是崇祯清查逆案取得关键性进展的背景下，苏州的文震孟、钱谦益、杨廷枢等完成了这一义举。天启七年十一月初六魏忠贤在阜城自尽，“听壁厢人静，夜半自起，随解所系之带，悬于梁上”[①]。护卫仆从千余人一时散尽，所携金银珠宝器玩四十车被哄抢一空。他的“五虎、五彪、五狗、十孩儿、二十四小孩儿、四十猴狲、五百义孙之属”[②]，也多得到了清算。但夜台长呼，不闻君子回音；野贤尽起，难救明朝灭亡。

天启七年十一月，苏州百姓撤毁即将竣工的魏忠贤生祠，在原址安葬了颜佩韦、马杰、沈扬、杨念如、周文元五人，称“五人墓”，位于苏州石路阊门与虎丘之间的山塘街，距离两地均三里。原在路边有一巨石，上书“五人之墓”，相传为文震孟手笔[③]，可能是误传。因五人墓西侧葛贤墓，墓碑是文震孟所书，曰“有吴葛贤之墓”。葛贤，原名葛成，“明万历间，以蕉扇招市人杀内监孙隆，参随私设税务者之家，遂自诣狱。伍人义之，更其名曰‘贤’，江淮间称为葛将军。系狱十余年，赦归，卒葬此”[④]。或云吴默(字因之，官太仆卿)书，或云姚希孟书，乃据张溥文猜测。惟有墓门题额“义风千古”四字出自杨廷枢手。如今，五人墓、葛贤墓均保存完好，墓门面向山塘街和山塘河，依据原样加固修复，并扩建了复社纪念馆，合于一园，总称“五人墓”或“义风园”，是著名的旅游吊古景点。

其实，葛成只是一位来自昆山乡下的农民，进城之后成了一名机工。葛成与所有的机工一样，一旦机户因为税收太高而停止生产，他们的生活立即没有着落。所以葛成勇敢站出来承担抗税的责任，得到广大市民的敬重。称之为“将军”，乃是苏州市民的敬意表达。

---

① 朱长祚《玉镜新谭》卷 8《自缢》。
② 黄煜《碧血录》附录《天人合征纪实》。
③ 计六奇《明季北略》卷 2。
④ 姚承绪《吴趋访古录》卷 3。

事情的原委甚复杂，须从嗜钱如命的万历皇帝说起。张居正死后，万历乾纲独断了，不仅在稍后为了可爱的次子朱常洵花费了四十万两白银在洛阳建造王邸，从山东河南封了四万亩良田给他，更为郑贵妃、李应侍等修葺宫室，使本就紧张的财政更为左支右绌。于是，朱翊钧想方设法筹钱，派出了众多太监外出收钱，名曰"矿税监"。这些收税的太监大员，一到地方，培植亲信，拉拢地方官员，竭尽所能为皇上收税。而自己，则顺带也收一份，甚至比皇上的一份还大。孙隆大太监到大苏州，这可是个肥差，苏州经济发达，市场繁荣，可收很多税。于是，在汤莘、杨简等人的帮助之下，孙隆收入极丰，而苏州百姓的生活则陷入了危机。何哉？苏州在明代后期极为发达的是编织业，是机工、机户与布商形成的产业链。而在这条产业链上的不少人物，实际是商而儒或工而儒者，是有文化的有钱人在开工场并经营市场。税收太狠了，工场开不下去，市场不能运转，机户损失惨重，机工失去了生活来源。

这些机工为何一旦失业即没有生活来源的呢？原因即在于明代中后期严重的土地兼并，导致了大量农民失去土地，成为流民，没有了最后的退路，来到城市务工。一旦失去工作，他们的生活资源即为空。葛成就是这样一位，而与他相似的人在苏城则有成千上万。所以，在孙隆的逼迫之下，机户停工了，机工生存成了问题。于是，在士农工商共同需要的情况下，市民阶层走上了前台，这就是发生在万历二十九年(1601)的苏州抗税监斗争。如果简单地看，这只是一场市民运动，甚至可以认为是刁民闹事。深层看，是官民矛盾。更深一层看，是封建政体与资本主义生产关系之间的矛盾，封建统治者没有认识到这一新型的生产关系的利用价值。再深一层看，市民阶层的成分有了重大变化，形成了新的市民阶层，包括了士农工商各个阶层，甚至还有一个特殊阶层：缙绅，在位时是封建政治的维护者、执行者，离位之后，特别是参与到市场经济的动作中，他们看到了封建政体的不适应性，产生了改良的愿望，但不敢走到前台。于是，机工们就成了各层级市民的代表，葛成即成了机工们的代表。这在中国社会发展过程中，是一个值得关注的事件。

此后不久，苏州又爆发了更大规模的市民运动：抗逮周顺昌事件。同样，表面看是市民运动，但本质上，是代表先进生产力及先进生产关系的东林、应社学人与市民各阶层结合，进而反抗封建(没落腐朽)政体弊端的斗争。

周顺昌事件，只是天启惨祸中的一例，但比其他十二君子更加耸动天下，根本原因在于市民阶层中有了"士"，有了"缙绅"，就有了灵魂有了主张。尽管这场斗争以失败而告终,但其唤醒作用不容小觑!

事件的起源,还在万历皇帝,在张居正死后,大权独揽,为所欲为。但臣子们也不是完全的忠顺,认为坚守祖宗之法也是一种忠。所以,当朱翊钧欲将朱常洵立为太子之时,大臣们不干了,即便廷杖了,也无所畏惧。因此,面对大臣们抬出祖训"有嫡立嫡,无嫡立长",朱翊钧只好采用了一个办法:拖。搪塞的理由是等皇后生了儿子再立为太子。当然,臣下很明白,他终年不见皇后,焉得有子?无非是将立储之事压下来,将来有时机再办。然大臣争国本很是着急。于是,有人上书急呼了,也就把皇帝得罪了,结局就是"削籍归",无锡顾宪成就是这样一位代表,时在万历二十二年。

顾宪成回到无锡后,与弟弟顾允成、同乡先进高攀龙一起,办学授徒,从教授弟子侄儿之辈,到收徒讲学,规模越来越大。于是,就须寻觅一个处所办个像样的学校。正好,城东有一块空地,那是北宋后期杨时讲学的地方,位于梁溪之畔,收拾一下,再建几栋教室校舍,就有了东林书院。

小小东林书院,由于是以"礼"的名义谏诤失败后回乡的清流之士所办,不仅得到士子的趋之若鹜,更得到了敢想而不敢言的诸多清流官员的青睐,纷纷来到东林,既能讲学,亦能月旦人物、评论时事,自然形成一个政治观念与学术倾向相类的集团——充其量只是一个集团,称之为东林党,并炮制《东林同志录》之类的榜单,纯属斗争的需要,与事实无关。

东林书院是士子、退职官员、当朝贤良、地方士民联系的中枢,除了教习,讲授儒家经典以端正晚明学风之外,还讲授钱粮、兵马、赋税等关切国计民生的实用课程。而无锡当时隶属于常州府,与苏州府相邻,又是纺织业发达的地方,工商界的影响力相当可观。东林书院办在这块土地上,与之联系的经济关系生产方式,成为教学中的实地材料,可以现场发掘使用。而东林学派在封建体制中,就能看到其不能适应新型生产关系的弊端,改良的愿望自然产生并与士农工商保持了一致的前卫,自然也就是当时的先进思想先进文化的代表,与维护封建特权的保守势力极易水火。万历二十九年的苏州抗税监斗争,只是一个预演,抗逮周顺昌的市民运动,方是大幕。虽然结局很惨,颜佩韦、杨念如、沈扬、马杰、周文元五烈士义风千古,照耀同侪。

也正是这场运动中所表现出来的士农工商结合,知识分子参与、发动、领导市民运动,才使统治者感到了惊恐,感到了封建统治的愚昧性落后性,以及保护这种愚昧落后统治的艰巨性,方体现出其残酷性。天启十三君子惨祸,就这样发生了。

或许有人说，天启惨祸，东林冤案，后来崇祯皇帝平反了，恢复了存世东林系官员的职务，也算是进步的胜利、正义的胜利。不然，崇祯为东林平反，不是认为东林正确，而是他斗争进程的需要。说白了，东林，也只是崇祯的一枚棋子。用之，为了对付阉党；弃之，为了保障君王之权威。与崇祯不同，张溥不仅崇敬东林，举复社以绍绪东林，盛赞为东林君子捐躯的五义士，亦是出于敏锐的政治嗅觉与进步的社会意识。因为五义士联结了缙绅，结合了农工商，更结合了诸生阶层，是新型经济关系与进步社会意识的结合体。"吾党"参与其中，也说明了应社成员的进步性，颂美态度与悲愤之情洋溢其间，亦表达了张溥的三观先进性。所以，《五人墓碑记》只看到张溥对颜佩韦等人的赞颂，还未彰显出张溥社会思想的发展与先进性。

三、辨别君子小人

在周顺昌等"七君子"遇难的前一年，是杨涟等"六君子"的悲剧，合称"天启十三君子"惨案。其实，遇害的远不止十三君子，至少还有万燝等人。张溥在崇祯元年，还写了一篇祭文，哀悼魏大中。

祭魏廓园先生文

鸣呼！廓园先生之槛车而过吴门也，当日周忠介公泣而送之，申以婚姻，要以死期。自今思之，犹昨日事尔。未几，而先生酷死。子子敬载丧车还，号恸不食死，其为昨日犹故也。逾年，诏书追录惨死诸君子，先生之忠，子敬之孝，扬暴天下。赐官爵，表宅里，其事犹之昨日也。今年冬十二月，先生少子子一、子闻奉先生与兄子敬之丧归山丘，会葬者数千人。呜呼！先生居官六年，家徒四壁，而卒坐赃三千馀以死。封疆之事，先生罪杨、熊，持法无赦，而又以党杨、熊死。凡为此以杀先生者，深知先生之无罪与先生之贫也。知先生之无罪，故以封疆为名。知先生之贫，故以财重为累。先生当此，有死而已，何暇念身后之荣名、子孙之盛显哉！然先生既没，其风不改。子敬死，复有子一、子闻，志操学问，皆如其兄。四方之士，连辕结辙，登先生之堂。室无完器，门无甃石，贫犹是也。顾诸子则日见贵矣，先生身当患难，志在澄清排击大奸，趋死不顾。而异己者，犹献玉山之讥，进知止之说，此子敬所以反复而哀道也。子敬死，其书独传此，岂特为先生言哉！

当时众正在朝，事幸可为，黾勉同心，义不敢后。及一阴渐长，君子道衰，举国呼号，犹惧弗及。苟有退者，孰遏其流？至于击之不胜，避之不可，不得已而以死继之。古之忠臣义士，放逐流离殒身社稷者，皆由是也，何独疑于今日哉！且正人蒙祸，身备五毒，而奸邪幸保首领，犹擅国家之利，穷声势之娱。即或有时一二贤者获见进用，而谗人随其后，倾危者相属也。是故小人虽败，有余宠；君子虽进，有余惧。善可为而不可为，亦已久矣。然宁为此，不为彼者，盖以秉君父之命，扶人心之绝也。试告之先生，先生其许而示以梦寐乎！

这篇祭文祭奠的人是魏大中，背景又是一段很长的历史故事。魏大中(1575—1625)，字孔时，号廓园，浙江嘉善人。万历四十四年进士，官行人。天启元年，擢工科给事中，四年迁吏科都给事中。立朝刚正不阿，亦曾书生意气，奏论杨镐、李如桢。后因奏劾魏忠贤、魏广微等，大为邪党所侧目。又与叶向高、韩爌、赵南星、杨涟、左光斗等交往，同声气，遂遭报复，贬三秩，出之外，到家不久，被魏忠贤矫旨逮入京，受尽酷刑，死于狱中。

张溥在写这篇祭文时，除了悲悼魏大中及其长子魏学洢之外，更重要的内容是对朝政的议论。天启初年，是众正盈朝的局面，何至于一个魏忠贤，一个客氏，就把朝廷搞得这么恐怖，几乎在一年之内，就将所有的正人君子尽数铲除，正人蒙祸，身备五毒，君子惨死，奸人窃笑，皇上在干吗？小人虽败，有余宠；君子虽进，有余惧，是君王的权术吗？用在盛世，或许是策略，而用在明代亡国征兆频频出现的时候，岂是为祖宗江山思虑！

不仅复社领袖的痛心疾首于“当代史”的著述中，天下君子对于天启朝的阉祸，无不泣血。黄煜《碧血录》所录君子《就逮诗》、遗书、绝笔等文字，字字血泪而不忘忠义，命悬一线而痴心报主，没有为个人的生死担忧，而为国事唏嘘。就是这样一群忧国忧民德高望重的书生，遭遇了人间难以想象的惨毒，“世事至此，欲国之无亡，不可得也”[①]。确实，国家之败亡，国事之不可收拾，并不是几个奸臣就能做到，而是君王创造了奸臣祸害天下的机会。其中的关键，还是君王没有识人用人的能力，不辨善恶贤愚、不分好歹。或为昏君，或为蠢君。张溥祭奠的是魏大中，议论的是崇祯朝局面。朱由校无疑是个昏君，短暂的一生只有

① 黄煜《碧血录》卢文弨题词。

一件事没错，就是将皇位传给朱由检。再错下去，这江山就会传给客氏的儿子或魏忠贤的侄子了。朱由检不是昏君，难以找到合适的词形容之。十七年朝政，五十辅臣，乾纲独断又不知如何决断，咨询群臣却又疑心重重，数不清的失误，道不明的心态。杀袁崇焕、郑鄤，明知无罪；重用温体仁、薛国观，非不知奸。最终丢了祖宗江山，送了自家性命。不知投缳之际，可曾悔恨万端。而当时张溥所担忧的，就是小人虽败，有余宠；君子虽进，有余惧的局面，正是崇祯朝局的实际。

所以说，《祭魏廓园先生文》是一篇祭文，更是一篇政论，论的是君子有余惧的崇祯朝政。当然，崇祯初年的朝政，有忧虑也有起色，重要的是定逆案而并没有将阉党彻底清除，一些瓜葛甚深的人物以正人君子的面目出现在朝堂，或隐匿在士流，就是危险的定时炸弹，必将危及君子和大明的江山。

第四节 张溥的交游文章

张溥是杰出的社会活动家，在应社时期，是实际上的组织核心，最为活跃。复社成立，是从组织到精神领导复社的中心人物。而自贡入太学到进士及第，一步一步提升了张溥的人望。因此，不仅大量后学，即便同辈先进或前辈贤达，也以与张溥成文字之交为荣。在张溥还没有回到太仓的时候，已经有不少后生前来拜师。“溥尚在京师，不及亲炙；相率过娄，造庭陈币，南面设位，四叩定师弟礼，谓之遥拜，浼掌籍者登名社录而去。比溥告假归，途中鹢首所至，挟策者无虚日。及抵里，四远学徒群集”①。张溥对于后学的指点提携，也是不遗余力。即便无名小辈，见到这位复社祭酒也非难事，得到他的序文也只要他有时间。朱彝尊曾说：“天如狎主复社，以附东林，声气相求，龙集凤会，一言以为月旦。四海重其人伦，书晷刻而百函，宾昼日以三接。”②朱彝尊对复社以及对张溥，略有微词，但不得不承认张溥的才气与能力，承认复社的势力影响。说到张溥书信往来频繁，接待宾客忙碌，从侧面说明了张溥在复社发展壮大过程中的作用与贡献，也证明了张溥的才思敏捷，精力旺盛。当然，这是透支性的旺盛，张溥的早逝与此几成因果。而诸多朋友的需要，又往往让张溥应接不暇，难免“自恃

① 陆世仪《复社纪略》卷2。

② 朱彝尊《静志居诗话》卷19。

其才，下笔丰艳，遂无苦工入细”[①]。即便如此，张溥涉及交往的尺牍、文集序及寿序，依然是熠熠生辉的文字，量大而质高。

今天称为应用文的文体，虽然古人没有这么称呼，实际也就是实用文体，在日常生活中不可或缺。如祝寿文、上梁文、祭文、墓志铭、尺牍、传记等。张溥的这类散文，体现了复社领袖的三个方面：一是交游甚广，这是社会活动家和政治领袖的素质。二是重视情谊，这是复社之所以具有极强凝聚力的重要原因。复社文人之间的横向联系与友谊，张溥和周锺就是典型。吴伟业说“世称友道，以周、张为难”[②]，两人情谊甚殷。三是无处无时不关心经史研究，即便书信往来，友情之外，就是谈学问，而没有些许俗务。

一、尺牍中见诚意学问

张溥的尺牍，由于自己没有留底稿的习惯，保留下来的数量有限。在《七录斋集》《七录斋诗文合集》《七录斋近集》中保留的有限的几篇尺牍中，亦可见张溥的风采。总体说，张溥尺牍主要是谈社事、叙友情、论学问、赞朋友。

答宋澄岚

弟之言念诸宋，计自客年涉今，无时可以去怀也。每把一义，若接颜叩向，不独其声尽出，中藏盖或见之。凡天人性命经术理务，兄皆取其诚实重大者以立言，无一形相传近斯，固心能之，不独为文美也。

介生为弟言，澄岚、宗玉，死生患难之友。夫周子博交多爱，未尝轻以死生酬答。而千里之外，委志于两宋，良以反复道德，紬绎隐微，知其人与言之无伪也。虽然此非特周子习之也，弟亦久刊诸胸矣。何则？观夫诸兄意制，所系王道、本人伦者，有以增夫三纲五典之重也。夫达道之五，学者不可一有放失。然自千年之邈，万里之赊，愿之所合，声唤必一，莫若交友神致，是岂俟同官联镳、荣华齐辙，然后欢好哉？

弟尝论究其原，窃谓吾人心盟不数，若夫要诸腑鬲者，固其家前后人之所共，天下后世相与观焉者也。行谊规绳，文业砥束，务同味甘荼，臻于圣贤之门阈，则二三人者，可以久视弗陈。倘徒盛气一时，隐约失守，飏去即失。或不能牢于困厄之际，溘然之余，辟繁花茂蕾，思之不无秋风之悲矣。

---

① 黄宗羲《黄宗羲全集》第一册《思旧录》。

② 吴伟业《吴梅村全集》卷24《复社纪事》。

弟素以此练存心力，过承介生、受先四五兄弟。不夷诸杂交，获坚本念。而介生淘择天下，独推高两兄，良以既得至精，所树所行，终古为杖，弟之条举，盖不徒作定交书耳！

这是一封写给宋继澄的回信，首先表达了张溥对对方的苦苦思念之情。并且着重说明自去年结交之后，一直思念在心，没有遗忘。原因是什么？信中有简要而肯定的说明，一是宋继登、宋继澄兄弟的学问诚实重大，而且阐述的文字优美。二是宋氏兄弟的德行人品，可以是生死至交，不仅张溥这么认为，张溥的朋友也是这么介绍、这么认为的。这进一步表明了张溥对宋继登、宋继澄兄弟的敬佩之情。三是宋继登、宋继澄兄弟的个性，是审慎交游，有古圣贤之风范。因此，张溥认为是同道中人，能够千里之遥而心思若一，想法相同，可以成为学术上的知己。四是强调了张溥与宋继登、宋继澄兄弟在心灵上的相通，精神上的契合，甚至可以说是缘分。针对宋继澄来信的谦恭之词，张溥明确说，这不仅是定交书上写的，更是心里就这么认识判断的。

山东莱阳人宋继澄，吴山嘉有简略的介绍："宋继澄，字澄岚，天启丁卯举人，倡道海滨，士多归之。"[①]宋氏宋继登、宋继澄兄弟及其子侄在莱阳有很大的影响，最主要的是他们以诗书道德传家，又以宋氏兄弟父子为中心创立了一个邑社。虽然规模远不能与山左大社比拟，并且后来合并于山左大社。但是，邑社是以宋氏为基本成员的文社，具有地域性和家族性，结交范围有限，长期存在，稳定活动，而山左大社是临时性的组织，并不是经常性组织严密的社会团体，只是举行文会和编辑文集时结集，人员关系不如邑社严密亲近。

莱阳宋继登、宋继澄兄弟在读书界具有很强的影响力，宋继登父子在仕途均有所建树。宋继登万历三十二年(1604)中进士，官至陕西右参议。宋玫与族叔宋应亨天启五年(1625)同举进士，分别知清丰县和虞城县，"崇祯元年，玫兄琮亦举进士，知祥符，而玫以才调繁杞县，三人壤地相接，并有治声"[②]。《明史》此处记载不确，宋琮是宋玫的堂兄，宋琬之兄。宋继登父子、宋继澄父子在莱阳士林中的声威可以想见。崇祯元年(1628)，山左大社加入广应社，进而成为复社的重要力量，就是张溥不断加强与山东文社联系的结果。而宋继登、宋继澄兄弟，就是张溥于崇祯元年春夏之交返回太仓途中着意结交的人物。分别之

---

① 吴山嘉《复社姓氏传略》卷 10。

② 《明史》卷 267《宋玫传》。

后，有书信往来。这封信就作于崇祯二年，具体时间无考，应是复社成立大会前。

确实，张溥对宋继登、宋继澄兄弟的道德文章如此推许，表达的思念之情如此深切，对朋友的感情如此真诚，在他的身边，怎么能不形成一个巨大的人脉圈，张溥即使不愿意成为文社领袖，也是不可能的。

再如对豫章社的领袖陈际泰、章世纯、罗万藻，张溥也是虚己许人，赞美有加，待朋友一片真心，彼此明白。

答罗文止

教墨远至，兼锡以缣文，忭喜过量，不俟竟纸，便觉此身与古人排肩也。

大道颓敝，士鲜质正，所云经史流病，弟偕受先、介生、子常、麟士、君售辈，正日以刺怀。当今能文之士不乏，只恐信心不返，习书颇辟，伤在品行。微道兄言，固当一出口，况先以坚我，宁不矢永？弟辈每两三聚落，闲校今古，必以兄与陈、章为概。间遇一衣冠音声若江以右者，则欣然乐询之，冀得诸兄行事，概楷法在心，动止关切，不徒文字之戚也。

近介生所称说道兄辈交谊，流连肺肝。弟与受先三四人，似几几于此。然亦不可方矣。窃观三不朽之故，广厚烦重而体要切，人力虽不逮，不可以不为。即立言一途，古人参异不齐，士苟于中得毫绪，使能不死。近览解经作史综述理道之家，阙略可补者，日当升进。欲数陈之，而恇怯未有敢气，不得其传，故无以言也，所孳孳于道兄者，此耳。凡诸著述，勿隐不相示，则弟师正不逖疏矣！

三百六十字，信之短者。先说罗万藻来信，敬重有加。感谢馈赠，一片真心。将罗万藻的古道热肠和盘托出。紧接着就谈了士风学风问题，两人均感到不满，而江右的学问文章，得到了江左人士的高度赞赏，甚至注释解析，均以江右为依归。如此敬重，焉能不教人感动。弟辈每两三聚落，闲校今古，必以兄与陈、章为概。情之所牵，发展到只要听到衣冠之士口音像来自江右，就要询问豫章诸位的学问行踪，希望能够学习到罗、陈、章等的经验方法。真是楷法在心，动止关切。并从立言之难入手，提出希望对方的学问成就，不要束之高阁，要拿出来，让我等效法。

虽然信中语言谦恭至极，似乎有贬低自己的意味。其实，这正是张溥的过人之处，以博大宽广的胸怀对待朋友，团结一切可以团结的力量，成就伟大的事业。

因此，张溥的尺牍，有一个共同的特征，就是虚己推人，将别人的优点充分阐发，从而加深了朋友之间的感情。同时将恢复古学的愿望一再声明，以取得同道友朋的支持。而对方学问中的可取之处，则极力赞扬。诚如张采所说“天如诸简牍，皆随手散去，鲜有存者。偶于箧中得其数札，皆五六年以前者，中有佳论，聊为指出，未可便付水火耳”[①]，确实如此。

二、序文集寓学问友情

复社成立之后，有选文刊刻之举，四方之文汇聚吴江，孙淳、吴翻、沈应瑞等人在熊开元的主持下进行遴选，编辑刊刻《国表》，前后出版四辑，另有《小品》《广业》等名目的选刊，大略相当于今天的学术会议的论文集，同时出版了专题论集。当然，文章众多，仅仅几个人是不能遍览的，张溥、周钟、周立勋、钱旃、朱隗、杨廷枢、夏允彝、吴昌时等也参加编选。张溥当然需要尊重别人的选择，但又要坚持统一的标准，兼顾地区的差异，因而选集比较困难。故第一期《国表》刊刻，由复社领袖张溥撰写序文，既强调了文章的要求，也谈到了刊刻的目的，同时论述了文章存在差异的合理性。等于兼顾了各方的感受，又坚持了文法标准，在多重因素共同影响的情况下寻找平衡。

国表序

鱼山先生以政事之暇，加意今文。所谓应制之涂，同人之义，出其中矣。于是孟扑、扶九、圣符因以广寄乐善，聚四方之业捆而归于先生，取予之间，断断如也。而予与介生、勒卣、彦林、云子、维斗、彝仲、来之，亦于诸子左右其政。大约观地之远近，别其文流。积数常多，而取指贵少，此《国表》之所由刻也。

夫文章之道，言人人殊。学者欲取而一之，域其烦约，采所长而被以有余之名，优所短而长其未成之美，为之主者不亦难乎！然而君子有以辨之矣，出材之区不一其处，别用之道，则存乎人。今以天下之大，概称学者，举绳尺而尽责以太上之事，议其不能而不予以易至之说，则人将虞大道之荒

① 张溥《七录斋集》卷5《答许子洽》眉批。

绝而安其旧常。苟或泛与谬取，不稽其服向，狃于乡党之情，而忘其久远之论，则士无美恶，咸称有群，彼此之意，无所弃受，而贤者不得以表见。二者固物之通害也。当此而欲广其教化之端，必使人皆明其不得已，多为之引而终裁以正，圣贤之道或有存焉。

今观孟朴与扶九、圣符，高气胜情通于朋友，不惮历遐阻、发怀抱，以来千里之驾。溯洄溯潆，其犹古之思乎？不然，何其汲汲也。夫咏昔日之思贤，览今日之求友，即而称之，岂徒文字之谓乎！亦在斯人之伦，无乎不淑也。是故地有其人，人有其文，托于道路之远，告以君子之志，则与乎斯选者，人伦之行，无敢阙如已！

从这篇序言里，我们可以看到张溥的为难之处，坚持选文标准，兼顾地区差异，考虑各方要求，平衡元老情绪等等。若非社会活动家足够的智慧和影响力，很难服众。所以，张溥首先谈选文工程浩大，规模惊人，有几个人专业进行，还有多人共同协作，是告诉众人，所有文章都在检视之列，没有遗漏。是否选用，是经过集体讨论决定的。但文章很多，选择标准非常严格，落选也是正常的事情。

至于文章的评选标准，主要是考虑到主旨上的教化作用、学问上的示范意义、风格上的代表性、地区的代表性，而不是拘泥于文体语言，也没有关乎乡党之情。做到“地有其人，人有其文，托于道路之远，告以君子之志，则与乎斯选者，人伦之行，无敢阙如”。因此，选文照顾到各个方面，而张溥惟恐其不能满足各方诉求，特地在序文中加以说明。尤其是安抚那些没有选入的作者，并非他们的文章不佳，实在是篇幅有限，择其一二作为代表而已。如《易文观通序》，张溥强调的是经学源流研究，当从源头梳理，方能得经学真谛。

易文观通序

经学之不言久矣，学者骤明其说，则众士有所不通。惑之而不得其端，则群与聚而议。为迂阔若是，则今之人所受师而名读者，何者之书也？且习一经而舍其四经，忘远图而守近意，亦云已矣。即一经之说，多有未举，将若之何？

予尝恻然于斯，求其变之所始。圣贤之路绝而不通，皆由时文之道壅之也。乐于为时者，禁其聪明之于便近，毕其生平之能，以应有司，经文之效不显于世，则相与苟为利而已。上之人不欲以此择士，而下亦安于固然，不虑上之求责，复修其备。盖俗学之成，若有受授，其本末然也。及有悲正学之失，起而汲汲于斯文之究复者，尽其忠厚，弘奖人群，以期反正，遂婴世忌，烦其话言。然则圣贤传往之书，终陵夷废蔑，不更出欤！虽然，前圣之学，不因后人以召讥；君子之志，不随众疑而见抑。

六经之法，君臣父子之大行也。今有怨天地之不明，弃中国而之夷狄者，即其所之之地不出天地之间，则凡怀污末之见，欲行其反复变乱，以称己能者，思之亦可以止矣！适吾友赓虞有易文之选，为予言之，予益有感于天下眩瞀之流，闭于一经，不知所向。于是出一辞以发其凡，使当今之世，多笃诚好学如赓虞者，后生往而规矩焉，亦何患古道不复乎！

谈学问，意念坚定而语气严肃，但序朋友的文集，则和缓而畅美，于利索的文笔中交代朋友的个性和文章、学问的特点，并用相当的笔墨叙写友情。

夏肤公稿序

闻之：欲忘人忧者，赠以丹棘；蠲人忿者，赠以青堂。夫忧之与忿，境之大不可者也。予之被放于境，盖无所可矣。顾取肤公之文，坐咏之，则忧忿脱然以离。若斯文者，亦可谓丹棘、青堂之赠已！

然而肤公之为此，至难也！肤公起于淮阴，能自树立，明记书，期以变醨养瘠，固豪杰可畏者也。又久之不为众摇拔，情气日茂，华滋有容，则维新之作形焉。秦淮之会，肤公语予与受先曰："余之悲时，而务循道也，几踬于人之口。终业业焉，弗与之荒。"予因是益感其义也。夫今古之相去，若泰远与邠国，东西绝矣。非挚好者，不能恒为往来。兼之时体便听习视，人人易于声色，去所易而就所难，是即不言欲利，而言礼义君子之守也。而或一时强忍，渐乃移徙。又荆公所叹："世之君子，仅有其初而已。"独肤公确然履方，当标季之数，蹙其白过，而敬匡乃躬，染笔不累。此近者吟典籍、袭衣裳之徒，所未见也。

且先圣人之法，亦岂真绝潢不可杭(航)乎？率轨屏秽，则致之矣。善所致而不豸，袭六为七如或见之，则予与周旋，岂独散夫郁怏？将有喜乐之诗也！

夏曰瑚(? —1637),字肤公,江苏淮安人,崇祯四年第三名进士(探花),授编修,张溥与之同年。崇祯十年,与罗大任、张志庆、孔贞运等担任会试考官,卒于闱中。“既入闱,曰瑚病痢剧甚。同帘视疾,曰瑚口已不能言。见枕畔有一卷,大任取阅之,尚未动笔。众皆曰:‘此必肤公心赏也’,遂荐之。主裁者知其故,因皆批取中。拆号,果为(孙)以敬卷,曰瑚竟卒于闱”①。

就文章语词而言,此文类似于汉末文字,读之深玄。道理非深奥,言之殊玄妙,恍惚可置于荀悦、王符等人文字之中而不可辨别。文章从遇与不遇的古老话题展开,评价夏曰瑚的文章有药石之功效而困于时。但是,夏曰瑚并没有因为自己的困顿就放弃了文章的原则。不仅坚持自己的见解,亦且坚持在逆境中奋斗,以不懈的努力,终于取得成功。对于夏曰瑚的人品气节,也极为赞赏。坚定不移,操持如一,不为名利所动,不为失利所沮,并且明确写到张溥对夏曰瑚的敬佩与喜欢。认为与夏曰瑚在一起,不仅能长学问,更能调整心态,驱除忧患,放下世虑而以积极上进的心态从事自己的事业。付诸文辞,也将有喜乐之情而受人欢迎。用我们今天的话说,给人一张笑脸,事情就好办得多。文章也一样,快乐的风格、喜庆的文字,能够给人以积极的力量,同时指引了学问的方向,如《杨子常全稿序》:

> 余数序子常文,言之愧不能多,多言又愧弗工也。子常文盛行天下,见童皆知诵习。顾其来处,虽经生耆学,莫有知者。互以见闻推重,则曰:“尊注论脉,子常教也。”注如律令,今有因类而傅益之者,律中之例也。脉贯四体,苟顶踵反位,官名为制,此又贾生所叹,今日之病肿与蹠盭也。二者去子常俱远,子常闵而进之,尝于所选文字就题解纷,旁通其旨。
>
> 余每谓:集子常诸评,可废讲家数十。然发明准志,仍莫若以身教。全稿之出,乌可缓也?子常文积千百,比之大士,亦沛公汉中、项王彭城,各为雄盛。子常每称大士按题,细气微息,字不苟下。大士评子常文,又谓其清奥幽削,得秦汉之深。两人相视莫逆,其所赞论,俱出世学意表,亦谢垒山小心放胆之喻,未能人人持赠也。子常未刻诸篇,较已刻尤广。今新故错见,司马大篇,长公小品,随人割取,无所不可。要不睹其全,义终不显。余拟与麟士、受先殚一月功,篇为评绎。意平日得于子常语言者深,可以无

① 陆世仪《复社纪略》卷4。按:孙以敬,太仓人,张溥门生,有才干,详第六章。

负。又恐徒论，其似未若子常自言也。

子常子定夫，十一岁提笔，即能作横绝江海之文。顾仿题“源络不失尺寸”，余戏谓受先：此子跳跃九州岛，犹不忘其家昆仑。今读子常文者，先诵本文，次玩集注，然后出其稿与诸儒说参观之，权度见矣！

张溥的类似序文，二百余篇，至少张溥阅读了二百余人的诗集文集，其阅读量可以想见。涉及的集主，有前辈，如张露生。有同辈而年长者，如杨彝、顾梦麟、杨廷枢。有同辈而年资相近者，如许重熙、彭宾、荆艮等。而更多的，是门人辈的后学，竭力加以揄扬赞叹。这里面，有的是及门弟子如华渚等，有的是远方学子，如贺王醇，镇江人；如胡学浃，江西丰城人。所序别集，或是学问文章，如《陈大士易经会稿序》《杨顾二子小言序》《何玄子易诂序》等；或是文集序，如《陈大士古文稿序》《赵我完稿序》《沈去疑稿序》等等。序文一般是先肯定文章的价值，赞赏其品行与努力，在不否定对方的前提下偶尔发表一下自己的看法，亦可见复社领袖的胸襟与为人技巧。

可以说，张溥的此类序文，形式多样，内容广泛，涉及人员众多，也消耗了张溥极大的精力。然而，复社成立、发展的过程，就是张溥交游不断扩大的过程。为他人的各类文集作序，正是张溥交友的方式之一，在揄扬他人的同时，实际也扩大了复社及张溥自己的影响，同时也为文风、学风的扭转，发挥了积极的作用。

三、寿序文章祝福礼赞

从应社成立到复社声闻天下，一个重要的纽带就是友情。维系友情的重要途径就是不断的交往。如果像“二张”那样不需要任何理由就可以随便走动，固然是好。但很多情况下，没有理由、没有时间、没有动力，往往人与人之间的关系就会疏远。而人际交往中，朋友生日、长辈祝寿，至今依然是受到重视的内容。不说亲戚之间贺寿，就是朋友来为长辈祝寿，也是令人愉快的事情。

张溥的寿序文，多达五十余篇，祭文、墓志铭二十余篇，贺喜庆祝之文也有十多篇。文章语言朴实无华，情谊殷殷，是复社领袖的个人魅力与复社精神的体现。而尺牍中的惜别、怀想、期待、倾慕之情，更是俯拾皆是。《答宋澄岚》中，开言就是“弟之言念诸宋，计自客年到今，无时可以去怀也”。

在张溥的笔下，出现近百篇祝寿诗文，不论是否用“序”字。张溥为自己的母亲祝寿，也邀请了大量的朋友，有前辈如钱谦益，同辈如张采，以及门生故旧诸人，钱谦益为写祝寿文。由此看，祝寿问或者寿序，一般只有一篇，由名声最高者捉笔。所以，张溥生母金氏六十寿庆，张采并没有撰写寿序。而张溥写了几乎百篇寿序，也从一个角度说明了张溥在社会上的地位。同时，也说明张溥交往之广，朋友之多。当然，张溥为寿序，不仅因为张溥的社会影响力和社会地位，本来缙绅在地方就是一种社会领袖的角色，还透露了张溥的古道热肠，平等的待人接物品行，所以才会受到广泛的尊重。

当然，祝寿文是一种临场性的应用文，需要在寿宴上宣读，既不能经营过甚，让来宾云里雾里，也不能过于浅俗，否则是对寿星和朋友的不尊重。而张溥写的寿序，则一律深古难懂。一方面是张溥学问太大，典故信手拈来，一般人难以了解；另一个方面是张溥语词使用有很大的随意性，需要理解他的口语习惯才能更好地理解他的书面语。而喜欢使用通假字，则给今人的阅读增加了相当的难度。如下面这首寿序：

徐伯母六十序

微者之言，可以加于贵大夫之上，取其若于道而已。矧以之称尊而道善，尤事之不欺者也。故自应社之立也，兄弟之情，父母之戚，求所谓彼与此者无之，所尊者事焉。尊者有善则闻焉，子不敢过誉其亲以蹈于非诚，为友者不敢匿于其素，因所誉而誉之，以献其亲。而多其謟言，则夸文不设，而叙德惟本。凡应社之事父母而善兄弟者，其义如是也。

今君和当母之六十之生日，而属书于溥，命以一言。抑何言之晚也，溥于君和有骨肉之托，其交既不在一日燕游之列，而母之行事又为邦邑之所称颂，微言之，溥已为之矣。君和操己帅物，务为贤人之大者。其详不可以尽，若以余所闻吾母，则诚寿考君子也。

夫女子之为行也，内有绸缪之结，出有拥蔽之仪，动静所形，不离闺阈。一旦举而列之君子之林，不已过乎，然观母之敬其尊章也，顺己之父母以孝，而相夫子以能也。字下之周，恤其乡党之以惠也，虽古之君子，何以加焉。且为母之道，慈爱勤厚，性所固然。而视其子也，每不能不介于前后之所出。小卞（弁）之伤，作于后妃，况其流之及乎。顾母之继先生而卫其前者之孤也，于所生则有甚焉。挈褓褓之子，而使之成人，重之以《传》《训》，隆其费以至于不有其家。无如之何而始勉君和于学，以竟其志。是即君子当之，不无劳困之悲已贤之叹。而吾母备其劬瘁，豫以自处，则谓之寿考君子，不亦繇其性情之至，名其本来者哉！然则溥与诸子之举爵以饮吾母，歌其福履而有言斐然，盖将以欢乐之诚告之尊者，非瞻察于翼翼之子、诜诜之孙而加之也，是则应社称人寿之礼也！

没有具体的时间地点，也不交代有哪些人参加，动笔就是议论，谈应社成立之后是如何尊重朋友、重视友情、关注朋友社友尊长。强调了文社的义，也阐述了朋友感情之深。然后才进入主题，为徐鸣时的母亲祝寿。

徐鸣时（生卒年不详），字君和，吴县（今苏州吴中区横塘）人，"少丧父，赤贫，寄食萧寺，为句读师，藉修脯以养母"[①]。"知县万谷春首拔之，从游日众，室隘不能容，乃于隙地构室，取杨万里'老夫稼圃方双学'之句，颜曰'双学'"[②]。"崇祯乙亥（1635）选贡生，除武宁知县"[③]。有善政，卒于任，门人私谥曰"贞隐"，有《横溪录》。随着徐鸣时名声的扩大，交游日众，就成为当地的文人标杆，得到重视。贵池吴应箕与之联系，组成了跨上下江的匡社，名高一时。其所居横塘，因水得名，《横溪录》八卷，即是"横塘镇志"。横溪就是镇之南一条东西向的河流，连通运河与太湖，横塘镇即位于运河之西、横溪之北，今已几乎拆毁。徐鸣时、吴应箕及其匡社，后合于广应社，自然也成为复社的领袖。

张溥未说明徐母六十岁为何年，但可以推测，应在复社成立之前，也是匡社加入广应社不久的时候。固然，寿序应该是对寿星的祝福和赞美，张溥的这首《徐伯母六十序》当然是要对徐鸣时的母亲予以赞美与祝福。而赞美与祝福的中心，是这位母亲的盛德，在丈夫去世之后，不仅没有琵琶别抱，对徐鸣时这位长子视如己出，甚至比对待亲生儿子还要慈爱。不仅将幼年的徐鸣时抚养成人，在家境极为窘困的情况下，几乎破产，也要让徐鸣时受到良好的教育，以成人才。在中国有句古话，后妈难当。而徐鸣时母亲，恰恰就是在徐鸣时幼年时进入这个家庭，承担起母亲的责任。寿序中最值得注意的地方，是张溥将同社称为弟兄，与徐鸣时同在子行，称徐母为"吾母"，直接说明了应社成员之间兄弟相称的事实。在序张溥集时，落款是"社盟弟周锺""社盟弟陈子龙""社盟弟周立勋"，也可知相互间称兄弟，其重情谊，由此可见。

---

① 乾隆《苏州府志》卷 54《人物》八。

② 吴山嘉《复社姓氏传略》卷 2。

③ 《四库全书总目》卷 76。

朋友的父母、祖父母祝寿，张溥与朋友雁行，称颂祝福寿星。而对于学界前辈，则更多是颂扬与敬佩，往往与社稷政治相联系，也体现了张溥不忘用事的情怀。

四、题辞赞引由衷颂扬

百字短文，言简意赅，亦是张溥的长项。不论说诗、说画或画像，对当事人的赞叹，发自内心。而寥寥数语，形象生动，令人有身临目睹的感觉，诚然妙笔生花，不必过度经营而情理兼到。表面看来，这类文字是不经意间流出笔底，实际是张溥内心的真情感叹，不求工而不得不工。因为相关人物，均在张溥的心目中具有特殊地位，如黄道周、张泽、葛成、颜佩韦、杨念如、沈扬、马杰、周文元等，是张溥敬佩的人物。

雪盟诗题语

《雪盟》诸咏，不过一幅，其境遥肃深寒，使人戴笠批裘，热酒读之，觉寒气不下。昔人称，文章发生，取滋春夏；诗人之怀，偏与隔涉。如贫不亲富，美女不尚丹渥，亦其性也。草臣吟咏遍海内，近音弥古，循循格律，放宕顿挫，自然壮远，适来数篇，亦渊明《饮酒》耳！顾其所得深，咫尺万山，接目瘫洁，窈窕不即竟，左右顾二子呼而和之。《月明》之章，不能方也。图庄子于三公之堂，面色必忧；使石季伦改金谷之音而登孤山，其致复出。凡读书者，所存类近畸寂，而不乐脂腴，维霜维雪，岂徒大时哉！

看标题，知道是朋友寄来诗稿，名曰《雪盟诗》。与雪为盟，可见其人逍遥高洁，不在轩冕。考其姓名，则张泽，字草臣，江苏吴江人，复社成员，是张溥的韵友。

张溥自称对诗歌没有什么研究，几乎是门外汉。“学诗非予能也，然私心独好二九诗。二九者，徐子九一、宋子九青也。”①。则张溥实际是个评诗专家，只是一般不出手而已。此篇短文，提出了三个问题加以讨论。一是诗人性格与诗歌境界的关系。以张泽为例，孤僻清冷，故诗歌创作的境界也是冷色调的，故张溥说穿上厚重的皮衣，喝着热酒读诗，也觉得寒冷，是张溥进入诗境，方有真实感

---

① 张溥《七录斋诗文合集·近稿》卷4《宋九青诗序》。

受。二是诗性的触发，与环境、季节、个性有着密切的关系，颠沛流离之际、穷困潦倒之时，吟咏颇佳，是诗能穷人，而人穷而后诗工。三是诗人真性情的表露，与诗歌的意象需一致。张泽达到了，故张溥来不及读完，就看到了一个冰雪世界，忍不住应和一番。而透过这番议论，是张溥对张泽诗歌意境的发微，也是对作品的评价：内行、真切、生动，道出了张泽的诗心。

张溥谦虚恭敬，善于礼让，而信笔直书之时，又往往没有顾忌。不论是否熟知，题跋无须理由，性之所至，则任意评点。但是，如《题沈兴公画册》，随意之中却有真见。

题沈兴公画册

画家之心，与赋相权。赋格音例，画病体貌。观者举肥，则丹华先综，天然外挫矣！畯中画圣，素推李氏。长蘅既殁，其妙不传。兴公少从之游，乃能得其大意，暇豫放笔，自为二册。间以饷客，亦匡庐之云，桐江之水，天地所自有。对之竟日，放翁破笠，过王家紫障百重远矣。诸笔皆于初冬写之，水泽腹坚，实封雷雨，乃是作者性情也。

沈兴公为沈宏祖，生卒年不详，嘉定南翔人，少时曾经受到李流芳的指点，工于书画，与其弟沈怀祖均是复社成员，博学有高才，隐居不仕，诗酒自娱。李流芳亦因三上公车失利，从此绝意仕进。一个政权，当他自己将权力看得很重而社会名流、贤达、才士已经粪土之的时候，也就是即将土崩瓦解的当口。明季的社会，就是这样。正因为这样的个性，沈宏祖无意于进取，而致力于书画。当然，实际成就并不高，在明代的书画史上，没有留下什么重要影响。

在这篇题词中，张溥提出一个观点，绘画不能只有体貌，需要画出精神内涵。可是，精神必须通过外在的形态体现出来，所以，绘画的评判就成了问题。"观者举肥，则丹华先综，天然外挫矣"，初看殊不好解，意思就是面对画作，不同的人有不一样的评论，看出的是不同的感受，这叫同源殊流。如此，则画家是对外在物体的审视，然后出于笔下，观者还原，则有不同的取法，形成还原的多向，天然的意象就不复存在。

在张溥的眼里，沈宏祖是于闲暇之时，非着意为之而画成的作品，亦当是自己比较得意之笔，所以，偶尔拿出来供客人观赏。水平怎么样呢？"亦匡庐之云，桐江之水，天地所自有"的评价，其实很高。庐山之云，桐江之水，既是天生的美景，能够触发诗人的豪性。也是诗人赋予了多层人文色彩，具有艺术的提炼，并非纯粹自然的意象。所以，这两册画作，是自然景观与骚人意绪的结合，有天然之妙趣，亦有作者之精神，是有观赏价值与人文思想的画册。整天赏之，浮想联翩，了无倦色。依据张溥对画面的理解，似无溢美之处。

题黄石斋先生赠徐振之诗

久不读黄石斋先生诗，意中忽忽不乐。强以唐人压之，如挟《文选》临东坡，难相下也。比见《赠徐振之十韵》，又《追送大峰岩十六韵》，觉风人在是，非河汉矣！昔昌黎伏处阳山，区册自南海挐舟访之，喜送以序。先生家隐，不异昌黎。漳又闽岭奥区，去吴五千里，振之蹑屐从游，致与区生等。先生手篆图书二方，属振之贻予，顷既作跋，用署纸尾，古字蚪盘，飞鸟翥躍，犹然列峰面目也。

张溥的诗论极为稀罕，仅有《宋九青诗序》《张草臣诗序》《沈玄臣诗稿序》《王载微诗稿序》等数篇而已，而这些序文中，多赞人而少谈诗，不能窥测张溥的诗歌理论。但片言只语，亦零玑碎锦，体现了张溥的真实见解。

这篇题词，直接入题的不是论诗说人，是将自己对黄道周思念的感情托出。虽然在诗稿上题词，只是提到诗歌，不是重点。重点在于说黄道周，因为久不相见，故而思念，即便设法压制这种情绪，依然无效。于是，需要有一种排解的方式。正好徐振之从福建归来，带来了黄道周的两首诗：《赠徐振之》十韵、《大峰岩》十六韵。于是，产生了斯人就在身边的感觉，思念之情稍稍得到缓解。而更重要的是，黄道周并没有忘记张溥，专门为张溥制作两方印章。张溥正好写完跋语，就在后面用上这两方印章，见篆体古朴，如蝌蚪盘旋水中，飞鸟翔于山峦，如见其人。

文中涉及的徐振之，就是明代著名文学家、地理学家和旅行家徐弘祖。

徐弘祖（1586—1641），字振之，号霞客，又号霞逸，明常州府江阴县梧塍里人，“生里社，奇情郁然，玄对山水，力耕奉母，践更徭役，蹩躠如笼鸟之触隅，每思飏去。年三十，母遣之出游。每岁三时出游，秋冬觐省，以为常……母丧服阕，益放志远游，访黄石斋于闽，穷闽山之胜，皆非闽人所知”[1]。一生足迹，遍及

① 钱谦益《牧斋初学集》卷71《徐霞客传》。

中国名山大川，写成了六十余万字的《徐霞客游记》，既是优美的日记体游记，又是重要的地理考察记录，具有重要的学术价值。笔者曾经访其故里，瞻其故居，吊其避风雨处。今徐霞客故居原址保护和新建设施相映，已经成为著名的旅游景点。

文中使用一个古今对比。贞元十九年(803)韩愈被贬广东阳山令后，“职务清闲，或以读书自遣，或与区册、区弘、窦存亮、刘师命等游”①。而区册、区弘兄弟是广东南海人，从南海到阳山虽然路途不近，但比较于徐霞客从江苏到福建漳浦，千里探视黄道周，还是不算什么。不过，旅行家或许本来就有旅行计划，略微绕道相访，成就一段佳话。韩愈是被贬阳山，黄道周是落职回乡，处境相似。而张溥将黄道周与韩愈并论，亦可知张溥对黄道周评价之高。

再如《题黄石斋先生朱松墨石图》，不仅张溥对黄道周的学问、操守、篆刻、文章、诗歌评价甚高，对黄道周的绘画，也竭力赞美。但文章的主旨是祝寿，通过绘画理论的阐述和对画面内容的讲解，得出画面内涵与寿星品德之间的关系，委婉颂扬了寿星的雅洁高尚。

题黄石斋先生朱松墨石图

寿吴淡人年伯母

或图青枫，作佛威仪。或画云景，粉填则卮。不若一松一石，洁然浴青而仰曦赤苍，其文为母子碑，寿者得之，岂徒人物其峨峨！抑亦文字之可思。是故求其形，庶几尹白之《墨花》。而深其解，即卫协之《毛诗》。

再如《义士葛成像赞》，简短的文字背后，是不堪回首的历史真实和作者深沉的扼腕叹息，同时颂扬了义士的壮举与品格。

义士葛成像赞

义士有声吴中久，死而肖像，世谓雷将军复生也。班氏传游侠，猥称楼原，此皆附王公为雄耳，乌足与朱家、郭解道哉！义士当中贵鑫出，一击使服，吴中无名之税俱脱。其一时不死者，天耳！天启之末，五人号呼，首悬市门，何欤？五人死不十月，坟墓高敞，故中贵祠，当时所谓上公地也。义士愿洒扫居守其间。今虽后死，及地相见，可以无恨。然五人一奋血肉，诛

① 汕头大学中文系编《韩愈研究资料汇编》第 23 页。按：此为 1986 年汕头大学中文系主持召开韩愈研讨会的文献辑编，内部交流。

死狼藉。义士槭处数年，卒醒，吴人犹能见老人形像。呜呼！可谓非时哉！

像赞类文章在张溥的笔下不多，如《题许平远小像》《刘公子像赞》《义士葛成像赞》等，仅仅《义士葛成像赞》具有对当代历史的沉痛思考和对义士的由衷赞叹，蕴涵了巨大的信息量，让读者领会、思考。

张溥深为叹息的是，同样是义举，颜佩韦、杨念如、沈扬、马杰、周文元五人被杀，而葛成被关押多年，最后释放，为五人守墓祭扫，最后终于斯、葬于斯，背后的差异是什么？张溥说的是时间不同，但暗示的是时代环境的不同。即葛成号召苏州市民抗税是在万历年间，皇帝的家奴并没有能够揽权干政。而五人的义举发生在天启六年，皇帝将生杀大权交给了家奴，并非家奴张狂，而是万历的子孙不肖。所以，张溥并没有描绘葛成的画像如何，而是着重将安葬在一起的亡者所处的政治背景进行比较，为同样的义举、不同的结局悲叹，也为义士的历史地位作出了评价，敬佩之心、悲悼之情，浸透于字里行间。

第五节　张溥散文的艺术成就

张溥是明末的文章大家，作品数量多，文体全，文笔界于汉魏六朝与唐宋之间，或时有所偏。其取得的成就，远远超过了同时的诸多大家。张溥短暂的人生中百事缠身，学术研究、社会活动、吟赏烟霞之外，散文创作数量巨大，意蕴深厚丰赡，技法炉火纯青。若非吴调元、吴楚材《古文观止》选录其《五人墓碑记》，当今中学语文课本选入教材，很少有人去关注张溥的散文。事实上，张溥文章，除了少量寿序应酬之作，思想蕴含与艺术技巧，颇有研究价值。

客观讲，张溥的文章与他的学术一样，注重的是本源与真实，没有过多运用技巧与讲究文采，朴实中见原委，细腻中见真情，议论中见倾向，张溥是值得关注的散文大家。

一、巧妙的事理议论

文学作品中的议论，本来是正常的事情。先秦诸子散文，全在议论，只不过有大小、真幻、虚实、华实的区别。虽然议论的道理或许宏大而玄妙，但不影响其文学价值。如《庄子》，即为先秦诸子散文中文学性最好的作品。张溥其实口不善言，有一丝木讷。而在文章议论事理，却是行云流水，顺畅飘逸。时而细致入微，如诉家常；时而醍醐灌顶，令人惊悚。

下笔就是议论，然后举例说明，就事论事，是张溥议论的常见方法。

通观张溥的各类文章，议论几乎无处不在。多数作品，开头发表观点，展开议论，随后方介绍来龙去脉。从张采、周锺、陈子龙、周立勋为张溥写的序言来看，这似乎是复社领袖们的共同作序风尚。《宋宗玉稿序》落笔就说："齐鲁之于文学，其天性也。斯之言古有之，而通之于今，或有未应。非地之气迁，盖亦学者之责也。"如果只看这几句，齐鲁之士肯定心下不服。张溥的巧妙之处就在于先亮观点，而且稍稍压一下。然后谈到莱阳宋氏，从宋继登、宋继澄兄弟到子侄辈的杰出学问与文学造诣，令人对宋氏家传学问文脉艳想不已。再说到文稿的主人宋琮，及其父亲、弟弟与一门的诗书盛况。宋琮(1597—1637)，字宗玉，号五河，是宋继登的长子，宋玫的长兄，崇祯元年(1628)进士，能诗文，但散佚已甚。张溥的这篇序文涉及的文稿，是宋琮诠释经书的文字。因为宋氏兄弟父子居圣人之地，习圣人之书，养圣贤之精髓，故其学问、文章、吟咏，皆足以动天下观听。因此，张溥肯定宋琮解析儒家经典的同时，于议论中再三赞美了莱阳宋氏家门的辉煌。

这样的写法是张溥行文的习惯，半数以上的文章采用落笔议论的方式，如《杨顾二子小言序》《房稿遵业序》《历代名臣奏议序》《五经注疏大全合纂序》等，均如此。甚者，寿序与祭文也有类似的写法，如《祭李涵醇方伯文》《顾母柴太君六十序》等等。至于《姚文初好恶七解序》，与所序对象相应，开宗明义，议论则是正常落笔程序。

交代事由之后议论，依照时序展开，也是张溥常用的格式。

《杨又如稿序》先说了分别、思念，再说到文章，并详细交代了杨又如的文章是先在张采那里，张采已经为之整理次第。然后才是张溥自己的议论与评价："余读未半，惟有惊叹。既愧门无诗书可当贡公棋履，自顾囊作，犹然今人。益信杨子过人远矣。又如语言妙天下，向所著文稿，奇宕深博。"文章受到张溥这样的评价，焉能不倾心与之交游！而这篇序在写法上，是先交代原由，引到文章，然后评价，可谓是中规中矩的序文。《许伯赞稿序》《贺鲁缝稿序》《应社十三子序》等文章，也是首尾相连，过渡自然的议论，有一定的时序推移，表述脉络比较清晰。

也有突如其来，凌空下笔的情况。实质上就是遵循空间顺序次第吐出一番见解。

《荆实君稿序》，不是谈与荆廷实（字实君）的交情或文章往来，是从别人展开话题。“豫章傅寄庵先生之知人能得士，天下之人闻之矣。于闽中得实君之文，累叹穷赏，莫有并焉”，是借文坛名流兼高官的傅冠之口赞叹荆廷实的文章，这叫横空出世。原来，这虽是文序，但主要是对荆廷实的不遇表示不解与同情。先说傅冠的知人得士，又能文善评，并对荆廷实的文章非常欣赏。可是，就在考场上，却没有让荆廷实中个进士，真是造化弄人。

傅冠（1595—1646），字符甫，号寄庵，江西进贤人，天启二年（1622）进士第二人，担任编修、经筵讲官，掌翰林院事。崇祯间官至礼部尚书、东阁大学士。后因事引罪回乡，直到福王政权以原官征召，命督师江西。不久又因误事被弹劾，致仕返乡。清兵南下，傅冠隐居乡村，被奸人出卖。清军将领李成栋劝降，坚决不从，被押到福建汀洲杀害。至少，他做到了坚贞不屈，江西只有杀头的宰相，没有投降的宰相，在傅冠身上做到了。

当然，张溥并没有责怪傅冠的意思，而是叹息人的机会命运。“夫得失喜怒，介于一时。当其际者，文不能有言以自通。其所谓不遇者，固无惑矣。独至于既遇其人，而犹自不得”。这是万事俱备，东风劲吹，不幸有所错位。文章中，张溥进一步高度评价了荆廷实的文章学问，安慰中有鼓励，不平中有宽解，使荆廷实能够接受一次失败而重新北上公车。

在张溥的议论文章中，除了专题的论说如《女直论》《兵论》《治夷狄论》《任边将论》等篇幅较长的文章之外，很少出现长篇议论的，基本上是二三百字的文章。而《历代名臣奏议序》则是少数千字以上的序文。长篇的议论，则更为机巧，往往是将事实的描述与自己的认识交织在一起，展现了张溥对历史事件的完整认识与整体把握，甚至是一件事窥测一段历史，总结一朝一代的历史教训，如同《五人墓碑记》的写法，是“议论随叙事而入，感慨淋漓，激昂尽致”[①]。其《建学论》《诏狱论》，也是从历史事件的描绘叙写展开议论，写出了张溥对时事的思考与忧虑。

张溥议论的一个重要特点，在于妥帖审慎，从不指瑕。特别是序朋友的文集，基本上是虚己推人，赞扬有加。

二、精彩的人物素描

张溥的寿序文，写到人物风采多用简略的断语，而人物形象已然清晰。序

① 吴调和、吴楚材《古文观止》卷 12。

别人的作品，不论其为忘年交、同龄人或晚辈，叙写中必然涉及其人，对人有一定的展示。这类序文下笔则以论文为主，点明人物的经历或才学、个性，是为序其文服务。在张溥笔下这些人物，也多是个性鲜明，简略数语，人物已经活了起来。而专写个人行实的篇章，则着意描绘，声口毕见。其中，《杨公干纪略》最为突出。

予之识公干也，在丙寅之三月，是时寥洲周先生以矫旨逮京，聚而送者万人。有敝衣华冠抱先生而泣悲不能起者，公干也。公干之兄维斗，其行与名所谓天下之正也。痛周先生之以大义受困，奋身以急其难。当事之徂者心恶之，思以危法相绳切。于是，郡之人有过杨氏之居者曰："毋入祸门。"祸门者，盖谓维斗兄弟也。然飞语日盛，公干意不少动，每言周先生，即拊膺流涕曰："悲哉！余之不遇也。使予遇而得为一官，必当伏阙以讼其冤，三谏而不听，然后毕命焉，则余得死所矣。"其外父之弟名某者，身虽贵，有贱人行。尝教公干以脂韦取容之具，公干色不平，出而叹曰："天乎！天乎！使周公死，此人独生，何哉？"某闻而衔之，盖时相难也。公干直气横厉，不能容人薄失简过，独事维斗最谨。入而见其亲，则察饮食，视颜色，只以顺承为适，以故两大人尤爱之。年固盛长，遇以婴儿，又性近酒，往往得病。然酒后叫呼，以古之贤者自处，奋发慷慨，必在大义，未尝喧呶失次，类于武人。

余犹记与维斗、公干、云子、九一诸子游武丘，以甚风遏舟不得返，深夜语剧，酒行不止。公干醉不能胜，及语次道其王母昔年之艰难戮力，出沫及颐，欲忘生身，然后知其性之至也。客春，维斗偕余北行，公干祖于关外，执手语曰："天下治矣，予其有所归矣。往者荒乱之时，不意其及此，今及此，余志也。余亦归而为而所为耳！"迨入都之后，公干寓书维斗，辞多规诫，以为名太高则忌，气太刚必折。予笑谓维斗："君之弟其诚有志于当世乎？不然，何言之详也！"呜呼！今则竟已矣！正月之既，余之郡而闻云子之母之讣，盖母亡之一日也，即与诸兄弟往唁之。今予之来郡在五月之既，而予至之日，公干乃以是日亡，岂兄弟之戚，有先告者欤！若其非也，胡为乎其死之日而余适至欤？余之哭公干也，瑞初、仲木、孟宏、德生俱焉，瑞初大声而号，观者皆恸。顾视维斗，则嘉容尽矣。今止公干之柩于堂之右，日抚而啼，不能进杯餐。窃谓朋友兄弟之情，哀死之义，未有过于斯者也。迨维斗出公干所箧以示余，有所记说与所为杂诗、自祭文，皆得达人之深者。又《评孟子》一书，功虽未竟，悟起自独。繇是知公干之于人事远矣，宜其一去而不顾也。余伤之甚，而先载其略。庶诸兄弟有哭泣之意而不得出者，斯之一言，亦发文之繇也。

杨公干即杨廷桢，是杨廷枢的弟弟，给人的印象就是豪侠仗义，不顾生死，直气横厉，不能容人。文章的开头，也确实是这样记述杨廷桢的。张溥认识杨廷桢的时间，也就是杨廷桢出场的天启六年的三月，背景是周顺昌被捕的现场，环境是人山人海。杨廷桢的表现是“敝衣华冠抱先生而泣悲不能起”，极其悲痛于君子遭扼的历史环境。

在这样重大的历史事件中，突然出现的方式，就明确了杨廷桢的个性与正义感，将杨廷桢的形象用动态的画面呈现在读者面前。但在他的豪放不羁中，丝毫没有粗鲁或出格的行为言语，又隐约暗示了杨廷桢真实的内心，在大义之下的艰难选择。因为时局荒乱，杨廷桢以豪放应对，环境改变，杨廷桢立即恢复本心，意欲重拾制义，致力功名。于是，当杨廷枢与张溥等人到京城参加会试，饯别之际，杨廷桢有了冷静的形势分析与自己的真实想法表达。而寄到京城给杨廷枢的书信，更表明了杨廷桢对人情世态的清醒认识，“辞多规诫，以为名太高则忌，气太刚必折”。事实上，杨廷枢公车失利，只是个人的一时失败，对朝政的昏暗体会不深。张溥则在权力中心经受了不小的风雨，对杨廷桢书中的分析关照，领悟敬佩，记忆深刻，如在眼前。

所以，张溥笔下的杨廷桢，是对时局有明确见解而个性豪放的书生，具有敏感的政治头脑和是非分析判断能力。通过哭送周顺昌、不避祸患、指责亲戚、送别兄长、书信关照等几个细节，充分展示了杨廷桢的个性，塑造了一个饱满的艺术形象。

当然，张溥行文的主旨，并非琐事的记述，而是对杨廷桢的追悼。往事回忆清晰，时间似乎巧合，正突显了张溥对杨廷桢的一往情深。

在一些祝寿文里，张溥往往几句话，就写出了寿星的性格、德行甚至功劳。《寿文湛持先生六十序》《吕翁七十序》等，就是如此。而张溥《七录斋合集·近稿》卷六《先考虚宇府君行状》，则详细写出了其父亲的宽容、礼让、大度与无奈，将父亲备受煎熬的痛苦心情通过一连串的家庭变故展现出来，也将张溥对父亲的尊敬与思念表露无遗。

三、简洁的叙事脉络

我们在唐宋诸家的散文中，可以发现不少游记或状物写景的作品。或许是张溥知道前人写了大量游记散文，已经很难写出新意，或许张溥对于游山玩水本身就不感兴趣，能够用几首诗吟咏已经足够，或许张溥根本就没有时间回味山水之乐。总之，张溥没有着意撰写这类文章。研究张溥的事历有一个很大的难题，就是他不善于在文章中透露自己的行踪或涉及具体的年月，仅少数文章用干支纪年或皇帝的年号，可以借此了解张溥的交游行踪。但是，不等于张溥没有叙事文章。在前面提到的文章里，有完整的叙述，如《五人墓碑记》。有简短的事件梳理，如一些序文和祝寿文等。或者以写人为主，兼顾纪事如《杨公干纪略》。但能够体现张溥叙事艺术的文章，是数量不多的几篇人物传记类文字。如《龚母吴孺人节孝略》《黄节母陆太君纪略》《甫里三节母合传》《先考虚宇府君行状》《王司李署篆德政碑记》等。

龚母吴孺人节孝略

吴处士从吾，有声练川，以老成为诸生祭酒。一女，适龚孟扬。孟扬娄东人，徐姓，育于龚，故龚姓。少从处士学，处士器之甚，遂字以女。

今女年六十，称龚母吴孺人矣。孟扬嗜读书，亡何，病死。孺人哭泣不食，誓节从。当孟扬未亡时，业最诎，先世田宅多假售人，孺人出装箧易之，业复起。既亡，龚之族人则曰："田宅我固有也。"孺人不与争。孺人无子，让田宅则益贫。族有当嗣者不为嗣，乃复归父母家，手治麻絮，约饮食，买地葬孟扬，地高仰。呜呼！悲已！予本其略，为之论曰……

数百字短文，简略而有条理，包含了巨大的信息量。若还原故事，可以成为长篇小说。先说这位父亲，是个有学问的读书人，叫吴从吾，从吾当是其字，在秀才中间以老成称，有一定的人望。他有个女儿，已经长大成人。于是，为之择婿。没有选择富贵人家，相中的是一个喜欢读书的男孩，叫龚孟扬。

再说这位女婿，身份也比较复杂。本来是徐家的儿子，娄东人，由龚家养大成人，就是过继到龚家的意思。当然，龚家原来也应该有一定的经济条件，至少中等人家，否则没人愿意来顶门户的。但龚家的两位上人大概寿数不长，将家业传给了龚孟扬。可惜，龚孟扬不会治理家业，已经把房产田地败得差不多了，名义上是抵押，就是族人的欺占。

从时间顺序上讲，吴从吾的女儿该出场了。是吴从吾作主，将女儿嫁给了已经把家产几乎扔光的龚孟扬。而小女子到了龚家之后很快采取措施，用嫁妆里的钱将房产、土地赎回，于是家业又兴旺起来了。可是，龚孟扬短寿，不幸去世。于是，龚姓族人将房地产又夺了过去，吴从吾的女儿也没办法去争，甚至连自己的立身之地都没有了，回到娘家，纺纱织布，节衣缩食，攒下钱来，买地葬夫。今年她已经六十岁了，一生的经历让人感到悲哀，所以，张溥将事情的本末写出来，并进行了论赞。

其实，张溥还有许多已经表达但在文字上看不到的信息：徐家的状态不是很好，否则不会将儿子送养；徐家在当地没有势力或人丁也不兴旺，否则龚家的族人不敢肆意妄为；吴从吾只是个书生，忠厚无能，没有能力为女儿出头，只好让女儿住回娘家；龚家族人无耻，就是要争夺绝份产，等等。更重要的，是张溥通过简单的叙述，不仅释放了大量的信息，更为后面的论赞做好铺垫。

前面在谈到《杨公干纪略》《五人墓碑记》《义士葛成像赞》，就已经说明，张溥的叙事，往往简略中包含了重要的信息，是引导他人思考的提示性叙述。与一般叙事不同的是，张溥没有注重细节的描写，但详情不难想象，这就是张溥叙事的技巧。

四、独特的艺术取向

总体而言，张溥的散文既有汉魏古文的高古，也有唐宋散文的流畅，偶尔使用典故，就显得玄妙晦涩。理论上，张溥接受了前、后“七子”的主张，创作实际却学韩愈之高古而规避了奇崛、继承欧阳修的从容不迫而偏向于苏轼的挥洒自如，是介于欧、苏之间的风格。“溥诗文敏捷，四方征索者，不起草，对客挥毫，俄顷立就，以故名高一时”①，而不足也正在于此，时而粗疏，精深未到。然而，这实际上并不是张溥文章的主流。其整体风格取向上并非固定，是根据文体的需要而选择文章的风格，以符合适用的对象和表达的需要。

如一般序文简洁生动，赞美直接，笔伐简练，朴实无华，遣词造句规范工整。而存在另一个极端是过于高古和掉书袋，如《授大理寺右少卿制》，因为是学习朝廷的应用公文体例，需要高深典雅，并有一定的韵律和骈偶对仗。

---

① 《明史》卷288《张溥传》。

不过，这一篇制文练习，着实难懂，比较翰林老手，典故使用与辞藻的典雅、文辞的旷古有过之而无不及，并非时流文体，亦难贴近普通士子。需要多年的八股训练和朝廷公文的仿作，才能写出这类文字。

《赠陈恭人制》也是张溥的课程作业，是一篇习作，套话规范，结构严谨，代君上发声，表彰鼓励中体现了推广的意蕴：

考女子不妒之风，必有后代厥昌之应。故钟鼓可听，声美不虚。则因此之贤，嘉其遐远，亦云义也。

尔陈氏，乃大理寺卿毛某之祖母，上质不美乎舜华，令德欲形于彤管。幽闲自喻，独宜睢鸟之音；嫉忌不生，非食仓庚之膳。奉筐以告宗庙，惟在敬先；执贽而见舅姑，即为念后。既得保琴瑟之欢，亦时学弓韣之祷。似续何人，不难捐金而买妾；壮子有室，即得含饴以弄孙。故观碧梧秀鸾之峙，益深绿衣黄里之思。虽人希遐寿，不免重泉之函玉珠；而后有大官，已见高门之容车马。赏此三代之封，不出百年之内。用是，赠尔为恭人。

於戏！列美醽于松前，贤者得享尚方之食；望凤书于天际，妒妇亦求疗疾之羹。

张溥的散文，总体上的师承关系是兼容汉魏唐宋，多数作品文从字顺，易于理解。议论古今，纡绪条畅，没有太多玄妙晦涩的地方。但由于理论观念上受到“七子”主张的影响，不免有时文章过于高古，难以卒读。即便有所粗疏或晦涩，不是主流。那些没有收录刊行的文章由于散落四方，历经战火，辗转流徙，已经湮没在历史的长河中踪迹全无。凡保留下来的作品，或经过张溥自己的校对，或经过周锺、张采的评阅，或经过张永锡的编撰，皆是张溥心血铸就的文章精品。

张溥的文章善于使用故事，特别是根据自己的理解，用几个字来概括故事，显示了张溥广博的学问。但对于文章的传播，主要是负面效果。《姚文初好恶七解序》，用故事解析文章：“鲁恶者之美其子也，齐人之欲得金也，秦墨者之相嫉妒也，此皆尤于好恶者也。”理解这解释的意思，就需要去查阅这三个历史传说。再如《张长史集》的题辞，开头就能让读者云里雾里：“吴郡张氏之盛，前有敷演镜畅，后有充融卷稷。”即便已经如此标点，依然难懂，需要查阅《南齐书·张融传》和《宋书·张畅传》才能理解。研究经史，用之文章，固然符合韩愈所说的“养其根而俟其实，加其膏而希其光”（《答李翊书》），但是根基硕大，脂膏过甚，也未必俱佳。有时，张溥的文章不免措大。

张溥的语言文词使用，或有自创新词，或有方言习惯，容易导致误解。《沈伯母五十序》中“今天子改元之二年，再四月之八日”，三百年前的娄东人可能不会误解，今天却易误读，需要明白崇祯二年农历有闰四月，常规说“闰四月”，而张溥用“再”，是当地的习惯。

张溥是文章奇才，不论文章长短，应用于何处，张溥下笔，总能驱使经史，风生水起，议论纵横。原因就在于张溥的学问，经史融会贯通，任意运用；文学诸体擅长，水到渠成。所以，张溥能够不加构思，下笔利索，语词酣畅。就现存作品看，张溥也是明季写作数量多而质量上乘影响极大的文章巨擘。

附录一　传记、行状、墓志铭

一、《明史》张溥传　附张采

张溥，字天如，太仓人。伯父辅之，南京工部尚书。溥幼嗜学。所读书必手钞，钞已朗诵一过，即焚之，又钞，如是者六七始已。右手握管处，指掌成茧。冬日手皲，日沃汤数次。后名读书之斋曰“七录”，以此也。与同里张采共学齐名，号“娄东二张”。

崇祯元年，以选贡生入都，采方成进士，两人名彻都下。已而采官临川。溥归，集郡中名士相与复古学，名其文社日复社。四年成进士，改庶吉士。以葬亲乞假归，读者若经生，无间寒暑。四方啖名者争走其门，尽名为复社。溥亦倾身结纳，交游日广，声气通朝右。所品题甲乙，颇能为荣辱。诸奔走附丽者，辄自矜曰：“吾以嗣东林也。”执政大僚由此恶之。里人陆文声者，输赀为监生，求入社不许，采又尝以事抶之。文声诣阙言：“风俗之弊，皆原于士子。溥、采为主盟，倡复社，乱天下。”温体仁方枋国事，下所司。迁延久之，提学御史倪元珙、兵备参议冯元飏、太仓知州周仲连言复社无可罪。三人皆贬斥，严旨穷究不已。闽人周之夔者，尝为苏州推官，坐事罢去，疑溥为之，恨甚。闻文声讦溥，遂伏阙言溥等把持计典，己罢职实其所为，因及复社恣横状。章下，巡抚张国维等言之夔去官，无预溥事，亦被旨谯让。

至十四年，溥已卒，而事犹未竟。刑部侍郎蔡奕琛坐党薛国观系狱，未知溥卒也，讦溥遥握朝柄，己罪由溥，因言采结党乱政。诏责溥、采回奏，采上言：“复社非臣事，然臣与溥生平相淬砺，死避网罗，负义图全，谊不出此。念溥日夜解经论文，矢心报称，曾未一日服官，怀忠入地。即今严纶之下，并不得泣血自明，良足哀悼。”当是时，体仁已前罢，继者张至发、薛国观皆不喜东林，故所司不敢复奏。及是，至发、国观亦相继罢，而周延儒当国，溥座主也，其获再相，溥有力焉，故采疏上，事即得解。

明年，御史刘熙祚、给事中姜埰交章言溥砥行博闻，所纂述经史，有功圣学，宜取备乙夜观。帝御经筵，问及二人，延儒对曰："读书好秀才。"帝曰："溥已卒，采小臣，言官何为荐之?"延儒曰："二人好读书，能文章，言官为举子时读其文，又以其用未竟，故惜之耳。"帝曰："亦未免偏。"延儒言："诚如圣谕，溥与黄道周皆偏，因善读书，以故惜之者众。"帝颔之，遂有诏征溥遗书，而道周亦复官。有司先后录上三千余卷，帝悉留览。

溥诗文敏捷。四方征索者，不起草，对客挥毫，俄顷立就，以故名高一时。卒时，年止四十。

采，字受先，与溥善。溥性宽，泛交博爱。采特严毅，喜甄别可否，人有过，尝面叱之。知临川，摧强扶弱，声大起。移疾归，士民泣送载道。知州刘士斗、钱肃乐严重之，以奸蠹询采，片纸报，咸置之法。福王时，起礼部主事，进员外郎，乞假去。南都失守，奸人素衔采者，群击之死，复用大锥乱刺之。已而苏，避之邻邑，又三年卒。

二、宣统《太仓州志》卷十九・人物三

张溥，字天如。父翼之，性长厚，喜施与，尝脱富人许某于死，赎邻人朱某于奴，溥幼嗜学，所读书必手钞，钞已。朗诵一过即焚之，又钞，如是者六七，始已。后名读书之斋曰：七录，以此与同里张采共学，号"娄东二张"。崇祯元年，以选贡入都。采方成进士，两人名彻都下。已，采官临川，溥归，集郡中名士，相与复古学，号复社，以继东林。四年，成进士。改庶吉士，以葬亲乞假归，读书若经生。日有常程，每侍史，缮录、口占、手注，六七辈不给。四方人士翕然归之，以不及其门为耻。所品题甲乙，颇能为荣辱。温体仁恶之，里人陆文声者输资为监生，求入社，不许。因诣阙，言风俗之弊，皆原于士子。溥、采为主盟，倡复社乱天下。下所司问状，提学倪元珙、兵备冯元飏，力言诸生诵服圣贤，引徒讲学，实非党。有旨，降谪。继任者山东亓玮、张凤翮，迁延久之。闽人周之夔尝为苏州推官，坐事罢，疑溥为之。闻文声讦溥，遂言溥等把持计典，已罢职。实其所为，因及复社恣横状。章下巡抚张国维等。国维言之夔去官，无预溥事。畲按：倪疏在陆讦告后，张疏在之夔赴阙讦溥后，倪后学臣为亓玮、张凤翮二人均不覆，故有之夔讦告之事。旧志叙次失先后，今移改。十四年，溥已卒，事犹未竟。刑部侍郎蔡奕琛坐党薛国观系狱，未知溥卒也。讦溥遥握朝柄，己罪由溥，因言采结党乱政。诏责回，采奏上："言复社非臣事，然臣与溥生相淬厉，死避网罗，负义图全，谊不出此。念溥日夜解经论文，矢心报称，曾未一日服官，怀忠入地。

即今严旨之下，并不得泣血自明，良足哀悼。”时体仁已罢，而周延儒当国，溥座主也。故采疏上，事即解。明年，御史刘熙祚、给事中姜埰交章言溥砥行博闻，所纂述经史，有功圣学，宜取备乙夜观，因荐采学行。帝御讲筵，问及二人。延儒曰：“读书好秀才。”帝曰：“溥已卒，采小臣，言官何为荐之？”延儒对曰：“二人好读书，能文章。言官为举子时，读其文，又以其用未竟，故惜之耳。”帝颔之，遂有诏，征溥遗书。有司先后录上三千余卷，帝悉留览。溥性忠孝，事母极婉顺。谈朝廷事，辄欲有所澄清。与朋友周笃，闻正人患难，如身受。卒年止四十，门人私谥曰：“仁学先生。”

三、庶常天如张公行状

公讳溥，初字乾度，改字天如，号西铭，远近学者称天如先生最显，苏之太仓州人。曾祖鲸，祖仲，以长子官，赠资政大夫工部尚书。仲娶于方，生三子。长辅之，官工部尚书；次夭；又次翼之，号虚宇，是为公父。娶陆，继潘，后得副室金，实生公。虚宇公行善，多阴德，凡十子，公次居八。门房俱称公十者，以连尚书二子云。

公六七岁，奇慧，不逐童戏。兄弟中间有童戏，独正目视，亡预。晨佩管遗，从师受读，日可受数千言。暮反，揖虚宇公所，或呼问今日何书，琅琅诵不休，虚宇公绝怜爱。数岁，见兄行习举子业，即私习举子业，甚欲通古今文，苦不得买书钱。盖虚宇公虽素封，子多弗及周，则金孺人纰麻绩衽佐。公日夜取成书，断章手录。其后同采读书时，将所录本篇篇投火，复日夜手录，及十日或半月，同采高吟一过，又复投火。采问“曷存斯？”曰：“聊用强记，奈何留滞心路！”余笑谓：“世间节录，本侈行。公如存者，充栋矣。”用是右手握管处，大指及掌心咸成茧，五六日须割去。冬月且皲，日数沃盥，其勤学殆天性。方私习举子业，且一年，已成章。当年师犹未知，用废读，授夏楚。长而语采：“我自遇露生张师，始获黄童誉，师弟亦佩知己哉。”

十五岁丧父，同金母出居西郭，颜一陋室，曰：“七录斋”，益读经史诸书，亡厌。十九补博士弟子，声闻籍甚，交一时名贤，志为大儒。戊辰，以覃恩选贡入太学。是年，适余先成进士。公策款段之京师，托余邸。会所贡天下士暨公卿雅流，咸愿获交公，幸一望见。公则循墙谢不敏。而乃拜瞻宫殿，访南北郊制，问辟雍石鼓文，上下齐鲁，伏谒阙里，气益优裕。两人先后归。冬季，采令临川，公送抵钱塘江，执手欷歔，曰：“出处庸有时？第舍我，踽踽独学，行奈何？”泣数行别去。先是，六年前，公延余读书七录斋。公晨出，夜分入。两人扃户下帷，公上自皇古，下迄今兹，凡治乱兴废贤愚是否，亡不殚厥理要。此如行舟，公自系帆，置余作相风。舟行不干相风，辄时占顾。以故两人深相得，不能顷步离。隔三日，即信使相望。

公既别钱塘归，果踽踽颇不聊。又念友生若参昴，古学罔攸明，因集吴越间俊造，凡经明行修一辈，定规模，要计程课。既集，公扬言于众曰："不殖将落，毋陷非彝，毋读非圣书，毋违老成人，毋矜厥长，毋以辩言乱政，毋干进丧乃身。嗣今往，犯者小用谏，大则摈勿与。世教衰，兹其复起，名社曰'复'，共勖诸？"众咸曰"诺!"于是复社之名振天下，由吴越以及四方。凡其地俊造，经明行修者，以不得与为耻。采在临川，闻之曰："善哉张子！志则广矣！难乎其后也。"

届庚午辛未，连举成进士。廷推善文章任翰林选者，无出公右。选翰林院庶吉士。公生平谓人："丈夫贵有志，昔人称三不朽，要各有类，如德则修身及家，均平天下。否者备顾问，奏对三雍，为国家作述礼乐，昭宣教化。功则为社稷臣，勒名旌常。否者，表章六经，裁量子史，俾后学有所依仿，稽勋亦不在挞伐下。言则冠豸螭陛，屈轶指佞，言行道亦行。否者，著成一家，藏诸名山，使千万世知有其人。比于龙门扶风，又每恨无鞅掌才，不任奔奏，以此让人。"同志知其托寄有在，及官翰林，思一有所表见。即口语不能无予夺，又性淳古，所不可辄面赤不应，谗言遂孔张，执政要人眈眈视。公赋《青蝇》曰："先人未浅土，苟不获归襄厥事，则愿以身祭百虫。"壬申，请假归，营卜宅兆，葬其父虚宇公。手自卒瘏，未尝屑屑问诸兄弟。发所庋书，不下数万卷，丹黄由绎，无寒暑间。海内学者争及门，履满户。

当是时，要人方伺间不得，与其党谋曰："若聚徒何为？是可指而蘖也。"欲发犹未有名。而往之耻不与复社者，心衔其事，献谋曰"故时若立复社，名甚著。今加娄东，指为党人，曰娄东复社即可，不必有踪迹，将一网尽"。丙子，招里中猾，条事及之。下提学御史，望风者谓公固时所忌，讦公可进身。遂褫服伏阙，云已去官由娄东，连疏诋复社，下巡抚都御史。提学御史倪公元珙言："诸生诵法孔子，引徒旅诵习，实非党，亡可罪者。且文章为士精心，即国元气。厉治士，不便。"执政恨御史庇士，镌二官。巡抚都御史张公国维言疏诋者云："去官自有本末，与娄东绝不属，年月可覆，难诬证。"有严旨切责，必批根乃已。牵连六七年，而公怫怫死矣。公死后，复有攻公希跳狱者，再得严旨，责公及采各自陈。采谨斋沐具疏，备述复社端倪。中云："谓复社是臣事，则出处年月不符；谓复社非臣事，则生同砥砺，死避罗弋，负义图全，臣不出此。”末且云：“念溥日夜解经论史，矢心报称，曾未一日服官，怀忠入地。即今严纶之下，并不得泣血自明，良足哀悼。”既草疏，焚一炉香，向公木主呼曰：“天乎！公固亡罪，我杜门，惜不与社事。痛公一生汲引，乃加罪我，不敢逃死，己任。天子圣明，可无他者。赫然怒，相见黄泉矣。”疏上，上亦鉴书生文社无足究。旋得公素行，心怜之，有旨其勿问。以后文社课业，首要端饬身心，讲求忠义，不得徒尚浮华，标榜延誉。提学臣严诫毋忽。事白，于是御史刘公熙祚、给事中姜公埰交章荐公，砥行方闻。所纂修经史，有功典学，请悉征遗籍备乙览。奉旨，如御史给事言。书属提学御史呈进，天下传而颂之。倪公贤者，张公一代名卿。刘公按楚，死国难。姜公直言，受廷杖。四公不轻许人，即公事状无待辨。

公事亲孝，既长，依母侧，如孺子，待兄弟友。兄弟十人，不一母，又情性差别。公未出西郊，颜所居曰“萼楼”。既通籍，凡诸兄弟嫁女娶妇，不辞频复。交朋友有信，州诸生沈承字君烈，负才而夭，妻薄少君相继。遗孤仅生五月，断乳且髭。公抱归，抚为子，名张忱。余字以第三女。后余女死临上，忱随公，死京师。公与君烈交不厚，第怜才，自急义耳！蒙师刘振溪死，公操文哭祭，约管子士琬，卜地成葬，岁恤其妻若子。友人何孝廉南春、杜秋曹麟征、曹宪副三用、许黄门国荣，皆先公死，以孤托公，咸孜孜不遗力。

所为文，初似唐孙樵樊宗师，中返于醇，仿韩欧大家。既融洽经史，遂出西汉。诗率笔题咏，皆三唐风格。读书日高起，漏下四鼓息。起坐书舍，呼侍史缮录，口占手注，旁侍史六七辈不给。固切友声，书生故人子，挟册问，无用剥啄，辄通坐，坐恒满。四方尺牍，又咄咄应。而公俯仰浩浩，所著述可一间屋，岂中材之子，能万一几及乎？然公同余读书时，见公解粽设饧，误渍墨，口辅尽黑。余笑，公终不觉。夜深灯尽，窗炤如白日，疑天遂明。视庭中，则雪深一尺。呼童子，鼾睡。公恨不得一杯酒。余谓无恨，他时定念此寂寂。及余在临川，雪夜思公，遂覆杯。公亦雪夜念余，把酒不适。则公专笃又如此，谁谓对客挥毫，天性然也。

公切切辨邪正，论罢朝廷事，锐欲澄清，冀资庸。闻善人难，如身及，不暇卒食。居乡涉民瘼，汲汲布惠。吴，水国，舟子多榜官阀子雄，公禁不许。出入买他家舟，辞气温雅，从无贵人色。卒之日，远近赴吊，哭多失声。嗟夫！公以名高招忌，忌者百方中公，卒不得他过恶。穷年搜索，不过曰复社。即问忌者，复社过恶是何等？天下万世可以知公矣！

所著有《七录斋集》、《七录斋近集》、《史论》一编、二编及《论略》、《春秋三书》若干卷。所辑原分部立例，经则十三，经各有诂释。合注疏大全删定者曰“合纂”，其“四书”“易经”“尚书”“毛诗”先已行世。史则有《历代文典》《文乘》及《崇祯文典》，尚未成集。其行世者，为《通鉴纪事本末》《宋元纪事本末》，随事属论，粲成大观。又取南北史，用魏、齐、周书较量同异。他如《列女传》《读史管见》，皆评定标目者。子集则有《庄子》，乃汇《文选》《广文选》《唐文粹》《宋文鉴》《元文类》，芟复去杂，曰“五删”。又念汉魏六朝诸文人篇章散逸，有集则加订正，亡集则遍搜罗，人自成编，题词弁首，共一百三人，名曰“百名家”。又谓无益之辞虽多莫用，惟《历代名臣奏议》，足可经世。严加存置，自宋以下，即文辞并授裁削。尚有综缉类书，不下数簏。今所奏御，十不及三。即有当圣心，恐以文人宣示。

嗟夫！既已无年，夫复何言。公一子才二岁，先公一年殇。死之日，仅一女，又抚外家女一。时妾有三月遗腹者，因不敢立嗣。越七月，遗腹举女，随殇。于是，按宗法，长兄一子不得立，立次兄幼子。钱宫詹牧斋命名曰“永锡”，字之曰“式似”。迨次年五月一周，常礼称期而小祥，公始柩前立嗣成服。则公不祀者，凡一年。遗腹举女以后，采不能辞责矣。公生时与采虽不同宗谱，家人第呼南门、西门，以所居称谓，实不分两家。没后处分，采固不避剧易。嗣定，即卜地西门外娄江西馆南岸，昆山之三十保，以崇祯十五年十月二十七日成葬。按：公生万历壬寅三月念三日丑时，以崇祯辛巳五月初八日丑时卒，享年四十。娶王氏，嗣子永锡，聘孝廉华公干龙女。女一，公殁后，采许字嘉定太学侯公岐曾孙檠。所抚外家女，公许字采长男于临。兹墓前石，托明公信史传后。嗣子藐孤不胜文，采辱后死，敢次历履。嗟夫！毁誉，遇也；穷通，时也；生死，命也。盖棺定论，恃此心尔！惟明公知亡友稔，请垂编录。谨状。

——（张采《知畏堂文存》卷八）

四、明翰林院庶吉士西铭张公墓志铭

国家词林之重，二百六十年矣。承明起草，率发轫东观，自非是者，比于雊雉桑谷。正嘉之际，间一少变，未失大常。至崇祯而后，揆守他寄，其大旨患失而惑，谓三代以上，无书好读。书者，非愚必迂。呜呼！诚愚迂，则舍书而可，六蔽之说何称焉？崇祯辛未，庶常之选，有张西铭先生讳溥字天如。天如之名满天下，忌其名者，藉以入告。呜呼！士大夫之不读书，又罪天下之读书者，不修名，又以名为厉于天下，将使浑沌为附释老祝之，凯章邢而凶欧苏，则傅岩学古之为胥，靡有以也。

予性顽且鄙，寡所见书，即数见不复记忆。然且以直言贾罪，九拆几死。天如既口讷，沉默不喜持论。予谓是一先生，终当以文据于鼎耳，而亦且遝受疑谤，嗟如以死。呜呼，天之将丧斯文也，星落雨陨，《春秋》所嗟。盖自公之殁，又三年而上帝板荡，陵谷翻变，极晋宋之祸丛于黼扆。而世之诅咒学古者，犹谓是读书修名之误。呜呼！使读书修名得用于世，亦岂遂至此？即遂至此，赍先王之道与龙血共碧，未为不古也。而快意横决者，犹未满其胸臆，安得数天下以供横决者之骤愤骤乐以满其胸臆为？呜呼！公殁既逾年，而天子乃知公，命所在学臣取公所著书，陆续进览，凡所进览者凡三千余卷。又逾年而(贼胡)并入(京师)，国家颠覆。呜呼！学古有获者之不祥，一至于此，则其屈折以入诅咒者之胸臆，宜也！

公生于万历壬寅三月廿三日，卒于崇祯辛巳五月初八日，享年四十。方壬申岁，公在馆选，甫一载，予以宫允削籍归，公投予二诗，即请假去，凡相别九载。予受逮下诏狱，公益诧傺。出，从宜兴归。遂郁郁病，数日不起。故公之退，退而死，则亦维予之故也。公少与张采受先交，晨夕讲艺。诸经史皆手录七遍，谓之“七录斋”。受先既先成进士，公益自奋，以廉隅文章砥砺天下。其摈不与者，疾之若仇，公益温克善降，而卒无以调忮忒之心。党祸发，时奸人日谈复社，株连及受先，受先为上疏曰：“复社者，江南讲习之社，徒有其名，不尽关娄东。谓复社是臣事，则臣任临川，出处不同。谓复社非臣事，则生同砥砺，死避罗缴，负义图全，臣不出此。且以张溥日夜解经论史，矢心报称，曾未一日服官，怀忠入地，严纶之下，不得泣血自明，亦卒哀也。”上览之恻然，乃用刘御史熙祚、姜给事埰言，征公遗书，事为白。

公所著有《七录斋二集》《史论二编》《论略》《春秋三书》《十三经注疏合纂》《历代文典》《文乘》。所删正标置行世者，不可胜举。曾祖鲸、祖仲，皆以伯子辅之官赠资政大夫工部尚书。公父翼之未赠官，有子十人，公次居八，世为苏之太仓人。嗣子永锡，字式似。以崇祯十五年葬于娄江之西馆南岸。又三年，受先乃命予为之铭。铭曰：

哲人所托，亦各有在。峙为义山，渟为理海。渟峙既翻，乾坤颠沛。念我哲人，喟然发慨。西无华峨，东无泰岱。人无天如，精华尽晦。浇明河酒，泻北斗酹。呜呼！千秋视此函盖！

弘光元年龙飞春三月朔日，赐进士出身、光禄大夫、太子太保、协理詹事府事、礼部尚书、兼翰林院学士、前吏部左右侍郎、正詹事、兼翰林院侍读学士、充经筵日讲官、纂修实录玉牒、通家侍生漳海黄道周顿首撰识。

——黄道周撰（故宫博物院藏小楷稿本）

附录二　祭文

祭张天如文

张　采

盟弟张采以山居，五簋沥酒，呼天如之灵而哭曰：呜呼！自初八日昧爽以来，兄则已矣。后死者结惨刺心，苦境凡五：一长号，一泪自流，一语次悲哽，一如疑，一如忘。噫！酷矣，忆弟友兄，始庚申岁。既癸亥，延我七录斋，逮丁卯。凡五年中，兄每辰出，夜分或过子刻入，两人形影相依，声息相接，乐善规过，互推畏友，时设疑难，必尔我畅怀，归于大理。金母从窗户窥听，每称二子不但勤学，乃从未见惰容嬉色。

嗟夫！两人而同乳，亦可不愧友于也。兄恒对门人，欲取我辨析语，即次成录，今竟不克就耶！丁卯，我第三女许兄所抚子，称姻家。腊月北上，兄送浒墅。弟泣托老母，兄泣应。戊辰四月，兄贡来京师，两人即如聚首七录斋。于时兄名在天下，贤公卿几得望见，乃两人踽踽荣款段不顾。未几，先后归。冬十一月，弟将老母之临川，兄送我武林萧寺，临岐一恸，左右掩涕。嗟夫！此如邛邛岠虚，难可刻离。临川不在天上，作此酸塞。繇今言，将奈何耶？临上时，第三女殇。弟哭几绝，非哭女，哭我许兄家一念尔。庚午，弟病归，舟至奔牛，得兄乡捷信，喜告我母。及归，则王嫂复抚侄女许临儿，再称姻家。噫！两家交不系姻，然成姻亦自密也。辛未，兄成进士，选庶吉士，弟送金母之北，拜河下，自谓犹子。我母随弃养，兄疏文远哭，亦犹哭母也。壬申冬，兄得假归，乃弟遂善病，多息影茅山。犹记丙子夏，弟在茅山，且死矣，仲驭、介生哭床头，弟无少沾恋。中心谓：山妻固贫家妇，足自了，两儿是天如事，亦无弗了。岂知遗记之人，今日反受遗耶。

呜呼！天如赋性忠义，志笃孝友。其孜孜善类，获持正人。与引迪后进，几于饥不及餐。同生兄弟十人，参差不一，为之嫁女娶妇，无间频复。死之日，内外一口，无不失声，行自痛耳。

方子丑间，两人如几上肉，弋人眈视，外传缇骑且至，一日数惊。繇今言，使两人三木北寺狱，如饴矣。六七年来，弟病不及城市，兄性微少精详。左右害我戆兄，命驾南郭，则百方沮，一月不过一二至，至则谈平生，考古今，亦何减七录斋时！乃前旬有七日，兄远归，薄暮抵我俭斋，酒行甚欢。弟见兄志在担荷，因语关汉寿庙落成，拟构旁隙地数楹，为潜息计。兄抱幞被，两人寒窗拥炉，仍修旧日静业，兄唯唯。弟又云：静不得力，动决是错，兄复唯唯，岂知别即称病，至此极耶？嗟夫！兄出门友天下，而迹绝南郭，岂非天乎！已矣！维兹两月遗腹，则嗣不轻立。嗣未立，则诸兄弟无执丧礼，故丧不克治。远方来吊，或哭诸门，哭诸位，情乎！礼也！肰则兄自遂瞑乎？老母弱室，将复谁视？移来茅山病中心事，采一日不死，何弗了也。金母制哀，采供子职。王嫂节踊，天必佑善。遗腹得男，方尝母苦。

呜呼！天如其且瞑耶？念兄一生书癖，手口不离。今亟搜遗文，诠汇成集。兄经史行世者，已遍海内外。惟《春秋三书》，为著作大维，将完十之七八。窃拟依类，竣斯巨功。其他名义浩烦，非力可任。则计楮数册，严诸笥柙，待尔后人。我将手授，行记兄平生，请诸鉅公，以备金石。则俟孤生之日，兼详名系，两人固不知牛产，兹田庐置留，不足烦絮。维弟病伏城南，呼应遥隔，当别卜居，以安孤寡，则未知后死者短长何如。但二十年来交道，所可期信，如此而已。呜呼！兄死系治乱，使不得见治平，则为国家哭。人师经师已矣，为子弟哭。述作遗后人，迟且徐竟，则为万世哭。凡此，人当尽云然。今所哀哀，适自陈其私。呜呼！天如其有知乎？何忍听兹？呜呼，天如有知，当复唯唯也。

——《知畏堂文存》卷九

祭张天如文

刘　城

崇祯十四年五月，太仓庶常张西铭先生终于正寝，其友人贵池刘城，越在千里。闻讣于家，为朋友服，哭之哀。越明年，壬午正月辛未朔，乃克为文，致生刍，告于西铭之灵曰：呜呼！太上立德，次功与言，士三不朽。身没道存，粤若稽古，有张特闻。在周则仲，孝友忠勤，佐宣协甫，饮至策勋。宋则横渠倡道，关中计顽之训匡，廓鸿同理，一分殊仁，体昭融于。惟先生百世代兴，始标侯在继寓。西铭孝友敦固，胞兴恢闳。同父十人，均爱无罅。一门之内，鱼鱼雅雅，视仲孰多，声施华夏。闭户著书，翼经正史，房皇三代，扬搉干祀，慨自昌启。上下雷同，议论泾浊，佥壬输攻。岂无气节，岂无理学？逆焰既炎，摧排昌谔。于惟先生，内行淳备，扶持正人，奖掖义类。同里同姓，有友清刚，望衡对宇，立不易方。缔交砥行，道从此始。吴门金沙，合志云起，声气之盛，近古罕比。学成名至，廷择庶常，英彦绮合，含吐颉颃。素心雅意，览时寡合，归筑文囿，多士欣讬。实大声宏，寰海所望，知己当国，劝驾趋装。云胡无禄，溘焉一朝。蒲觞未冷，鬼伯哀号。宜兴初入，圣政杂新，嘉谟盛事，累牍难陈。云谁讲贯？云谁讽谕？其言则行，其人埋玉。虽不作相，有相之功。凡兹休美，先生意中。言念畴昔，流连虎阜，慨论当时，移衾销漏。今也志行，身可已矣。后之君子，亦知所自。著书满家，意亦在是。德功与言，三者并峙。我无私痛，陈辞遂止。

——刘城《峄桐集》卷十

祭张天如文

董　说

维崇祯十四年八月辛巳，门人董说谨致祭于西铭张夫子之灵曰：呜呼，夫子何往哉！岁庚辰之冬也，吴羽三来，以夫子命，命说长侍左右。说东向再拜，受命曰："说万瞽聋之人，夫子教之，庶几耳目闻见，死且不朽。"当是时，勉图如夫子命长侍夫子也，既而不能如夫子命稀长侍夫子也。盖说甚贫矣，家在浔溪，去夫子二百里而遥，岁饥也，给薪米不暇，无以供数往来，辄不果。说生八年称孤儿，说之母，慈母也，朝夕饮食相为命，使说东西南北，说之母惨惨无所顾盼，辄益不果。嗟乎，此说之罪也夫，此说之罪也夫！今日以往，虽欲长侍夫子，岂可得哉！奈何两不果，抱终身之恨也！说今年正月见夫子，盖再见夫子也。说自束发为文，不为干禄之文，性情类狂者，勿能逃避毁谤。夫子国士我于须眉，不相识之日，爱说念说，称名说说，一旦而比人数，是夫子于说厚矣。始见夫子，庚辰之昆山。再见夫子，辛巳之娄水。哲人其萎，报德无路，此说所以泣涕痛恨而不可止也。说今年正月见夫子时，说病新起，死伍也。夫子曰："噫，甚惫！"为惕然惧久之。而说之视夫子方强饭，能达旦不寐，皆上寿之相，私独庆。嗟乎，嗟乎！以夫子惧说之垂殁而有意外之生，以说庆夫子之长生而有意外之殁。说无大损益轻重于天下，而有意外之生；夫子身系朝廷之安危，人心世道之邪正，而不幸有意外之殁，此说所以泣涕痛恨而不可止也。闻夫子之讣前五日也，吴羽三归自睲城，出夫子手书三十余字，意勤恳，大抵使说之之娄也，必以八月。今说之之娄固八月也，升夫子之堂，入夫子之室，不见夫子，此说所以泣涕痛恨而不可止也！呜呼哀哉，尚飨！

——董说《丰草庵前集》卷一

附录三 张溥年谱简编

明神宗万历三十年(1602)壬寅三月二十三日丑时(公元1602年5月14日1:00—3:00)出生。

是年,文震孟二十九岁,姚希孟二十四岁,钱谦益二十岁,杨彝二十岁,顾梦麟、黄道周十八岁,吴应箕九岁,杨廷枢八岁,张采七岁,徐汧六岁,刘城五岁,熊开元三岁,皆张溥日后深交。尤其张采,为张溥终身左右手,对社事及张溥文集的整理梓行,发挥了关键的作用。

金坛周锺(介生)生。按:以下出现的人物凡注明生年之人,皆复社成员。

万历三十一年 1603 癸卯 二岁

上海李待问(存我)生。

吴江赵庾(涣之)生。

无锡王玉汝(元琳)生。

江都郑元勋(超宗)生。

徐州万寿祺(年少)生。

沛县阎尔梅(古古)生。

万历三十二年 1604 甲辰 三岁

宜兴陈贞慧(定生)生。

华亭顾开雍(伟男)生。

万历三十三年 1605 乙巳 四岁

吴县周茂兰(子佩)生。

吴江沈永隆(治佐)生。

嘉定黄淳耀(蕴生)生。

万历三十四年　1606　丙午　五岁

吴江潘凯(仲和)生。

吴江沈自然(君硕)生。

万历三十五年　1607　丁未　六岁

从刘振溪学。

莱阳宋玫(文玉)生。

太仓朱明镐(昭芑)生。

无锡顾杲(子方)生。

无锡华渚(方雷)生。

莱阳姜埰(如农)生。

宣城沈寿民(眉生)生。

万历三十六年　1608　戊申　七岁

从师读书,已能日诵数千言。

华亭严龙(子幼)生。

青浦陈子龙(卧子)生。

上海李雯(舒章)生。

北直顺天府梁以樟(公狄)生。

万历三十七年　1609　己酉　八岁

门人吴伟业(骏公)生。

上元纪映钟(伯紫)生。

万历三十八年　1610　庚戌　九岁

吴江包捷(惊几)生。

太仓吕云孚(石香)生。

吴江吴翻(扶九)生。

余姚黄宗羲(梨洲)生。

万历三十九年　1611　辛亥　十岁

太仓陆世仪(道威)生。

如皋冒襄(辟疆)生。

桐城方以智(密之)生。

杜濬(于皇)生。

万历四十年　1612　壬子　十一岁

从张露生读书,修举子业。张露生为苏州郡城人,张溥之父张翼之聘请坐馆,张溥兄弟当有多人从之学。

吴江吴昜(日生)生。

桐城钱秉镫(饮光)生。

桐城方文(尔止)生。

开封周亮工(元亮)生。

万历四十一年　1613　癸丑　十二岁

从张露生学。

昆山顾炎武(亭林)生。

昆山归庄(玄恭)生。

太仓陈瑚(言夏)生。

武进许之渐(仪吉)生。

华亭陆庆臻(集生)生。

万历四十二年　1614　甲寅　十三岁

从张露生学。

丹徒钱邦骏(驭少)生。

华亭徐致远(武静)生。

莱阳姜垓(如须)生。

杭州陆圻(景宣)生。

万历四十三年　1615　乙卯　十四岁

从张露生学。

昆山盛符升(珍示)生。

太仓周肇(子俶)生。

万历四十四年　1616　丙辰　十五岁

从张露生学。

诸兄弟中,张溥读书当最受张露生注意,“予年十一,从先生受文字。时初解把笔,先生谓可教,时称述于先子。先子时当忧患,内郁郁不自聊,时向先生索观予文,听先生赞言,辄内喜”。(《七录斋诗文合集·近稿》卷三《张露生师稿》)

万历四十五年　1617　丁巳　十六岁

四月,丧父。“先君生于嘉靖丙辰之四月三日,殁与万历丁巳之四月四日,享年六十有二”。(《七录斋诗文合集·近稿》卷三《先考虚宇府君行状》)“君售、受先于余同为少子,而皆以未成人失怙。征起岁,俱丁巳也”。(《七录斋集》卷二《张受先稿再序》)

是年,奉生母金氏出居城西之七录斋。按:当家人去世,家庭亦解体,已经成家者独立,未成年者随其生母离开祖斋分居,嫡母与所生嫡长子为继承人,乃当地习俗。

泰州邓汉仪(孝威)生。

万历四十六年　1618　戊午　十七岁

居住七录斋读书。

长洲文乘(应符)生。

归德侯方域(朝宗)生。

江阴李逊之(肤公)生。

华亭宋存楠(尚木)生。

万历四十七年　1619　己未　十八岁

居住七录斋读书。

华亭王沄(胜时)生。按:王沄,原名溥,为陈子龙门人,才名早著。丁亥(1647)五月十三日,陈子龙乘清兵看押疏忽,投水死。清人割下头颅,残害尸身后弃尸水中。王沄得信,赶赴昆山,见陈子龙好友徐桓鉴(惠朗),徐桓鉴命仆吴西、毕桂助王沄具棺收葬陈子龙的尸身，历经艰险，展转运送，藏昆山洞泾西涘徐桓鉴家在远郊荒地的殡葬之地。陈子龙的首级被清兵带到华亭县的监狱，五月十四日，悬于西门城头。数夜之后，有书佐叶世�，贿赂逻卒，以他级易之，终与尸身合，葬于富林祖茔。

太仓王挺（周臣）生。

太仓王揆（端士）生。

万历四十八年（光宗太昌元年）　1620　庚申　十九岁

补博士弟子。

与张采订交。“娄东二张”从此为莫逆交，直到终身，详见本书第六章。

嘉定侯泫（研德）生。

太仓黄与坚（廷表）生。

湖州董说（雨若）生。

熹宗天启元年　1621　辛酉　二十岁

与太仓双凤里顾梦麟交往。并因顾梦麟引见，与杨彝往来，从此，经学研究颇受二人影响，学问大进。而应社之建立，以此为始。张溥与杨彝往来，当早于应社成立。

天启二年　1622　壬戌　二十一岁

吴伟业为及门弟子。详见本书第六章。

长洲徐枋（昭法）生。

天启三年　1623　癸亥　二十二岁

邀请张采至七录斋共读。

与张采一起到金沙（今江苏金坛市）访周锺，共议古文师承与文社事，三人一见，相得甚欢，辩难五昼夜，订盟乃别。周锺之学识能力令人景仰，在后来应社、广应社和复社的发展过程中发挥了至关重要的作用，详见本书第二章。

天启四年　1624　甲子　二十三岁

与张采共读七录斋。

冬天，与张采、周锺等共访杨彝，建立应社。

天启五年　1625　乙丑　二十四岁

与张采共读七录斋。

“六君子”狱发生，杨涟、左光斗、魏大中、袁化中、周朝瑞、顾大章先后惨死狱中，魏党之惨毒，令人发指。张溥有《祭魏廓园先生文》，详本书第八章。

抚育友人沈承遗孤，王家桢《研堂见闻杂录》记之。

熊开元任崇明知县。

宜兴陈维崧（其年）生。

天启六年　1626　丙寅　二十五岁

与张采共读七录斋。

春，与徐汧订交。

明军在东北击溃后金军队，解宁远之围，张溥有《辽师大捷凯歌四章》。

三月，在苏州，与杨廷枢兄弟游。

“七君子”惨案发生。

周顺昌被魏党矫旨逮捕，苏州百姓抗议，史称“开读之变”。从张溥《杨公干纪略》中可以看出，张溥在现场，参与了诸生营救周顺昌的过程。但出面组织的是苏州的名流杨廷枢等人，因张溥从太仓来，未挑头。

吴县顾苓（云美）生。

天启七年　1627　丁卯　二十六岁

与张采共读七录斋。

张采以第三女字张溥所抚沈承子。

作《五人墓碑记》。

是年，张采举应天乡试。

十二月，张采赴京应试，张溥送至苏州西浒墅关（浒墅关为当时水陆交通要道，设有驿站，大运河、官道由此经过）。

是年，始与陈子龙交往。

思宗崇祯元年　1628　戊辰　二十七岁

春，张采成进士。

熊开元调吴江令。

张溥以覃恩选贡入太学，结交太学诸豪杰，为成均大会。同时组织燕台社，与北方文人广泛联络，扩大了应社的影响，使之成为波及全国的文社联合体。其时，山左文人集团、江右文人集团、上江文人集团、松江文人集团已经渐次纳入张溥实际领导的广应社旗下。并受到回归朝廷的东林前辈君子重视，逐渐成为文人的精神依归，在士林拥有强大的号召力。

是年，与严渡订交，为两浙文人集团后来融入复社奠定了基础。

春夏之交，与张采先后归。途中，张溥到山东莱阳，与宋继澄见面，甚欢。

顾秉谦为乡人不齿，匿娄东。张溥为檄文，率诸生逐之。

秋，艾南英到娄东，与三吴文人聚首，并陈子龙论学，张溥、张采接待，宴于弇山园。议不合，艾南英理屈而去，详见拙文《明季江左江右文争的演变》，载《学术交流》2011 年 9 期。

初识昆山王志庆（与游），后成为经常一起游赏的诗友。

十一月，张采离开太仓赴临川知县任，张溥送行至杭州而别，临歧一恸，左右掩涕。

张溥返娄，与孙淳会于途中。

应知县熊开元之邀到吴江讲学，巨室沈氏、吴氏子弟从学。创建复社的动议，当于此时形成。

崇祯二年　1629　己巳　二十八岁

春，到吴江讲学，议论创建复社事宜，并到苏州、常熟、江阴、昆山等地说服应社元老，筹建复社。

五月，与孙淳等许元溥等游杭州，吊岳武穆祠、于忠肃祠，并游赏富春江，凭吊严陵滩、钓台等名胜。

六月至八月间，在苏州府吴县的尹山举行复社成立大会，合诸社于复社，成为波及全国主要行政区划的最大文社联合体，张溥为定课程、立规条，详见本书第三章。

是年，正月定逆案，二月裁驿站。六月，袁崇焕杀毛文龙，十月后金兵分三路攻明，十一月召前大学士孙承宗为兵部尚书、中极殿大学士，视师通州。十二月，崇祯中反间计，下袁崇焕于狱。周延儒、何如宠、钱象坤入阁。

崇祯三年　1630　庚午　二十九岁

集中精力准备乡试。

八月乡试，张溥为经魁，复社多人中举，组织金陵大会。

秋，张采自临川归，舟至常州西奔牛，得到张溥的捷音。张溥之妻王氏以所抚侄女许张采长子于临。

试毕，举行复社金陵大会。大会之后另有集会，张溥因约定以后每逢乡试之年举行雅集，为国门广业社集，是为第一次，张溥主持。

冬，入京准备来年的会试。途中路过江阴，有停留，或与徐霞客见面。

六月，温体仁、吴宗达入阁。

八月，崇祯杀袁崇焕。

崇祯四年　1631　辛未　三十岁

二月会试，张溥中式。殿试，立三甲第一名进士。状元陈宇泰，榜眼吴伟业，探花夏曰瑚。

选翰林院庶吉士。

以师礼事徐光启，问历学。

同社刘士斗知太仓。

同社周之夔为苏州推官。

母金氏入京就养。

七月，张采母苏氏病故，张溥为祭文。复有诗吊唁。

熊开元落职归湖北，作诗送之。

崇祯五年　1632　壬申　三十一岁

在翰林院。

正月，黄道周削籍归，作诗送之。

吴伟业奉旨归娶，张溥有诗相送。

冬，所抚沈承子夭折。

年底，因翰院环境恶化，处境艰难，遂告假葬父，南还。详见第四章。腊月葬父。

广泛接受四方士子入社，扩大复社的规模与影响。

家居，致力于学问。

崇祯六年　1633　癸酉　三十二岁

正月，弟张王治入京参加会试。

约会各地社长，召集复社虎丘大会。

三月，举行复社虎丘大会。各地社盟成员来到苏州虎丘几万人，为中国文人集会规模最大一次，全城聚观这一古今盛事。

是年，与吴钟峦结交。

会后，张溥与文震孟、吴钟峦等议论朝政，不直周延儒。

宜兴吴炳编《绿牡丹》，湖州温育仁用以讥刺复社。张溥、张采赴杭州，晤学臣黎元宽，使禁，勒令书肆毁板。

六月，周延儒罢，回宜兴。温体仁为首辅。

秋，太仓歉收，张采为《军储说》，谋救灾。张溥赞同。因周之夔阻挠未果。

第二次国门广业社活动，方以智、杨文骢主持，吴应箕协助，天启被难诸君子后人加入复社活动，意气节概抒发逐渐替代酬唱吟咏，复社社会属性的改变初露端倪。

崇祯七年　1634　甲戌　三十三岁

居家读书。

嘉定侯峒曾父忧服除，入都，张溥有诗送之。

端午，黄宗羲来访，张溥于舟中设宴招待，观竞渡。

崇祯八年　1635　乙亥　三十四岁

居家读书。

行保举法。首辅温体仁及其党羽把持朝政，崇祯依赖之。

七月，朝廷当权者谋划惩治张溥等复社领袖，周之夔呼应，作《复社或问》，攻击复社。

钱秉镫由上海还里，道经太仓，访张溥。

崇祯九年　1636　丙子　三十五岁

居家读书。

常熟猾吏张汉儒疏讦钱谦益、瞿式耜，执政欲联结复社并起大狱。

五月，太仓陆文声上书论复社，崇祯严旨彻查。

六月，张溥到茅山，与在茅山读书的张采、吴应箕、沈寿民等会面。时复社处境危急，而张采病重，两人见面，痛且哀。

张溥《七录斋集》刊行，陈子龙、周立勋为序。

八月，周之夔至应天府巡按申述去官本末，攻讦张溥。

九月，张溥到苏州，凭吊五人墓。并到无锡、江阴等地活动，或见徐霞客，并得到黄道周托徐霞客带来的印章。张溥由江阴返苏州，再回太仓。

天启被难诸君子后人集会于金陵桃叶渡，痛先人之觞，忧时局之艰，惊魏党余孽之活跃。

第三次国门广业社活动，主持人是吴应箕、陈贞慧和姚瀚，出资召集和组织活动者是姚瀚。

姚希孟卒，文震孟哭之，哀毁过度，同年卒。

崇祯十年　1637　丁丑　三十六岁

居家读书。

二月，周之夔再上书攻讦“二张”军储说，指名复社首恶。张溥日夜处于惊危之中。

春闱，状元刘同升、榜眼陈之遴、探花赵士春均复社成员，浙人谓之“社榜”。

张汉儒等人攻讦钱谦益、瞿式耜，词连曹化淳。曹化淳请求崇祯彻底清查，得到实情，枷死张汉儒，钱谦益、瞿式耜事解。

六月，温体仁罢，复社领袖始一展眉，张溥、杨廷枢、周镳、沈寿民、方以智、沈士柱、陈贞慧、顾杲、吴应箕、梅郎中等会于苏州虎丘。后陈贞慧、梅郎中、周镳随张溥到太仓论学。

张至发任首辅。

十月，张溥为生母金氏庆六十大寿，数十州县社众及张溥弟子前来祝寿，钱谦益为祝寿文。

崇祯十一年　1638　戊寅　三十七岁

居家读书。

八月，复社名流顾杲、杨廷枢、沈士柱、黄宗羲、万泰等在南京讲学，得知阮大铖之野心，刊刻《留都防乱公揭》，倡议人为顾杲，吴应箕起草，陈贞慧参与，得到复社领袖、元老支持，署名一百四十人。

九月，少赞事黄道周贬江西布政司都事，道经徐州，与阎尔梅聚谈。

十月，应天巡抚张国维奏复周之夔攻讦复社案，为复社领袖申诉。

陈子龙、徐孚远、宋存楠编《皇明经世文编》五百又四卷，张溥助之成，且为之序。

崇祯十二年　1639　己卯　三十八岁

居家读书。

薛国观为首辅。

张溥生一子。

嫡母潘氏病故，会吊者万人。

第四次国门广业社活动，吴应箕、陈贞慧、姚瀚召集。

崇祯十三年　1640　庚辰　三十九岁

居家读书。

二月会试，胡周鼐、方以智、梁以樟、周亮工、姜垓、孙凤毛等中式。

四月，黄道周、解学龙下狱。

有托名徐怀丹者，炮制《复社十大罪檄》。张采欲寻其人对质，不得。

六月，首辅薛国观罢职回籍，旋被逮，押回京城，赐死。

七月，张溥谋解黄道周于难。

九月，到吴江，与沈自友、沈自籍、沈自炳等相聚。后到昆山，寓王志庆所，与孙淳、董说等聚首。

为王志庆《周礼注疏删翼》作序。

杨廷麟到太仓，与张溥见面。

是年，子殇，哀痛至极。

崇祯十四年　1641　辛巳　四十岁

居家读书。

二月，黄道周戍辰州卫。

与钱谦益、项煜、徐汧、马世奇等诸先生谋于虎丘之石佛寺，推动周延儒复出。

四月，张溥到宜兴，与周延儒见面，劝之复出，并建救时之策。

由宜兴返太仓，与张采重订共读之约。旋患病，强撑读书讲学。

周延儒复出为首辅。

张溥整理自己的文章，编辑《七录斋近集》，未完成，张采为其完善并付梓。

五月初八丑时（公元1601年6月15日1:00—3:00）去世。

张溥无子，因妾董氏有孕，故不能立刻成葬。而遗腹举女，复殇。明年，钱谦益主持立嗣，以张樽少子为嗣子，取名张永锡，字式似。

崇祯十五年（1642）十月二十七日，葬太仓西门外娄江西馆南岸昆山之三十保。私谥“仁学先生”。

附录四　张溥著作、编纂书目存轶收藏简介

张溥著述宏富，编选辑存古书不遗余力，评点修订亦有多种存世，有的在明代就有多种刻本，流传与保存情况难以稽查。今以《江苏艺文志·苏州卷》收录有关刻印收藏情况为基础，对张溥著述编撰成就大致梳理并略加补充。

1.《易经注疏大全合纂》六十九卷（含正文六十四卷、卷首一卷、系辞注疏大全合纂四卷）崇祯七年刻本，藏北京大学图书馆。

2.《书经注疏大全合纂》三十四卷，明末刻本，藏青岛博物馆。

3.《诗经注疏大全合纂》三十四卷，明崇祯刻本，藏北京大学图书馆。

4.《春秋三书》三十一卷，明末刻本，藏北京图书馆。

又，明末嘉显堂刻本作三十二卷，藏南京图书馆。

5.《四书注疏大全合纂》三十七卷，明崇祯九年吴门宝翰楼刻本，藏南京图书馆。

6.《张天如先生汇订四书人物名物经史合考》十二卷，明崇祯五年刻本，藏浙江省图书馆。

7.《七录斋近集》十六卷，明崇祯十五年吴门正雅堂刻本，一函五册，藏复旦大学图书馆。

8.《四书尊注大全》二十卷，明崇祯刻本，与张明弼辑《尺木居辑诸名公四书尊注讲义》二十卷合刻，藏中国科学院图书馆。

9.《易林元龠十测》，明盛如林纂著，顾锡畴、张溥鉴定。

10.《合锓纲鉴通纪今古合录注断论策题旨大全》二十卷，卷首一卷，明崇祯刻本，藏大连图书馆。

11.《通鉴纪事本末》二百三十九卷，宋袁枢编撰，张溥论正。有多种刻本：

明末正雅堂刻本，

《纪事本末》汇编本，

《纪事本末五种》本，

《纪事本末汇刻》本，

《历朝纪事本末》本。

12.《宋史纪事本末》一百零九卷，明冯琦撰，陈邦瞻补，张溥论正。有多种版本：

张溥校刻本，藏北京图书馆。

《纪事本末汇刻》本，

《纪事本末五种》本，

《历朝纪事本末》本。

按：据中华书局1977年版《宋史纪事本末》"出版说明"可知，该书是陈邦瞻在冯琦同名未完稿及沈越《事纪》的基础上编纂而成，经过刘曰吾、徐申校订刊行，分为二十八卷。但此后翻刻流传比较复杂。崇祯间，张溥针对《通鉴纪事本末》各篇撰写史论，将陈邦瞻的《宋史纪事本末》逐条加以论正，分列于史述之后，一事一卷，形成了一百零九卷本，成为今天最通行的版本。

13.《元史纪事本末》二十七卷，明高安、陈邦瞻撰，臧懋循补，张溥论正，有多种版本：

张溥校刻本，藏北京大学、复旦大学图书馆，

《纪事本末汇刻》本。

《纪事本末五种》本，

《历朝纪事本末》本。

14.《历代史论》一编四卷二编十卷，有多种版本：

明崇祯刻本，藏上海图书馆。按：四库存目丛书所收即是此本。

明崇祯刻本一编四卷，清洪祖年批点，藏四川省委党校图书馆。

明崇祯刻本一编四卷，清潘霨批点并跋，藏苏州图书馆。

清光绪乙酉刻本一编四卷，孙执升评点，藏南京图书馆。

传抄本一编四卷，藏南京图书馆(原藏江苏省立国学图书馆)。

清刻本历代史论二编十卷，藏南京图书馆。按：四库全书存目所收《历代史论》二编十卷，即是此本，《总目》说："题曰二编，盖尚有前编，今未之见。"[①]

原批《历代史论》二十一卷，光绪刻本，藏日本静嘉堂文库。

15.《历代名臣奏议》三百五十卷，张溥删正，张溥崇祯八年刻印，藏南京图书馆。

---

① 《四库全书总目》卷90。

16.《张天如诗》一卷,《启祯两朝遗诗》本,藏北京图书馆。

17.《七录斋诗稿》三卷,张溥嗣子张永锡清初刻本,收藏情况不明。

18.《七录斋集》十六卷,明末张永锡刻本。收藏情况不明。

19.《七录斋文集》近稿六卷、馆课一卷、存稿五卷、诗稿三卷、论略一卷。崇祯刻本,藏北京图书馆。

20.《七录斋集》六卷论略一卷,明崇祯吴门童润吾刻本,藏北京大学图书馆。

21.《七录斋诗文合集》十三卷,崇祯九年刻本,收藏情况不明,最大可能在台湾。少了周锺的序和诗歌三卷。《续修四库全书》所用版本即此本之影印本,以别本三卷诗歌及周锺序补足。

又,崇祯末年张溥门人支益、钟升校刻本,藏国家图书馆、南京图书馆。

22.《七录斋文集》论略二卷、续刻六卷、别集二卷,明末刻本,藏宁波天一阁。

23.《汉魏六朝百三名家集》,娄东张氏刻本,藏北京图书馆、南京图书馆,《四库全书》所收。后有多种翻刻本和石印本。今之汉魏名家集整理本多赖此。

24.《汉魏六朝百三名家集题词》一卷,嘉庆七年刻本,藏南京图书馆。1960年人民文学出版社出版山东大学殷孟伦教授注释本。

25.《宋文鉴删》十二卷,张溥释评,明段俊定刻本,藏北京图书馆。

26.《秦汉文苑》十三卷,张溥编纂,明末刻本,藏南京图书馆。

另有见诸记载而不知踪迹的著述:

《十三经诂释》,宣统《太仓州志》卷二十五有记录。

《国表社目》,程穆衡《梅村诗笺》引用书目。

《南北史异同》,宣统《太仓州志》卷二十五有记录。

《史记珍抄》五卷,张溥辑,明末刻本,收藏情况不明。

《皇明经济书》,宣统《太仓州志》卷二十五有记录。

《庄子南华真经》三卷,谭元春评,张溥参正,崇祯八年刻本。收藏情况不明。

《历代文典》,宣统《太仓州志》卷二十五有记录。

《历代文乘》,宣统《太仓州志》卷二十五有记录。

《崇祯文典》,宣统《太仓州志》卷二十五有记录。

《古文五删》五十二卷,宣统《太仓州志》卷二十五有记录。

《广文选删》十四卷,宣统《太仓州志》卷二十五有记录。

征引书目

《周礼》，岳麓书社 1988

《左传》，岳麓书社 1988

《周易正义》，十三经注疏本，中华书局 1980

《论语注疏》，十三经注疏本，中华书局 1980

《孟子注疏》，十三经注疏本，中华书局 1980

《礼记》，岳麓书社 1988

《战国策》，岳麓书社 1989

《论语注疏》，十三经注疏本，中华书局 1980

刘安等《淮南子》，岳麓书社 1989

司马迁《史记》，岳麓书社 1988

班固《汉书》，中华书局 1973

皇甫谧《高士传》，四部备要本，中华书局 1989

陶渊明《陶渊明集》，人民文学出版社 1983

沈约《宋书》，中华书局 1973

刘义庆《世说新语》，余嘉锡笺疏本，上海古籍出版社 1993

魏徵等《隋书》，中华书局 1983

刘昫等《旧唐书》，中华书局 1975

欧阳修《六一诗话》，中华书局 1990

刘敞《公是先生弟子记》，华东师范大学出版社 2010

曾巩《曾巩集》，陈杏珍、晁继周点校本，中华书局 1984

沈括《梦溪笔谈》，中华书局 2009

苏轼《苏东坡全集》，四部精要本，上海古籍出版社 1993

苏轼《苏轼诗集》，孔凡礼点校本，中华书局 1982

黄庭坚《山谷集》，四部丛刊本，上海书店 1989

张栻《南轩集》，四库全书本

江少虞《宋朝事实类苑》,上海古籍出版社 1981
郭茂倩《乐府诗集》,人民文学出版社 2010
朱熹《四书章句集注》,中华书局 1983
刘因《静修先生文集》,四部丛刊本,上海书店 1989
脱脱等《宋史》,中华书局 1974
宋濂《宋文宪公全集》,四部备要本,中华书局 1989
陈邦瞻《宋史纪事本末》,中华书局 1977
文徵明《文徵明集》,周道振辑校本,上海古籍出版社 2014
张居正《张太岳集》,上海古籍出版社影印本 1984
杨士聪《玉堂荟记》,《中华野史》本,泰山出版社 2000
沈德符《万历野获编》,上海古籍出版社 2012
徐光启《农政全书》,上海古籍出版社 1979
柏起宗《东江始末》,北京古籍出版社 2002
钱谦益《牧斋初学集》,上海古籍出版社 1985
钱谦益《列朝诗集小传》,上海古籍出版社 1983
艾南英《天佣子集》,光绪五年重刻康熙四十五年张符骧刻本
朱长祚《玉镜新谭》,中华书局 1987
熊开元《鱼山剩稿》,上海古籍出版社 1986
张采《知畏堂文存》,续修四库全书本,上海古籍出版社 2002
朱九德《倭变事略》,上海书店 1982
张岱《西湖梦寻》,上海古籍出版社 1982
夏允彝《幸存录》,续修四库全书本,上海古籍出版社 2002
吴应箕《楼山堂集》,丛书集成初编本,中华书局 1985
吴应箕《东林本末》,北京古籍出版社 2002
刘城《峄桐集》,续修四库全书本,上海古籍出版社 2002
张溥《七录斋初集》,四库禁毁书目丛刊本,北京出版社 1997
张溥《七录斋诗文合集》,续修四库全书本,上海古籍出版社 2002
张溥《七录斋近集》,崇祯刻本
张溥《七录斋合集》,曾肖点校本,齐鲁书社 2017
张溥《历代史论》一编,四库未收书丛刊本,北京出版社 2000
张溥《历代史论》二编,四库全书本

张溥《宋史论》,光绪石印本
李清《三垣笔记》,中华书局 1982
阎尔梅、万寿祺《徐州二遗民集》,台湾文海出版社 1967
陈子龙、徐孚远、宋徵璧《皇明经世文编》,中华书局 1987
陈子龙《陈子龙全集》,人民文学出版社 2011
陈子龙《陈子龙诗集》,上海古籍出版社 1983
李逊之《三朝野记》,北京古籍出版社 2002
冒襄《同人集》,续修四库全书本,上海古籍出版社 2002
陈贞慧《书事七则》,昭代丛书本,上海古籍出版社 1990
顾炎武《顾亭林文集》,中华书局 1959
黄煜《碧血录》,北京古籍出版社 2002
谈迁《国榷》,中华书局 1988
《崇祯实录》,北京古籍出版社 2002
吴伟业《吴梅村全集》,上海古籍出版社 1990
吴伟业《鹿樵纪闻》,北京古籍出版社 2002
文秉《烈皇小识》,北京古籍出版社 2002
文秉《先拨志始》,上海书店 1982
黄宗羲《黄宗羲全集》,浙江古籍出版社 1985
古藏室史臣(黄宗羲)《弘光实录钞》,北京古籍出版社 2002
抱阳生《甲申朝事小纪》,北京古籍出版社 2002
佚名《吴城日记》,江苏古籍出版社 1999
陆世仪《复社纪略》,北京古籍出版社 2002
王家祯《研堂见闻杂录》,北京古籍出版社 2002
周同谷《霜猿集》,丛书集成初编本,中华书局 1985
吴山嘉《复社姓氏传略》,中国书店 1990
徐崧、张大纯《百城烟水》,江苏古籍出版社 1986
姚承绪《吴趋访古录》,江苏古籍出版社 1999
周亮工《书影》,上海古籍出版社 1981
归庄《归庄集》,上海古籍出版社 1984
蒋平阶《东林始末》,北京古籍出版社 2002
余怀《板桥杂记》,江苏文艺出版社 1987

王夫之《永历实录》,岳麓书社 1982
汪琬《尧峰文钞》,四部丛刊本,上海书店 1989
计六奇《明季北略》,中华书局 1984
计六奇《明季南略》,中华书局 1984
董说《丰草庵前集》,四库禁毁书丛刊本,北京出版社 1997
计东《改亭集》,续修四库全书本,上海古籍出版社 2002
海东逸老《海东逸史》,上海书店 1982
朱彝尊《静志居诗话》,人民文学出版社 1990
孙静庵《明遗民录》,浙江古籍出版社 1985
杜登春《社事始末》,影印昭代丛书本,上海古籍出版社 1990
徐秉义《明末忠烈纪实》,浙江古籍出版社 1987
王士禛《池北偶谈》,中华书局 1982
蒲松龄《聊斋志异》,上海古籍出版社 1979
孔尚任《桃花扇》,人民文学出版社 1959
吴楚材、吴调和《古文观止》,中华书局 1963
方苞《方苞集》,刘季高校点本,上海古籍出版社 1983
张廷玉等《明史》,中华书局 1974
沈德潜《明诗别裁集》,上海古籍出版社 1979
王应奎《柳南随笔·续笔》,中华书局 1983
厉鹗《宋诗纪事》,上海古籍出版社 1983
全祖望《鲒埼亭集》,四部丛刊本,上海书店 1989
冯浩《玉溪生诗集笺注》,上海古籍出版社 1979
纪昀等《四库全书总目》,中华书局 1965
黄培芳《香石诗话》,上海书店 1985
夏燮《忠节吴次尾先生年谱》,续修《四库全书》本,上海古籍出版社 2002
袁景澜《吴郡岁华纪丽》,江苏古籍出版社 1998
顾公燮《丹午笔记》,江苏古籍出版社 1999
丁传靖《宋人轶事汇编》,中华书局 1981
赵尔巽《清史稿》,中华书局 1977
鲁迅《中国小说史略》,人民文学出版社 1973
陈去病《五石脂》,江苏古籍出版社 1999

柳亚子《南社纪略》,上海人民出版社 1983
陈寅恪《柳如是别传》,上海古籍出版社 1980
谢国桢《明清之际党社运动考》,中华书局 1982
蒋逸雪《张溥年谱》,齐鲁书社 1982
郭绍虞《照隅室古典文学论集》,上海古籍出版社 2009
侯外庐、邱汉生、张岂之《宋明理学史》,人民出版社 1986
王瑞明《宋儒风采》,岳麓书社 1997
樊树志《晚明史》,复旦大学出版社 2005
柳义南《李自成纪年附考》,中华书局 1983
严迪昌《清词史》,江苏古籍出版社 1990
小野和子《明季党社考》,上海古籍出版社 2006
陶希圣、沈任远《明清政治制度》,台湾商务印书馆 1983
张曼涛《佛教与中国文化》,上海书店 1987
栗斯《唐诗故事》,地质出版社 1981
王道成《科举史话》,中华书局 1988
《苏州市志》,江苏人民出版社 1995
葛荣晋、王俊才《陆世仪评传》,南京大学出版社 1996
汕头大学内部交流资料《韩愈研究资料汇编》,汕头大学 1986
中共吴县县委宣传部、吴县政协文史资料委员会编《吴县历史名人》,1990
何宗美《明末清初文人结社研究》,南开大学出版社 2003
赵红娟《明遗民董说研究》,上海古籍出版社 2006
方志(略)
杂志(略)

后　记

如果说历史上还有一个最为接近近代政党形式的文人组织，则非复社莫属；如果说封建时代最为杰出的社会活动家，则不能忽略张溥。张溥是晚明士林的特殊人物，是朝野长幼文人的联络中枢，是历史上最大的文人集团联合体复社的创建者和领导者。

复社发源于苏州、创建于江苏的大地上，从常熟唐市的凤基园的应社肇始，发展到复社，几乎波及到当时明王朝版图内的主要州郡；张溥成长于娄东，从太仓城西的七录斋一直走到了晚明士林的无形中枢，成为明季文人的精神坐标。研究复社、研究张溥，笔者数十年前的愿望，更是老师严迪昌先生的指点关照。1987 年的冬天，在严老师的螺丝浜十三号家中，曾经谈到这个话题。时先生询问最近读什么书，有什么想法。真是没法回答，因为那时根本没有任何思路想法，读书亦甚少。所以，先生只是说了句：先将有关人物了解一下，看看他们的著作。此后，由于经常到先生家里去，或遇先生正在指导门人，则有幸旁听。或先生久坐而需要一欠身，往往站着跟我聊些话题。于是，慢慢的，我也有了一些想法。直到 1991 年夏天，与先生在家中小酌，先生提到，自谢国桢、郭绍虞两先生之后，对文人社团的研究罕见关注。在苏州，能够将复社作为研究对象是个不错的选择。随后，先生分析了条件和利弊，指点了思路。当时我下了决心，一定要完成这个作业。付诸行动却在多年之后，可惜不能再得到先生的指点。又多年之后，才动手写作，写了多年，方完成了《复社研究》。是书出版，赶紧向曹老师报告，师母见后记中提及严师，不禁哽咽。往事历历，如在目前。而去岁秋日，师母猝然驾鹤。《张溥评传》已成，只能一炷清香，告慰严师、师母。

在查阅复社有关材料的过程中，产生了很多理想，或为张溥编写一个详细的年谱，或写本研究张溥的书，或做个“娄东二张”的年谱合编，自认为是比较契合实际。完成一项是最低目标应该没有问题，完成两项或三项也是可以的，因为有大把的时间。如果能够整理一套张溥的全集，那就更美了。于是，写作《复社研究》的同时，就开始了对复社领袖张溥的关注。张溥短暂艰辛的人生经历、挥洒自如的诗文创作、超越常人的组织能力、难以想象的学术研究，无论哪个方面看，总觉得要研究的课题很多且很大、很广。可是，由于个人的研究目光狭小，为学途径逼仄，指画而读，进展缓慢，写写停停，断断续续，十余春秋，总算完成《张溥评传》，还只是一个初级产品。

检点全稿，掩卷而思。五味杂陈，莫名伤感涌上心头。几欲放弃，多年心血终究不忍。其中辛酸，难以言表。苦其独苦，乐其独乐。坎坷一生，张溥何其不幸；后学敬仰，天如泉下莞尔。寒士腹中今古，藜藿相随；权门堂前奔走，膏脂充盈。致力经史之学，亦太冲咏史之意；俯仰江湖之间，同通明盐梅之志。虽未津达，遗憾无多。如王安石之说贾谊："一时谋议略施行，谁道君王薄贾生？爵位自高言尽废，古来何啻万公卿。"不惟"略施行"，且也"夜半虚前席"了，尽管只是"问鬼神"而已。张溥之得君王问名并诏征遗书，"有司先后录上三千余卷，帝悉留览"，总算是张溥身后的慰藉。作一评传，不过果蔬之荐；陈以甘旨，属望大家鼎力。

初稿写就之后，曾与友人商量书名。多以为，全书八章，每一章都是断语式的标题，称为"评传"更好，"传论"亦可。细想一下，后者"论"的成分应该占据更大的篇幅，且更需要高屋建瓴。而本人的写作主要是如实叙述，客观评价，论则未敢。《张溥评传》写作有年，常宁文先生时时关注进展，严格审阅全稿。吾妻钱虹多有协助，通读中发现诸多同音字误入，加以修改，使本书避免了不少差错。参阅《七录斋集》及别集，殊为困难，亦得到友人帮助，方顺利完成。曾肖点校之《七录斋合集》问世，使用颇为方便。故此，不论远近明贤，笔者得益，内心充满感激，在此深表谢意！稍一思考，感觉尚有一些事项应该解决，或应补充进去，再打磨一番。身衰目眩，精力已然不济，马齿徒增，仅能伏枥空想。限于知见，稿中尚有诸多遗憾与不足。有所偏爱，难免取舍不当。问题所在，恳望方家指正。

丁国祥

己亥仲春于点滴斋